中国民族地区经济社会发展与公共管理

调查报告

DIAO CHA BAO GAO

总主编：刘永佶

主　编：张丽君　杨思远

3

中央民族大学出版社

图书在版编目（CIP）数据

中国民族地区经济社会发展与公共管理调查报告·第3
辑/张丽君,杨思远主编.—北京:中央民族大学出版社,
2007.12

ISBN 978 - 7 - 81108 - 479 - 5

Ⅰ.中…　Ⅱ.①张…②杨…　Ⅲ.①民族地区—经济发展—调查报告
—中国②民族地区—社会发展—调查报告—中国　Ⅳ.F127.8

中国版本图书馆 CIP 数据核字(2007)第 205387 号

中国民族地区经济社会发展与公共管理调查报告·第 3 辑

主　　编　张丽君　　杨思远
责任编辑　李苏幸
封面设计　汤建军
出 版 者　中央民族大学出版社
　　　　　北京市海淀区中关村南大街 27 号　邮编:100081
　　　　　电话:68472815(发行部)　传真:68932751(发行部)
　　　　　　　　68932218(总编室)　　　　68932447(办公室)
发 行 者　全国各地新华书店
印 刷 者　北京宏伟双华印刷有限公司
开　　本　787×1092(毫米)　1/16　印张:38.5
字　　数　650 千字
版　　次　2007 年 12 月第 1 版　2007 年 12 月第 1 次印刷
书　　号　ISBN 978 - 7 - 81108 - 479 - 5
定　　价　62.00 元

序

"巧妇难为无米之炊"。科学研究也是如此。

科学研究是将收集来的材料经理性思维，概括出其中的分类、要素、本质、规律，以概念及其体系进行规定和论证，由此探求解决问题的办法。这样看，研究必须具备两个要件，一是适当的思维方式，二是详细的材料。也就是"巧"和"米"。

思维，是人大脑特有的活动方式。思维是个体的，在有意志、有目的的思维活动中，个人都有其特点；思维又是总体的，是个体人在相互的交流、阅读、论争、思考的过程中，横向和纵向联结的思维之网中进行的，每个人都是这总体思维之网上的一个环、一个节。能否具备适当的思维方法，不仅在于大脑的生理健康，更在于将自己的思维有机地纳入总体思维之网，并按总体思维的一般规律来运作。为此，还要认清作为总体思维根据的人类发展的矛盾及其趋势，将自己的意志统一于人类发展大趋势。

材料，是思维对象的体现，是认识的主体以其感性对事物的认知。收集材料，是研究的首要和基本环节，只有材料的充分，才有对事物的全面、深入了解，思维才有可"炊"之"米"。作为研究对象的事物是不断演化的，对其材料的收集，也是动态的。只有这样，才能掌握对象的全貌，才能对之做出正确的规定，才能找到解决问题的门路和办法。

适当的思维方式和充分的材料，这二者缺一不可。若要二者齐备，说来简单，实则不易。只重材料收集，即令堆积如山，也是材料；而思维方法必须在收集材料之前，就要具备其基本，贯彻于材料收集、整理、概括的全过程，并不断地调整和提升。

调查是收集材料的基础性工作，特别是亲身所做的"田野调查"，对于研究是至关重要的。不是去调查就有结论，也不是所有结论都正确，而应在广泛、深入调查的同时，就启动适当的思维方法，进行比较、分类、归纳、分析、综合，使感性认知的材料"活"起来，并纳入理性系统，据此而得出的结论，才是可靠的、可行的。

作为中央民族大学"九八五工程""中国民族地区经济社会与公共管理研究哲学社会科学创新基地"的研究者，我们将深入、细致、系统的调查研究作为首要和长期任务，也是着力最多的环节。为此，建立了五十余个调研和实验基地，组织四百多师生的调研队伍，各中心、各课题组针对研究项目相关的内容，展开了系统、有计划、长期的调查。基地制定了"百万问卷工程"，规划期为十年，将全面调查、掌握中国少数民族地区经济社会与公共管理的第一手材料。对各类调查材料的总结、概括，是本基地研究和创新的主要依据和首要环节。以《调查报告》汇总相关成果，结集出版，记录成果，奉献社会，以供同仁参考并求批评。

白永秀

二〇〇七年一月十六日

目　录

第二部分　经济发展战略

第三部分　农牧民与农牧业

"985 工程" 新农村建设试验基地专题调查研究

内蒙古东乌珠穆沁旗巴音图嘎草场整合专题调查 总报告：从草场承包到草场整合①
——巴音图嘎嘎查草场使用权流转调查报告

中央民族大学经济学院　　杨思远

河南财经学院工商管理学系　　刘建利

内蒙古师范大学经济学院　　乌日陶克套胡

　　1984 年，在农区普遍推行的基础上，家庭联产承包责任制被搬到了草原。内蒙古锡林郭勒盟东乌珠穆沁旗道特淖尔镇巴音图嘎嘎查和自治区其他地方一样，也对草场进行了承包。草场承包后，刺激了牧民生产积极性的提高，畜产品的产量在短期内迅速增长。但是，在草场承包 20 多年后的今天，草原上出现了牧民贫富分化、草场严重退化、牲畜品质下降等一系列新问题。为了解决现有问题，引导牧民走上和谐发展道路，巴音图嘎嘎查在旗委旗政府和镇委镇政府的支持下，于 2007 年初开始推行草场整合。草场整合的背景是什么？为什么要推行草场整合？在牧户草场承包的基础上如何整合草场？草场整合的效果如何？草场整合与草场承包的关系怎样？带着这些问题，笔者于 2007 年 5 月 6 日至 10 日、7 月 13 至 21 日两次到全国唯一的国

---

① 本文为中央民族大学 "985 工程" 建设项目研究成果，项目编号：985 – 2 – 103。

家级社会主义新牧区建设试点巴音图嘎嘎查，就草场整合问题进行了调研。笔者感到，从草场承包到草场整合，是牧区经济发展中触及基本经济关系的又一次变革，值得理论界高度关注。

一、草场承包的困境

巴音图嘎嘎查位于内蒙古锡林郭勒盟东北部，东乌珠穆沁旗中部，如果说祖国的版图像只雄鸡，巴音图嘎嘎查就位于鸡头与鸡颈的结合部。全嘎查有 176 户牧户，人口 761 人，草场总面积 104 万亩，可利用草场 90 万亩，2006 年大小牲畜总头数达到 50589 头（只），人均收入 4842 元。1984 年推行草场承包，牧民开始定居下来，游牧民族开始向定居民族转变，他们千百年来的游牧生产与生活方式也逐步发生了改变。辽阔的草原被铁丝网分割为各户的草场，骏马再也不能纵情驰骋；可以随时拆迁的洁白毡房被固定的红色砖瓦房取代；马背民族逐步疏远了骏马开上了摩托；缓缓而行的牛拉勒勒车变为急速飞驰的汽车，一条条公路延伸到草原深处。

家庭承包时，巴音图嘎人均分得草场约 1380 亩，按每 30 亩放养 1 只羊的承载标准，每人只能放养大约 35 只羊单位。人民公社时代，草场归集体所有，牲畜也归集体所有，牧民按工分分配所得，依然维持着游牧的生产方式，牧民根据牲畜增膘需要，在夏季和冬季草场之间进行游牧，春季增水膘，夏季增草膘，秋季增油膘。游牧是蒙古族千百年来的生产方式。从科学意义上讲，这种生产方式有利于草场保护，有利于牲畜品质的提高，是一种可持续的生产方式。

草场承包后，游牧方式难以为继。在牧民和草场的关系中，牧民控制草场的主要手段是放牧，不同放牧方式对草场产生的影响大相径庭。游牧方式下，牲畜吃完一片牧草后，转迁到另一片草场，有利于草场休养恢复；承包后，由于每户草场不过数千亩，且承包后牧民生产积极性提高，放养牲畜越来越多，草场过度采食的结果是植被难以恢复，造成退化、沙化。游牧民族对人类的一个重要贡献是培育了"五畜"：牛、山羊、绵羊、马、骆驼，[①]它们全是有蹄类动物。游牧生产方式中，牲畜践踏对草场的破坏是有限的，而承包后，同一片草场上不仅牧草的嫩叶被吃光，有蹄牲畜的反复践踏甚至

---

① 乌日陶克套胡：《蒙古族游牧经济及其变迁》，第 10 页，中央民族大学出版社，2006 年。

将牧草的根踢开。据巴音图嘎嘎查有经验的牧民伊·阿拉哈说，牲畜践踏对草场的破坏程度大约是采食的 2 倍。除此以外，定居后，人对草场的破坏也非常严重，牧民定居点周围，几乎成为不毛之地。草原生态的破坏还通过牲畜不能长距离游走，不能将花粉传播开来而造成牧草种类下降。牲畜是草原生态的重要一环，花粉传授一靠风，二靠动物，而牲畜是草原动物的主体部分。在铁丝网限定的狭小范围内放牧，对草原生态的破坏作用，有许多课题还没有深入研究，还有许多课题甚至没有提出来。

草场承包带来的草场退化造成了严重后果：一是牧草产量下降，过度采食使牧草难以恢复，人畜践踏更减少了牧草的产量。二是牧草品种减少，草原上不同品种牧草的再生能力不同，数量比例也不同，过度采食和践踏对那些再生能力差的牧草会造成毁灭性破坏，使草原上不同的牧草比例和结构发生变化，出现了牧草结构单一化趋势。不同品种牧草的耐旱能力也不一样。锡林郭勒草原属于典型草原，年降水量 200 毫米，近几十年来，随着全球气候变暖，旱情越来越严重。2007 年直到 7 月份才降雨，比正常年份晚了 2—3 个月。由于干旱，耐寒能力差的牧草难以生长，进一步加剧了牧草结构单一化趋势。夏季的锡林郭勒盟草原曾经被称为"五花草塘"，五色的鲜花每周都使草原披上一层新装，现在这种景象再也看不到了。三是草场沙化和荒漠化。当前，草场的干旱和沙化很严重，到过锡林郭勒草原的人都看到，本该是青翠的夏季草原上，草色难以遮住土色。有些草场沙化严重，风起沙扬，成为沙尘暴的策源地。四是盐碱化。据气象部门资料，东乌旗 1953—1960 年间，年降雨量为 309 毫米，2000—2005 年间，降到了 219.6 毫米，2005 年 167.5 毫米，2006 年为 147 毫米，2007 年迄今只有 80 毫米。气温也在不断升高，1953—1960 年年平均气温为 0.1℃，2000—2005 年年平均气温升到 2.6℃。由于降雨量减少和气温上升，草原上许多河流、淖尔干涸，盐碱化严重。

草场退化综合反映在草场载畜量的下降上。进入 1990 年代后，东乌珠穆沁旗实际载畜量从未超过 400 万羊单位（见表 1）。

表 1 东乌旗草场载畜量

年份	载畜量(万羊单位)
1963-1967	600
1993-1998	380
2000-2005	300

草原是游牧民族的命根子，草场承包后，草原退化导致牲畜的变化，并以此为中介对牧民产生了巨大影响。在草场载畜量下降的同时，牲畜的品质也在下降。以东乌旗驰名品牌乌珠穆沁肥尾羊为例，1960 年代，最大的白条乌羊能达到 100 斤以上，仅尾重就能达到 30 斤，因其肥

美而在中东阿拉伯地区享有盛誉。由于身肥尾重，有些羊走一段路必须蹲下来歇息。进入新世纪，白条乌羊能达到 60 斤已属罕见。由于牧草品种单一，牛羊生长所需营养不全，羊绒、羊毛和肉质也都有退化趋势。不同地区的牧草含有的营养、微量元素等是不同的，牛羊在采食牧草时，还会在不同地区舔食所需要的沙石土壤以补充各种微量元素；草场承包后，固定地区放牧适应不了牲畜对多种营养和微量元素的需要，长此以往，其品质下降是必然的。由于承包后，草场压力大，生产方式开始变化，舍饲出现了。舍饲由于牲畜粪便清除不及时，腥膻味大大影响到牲畜肉质的鲜美。由于饲草不足，粮食饲喂的比例提高，不仅加大了喂养成本，而且对牲畜品质的影响很大。

草场承包后，牧区经济组织由生产队、生产大队和人民公社转变为家庭。家庭生产是规模有限的小生产，同农区的小农经济一样，小牧经济既抵御不了自然灾害，也抵御不了市场风险。巴音图嘎嘎查承包时人均 1380 亩草场，一户不过数千亩，这在农区可谓天文数字，但在牧区却仅能维持生存。承包后，各家草场的使用权受法律保护，由于草场面积小，受灾时牲畜无处放牧，只能购买草料并大量出栏，造成经营成本上升且基础母畜数量大减，灾后恢复规模需要多年。承包前，游牧方式保证了草场的合理利用和及时恢复，牧草高能没膝，遇到白灾，露出雪面的部分仍能为牲畜采食。承包后草场退化，草高仅没马蹄，白灾造成牲畜断草的范围扩大，程度加深。草原是一个脆弱的生态系统，草原——牲畜——人的关系中，不仅存在人同草场的关系，人同牲畜的关系，而且存在草场同牲畜的关系，前两个关系是人可以控制的，而草畜关系是人不能直接控制的，因而受自然影响远远大于农业生产，自然灾害也多。除了草场的灾害，牲畜本身也会出现各种疫情造成牲畜死亡或被处理，而畜群规模的恢复是需要大量成本和很长时间的，家庭小生产显然难以承受这些成本和难以忍受这么长的时间。因自然灾害致贫的牧户比草场承包前不是减少了，而是增加了。

虽然畜产品商品率很高（见表 2），牧民不得不进入市场，但是以家庭为单位的经济组织很难适应市场风险。游牧民族不同于商业民族，后者长期生活于市场关系中，经济活动能力和观念能够适应市场开发、市场竞争、市场风险、市场变化，游牧民族与农耕民族相类似，主要活动是与自然打交道，难以适应市场经济。但这只是从游牧民族一般性质得出的结论，具体到草场承包后，牧民因种种原因而出现了贫富分化。

表2 2006年度东乌旗牲畜商品率

	期末头数	出栏头数	出栏率（%）	在出栏头数中出卖	出栏商品率（%）
大小畜合计	3222983	1760353	48064	1686337	95.80
1. 大畜	118657	53620	39.15	52378	97.68
牛	86366	38510	39.57	37294	96.84
马	31793	14957	38.26	14932	99.83
骆驼	484	153	28.71	152	99.35
2. 小畜	3104326	1706733	49.01	1633959	95.74
绵羊	2561677	1349279	48.33	1280446	94.90
山羊	542649	357454	51.75	353513	98.90

注：出栏商品率＝在出栏头数中出卖/出栏头数（数字为作者计算得出）

资料来源：东乌旗统计局：《东乌珠穆沁旗统计年鉴》（2006），第84页。

市场变化。牲畜主要有牛、马、骆驼、羊，畜产品主要有皮、毛、绒、乳、肉等。骆驼作为一种运输工具，在牧民饲养的牲畜中日益淡出，巴音图嘎嘎查只剩少量的骆驼。历史上，对马的市场需求主要是农耕民族从草原上获取战马，自唐以来就有官营的茶马贸易，并设立专门机构，茶马古道曾为重要的商道。但是新中国建立之后，随着军队现代化建设，骑兵逐步退出军事舞台，当前马的市场需求主要是赛马，且需求量不大。马在牧区作为交通工具的作用仍然存在，但作用大为下降，逐步被摩托、汽车替代。巴音图嘎嘎查现存马的数量同样很少。现在草原上的主要牲畜是牛羊，其中羊又分为绵羊和山羊。畜产品绵羊以肉为主，山羊以绒为主。牛羊肉的市场需求量稳步上升，一方面是收入水平提高，支付能力增强；另一方面是人民对生活质量的追求使得对草原生态牛羊肉需求量大增。牛羊肉的市场价格也在上升。但是皮、毛、绒的需求量和价格却都在下降。随着生活进入小康阶段，人们对毛呢和皮衣的需求量逐步减少，毛皮价格迅速下降（见表3）。

表3 牧民家庭畜产品出售价格

项目	单位	2004年	2005年	2005年比2004年增长率（%）
牛	元/头	1730	1938	12.02
马	元/匹	1687	2423	43.63
绵羊	元/只	237	216	-8.86
山羊	元/只	223	240	7.62
绵羊毛	元/公斤	4.67	5.75	23.13

山羊绒	元/公斤	246	253	2.85
牛皮	元/张	160	145	−9.38
绵羊皮	元/张	58	37	−36.21
山羊皮	元/张	95	90	−5.26

资料来源：东乌旗统计局：《东乌珠穆沁旗统计年鉴》（2006），第226页。

可见，畜产品市场需求的重点集中在牛羊肉上，而个体牛羊重量如上所述因草场退化而下降，因此，牧民收入的增加只能依赖牛羊数量的增长，这就与草场载畜量的限制形成矛盾。只有那些草场面积大的牧户才可能扩大畜群规模，逐步富裕起来，而草场面积小的牧户仅够维持温饱。

户均占有草场面积的变化。巴音图嘎嘎查可利用草场面积90万亩，现有人口761人。1984年实行草场承包时，是按照当时各户人口数平均分配草场的。承包后"增人不增草场，减人不减草场"。在承包23年后，各户人口数有很大变化，承包时家庭有男孩且数量较多者，结婚后家庭人口数量增长很快，人均占有草场越来越小；家庭有女孩且数量较多者，出嫁后家庭人口减少，人均占有草场面积扩大，即使是同样的经营管理水平，拥有草场面积不同成为导致贫富分化的重要因素。

经营成本上升。草场承包后，一切经营成本由牧户承担。为了围圈自家草场，牧民必须购买和安装铁丝网，数千亩草场，铁丝网一般耗资4~5万元，每年还有维修支出数千元。固定草场放牧带来定居生活，砖房代替毡房，草原上修建一栋砖瓦房至少投资7~8万元，有的高达20万元。草场固定，人畜饮水要打井，百米以上的深井投资需要10万元以上。草场承包后每户需要修建自己的牲口棚圈，一般投资2~3万元，甚至更多。分散定居，供电依靠风光互补，设备投资在0.5万元左右。为放牧牲畜购置摩托车也在数千元以上。此外，打草机、降氟设备、汽车、拖拉机以及玉米、饲草等饲料储备各户虽不相同，但一般也在数万元以上。加上基础畜群，牧民每户资产一般约10万元，其中大多数属于生产性财产。随着价格上升，这些投资越来越大，经营规模狭小使这些投资不能充分发挥作用，也不能及时回收，造成一些牧民因投资过大限于贫困。草场承包后，由于每户草场和牲畜达不到经济规模，造成的基础设施和人力资源浪费是惊人的。

经营管理能力差。草场承包后，家庭成为生产经营单位，户与户之间在经营管理能力方面差距扩大。多数牧民经营管理能力差，文化水平低，没有市场意识，不懂得经济核算。有的牧民在销售羊毛时，外地客商出价每斤2元，牧民不愿意卖，但是客商改为每公斤3元时，他就很高兴地全数售出。有的牧民在和客商谈好了出售活羊的单位价格，等羊装上车，又按整车论价，结果总是吃亏。牧业生产投资成本大，拉铁丝网、打井、建棚圈等，每项投资均在数万元以上，有的牧民不顾这种一次性巨额投入一旦生产不能正常运转数年收不回成本的风险，造成巨额负债。在配种、繁殖、接羔、阉割、组群、放牧、育肥、畜群清点、防疫、气象服务、步伐追踪、草场保护、品种改良、挤奶、剪毛、宰杀等等生产环节都需要技术和实际操作经验，由于文化水平低，很多牧民不愿投入精力去掌握，结果牲畜死亡率很高。巴音图嘎嘎查的阿拉坦·格日勒一家2004年草场调整后有草场5500亩，由于经营不善，牲畜很快死光，不得不将承包的草场租给邻居希·朝鲁一家放牧。

生活浪费。牧业生产的一个重要特点是季节性很强，秋天牲畜出栏后，一年的收入全部到手，由于攀比心理严重（这是以家庭为生产和消费单位为前提的），牧民大量购进各种奢侈品，一户更比一户昂贵。在竞比高档服装、摩托、汽车和家用器具中，往往生产性积累资金也被花掉。牧民生产生活成本由于特殊的地域和文化传统，本来就比农民高得多，但一些牧民不懂得节约，年收入在3~5万元的家庭很容易陷入贫困。有的牧民，不顾收入高低，也要购买昂贵的摩托和高档轿车；有的牧民，不顾油价上涨，也不顾耗油多少，本可骑马放牧，非要骑摩托，不算经济账。牧民中饮酒无度的现象相当普遍，个别酗酒者，甚至在一周中连续饮酒长醉不醒。

因病、因灾、因贷款而致贫。草场承包后，家庭成为生产和生活单位，抗御不了各种自然和经济风险。牧业生产建立在相当脆弱的生态基础上，草场的干旱、低温、雪灾、虫灾，牲畜的各种疫病都会减少牧民收入，牧民自身患病和支付贷款本息，都会增加牧民支出。由于生活环境恶劣，牧民患病率较高，得一场大病，往往多年难以脱贫。

可以说，当前出现的草场退化、牲畜品质下降和牧民贫富分化，无不与草场承包后家庭狭小的经营规模联系在一起。近年来，牧民之间已经出现了自发的转包、租赁等草场使用权流转现象。东乌珠穆沁旗旗委和旗政府认真总结畜牧业发展经验，在坚持家庭联产承包基本经营体制不变的基础上，积极推动草场整合，提出"坚持依法、自愿、有偿原则，整合草场、整合畜种、整合设施、整合劳动力"的"四个整合"新思路，并通过社会主义新牧区建设于 2007 年开始在 10 个嘎查进行草场整合的试点工作。

二、草场整合的基本内容

草场整合就是在坚持草场家庭承包的基础上，按照依法、自愿、有偿的原则，推动牧区草场使用权流转，使草场资源向经营能人集中，扩大牧场经营的规模。

草场整合的形式有家庭牧场、合作牧场和股份牧场三种。由于合作牧场、股份牧场在短期内可以达到数十万亩的规模，在当前缺乏资金和有能力的经营者的条件下，未必能够取得较好效益，也由于合作化和股份化在牧民看来牵涉草场承包后牧民个人对草场使用权的放弃，一时难以接受，巴音图嘎嘎查草场整合主要采取了家庭牧场的形式。家庭牧场不同于建国初期的合作化，不是一场自上而下的强迫命令型的运动，而是牧民自发性的经济行为。家庭牧场与家庭承包形式上类似，各方权利明确，关系简单，牧民在承包中获得的草场使用权不会丧失，同时又能解决生产经营中的实际困难，也由于承包是我党现阶段在农村的核心政策，巴音图嘎嘎查作为我国第一个社会主义新牧区试点嘎查，在草场整合中普遍采取的是家庭牧场形式。

至 2007 年 7 月底，巴音图嘎嘎查 176 家牧户中，有 83 家参与了草场整合，形成 22 个家庭牧场。参与草场整合的牧民可以分为两类：一类是整合户，另一类是被整合户。整合户通过契约关系将被整合户承包的草场租赁过来，扩大自己的经营规模，形成家庭牧场，整合户实际成为家庭牧场的所有者和经营者。被整合户通过契约将所承包的草场租赁给整合户。

一般来说，整合户是那些有一定经济实力的畜牧业经营能手。草场家庭承包后，这些经营能人在与其他牧户大致相同的条件下，通过自身经营努力形成了一定的积累，有能力支付租金，租赁其他牧户的草场。而被整合户往往是那些经营不善的牧民，他们不是亏本，就是牲畜所余数量不多，不得不出租草场，然后外出打工或给别的牧户当羊倌。所以说，草场整合是牧区贫富分化的结果。

草场整合没有否定草场承包的基本权利关系。在整合中，集体对草场的所有权没有触及，整合户草场使用权依法得到了保护，被整合户的草场使用权也得到保护。但是，草场整合又发展了草场承包的权利关系。这主要表现在已经承包到牧户的草场使用权可以流转，这就有利于家庭牧场规模的扩大。流转后，被整合户的草场使用权在整个承包期内依然保留，我们称之为草场承包期使用权；但在出租期内转到整合户手里，我们称之为草场租赁期使用权。显然，草场承包期长于租赁期，前者根据国家政策，一般确定为30年，后者在巴音图嘎嘎查草场整合中规定为3年，草场租赁期满后，被整合户可以收回草场，也可以与整合户续订租约，还可以再转租给第三者，但不管怎样，根据旗政府统一规定，应当坚持草场集中连片的原则，将草场出租给本户草场周边的牧户。

整合户和被整合户在草场租赁时，要签订租赁契约，明确规定双方的权利和义务，可见，草场整合是依法进行的。契约中最为重要的内容有三项：一是整合户要承诺租赁期届满后被整合户有权收回草场，也有权转租给其他牧户；二是整合户要保证被整合户的草场在租赁期间内不因过度放牧而遭到破坏；三是整合户要如期支付被整合户的租金。巴音图嘎嘎查在草场整合中规定的草场租金政府指导价为每亩1.5元，实际往往高于此价。例如，伊·阿拉哈家以每亩2元从图布沁家租入4100亩草场，希·朝鲁家以每亩2.5元从邻居阿拉坦·格日勒家租入5500亩草场，每年租金为1.38万元，希·朝鲁已经支付3年租金的一半。每亩2元左右是对本地牧户的价格，外来非牧户承租则更高，达到每亩4～5元。但是非牧户（多数来自农区）往往从事掠夺性经营，租赁期满后，过度放牧导致草场严重退化。为此，东乌旗委旗政府贯彻内蒙古自治区的有关规定，坚决清理非牧户承包，以保护草原生态。但是，由于非牧户租赁时出价高于本地整合户，出租户和非牧户联合进行暗箱操作，使清理工作非常棘手。

草场整合后的家庭牧场不仅含有契约关系，有的还包含血缘和亲属关系。在22户家庭牧场中，有5户含有血缘和亲属关系。草场承包后，原属于一个大家庭的草场在兄弟分家后往往只分牲畜，不分草场。这种血缘和亲属关系的存在往往对契约关系产生双重作用，表明在传统社会向现代社会转变过程中存在着过渡性的社会形式。

巴音图嘎嘎查草场整合遵循牧民自愿原则，但与改革开放前安徽小岗村农民偷偷进行承包经营不同，草场整合一开始就得到了各级党委和政府的支持。牧民为主体，政府为主导，是社会主义新牧区建设的原则，也是草场整合的原则。政府对草场整合制定了相应的政策，给予积极支持、引导和帮助。东乌旗政府对于整合户实施补贴，按照租赁草场的面积，每亩补助0.5元，这项政策有利于提高整合户经营能力。对于被整合户出台了《东乌旗引导扶持牧区人口向城镇转移实施意见（试行）》，对于依法流转草场承包经营权后转移进城的牧户，在锡林郭勒盟各旗市购买房屋给予协调贷款，一次性补贴5000元，免交房屋交易手续费、登记费、契税；在东乌旗购买营业性用房，享受同样待遇；牧民个人转移进城就业，给予每月25元租房补贴；在宾馆、餐饮行业就业的，每人每年给予个人岗位补贴500元。对于牧区老人进城养老租房的，每户每月补贴房租25元；牧户进城从事第二、第三产业的，购置商住两用房，给予购房补贴；对于把全部草场封闭为打草场的（三年以上）牧户，需新建围栏的，新增部分70%可由项目提供；进城牧民在周边从事旅游业和特色养殖业，可享受与生态移民同等政策；牧民转移进城后，可参加医疗保险，也可在移出苏木镇参加新型牧区合作医疗；转移进城牧民子女接受义务教育，享受"两免两补"政策；牧民转移进城后有住所的，给予办理城镇居民常住户口等等。这些优惠政策对于被整合户能够从草场"移得出，稳得住，富起来"是至关重要的，也是草场整合顺利实施的关键所在。

草场整合的合理规模到底多大，关于这个问题，牧民有不同的看法。从草场面积看，有的牧民主张2～3万亩，有的主张不应低于5万亩；从牲畜规模看，有的牧户主张500只羊单位比较理想，这显然是以家庭牧场不雇工为前提的，有的牧民主张1000～1200只羊单位比较经济；从整合户数来看，有的主张4～5户为宜，有的主张不超过10户合适。对整合户数的估算显然考虑到了户数越多，关系越复杂，越不利于牧场的经营。尽管从草场、牲畜和牧户三个视角对草场整合规模提出了不同见解，但这些意见与其说相互矛盾，不如说互相补充。家庭牧场的适度规模显然受整合户的经济实力、租赁价格、劳动力数量、雇工人数、经营管理水平限制，同时市场状况、草场质量和牲畜结构也会对适度规模的确定产生影响。如果用 N 表示家庭牧场适度规模，用 Ai 表示各种限制因素，那么适度规模是各种限制因素的函数：N＝N（Ai）。由于 Ai 是变动的，因而不同整合户在不同草场、不同租赁价格、不同经营管理水平下，适度规模是不同的；同一个整合户在不同时期，适度的经营规模也应该有所变化。设想以一个不变的家庭牧场规模作为标准，要求所有牧民力求达到，既不可能也无必要。2007年3月18日，东乌旗委十一届二次全委扩大会议提出，2007年全旗完成500万亩草场整合任务，"十一五"末完成1000万亩草场整合目标。实现这一目标，必须根据各苏木、镇、嘎查的具体情况探索并调整家庭牧场的适度规模。

草场整合作为牧区基本经济关系的变革，触及的范围极为广阔，诸如基础设施、牲畜整合、放牧方式、劳动力使用、生态保护、技术进步、品牌建设、政府政策等都需要配套进行改革和调整，这就是草场整合必然牵涉的问题，其妥善解决又是顺利整合草场的条件。

附着于草场的基础设施主要有铁丝网、水井、棚圈等，当被整合户的草场使用权转移到整合户手里时，这些基础设施如何处理呢？铁丝网是草场承包后，牧户草场使用权的象征。按说，草场整合后铁丝网应当拆除，这样才能方便牲畜在更大范围游动，充分利用草场。但如前所述，草场整合后租赁期内使用权归整合户，但承包期内草场使用权仍归被整合户，因而铁丝网作为划定承包期内草场使用权的象征依然被保留下来。因草场承包而带来的铁丝网建设成本和每年的维护费用并未因草场整合而减少。整合后，依旧保留的铁丝网表明，草场整合没有否定草场承包中牧民获得的基本权利。水井和棚圈的处理在草场整合后有两种情况：一种是整合户依靠自己的水井和棚圈足以满足整合后牧场的需要，被整合户原来的水井和棚圈就被废弃。例如，图布沁家的草场在转租给伊·阿拉哈家后，其水井和棚圈就完全废弃在草原上。这种浪费表明，草场承包时期以家庭为单位进行的生产投资有许多是重复性投资，并不能充分发挥作用，只是这种过度投资在草场承包中被掩盖起来，而在草场整合后得以显现。另一种处理方式是，整合户需要被整合户的水井和棚圈，这时，被整合户在租赁时会提高出租价格，把水井和棚圈的效益计算进去。例如希·朝鲁家以每亩2.5元的价格租入阿拉坦·格日勒家的草场，既高于每亩1.5元的政府指导价，也高于每亩2元的一般市场价，就是因为希·朝鲁家需要阿拉坦·格日勒家草场上的水井和棚圈。

被整合户的牲畜在草场出租后如何处理？在调查中我们了解到主要有如下几种方式：一是寄养，二是出售，三是带养。寄养，就是被整合户将牲畜寄存在整合户家里，由整合户代为放养。寄养的条件有的是降低草场租金，有的是出栏时将一定量的牲畜留归整合户。有的被整合户不是将牲畜寄养在整合户，而是寄养在非整合户，通常寄养在亲属家里，其寄养条件因具体情况差异很大。出售，就是被整合户在草场被转租出去后将剩下的牲畜全部出栏，自己外出打工，出售使被整合户除了每年收取草场租金外不再有牲畜的牵绊，一心在外务工经商。带养是被整合户在草场被转租出去后，自己又给别的牧户当雇工（当地称为羊倌），将所剩不多的牲畜带到牧主家的草场上放养，具体条件由羊倌和牧主协商而定。一般而言，多数被整合户在草场流转后所余牲畜有限，有的被整合户在草场转出时已经没有一头牛或一只羊了，可见草场承包造成的贫富分化，在贫困一极已经达到极端，既然没有了牛羊，就只有出租草场。

整合户的牧场规模因租入草场而扩大，其放牧方式有何变化呢？划区轮牧早在草场承包阶段就已经提出来了，但由于家庭承包草场面积有限，划区轮牧很难做到。草场整合后，草场规模扩大，划区轮牧成为可能。尤其对于像巴音图嘎这样的嘎查来说，原来人均拥有草场面积就小，根本无法推行轮牧制度，草场整合为划区轮牧提供了可能。划区轮牧就是将整合后的草场划分为夏季牧场和冬季牧场，夏季牧场再根据需要划分为若干块。划区轮牧显然比在承包的小块草地上过度放牧更加有利于草场恢复和生态保护。由于划区的需要，草原上的铁丝网不仅没有因草场整合而减少，反而增加了。由于在承包期间草场退化比较严重，为了保护草场，国家和自治区积极推行春季草场禁牧制度和草场休牧制度，但在草场承包条件下，因家庭规模小，禁牧和休牧制度在执行中大打折扣势所难免。草场整合使禁牧和休牧制的严格实行有了可能。

集体经济中，牧民个人没有劳动力所有权，草场承包才使牧民获得了这项权利。家庭承包实际上是牧民以自己所有的劳动力与承包来的草场相结合的经营方式。承包牧户的内部关系只有牧民对劳动力的个人所有权和对草场的使用权，外部关系主要是承包草场的使用权同草场的集体所有权的关系。草场整合并没有否定承包中牧民所获得的劳动力所有权，反而更加突出了这项权利，因为在草场承包中，人们注重的是草场使用权，而没有意识到承包后牧民个人同时获得了劳动力所有权；在草场整合中，被整合户在草场租赁期使用权丧失后仍保留了劳动力所有权，被整合户为生计所迫只能进城打工或给别的牧户当羊倌，也就是出卖劳动力所有权派生的使用权，以获得工资收入。草场整合后所建立的家庭牧场与草场承包牧户的主要区别不仅在于前者包含了草场的租赁关系，而且包含了劳动力雇佣关系，因而较后者的内部关系更为复杂。当然，巴音图嘎嘎查的草场整合作为一项改革不过刚刚开始试点，雇佣关系并不普遍。这是因为，家庭牧场整合的牧户数量有限，一般不超过3~4户，草场经营规模虽然有所扩大，但也不过1~2万亩，在一些草场资源丰富的嘎查，承包时就能达到这一规模，例如乌里亚斯太镇额尔敦乌拉嘎查的哈·斯琴家1997年草场承包调整后就获得1.4万亩草场，牲畜达到1300多头（只）。由于巴音图嘎草场整合尚处于起始阶段，整合的家庭牧场规模较小，内部关系中草场租赁关系普遍存在，而雇佣关系尚不发达，往往在接羔、打草等繁忙季节临时性雇工，以羊倌身份出现的长期雇工，数量少且不够普遍。

草场整合使草场承包中劳动力与草场直接相结合的形式解体，大量牧民失去了租赁期内的草场使用权而仅拥有承包期草场使用权。这些被整合的牧民就获得了一种奇怪的经济地位：既是牧主又是羊倌，既是有产者又是无产者。一方面，尽管草场被整合了，但他们依然合法拥有草场承包期内的使用权，依然不会拆除表明这些权利的铁丝网。在出租关系中，他们是牧主，是有产者，整合户需要向他们支付租金，他们是租金收取者；另一方面，他们又丧失了租赁期草场的使用权，在租期内，他们实际上丧失了草场，不能使用自己的草场，成为无产者，他们只能出卖自己劳动力的使用权，或当羊倌，或当城市企业的雇佣劳动者，他们只能得到作为劳动力使用权价格的工资。同样，被整合户牧民的经济生活条件也是二重的，既靠出租草场收取的租金生活，又靠出卖劳动力获得的工资生活，这种二重经济地位和两种经济生活条件使被整合户牧民同农区产生的农民工颇为类似，农民工既有承包的土地，也出卖自己的劳动力。[①] 由于被整合户实际丧失了草场在租赁期的使用权而成为无产者，将这些无产者从草原上转移出来，进入城镇务工经商，或从事个体经营，或接受私人工矿企业雇佣，成为草场整合的一个重要内容。受游牧民族传统生活方式和观念的限制，也受文化素质的限制，不少被整合户牧民满足于整合户每年支付的租金过日子，不愿进入工矿企业就业，也无力到城市从事个体经营，除了继续留在草原上当羊倌，就是成为草原上的"剩余"劳动力。他们有时为了获得较高租金，和外来非牧户合谋抵制政府清理草原非牧户的政策实施。因此，将这些"剩余"劳动力从草原上转移出来，并且"移得出、稳得住、富起来"成为政府政策关注的一个焦点。

保护草场是实施草场整合的初衷之一。草场整合后，被整合户迁出草原显然减轻了草原人口压力。游牧民族和狩猎民族在农耕民族面前之所以成为少数民族，根本原因在于同样面积的土地，游牧民族的草场和狩猎民族的山林能够承载的人口远远少于农耕民族的土地。草原人口承载数量的减少，牧场的扩大，能否使草原生态得到改善，目前没有明确的结论，毕竟草场整合

---

① 杨思远：《中国农民工的政治经济学考察》，第211－244页，中国经济出版社，2005年。

才刚刚开始。草场整合后，由于家庭牧场内部关系的变化主要是增加了租赁关系，会对草场生态改善带来新的问题。整合户对被整合户草场的保护负有责任，整合户要"严格落实草畜平衡制度"。但是，整合户与被整合户的租赁仅仅是草场承包期使用权和租赁期使用权之间的契约关系，草场所有者是集体。如何保证草场不遭破坏，对于被整合户关系不大，他只关心租金高低以及能否及时支付，因为草场实际使用权不归被整合户；对于整合户来说，他关心的是草场扩大能否带来牧场收益增加，也关心自家承包草场的生态保护，至于租来的草场，充分利用是他利益所在。政府草监部门通过控制草场载畜量和出栏率维持草畜平衡，但既然在草场承包时就不能遏制草场退化趋势，那么在草场整合后，家庭牧场内部关系更为复杂时，要实现草畜平衡难度相当大。

三、草场整合中家庭牧场的发展前景

家庭牧场是当前草场整合的主要形式，草场整合刚刚启动，预测家庭牧场的前景似乎为时过早，但作为触及牧区基本经济关系的一场变革，对家庭牧场的性质、前途和其发展中的重大现实问题应有清醒认识。

草场整合是在"一个不变"的原则下提出来的，即"家庭联产承包基本经营体制不变"。这就是说，草场整合坚持了草场承包所形成的牧民基本权利关系，这包括：牧民对自身劳动力的所有权，牧民对承包草场的使用权[1]。但是，草场整合又大大扩展了草场承包的权利体系，这包括：被整合户丧失了租赁期内所承包草场的使用权以及牧民出卖劳动力使用权。草场整合与草场承包的关系集中体现在家庭牧场与承包牧户的区别与联系上。承包牧户内部经济关系只涉及牧民个人劳动力所有权与承包草场使用权的结合，在外部，同牧区集体（苏木、镇、嘎查）是所有权与使用权的关系，牧户之间是商品经济关系；家庭牧场内部关系中，牧民个人劳动力所有权与承包草场使用权的结合只限于整合户，被整合户的这一结合形式陷于解体，劳动力和生产资料分离，被整合户牧民只能出卖劳动力，整合户与被整合户之间虽然普遍存在草场租赁关系，但尚不普遍存在劳动雇佣关系。随着家庭牧场的进一步发展，一方面，牧场规模扩大，整合户有必要也有能力雇工；另一

① 参见刘永佶：《农民权利论》，第 331 页，中国经济出版社，2007 年。

方面，随着草原上非整合户的减少，被整合牧民的增多，丧失草场短期使用权人数的增加，也就是出卖劳动力人数增加，家庭牧场内部雇工完全可能成为普遍现象。这就是说，承包牧户向资本性质的家庭牧场转变已经通过草场整合开辟了道路。

对于草原上基本经济关系的资本化应当如何看待，我们认为，资本化家庭牧场对小牧经济的改造是一种历史进步，使得牧区有可能循此完成工业化和城市化的发展，另一方面，我们认为，草场整合中，家庭牧场只是其中的一种形式，合作牧场、股份牧场也都应该有进行试点探索的必要。合作牧场以其能够保护所有参加草场整合的牧民的权利，尤其应当予以重点扶持。当然，在目前条件下，走合作牧场的道路要比走家庭牧场的道路困难大，但随着草场整合的推进以及党和政府的刻意扶持，探索合作牧场的可能性不能说没有。

仅就当前家庭牧场的发展来看，我们认为有三个重要的现实问题必须认真对待：一是处理好草场承包与草场租赁之间的关系；二是鉴于中国历史上土地兼并的严重社会后果，应当高度重视被整合户的安置问题；三是切实保障牧区雇佣关系中雇工的基本权利。

在草场整合中，被整合户承包的草场现在处于双重关系中，一是承包关系，二是租赁关系。根据我国现行法律与政策，牧户在承包关系中只有草场的使用权，没有所有权。草场使用权就是使用草场的权利，但这种权利在租赁关系中又转让给了整合户，可又不是完全转让，不是将整个承包期内的使用权全部转让，而是零售，是部分转让。在巴音图嘎嘎查以及东乌旗"流转双方每三年签订一次流转合同"①，也就是说按照 3 年一个单位零售草场承包期使用权。草场承包期长为 30 年，草场租赁期短为 3 年，长期是由短期构成的，30 年承包期内可流转 10 次。问题在于，通过 10 次出租，草场实际使用权完全落在整合户手中，被整合户只是租金的收取者，可是，能够收取租金的只能是所有者、占有者或使用者，既然被整合户不是草场所有者，也不是实际占有者或使用者，他收取租金的根据是什么？如果说他出租的是使用权，那这种使用权只能从承包草场的使用权中派生出来。然而，使用权怎么能派生使用权呢？这不仅是一个理论问题，也是一个法律问题，更是一个现实经济问题。因为，被整合户在数十年承包期内完全可能离开草原

---

① 参见东乌旗政府：《东乌旗引导扶持牧区人口向城镇转移实施意见（试行）》第四条。

外出打工，成为非牧户，而在清理非牧户或者在草场承包的调整中，被整合户的草场承包期使用权将得不到有效保护。

中国历代土地兼并绵延不绝。一般来讲，王朝建立的初年，经过农民起义和长期战乱后，土地分配较为平均，所谓"耕者有其田"。但到朝代中期，土地兼并开始严重起来，到末期达至极端，"富者田连阡陌，贫者亡立锥之地"，土地兼并的结果使无地或少地的农民，不得不租入地主的土地。无地农民增加，地租率提高，土地兼并导致贫富分化和剥削加重，由此生发农民起义和社会动荡。草场整合是无力经营的牧户通过租赁将草场向经济实力雄厚和经营管理能人集中，是一种草场兼并行为。草场整合是草场承包后牧民贫富分化的结果，也是牧民进一步加速贫富分化的转折点。

让我们来考察一下草场整合给整合户带来的效益。这主要有四个方面：基础设施作用充分发挥、畜群数量增加带来的收益增长、打草场的收益、政府补贴收益。以伊·阿那哈书记家草场整合为例。他家 4 口人，自己承包草场 7400 亩，2007 年初租入自己哥哥家承包的草场 9600 亩和图布沁家承包的草场 4100 亩，家庭牧场现拥有草场共计 21000 亩。现有牲畜 800 多头，他哥哥家的牲畜不算在内。明年可增加 100 只羊。草场整合后不需要增加固定投入，流动资本投入主要增加饲料和夏季油耗。我们来计算一下：1. 固定资本节约：按照 800 只羊的固定资本 100 万元，使用年限 20 年计算，每只羊分摊固定投入 62.5 元，现在新增 100 只羊，可节省固定投入 6250 元。2. 畜群数量增加：按照现行市场价格，每只羊可卖 200 元计，收入 20000元。3. 打草场收益：由于草场面积扩大，伊·阿那哈封围了 800 亩打草场，可以专门卖饲草，一捆饲草 6.5 元，800 亩可以打草 2000 捆，获收益 13000元。自己新增牲畜的饲草也不需要购买。4. 东乌旗政府补贴：按照优惠政策规定，每整合 1 亩草场政府财政补贴 0.5 元给整合户，伊·阿那哈整合草场 13700 亩，可得 6850 元，这项收益可能由伊·阿那哈兄弟共享。四项合计 46100 元。成本增加项目中，饲料成本包括饲草和玉米两项，饲草不需要购买，因为打草场能够供应，玉米需增加 5000 斤，每斤 0.55 元，需要 2750元，油耗增加 2000 元足够使用。新增成本总计为 4750 元。再按每亩 2 元扣除每年草场租金 8200 元，草场整合纯利润为 33150 元。

尽管草场整合是出于自愿，但是对于被整合户图布沁一家来说除了每年获得 8200 元租金外，投资 10 多万元的水井和棚圈开支、2~3 万元铁丝网投资将弃置草原，如果外出打工可能得到政府一定的优惠补助，但总计所有收入，1～2万元对牧民来说是典型的贫困户。

既然草场整合是牧民加剧分化的转折点，就必须把被整合户的安置问题提到维护社会稳定的高度来认识。目前出台的对被整合户的优惠政策，不能完全扭转历史上反复出现的社会治乱周期率。有鉴于此，我们认为，必须在社会主义新牧区试点中本着对历史和人民负责的精神，积极探索合作牧场形式的草场整合，避免牧区贫富分化，走科学发展与和谐发展道路。

草原上已经出现的雇佣关系，表明家庭牧场正在起着一种贫富分化加速器的作用。在雇佣关系中，雇工拥有自己劳动力的所有权，出卖的是由所有权派生的劳动力使用权，由此获得工资。保护雇工的权利，首先是保护他对劳动力的所有权，像山西黑砖窑事件暴露出来的问题，本质上是剥夺了农民工的劳动力所有权，使农民工成为奴隶，奴隶就没有自己的人身所有权，所以在当前提出保护劳动力所有权具有现实意义，有助于防止现代奴隶制产生。其次是保护雇工的劳动力使用权，这包括劳动力使用的期限、工作日长短、法定节假日、使用权价格、工资水平、工资的及时发放、劳动力培训以及其他社会福利。对雇工基本权利的保护不能单纯依赖政府，更不能仅仅诉诸一纸法律条文，要鼓励和引导被雇佣者成立工会，以联合起来的民主力量保护自己的权利，这也是社会主义新牧区建设中基层民主制度建设的重要内容。

参考文献

[1] 东乌珠穆沁旗人民政府：《东乌珠穆沁旗"十一五"经济社会发展规划》，2006年2月。

[2] 东乌珠穆沁旗人民政府：《东乌旗引导扶持牧区人口向城镇转移实施意见（试行)》，2007年。

[3] 乌力吉：《振奋精神，扎实工作，全面推进经济社会更快更好发展——在中共东乌旗委十届七次全会（扩大）会议上的报告》，2006年3月13日。

[4] 乌力吉：《把握新机遇，迎接新挑战，努力实现经济社会又好又快发展——在中共东乌旗委十一届二次全会（扩大）会议上的报告》，2007年3月18日。

[5]《东乌旗经济社会发展情况》，2007年7月。

[6] 东乌珠穆沁旗统计局编：《东乌珠穆沁统计年鉴》，2006年。

[7] 东乌珠穆沁旗人民政府:《东乌珠穆沁旗社会主义新牧区建设规划》,2006 年 7 月。

[8]《乌珠穆沁报》,2007 年各期。

[9] 刘永佶:《农民权利论》,中国经济出版社,2007 年。

[10] 杨思远:《中国农民工的政治经济学考察》,中国经济出版社,2005 年。

[11] 乌日陶克套胡:《蒙古族游牧经济及其变迁》,中央民族大学出版社,2006 年。

巴音图嘎草场整合后牧民权利保障

2005 级政治经济学研究生　董　宁

牧区经济改革的核心内容是提高和巩固牧民权利。新中国建立以来，牧区从土地改革、合作化、集体化、草场承包到如今的草场整合，牧民权利发生了很多变化，但总体而言都体现着这一原则。

一、土地改革以来，牧民权利的变化

土改后，牧民获得劳动力所有权和草场的所有权。这里的所谓草场所有权从严格意义来说，应该是草场的占有权。土地改革奠定了新中国重要的经济基础，也是以农民为主体的革命的首要大事，这场针对中国特殊矛盾所进行的经济变革，实现了两千余年来农民的基本要求——"耕者有其田"，人民政府将绝大部分土地的占有权都分给了农民。土地改革中的土地所有权归国家掌握，其派生的土地占有权由国家分配给农民。同样道理，土地改革后牧民获得了草场的占有权。对于牧民的劳动力所有权，这在个体劳动中是不明显的，只在短期出卖劳动力时和雇工身上才表现出来。新中国成立后，牧民具有了法律上的公民权，人身权由此得到保障，牧民自身的劳动力所有权得到了法律规定。

土地改革完成以后，中国开展了合作化运动。在这一时期，合作社基本的权利就是社员的劳动力所有权，《农业生产合作社示范章程草案》中对劳动报酬的规定相当明确、全面，这是劳动力所有权派生的使用权的体现。对于草场占有权，牧民入社时只是将草场的使用权交给合作社，草场的占有权仍归社员个人。

1956 年起，全国开始了从初级社向高级社的转化，1958 年实行了人民公社集体化。人民公社不是单纯的经济组织，而是行政与经济、文化等统一的社会单位。牧民的身份由其户口决定而属于某社，其劳动力就随其身份而属集体所有，社员没有条件支配自己劳动力的使用权。草场实行"集体所有制"，实际称为集体占有制。在这一时期，牧民失去了劳动力所有权和草场的占有权。

集体制虽然可以在短期内动员人力物力进行协作生产，但由于限制了个人权利，从而限制了个人的主动性和积极性，阻碍了生产力发展。为克服集体化的缺陷，实行了生产责任制，1984年起开始了草场承包。在这一时期，虽然没有明确规定劳动力所有权，但却在实际上承认了其对劳动力的支配权和使用权以及按劳计酬的权利；没有改变草场的所有权和占有权，但对使用权进行了改变。即牧民得到了劳动力所有权和草场使用权，草场占有权仍归集体所有。

草场承包刺激了牧民的积极性，畜产品的产量也迅速提高，然而牧民贫富分化、草场退化、牲畜品质下降等问题也接踵而至。2007年初，东乌珠穆沁旗巴音图嘎嘎查开始推行草场整合。草场整合仍然坚持草场家庭承包为基础，各方权利明确、关系简单，牧民依旧享有劳动力所有权，在承包期的草场使用权不会丧失，但却发生了一些变化：草场整合扩展了草场承包的权利体系，即草场的短期使用权可以出租，被整合户丧失了租赁期内所承包草场的使用权，同时牧民又可以出卖劳动力的使用权。

二、牧民劳动力所有权的变化

牧民的劳动力所有权在初级社时就没有明确规定，高级社也是如此，但保留了牧民"退社自由"的规定。到了人民公社时期，牧民是否成为社员已不由其个人意愿决定，而是由其户口决定属于某社，其劳动力随其身份而属集体所有，社员没有条件支配自己劳动力的使用权，牧民个人没有劳动力所有权。这些规定的依据是前苏联的《政治经济学教科书》，不承认社会主义社会劳动力是商品，自然也就不会涉及劳动力所有权，只是提及如何组织劳动以及劳动报酬。人民公社社员的劳动力所有权虽然没有得到法律的承认和规定，但实际上属"集体所有"，对劳动力占有和使用的"评工计分"办法，明显带有平均主义的倾向。由于限制了个人权利，从而限制了个人的主动性和积极性，牧民素质技能的发挥和提高受到阻抑，这不但阻碍了生产力发展，还影响了牧民生活水平的提高。

草场承包以后，对于人民公社体制的改变主要在于通过承包草场使用权而使集中于集体的牧民劳动力所有权得以重归牧民个人，草场的"家庭经营"就是牧民以自己的劳动力所有权、运用自己所有的生产资料在承包了使用权的草场上进行劳动。虽然各级文件都没有对牧民个人劳动力所有权及其他权利进行规定，但正是在不规定中解除了集体对牧民劳动力的所有权，将其归还给牧民个人，牧民获得了劳动力所有权。对于牧民部分权利的释放刺激了牧民的积极性，畜产品的产量也迅速提高。草场的家庭承包实际上是牧民以自己所有的劳动力与承包来的草场相结合的经营方式，体现了牧民劳动力的个人所有权与对草场使用权的关系。家庭在承包后成为生产和生活单位，抵抗不了各种自然和经济风险，而牧民贫富分化、草场退化、牲畜品质下降等问题也与承包后家庭狭小的经营规模联系在一起。

草场整合以草场承包为基础，并没有否定承包中牧民所获得的劳动力所有权，牧民同时还可以出卖劳动力使用权。草场整合使被整合户失去草场租赁期内的使用权，但仍保留了劳动力所有权，草场承包时劳动力与草场直接结合的形式解体，被整合户不能使用自己的草场，只有出卖自己的劳动力使用权，以外出打工或给别的牧户当羊倌的方式获得工资收入。草场整合后的家庭牧场经营方式不但包含草场的租赁关系，也包含了劳动力雇佣关系。然而对于雇工权利的保护并没有完善的措施，这也使草场整合后面对牧民的权利纠纷缺乏相应的解决方法。以巴乙拉猛克家为例，家中承包了 1 万多亩的草场，有 1300 多只羊，40 多头牛，雇佣了一对夫妇为羊倌。巴乙拉猛克为羊倌提供住房，一年下来羊倌还会得到 2 只羔羊、2 只母羊和 200 元现金的报酬。对于羊倌的工资的合理数额目前并没有统一规定，如何保护劳动力使用权，如工作时间的长短、工资水平及发放等，是草场整合后亟待解决的问题。

三、牧民草场权利的变化

草场承包中草场所有权和占有权仍归集体所有，牧民得到了草场使用权。草场整合没有否定草场承包中的基本权利关系。集体对草场的所有权和占有权没有改变，整合户与被整合户的草场使用权不但依法得到了保护，而且草场承包的权利关系又得到发挥。为了家庭牧场规模的扩大，已经承包到户的草场使用权可以流转，流转后，被整合户的草场使用权在整个承包期内依然保留，这可称为"草场承包期使用权"，由被整合户享有；而被整合户的草场在租赁期内转移到整合户手中，由整合户享有的该草场使用权可称为"草场租赁期使用权"。草场承包期按国家政策为 30 年，而草场租赁期按巴音图嘎嘎查草场整合规定为 3 年。3 年期满后，被整合户可以选择与整合户续约，也可以选择转租或收回草场使用权。

草场整合后继续保留的铁丝网从另一个侧面印证了被整合户草场使用权的存在。铁丝网本来是草场承包的产物，牧民依此划界而牧，这也是牧民草场使用权的象征。草场整合后，本应将铁丝网拆除，以利于牲畜在更大范围放养，从而充分利用草场，在最大限度上实现游牧方式。然而租赁期内草场使用权虽然归整合户，但更长的承包期内的草场使用权仍归被整合户，尽管保留铁丝网每年需大量的维护费用，作为权利象征的铁丝网仍然被保留了下来。

草场整合期间，整合户与被整合户要签订草场租赁契约，依法明确规定双方的权利和义务。一方面，整合户在租赁期间应保证不因过度放牧而使被整合户的草场遭到破坏，另一方面，整合户也要按时向被整合户支付草场的租金。实际操作中，很多非牧户以高价联合出租牧户避开政府监察、暗中进行草场整合，并对草场实施掠夺式经营，导致过度放牧、草场退化，破坏了草场的生态平衡，损害了牧户的长远利益。

四、依法保障牧民权利

巴音图嘎嘎查草场整合实行以牧民为主体、政府为主导的社会主义新牧区建设原则，在牧民自愿的基础上，政府对草场整合制定了相应的政策，规范整合租赁契约，依法保障牧民权利是草场整合的关键所在。当前，草场整合中急需研究解决的是对被整合户权利的保障。被整合户的劳动力所有权如何在与整合户的买卖关系中得到有效的保护，使之能够取得劳动力使用权的公平价格是关键所在；被整合户的草场承包期使用权如何不被租赁期使用权所侵害，同样需要做出相应的规定和实施切实的保障。

对于整合户，东乌旗政府一方面组织牧民出国考察、安排相关培训、一方面出台了相关政策鼓励、支持牧户经营，如关于草场租赁，政府对整合户实施补贴，按照草场租赁的面积，每亩补贴0.5元；对于把全部草场封闭为打草场（三年以上）的牧户，若需新建围栏，新增部分的70%可由相关项目提供资金。

被整合户丧失了草场的租赁期使用权，从而面临从草场上转移出来的一系列重要问题。由于受游牧民族传统生活方式和观念的影响，部分被整合户满足于依赖整合户每年支付的租金生活，部分被整合户选择继续留在草原上为他人做羊倌，部分选择走出草原，外出务工。对于其劳动力所有权和使用权的保护，一方面应有完善的法律制度，政府强化监督管理，另一方面，被雇用者应具备权利意识，成立工会组织，以联合起来的民主力量捍卫自己的权利。为鼓励被整合户进城务工，东乌旗政府出台了《东乌旗引导扶持牧区人口向城镇转移实施意见（试行）》，对于依法流转草场承包经营权后进城的牧户，在锡林浩特各旗市购买房屋给予协调贷款，一次性补贴5000元，免交房屋交易手续费、登记费和契税等；牧民个人转移进城就业，给予每月25元租房补贴；牧民转移进城后，可参加医疗保险，子女接受义务教育可享受"四免两补"政策。这些优惠政策在保护被整合户利益的同时，大力保障了牧户从草场"移得出、稳得住、富起来"。

为保护草场，保证牧民长远利益，处理牧民纠纷，政府成立了草原监理站。草监站为存在草场边界纠纷的牧户重新界定了草场，解决了牧民因草场边界不清引发的矛盾；检查纠正牧户抢牧、滥牧等过度放牧现象，并展开清理非牧户的工作，大力查处非牧户与出租户的暗箱操作，以保护草原生态，并为整合户提供公正合法进行草场整合租赁的环境。

分报告之二

巴音图嘎嘎查草场整合中基础设施整合

2006 级民族经济学研究生　王　萍

　　蒙古族是一个典型的游牧民族，他们的最主要特征就是"逐水草而居"，也就是说是随着水源移动的，因为他们认识到水源好的地方草就会茂盛。正因为是游牧民族，他们的基础设施自然也会简单一些，比如说，勒勒车、马（交通工具）、蒙古包等，都是比较容易移动的。牧民的基础设施具有显著变化是从 1984 年家庭联产承包责任制在牧区的实施开始的。牧区实施了像农区一样的承包制之后，把草场承包给了每户人家，户与户之间必须划清界限，因此牧民采取了拉铁丝网的办法，各自保护自己的草场。草场固定之后，必须解决水源问题，因此每户人家打了一口井，这在以前是很少见到的。除此之外，住房也有了变化，蒙古包已经成为商业性旅游住所，已不是普通老百姓所居住的固定房屋。可以说牧民的生活水平提高了，基础设施也增多了，概括起来有以下几种：道路、铁丝网、井、棚圈、交通通讯工具、风光电力设备、住房、降氟设备、打草设备。市场经济发展之后，基础设施也随着市场经济的发展而发展，然而，这些基础设施给牧民带来利益的同时也增加了他们的投入，这将在后面进行阐述。家庭承包责任制在一段时期内起过积极作用，调动了大家的积极性，但是它也带来了诸多问题，成为我们关注的焦点。为了解决这些问题，为了实现新牧区建设，国家在内蒙古锡林郭勒盟东乌珠穆沁旗道特淖尔镇巴音图嘎嘎查设立了草场整合的试点。基础设施作为经济发展的重要因素，在促进经济增长中具有基础性作用。在全面调研的基础上，在此对内蒙古锡林郭勒盟东乌珠穆沁旗道淖尔镇巴音图嘎嘎查的基础设施整合情况做一介绍。

一、草场承包后牧户基础设施投入的增长与生产成本上升

　　1984 年进行承包责任制，是按照每户人口数来划分草场面积的。在巴音图嘎嘎查人均分得草场面积为 1380 亩。因政策是 30 年不动，所以加人不加草场，减人不减草场。通常来说，每户至少有三口人，按人均 1380 亩算的话，三口人的草场面积是 4140 亩。草场承包最典型的特点就是在广阔无

垠的大草原上出现了一道道的铁丝网。草场承包后对牧民来说最重要的基础设施也就是：铁丝网、棚圈、水井、住房，这些是每家必不可少的基础设施。

蒙古族几千年的游牧生活没有过多的基础设施，但是草场承包之后，牧民不得不增加这方面的投入。比如说：洁白的蒙古包，也就是毡房已经被常常在农区见到的砖瓦房所取代。由于各牧户之间要划清界限，在草原上出现了铁丝网。在草原上奔跑的牧民的交通工具马已经被现代化的摩托车代替，有的富裕牧民家里还有小轿车，这在东乌旗被称为草原110。通讯设备不仅有电话，还有电脑，可以通过网络与外界联系。为了解决人和牲畜的饮水问题，定居了的牧民打起了井，一般深度都有100米左右。由于草场承包后每户都要建一个牲口棚圈，随着牲畜的增多投入也会增加。草原上的牧民是分散的，不像农区那样聚集在一起，因此在牧区要靠风光互补来供电，需要购买设备，这在几千年的游牧生活里是没有的。还有，因东乌旗一带的水含氟比较多，长期饮用不利于身体健康，因此需要购买降氟设备。随着机械化的发展，有的牧民家里也有了打草机等机械化设备，当然这是根据牧户经济情况而定的。总之，草场承包确实提高了牧民的生活水平，但是牧民的支出也随之增多了。

草场承包后对牧民的收益也有影响，可以通过当地牧民的基础设施支出情况反映出来。

牧民盖一座砖瓦房，花费要比农区多。农区通常需要花费3万到4万左右，牧区则需要7到8万，有的还高达20万左右。因为他们的运输费用要比农区高，还有务工费等都要比农区高。这相当于牧民年收入的一半。草场拉铁丝网需要4到5万元，草场面积大的花费更多，每年还有维修费，需要再增加投入，基本占年均收入的1/3。交通工具等机械化设备的投入需要几万元，因户而异，也占年收入的1/4左右。一般水井深度100米左右，这差不多需要10万元左右。建一个牲口棚圈需要2到3万元。风光互补发电设施需要0.5万元左右。从上面我们也不难看出牧民的生产成本已提高，再加上承包草场之后牧民在固定的草场放牧，草原植被受到损害，载畜量下降，收入也受到影响，但是支出并不减少。比如说：东乌旗草场载畜量在1963年至1967年是600万羊单位，在1993年至1998年是380万羊单位，到2000年至2005年是300万羊单位。可以说草原载畜量在不断地下降，畜产品出售价格也在下降（表1），导致牧民收入增长缓慢，但他们的支出却在不断地增长。

表1 牧民家庭畜产品出售价格

项目	单位	2004 年	2005 年	2005 年比 2004 年增长（%）
牛	元/头	1730	1938	12.02
马	元/匹	1687	2423	43.63
绵羊	元/只	237	216	−8.86
山羊	元/只	223	240	7.62
绵羊毛	元/公斤	4.67	5.75	23.13
山羊绒	元/公斤	246	253	2.85
牛皮	元/张	160	145	−9.38
绵羊皮	元/张	58	37	−36.21
山羊皮	元/张	95	90	−5.26

资料来源：东乌旗统计局：《东乌珠穆沁统计年鉴》(2006)，第226页。

从以上内容看，牧民的投资在增长，收益却在减少。

况且，草场承包是根据1984年所在的人口来分的，再加上这项政策30年不变，于是便形成了加人不加草场，减人不减草场的局面。比如说：巴音图嘎嘎查的图布沁家在1984年的时候是3口人，因此分得的草场面积是4100亩，现在已经增长到6口人，但草场面积没有增长，家里牛羊少，图布沁不得不去给别人打工放牧。从这儿我们不难看出，牧区贫富差距是很大的。当然当时这个政策起了很好的作用，调动了牧民的积极性，但是经过这么多年的发展，它已成为贫富差距加大的一个重要因素。

草场承包后草场上出现了一道道铁丝网，这是户与户之间的界限。每隔几千亩或者更大的面积内，就有水井等基础设施，因此草原上重复性的基础设施较多。因基础设施投入的增加，草场载畜量的减少，有的人口多的牧户家草场面积相对较少，就只能给别人放牧或出去打工。这就造成了基础设施因长时间闲置而带来的浪费。

二、草场整合与基础设施整合

草场承包存在诸多问题，这些问题有待于解决，草场整合政策的出台有利于这些问题的解决。当前这项政策正在探索当中，有待于进一步完善。之所以说草场整合是草场承包的必然选择，可以从以下几方面加以分析：(1)草原退化严重，草畜矛盾突出。由于不合理开发，草原退化、沙化、盐渍化十分严重。巴音图嘎嘎查退化的草场面积已占可利用面积的68%，草原生产力较上世纪80年代下降了20%以上。贮草能力不强，抵御灾害能力弱。全嘎查仅有打草场2.6万亩，人工饲草地100亩，每年需外购饲草600吨左右，冬春季补饲水平较低，畜均贮草不足80公斤。草原承载能力基本处在饱和状态，草畜矛盾突出。（2）牧民贫富差距大是促进草场整合的重要因素。家庭承包以后，每户都有自己承包的草场，但由于是30年不动，草场面积没有改动，加了人不加草场，况且在同一个草场上放牧，草场无法休养恢复，载畜量下降，基础设施投资成本增大，收益减少，可以说狭小的经营规模难以维持生活，因此出去打工的牧民很多。相反，人口减少的家庭草场面积相对较大，这些家庭中具有经营能力的则越来越富。据调查，整合户一般都有一定的经济实力，能付得起租金，被整合的通常是家里没有牲畜或牲畜比较少或是其他原因造成贫困的，不得不租让草场，然后自己在外面打工。（3）草场整合是保护草原生态，促进可持续发展的必然选择。游牧是逐水草而迁徙的，当牲畜吃完一片草，就会转移到另一片草场，这有利于草场的恢复，也有利于花粉的传授。草场整合可以进行轮牧，可以把草场划分区域。如：巴音图嘎嘎查的伊·阿拉哈家整合了两户，一个是他哥哥的草场，一个是邻居图布沁家的草场。伊·阿拉哈说，草场的一部分留下来作为打草场，其余的用来放牧。这在草场承包时期是很难做到的。（4）转移人口实现城镇化的必然选择。现在由于草原退化，草场的载畜量不断下降，这就需要一部分人转移到其他行业，使草畜平衡，有效合理地利用资源，创造更大的财富。草场整合可以促使剩余劳动力转移出去，是实现城镇化的必然选择。（5）通过草场整合发展家庭牧场，可以发挥能人的带头作用，抵御风险，增加牧民收入。

草场整合的内容很多，如：基础设施整合、牲畜整合等。基础设施整合是草场整合的基础和内容之一。在我们的调研中，巴音图嘎嘎查的整合是初步的，它主要是租赁式的方式。在对两个整合户的调查中发现，伊·阿拉哈家租用邻居图布沁家的草场时，没有把棚圈、铁丝网、水井等算到合同里。伊·阿拉哈说因两家草场离得太近，自己家的基础设施就够用了。希·朝鲁说他整合了邻居阿拉坦·格日勒的草场，阿拉坦·格日勒家里有井，没有棚圈，把井折算到了草场价格里。这就不难看出现在的草场整合主要停留在初级阶段，还没有涉及更深层次的内容，因此随着草场整合的完善，基础设施的整合也会被牧民所重视。

草场已经整合了，但是草原上的铁丝网仍然没被拆除。那么铁丝网为何不能拆除呢？当我们问及的时候，伊·阿拉哈说目前牧民观念还没有转变，怕因此而失去草场，这些顾虑的消除还要取决于草场整合的效益。但我们觉得拆除铁丝网可以节省维修费用，可以降低成本。可是从另一方面来说，铁丝网的存在对于被整合户来说是使用权的象征，在合同期间使用权是属于整合户的，合同到期后使用权仍属于被整合户，因而对牧民来说，铁丝网就是他们权力的象征。对整合户而言，铁丝网的存在有利于划区轮牧。

那么，草场整合后，基础设施投入是否增长呢？当我们问到整合户伊·阿拉哈时，他说因为刚开始整合，畜群还没有扩大，现有的基础设施完全可以满足需要，唯一增加投入的是冬天骑摩托车放牧所花费的油费。整合户希·朝鲁说，整合后需要建一个棚圈，大概花费4000至5000元。拉铁丝网把草场分成四块，进行划区轮牧，这需要花费2万元，但政府有一定的项目资金，可以补贴70%，个人仅需花费7000元。这些投入会因每户的情况不同而有所差异。我认为草场整合会增加基础设施的投入。从当前来看，整合户的畜群还没有增加，因此这方面的投入还不明显，但是随着畜群的增多，基础设施的投入也会增长。比如说棚圈随着畜群的增加，也需要相应的增多。随着现代化畜牧业的发展，机械化设备也会增多，相应的投入也会增大。由于没拆除铁丝网，也需要一定的维修费用。随着草场整合，畜群的品质上升，要求畜牧业生产专业化，自然也要求增加相当规模的基础设施。从东乌旗基础设施规划表我们就可以看到这一点（表2）。

表2　东乌旗基础设施规划表

行政区	饮水井（眼）	畜棚（万平方米）	畜圈（万平方米）	基层动物防疫站（个）
全旗	1600	108.2	373.3	57
乌里雅斯太镇	227	15.2	48.9	9
道特淖尔镇	230	15.6	49.2	10
嘎达布其镇	207	14	44.8	7
满都胡宝力格镇	237	16.1	51.3	6
额吉淖尔镇	203	13.7	42.0	8
呼热图淖尔苏木	262	17.7	54.4	10
萨麦苏木	217	14.7	45.1	7
其他	17	1.2	37.6	

三、政府对基础设施整合的补贴优惠政策

基础设施在经济发展中具有重要的作用，因此为了鼓励实施基础设施整合，政府也制定了一些优惠补贴政策。

在新牧区建设中，当地政府在建设资金的筹措上，采取了牧民自筹、政府补贴、项目带动、信贷支持等综合措施，为社会主义新牧区的建设提供了资金保障。政府对划区轮牧的牧民采取了政府补贴的方式，如：政府补贴围栏总造价的70%，个人承担30%。在基础设施方面对巴音图嘎嘎查实行了政府补贴的政策，比如：30%的用户解决用电问题，采取争取项目、财政支持、牧民自筹等方式，为牧区安装风光互补发电设备。政府规划给30%的牧户安装网络，牧民每月只需交50元网费，就可以通过设立的蒙古语网站，随时得到信息，使信息畅通。80%的牧户安装降氟设施，一台4000元。这些都没有专项资金做支持，而是用别的资金来补充。同时政府也向牧民建设基础设施提供低息贷款，解决牧民资金短缺问题。

新牧区建设投入达2082万元的资金中，教育基础设施方面的投资截止到2007年6月14日是261万元。如：东乌珠穆沁旗蒙古中学占地面积为11063平方米，拥有两幢教学楼、微机室、语音室及多媒体教室、远程教育资源接收室等现代教学设备及物理、化学、生物实验室。东乌旗民族综合高中拥有教学楼、实验楼、一号学生宿舍、学生食堂楼、多媒体阶梯教室。2007年又将实施第二个工程：建设一幢办公楼、二号学生宿舍、一幢体育馆楼，共计面积9459平方米，2007年10月投入使用。由于牧区比较分散，从小学到高中实行集中办学，可以在学校住宿，还给住宿生提供一定的生活补贴。

草场整合后，政府对被整合户的租房购房等也给予了优惠政策。《东乌旗引导扶持牧区人口向城镇转移实施意见（试行）》的第四条规定：牧户（全家）依法流转草场承包经营权后转移进城，在本盟各旗县市（区）建制镇购买普通商品住房、二手房时，由人口转移办协调贷款，对每户一次性补贴5000元，免交房屋交易手续费、登记费、契税；在东乌旗购买营业性用房，免交房屋交易手续费、登记费，契税先征后返。第六条规定：牧民个人（牧户家庭部分成员）转移进城，与用工单位签订一年合同（含一年以上劳动合同）并实现一年（含一年）以上就业，持嘎查出具的人口转移证明

和劳动合同副本，每月给予 25 元的租房补贴；在宾馆、餐饮等行业就业一年（含一年）以上的，按每人每年 500 元标准支付牧民个人岗位补贴；牧区 65 岁以上的老人进城养老租房的，每户每月给予 25 元租房补贴。第七条规定：牧户进城从事第二、第三产业的，购买商住两用房屋，根据生态移民实施情况，对每户给予购房补贴。80 平方米以下的，补贴 10000 元；80 至 100 平方米的，补贴 15000 元；100 至 150 平方米的，补贴 20000 元，150 平方米以上的，补贴 25000 元。第九条规定：牧户把全部草场封闭为打草场（三年以上），需新建围栏的，新增部分的 70% 可由项目提供，如进城购房、租房可享受第五条、第七条租房和购房的优惠政策。

　　草场整合当中政府的扶持是不可缺少的，这些优惠政策能够鼓励能人整合草场，有利于发挥他们的带头作用，有利于牧区人口向城镇的转移，摆脱贫困。促使牧民接受当前政策，有利于草畜的平衡发展。

参考文献

［1］东乌珠穆沁旗人民政府：《东乌珠穆沁旗社会主义新牧区建设规划》，2006 年 7 月 2 日。

［2］东乌珠穆沁旗人民政府：《东乌旗引导扶持牧区人口向城镇转移实施意见（试行）》，2007 年。

［3］东乌珠穆沁旗统计局编：《东乌珠穆沁统计年鉴》，2006 年。

［4］《东乌旗经济社会发展情况》，2007 年。

［5］《东乌珠穆沁报》，2007 年。

［6］东乌珠穆沁旗人民政府：《道特淖尔镇巴音图嘎嘎查社会主义新牧区建设规划》，2007 年。

［7］东乌珠穆沁旗人民政府：《东乌珠穆沁旗满都宝拉格镇满都宝拉格嘎查社会主义新牧区建设规划》2006 年—2010 年。

［8］杨思远：《经济民族论》手稿。

分报告之三

巴音图嘎嘎查草场整合后畜牧业技术的创新

王　萍

草场整合规模扩大对畜牧业技术提出了新的要求，实现技术创新是顺利进行草场整合的重要环节。

东乌旗草场整合是建设家庭牧场，所涉及的内容非常多，并非是简单的草场流转。家庭牧场具有较强的专业性以及产业链的连贯性，会涉及生产基地建设、品牌建设、产后服务建设等一系列问题。以家庭为主的传统畜牧业技术难以满足草场整合的需要。因此，要顺利进行草场整合，必须对以往的畜牧业技术进行创新，发展先进的畜牧业技术，以符合草场整合的要求。

一、草场整合与规模扩大需要畜牧技术创新

畜牧技术是草场整合顺利进行的重要环节，要了解畜牧技术创新首先要对畜牧业技术包括的主要内容有清楚的认识。

杨思远教授在《经济民族论》中对畜牧业技术的内容是这样阐述的："牧民将牲畜的配种、繁殖、接羔、阉割、喂养、放牧、组群、育肥、挤奶、剪毛、宰杀、改良品种、畜群清点、步伐追踪、草场保护、天气预报、草原预警、信息传递、抗灾、疫病防治、乳肉皮毛等畜产品加工等等环节全部纳入劳动范畴，并且在不同环节发明了相应的生产工具。"根据以上内容，畜牧业技术应该是指通过草场、牲畜等生产资料，生产畜产品的全部劳动过程中各种技能的总和。

大规模牧场经营生产高度规模化、集约化，有助于畜牧业技术的创新，但草场承包这种以家庭为主的生产方式不利于畜牧业技术的发展。20多年来的经验证明了这一点。草场承包是个体小生产的经营模式，技术基础主要依赖传统的畜牧技术，而不是依靠先进的科学技术，因此不利于畜牧业技术的创新。而草场整合后建立的规模化的家庭牧场则有利于畜牧业技术的创新。规模化的家庭牧场生产形式，有能力引进现代化科学技术，打造先进的畜牧业。以个人为生产单位的草场承包很难达到一定的规模，另外由于个体经济能力等各种因素的影响，对畜牧业技术的创新具有阻碍作用。草场承包

时期，狭小的生产规模不需要先进的科学技术，传统的畜牧业技术足可以满足要求。在个体生产中，引进先进技术必然会增加成本，从经济方面来说，不太可行。再加上牧民本身的文化水平低，财力不足等因素，使先进技术无法推广。同时由于传统技术对草场生态的破坏，也成为阻碍畜牧业技术创新的重要因素。

草场整合需要畜牧业技术的创新，因此，传统的畜牧业技术与先进的畜牧业技术会产生冲突，并成为草场整合后需要解决的技术难题。

巴音图嘎嘎查的气候特点是春季多风干旱，夏季温热，秋季短暂霜早，冬季风大寒冷持续时间长。年均降雨量350毫米左右，集中在7—8月，降雨分布不均。地表水资源匮乏，仅有极小部分的沼泽湿地，难以有效利用。地下水资源相对丰富，可供开采用于小型人工饲草基地建设。草原退化严重，草畜矛盾突出。由于连年干旱及不合理开发，草原退化、沙化、盐渍化十分突出。草原承载基本处在饱和状态，草畜矛盾突出。抵抗灾害能力弱，受自然环境影响较大，防疫功能差，不利于大规模经营。信息传递不流畅，牧民缺乏市场意识，很难了解准确的市场行情。经营管理不健全，文化水平低，政府政策难以落实。草原预警机制不完善，靠传统的技术很难预测。牲畜品种主要为东乌珠穆沁羊、乌珠穆沁白绒山羊、蒙古牛、蒙古马和西门塔尔牛。由于草场的退化，牲畜品种质量下降，很难达到大规模生产所需的产量、品质、品牌的要求。草场整合后，被整合户的牲畜是用三种方式来解决的：一是寄养；二是出售；三是带养。寄养就是被整合户将牲畜寄存在整合户家里，由整合户代为放养。出售是指被整合户流转草场后将剩下的牲畜全部出栏，出去打工。带养是指被整合户在草场被转租出去后自己又给别的牧户当雇工（当地称为羊倌），将所剩不多的牲畜带到牧主家的草场上放养。这就涉及到了整合户与被整合户之间的牲畜如何清点的问题，是否处理好，直接影响草场整合的效果。畜群规模化与载畜量之间也有矛盾。畜群规模扩大了，难以控制载畜量，因此，畜群组群技术能否创新涉及到草场整合的成败。现在东乌旗草原的载畜量是300万羊单位，载畜量在不断下降。草场整合后还需要解决其他一系列问题，如接羔、喂养、划区轮牧等。草场整合后提倡接早羔，随着规模化发展，羊羔的数量会增多，这就要求配备劳力，建设保温型和功能型的棚圈。牲畜的喂养单靠天然草原很难达到一定的规模，而人工草场和天然草场有效结合，改善饲料储备技术，引进先进的种草、饲料储备技术则给畜牧业发展提供了希望。草场整合后，牧民的草场面积达到一定的规模，可以进行划区轮牧，把草场划分为夏季、冬季两个季节的草场，在夏季里又分为好几块，采取"四季轮牧，换季利用"的办法进行放牧。因此，划区轮牧技术的成败及合理程度也会影响到草场整合的效果。草场整合需要建立品牌，牲畜的配种、繁殖、育肥、改良品种的技术直接影响着品牌效益。草场整合后配种方式采取冻精液配种，这需要培养大批畜牧业科技型人才，技术的熟练程度，配种的成功与否关系到草场整合的成败。繁殖技术影响着牲畜品种的改良，要想改良品种就必须改进繁殖技术，改进繁殖技术需要专业性人才和专门的机构。

以上的这些技术问题得不到解决，草场整合不可能获得理想的效果，甚至会使草场整合中途夭折。

二、巴音图嘎嘎查畜牧技术创新主要成果

巴音图嘎嘎查在畜牧业技术创新上取得了不少新成果，其中有的来自于旗镇。

为了改善人畜饮水，通过引进降氟设备，建立风力提水设备，发展风力、风电、光电拉水、开发水质好的深层水，解除高氟水对人畜饮水安全的威胁。

为了提高畜牧业的效益，他们改良牲畜品种，推行黄牛改良，扩大西门塔尔牛饲养规模，提纯复壮乌珠穆沁羊，从而提高家畜个体生产性能，增加畜产品产量。建立基层冷配点，培养冷配员。通过引进和级进杂交等方式，开展肉牛改良，配种方式完全采用冷冻精液配种；奶牛全部选择荷斯坦牛，实行冷配改良；蒙古马是一个原始品种，繁殖手段为本交；完善乌珠穆沁羊地方良种繁育体系，加快牛品种选育步伐，搞好选种选配；绒山羊全旗统一供配种公羊，建立系谱档案，防止近亲繁殖。牲畜耳朵上打烙印，便于清点。同时将畜牧业信息技术也应用于畜牧业发展。畜牧业信息技术的应用主要集中在三个方面：畜牧业基础数据库建立，包括草原资源环境监测和预报、草场灾害监测预警等；畜牧业智能化管理，包括资源合理利用与计划管理、生产经营的投资决策、环境恢复专家决策等；畜牧业信息网络，包括生产流通、经营、销售、生产技术的培训推广、市场动态及监测预警等。考虑到牧民的汉语水平，东乌旗建立了蒙古语网站。

为了使草场可持续发展，实行了划区轮牧。巴音图嘎嘎喳 80% 的可利

用草场实行划区轮牧，面积 72 万亩。草场面积 1 万亩以上，生产力较高的草场，划分为两季以上的季节营地，在夏秋季节，实行无围栏式的分段放牧；草场面积 4000 亩左右的牧户，以集约化程度较高的轮牧方式为主；3000 亩以下的草场，采用联户、草场流转或家庭牧场经营等经营形式，形成规模为 1 万到 1.5 万亩的基本生产单元，发展畜牧业适度规模经营。草场保护采取了控制载畜量、推行提前出栏奖励办法、剩余人口转移等优惠政策合理控制载畜量，给予政策性的补贴，鼓励大家保护草场。建立草原预警体系。建立草原资源定位监测站，在草原资源健康状况评价的基础上，对草原生产力变化、资源数量动态、草原灾害等进行常年监测，采用合理科学的利用保护措施。监测体系以定位监测站建设为主，以提高地面监测能力为重点，完善监测设施和技术设备。建立鼠虫害、火灾等防灾减灾预警体系。

教育方面，结合"新型牧民培训工程"、"绿色证书培训"对牧民进行培训，内容包括饲草料加工与贮存技术、畜牧业生产适用技术、先进繁育技术、牛羊育肥技术等，培养新型牧民。如：2007 年 5 月份东乌旗组织第三批牧民赴加拿大考察。建立图书代销市场，代销的图书大多数是蒙语版的畜牧业技术性书籍。

在长期经验积累中，他们完善和发展了牧业机械化服务体系，发展草原建设机械、草产品加工机械、畜牧业生产机械，提高畜牧业生产关键环节机械化装备水平。草原建设机械化。主要有全耕翻机械、浅耕翻机械及牧草松土、补播、施肥机械。草产品加工机械化。牧草收获机械包括割草、搂草、压捆、运输等成套机械化设备。饲草料加工机械主要指加工各种牧草、饲料、农作物秸秆、骨粉、血粉等所需设备及精加工设备。畜产品采集加工机械化。从牧区居住分散特点出发，以小型为主，有计划有重点地发展剪毛、肉食品加工、奶食品加工、副产品加工等机械。

三、畜牧业技术创新体系有待建立

家庭承包经营规模小、分工不明确、专业性不强、没有自我创新能力，这就决定了技术进步主要靠技术引进。草场整合后，家庭牧场的规模越来越大，建立畜牧技术创新体系是当务之急。

家庭承包狭小的生产规模无力发展现代化畜牧业技术，也不需要现代化的畜牧业技术，因此限制了畜牧业技术的发展。在漫长的发展过程中，家庭承包经营一直延续传统的畜牧技术，并没有考虑而且没有意识到畜牧技术创新对畜牧业经济的重大作用。因此，在家庭承包经营时期，畜牧业技术没有得到重大突破。

技术进步领域发展不协调。有的技术有了一定的发展，但有的技术没有发展，出现了技术发展不平衡的情况。这些成为发展现代畜牧业经济的重要障碍。

政府在技术创新中的地位与作用不够明确，缺乏前瞻性政策支持。政府在技术方面主要靠引进国外的先进技术，而不是自我创新；大多数都是以优惠政策、给予补贴等措施来促进改进技术，而不是鼓励引导牧民进行技术创新。在技术创新中，需要大批专业性人才。在家庭承包经营中，缺乏这些人才，这就失去了技术创新的主体。

因此，要实现草场整合到现代畜牧业的发展，政府要摆正自己的引导作用位置，调动广大牧民的生产积极性；大力发展科学教育，培养高素质畜牧人才；鼓励技术创新，探索有利于本地区畜牧业技术发展的模式。

四、集中力量解决畜牧生产中的重大技术问题

针对环境和传统畜牧业的影响，政府采取了一系列措施着力解决畜牧生产中存在的四大技术问题。

东乌珠穆沁地处干旱、半干旱内陆地区，近几年由于干旱等气候因素影响，地下水位普遍下降，牧区饮用水井建设标准低，大部分取用浅层水，水质差、矿化度高，氟含量在 2 mg/L ~ 5.1 mg/L 之间，不少地区超过了饮用水安全标准，部分牧民患有氟骨病。牧区居住分散，牧场范围大，放牧距离远，生活生产水源井分布不合理、数量少，影响了牧民的生产和生活。这就需要安装降氟设备，提高人畜饮水安全。以开发利用地下水为主，辅以地面集雨水和截伏流工程；地下水以中浅深机电开采为主，部分地区采用低压管道；动力系统以配套柴油机为主，电力条件好的地区采用电力供水。

草场退化严重，草畜矛盾突出。由于连年干旱及不合理的开发，草原退化、沙化、荒漠化、牧草品种单一化、盐渍化十分严重。这些问题，关系到草场整合能否顺利进行。巴音图嘎嘎查采取了围栏补播治理"三化"草地。集中治理嘎查中南部退化、沙化、盐渍化地区，采用围栏封育、免耕补播等治理改良措施，重点治理面积已达 20 万亩。植被覆盖率达到 55%，牧草产

量达到亩产 50 公斤以上，牧草种类明显增加。通过草场围栏，利用牲畜粪肥，提高草地肥力，促进牧草再生，恢复植被覆盖度，增强草地生产能力。推广蓄水、节水、节肥、节药的草地综合治理和保护环境技术。开展增施有机肥生态补偿试点，推动资源利用的良性循环。对土壤耕作层含盐量在 0.6% 以下的盐渍化土壤，在平作条件下，播种中度耐盐牧草；土壤耕作层含盐量在 0.6% 以上的区域，采用开沟躲盐播种较耐盐碱牧草，有羊草、碱茅、星星草、滨藜等品种。

牲畜品质下降，影响牲畜的重量，进行牲畜品质改良乃是当务之急。以优质乌珠穆沁羊、西门塔尔牛、荷斯坦奶牛养殖，白绒山羊品种资源保护，蒙古牛和蒙古马保种为主要内容，发展现代畜牧业产业。通过乌珠穆沁羊本品种选育工作，加强原种场建设，大力培养种公羊繁育协会及核心群牧户，推行种公羊集中饲养管理，改革种公羊的饲养管理与使用制度，加快完善良种繁育体系，推广乌珠穆沁羊纯天然无污染的"绿色"品牌。通过级进杂交和引进肉乳兼用型西门塔尔牛两种方式，扩大良种牛养殖规模，启动肉牛育肥工作，加快肉牛畜群周转，增加肉牛养殖效益。以提高产绒量和繁殖成活率为生产方向，改善饲养管理条件和营养条件，进行本品种选育，合理更新调剂公羊，建立系谱档案，防止近亲繁殖，严禁牧民采取自流供养进行繁殖，严格选育指标。以现存栏的 1017 头奶牛为基础，通过冷配改良方式，选育提高，同时不断改进饲养管理，提高个体生产力水平，增加养殖效益。

家庭牧场经营管理问题有待改进。推进草场整合，提高产业化程度。通过发展肉羊协会等合作组织，提高牧民生产组织化程度，发挥能人带动效应，拓宽产业领域，促进牧民增收。坚持"民办、民管、民受益"的原则，通过政府扶持、能人带动、利益共享、风险共担的市场化运行机制，建立巴音图嘎嘎查肉羊协会。通过产前订单、产中协调指导、产后统一销售加工，提高嘎查牧民生产、经营、服务的组织化程度。

这些问题是草场整合中的重大技术问题。集中力量解决好这些问题，才能够使草场整合顺利地进行。

分报告之四

巴音图嘎草场整合与草原生态建设

2006 级政治经济学研究生　孙　逊

　　草原的生态问题是目前畜牧业生产发展的关键问题。由于传统的、粗放的牧业生产方式和气候变化等因素的影响，草原退化、沙化、盐碱化严重。我们 2007 年 7 月上旬到达东乌旗时，一望无际的大草原才刚刚泛起绿色，草很稀、很低，与我们想象中的大草原相去甚远。由此可想草原生态问题的严重。而另一方面，人畜的数量在不断增长，这就进一步加大了草原的生态压力。整个草原的生态有不断恶化的趋势，目前的主要任务就是遏制这种趋势的发展。要想既遏制生态环境的恶化，又保障牧民的收入，实现畜牧业生产方式由粗放向集约的转变势在必行，而要想集约化首先必须规模化。巴音图嘎嘎查试点的草场整合政策就是基于以上考虑，以建立现代化、集约化的畜牧业，建设社会主义新牧区为目标推出的。本篇调查报告以生产方式对生态环境的影响为对象，探讨通过草场整合等政策措施恰当处理保持经济增长、保持牧民收入增长和保护、改善生态环境的关系。

一、草场承包带来的生态破坏

　　建国以来，特别是 20 世纪 80 年代初实行家庭联产承包责任制以来，生态环境脆弱的草原退化、沙化和盐碱化严重（三化）。目前，东乌旗地区草原"三化"面积达 3442.83 万亩，占可利用草原面积 5505.0 万亩的62.54%。在巴音图嘎嘎查，退化草原面积已占可利用草原面积的 68%。随着草原的退化，优质牧草减少，亩均产草量下降，草原等级降低，草原生产力大幅下降。

　　究其主要原因，可以归结为两个方面。一方面是由于自然条件变化。我们从东乌旗生态办佟主任那里了解到，将 2000—2005 年的数据与 1953—1960 年间的数据比较，年平均降水量由 309 毫米/年下降到 219.6 毫米/年，2006 年更是只有 146 毫米，2007 年到我们去的 7 月份为止只有 80 毫米，而且是局部雨，降水分布不均匀；年平均气温由 0.1 度/年上升到 2.6 度/年。可以看到，气候条件的变化是非常明显的。而年降水量对草原生态的影响是直接的，也是根本的。我们在旅途中，直接观察就可以分出公路两侧的草场哪片下雨了，那片没下。下过雨的草场冒出绿色，而没下雨的仍然一片土黄。

另一方面，家庭承包经营条件下，畜牧业经营粗放，仍未摆脱靠天养畜的局面。牧民思想观念落后，超载放牧、草原无序利用、管理不善。存在"牧民富不富，就看牧畜数"的陈旧意识，导致牲畜出栏率低，生产周期长，畜群结构不合理。草场规模也成为发展畜牧业，转变生产方式，改善草原生态环境的客观限制。因为草场规模小，难以实施划区轮牧，有的草场四季连牧，对草地资源破坏很大。草场面积必须达到 10000 亩以上、而且生产力较高的草场才能够划分为两季以上的季节营地，通过移动营盘，在夏秋季节，实行无围栏式的分段放牧；草场面积在 6000—10000 亩左右的牧户，也可以实行集约化程度较高的划小区轮牧方式。而 3000—5000 亩的草场就只能通过联户、草场流转或家庭牧场等经营形式，形成规模为 1 万亩以上的基本生产单元，合理确定载畜量，无围栏分段（或划区）放牧，发展畜牧业适度规模经营。

二、草场整合的生态效益

目前在巴音图嘎嘎查试点推行的草场整合是以租赁的方式实现草场有偿流转。通过草场整合，小块的草场向经营比较好的牧业大户集中，整合后的草场规模扩大，面积普遍达到或超过 1 万亩，为转变生产方式，实现集约化经营提供了基本的条件。通过草场整合不仅能够增加牧民收入，而且具有现实的生态效益。

草场整合的最主要的生态效益就是真正能够实行"三牧"制度（轮牧、休牧、禁牧）。草原游牧民族传统的放牧方式为倒场放牧，即根据牧草生长状况在不同草场进行轮流放牧，这是牧民为保证牧草休养生息和牲畜正常生长所采用的草原利用形式，也是我国最早的轮牧方式，距今已有上千年的历史。随着草畜矛盾的深化、对草原认识的深入和保护草原技术的提高，轮牧、休牧、禁牧制度得到了普遍的认可。划区轮牧是一种科学利用草原的集约化畜牧业生产方式，它是根据草原生产力和放牧畜群的需要，将放牧场划分为若干分区，规定放牧顺序、放牧周期和分区放牧时间的放牧方式。划区轮牧一般以日或周为轮牧的时间单位。草原划区轮牧改变了传统的简单放牧、依靠自由增加牧畜头数增收的生产方式，科学地解决牲畜与牧草之间的尖锐矛盾，缓解草原退化、沙化，提高了草场利用率及畜牧生产效率，增加了草场的载畜量，使草原达到可持续发展。通过研究还发现，实行划区轮牧不仅使羊群放牧空间缩小，羊群活动量也相应减少，每只羊在90天内可比自由放牧的羊只增重1.4公斤，同时牧民的劳动强度也大大减轻。休牧是指短期禁止放牧利用，是一种在一年内一定期间对草地施行禁止放牧利用的措施。通过休牧可以在植物生长发育的特殊阶段解除放牧家畜对其产生的不利影响，从而促进和保证植物的生长和发育。休牧时间一般选在春季植物返青以及幼苗生长期和秋季结实期，有特殊需要时也可在其他季节施行。禁牧指长期禁止放牧利用，是一种对草地施行一年以上禁止放牧利用的措施。通过禁牧解除因放牧对植被产生的压力，改善植物生存环境，促进植物（恢复）生长。禁牧措施适用于所有（暂时的，或长期的）不适合于放牧利用的草地。永久性的禁牧等同于退牧，一般仅适合于不适宜放牧利用的特殊地区。禁牧措施一般在由于过度放牧而导致植被减少，生态环境严重恶化的地块。一般以初级生产力和植被盖度作为解除禁牧的主要依据。根据具体情况，当上一年度初级生产力最高产量超过600kg干物质/hm^2，生长季末植被盖度超过50%时，可以解除禁牧。也可用当地草原的理论载畜量作为参考指标。当禁牧区的年产草量超过该地理论载畜量条件下家畜年需草量的2倍时，可以解除禁牧。解除禁牧后，宜对草原实施划区轮牧或休牧。

通过草场整合扩大草场经营规模，推行"三牧"制度还可带来多方面的生态效益。首先，牲畜是草原上除风以外花粉传播的主要载体，草原规模扩大使得牲畜可以在更大范围内游走，有利于花粉的传播，有利于保持草原植物种类的多样性。其次，通过设立围栏划区轮牧可以减少牲畜践踏对草场的破坏。我们在走访牧户的过程中发现，在以居住地为中心的2—5公里范围内由于牲畜自然移动形成以居住地为中心向四周辐射状的多条羊肠小道和裸露的土壤。据有经验牧民介绍，有蹄牲畜的反复践踏甚至将牧草的根踢开对草场造成的破坏程度大约是采食的2倍。牲畜践踏使适口性好的优质牧草种类减少或消失，相反有毒有害牧草代替生长。通过设立围栏可以减少牲畜活动范围，可以使牲畜在特定时间段在特定区域活动，这些都有助于减少牲畜践踏对草场的破坏。再次，可以在休牧草场设立打草场，不但能保护草场生态还可以增加收入。打草场是供刈割晒制干草或青饲、青贮的天然草地和人工草地。牧区草原、农区草山草坡、人工草地，划出部分地段，在牧草生长至抽穗（孕蕾）开花时，或秋季牧草停止生长时，刈割晒制干草，贮藏供冬季补饲。优质草地，尤其是人工草地，除刈割晒制干草，也可刈割青饲或青贮。设立打草场对当地畜牧生产还有特别的好处。由于东乌旗地处内蒙古高原的中部地区，自然条件属于温暖半干旱的气候，所以大针茅典型草原分布广泛。组成大针茅草原的植物主要有大针茅、羊草、克氏针茅、冷蒿、苔草、知母、糙隐子草等。如果用于放牧，由于大针茅的果颖有很强的芒针，常常刺入羊皮，在羊皮上留下许多针孔，会影响羊皮的质量。所以这一类平均高度30厘米左右的草原更适合作为打草场。通过把设立打草场和实行"三牧"制度结合起来可以有效提高草场利用的生态效益和经济效益。

在草场整合过程中我们还注意到一个问题，就是被整合户在保留草场所有权、转让草场使用权的条件下，草场的生态如何保护的问题。我们知道非牧户进入草原通过高价租得草场进行掠夺性开发对草原生态破坏严重，当地政府已经在开展草场整合的同时清理了非牧户。但是参与草场整合的被整合户的草场生态在租赁期内如何监管和保护也面临同样的问题。增加收益和保护草原生态这对矛盾在整合户那里仍然没有根本性的改变。政府草监部门只有通过控制草场载畜量和出栏率维持草畜平衡，但和草场承包时同样面临很大的挑战。

三、政府的地位作用

在草场承包、分户经营的大环境下，政府对草场的生态保护和建设就负有不可推卸的责任。当地政府对草原生态问题的认识也是很清楚的，并且把草原的生态保护与建设作为发展畜牧业的关键。东乌旗政府对口管理、指导畜牧业的机构主要有草监局和畜牧局，近期新设立了新牧区办公室和围封转移办公室。这些机构在东乌旗政府的统一领导下，大力推行草场整合政策，并通过控制出栏率、清理非牧户、生态移民、建立草原动态监测与灾害预警体系、坚持"三牧"制度等政策措施对草原生态建设发挥作用。

控制出栏率是控制草畜矛盾，实现草畜平衡的重要措施。当地草监局根据当年牧草生长情况确定当年的载畜量。2007年5月，试行了《东乌旗乌珠穆沁羔羊提前出栏奖励办法》，鼓励牧民接冬羔和早春羔并提前出栏。

巴音图嘎嘎查在推行草场整合的同时，还严格清理了非牧户。因为非牧户通过高价取得草场经营权后，对草场实行掠夺式的开发，严重地破坏了草原生态环境，必须予以取缔。通过清理非牧户，使小片的草场重新整合到经营好的大户那里，扩大草场经营规模，切实坚持"三牧"制度。

生态移民是调整草畜矛盾的一项治本措施。东乌旗生态移民工程于2002年启动，至今已经四年，已经迁出牧民288户、1508人。随着草场整合的推进，政府新出台了《关于引导扶持牧区人口向城镇转移实施意见》（以下简称《意见》）。根据《意见》专门成立全旗牧区人口转移工作领导小组，除负责人口转移工作的日常事务外，还设立咨询举报电话，受理投诉。《意见》主要在购房补贴、租房补贴、合作医疗、医疗保险、户籍管理、就业准入、就业培训、子女教育、子女就业、承包草场流转、禁牧区生态补贴等配套措施方面作出了明确规定，使牧民能够迁得出，稳得住。

建立草原动态监测与灾害预警体系，在草原资源健康状况评价的基础上，对草原生产力变化、资源数量动态、草原灾害等进行常年监测，对草原资源合理科学地利用和保护。草原动态监测体系以定位监测站建设为主，提高地面监测能力为重点，完善监测设施和技术设备。建立鼠虫害、干旱等自然灾害防御体系，主要做好嘎查级草原鼠害、草原虫害及火灾等的发生预报点建设。在这些基础上还要制定和完善草原旱灾、雪灾、火灾、虫害灾等重点灾害应急预案，建立完善的、高效运行的草原防灾减灾体系。

坚持"三牧"制度，治理"三化"草地。对重度退化、沙化草原实行禁牧，辅以补播改良措施，促进其植被恢复；对中度和轻度退化草原实行休牧和划区轮牧；对盐碱地播种较耐盐碱的牧草，如羊草、碱茅、星星草等。"三牧"制度是在对畜牧业生产经验的总结中得出的，必须以草场整合为契机，大力推行。"三牧"制度的推行对草原生态环境的保护和改善，对实现畜牧业可持续发展具有重要意义。

在社会主义市场经济条件下，政府在经济活动中具有重要的地位，发挥着不可替代的作用。但是政府必须在切实调研的基础上提出可行的政策措施，坚持牧民的主体地位，摆正自身的服务者、引导者的心态，做好服务工作。我们在调研期间接触到的政府工作人员、领导干部对牧区情况的了解让我们钦佩，我们从他们身上学到很多东西，受益良深。我们的调研在他们面前应该算是肤浅的，在这里我要特别对他们致以真诚的敬意。

巴音图嘎草场整合与人力资源整合

孙　逊

近年来，东乌珠穆沁旗农牧业经济总体发展较快，牧民收入水平逐年增长，但是如何保持增长的可持续性成为摆在眼前的重大课题。草原生态尚未得到根本好转，草畜矛盾仍然突出，而草畜矛盾的背后实际上是固定而有限的草地资源和不断增长的人口之间的矛盾。因此，以草场整合为契机，实施人口转移，控制牧区人口增长，合理利用草原，加强草原保护和建设就成为当前牧区经济发展一项重要工作。

一、草场承包与人力资源利用

家庭联产承包责任制已经实行了 20 多年，它把农牧民从人民公社的束缚中解脱出来，极大地调动了他们的生产积极性，这些毋庸赘言。但是随着市场经济发展的深入，家庭承包条件下的一家一户的分散式经营日益显出其局限性。

首先，承包带来人力资源浪费。承包制的特点就是分而不合，这是它的成功所在，调动了人们用自己的劳动创造美好生活的积极性，同时也是其局限所在。它导致的就是一家一户局限在按人口数量划分的自家的草场范围内劳动。经过 20 多年的发展，各家各户出现了很大分化。有的牧户畜群规模小，劳动力不能充分发挥作用，出现劳动力闲置。虽然也有牧户由于经营规模扩大而有雇用劳动力的需求，但是从整体来说草原还是滞留了多余劳动力。而且，草地资源有限，人口不断增长，实际上牧区目前的人口数量已经超过草原人口承载量。我们得到的是东乌旗的数据，从全旗看，牧区人口从 1981 年的 20131 人增加到 2006 年的 27750 人，牲畜从 1981 年的 99.09 万头（只）增加到 166.75 万头（只），可利用草场面积 6534 万亩，畜均草场面积从 1981 年的 66 亩缩减到 39 亩，缩减了近一倍。这一发展趋势是非常严重的，必须加以扭转。

其次，也是有趣的地方，承包还带来人力资源紧张。畜牧业生产中，接羔、抗旱、饮畜是最繁忙季节，一些大户有雇用劳动力的需求。家庭承包使劳动力局限在各家各户草场，草场虽然不大，但不论从名义上还是实际上都构成了一个确定的生产劳动范围。而且还有个实质的问题就是不大的草场没人看管不行，而一个人本来能够看管更大面积的草场。这样劳动力不能从各家各户流出，造成劳动力投入不能满足生产繁忙季节的需求。

最后，也是最重要的一点，就是承包后人力资源开发受阻。草场承包的一大功绩就是使牧民定居下来，从社会发展来讲这是一大进步。但是在广大的草原上分家分户的定居，各家各户都守着多则万亩，少也有几千亩的草场，分散的居住不利于人力资源开发。从生产的角度，草场的经营规模还需扩大，但从生活的角度，少则十几里多则几十里交通距离实在不方便，人力资源开发成本也太大。这首先使得健康投资能力下降，而在牧区因病致贫是很重要的一个因素。其次，牧区儿童的教育也是一大问题。原来建有苏木小学，但苏木的交通也不方便。而教育不发展，牧民的文化素质难以提高。再次，小规模放养不利于畜牧业机械化的普及，难以大面积开展科技推广，限制牧民素质技能的提高。最后，草场承包使各家各户拥有一片生产上不算经济，但足以安身的草场，限制人口迁移。

鉴于以上原因，以草场整合为契机实施人口转移成为必要。

二、草场整合要求人力资源整合

以巴音图嘎嘎查为试点的草场整合的一项重要内容就是人口转移。人力资源整合不但是牧区草畜矛盾以及其背后人与人矛盾发展的要求，也是草场整合的应有之举。

首先要明确草场整合与人力资源整合的关系。草场整合要求扩大人均占有草场规模，从长远来说必须减少草原人口，转移牧区剩余劳动力。在东乌旗关于草场整合的政策性文件中，强调四个整合，即整合草场资源、畜种、劳动力和基础设施。其实核心是整合三种资源，草场、人力和基础设施。而人力资源整合是草场整合的关键环节和重要内容之一。草场的规模是决定畜牧业生产规模的硬指标，基础设施是与草场规模相配套的。草场规模的扩大和基础设施规模的扩大都对牧民的素质技能提出了新的、更高的要求。其实说得直接一点，草场整合只是中介和手段，通过整合草场和基础设施提供一个规模更大的生产平台，而要达到的目标是把扩大的规模转化成规模的收益，要实现这个转化就要靠人，需要整合户牧民素质的提高，需要政府的政策支持和引导。而要使牧区人口能够不可逆的、永久性的转移，就不但要提高整合户牧民的素质技能，更重要的是提高被整合户牧民的素质技能。要实现这一点可谓任重道远，需要不懈的努力，也需要一定的时间。目前的客观情况就是，牧民由于历史的原因总体素质不高，职业技能缺乏，转移出来后就业困难或就业后收入较低，难以满足基本的生活保障。这是对人口转移政策的最大挑战。其实其根本原因还在于当地经济发展状况的限制。虽然东乌旗2007年经济发展很快，但仍属较低层次。第一产业比重较重；第二产业主要集中在一些矿业企业，而且产业链条短，形不成具有转移带动的产业带；第三产业不发达，而且空间分布主要集中在旗政府所在地。如何安置转移出来的人口成为人口转移政策的重中之重。

如何提高整合户能人的素质技能？农场经营管理对经营者的要求不同于家庭小规模生产管理对牧民的素质要求。在社会主义市场经济条件下，必须加强整合户牧民的盈利意识、竞争意识和成本意识，在此基础上提高投资意识、风险意识和现代管理意识。对农场主的培养可以采取培训、参观考察、农场主协会等方式。

要提高被整合户牧民的素质技能是一项更为系统的工程。可以通过再就业培训、专业技能培训等方式，但更重要的是从娃娃抓起，这就要抓教育。牧区教育可以与游牧民族传统优势结合，加大歌舞音乐美术专业人才培养，我们在当地民族综合高中参观时感受到很强的民族特色，这些方面当地已经积累了一定的经验。

前面所说的提高牧民素质技能都是从第三者政府的角度来看，其实只是治标工程。根本的还是要明确牧民的主体性，唤起广大牧民的主动性，使牧民能自我提高。而政府只是起到提供多方面条件的作用，当然这个作用是必要而重要的。

三、政府在人力资源整合中的作用

在为期一周的考察过程中，我们深切地体会到，当地政府对牧区经济当前所面临的问题是明确的，其开展工作的思路也是非常清晰的。草场整合的试点主要在道特淖尔镇巴音图嘎嘎查，人口转移作为当地畜牧业发展的战略性措施则主要集中在旗一层进行统一领导。

东乌旗人口转移重点是生态移民，生态移民工程于2002年启动，至今已经四年，已经迁出牧民 288 户、1508 人。随着草场整合的推进，新出台了《关于引导扶持牧区人口向城镇转移实施意见》（以下简称《意见》）。根据《意见》专门成立全旗牧区人口转移工作领导小组，除负责人口转移工作的日常事务外，还设立咨询举报电话，受理投诉。劳动就业局设立服务中心，负责转移进城牧民的统计建档、岗前培训和在本地或异地就业安置与跟踪服务工作；设立热线电话，免费为转移进城牧民提供信息发布、就业指导、职业介绍和权益维护服务；为旗外务工牧民提供信息发布、岗位征集、权益维护等方面的服务。《意见》主要在购房补贴、租房补贴、合作医疗、医疗保险、户籍管理、就业准入、就业培训、子女教育、子女就业、承包草场流转、禁牧区生态补贴等方面作出了明确规定，下面主要对子女教育情况作简要介绍。

东乌旗本届政府非常重视当地的教育工作，这一点给我们印象深刻。我们注意到当地最漂亮的建筑不是政府大楼，而是各级学校的教学楼。这些楼都是近些年建立起来的。2003 年以来，东乌旗先后撤销苏木学校 12 所，三年来被撤学校学生 1656 名无一人辍学，均迁入旗属学校就读。《意见》第十七条明确规定，转移进城牧民子女接受义务教育的，享受"两免两补"政策，在国家"两免一补"（免杂费、免书本费、补助寄宿生生活费）基础上，住宿生每月再补助伙食费 50 元。而且对接受学前教育的学生实施"两免一补"政策（免保育费、管理费、补伙食费 40 元）。对接受高中阶段的特困和贫困家庭的住宿生，学习成绩优秀的，每月补伙食费 70 元。

当地在如何把牧区教育与游牧民族传统优势结合方面有特殊的经验，而且效果很好，我们在民族综合高中参观时感受很深。能歌善舞是蒙古族的民族传统，2005 年，东乌旗将蒙中、二中、职业中专高中部并入新组建的民族综合高中，加大歌舞音乐美术专业人才培养。走艺术特长生的道路大大提高了高考升学率，学生去向主要是一些内蒙古本地的大学和一些民族院校。鉴于当地的教育条件，让这些牧区的学生和城市的学生去竞争高考显然是处于劣势的。但是恰恰可以通过发挥本民族的优势，既增加了学生学习的兴趣，也提高了走出去的机会，这是一条值得推广的好经验。

尽管教育在提高牧区人口素质技能方面的作用是根本的，但当地政府在加强当地牧民素质技能培养方面的作用还是不可或缺的。组织牧民走出去参观学习可能是最直接的培训方法。2007 年 5 月政府就安排组团带领 7 位牧民前往加拿大进行了为期 15 天的畜牧业考察，获得的启发是深刻的，还在乌珠穆沁报上发表了《赴加拿大畜牧业考察报告》。

当地政府还大规模地开展科技培训工作，为大规模牧场经营培养能人，为大规模转移劳动力培训人才。依托"新型牧民培训工程"、"绿色证书工程"、"百万中专生培训计划"等项目，围绕畜牧业产业发展要求，以畜牧业科技和经营管理知识为重点，利用集中培训、远程教育、牧民科技书屋、与专业院校科技部门合作等形式，培训畜牧业生产技术骨干和致富带头人，提升牧民的经营管理能力和职业技能，培养一大批有文化、懂技术、会经营的新型牧民。依托"农村劳动力转移培训阳光工程"，多渠道、多形式、多层次地开展牧民转岗转业培训，提升牧区富余劳动力的转移就业能力。根据东乌旗"十一五"规划目标，到2010年使牧民参加新型牧民培训、绿色证书培训、牧区劳动力转移培训总人次达到牧区劳动力人数的90%以上。

牧民科技书屋的形式是我们看到的一种比较好的形式。每个科技书屋配置培训教室、计算机及ETS数字电话上网、电视、DVD机、科技光盘、培训教材等，以牧民喜闻乐见的形式，为牧民提供一个固定的获取科技知识的渠道。还利用科技书屋，开通远程教育网络，开展实用技术培训，把书屋变成普及科技知识和科技推广成果的平台，引导牧民学科技、用科技。根据"十一五"规划，到2010年要建设牧民科技书屋100个。

值得注意的是，牧区人口数量虽然已经超过了草原人口承载量，但和农区比起来可以用稀少来形容，这是牧区提高人口素质技能的先天优势。实地调研考察使我相信，以草场整合为契机，在当地政府的努力下，在广大牧民的配合下，通过几年的时间，人口转移工程一定会有一个大的跃进，牧区人口素质一定会有一个大的提高。

分报告之六

巴音图嘎草场整合与经济组织建设

孙　逊

农牧业运行方式高度组织化是现代农牧业的标志性特征。在当地考察期间，我们注意到乌珠穆沁报于 2007 年 6 月 28 日刊登的一篇文章《赴加拿大畜牧业考察报告》中就提到，表面上加拿大农牧业经营体制是以一家一户为主分散经营，与东乌旗分户经营情况区别不大，而实际上却通过协会等农牧民自律组织实现高度组织化，从而实现农牧业的规模化和集约化。从理论上说，合作制是近代商品经济发展的表现，是市场经济发展的要求。从实践来看，总结我国半个世纪以来的经验教训，可以得出结论：合作制是社会主义中国农民工业化和城市化的必由之路。因此，以草原整合为契机，发展和提升牧民的组织化程度就成为当地政府发展现代畜牧业的重要任务。在这样的背景下，本报告以巴音图嘎嘎查试点为主，在简单清理建国后内蒙古畜牧业经济组织的演化过程之后，重点介绍在草场整合后建立合作化经济组织的重要性和可能性。

一、建国后内蒙古畜牧业经济组织的演化

建国以来，我国农牧业经济组织建设以合作化为主线，经过了一个漫长而曲折的过程，其中既有经验，也有不少的教训。下面就以内蒙古畜牧业为重点对其作简要的回顾。

内蒙古在建国后首先通过土改平分草场，建立了牧户制。在此基础上，针对自治区的农业区、牧业区和半农半牧区情况差别很大的具体情况，建立民族联合社、农牧结合社和土地不分红社等三种特殊的组织形式，对个体牧民的畜牧业开始了社会主义改造，开展合作化运动。合作化初期普遍采取适龄母畜计头入社，劳畜按比例分益的形式。这种形式不仅使原入社牲畜仍归个人所有，而且每年新增的牲畜也大部分不能变为集体所有，因为考虑到了牧民的接受程度，保护了牧民的生产积极性，受到牧民的欢迎和支持。可惜当时错误地认为，规模越大越好、所有制越公越好，这项正确的政策没有被坚持。

在合作社还没有站稳脚跟的情况下，紧接着就开始实行了一系列建立人民公社的政策。首先采取牲畜折股或评分入社，劳畜按比例分益的形式，已经使原入社和新增加的牲畜转为社有。之后采取牲畜作价入社，付给固定报酬的形式。除了经过作价手续将入社牲畜转为集体所有外，每年纯增的牲畜也全部转为集体所有，畜主只领取固定报酬，生产增长与畜主不再发生分配关系，同时随着牲畜的不断增长，畜股报酬在总收入中的比例也相对地缩小。而"一平二调"的"共产风"更是极大地挫伤了牧民的生产积极性。"共产风"的主要表现是：第一，以公社为单位进行核算，把生产力水平、资金积累、社员分配高低不平衡的几个或十几个高级社合并在一起，造成穷队与富队共同生产、平均分配的局面；第二，在劳动力与物资的调配上，没有按照受益大小进行合理分摊，普遍出现了无偿调拨现象；第三，在分配上违反社会主义按劳分配原则，搞平均主义；第四，在各种条件都不具备的情况下，把公共食堂看作"社会主义阵地"，强调一律办公共食堂，造成严重浪费。集体制是在"苏联模式"影响下对合作制的异化，是畸形的、病态的合作制。

对合作制异化所形成的集体制，到20世纪70年代末因政治条件的改变，已不能继续维持。对集体制的改革势在必行，受当时各方面历史条件的作用，家庭联产承包责任制登上历史舞台。内蒙古是全国率先普遍实行以"大包干"为主的家庭联产承包责任制的省份之一。这一改革极大地调动了广大农牧民从事生产的积极性。从1981年到1984年全面推行生产责任制的4年间，全区农民人均纯收入增长幅度超过了1958年到1980年22年的增长幅度。但是经过20多年的发展，贫富分化凸显，目前出现"大户停滞，小户难发展"的局面。因此，如何在坚持家庭联产承包责任制的基础上突破这一局面就成为当前进一步发展畜牧业的重要课题。

草场整合就是在这一背景下提出来的。按具体整合方式不同，草场整合可以分为三类：家庭牧场、合作农场、股份制农场。巴音图嘎嘎查以家庭牧场为主要形式。根据东乌旗社会主义新牧区"十一五"规划，草场整合是在"政府主导、农民主体、多方参与"的建设机制下，以"一个不变、两个坚持、三个发挥、四个整合"为原则，即家庭联产承包的经营体制不变，坚持草场"三牧"（休牧、禁牧、轮牧）制度和草畜平衡制度，发挥牧区能人带动作用、规模收益和牧民建设主体作用，整合草地资源、畜种、牧业设施和劳动力资源。力图通过这样的草场整合推进生产方式的转变、牧区人口转移，使得人力资源和草地资源优势得以转化。可以看出，草场整合不仅以建立合作化经济组织为一项重要内容，同时也为建立合作化经济组织提供了重要契机。

二、草场整合后建立合作经济组织的重要性

以草场整合为契机，建立合作化经济组织对于建立现代畜牧业和社会主义新牧区建设具有突出的重要性。

抑制贫富分化要求走合作化道路。经过20多年市场经济大潮的冲击，牧区也不可避免地出现了贫富分化现象。比较富裕的牧户可以经营万亩农场，而比较困难的牧户只能将草场以租赁的形式转包出去，自己以给经营比较好的牧户做羊倌为生。实际上在政府推行草场承包之前已经出现了草场有偿流转。这种没有政府指导的草场流转虽然转让价格较高（每亩3—4.5元，政府指导价在每亩1.5—2.5元），但是带来的掠夺式的开发对草地资源往往是毁灭性的，最终更可能使本已贫困的牧户彻底丧失草场对其生活的保障。因此急需政府规范草场流转秩序。在政府指导下的草场整合以就近为基本条件，自愿为原则，三年为期限签订合同，实现草场经营规模的扩大。而且政府对拥有牲畜头数200只以下的、把草场依法流转三年以上的牧户，按每三年每亩0.50元的标准提供一次性补贴。这样的草场整合一方面使整合户实现规模效益，另一方面使被整合户也能够长期分享这一规模效益，突破"大户停滞、小户难发展"的困局，实现收入水平的共同提高。

草场规模扩大要求经济合作。草场整合实现了整合户草场经营规模的扩大。以巴音图嘎嘎查为例，全嘎查176户，其中83户被22户经营较好的牧户整合。整合后的草场规模以我们到访的伊·阿拉哈书记家为例，已经达到21000亩。在这样的规模上经营草场无论在生产环节，还是在销售环节都对牧民的素质技能提出了更高的要求。要将扩大的规模转化为规模收益客观上需要提高嘎查牧民生产、经营、服务的组织化程度。

草场保护与生态建设要求合作化。当前我国畜牧业生产方式仍然粗放。以巴音图嘎嘎查为例，全嘎查截至2006年草原围栏只有20多万亩，占可利用草原面积90万亩的1/4不到，可谓基础设施欠缺。同时科学饲养的水平又比较低，再加上连年干旱及不合理开发（主要由于过去分户经营，草场面积过于狭小，难以开展"三牧"），致使草原退化、沙化、盐渍化十分严

重，草畜矛盾突出。退化草原面积已达 60 多万亩，占可利用草原面积的 68%，草原生产力较上世纪 80 年代下降了 20% 以上。我们跟当地牧民交流时了解到，过去白条羊能达到 100 斤，现在 50—60 斤就算是大羊了。草原生态的严重形势要求必须转变生产方式，由粗放向集约转化。只有通过草场整合，扩大草场经营规模才能切实坚持"三牧"制度，遏制草原生态恶化的趋势。

应对各种自然灾害要求合作化。畜牧业还不能摆脱靠天吃饭的境况，牧区主要面临的自然灾害有白灾（雪灾）、黑灾（旱灾）和蝗灾。由于草场生态环境恶化，近年自然灾害频繁，贮草能力由于草原退化又不强，牧民抵御灾害能力很弱。因此需要建立相应的合作化组织，增加打草场面积，增加人工饲草地，建立联合抗灾、抵灾的有效机制，尽量减少自然灾害带来的损失。

应对市场竞争要求合作化。随着社会主义市场经济体制的建立，产业链条不断拉长，商品在市场上流动的环节增加，各种信息充斥市场，分户经营的牧民本来就居住分散、交通不便，他们越来越难以掌握这些信息，也难于把握这些信息，面对和自然风险一样不可把握的市场风险，在激烈的市场竞争中处于很不利的地位。借鉴加拿大畜牧业的情况，农牧户与供应商、加工商、运输商、零售商之间的关系都由各类协会组织代表农牧户与收购商或收购商代表进行谈判确定。各方的自主权都得到法律的充分尊重和保证。农牧民只负责生产，其他环节的工作由专业协会组织代替他们组织供应商、加工商、运输商和零售商去完成。不仅如此，加拿大农牧业还通过区域布局专业化和农户产业分工专业化实现农牧业产业分工高度专业化。其农牧户（家庭牧场）主要分为四类：养殖农场、谷物农场、种羊混合农场和特种作物农场。一个牧户只生产一种或很少几种农畜产品。加拿大畜牧业方面的发展经验给我们提供了重要思路，而且在一定程度上也代表着现代畜牧业发展方向。以合作化的方式把牧民组织起来，应对市场竞争是在社会主义市场经济条件下发展现代畜牧业的内在要求。

社会主义新牧区建设要求合作化。国家开展社会主义新农村建设以来，东乌旗道特淖尔镇巴音图嘎嘎查是国家设立的唯一一个建设社会主义新牧区试点。按照建设社会主义新农村的要求，该嘎查确立了争取用五年的时间实现生产发展，生活宽裕，乡风文明，村容整洁，管理民主的发展目标。完成这个目标的第一条就是生产发展，而要突破目前畜牧业发展的瓶颈就只有走合作化的道路，建立现代化的畜牧业。

综上所述，在草场整合后建立合作化经济组织的发展思路应该是清晰的。不过，建立合作化经济组织不但要有思路，还要具备一定的条件。

三、草场整合后合作化经济组织建立的条件

随着市场经济的深入发展，贫富分化日益严重，雇佣关系的负面影响逐渐显现，建立合作化经济组织已经成为畜牧业进一步发展的内在需求。而草场整合又为这一趋势吹来了一股强劲的东风。

首先，国家、自治区、盟、旗各级政府都设立了试点，给予政策支持和引导。巴音图嘎嘎查就是国家设立的社会主义新牧区试点，东乌旗政府已经就草场整合及与其配套的人口转移工程出台了一系列优惠政策，比如前面提到的对被整合户提供补助，再比如以远低于市场价格向牧民出售铁丝网围栏。旗政府还专门成立了社会主义新牧区办公室。关于草场整合后合作化经济组织建设方面的政策，2007年5月10日旗政府印发了《东乌旗牧民专业合作经济组织扶持奖励办法（试行）》的通知，对凡在民政部门和工商部门依法登记注册、组织管理完善、规章制度健全、做出突出成绩的牧民专业组织予以奖励，以大力发展牧民专业合作经济组织，鼓励其在产前、产中、产后发挥服务职能，提高畜牧业的组织化程度。奖金最低2万，最高5万，可以说支持的力度很大。

不仅要政府的支持，还要有牧民自发的组织，而这种组织已经出现，并正在快速发展。我们在当地了解到已经成立的合作化组织主要有乌珠穆沁白绒山羊养殖协会、种公羊培育协会、饲草料生产经营协会、乌珠穆沁羊养殖协会、西门塔尔牛养殖协会等。巴音图嘎嘎查成立了肉羊协会，并且把发展的目标定位到2010年将全嘎查80%以上的牧户吸收到协会中。这些协会组织已经在牧区的日常生产生活中发挥重要作用，通过产前订单、产中协调指导、产后统一销售加工，提高了牧民生产经营的组织化程度。而且随着协会规模不断扩大，其作用还会越来越明显，必将对畜牧业的发展产生深远的影响。

为了保证协会的健康发展，必须明确牧民和合作化经济组织的关系。我们认为政府目前的思路是正确的，即坚持"民办、民管、民收益"的原则，政府起扶持作用，能人发挥带动作用，实行利益共享、风险共担的市场化运

行机制。引导牧民自己组织起来解决自己的问题，才会提高效率，对牧户的作用也才会更直接、更大。

　　畜牧业是自然和市场风险并存的产业，牧民既是畜产品的生产者又是经营者，要参与市场竞争、维持正常的生产经营活动，要战胜自然灾害、求得生存和发展，光靠自己根本不可能，必须依靠并通过一定的组织才能实现。这篇调查报告只是我们初次调查的产物，希望随着我们调查的继续，能够提出一些问题，并试图去解决一些问题。

东乌珠穆沁旗畜产品市场调查

2005 级政治经济学研究生 董 宁

畜牧业在牧区经济发展中具有基础性地位。东乌旗在实行草场承包后，家庭成为生产和生活单位，抵抗不了各种市场和经济风险，而牧民贫富分化、草场退化、牲畜品质下降等问题相伴而生。巩固和提升畜产品的生产、加工、经营一体化格局，对于促进牧区经济发展、保护草场生态发挥着重要作用。

一、畜产品市场现状

东乌旗畜产品的出栏率达到了近一半，而出栏牲畜中商品率达到了95.80%，自食率仅为2.04%，东乌旗畜产品的商品率很高，自食部分仅占很小的比例（见表1）。可见，如今的畜牧业已不仅仅停留在满足牧民自食的水平，更多的是满足国内外的畜产品消费市场。

表1 畜产品的商品率

	期初头数	期末头数	出栏头数	出栏率%	在出栏中出卖	商品率%	出栏商品率%	在出栏中自食	自食率%
大小畜合计	3619506	3222983	1760353	48.64	1686337	46.59	95.80	74016	2.04
1. 大畜	136944	118657	53620	39.15	52378	38.25	97.68	1242	0.91
牛	97314	86366	38510	39.57	37294	38.32	96.84	1216	1.25
马	39097	31793	14957	38.26	14932	38.19	99.83	25	
骆驼	533	484	153	28.71	152	28.52	99.35	1	0.19
2. 小畜	3482562	3104326	1706733	49.01	1633959	46.92	95.74	72774	2.09
绵羊	2791853	2561677	1349279	48.33	1280446	45.86	94.90	68833	2.47
山羊	690709	542649	357454	51.75	353513	51.18	98.90	3941	0.57

注：商品率＝在出栏中出卖/期初头数

出栏商品率＝在出栏中出卖/出栏头数（数字为作者计算所得）

自食率＝在出栏中自食/期初头数

资料来源：东乌珠穆沁旗统计局：《东乌珠穆沁旗统计年鉴》(2006)，第84、85页。

畜产品的市场结构。东乌旗乌珠穆沁羊的出口达到了10万只，很大一部分的乌珠穆沁肥尾羊出口到了中东国家，主要是因其肉质鲜美，深受伊斯兰国家人们的喜爱，从东乌旗进口的乌珠穆沁肥尾羊占中东进口比例的8%。

畜产品品牌建设。东乌旗是内蒙古自治区地方良种乌珠穆沁羊、乌珠穆沁白绒山羊、乌珠穆沁牛、乌珠穆沁马的主产区，已申请了乌珠穆沁原产地标识，形成了一批名牌畜产品。

畜产品的市场组织。人民公社时期，畜产品按计划调拨，统购统销，牧民没有经营自主权。草场承包之后，个体牧户成为畜产品市场的主体，然而个体牧户一方面缺乏市场意识和观念，其长期与自然打交道的性格难以适应市场竞争与市场变化，另一方面以家庭为单位的经济组织很难抵御市场风险。为了更好地帮助牧民进入市场，适应市场经济，正在发展的专业性协会具有重要意义，现在有关部门正式注册的牧区合作经济组织已有15家，包括草产业协会、乌珠穆沁羊繁育协会和西门塔尔牛养殖协会等，协会为牧户提供各方面的服务，畜牧业生产经营的组织化程度得到了提高。

二、畜产品市场变化分析

如表2所示，东乌旗牧民家庭出售的牲畜主要有牛、马、绵羊、山羊；如表3所示，牧民家庭出售的畜产品主要有毛、皮、绒，还有表中尚未列出的乳、肉等。

表2　牧民家庭畜产品出售价格（按牲畜类别分）

项目	单位	2005 年	2004 年	2005 年比 2004 年增长（%）
牛	元/头	1938	1730	12.02
马	元/匹	2423	1687	43.63
绵羊	元/只	216	237	−8.86
山羊	元/只	20	223	7.62

资料来源：东乌珠穆沁旗统计局：《东乌珠穆沁旗统计年鉴》（2006），第226页。

表3　牧民家庭畜产品出售价格（按畜产品类别分）

项目	单位	2005 年	2004 年	2005 年比 2004 年增长（%）
绵羊毛	元/公斤	5.75	4.67	23.13
山羊绒	元/公斤	253	246	2.85
牛皮	元/张	145	160	−9.38
绵羊皮	元/张	37	58	−36.21
山羊皮	元/张	90	95	−5.26

资料来源：东乌珠穆沁旗统计局：《东乌珠穆沁旗统计年鉴》（2006），第226页。

在畜产品中主要的牲畜是牛羊，牛的产品可以分为牛肉和牛奶、牛皮等，羊的产品包括羊肉、羊绒、羊毛、羊皮和羊奶等，其中绵羊以产肉为主，山羊以产绒为主。牛羊肉的市场价格呈稳步上升的态势，但牛羊皮的价格却在下降，羊绒的价格较1996年前后的250元/斤，更是有了很大的下降。究其原因，一方面是草场承包后带来的草场退化所致，比如羊皮价格的下降主要就是因为草场中某种硬质草将羊皮戳穿，形成众多孔洞导致羊皮质量下降，从而带来价格的下降。草场承包又导致大范围轮牧的不可能，牛羊难以获得多种类牧草、土壤中的营养物资，牛羊的品质也在下降。另一方面，市场需求的变化也导致畜产品价格不断变化，如表4所示。

表4　畜产品产量变化

项目	单位	2005 年	2004 年	2005 年比 2004 年增长（%）
肉类总产量	吨	33220	4029	−17.22
其中：牛羊肉	吨	31889	37622	−15.24
绵羊毛	吨	2090	2302	−9.21
山羊绒	吨	130	180	−27.78
牛羊奶	吨	10156	9074	11.92

资料来源：东乌珠穆沁旗统计局；《东乌珠穆沁旗统计年鉴》(2006)，第49页。

随着人们收入水平的提高，对牛羊肉的需求量和支付能力都在提高，尤其是草原上的绿色牛羊肉更是得到市场的认可，牛羊肉的市场价格稳中有升。作为草原文化一个突出代表的马的需求量已经大大减少，随着骑兵制度的基本取消，军马的需求量也在下降。如今只有赛马活动对马还有一定的需求，另外的需求来自一些景点的娱乐场所如跑马场等，马作为草原上的交通工具的作用虽然还存在，但已逐渐被摩托车、汽车所替代。皮、革制衣以前曾是身份的象征，随着小康社会的到来人们对毛衣、皮衣的需求量逐渐减少，皮毛的价格也在迅速下降。

综上，畜产品市场需求的重点在于牛羊肉，牧民收入增加的重点也集中在牛羊肉上。然而草场退化导致牛羊微量元素摄取不足、营养不全面，从而导致牛羊品质下降，一个突出的表现就是牛羊不上膘，直到上世纪一只羊产出100多斤的白条不是稀奇事，而如今一只羊能达到五六十斤就算是不错的了。个体牛羊重量在下降，牧民收入的提高就只能依赖牛羊数量的增长，这又与限制草场载畜量的要求相矛盾。

三、草场整合后畜产品市场开发策略

依靠拳头产品，发展驰名品牌。作为东乌旗拳头产品的"乌珠穆沁羊"是"吃着中草药，喝着矿泉水"养大的，其营养成分高、无污染，在许多国家和地区享有很高的知名度。东乌旗已获得了乌珠穆沁羊原产地认证，在已有的"乌珠穆沁羊节"的平台下，应充分发挥龙头企业的优势，把"乌珠穆沁羊肉"打造为国际知名品牌。东乌旗畜产品主要供应国内的北京市场，也有部分销往呼和浩特市、山西等地。每年的活羊出口有 10 万只左右，活羊的出口处于产业链的低端，附加值不高，为此应对畜产品进行深加工，"不加工不出境"，出口到伊斯兰国家对活羊的屠宰加工有特殊要求，很多小企业难以达到精加工的要求。旗里的草原东方肉业有限责任公司是唯一一家出口食品生产企业，可以考虑发挥龙头作用，整合现有企业，延长产业链，提升整体的市场竞争力和品牌知名度。

草场整合户应积极加入牧民经济协会，共同应对市场风险。个体牧户一方面缺乏市场意识和观念，其长期与自然打交道的性格难以适应市场竞争与市场变化，另一方面以家庭为单位的经济组织很难抵御市场风险。协会的组织和发展有利于牧民获得产前、产中和产后的信息和技术，不但便于实现与龙头企业或经纪人的对接，销售畜产品并开拓市场，还帮助牧民把握市场信息，有效应对市场风险。

积极探索草场整合，扩大经营规模，提高畜产品的市场竞争力。草场承包之后，千年以来的游牧方式难以为继，出现了草场退化、沙化，畜群品质下降等一系列问题。如今进行的草场整合探索，有利于经营能手扩大经营规模，一方面可以实现在更大范围内的划区轮牧，避免对草场的过度采食和践踏，并通过牲畜的长距游走增加花粉传播，增加牧草种类，维护草场生态；另一方面，牲畜在整合后的草场可以采食多样化的牧草并补充多种营养物质，这都有利于畜产品品质的提高，从而提高在畜产品市场上的竞争力。

政府对畜产品市场进行调控，帮助牧民应对市场风险，提高收入水平。从政策上扶持现有畜产品加工企业，促进其技术、资金、现代化管理经营观念的引进；加大招商引资的力度，积极支持外埠企业落户，促进畜牧业经营园区的建立，提升东乌旗在畜产品市场上的整体竞争力；对牧户开展各种技能培训，帮助其培养市场竞争意识和风险观念，以更好地适应市场经济，规避风险，提高收入水平。

乌珠穆沁羊品牌建设调查

2006 级政治经济学研究生　杜广琴

2007 年暑期，我随同杨思远教授带领的调查组到内蒙古东乌珠穆沁旗道特淖尔镇巴音图嘎嘎查，就草场整合试点情况进行了调研。草场整合使得大规模牧场经营成为可能，与单家独户闯市场不同，大型牧场进入市场，必须有品牌建设作为支撑，才能形成核心竞争力。为此，调查组安排我就品牌建设问题进行专门调研，本报告可以看成草场整合中就一个专门问题形成的分报告。

一、乌珠穆沁羊品牌建设的意义

在现代商品经济中，品牌在销售中发挥的作用毋庸置疑。随着我国社会主义市场经济体系的不断健全和完善，品牌的打造对企业和地区经济发展的作用也越来越大。根据大卫·奥格威的品牌形象论，品牌对商品有着三方面的意义：首先，对于消费者来说，品牌有助于消费者识别产品的来源或产品制造厂家，从而有利于消费者权益的保护；有助于消费者避免购买风险，降低消费者购买成本，从而更有利于消费者选购商品；有利于消费者形成品牌偏好。其次，对于生产者，品牌有助于产品的销售和占领市场；有助于积累产品的无形价值，提高产品的价格，同时稳定产品的价格，减少价格弹性，增强对动态市场的适应性，减少未来的经营风险；有助于市场细分，进而进行市场定位；有助于新产品开发，节约新产品投入市场成本。

东乌珠穆沁旗是国家的重要草原畜牧业基地，也是良种乌珠穆沁羊、乌珠穆沁白绒山羊和乌珠穆沁牛、乌珠穆沁马的主要产区，其中，乌珠穆沁羊肉和乌珠穆沁白绒山羊绒是内蒙古自治区名牌产品。合理挖掘本地的资源优势，进一步打造和维护乌珠穆沁羊品牌，对提高牧民收入，建设社会主义新牧区，同时提升本地经济发展的水平都具有积极的作用。

2007 年东乌旗开始有计划地进行草场整合试点。草场整合，就是在草场承包的基础上，将承包到户的草场按照依法、有偿、自愿的原则实现向经营能手和经营大户集中，建设大型家庭牧场。草场整合将改变小牧经济状况，扩大牧场规模，打造驰名品牌，适应草场整合后大规模市场化生产经营的需要，已经成为草场整合成败的重要标志之一，制约着草场整合效益的发挥和市场核心竞争力的形成。东乌珠穆沁旗政府，在打造乌珠穆沁羊这个品牌上已经做了一些相应的工作，并制定了相关的政策，这对该品牌的打造提供了很好的机会。

二、乌珠穆沁羊品牌的打造

1. 乌珠穆沁羊原产地的认证

乌珠穆沁羊包括乌珠穆沁肥尾羊和乌珠穆沁白绒山羊。当地人称乌珠穆沁羊一般仅指乌珠穆沁肥尾羊，是在乌珠穆沁草原特定的生态条件下，在长期自然选择与人工选择双重作用下，形成的稳定的短脂尾型肉脂兼用粗毛羊品种，是蒙古羊的优良品种，以个体大、发育快驰名中外。体重成年公羊平均74公斤、母羊51公斤，成年羯羊胴体重达39公斤，净肉重32公斤，脂尾重5公斤，脂尾厚重肥嫩，因此被称为乌珠穆沁肥尾羊。它具有耐粗饲、适应性强、成熟早、肉质细嫩、色味鲜美、营养成分高等特点，羔羊期产肉率、出栏率高，一般冬羔在自然放牧条件下，八月龄胴体重可达70.7公斤，产净肉16.6公斤，是大有发展前途的肉用羊品种，尤其适于肥羔生产。

乌珠穆沁白绒山羊是经过长期自然选择，形成的绒肉兼用型优秀山羊品种，该品种山羊，适应当地环境，耐粗饲，繁殖率高，体格高大，全身纯白，一般成年公羊产绒量达350—400克，高者可达500克以上，母羊产绒量300克左右，所产羊绒纯白细长，为上等毛纺原料产品远销国内外。该羊产肉性能良好，成年公羊体重30公斤以上，产净肉20公斤左右，山羊板皮是加工服装革的上好原料。

为打造乌珠穆沁羊品牌，旗政府先后进行了一系列的原产地资格认证，为品牌的树立创造了一个坚实的基础。

首先，"乌珠穆沁牧草"的认证。东乌珠穆沁旗位于锡林郭勒盟东北部，北与蒙古国接壤，天然草场总面积达6917万亩，是锡林郭勒大草原的腹地，其中，可利用草场面积达6534万亩，占天然草场总面积的95%，包括草甸草原、干草原及非地带性草原。草甸草原以中旱生和旱中生植物为主，主要植物有贝加尔针茅、羊草、线叶菊、莲子菜等；干草原主要以典型旱生或旱生丛生禾草为主，伴生中旱生杂类草、旱生根茎型苔草，主要有大针茅、克氏茅针、小叶锦鸡儿等；非地带性植被包括低榆、裂叶蒿、星星草、大穗苔草等。特有的牧草养育出了具有独特肉质的乌珠穆沁羊，为此，旗政府结合 2 亿公斤打草场基地的建设，对当地牧草进行了认证，成为"乌珠穆沁牧草"。

其次，"乌珠穆沁羊原产地"的认证。2004 年，乌珠穆沁羊系列产品，以其独特的地理环境和气候条件，获得了由国家质检总局颁发的"国家原产地标记注册证书"。原产地标记是产品或某项服务来源地的重点证据之一，是表明产品的生产地、出生地、出土地或生产、加工、制造地以及某项服务来源地的重要标志或符号。原产地标记作为一种知识产权，更具重要性的是使产品形成规模，实现价值。中国加入 WTO《与贸易有关的知识产权协定》将原产地标记列入知识产权保护的内容，要求各成员提供保护。这项保护认证相当严格，经过专家评审后还要制定相关的行业标准。"乌珠穆沁"肉羊系列产品原产地注册商标，除在国内受到保护外，还将受到《保护工业产权巴黎公约》和《与贸易有关的知识产权协议》等多个国际条约的保护。目前国内只有 100 多家 30 多种产品拥有该项认证。乌珠穆沁羊原产地注册是锡林郭勒盟名优特正宗产品的保护伞。有了这个身份证，可以验明正身，打击假冒。国际标准的品质使"乌珠穆沁牌"产品远销中东十几个国家和地区。

第三，羊肉及羊产品加工企业产品质量的认证。在激烈的国际贸易竞争中，关税壁垒和技术壁垒已经逐渐被绿色壁垒所代替，"非典"、"疯牛病"、"禽流感"的出现，使得食品安全成为国际社会普遍关注的问题，在我国也引起高度重视。农业部首先制定"放心肉工程"，国家质检总局、绿色认证中心对锡林郭勒草原乌珠穆沁羊的育种、养殖到加工、销售全过程进行监控，按照国际管理标准 ISO9001：2000 要求，确保产品质量，对符合食品安全体系的合同给予 HACCP 卫生法则认证。旗内草原东方肉业有限责任公司，是唯一一家获得此认证及出口食品的生产企业。此外，旗政府鼓励和扶植旗内其他生产企业申请乌珠穆沁羊原产地标记注册，由国家商标局注册"乌珠穆沁"商标等。

2005 年"乌珠穆沁"商标被内蒙古自治区商标认定委员会认定为自治区著名商标。"乌珠穆沁"牌羊肉系列产品成为首家国家体育总局训练局运动员专用羊肉产品和中央特供羊肉产品，产品已在沃尔玛等大型超市设有专柜。近期，"乌珠穆沁"产品将被国家认定为中国名牌产品，"乌珠穆沁"

商标已列为"十一五"争创中国驰名商标范围。因此，抓住此次认证的机遇，努力完成乌珠穆沁羊原产地的认证及加工企业的资格认证，为提高牧户的收入和促进当地经济的发展提供了机会。

2. 乌珠穆沁羊基地的建设

乌珠穆沁羊标准畜群基地建设。为转变畜牧业生产经营方式，加快畜牧业产业化进程，提升"乌珠穆沁羊"品牌，构筑优质羊羔肉产业链，旗政府提出了乌珠穆沁羊标准畜群基地建设。以乌珠穆沁羊提纯复壮为重点，大幅度提高繁成率、良种畜比重、母畜比重和出栏比重，计划到2010年使良种畜比重达到98%，母畜比重达到83%，羊的繁成率达到98.5%。以萨麦、满都宝力格、呼热图淖尔、道特淖尔等苏木镇委和新区发展乌珠穆沁羊，逐步实现集约化生产、产业化经营，扩大活羊出口规模和档次，形成50万只出口基地和100万只商品羊（包括乌珠穆沁白绒山羊）生产基地。

为配合畜群基地的建设，东乌旗同时引进和大力推广优质饲用作物新品种及配套技术，建设优质牧草种植基地。建设以萨麦、满都宝力格、呼热图淖尔、道特淖尔东部等苏木镇为核心区的年2亿公斤优质天然牧草生产基地。省道S101、S204、S303等主要公路两侧500米范围内的草场、边境线以内5公里范围的草场，将额吉淖尔、萨麦、道特淖尔、嘎达布其苏木镇禁牧区的草场进行围栏封育，培育成打草场。加大牧草种子基地的科技支撑力度，建立牧草种子田认证、监测标准，加强生产监督管理，使牧草种子田率先实现规模化布局、专业化生产、标准化加工，形成"乌珠穆沁草"品牌优势，大力推广天然草牧场伏草青贮技术。争取到2010年形成1500万亩的优质天然打贮草基地，年打贮天然草达到5亿公斤，为标准畜群的建设提供充足的草料来源。同时，不断加大乌珠穆沁羊核心群建设，选种选育种畜，建设20万只乌珠穆沁羊种畜繁育基地。

此外，转变传统畜牧业生产经营方式，走科学管理，合理利用天然草场与舍饲半舍饲相结合的现代畜牧业发展之路。推进产业化经营，组建专业养殖产业协会，重点组织纯种乌珠穆沁羊繁育协会、草业协会等行业协会，发展效益好、规模适度、示范作用强的专业合作社、养殖协会，提供技术指导和服务，加强企业与牧户的联系，建立风险共担、市场共享、利益共享的联结机制。

种公羊基地的培育与专业化。为了对乌珠穆沁羊的提纯复壮，旗政府加强了种公羊基地的培育与专业化，努力完善乌珠穆沁羊地方良种繁育体系，搞好选种选配，着重提高繁殖母畜比例，提高生长速度，采取统一供种模式，改善羊群整体质量，严格选育母羊，淘汰劣质母羊，全旗每年更新种公羊为5500只，改善羊群的饲养管理，创造良好的设施环境，建立保育舍等功能性棚圈，推广生产冬羔；在公羊配种季节、母羊产前1个月或20天，实行羔羊断乳后补饲精饲料技术，有条件的地区，推行人工配种，减少公羊饲养成本。绒山羊逐渐由全旗统一供配种公羊，禁止牧民自留种公羊，建立系谱档案，防止近亲繁殖。

同时，在"十一五"期间续建和新建种养场两处。乌珠穆沁羊种羊场一处，年生产合格种公羊6000只；绒山羊种羊场一处，年生产合格种公羊800只。供给牧户替换淘汰种公羊。分别建在满都宝力格镇和道特淖尔镇，选在交通、通讯方便，草场条件优越，水源富集的地方。

3. 深加工龙头企业的培育

整合当地畜产品加工企业。乌珠穆沁羊品牌的建立需要有知名的加工龙头企业做支持。结合草场整合流转工作，旗政府大力推广家庭牧场、联户经营、公司化经营模式，发展"企业＋协会＋牧户"的生产经营模式，鼓励龙头企业提高技术，定向投入、定向收购，大力发展订单畜牧业。旗政府出台各项优惠政策，鼓励和扶持本地龙头加工企业产品开发、市场开拓、健全营销网络、加强内部管理。力争年内申报自治区级龙头企业和盟级龙头企业各两户。为此，旗政府成立了畜牧业产业化办公室、畜产品加工管理办公室，以协调企业提前开工收购加工冬羔、早春羔。

引进外来知名畜产品加工企业。除整合扶持本地肉食品加工企业外，旗政府大力引进国内外知名的肉产品加工生产企业。先后引进了小肥羊集团和长春皓月集团两大龙头企业。2007年初又引进投资5000万元年生产规模60万只冰鲜羊羔的上海元盛食品有限公司肉食品加工企业，于2007年4月份开工建设，10月份投产，年内加工活畜10万只羊单位，可实现产值3500万元；引进香港中天集团绒毛加工项目，于2007年上半年开工建设，9月份投产，实现产值3000万元。

政府的优惠政策及措施。国内外知名企业的引进有助于挖掘肉食品精深加工增值的巨大潜力，培育乌珠穆沁羊品牌，构筑优质羊羔肉产业链。同时发挥旗肉食品加工协会的作用，强化行业的指导和监控，支持现有17户肉食品加工企业向专、精、新、特方向发展。鼓励和支持肉食品加工企业通过绿色无公害肉食品认证和肉食品原产地标示认证，鼓励企业从事专业化种公羊畜养殖，并在草场流转方面给予政策优惠。利用优质的畜产品资源，嫁接重组毛纺制革企业，引进利用牛羊脏器、骨血为原料的高科技生物制药企业，以基本实现"不育肥不出栏，不加工不出境"的目标。

4. 乌珠穆沁羊品牌的宣传

品牌的建设离不开宣传，离不开合适正确的营销策略。为打造"乌珠穆沁羊"品牌，东乌旗政府在进行产品认证的同时也积极主动地利用政府的作用，做好宣传工作。与锡林郭勒盟和兄弟旗市积极协调，利用"乌珠穆沁羊节"为平台，扩大"乌珠穆沁羊"的影响力，共同打造"乌珠穆沁羊"品牌。

政府的宣传。除利用"乌珠穆沁羊节"宣传外，积极利用现代媒体进行宣传。利用电视广告、广播、网络等形式扩大宣传方式和渠道。建设乌珠穆沁羊自身的宣传网站，介绍乌珠穆沁羊的品质、产品及文化。利用网络广告这种低成本的方式，加大宣传力度。在各省、中央等电视台适度投放宣传乌珠穆沁羊的广告和短片。同时建设乌珠穆沁羊文化，在宣传草原文化、蒙古族文化的同时宣传乌珠穆沁羊文化，扩大乌珠穆沁羊在非牧区的消费和食用。

利用政府领导人的个人魅力和因素宣传。从上到下各级官员，形成一种内在的意识，作为政府官员，不论何时何地都应该抓住机会宣传、介绍乌珠穆沁羊。在领导人的出访中，在外宾的到访时，积极主动地介绍本地乌珠穆沁羊的特色与品质。

企业的宣传。品牌的建设、产品的宣传是企业销售的保证。为避免单个企业宣传力量单薄和片面性，政府合理引导各乌珠穆沁羊食品加工企业在对乌珠穆沁羊宣传的过程中统一广告的角度、内容、文化等方面，增强乌珠穆沁羊品牌的宣传力度。

三、乌珠穆沁羊品牌的保持

1. 宣传的持续

一个品牌的形成，需要不断的宣传。即使一个品牌已经形成，但在激烈竞争的市场经济中，还得进一步扩大品牌的宣传力度，提高产品的更新速度，不断扩大该品牌的影响力和持久力。因此，政府与企业应建设一个长久的宣传平台。例如，举办"乌珠穆沁羊节"就是一个很好的形式。争取

"乌珠穆沁羊节"的举办权，通过各种活动和形式宣传"乌珠穆沁羊"的文化及其产品的品质。

建立品牌危机处理的公关机制。在现代商品社会中，媒体的宣传作用是把双刃剑，既能对品牌进行正面的宣传，也能因为产品的一点小毛病起到负面的宣传作用。一旦因产品质量等突发事件产生对品牌不利的影响，应该有相关的部门马上通过媒体等渠道，对此做出迅速的反应，澄清事实，同时采取必要的措施，使其对品牌的损害减少到最低的程度。我们也可以常常看到，一个品牌因突发事件的发生且相关的企业和部门没有做出合理的处理，而对其造成极大的负面影响；同样也有例子，在产品发生危机时，相关的企业和部门迅速做出反应，给广大消费者一个合理的答复，从而进一步提升了该品牌的知名度。比如，现代企业的"产品召回制"就是这个原理。

2. 优质品种的保持

品牌是商品的标志，代表着商品的品质和质量，而商品是品牌的载体。因此，保证乌珠穆沁羊肉的品质及各种相关产品的质量至关重要。应该从以下三个方面保证乌珠穆沁羊的品质。

首先，乌珠穆沁羊的提纯复壮。加大种公羊基地的建设，大力培育种公羊繁育协会及核心群牧户，推行种公羊集中饲养管理，改革种公羊的饲养管理与使用管理，加快完善良种繁育体系，扩大种源基地建设规模，同时鼓励有实力的企业进行种公羊基地建设与培育，加快种公羊的更新率，逐步实现种公羊培育的专业化、标准化。改进繁殖技术，提高繁育成活率，改变畜群结构，推广乌珠穆沁羊纯天然无污染"绿色"品牌。

其次，牧草品种的保持。牧草是乌珠穆沁羊的主要食物来源，也正是当地的这种特殊的牧草才使得乌珠穆沁羊的肉质鲜嫩、色鲜味香。如果不能保持当地牧草的品种及各种品种之间的合理比例，必然对乌珠穆沁羊的肉质产生影响。旗政府也在大力推行乌珠穆沁草原产地的认证，同时建设草种基地，以保持牧草的优质生长。

最后，肉质产品的卫生检验和保鲜贮存。食品的第一要素就是安全，确保肉类产品的食品安全是保持乌珠穆沁羊品牌持久的最基本要求。旗政府应加大对旗内各个肉类屠宰加工企业的食品安检力度，引进知名企业，提高牲畜屠宰后的保鲜贮存技术。

3. 龙头企业的培育和扶持

品牌的持久保持需要有相应的市场主体来承担。必须引进或扶持大型肉食品加工企业，以龙头企业为主，逐步实现"牧户＋协会＋企业"的饲养、收购、加工、销售一条龙的大型畜牧产品生产链。旗政府出台相应的优惠政策，力争在全旗内培育一家在全盟排名靠前的大型肉食品企业，达到肉质产品出口的资格及更高级别要求的特供和专业供给等。保证本地牧户出栏羊的及时及量的收购。

四、品牌建设中应注意的三大关系

事实上，品牌本身所起到的至关重要作用已得到人们较普遍的认同，但落到现实中的"怎么做？"怎么做大做强并保持其长久不衰，就成了很多人头痛的问题。品牌建设涉及到产品创新、品牌定位、传播策略以及资金保障等众多方面的众多问题，但最主要的还是应该在战略上理顺品牌建设过程中的一些重大关系，以利于品牌的建设和保持。

1. 品牌名与实关系

品牌首先是建立在产品基础上的，没有高质量的产品做基础的品牌，其知名度和忠诚度不过是假象而已——消费者不会无知到对脱离产品的品牌情有独钟的地步，消费者的忠诚度也是建立在对产品的高质量、功能与价值熟知基础上的选择性行为上的，只有产品与消费者实现充分的接触和沟通，并使消费者满意才会最终赚得消费者的选票。因此，产品才是与消费者沟通的最基础平台，而不是其他，没有产品作为基础，品牌建设就成了虚无缥缈的空中楼阁。因此，大力打造乌珠穆沁羊品牌的同时，不能抛开乌珠穆沁羊的品种的选种选育、优质牧草的基地建设、加工产品的高质量要求。只有以高质量的产品、高水准的品质才能最终使消费者认同乌珠穆沁羊品牌。

2. 品牌认证与市场接受关系

品牌建设的目的是为了使消费者形成一种对该种产品的差异性认同感，提升该产品的价值，扩大市场占有率，并有效地降低开发新产品的成本。品牌建设当然需要进行一系列的标准认证，比如产品质量合格认证（ISO 系列）、乌珠穆沁羊原产地认证、纯绿色产品认证等，这些认证能在一定程度上提升品牌的知名度，但并不是说进行了品牌的认证就能扩大市场销售额，最终决定问题的是消费者对该产品的认知程度，也即产品的市场接受程度。消费者对某种产品的认知度和接受度并不是看这种产品通过了多少国家权威机构的验证，而是以直接建立在消费者心智中的标准，即"什么是好的？

什么是差的？好的为什么好？差的为什么差？"我们完全可以通过对产品属性或消费属性的特点提炼促进消费者对产品的识别，以一个或几个产品属性和（或）消费属性的组合建立立体的产品识别系统，进而成为标准。例如，乌珠穆沁羊肉的色泽、口味、营养成分、加工工艺等都可以通过形象化的表现成为产品识别和消费标准的要素。这样就先行打造了品牌建设的基础，把自己品牌的标签贴进了消费者的心里。

3. 创牌与保牌的关系

品牌的建设是一个系统工程，是套组合拳，不是一蹴而就的事情，它需要投入很大的资金和精力，并在产品的推广和销售的过程中慢慢建立起来。但是，一个品牌建立起来并不就是大功告成了，还需要进一步的维护，来提升品牌的作用。可口可乐作为全球知名的品牌，已有近一百年的历史，即使现在全球基本上家喻户晓，但可口可乐集团并没有放弃宣传和维护，仍然做大量的宣传工作，保证其市场的占有率。乌珠穆沁羊品牌虽然已经是国内外较知名的品牌，但实际上仍没有形成自己较规范的品牌系列。每年东乌旗生产近50万只乌珠穆沁羊，可其鲜肉、加工产品并没有多少代表了乌珠穆沁羊这个品牌。可以说，乌珠穆沁羊品牌的建设还不完善，同时，也需要不断地开发新产品，大力发展精深加工，合理利用羊身上一切可利用的部位，逐渐形成乌珠穆沁羊品牌的系列产品。

根据现代品牌理论，品牌是消费者主观认知，是存在于人们心智中的图像和概念的群集，是关于品牌知识和对品牌态度的总和，与产品自身相比，品牌是建立在形象和人文的基础上的，而产品是实在的、客观的与理性的。因此，品牌在某种意义上说是代表了一种独特的文化。乌珠穆沁羊作为我国最重要的蒙古羊品种，其生产、屠宰、加工、食用等环节都一定程度上反映了蒙古族人民的生活习惯和文化传统，在品牌的打造和保持中突出文化因素更有利于品牌的长久不衰。

五、结语

东乌珠穆沁旗位于内蒙古中部腹地，区内拥有我国最好的牧场——乌珠穆沁草原，为发展畜牧业提供了很好的条件。因此，充分利用自身的优势，大力打造乌珠穆沁羊品牌，提高乌珠穆沁羊的市场占有率和单位价格，增加牧民收入，不论对繁荣边疆人民生活还是建设社会主义新牧区都具有积极的意义。东乌旗政府也正是利用这一点，在建设乌珠穆沁羊品牌上采取各种相应措施，达到了一定的成效，但是一个知名品牌的建设是一个长期的过程，需要不断宣传努力，同时做好相关配套改革和政策扶植，才能使乌珠穆沁羊真正造福广大牧民，促进当地经济的发展。

参考文献

[1] 东乌珠穆沁旗人民政府：《东乌珠穆沁旗"十一五"经济社会发展规划》，2006年2月。

[2] 乌力吉：《振奋精神，扎实工作，全面推进经济社会更快更好发展——在中共东乌旗委十届七次全会（扩大）会议上的报告》，2006年3月13日。

[3] 乌力吉：《把握新机遇，迎接新挑战，努力实现经济社会又好又快发展——在中共东乌旗委十一届二次全会（扩大）会议上的报告》，2007年3月18日。

[4] 《乌珠穆沁报》，2007年各期。

[5] 东乌珠穆沁旗人民政府：《东乌珠穆沁旗社会主义新牧区建设规划》（2006——2010），2007年7月。

[6] 东乌珠穆沁旗人民政府：《统一思想，振奋精神，真抓实干，全力推进经济社会跨越式发展——在中共东乌旗委十届五次全委（扩大）会议上的报告》，2004年4月24日。

巴音图嘎草场整合中政府的作用

河南财经学院工商管理学系　刘建利

巴音图嘎草场整合是在坚持家庭承包的基础上，按照依法、自愿、有偿的原则，由政府引导和支持，推动牧区草场经营权流转，使草场资源向经营能人集中，形成家庭牧场的一种草场租赁行为，以期在较大面积的草场上推行有利于草原保护的轮牧方式，同时，通过规模化经营提高牧民的收入。

作为社会主义新牧区建设的一项重要措施，草场整合不同于前些年已在牧区出现的单纯的草场经营权流转，不是牧民完全基于自身经济利益的自发行为，而是政府出于生态保护、牧民增收、畜牧业现代化、草原永续利用等综合考虑，由政府倡导和支持的行为；草场整合也不同于安徽小岗村农民秘密签订生死状的行为，而是在国家法律和政策许可的范围内，在当地政府的规范下，合法的草场经营权流转。但是，草场整合中虽然包含了政府的倡导和支持，但它绝不是1950年代的合作化运动，因此，既不能采取政治运动的形式，也不包含政府强制的成分。

在草场整合中，政府和牧民的基本关系是"牧民是主体，政府为主导"，那么，主体如何体现？主体和主导的关系怎样处理？主导怎样发挥作用？只有这些问题解决好，才能保证草场整合过程中，整合户与被整合户双赢，牧民的长远利益和眼前利益结合，草原的高效利用和永续利用兼顾。

一、草场整合中牧民主体与政府主导的关系

牧民是草场整合的主体，表现为：首先草场整合中整合户和被整合户都必须是具有当地牧区户籍、有承包草场的牧民；其次，作为一种商业租赁行为，交易必须符合双方牧民的意愿，平等交换，是牧民的自愿行为；第三，草场整合中牧民的各种正当权利必须得到保障；第四，草场整合有利于牧民主体的身份转变，从传统牧业生产方式下的牧民转变成现代畜牧业生产方式下的牧民和工业生产方式下的工商业人员。这一转变过程同时也是牧民素质得到提高，权利得以落实的过程。

政府在这一过程中的基本作用是为牧民服务，之所以称为主导，主要原

因在于：在整合户和被整合户关系处理上，被整合户是弱势群体，整合户是强势群体，草场整合特别需要政府保护被整合户，但又不能伤及整合户的权益；在当前利益和长远利益的选择上，由于目前牧民整体素质比较低，偏重于当前利益，需要政府引导；在家庭承包制的体制框架下，个体经营的牧民力量薄弱，难以抵御各种风险，需要政府扶持；在完全自发的经营权流转中，会出现无序和混乱，使牧民的权利受到损害，比如有些牧民把草场租给非牧户，获得每亩4—5元的收益，但是这些人只想短期内在租赁来的草场上获得最大收益，牲畜严重超载，到租赁期满，草场破坏严重甚至植被难以恢复，清理非牧户必须依靠政府的介入。因此，在草场整合中，需要政府制定规则，维持秩序，保护牧民利益，对其中的弱势群体提供帮助；在从传统牧民向新式牧民和工商从业者转变时，牧民缺乏必要的能力，需要政府提供智力帮助服务和一些优惠待遇。因此，政府的主导作用主要体现为规定方向、引导行为、提供扶持、政策优惠。

在处理牧民主体和政府主导的关系时经常出现两种倾向：放任自流和包办替代。1984年草原实行家庭承包后，不少党政干部认为，现在牧民是自主经营，无需政府干预，一切正当的引导、扶持和帮助都被视为计划经济的传统做法加以摈弃，倡导无为而治，乐得清闲自在。在处理和牧民的关系时，放任自流，只顾收取税费，不提供公共服务，结果干群关系越来越紧张。造成这种状况的原因，一方面是农民权利意识增强，这本来是好事，但却造成了部分基层政府和干部产生放任自流的观念；另一方面草场承包后，仍有些基层政府和干部沿用过去强制命令的老办法，瞎指挥牧民的经营，违反牧民权利使牧民遭受损失，以至于政府再出台任何项目都遭到牧民抵抗，不得不放任自流。

包办替代是计划经济时代的产物，对牧民的日常生产经营活动、经营项目等政府仍然沿用过去的老办法，无所不包办。牧民在草场承包后获得的合法权益往往因此遭到侵犯。这种情况在农区尤为典型，如在经济结构调整中，一些地方违背农民意愿大搞水果基地、蔬菜基地等，结果因为技术、成本、销售等问题造成农民损失的事情非常普遍。这些问题在牧区也不鲜见。

实际上，草场承包后处理政府和牧民的关系的难度不是减小了，而是增大了。如何在尊重牧民主体地位的基础上，为牧民提供优质的服务，引导牧民市场化、工业化和城市化行为，是政府能否发挥主导作用的关键所在。在草场整合中，放任自流的结果是：被整合户利益得不到有效保护；草场自由转包造成不能集中连片；非牧户的短期行为破坏草场生态；草场租金确定、交割完全失去调节控制，不是损害整合户利益就是损害被整合户利益；草场整合户经营成本上升；被整合户草场使用权得不到有效保护，等等。包办替代的后果是：回到集体化，牧民积极性遭到打击；政府承担巨大的整合成本；侵犯家庭承包形成的权利关系，等等。内蒙古东乌珠穆沁旗巴音图嘎嘎查在草场整合中很好地处理了牧民主体和政府主导的关系，其经验和做法值得我们认真总结。

二、草场整合中政府主导作用的发挥

巴音图嘎草场整合是通过草场经营权流转，以租赁的方式，使牧户承包的小片草场集中到少数牧业能人手中统一使用，形成合理规模的家庭牧场。从表面来看，草场整合仅仅是草场经营权的流转，但是，如果我们深入剖析，就会发现在从承包到整合的过程中，草场整合的主体——牧民，其权利、身份、生产生活方式、劳动技能、地位等都会发生相应的变化。政府必须密切关注牧民历史性发展所带来的社会问题和影响，积极发挥主导作用，使牧民在市场化、工业化和城市化道路上健康快速发展。

1. 草场整合的实质

从生产组织的角度看，家庭承包责任制为草场整合的制度前提。联产承包责任制下，分草场到户、以家庭为生产单位的"小牧经济"在20多年的运营中，初期的积极效果逐步消失，负面影响越来越严重，产生了一系列问题。承包的初衷是调动牧民的劳动积极性，造福于牧民，但在承包到户后被分割成小块儿的草场上，与草原脆弱生态环境相适应的传统游牧方式和较科学的轮牧方式都无法进行，增加收入的强烈愿望促使牧民多养牲畜，造成草场牲畜过载，退化、沙化严重，进而牲畜品种退化，畜产品质量下降，由此形成一种悖论，追求温饱的初衷在短期高效后却可能带来永久的贫困；单户小规模生产释放了集体生产中因管理低效而掩藏的巨大劳动潜力，牧民生产积极性高涨，但是小片草场上的小规模经营无法抵御黑灾、白灾、虫灾等自然风险，也无法抵御产品价格波动、市场需求变动带来的市场风险，比如当前肉产品价格稳中有升，但毛、绒、皮的价格大幅度下降，小片草场的硬性约束与牧民的生产愿望以及市场经济要求的大规模生产形成了矛盾；分草场到户后，每家都要建造围栏、打井、修棚圈，固定投资增加，但草场产出率下降，草原可承载牲畜数量不断减少，牧民经营效率降低，普遍增收困难；在社会保障机制基本未覆盖农村的情况下，承包的草场是牧民一切保障的唯一来源，但小片草场无法承担起完善的保障功能，牧民中因经营不善、因病、因家中男孩较多、添丁不添地造成的贫困较为常见，牧民中贫富分化日益严重。

承包制在牧区推行 20 多年后，在草原生态保护、增加牧民收入、建设现代畜牧业等方面都产生了一定的制约作用，但是，在我国从农业社会向工业社会转变的过程中，承包对于保持农村稳定，避免产生大规模的流民和城市贫民方面仍然发挥着极其重要的作用，目前仍然构成农村社会的一项基本制度。但是承包所造成的小规模生产与现代社会化的工农业大生产方式不相适应，与发达的市场经济不相适应，因而必须有所改变，草场整合就是以适应牧民扩大生产规模，增加收入，有利于保护草原生态环境为目的，抓住社会主义新牧区建设的历史机遇，通过草场租赁重新组合草场使用权，实现对草场承包的制度创新。

2. 草场整合中牧民发生的分化与转变

表 1　草场承包和草场整合中牧民的分化与转变

	身份	权利	生产方式	所需劳动技能
草场承包时	牧民	承包草场的使用权、劳动力所有权	在承包的草场上放养或小范围轮牧	接羔、放牧等畜牧业劳动技能
草场整合后（整合户）	牧民、佃户、雇主	承包草场的使用权、整合草场的使用权、劳动力所有权	轮牧	接羔、放牧等畜牧业劳动技能、市场开拓、经营管理
草场整合后（被整合户）	牧工、牧主、雇工、工商业主	承包草场的使用权和出租期的租赁收益权、劳动力所有权	轮牧（牧工）、工商业生产（雇工和工商业主）	接羔、放牧等畜牧业劳动技能（牧工）、工业、服务业劳动技能（雇工）、市场开拓、经营管理

草场承包使牧民获得了土地使用权和个人劳动力使用权，各嘎查草场面积不同，因而人均草场面积有很大差异，加上各户人口数量不等，承包后各户人口增减亦各有不同，这些因素造成了不同牧户家的草场面积差异很大。

有些牧民家庭获得了较大面积的草场，他们可以实行划区轮牧，而对大量分得小片草场的牧民家庭，只能在小片草场上放养牲畜，规模在200只标准羊单位以下，仅能维持温饱，经营不善者即陷入贫困。承包后，牧民由集体劳动改为各家各户自己安排生产，基本从事的都是祖祖辈辈传下来的畜牧业，因此，他们的劳动技能也主要是传统的接羔、放牧等。

草场整合后，牧民整体分化成了两大群体：整合户和被整合户。整合户租赁了被整合户的草场后，可以在最低为1万亩的草场范围内通过划区轮牧的方式，在不对草场造成严重损害的前提下养更多的牲畜，草场面积的增大也增强了其规避自然灾害的能力。由于牲畜增多，多数整合户需要雇工，有些是在接羔等繁忙季节雇短工，有些是雇长工。在新的经济关系中，整合户的身份多元化，在自己承包的草场上放牧经营，他们的身份是牧民；在草场租赁关系中他们成了佃户；在雇佣劳动力为自己工作时，他们又成了雇主。他们拥有自己的劳动力使用权，自己承包的草场以及整合来的草场的使用权。除了接羔、放牧等畜牧业劳动技能，生产规模的扩大使他们面临的市场风险也相应增大，如果出现皮毛、肉类产品的大幅跌价，他们会遭受巨大的损失。同时，他们也需要更多的投资。如何进行财务管理、合理投资，怎样控制成本，如何安排生产和消费等新问题出现在他们面前，这些都要求他们不仅做精于养牲畜的牧民，还要做会经营的牧场主，因此必须学习掌握新知识和新技能。

被整合户把承包的草场租赁出去后，拥有租赁收益权。整合户由于还是为自己劳动，其劳动力所有权体现得不明显，而对于被整合户来说，由于出现了劳动力使用权的买卖，其劳动力所有权充分显现出来。草场租赁出去后，被整合户基本上有三条出路：（1）到其他牧户家做牧工；（2）在工商业领域做雇工；（3）自己经营工商业。草场整合也使被整合户的身份出现了多元化，在草场租赁关系中，他们是牧主；去其他牧户家作羊倌，他们成了牧工；到其他行业中打工，他们成为雇工；自己从事工商业经营，他们则成了业主。从现有情况来看，做牧工和雇工是被整合户的主要出路，东乌旗"2007年内要转移牧区人口500户2000人以上，其中就地转移为牧工的不能少于300户1200人"[①]。被整合户在土地租赁收益远远不能满足生活需要

① 乌力吉：《把握新机遇，迎接新挑战，努力实现经济社会又好又快发展》，2007年3月18日讲话。

的情况下，无论是做牧工还是雇工，都成为劳动力出卖者。做牧工的被整合户仍然依靠畜牧业技能生存，而投入工商业的被整合户，无论做雇工还是自己经营，都需要学习工商服务业的从业技能和经营管理技能。

3. 政府针对草场整合后牧民的需求提供引导和服务

政府所提供的服务、引导和扶持必须针对草场整合所带来的变化，分别针对整合户和被整合户在草场整合后面临的困难以及需要规范的行为提供扶持和引导。

对于整合户，政府主要应在以下方面发挥作用：

（1）保障：保障整合户在租赁期内对草场的正当使用权。

（2）规范：①严格实行划区轮牧，"严格落实草畜平衡制度"，对租赁来的草场必须遵从草监局的监督和管理，防止出现对租赁草场的"竭草而牧"；②规范牧主对牧工的使用，保障牧工的合法权益。

（3）扶持：①草场整合后，整合户新建围栏、水井、棚圈等基础设施，增加基础母畜等，需要大量投资，大多数整合户现有资金不足，需要政府扶持，提供低息贷款或项目基金；②经营规模增大后，整合户从牧民转变为牧场主，需要提高经营管理能力，政府应开展面向整合户的信息提供、培训和继续教育。③整合户面临的风险增加，应引入政府、牧民和保险公司三方参与的畜牧业保险体系，帮助整合户应对市场风险和自然灾害。

（4）引导：①引导整合户合理投资，避免出现一次性投资过大，陷入"过度投资贫困"；②基于牧民现有的经营能力和承受风险的能力都比较有限，因此，整合后的家庭牧场面积基本在1—2万亩之间，当牧民的经营能力提高后，可引导牧民逐步扩大草场面积，达到5万亩的合理规模；③现在草场租赁合同期为3年，每3年在整合户和被整合户之间都要重新谈判，有些会改变租赁关系。在总结出一定经验，规范租赁双方的行为之后，为减少交易成本，使基础设施的布局更加合理，减少基础设施投资的浪费，可以调整租赁合同，适当延长租赁期限；④草场整合有多种形式，现阶段的草场租赁是其中最简单、也是最不稳定的形式，在整合双方的利益都得到妥善保护的情况下，可以引导牧民采取合作制和股份制的经营组织形式。⑤引导牧民成立行业协会，为牧民提供市场供求、价格动态、科技咨询、订单生产等信息和服务。⑥引导牧民从事专业化养殖，提高产品附加值，提高经营效率。⑦坚持草场集中连片原则，对于优惠政策只给予那些草场转包给周围牧户的整合行为。

被整合户大多是自家草场面积小，以及经营能力较差的牧民。对于生活费用很高的草原地区来说，草场租赁的收入加上政府补贴，远远不足以维持家庭生活的需要，被整合户有些去整合户或其他牧民家做牧工，有些在周边地区从事旅游等工商业活动，还有些离开草原，搬到城镇中生活，到工矿企业打工，或者在城镇从事工商业活动。对于被整合户，政府应从以下几方面提供服务：

（1）保障：①承包期内对草场的使用权，在被整合户认为需要时，可以收回草场，或者转租给其他牧户；②在租赁期内对草场的租赁收益，包括从整合户那里得到的租赁费和政府承诺的补贴；③基本生活保障，包括最低工资、养老、医疗、失业保障等；④国家给予牧民的各种优惠政策，包括子女入学等；⑤保护雇工的劳动力使用权，包括劳动力使用的期限、工作日长短、法定节假日、使用权价格、工资水平、工资的及时发放、劳动力培训以及其他社会福利。

（2）规范：①租赁对象只能为本地区拥有草场承包权的牧户，且承包草场与自家承包草场相邻；②被整合户从事工商业的经营行为。

（3）扶持：①一些被整合户转移到工商业领域打工或经营，符合国家生态移民的政策，因此，应享受生态移民的各种优惠，包括住房补贴、生活补贴、税费减免等；②对被整合户提供一定的就业岗位和就业信息；③向被整合户提供在工矿服务业就业所需要的劳动技能培训；④对从事工商业经营的被整合户提供经营技能培训、税费减免、小额贷款优惠等等。

（4）引导：引导牧工成立牧工联合会，保护自身权益不受侵犯，提高劳动技能。

三、巴音图嘎嘎查草场整合现行政策分析

巴音图嘎嘎查草场整合于2007年初开始进行，目前处于起步阶段，但是其推进相当迅速。巴音图嘎嘎查共有牧户176家，草场104万亩，可利用草场90万亩，至2007年7月20日，已经整合了22个家庭牧场，共有87户参与到草场整合中，占牧户总数的49.3%。镇政府2007年的目标为整合50万亩草场，占可利用草场的55.6%。草场整合之所以快速推行，一方面说明这种形式符合牧民利益，受到牧民欢迎，另一方面也和东乌旗政府出台的优惠政策有关。

当前，和草场整合相关的政策主要体现在《东乌旗引导扶持牧区人口向城镇转移实施意见（试行）》这一文件中。该文件对草场流转的主体范围和合同期限进行了规定："牧户流转草场，需在本嘎查有承包草场的牧户范围内进行。""流转双方每三年签订一次流转合同。"文件中的各种优惠与扶持政策都是针对被整合户的，比较全面，包括对流转草场的补贴，转移进城的牧民在租房、买房、商业用房等方面的优惠，政府提供的就业指导、培训和工作岗位，政府在贷款以及税费方面的支持和减免，各种保险以及基本生活保障，转移进城牧户子女教育方面的优惠等等。

让被整合户吃下"定心丸"的是，该文件第十八条的规定保证了被整合户转移进城后仍然享有牧民应享有的一切权利，"牧民进城有住所的，经本人申请，由辖区公安派出所给予办理城镇居民常住户口，可享受以下优惠政策：（1）依照有关法律法规，草场承包关系不变，享受国家对牧民的各项优惠政策不变，同时享受城镇居民各项待遇。（2）牧民子女继续享受第十七条优惠政策，接受高中阶段教育，继续享受《锡林郭勒盟牧区户籍家庭子女高中（职中、中专）阶段教育补助暂行办法》中相关优惠政策。（3）牧民家庭成员月人均收入和实际社会水平低于当地城镇最低生活保障标准的，由旗政府纳入城镇最低生活保障范围。（4）牧区符合条件的老年人进入城镇敬老院和福利养老院，转移进城牧民中的特困群众和五保供养人员，由旗民政部门提供医疗救助。"草场承包权是牧民的基本权利，也是草场整合中一切权利的基础，对于转移进城的被整合户，即使在他们获得了城镇户口，牧民身份转变成了市民身份，仍然保持草场承包权，这对他们是最基本的保障。值得探讨的是：其一，在被整合户取得城镇户籍后，其对草场的承包权内涵似乎应有所改变，其承包权不再是对某片草场的实际使用权，而转化为在嘎查集体所有的草场中占有一定份额，对这部分草场拥有一定的收益权。其二，按照承包30年不变的基本政策，现有从1984年开始形成的承包格局将在2014年重新调整，在调整中草场可能被重新分配，现有的草场整合也将发生较大的调整，如何减少承包调整对牧民经营连续性和经营效率的影响应该是政府提前考虑的问题。

有关整合户的政策散见于各项政策当中，缺乏专门文件，也不够完善。在整合户政策方面有一些问题值得探讨。其一，整合户租赁的草场是否可以再次转包出去呢？其二，现有的草场整合基本上是强弱联合，即草场面积大、牲畜多、经营能力强的牧户整合草场面积小、牲畜少、经营能力差的牧户。访谈中一些整合户表达了希望在有能力的情况下继续扩大规模的愿望，但是广泛整合后，"弱户"基本上都被"强户"整合了，再想继续扩大经营规模出现了困难，此时，草场整合的形式是否应当发生转变，从租赁草场的强弱联合转变为整合户之间的强强联手，此时，草场整合的主要形式将是租赁基础上的合作经营。

政府可对照上述关于整合户和被整合户在草场整合中出现的各种变化和要求，完善政策体系。这一体系应当随着草场整合的推进逐步调整，在调整过程中，根据牧民的意愿、接受程度以及素质水平，逐步推广股份制和合作制的整合形式。政府切忌追求速度，高速推进整合，使一些问题被掩盖起来，成为后续发展中的绊脚石。比如家庭牧场的适度规模到底应该有多大，这一问题显然受整合户的经济实力、租赁价格、劳动力数量、雇工人数、经营管理水平限制，同时市场状况、草场质量和牲畜结构也会对适度规模的确定产生影响。因而在不同整合户、不同草场、不同租赁价格、不同经营管理水平下，适度规模是不同的；同一个整合户在不同时期，适度的经营规模也应该有所变化。政府切不能采取"一刀切"的办法，规定一个所谓的"适度规模"，让一些条件并不具备的整合户"削足适履"。另外，草场整合是实现草原永续利用的长远目标和社会主义新牧区建设中的一个环节，因此，应把草场整合的各项政策纳入到草原生态保护和新牧区建设的政策体系中。

从牧民对草场整合的积极反应可以看出，现有政策的效应不错，这主要表现在：草场整合顺利推进，被整合户权益得到有效保护，为草原稳定打下坚实基础；推动了草原剩余劳动力转移，顺应了工业化和城市化发展的需要；降低了整合户的经营成本，调动了整合户的积极性，为大规模牧场经营开辟了道路；清理非牧户和对被整合户草场权益的保护，有利于草场永续利用，有利于草原生态保护；没有触动草场承包的根本权利关系，但却成功实现了制度创新。当然，由于草场整合刚刚开展，各项政策的能否落实以及长期效果尚需观察。我们必须跟踪调查，及时发现问题，及时做出调整。

分报告之十

巴音图嘎草场整合中的制度变革

草场承包 20 多年来给草原带来了诸多问题，如草原生态遭到破坏，牲畜品质下降，牧民贫富分化等。为了解决现有问题，引导牧民走上和谐发展道路，巴音图嘎嘎查在旗委旗政府的支持下，于 2007 年初开始推行草场整合。就目前巴音图嘎嘎查草场整合的情况看，牧户规模经营的效益逐渐显现，但家庭牧场并不是解决草原问题的最终出路。

一、草场整合是在草场承包基础上的制度创新

草场整合就是在坚持草场家庭承包的基础上，按照依法、自愿、有偿的原则，推动牧区草场使用权流转，使草场资源向经营能人集中，扩大牧场经营的规模。草场整合的形式有家庭牧场、合作牧场和股份牧场三种。至 2007 年 7 月底，巴音图嘎嘎查 176 家牧户中，有 83 家参与了草场整合，形成 22 个家庭牧场。草场整合是在草场承包基础上的制度创新，对于社会主义新牧区建设具有重要的现实意义。

首先，草场整合的进步性表现在对草原的生态保护上。在全嘎查里每个家庭牧场的草场大小不一，但最小的也接近一万亩，和以前的每户四五千亩相比要大多了，这样能更好地实现划区轮牧，从而保护草原生态。如伊·阿拉哈家从图布沁家租入 4100 亩草场，总草场面积达 2.1 万亩；希·朝鲁家从邻居阿拉坦·格日勒家租入 5500 亩草场，总草场为 1.1 万亩。两家都留了打草场，为冬天所需牧草做准备，其余的都是轮牧区。这样羊群不同季节采食的地方不一样，草场牛羊践踏遭到的破坏轮牧而大为减少；同时通过牲畜的长距游走增加花粉传播，可以增加牧草种类，有利于草场生态多样化。

其次，草场整合有利于保持畜产品品质不变。牲畜在整合后的草场可以采食多样化的牧草并补充多种矿物质，这都有利于畜产品品质的提高，有利于保住"乌珠穆沁羊"——"吃着中草药，喝着矿泉水"的品牌。

再次，草场规模的扩大和牧场经营实力的增强能够整合基础设施、整合劳动力、整合牲畜，提高经济效益；能够引进先进的技术，改良品种，提高

牲畜品质；能够促进驰名品牌建设，提高牧场的核心竞争力。

最后，草场整合有利于组建与畜产品相关的市场组织，从而有利于应对市场风险。草场承包时，个体牧民是畜产品市场的主体，然而他们缺乏市场意识和观念，加之他们的淳朴善良，很难抵御市场风险。在草场整合后，牧民由于放养规模的扩大急切地需要各种经济组织来维护其利益和协会组织发展养殖技术。现在有关部门正式注册的牧区合作经济组织已有 15 家，包括草产业协会、种公羊协会、乌珠穆沁羊繁育协会和西门塔尔牛养殖协会等。协会为牧户提供各方面的服务，牧民应对市场风险的能力明显增强。

二、家庭牧场的缺陷

草原生态保护不明显。目前巴音图嘎嘎查共有 22 个家庭牧场，整合后每户平均拥有草场 1 万亩左右，这就是草场整合的最优规模吗？在过去牧民为解决牲畜和草场之间的矛盾，采取了游牧、轮牧方式。当一片草场被采食后通过空间更换的游牧、轮牧，使草场得以恢复和实现可持续利用。目前要彻底解决草原中的草、畜、人三大问题，羊群能重新实现游牧、轮牧，这种家庭式牧场的规模远达不到要求。在这种模式下草原生态得不到根本性的恢复。

基础设施浪费现象严重，牧民经营成本提高了。草场的基础设施主要有铁丝网、水井、棚圈等，当被整合户的草场使用权转移到整合户手里时，草场整合后租赁期内使用权归整合户，但承包期内草场使用权仍归被整合户，因而铁丝网作为承包期内草场使用权的象征被保留下来。这样草场整合后并没有因铁丝网拆除而带来铁丝网建设成本和每年的维护费用的减少，反而因为铁丝网的增多，维护费用增加而造成经营成本的提高。水井和棚圈一种情况是折合到草场租赁价格里租给整合户，另一种情况由于被整合户不需要而被废弃了。这样就凸现出草场承包个体经营下基础设施重复建设的问题，家庭牧场形式的草场整合也不能充分利用这部分重复建设形成的基础设施。

大部分劳动力不能就地解决。在草场整合中最关键的是被整合户，他们是草场整合中的弱者。大部分被整合户世世代代在辽阔的草原上生产生活，除了放牧，其他什么都不会，而且放牧、骑马、喝酒、唱歌跳舞是他们心目中最理想的生活。除受游牧民族传统生活方式和观念的限制外，也受文化素质的限制，不少被整合户牧民满足于整合户每年支付的租金过日子，不愿进入工矿企业就业，也无力到城市从事个体经营，除了继续留在草原上当羊倌，就是成为草原上的"剩余"劳动力。草场整合是经营能力差的牧户通过租赁将草场向经济实力强和有经营能力的能手集中，这和中国历史上的土地兼并并无二致。如果剩余的劳动力无法按照他们的意愿合理地安置，长期下去饱受贫困饥饿寒冷，他们揭竿而起，引起社会动荡是有可能的。

牧民经济关系开始雇佣化，与建设社会主义新牧区矛盾。在草场整合中，被整合户在草场租赁期使用权丧失后仍保留了劳动力所有权，被整合户为生计所迫只能进城打工或给别的牧户当羊倌，并获得工资收入。在嘎达布其镇巴音吉拉嘎查的巴乙拉·孟克家就雇了一家 3 口为他家放羊，工资报酬按月计算，每人每月 2 对羊（2 只羊羔子和 2 只母羊）外加 200 元，合计人民币约 1000 元。由于巴音图嘎草场整合尚处于起始阶段，整合的家庭牧场规模较小，雇佣关系尚不发达，只是在接羔、打草等繁忙季节临时雇工，而以羊倌身份出现的长期雇工，数量少且不普遍。但随着草原上非整合户的减少，被整合牧民的增多，失去草场短期使用权人数的增加，也就是出卖劳动力人数增加，家庭牧场内部雇工完全可能成为普遍现象，但目前这种雇佣关系没有任何正式的劳动合同，雇工权益得不到保障。家庭牧场可以在一定的范围存在，但若以私有家庭牧场为主体，与我们建设社会主义新牧区的目标相左。

家庭牧场是贫富分化的产物，它又推动着进一步的贫富分化。整合户之所以是整合户，是因为在长期的经营中有经验有头脑并积累了一定的经济实力；被整合户由于经营不善濒临破产而不得不出租草场以获取微薄的租金。可见家庭牧场是在贫富分化的条件下产生的，而且随着家庭牧场的发展，整合户越做越大，形成规模效应，财富不断积累；而被整合户可能靠着仅有的租金坐吃山空，也可能靠打工获得的微薄工资报酬而处于贫困状态。整合户和被整合户的贫富差距逐渐扩大，这与和谐社会建设和全面建设小康社会的总体目标不一致，所以家庭牧场的前景不容乐观。

三、探索以合作制牧场为主体多种经济形式的草场整合

草场整合的形式有家庭牧场、合作牧场和股份牧场三种。当前由于缺乏资金和经营能手，也由于合作化和股份化在牧民看来涉及草场承包后牧民个人对草场使用权的放弃，一时难以接受，巴音图嘎嘎查草场整合主要采取了

家庭牧场的形式。我们看到家庭牧场形式的草场整合给草原带来了生机，但同时也应清醒地认识到这种资本化家庭牧场毕竟不是我们社会主义新牧区建设的最终目标。因此探索以合作制牧场为主的草场整合有着强烈的潜在需要。

合作制牧场具体形式应该和刚开始合作化时一样，适龄母畜按头入社，劳动力和牲畜按比例分得收益，并由社员民主推选出领头人。合作制牧场能提高牧民的组织化程度，有利于与市场衔接、规避和减少风险；合作制牧场有利于实现产业化经营，将在畜产品加工、销售等环节的收入收归劳动者自己，从而排除资本在中间的剥削；合作制牧场能发挥社会主义集中力量办大事的优势，组织牧民集体兴建大型基础设施，抵御自然灾害；合作制牧场可以解决牧区剩余劳动力问题，做到充分就业；合作制牧场实行社会主义按劳分配原则，可以避免两极分化，最终实现共同富裕。在目前条件下，走合作制牧场的道路要比走家庭牧场的道路艰难，但随着草场整合的推进，发展合作牧场是可能的。

首先作为草原的主人，牧民素质技能在不断提高，权利意识也不断增强。东乌旗在狠抓教育从根本上提高牧区人口素质的同时，政府还组织牧民走出去参观学习，如 2007 年 5 月政府就组团带领 7 位牧民前往加拿大进行了为期 15 天的畜牧业考察。当地政府还大规模开展科技培训工作，依托"新型牧民培训工程"、"绿色证书工程"、"百万中专生培训计划"等项目，按畜牧业产业发展要求，以畜牧业科技和经营管理知识为重点，利用集中培训、远程教育、牧民科技书屋、与专业院校科技部门合作等形式，培训畜牧业生产技术骨干和致富带头人，提升牧民的经营管理能力和职业技能，培养了一大批有文化、懂技术、会经营的新型牧民。其次，随着家庭牧场规模扩大，将会面临更大的市场及自然风险，但单个牧场的能力是有限的，因此以合作化的方式把牧民组织起来，建立合作制牧场实行草场整合，是在社会主义市场经济条件下发展现代畜牧业的必然要求。

当然发展合作制牧场也面临着许多困难。在 1984 年草场承包后牧民已经习惯了个体经营，20 多年过去了就在现在进行草场整合中仍然可以看到其中的影子。如整合后本应拆除的铁丝网并没有拆除，因为铁丝网作为界限是被整合户对草场使用权的象征；整合户都是单个牧民而不是多个牧民更不是一个组织。在农区，如华西村是在县委书记吴仁宝的带领下才走到今天的，在牧区实行合作化同样也需要有头脑有能力的经营能手，而且不是一个应该是多个。相对牧民缺乏合作意识而言，经营能手的缺乏更为严重。因此，在现有条件下应该进一步提高牧民的素质技能，更多地发挥党员干部的带头作用，引导人们真正做到"八荣八耻"中的"以团结友爱为荣"。

草场整合已经起步，证明党和政府已经注意到草场承包带来的诸多困境。家庭牧场首先作为草场整合的形式在牧区开始推行，我们在看到其短期效益的同时也看到了其不足，因此应积极探索以合作牧场为主多种经济形式的草场整合，通过合作制牧场的充分发展，最终将带来草原生态的根本恢复，畜产品品质的大幅提高，牧民间贫富分化的消除。在合作制牧场的基础上，我们看到的将是美丽富饶的锡林郭勒大草原，善良勤劳富有的蒙古族牧民。

云南丽江古城区社会主义新农村建设规划专题研究 七河乡西关村新农村建设示范村规划

2006 级民族经济学研究生　赵　然

一、基本情况

西关村位于丽江市古城区正南方的一块盆地——七河坝境内，海拔2230 米。距离丽江市古城区 18 公里，距离大丽公路只有 2.5 公里，丽江市机场距离本村 6 公里，正在修建的大丽铁路毗邻本村，距离仅 3.5 公里。西关村东邻漾弓江和观音峡，西靠"拉卡"山（"拉卡"为纳西语音译），此山盛产松茸和牛肝菌，原始森林植被保护完好。山上至今仍保留着"西关小长城"遗址。

全村共有人口 586 人，148 户，被分为 3 个村民小组，一组 64 户 237 人，二组 38 户 160 人，三组 46 户 189 人。本村现有劳动力人数为 352 人。西关村村民 99% 为"和"姓纳西族，另有 4 户是汉族。从所受教育水平看，70% 村民为小学毕业，20% 为初中毕业，九年义务教育落实以来，情况有所改善，如今 20 岁以下的村民基本为初、高中毕业，每年考入高等院校的人数有 4—5 人。

西关村现有耕地 700 亩，其中水田 400 亩，旱田 300 亩，人均耕地 1 亩左右，主要种植水稻、小麦、大麦、包谷以及蚕豆。经济林果面积 120 亩，主要集中在拉卡山一带，种植青梅和李子。2007 年在拉卡山脚下开发 300 亩的雪桃种植基地，本村村民承包。该村家家户户都养猪，养殖 5—20 头不等，尚未形成规模。2006 年全村生猪出栏头数达到 620 头。西关村村民主要从事传统的农业生产，2006 年人均纯收入 1550 元。2005 年政府开发"观音峡"旅游景区，向西关村征地 240 亩，租金每年每亩 500 元。因此，西关村每年仅此一项就可以得到 20 万元的收入。本村村民现有 40 人在观音峡景区内工作，月工资为 600 元。有十余人在丽江市从事季节性劳动。全村每户都有农用车，此外，本村有微型面包车 4 辆，货运卡车 1 辆，出租车 3 辆，旅游车 2 辆。

本村现有村道 2800 米，硬化长度达 1100 米。2007 年 7 月建成从观音峡至村口的具有配套设施的道路330米。其中，配套设施包括：道路两旁的绿化和排水。此排水设施具有双重功效，即灌溉农田和排水排污。本村每户均已通水通电，固定电话户数达到148户，拥有移动电话户数为148户。全村共有89个沼气池，5个太阳能。村中有自己的文化活动中心，由原来的村小学改建而成，目前正在积极建设施工之中。建成后的文化活动中心有乒乓球室、科学教育普及室、党员活动室和带有灯光的篮球场一个。尽管本村没有卫生室，但是农村合作医疗已经健全。排水排污设施落后，生活垃圾随意堆放现象严重。

二、发展条件

1. 发展优势

自然条件。七河乡西关村距离丽江市古城区约18公里，位于七河乡共和村委会西北面。自然条件十分优越，西有森林资源丰富的拉卡山，东有灌溉水源——漾弓江。自然环境洁净，群山环绕，水质良好，空气清新。土壤肥沃，光照较好，气候适宜，非常有利于农业生产。这些为蔬菜、水果、花卉的种植提供了良好的自然条件。

历史文化。西关村在历史上是茶马古道（滇藏线）从丽江市通往西藏的唯一关口和军事要塞；木府土司时期建造的长城至今依然耸立在拉卡山上；本村依旧秉承着纳西族文化，纳西古乐因为其悠久的历史而成为音乐的活化石。

农田设施基本完善。近年来，西关村开展了以开发自备水源为重点的农田水利基础设施建设，修筑灌溉水渠330米，平整土地，对村内土地进行了初步的园田式改造。

发展现代农业具有一定基础。全村700亩耕地，以种植水稻、大麦、小麦、蚕豆为主，其中水田面积400亩，旱田面积300亩。西关村水利资源丰富，光照较强。每家都有进行农田作业的农用车。因而，本村基本实现初步的农业机械化。同时，本村经济林果面积120亩，主要种植青梅、李子、雪桃。另外，还有300亩雪桃种植基地。养殖业以生猪为主，年出栏猪620头。西关村已经有89户使用沼气，5户使用太阳能。所以，西关村拥有发展绿色经济的独特优势，具备发展生态农业的条件。

具有较好的旅游资源。位于西关村北面的"观音峡"景区总面积240

亩，已经具备一定规模，以假日休闲旅游、观光文化旅游为特色的旅游产业正在蓬勃兴起。"观音峡"景区从 2006 年 3 月接待游客以来，不仅带动当地旅游业的发展，而且也解决了西关村 100 名村民的就业问题，观音峡美丽独特的自然风光，成为西关村旅游的一张名片，为小长城和原始森林为一体的旅游线路的打造奠定了坚实的基础。

绿色食品生产优势。西关村土地肥沃，气温适宜，无霜期长，水利资源丰富。空气清新没有工业污染，具备绿色食品生产条件。可以在本村发展绿色无公害食品的生产，如蔬菜、食用菌等。

2. 存在的问题

基础设施尚不完善。西关村的主干道路尽管基本建设完成，但是田间道路还有 2700 米尚未修通。道路的不畅通影响了西关村经济和社会交往的发展，不利于村民生活水平的提高，自给自足的小农经济现象严重，致使西关村经济结构和社会结构变革受到束缚。虽然每户村民家都已经通自来水，但还没有冲水卫生间。排水、排污系统尚不完善，仅有简易的排水、排污设施，无垃圾处理场，垃圾处理还采用原始焚烧方式。村民受教育水平比较低，较低文化水平的劳动者难以接受现代科学技术，最终影响西关村农业产业结构的调整，也难以实现农业产业化、现代化的目标。

集体经济薄弱。西关村没有自己的集体经济，观音峡景区的出租尽管给本村带来 20 万元的年收入。但是所得收入全部分给本村村民。虽然有 300 亩的土地进行了承包，但所得租金有限。所得景区租金的全部下发以及微乎其微的土地承包资金，使集体经济没有任何积累，制约了村集体经济的发展。

资金、技术匮乏。任何一项产业的发展都需要足够的资金和技术做基础。西关村的自然条件适宜花卉种植，但是由于西关村集体经济薄弱，村民收入水平比较低，再加上农村金融服务落后，发展特色经济缺乏融资渠道，资金匮乏阻碍了西关村经济和社会的发展。西关村村民受教育程度低，加之没有有效的培训渠道和培训机构，新技术的应用受到极大制约，基本延续着传统的生产方式，新兴产业刚刚起步，没有形成规模。

变革意识不强。西关村资源丰富，土地面积多，适宜发展高附加值的经济作物。目前产业结构依然以种植低附加值的农作物为主，结构调整缓慢，严重影响农民增收。需要转变传统观念，根据市场需求及时调整产业结构，发展新兴高附加值产业。

信息传播比较落后。市场经济是信息经济。西关村尽管几乎家家户户都有固定电话、移动电话和电视，但是西关村对外部信息的获取明显滞后。目前，国家正在实施"农村信息化工程"，西关村应该借助这一机遇，进一步完善大众媒介。充分利用计算机网络，在捕获外部市场经济信息的同时，也要扩大宣传本村的优势产业。凭借互联网这个平台，弥补产业化科技信息的不足。完成落后的传统农业向现代农业的转变，实现产业化和市场化运作。虽然西关村的旅游业如今已经初具规模，但还是滞留在初级阶段——等客源，而不是主动出击，宣传自己。这一模式的形成，信息传播比较落后是原因之一。西关村要通过建立自己的旅游网站，吸引广大游客到该村旅游观光。

纳西族传统文化流失。纳西族文化是纳西族人的宝贵财富，是中华民族传统文化的重要组成部分。伴随着经济发展和现代化生活方式的冲击，纳西族人忽略了对本民族文化科学而合理的保护。西关村部分村民拆旧建新，摒弃纳西族的传统建筑模式，刻意模仿现代城市景观式样，使纳西族传统景观遭到破坏，失去了民族文化的特色和优势，致使纳西族传统文化日趋迷失。

缺少龙头企业带动。西关村在发展农业方面潜力比较大，400 亩的水田可以发展蔬菜种植或者花卉种植。但是，由于缺乏行业协会的带动，导致西关村的农业局限于低附加值传统农业范围。120 亩的果园是粗放式经营的模式，300 亩的雪桃基地，也没有挂靠龙头企业。龙头企业的带动对于西关村尤其重要。

三、西关村社会主义新农村建设的主要内容

1. 加强本村基础设施建设

进行道路建设。首先，将观音峡景区至西关村村口的简易道路硬化为长 330 米，宽 5.5 米的水泥路。并在道路两旁修建长 330 米的防洪灌溉渠。同时，在水泥路和防洪灌溉渠两边修建绿化带，种植树木、花卉，美化环境。其次，西关村的田间道路是自然形成的泥土路，不仅影响本村村民的田间劳作，而且也影响了物资的运输，需要把田间道路建设成砂石路。

改善环境，建垃圾处理场。目前西关村垃圾处理还处于原始状态，生活垃圾通常采取运到山上集中焚烧的方式，为了优化本村生态环境，保持本村山清水秀的面貌和提高村民的居住条件，必须把生活垃圾处理工作提上社会

主义新农村建设的日程。建立统一的垃圾处理场，从而在整体上改善生态环境和人居环境。

进一步完善生活设施。目前，西关村还是传统的旱式厕所，为了广大村民的健康，西关村应当着手将旱式厕所改建为冲水式厕所。同时修建巷道，配备排污排水管道，解决村民日常生活出行不便的问题。

建村文化活动中心。为提高西关村村民的精神文化生活，在本村原小学旧址处修建村文化活动中心，内设棋牌室、乒乓球室、党小组活动室、报刊书籍阅览室等。并在活动中心院内修建带有灯光的篮球场一个，这一项目正在实施之中。

发展行业协会。西关村农业还保持传统生产方式，没有农业协作组织，这样导致农户的生产经营行为带有严重的自发性和随意性，缺乏有效的与市场连接的渠道，农民进入市场的成本高，处于分散经营的阶段，在生产过程中表现出短期性和盲目性。通过建立各种行业协会，为农民生产经营提供技术、资金以及销售服务，实现小生产与大市场的有效对接。以协会为依托，建立健全西关村农业产前、产中和产后服务体系。以规模经营为主导，以市场化为主题，发展西关村绿色生态农业。

新能源建设和可再生能源建设。西关村在能源利用方面主要是干柴和秸秆。干柴和秸秆都不同程度地污染环境。本村养猪，可以利用粪便做原料建设沼气。沼气易燃并且燃烧充分，是品质比较高的能源。所生产的沼气除了生活用能外，还可以用来进行农业生产。沼气的残余物可以用来做饲料添加剂和高效、无污染的有机肥料。发展沼气可以提高能源的利用效率，促进西关村经济的可持续发展。资料表明，云南省是太阳能资源最丰富的地区，同时也是世界上太阳能资源最丰富的地区之一。年日照时数在3000小时以上。丽江市的太阳辐射比较强。西关村具备发展太阳能的条件和潜力。目前的主要任务是给予技术支持，同时转变观念。

与有关单位合作，建立培训机构。西关村村民受教育的水平比较低，这制约了西关村的经济发展。劳动者素质技能对西关村社会主义新农村建设至关重要。因为，西关村面临着农业产业结构调整与生态旅游经济的打造和可持续发展以及现代化农业的建构。所以，为了改变现状，西关村需要建立培训机构，对广大村民进行基本技能的培训。培训内容包括：农业方面，高附加值的蔬菜种植、花卉种植、食用菌种植和猪的养殖；旅游方面，在打造生态旅游的同时，要给旅游增添文化底蕴。把西关村村民培训成为懂经济会管理的新型农民。培训机构的建立是西关村农业产业化迈出的第一步，也是新农村建设的组成部分。可以与有关科研院所建立长效合作机制，对农民进行培训，同时推广新技术，实现产学研的有机结合。

2. 依据本村优势，发展生态旅游业

风景秀美的观音峡位于西关村，并于 2006 年 3 月正式开放，对于本村而言是最大的旅游资源。本村应该依托山水旅游，进一步开发其他旅游项目。拉卡山上是原始森林，在保持原有生态结构的同时，修建一条通往山上原始森林的石板路，将拉卡山开发为旅游观光森林。山上还有从木府时期修建并遗留下来的西关小长城。因此，应把拉卡山原始森林和西关小长城纳为一体吸引游客观光。同时，历史悠久的茶马古道也经过本村，可以考虑把已经破旧的道路修建为石板路恢复古道原貌。西关村应该积极探索旅游与扶贫相结合的路子，使旅游业成为农民增收的重要途径，为此建设农家乐一条街，进一步丰富西关村旅游项目，满足游客从物质到精神的日趋多样化的需求，使游客留连山水、游赏名胜、寻访古迹、聆听传说，达到身心的调适、知识的增长和精神境界的提升。

3. 调整产业结构

西关村田地土壤肥沃，而且水源充足，气候条件良好，非常适宜发展蔬菜及花卉的种植。目前，本村拉卡山上已经种植 300 亩雪桃，还有 700 多亩土地可以进行产业结构调整，建蔬菜大棚，种植各种高附加值的蔬菜，同时也可以引进高新技术栽培经济型生态观光花卉。让花卉种植也成为拉动本村旅游的一大亮点。

四、保障措施

加强民主管理。西关村村委会于 2007 年 3 月改选组建而成。新一届村委会在上级部门的领导下，加强领导班子建设，在党支部统一领导下，建立分工责任制，工作任务落实到个人。健全了村党组织领导下的村民自治机制，加强了基层民主政治建设，提高了广大村民参与村级管理工作的积极性。西关村村委定期召开村委会领导班子会议，讨论该村工作的重点。同时，也召集村民小组组长一起参加村委会的会议，让广大村民充分享有知情权、话语权和监督权。村委广泛听取村民的意见或建议，统筹规划西关村的建设问题。

强化项目管理。西关村实行项目公开制度，定期公布本村账目。使本村的财务清楚清晰。在新的项目立项阶段召开广大村民参加会议讨论，使村民对本村所建设的项目有话语权和监督权。

深入宣传政策。在社会主义新农村建设中，从目标的设立到目标实现是一个长期过程，在这一过程中，社会主义新农村建设的每一步都脱离不了政府政策的支持。目标的设定时期，需要政府政策来体现；目标实施时期，更需要政府政策来进一步推进。

资金具有保障。实践表明，伴随着社会主义新农村建设的逐步推进和深入，政府财政支持，尤其是中央财政支持的作用越来越重要。这些财政支持资金不仅要用于农业发展环境和农村生产生活环境的改造方面，也应该将部分投入到广大农民手中，促使农民提高生产经营的积极性。在资金管理方面，要加大新农村建设资金的监管力度，严格审计。丽江市古城区七河乡西关村在财务管理上是比较严格的，建立了财务公开制度，广大村民都具有监督的权利，严格的民主理财使资金达到合理的运转。

建设思路明确。西关村在新农村建设中目标比较明确，思路清晰。"四化"（美化、亮化、绿化、净化）"一修改"（修建主要街道）深入具体，村民在建设中干劲十足，为新农村建设奠定了良好的群众基础。

五、西关村社会主义新农村建设项目规划建议

1. 农家乐建设

西关村农家乐一条街建设应该体现本村的特色。在本村东南一侧建设以山水式为主题的农家乐，在就餐之中欣赏山水，在欣赏山水之中就餐。构建人与自然的和谐美；在本村东北建设田园式为主题的农家乐；在本村的北面建设体现原始森林为主题的农家乐。这三个主题的农家乐特色和功能是不一样的。山水式为主题的农家乐以清淡饮食为主；田园式农家乐以田园绿色无污染的食品为主；体现原始森林为主题的农家乐主要以野味为特色。

2. 可持续旅游项目的开发建设

在打造观音峡旅游景区的同时，着力打造西关小长城与原始森林为一线的旅游项目建设。在旅游项目建设和规划过程中，坚持保护自然环境为首位，保持森林的生态环境和可持续发展。

束河街道中济社区普济居民小组新农村建设示范村规划

2006 级民族经济学研究生 董 娜 聂晓玲

一、基本情况

1. 自然资源条件

地理位置。普济村位于丽江市古城区束河街道中济社区西部,南邻忠信村、东、北、西依次与中海村、兴文村、拉市乡接壤,距丽江市区 4 公里,清龙河自北向南经普济村注入文笔海。

气候条件。普济村海拔在 2600 米左右,气候温和湿润,雨量充沛,区域光照强,年均气温 12.6℃,年均降水量 950 毫米,相对湿度 63%,日照时间 2530 小时。

土地资源条件。全村总面积约 90 平方公里,耕地面积 540 亩,林地面积约 5000 亩,森林覆盖率达 83.3%,土地利用率达 93.3%。

2. 社会经济条件

人力条件。全村共 131 户 459 人,其中劳动力 231 人,接受过农业技术培训的约 50 人,劳务输出约 40 人。民族构成以纳西族为主。

生产情况。2006 年全年实现农业生产总值 150 万元,人均纯收入 2485元。全村有耕地面积 540 亩,其中 98% 为水田。粮食作物主要有玉米、小麦、大麦等;经济作物主要有油菜、蚕豆。2006 年全村粮食作物播种面积 528 亩,粮食总产量 26.62 万公斤,农民人均有粮 580 公斤;经济作物播种面积约 60 亩,总产量 7.2 万公斤。2006 年全村生猪存栏 4150 头,出栏 1800头,大牲畜存栏 85 头,出栏 20 头。

社会事业条件。普济村饮水来源于地表水,水资源供给充足,且水质较好,不存在人畜饮水困难。经过广大干部群众的共同努力,目前全村已完全实现户户通电,且通电质量较好。普济村有完小 1 所,教育教学设施较为完善,共有在职教师 13 人,其中大专以上学历 5 人,在校学生约 120 人。适龄儿童入学率为 100%,完学率为 100%。全村电视入户率达 100%,固定电话用户 120 户,移动电话用户 100 户,通讯覆盖率达 91.6%。

二、经济社会发展现状与发展需求

1. 基础设施现状

农业基础设施比较落后。主要表现在：一是农田水利设施缺乏，虽有部分农田基本达到排灌自如、旱涝保收，但还有一部分农田排灌渠没有进行防渗处理，抵御自然灾害能力不强。农业生产实行漫灌方式，水资源浪费严重。二是田间机耕道路建设水平低，田间道路质量差，冲刷沟需要治理。

公益基础设施不健全。主要表现在：一是道路硬化、亮化、绿化率较低，养殖户庭院环境卫生较差；二是缺乏排水系统，污水雨水淤积；生活垃圾处理系统缺乏，旱厕尚未尿粪分离，清洁能源使用率有待提高；社保体系不健全，医疗条件差，村民"看病难、看病贵"的问题仍然突出。村内缺少相应的文化娱乐健身设施。

2. 产业发展现状

种植业发展现状。种植业结构比较单一，农业产业化水平较低。农业生产一直以玉米、小麦为主，种植结构相对单一；农民科技水平不高，在选定生产项目上对具有发展潜力和前景的项目顾虑较多，新品种、新技术推广速度较慢，导致种植产品质量较低，科技对农业的贡献率有待进一步提高；种植业生产仍然采用大水漫灌为主，水资源利用效率低下，影响到农业可持续发展；农业生产经营规模偏小，专业性、综合性服务组织不健全，服务能力、服务手段缺乏现代科技支撑。

养殖业发展现状。养殖业以传统的散户养殖为主，生猪抗病能力弱，养殖风险大，且人畜混居，环境污染和疫病隐患严重。农民获取科技信息的渠道有限，新品种覆盖率较低，养殖新技术推广面小，缺少产后加工处理，产品附加值低，产业链条短。产品以农民自销为主，专业化合作组织运作不规范，组织化程度有待进一步提高。

3. 发展需求

根据与乡、村干部座谈以及对100户农民进行入户调查，普济村新农村建设的需求主要集中在以下几个方面：

在产业发展方面，村民认为该村急需发展、最有条件发展的产业是旅游和花卉，其次是发展养殖业。

在基础设施方面，村民认为最急需解决的问题依次是道路交通、农田基础设施、垃圾处理、房屋改建、绿化美化。

在科技兴农方面，村民希望得到优新品种、实用技术和培训支持，特别希望得到牲畜养殖疫病防治技术。

在公共设施方面，村民希望通过建设文化活动室、体育活动室、娱乐建设场所等来丰富业余生活。

在农村社会事业方面，村民最担心的是得大病和养老问题，希望得到最低养老保险和最低生活保障。

三、面临的机遇

1. 经过多年的发展，普济村物质财富明显增加，基础设施条件不断改善，农民素质不断提高，在经济建设中积累的经验日渐丰富，为建设社会主义新农村创造了良好环境。

2. 国家对建设社会主义新农村高度重视，在政策、资金投入和产业发展等方面加大支持力度，为普济村建设社会主义新农村带来了良好的机遇。

3. 自2003年昆明鼎业集团实施"茶马古镇保护与开发"旅游项目以来，普济村村民直接或间接从事旅游服务，在西山旅游环线的带动下，"茶马古镇"旅游项目的开发（普济寺的开发）为普济村的新农村建设带来了新的活力。

4. 人民追求生活质量的提高和消费结构升级，加上近年来实施大量工程项目给农民带来了实惠，有利于调动广大群众建设社会主义新农村的积极性和参与热情。

四、规划的指导思想、基本原则及目标任务

1. 指导思想

以邓小平理论、"三个代表"重要思想和党的十六届五中全会精神为指导，以科学发展观为统领，坚持"多予、少取、放活"的方针，按照"生产发展、生活宽裕、乡风文明、村容整洁、管理民主"的总要求，以"产业富村、科技兴村、生态建村、人才强村"为重点，以加快推进农村全面建设小康社会为目标，以又快又好发展为主题，着力发展农村经济，通过深化改革，加大投入，强化基础建设，建设现代农业，发展社会事业，推进精

神文明建设，全力构建繁荣、富裕、民主、文明、和谐的社会主义新农村。

2. 基本原则

以政府为主导，以农民为主体。在加大政府支持力度的同时，充分发挥农民建设新农村的主体作用，尊重农民意愿，不搞强迫命令和包办代替，要因势利导，充分调动广大农民的积极性，引导农民克服"等、靠、要"思想，树立主人翁意识，依靠自己的双手建设家园。

因地制宜，彰显特色。根据普济村地理位置、环境特征、经济优势，有针对性地编制与当地条件相适应的建设规划，形成新农村建设的个性和特色。在生态化建设中，突出科技性与观赏性的有机结合，统筹经济生态社会协调发展。

突出重点，全面发展。以生产发展为主导，增加农民收入，积极发展各项公共事业，既注重生产条件改善，又注重农民生活质量提高，寓生态环境治理于农民增收和产业发展之中，达到家居环境清洁化、农业生产无害化、资源利用高效化，实现经济社会的和谐发展。

注重实效，稳步推进。以维护农民群众的根本利益为出发点，从农民群众最迫切而又有条件做的事情办起，着重解决与农民群众切身利益相关的突出问题，立足当前，着眼长远，量力而行，讲求实效。

3. 目标任务

通过建设"城郊型"社会主义新农村，加强基础设施建设，发展壮大苗木花卉特色产业，大力开发农业生态旅游和乡村旅游服务业，实现农业增效农民增收，基层民主制度健全，农村人居环境改善，农民综合素质提高，社会保障体系完善，使农业生产、乡村形态成为景观资源和经济资源，将普济村初步建成充满活力的社会主义新农村示范村。具体目标如下：

现代农业初具规模。基础设施基本完善，农业科技含量明显提升，种、养业良种覆盖率达95%以上，科技入户率90%以上，基本实现农田节水灌溉。

农民收入大幅提高。到2010年，全村农业总产值达到200万元，年递增11.1%；农民人均纯收入达到4000元，年递增10%。

特色产业快速发展。大力发展蔬菜花卉特色产业和旅游主导产业，蔬菜花卉规模化生产面积达到100亩，农业生态旅游和乡村旅游业迅猛发展，实现旅游占国民生产总值的20%，做到旅游业和农业的良性互动。

村容村貌明显改善。村庄主要街道实现硬化、绿化、净化、美化、亮化等"五化"，垃圾基本实现集中处理。引导村民按规划布局改造现有住房结构和布置或建设新型住房。

农民素质显著提高。农村九年义务教育入学率保持100%。18—50岁的普济村劳动力平均掌握2—3项农业适用技术技能，广大农民科技素质、法制观念、公德意识、环保观念明显提高。

管理民主有序。实现民主选举、民主决策、民主管理、民主监督，村务公开经常化、制度化，农民的知情权、参与权、管理权、监督权得到有效保障，村民对村级管理的满意度达到95%以上。

农村社会和谐。邻里和睦相处，互敬互爱，农民自立自强、艰苦奋斗、勤勉协作的意识明显增强。农村文化活动丰富多彩，农村社会保障制度进一步健全，"五保"供养政策得到落实。

五、规划布局

根据规划原则，将普济村土地利用划分为六个区：四个生产区和一个居住生活区及综合服务区。

生产区布局。分为粮食种植区、蔬菜种植区、花卉栽培区、牲畜养殖区。在原有耕地的基础上，将种植区缩减为430亩；东南部为蔬菜种植区和花卉栽培区，面积约为100亩；牲畜养殖区紧靠蔬菜种植区，面积约为10亩。

生活区及综合服务区布局。按照"立足现状，适度集中"的原则合理规划村庄布局，基本保留已形成的居住区，对空闲庄基进行复垦和改造，压缩现有村庄面积，开展旧村改造升级，实现集中居住。在村中心的西北部建立村民文化体育活动中心、卫生室等公共服务设施。建立与主干道相配套的居住区道路网络，对现有主干道两旁进行绿化。

六、建设重点和内容

1. 发展现代农业，实现产业富村

优化产业结构，突出"一村一品"。在稳定玉米制种、适度发展养殖业的基础上，重点发展蔬菜产业，突出"一村一品"，将普济村建设成为设施农业示范村。蔬菜种植实行规模化生产，以"户户有大棚"为目标，建设

育苗温室，运用现代工厂化育苗技术，满足全村蔬菜种苗需要。普济村的蔬菜生产应与某公司开展"公司＋基地＋农户"的农业产业化运作模式。按照绿色食品生产标准，规范种植技术规程，选用优良品种，全面推广配方施肥，生产绿色蔬菜，推进订单农业发展。其他农产品也按照绿色食品生产标准，制定生产操作规程，全面启动绿色食品生产。

完善基础设施，提高生产能力。加固和修缮水利设施，对拉什海水库进行加固、防渗处理，配套完善沟渠，对贯穿全村的河道进行清淤、整治处理，确保全村540亩耕地达到自流灌溉，旱涝保收。完善道路设施。完成普济村主干公路柏油路1400米，使全村100%的自然村寨内、外道路面全部硬化为水泥路、柏油路，并与原来的公路形成交通循环网络，所有道路基本实现硬化、绿化、净化、美化、亮化的要求。建设机耕道路。为方便农机作业，对通向农田的道路进行整修，铺设碎石路面，规划建设田间道路，在农田区建设机耕道路；鼓励农户购买农业机械，提高农业机械化水平，降低农业生产强度，使种植区的机械化作业率达到50%以上。

延长产业链条，发展蔬菜加工业。在重点发展蔬菜种植业的基础上，新建果菜加工厂，配备清洗机、分选机、打蜡机以及包装机等设备。壮大农民专业合作经济组织，引导农民成立普济村蔬菜果品专业合作社，统一组织生产、统一产品质量、统一组织销售、统一策划宣传，打造普济村品牌，扩大销售渠道。

建设养殖小区，发展绿色养殖。发展现代养殖业，在普济村东南部建设一个规模养殖小区，按照绿色生猪养殖标准，实行集中养殖，生产绿色生猪，并适当增加养猪量。

发挥区域优势，发展旅游观光农业。以普济村靠近束河古镇的区位优势和优越的生态环境为基础，以"四在农家"为依托，利用村境内普济村的广泛影响，开发具有藏传佛教文化色彩和区域特色的旅游项目，实现田园式休闲，再加上"农家乐"、"乡村游"等多种民俗文化活动的配套发展，打造普济村独具特色的旅游项目和品牌。此外，为了配合旅游业开发，普济村应积极发展庭院经济，分地段、分片区、房前屋后、公路两侧、河道两旁等发展水果种植，保证四季有花、有果。改善农舍的卫生条件，提高村民的素质和接待服务水平，实现观光农业与餐饮、度假休闲的有机结合，拓展普济村的农业功能，多渠道增加农民收入。

2. 加强技术支撑，实现科技兴村

引进新品种新技术，提高农业科技含量。加快引进大棚蔬菜新品种，发展多样化种植，不断提高设施农业的效益。依托高校和农业技术推广站等教育科研推广单位，按照"便捷、易行、实用"的原则，加快引进推广转化速度快，农民易接受，使用效果好的设施栽培、玉米制种、果园管理、果蔬产后加工、畜牧养殖、兽医防疫、农田灌溉等技术。结合测土配方施肥，开展普济村耕地质量检测和农产品质量安全监测，发展绿色农产品生产，打造普济村绿色品牌。

开展农业机械化试验示范。通过补贴等方式，鼓励农民购买小型农业机械，通过组建农机服务队伍等方式，开展农业机械承包作业，培训农业机械使用技术，提高农业机械化作业程度。

加强技能培训，培养新型农民。依托全国农业科技入户示范工程，利用远程教育和现场教育相结合，开展科技培训入户、技术服务入户、农业信息入户、物化补贴入户、农业机械入户等活动。提高科技示范户学习接受能力、自我发展能力和辐射带动能力。每年开展培训50—100人次，使每个青壮年劳动力平均掌握2—3项农业实用新技术。

引进外部智力，加快产业提升。根据生产需要，每年聘请设施园艺、果树、玉米制种、畜牧养殖等方面的专家，对村民生产进行实地指导，开展课题攻关和科技培训。每位专家负责联系和培训10个农民示范户，每个示范户带动10户农民，通过层层带动，不断提高科技入户率和技术普及率，促进产业升级，增加村民收入。

3. 改善人居环境，实现生态建村

发展生态农业。以沼气池建设为纽带，构建"粮、菜—猪—沼—田"的生态农业模式，循环利用各种生物资源，构建生态产业链。广泛推广秸秆还田技术，提高农作物秸秆的综合利用水平，促进生产、生活、生态的良性循环，实现生态效益、经济效益、社会效益，营造生态家园。

完善配套建设，美化村庄环境。改善生活设施条件，将全村现有的传统蹲坑厕所改造为粪尿分离式生态旱厕，组织农民绿化庭院。推广生活垃圾分类投放，设置有机垃圾和其他垃圾分类收集桶若干个。完善道路硬化，在沿外循环线两旁建设环村庄绿化带，通过绿化美化村庄，创建舒适的生产生活环境。

开展物业服务，完善村庄管理。建立物业服务站，定时清运垃圾、粪便，清扫道路，管护花草树木，维护水、电、路、气（沼气）。通过专业化服务，保障公共基础设施正常运行，实现家居环境清洁化、资源利用高效化、家务劳动简捷化。

4. 完善管理机制，强化支部带村

健全村民自治机制，推进基层民主化进程。健全普济村充满活力的村民自治机制，落实农民的知情权、参与权、管理权、监督权。建立村民理事会、监事会等自治组织，健全以财务公开为主的民主管理制度。完善"一事一议"等民主议事制度，引导农民自主开展农村公益性设施建设。树立社会主义荣辱观，制定、完善和落实《村民公约》，形成民主管理、民主监督、民主决策机制。深入开展普法教育，引导农民树立法制观念，增强依法维护权益的能力和履行义务的责任。妥善处理农村各种矛盾，加强社会治安综合治理，创造农村安定祥和、农民安居乐业的社会环境。

加强党组织建设，发挥核心作用。加强党支部班子建设，开展创建社会主义新农村标准党支部活动。建立完善党支部工作规范化、村民自治法制化、民主监督程序化的工作机制。落实党员干部"两带三为"（带着感情、带着责任，为民造福、为民解困、为民排忧）责任，全面开展"三项培养"（把党员培养成致富带头人、把致富带头人培养成党员、把优秀党员致富带头人培养成党的农村基层干部）活动，提高党员干部队伍素质，增强普济村党支部的凝聚力、感召力和战斗力。

5. 发展公共事业，建设和谐新村

加强基础教育，提高村民素质。改善办学条件，提高办学质量。按照丽江市古城区"十一五"教育发展规划，将目前的村小学扩建成为标准化中心村小学。实现校园占地面积、校舍建筑面积、专用教室设置、校园规模、班容量等五项指标达到规定标准。

发展文体卫生事业，提高健康水平。建设村文体活动中心，为农民提供文体活动场所，普及有线电视、宽带网入户，使农民享受现代文化娱乐。建设村卫生医疗室，完善医疗设施，保障村民享受到最基本的公共卫生服务。

完善社会救助体系，构建和谐新村。以为民解困为核心，以农村居民最低生活保障为基础，以农村特困群众生活救助、大病医疗救助、农村五保对象救助、教育救助、养老救助、自然灾害救助等为辅助，以捐赠扶贫为补充，建立健全覆盖全村的新型社会救助体系、保障机制和养老保险制度。

七、规划实施保障措施

1. 加强组织领导，建立统一协调的工作机制

成立普济村社会主义新农村建设工作领导小组，负责政策引导、创造环境、规划安排、项目扶持、督促检查、考评验收等工作。束河街道办事处明确一名副主任专门负责本村新农村建设工作，帮助村党支部解决建设进程中遇到的问题。村委会成立规划实施小组，具体抓好项目实施，落实规划建设任务。

2. 整合各类资源，创新建设新农村的投入机制

采取多渠道、多层次筹集建设资金的办法，为生产生活设施建设提供有效的资金保障。按照中央关于新农村建设的有关精神，建立以农民为主体、政府积极引导扶持的投资机制，注重实效，量力而行。不同建设项目，应确定不同的投资比例。对村内集体受益或跨村受益的基础性、公益性项目，实行各级政府投入为主，村民投工投劳的办法进行建设；对于生产经营性项目，实行政府与村民共同投入的办法，或者利用专项资金、专项贷款来筹集资金；对于单个农户受益的项目，实行以村民为主、各级政府予以补助的办法解决资金问题。逐步建立起以政府投资为引导、村民和集体投入为主体、鼓励和支持非公有制经济等多种经济成分从事示范村建设的投资体系。

3. 发挥主体作用，建立依靠群众建设新农村的激励机制

以深化改革激发自身活力，发挥国家政策的引导作用，尊重农民群众意愿，充分发挥农民群众在社会主义新农村建设中的主体作用。充分尊重群众的民主权利，实行政务公开，接受群众监督。组建新农村建设社区服务组织，参与各项工程的实施和监督管理，制定和完善政策措施。对涉及农民切身利益的事项，认真研究，一事一议，必要时请专家论证；把普济村最关心的、最迫切的事项作为近期的建设重点，激发农民群众建设新农村的积极性。

4. 加强宣传教育，营造建设社会主义新农村的良好氛围

在群众中广泛宣传新农村建设意义，采取有力措施，通过深入细致的思想工作，着力倡导健康文明的生活方式，提高村民的思想和素质，积极引导群众正确认识新农村建设与自身利益的关系，最大限度地调动村民建设新农村的积极性、主动性和创造性。通过广泛宣传，把群众建设新农村的强烈愿

望变成自立自强的实际行动，及时宣传报道示范建设的进展情况，发动社会各界关心支持新农村建设。及时反映新农村建设中的新举措、新思路、新成效、新经验，积极营造建设社会主义新农村的良好氛围。

5. 发展专业性经济合作组织，提高农民组织化程度

根据发展主导产业的需要，本着民主协商、互助合作的原则，建立普济村农民专业合作经济组织，负责产品的集中加工、统一销售、生产资料的统一购买、新品种和新技术的统一引进。建立健全农村新型合作经济组织的管理机制和运行机制，主要是资金支撑机制、自我服务机制和风险防范机制等，以效益为核心，围绕农产品生产、加工、储藏、运输、销售等环节，调整农业产业结构，积极开展科技服务、生产服务、信息服务、市场营销，促进普济村的传统农业向现代农业转变，提高农民的组织化程度，增强他们的合作意识，进而推进普济村的农业产业化经营。

6. 制定配套政策，确保建设效果

制定招商引资、土地流转、人才引进、创业激励等优惠政策，保证普济村蔬菜花卉销售有正常稳定的渠道和销售市场，土地流转顺畅，能够逐步形成蔬菜花卉种植区域化、规模化和销售组织化、市场化。同时，通过制定政策规范民主管理，增强农民民主意识和法治意识，实行村民自治。本着"不求所有，但求所用"的原则，研究制定人才引进的鼓励性政策，满足普济村的人才需求。把新农村建设的各项任务落到实处，全面推进社会主义新农村建设。

束河街道办事处黄山社区士满村四、五小组
新农村建设示范村规划

2006 级民族经济学研究生　徐丽斐

一、基本情况

1. 自然、人口概况

士满村位于丽江市东北部，隶属于丽江市古城区束河街道黄山社区，距古城区约 2.5 公里，海拔 2300 米，属低纬度、高原季风气候，年均气温 12 摄氏度。地理位置优越，自然条件良好，毗邻美丽的拉什海，北靠天然林区士满山，依山傍水、风景秀丽、空气清新。全村分为五个村民小组，第四、五组（以下简称"村"均指士满村四、五组）现共有农户 65 户，236 人，男女比例基本平衡。该村村民均为纳西族，姓氏以"和"为主。其中劳动力有 120 人，50 岁以下的村民基本为初、高中文化水平。士满村土壤肥沃，灌溉便利，适宜种植业的发展。村西紧靠士满山，山林面积约 3000 亩，植被茂密繁盛；青龙河自北向南贯穿该村东部地区，主要用于古城区防洪、灌溉。该河已于 2007 年上半年完成河道与河堤的全面整修，河水清凉透彻，河堤两侧植被保持完好。

2. 经济发展状况

士满村四、五组现有耕地 500 余亩，人均耕地面积 1.53 亩。其中，粮食蔬菜用地 300 亩，经济果林占地 200 亩。村民主要从事农业生产活动，2006 年末人均有粮可达 700 公斤，人均纯收入达到 2730 元。村中有两个果品厂，一间名为绿丫头果品有限公司，为村外人士投资所建；另一间名为神农果业，系村一村民投资建立。两家果品厂均被列入丽江五大果品厂之列，经济效益良好。四、五组村民每年所产青梅、李子、杏等水果主要被这两家果品厂作为原料收购，青梅每公斤的收购价格为 1.8 元，是农民收入的主要来源之一。村中有五六户村民从事养殖业，2006 年生猪出栏头数为 100 头，肉牛出栏数 10 头；4 户村民经营农家乐；村中现有农用车 4 辆，微型面包车 3 辆，出租车和旅游车各 1 辆。另外，国际著名纳西乐表演艺术家——宣科，亦是本村村民，已在村中建立了"宣科园"，旨在进一步全面传

播纳西文化，与之相配套的表演广场、纳西乐博物馆正在筹划建设之中。

3. 公共事业发展情况

士满村四、五组西侧和南侧紧邻214国道，正在建设中的城区主干道"西山游路"也由北向南穿过该村。村中现有村道3000米，硬化长度达2000米，剩余1000米均为田间村路，村中主要干道整齐划一，路面宽敞。"三线"（电线、电视光缆、电话线）建设已完成，电话、电视普及率达100%；有简单的排水管道，但尚无排污设施，无垃圾处理场，无卫生厕所，村民饮用水为打井取水。全体村民都已参加新型农村合作医疗。士满村建有文化活动中心、青年阅览室、老年人门球场，纳西舞蹈跳舞场正处于规划中。家庭能源建设方面相对落后，村中现仅建有一个沼气池，一户太阳能，燃料主要为液化气和煤球。

二、发展条件

1. 发展优势

区位优势。士满村距丽江古城区约2.5公里，由于具有良好的地缘优势和自然条件，现已被纳入古城区规划发展的范围之内，成为社会主义新农村建设的示范村之一。士满村距丽江著名景点——玉龙雪山约20公里，毗邻美丽的拉什海，北靠天然林区士满山。群山环绕，依山傍水，风景秀丽，空气清新。结合自身优势，依靠周边旅游业的辐射带动，将促进士满村的经济快速发展。

自然条件良好。士满村土地肥沃，耕地面积较多，自然资源富集，具有得天独厚的自然条件。现有果园200亩，蔬菜园区80亩，其他耕地200多亩。适宜种植樱桃、青梅、李子等果树以及白菜、油菜等生长周期较短的蔬菜，流经士满村的青龙河为农田提供了天然的水利灌溉条件。

历史文化悠久。士满村已有400多年的悠久历史，有着深厚的文化底蕴。由于村民均为纳西族，士满村的纳西文化得到了很好的传承和发展，尤其是被誉为"音乐活化石"的纳西古乐，享誉海内外，得到了广泛的传播。丽江著名的纳西古乐手宣科就来自士满村，为纳西民族文化的传承做出了突出的贡献。村民们每周都举行2次大型的纳西古乐表演，浓厚的纳西文化，吸引了广大观光旅游的游客，带动了旅游业的发展，促进了经济的繁荣。

绿色食品生产加工优势。士满村四、五组自然环境洁净，水质良好，土地肥沃，空气清新，符合绿色食品生产要求。村内有果园 200 亩，以种植李子、青梅为主，现有绿丫头果品厂和神农果业两大果品加工厂，距离果园仅 500 多米，便于果品运送，适宜发展绿色食品加工产业。

绿色生态旅游发展优势。村内绿树成荫，植被繁茂，旅游通道"西山游路"南北穿过土满村，耕地总面积 500 亩，道路两边有果园、蔬菜园，与灌溉水渠青龙河、天然林区土满山，形成了美丽的绿色生态旅游园区，是发展绿色生态旅游的首选村庄。

村容整洁，基础设施完善。土满村村庄布局合理、美观，整个村庄建设造型美观，具有民族特色，道路整齐。村道长 3000 米，其中硬化 2000 米，剩余 1000 米均为田间村路。主干村道基本都已经硬化，村道整洁，树茂花香。排水设施完善，村民居住环境良好。

劳动力资源丰富。土满村环境优美，气候适宜发展种植业。由于耕地和果园面积相对较多，村民收入主要来源于蔬菜、水果种植。2006 年末人均纯收入 2730 元，基本上能满足村民的基本生活需要，几乎无外出打工村民。因此，土满村的剩余劳动力资源丰富，可为村里其他产业的发展提供大量劳动力。

2. 存在的问题

田间村路尚未完全硬化。土满村村道总长度 3000 米，目前只硬化了 2000 米的主干道路，尚有 1000 米的田间村道还未硬化。田间道路不畅通，导致了蔬菜、水果向外运输的不便。

水利设施年久失修，排污管道有待建设。土满村主干灌溉水渠约 3 公里，建成于 20 世纪 50 年代，由于年代已久，没有大规模修复，水利设施已经陈旧，不能满足种养业的灌溉需要。需要进一步修复和改造农田水利设施，实现科学、合理、有效的灌溉，为生态农业的发展提供有力保障。

目前村里只有简单的排水管道，没有排污设施，给村民生活、耕作带来了极大的不便，影响了土满村整体的村容建设。因此，进一步改进和更新排水管道，建设高效的排污设施，势在必行。

公共设施不健全。土满村的村公所尚不完善，村里虽有村民文化活动中心，但没有丰富的文化活动内容。没有健身活动中心、科技文化活动室、村图书室等，公共场所的欠缺不利于村里文化体育活动的开展和村民凝聚力的形成。

田间电路不通。村里 2000 米的主干道路还没有路灯，不利于生态旅游和农家乐的进一步发展，急需建设。流经士满村的青龙河，河面宽4.5米，坝高3.5米。士满村现以青龙河为主要灌溉水渠，但由于水利设施年久失修，靠青龙河灌溉的农田面积极其有限，需要进行抽水灌溉，以扩大果园、蔬菜园的灌溉面积，提高单位面积的产量。田间抽水灌溉需要相应的电力设施与之配套，而现阶段士满村田间电路尚不畅通，无法实现抽水灌溉。要实现果园、蔬菜园的大面积抽水灌溉，充分发挥青龙河的水利优势，就要先修通2公里田间路的低压电线，为抽水灌溉提供电力来源。

三、指导思想与规划目标

1. 指导思想

以中央建设社会主义新农村的有关文件精神为指导，按照"生产发展、生活宽裕、乡风文明、村容整洁、管理民主"的总要求，围绕"粮食增产、农业增效、农民增收"三增目标，立足于士满村的区位条件、自然环境、资源产业等优势，因地制宜，拓宽旅游业的发展门路，调整经济产业结构，促进新兴产业发展，以村民增加收入、安居乐业为士满村社会主义新农村建设事业的根本出发点和归宿。

2. 规划原则

因村制宜，科学指导。深入调研，掌握多方面资料，认真分析发展现状与存在的问题，立足于士满村的区位特点，针对自然环境良好、旅游文化资源丰富的现实，调整产业结构，扬长避短，突出区域特色，提高发展实效。

重点突出，全面发展。由于士满村具有良好的地缘优势和自然条件，现已被纳入古城区规划发展的范围之内，成为社会主义新农村建设的示范村之一。因此，士满村的发展规划将被纳入丽江市古城区的整体规划进行，以旅游服务产业的发展为主导，突出发展绿色生态环境与纳西文化风情相结合的特色旅游产业，同时注重其他产业的发展。充分利用好自然资源优势，发展种植业和养殖业。多渠道、全方位增加村民收入，实现农村社会全面协调发展。

注重实效，依靠群众。立足当前，着眼长远，从村民最迫切而又具有条件的事情办起，提高村民的积极性，使村民参与其中，充分发挥农民在社会主义新农村建设中的主体作用。

以人为本，科学发展。坚持可持续发展，合理开发利用各类资源，努力实现资源可持续利用，增强资源对经济社会发展的保障能力，促使经济、社会与生态效益相协调发展。

3．发展目标

按照"一年有起色、三年见成效、五年上台阶"的目标，到2010年，将士满村初步建设成充满发展活力的社会主义新农村示范村，使农民过上安居乐业的和谐生活。

完善基础设施。完成道路建设工程，硬化田间村路，使村内道路硬化率达到100%，完善主干道路的电路设施，在主干道安装路灯。全村饮水改造工程全面实施，每家每户安装自来水。发展清洁能源，逐步实现太阳能、沼气入户。完成田间电力抽水灌溉设施建设。

村容村貌整洁。村庄街道全部实现硬化、绿化、净化、美化、亮化等"五化"。街道、庭院整洁，杂物堆放整齐有序，生活垃圾定点存放、集中处理，改水改厕达标，达到道路硬化、街道亮化、环境净化、整体美化。

形成主导产业。以旅游服务业为主导，建立绿色生态旅游园区、纳西文化风情园，在发展特色旅游产业的同时，进一步提高农业现代化水平，使技术改造和市场竞争力有所提高。发展种植业和养殖业，使养殖业规划区形成规模，进行科学养殖、统一管理。

科技文化进步。建成设施完善的农民培训中心，使农村劳动力科技文化素质普遍提高，农民观念更新。完备农民文化娱乐、健身休闲设施。完成现有通讯改造任务，实现宽带入户，力争农民信息化程度达到60%以上。

管理科学民主。建立起完善的民主选举、民主决策、民主管理、民主监督机制，建设一支以村党支部为核心、坚强有力的村级各组织；培育一批有较高素质、充满生机活力的后备干部队伍；实行村务公开、民主管理。使农民群众对集体事务的知情权、参与权、管理权和监督权得到有效行使，村民对村级管理的满意率达到90%以上。

公共事业快速发展。电力、电话、有线电视、自来水、污水等管网配套入户，学校、医疗服务站、农民文体活动场所和信息服务站等公共服务设施齐全。到2010年，义务教育人口覆盖率达100%，公共卫生覆盖率接近中心城区水平，农村最低生活保障覆盖率达100%，新型合作医疗覆盖面95%以上，农村社会保障制度进一步健全。

民主法制和精神文明健康发展。村党组织充分发挥领导核心作用，村民委员会、村民会议或村民代表会议等村级组织健全，村民自觉遵守社会公德、职业道德，邻里和谐，生活方式健康、文明、科学。

四、发展思路

1. 培育特色产业，繁荣农村经济

发展特色水果生产。在确保粮食综合生产能力的基础上，以园区为依托，以休闲观光农业为导向，大力调整农业产业结构，引导农民发展特色水果生产，建立相对集中连片的水果生产基地。

稳定提升养殖业生产水平。士满村的养殖业以猪、牛为主。扩大生产规模，提高防疫等服务水平，外迁所有牲畜圈舍，集中建设养殖小区，并配套建设大型沼气处理池，提高畜禽粪便处理与综合利用能力。

提升生态休闲观光农业。以扩大和完善现有农业生态园为基础，重点发展绿色生态特色品种，如优质青梅、李子等水果。进一步发展设施农业，扩大温室大棚等规模。积极发展生态观光旅游业，利用得天独厚的自然资源优势，建设生态林、生态公园、生态河道、垂钓区等。同时，与特有的纳西民族文化相结合，建设纳西文化风情园。形成独具特色的生态休闲观光旅游带，借助丽江古城区——这一世界文化遗产的辐射带动力，吸引国内外广大游客。

实施果品加工场清洁化生产。通过对现有的两家果品加工场进行改造及技术升级，引导发展水果加工业，逐步形成生产—加工—休闲—旅游一体化的新型产业关系，使士满村的生产与生活、休闲与观光形成良性循环。

2. 完善基础设施，改善村庄环境

加快道路建设，硬化1000米的田间村路，修通西山游路与古城区相连的便捷公路，对村内主干道路进行路灯的安装。进一步完善村内现有的土地给水和排水系统等。完善公共设施，建设垃圾收集转运站、青龙河公园、足球场、篮球场以及健身活动场。

3. 发展社会事业，加强基层组织建设

提高社会保障水平全面推进农村最低生活保障制度，对低保户提高低保补助标准。目前，全国已实施农村低保的地区平均低保标准为年人均1000元左右，最低的600多元，最高的2000多元。士满村的低保水平处于国家平均水平，虽然低保户相对较少，但主要是一些无人照料、无劳动能力的孤寡老人，他们没有劳动收入，导致了生活的困难。因此，提高这部分低保户

的补助标准，将有利于示范村的整体建设。

加强村级民主制度建设。认真落实村务公开和民主议事制度，设立政务、村务公开栏。健全村民会议或村民代表会议制度、村民议事制度、年终总结报告制度、评议党员干部制度、财务管理公开监督制度等，完善村民监督机制，促进民主管理。

加强村党支部和村委会建设。充分发挥党支部的领导核心作用，进一步增强凝聚力、战斗力和创造力。定期开展评议党员活动。充分发挥村委会的自我管理、自我教育、自我服务功能。

加强精神文明建设。开展普法教育，增强农民法制观念。倡导健康、文明、科学的生活方式，塑造农村新风貌。

五、规 划 布 局

1. 生产布局

根据村中现有的产业发展状况，将全村农业生产规划为四大功能区域。主要以果蔬种植、畜牧养殖、绿色食品加工产业、生态农业旅游为主导产业和发展方向。

果蔬种植区：位于西山游路东侧以及青龙河东侧，面积 300 亩。

养殖区：位于士满村最南端，青龙河与西山游路之间，面积 50 亩。

绿色食品加工区（果品场）：位于西山游路、长水路交汇处，面积 60亩。

生态农业旅游园区：位于西山游路两侧，面积 60 亩。

2. 村庄布局

根据"立足现状，适当集聚，功能齐全，方便生活"的原则，合理布局村庄设施。在现有村庄布局基础上，基本保留已形成的居民居住区，修建士满村北侧通往古城区的主干道路。扩建青龙河供水能力，在田间村路增设 2 公里低压电线路，用于抽水灌溉，实施绿化和风景林建设。

六、规 划 建 设 重 点

1. 进一步加强基础设施建设

士满村积极开展土地开发整理工作，对于改善农业生产条件和土地生态环境，促进农村经济发展，增加农民收入，实现农业现代化都具有重要的意义。为更好地实施士满村土地开发整理项目，在道路建设一期工程中，将西山游路东侧蔬菜园和果园两侧约 600 米的田间道路硬化作为重点工程，把田间路改造成水泥路，方便蔬菜和水果的运输。二期工程中将青龙河东侧果园周围的 1000 米田间路改造为水泥路，同时修建从西山游路通向古城区的道路，此路修通后可将原来 4 公里的路程缩短为 2.5 公里，将极大地便利士满村与古城区物资、人员与信息的交流。由于本村目前田间尚不通电，所以无法用抽水机进行抽水灌溉。因此，需要在田间架设高压线，解决灌溉难的问题。另外，在四五组居民区内建设内容更为丰富的村民文化活动中心，以丰富村民文娱活动。活动中心内设棋牌室、图书室、电视室、健身室、茶室、纳西舞跳场等，开展各类文体活动，积极发挥村活动中心的作用。

2. 沿西山游路两侧开发农业休闲旅游区

利用得天独厚的自然条件，将士满村建设成为独具特色的生态旅游村。正在修建的"西山游路"穿过士满村四、五组的经济果林种植区，可沿公路两侧划建生态旅游带，建立"果蔬采摘园"，增加水果和蔬菜的种植品种，保证每季都有新鲜成熟的果蔬供游客采摘。水果和蔬菜按品种集中种植，并引进科学的种植理念，推广绿色无公害种植技术；利用村中现有的两个鱼塘，开发"垂钓园"，合理搭配，投放不同品种的水产品，使游客体验垂钓乐趣；在西山游路两侧及村中发展约 30 户"农家乐"，可将游客亲手采摘收获的瓜果蔬菜和水产加工成正宗的纳西或其他民族、地区风味的饭菜。整个生态旅游突出"纯天然、多样化"的特点，使游客体味多元的农家生活。

3. 规划建设"青龙河"自然观光带

青龙河整修后，水质清澈，植被丰富，河堤两岸保留了大量的古树；两侧是大面积的农田，种植了各种水果、蔬菜；士满村依山而建，白墙灰瓦掩映在青山绿水之中；整个青龙河流域气候宜人，风景秀丽，适宜开发"青龙河公园"，发展绿色植被观光带，设凉亭、长椅、花坛等；河道中可开发小型漂流、划船等水上娱乐项目，供游客小憩及村民日常休闲。

4. 建立养殖业规划区，发展特色集体经济

士满村现有 5 户规模相对较大的养殖户，主要以牛、猪养殖为主，每户约 20 头左右，其他农户只是散养，每户约一两头。该村的养殖业并没有形成规模，统一管理。这样，既不利于个体农户的收入增加，也不利于整个村子养殖业的发展。因此，建立具有一定规模的养殖业规划区势在必行。

养殖业规划区将建于士满村的南面，占地面积约 50 亩，准备发展到 20 户，主要以养牛、猪为主。逐步形成统一管理、有效防疫、科学养殖的特色集体经济。

养殖业规划区的建立将组织村民进行合理、高效、科学的养殖，疫病防治、科学喂养等知识也会普及到各个养殖农户，充分发挥农民的积极性，提高养殖效率，增加农民的收入，带动整个士满村养殖业的发展，形成士满村社会主义新农村建设的一大特色。

5. 发展文化旅游，建立纳西文化风情园

纳西古乐的传承。士满村有发展文化旅游无可比拟的优势，民族音乐家宣科就居住在士满村。纳西古乐，被称为世界文化遗产的非物质遗产，历史悠久，在丽江纳西族民间广为流传。它奇迹般保存了部分中原地区早以失传的唐、宋、元时期的词、曲牌音乐。民族音乐家宣科不断整理发掘着纳西古乐，并将其推向世界，有很高的造诣和见识。村委会应多向他征求对本村发展的意见和建议，也可以聘请他为村顾问，打好名人牌，创造名人效应。根据以上特点和优势，士满村可以发展以音乐家宣科和纳西古乐为中心的纳西古乐主题园，依托士满村离丽江古城区较近的区位优势，吸纳国内外到丽江古城区旅游的游客到士满村欣赏最地道的纳西古乐。这样，不仅扩大了士满村的知名度，更带动了以旅游产业为依托的士满村新农村建设。

全村动员，发扬纳西族文化。纳西族文化以纳西古乐、服饰和纳西语为代表。士满村要动员全村居民保持纳西族的生活习俗，穿纳西族服装，说纳西族语言，保存真实的纳西族人的生产、生活场景，力图把士满村打造成纳西族风情园，以吸引游客，增加村民收入，达到既保护民族传统文化又建设社会主义新农村的双重目的。

开展全民健身运动，修建足球场。士满村另一名人是前云南红塔足球俱乐部守门员和震源，他在士满村民，特别是中青年人心中有较高地位，村民都以他为骄傲。社会主义新农村建设是农民自身素质的提高，而身体素质作为人自身素质最基本、最重要的一方面自然也是新农村建设的重点。因此，士满村可以以体育名人为宣传榜样，号召村民在闲暇时间开展有益的体育活动，并留出一块土地，修建简易足球场供村民开展体育运动。

七、保障措施

1. 加强组织领导，健全工作机制

加强统一领导，建立任务明确、分工负责的工作机制。成立士满村新农村示范村建设领导小组，主要由村党委会领导班子组成，发挥党员干部在新农村建设中的组织者和领头雁作用，各司其职，充分发挥特长，结合本村的实际情况和个人专长，实行责任制，做到一事一议、专事专议、职责到位、服务到位、考核到位、奖惩到位。提高工作效率，建立共识共谋、立足自身、积极主动的工作机制。

领导小组主要负责示范村宣传发动、规划实施、组织协调、项目决策、考评验收、督促检查等工作；领导小组下设工作小组，由村有关人员组成，负责制定具体的工作安排计划和实施细节，组织实施新农村建设工作。定时召开工作领导小组会议，及时、全面掌握示范村建设过程中的新情况、新特点，总结经验，提出对策意见，解决关键性问题。同时，所在社区有关部门各司其职、各负其责，全面推进社会主义新农村建设。

2. 做好宣传工作，筹集各方资金

士满村有得天独厚的资源优势和地理优势。当前应抓住国家投入重点向"三农"倾斜的战略机遇，全面整合现有各渠道项目、资金、技术等资源，确保新农村建设各项工作的顺利开展。同时鼓励社会各类组织、企业家和社会知名人士参与新农村建设，逐步建立起以政府投资为引导、村民和集体投入为主体、鼓励和支持非公有制经济等多种经济成分从事示范村建设的投资体系，形成多渠道、多层次、多元化的投入机制。进一步健全村集体经济财务管理制度，提高集体资产经营管理水平，不断巩固壮大村级集体经济，促进新农村建设。

村党委要充分利用有关新农村建设的信息网站、广播、电视、报刊等新闻媒体，宣传报道规划实施的进展情况、典型经验，扩大影响面和知名度，营造各级领导关怀、村民关心、社会关注的良好氛围，发挥士满村作为示范村的积极带动作用。

3. 村民积极参与，发挥主体作用

农民是社会主义新农村建设的主体。开展社会主义新农村建设，必须紧紧依靠广大农民群众，要尊重农民群众的意愿，充分发挥农民群众在社会主

义新农村建设中的主体作用。通过深入细致的思想工作，积极引导群众正确认识新农村建设与自身利益的关系，使广大干部群众同心协力地自觉投身社会主义新农村建设中，充分调动村民建设本村、管理本村的积极性、主动性和创造性，树立村民在新农村建设中的主体地位，使村民在新时期新条件下能够发挥才智，凝聚力量，改善土满村的生产生活面貌。村民还可以通过交流互助的方式借鉴其他村庄的成功经验，为本村落的发展献计献策。

同时，对涉及农民切身利益的事项要采用"一事一议"等多种科学的决策方式，实现新农村建设重大事项决策的科学化、民主化。优先重点解决当前村民最关心、最急于解决的事项，通过取得的建设成效，激发村民参与社会主义新农村建设的积极性。

4. 引进各方人才，强化技术支撑

通过多种途径培养和吸引示范村建设实用人才，实施"人才兴村"战略。将一些优秀的人才吸纳到党组织中来，多方式、多渠道培养本村自己的能人、领头人，同时创造条件，吸引更多人才参与本村新农村建设。

多渠道、多途径引进各项生态科技新成果、新技术，实施各类农业科技、生态环保科研项目，落实优惠政策，提供优质服务，鼓励科技人才采取创办、领办企业，技术转让，技术入股等形式，到土满村创业发展，提升科技对生态农业发展的贡献份额，并为新农村建设集聚人才。

通过建设种植业、养殖业等农民培训中心，使农村劳动力科技文化素质得到普遍提高。在人才、科技、教育、培训等方面形成优势，为新农村建设提供技术支撑保障。充分发挥农村工作指导员、科技人才的作用，切实加强对新农村建设的指导。

束河街道办事处开文社区文荣新村
新农村建设示范村规划

2006 级区域经济学研究生　谢　惠

一、村情概况

文荣新村位于丽江古城西北方的城乡结合部，距离古城区 2.5 公里，全村共占地 200 亩，其中耕地 130 亩。该村三面被公路环绕，东临玉泉路，北靠香江路，西面紧挨别墅小区"滇西明珠"及 40 米大道，交通四通八达，是通往玉龙雪山等名胜景点的必经之路。云南大学旅游文化学院、原生态大型实景演出"印象丽江——雪山篇"所在地及紫荆公园紧邻本村。

历史上，文荣新村有着良好的文化传统，尊重教育，以文为荣，村里曾经出过两广总督人物。1996 年丽江发生大地震时，文荣村房屋基本被损坏，在政府实行统一规划，村庄实行整体异地搬迁后，重建了文荣新村，建成了具有社会主义新农村模式的标准化住宅。

文荣新村现有村民 148 户，463 人，其中有劳动力 200 多人，男女比例基本平衡。该村以纳西族为主，主要姓氏为"木、和、杨"。全村共有党员 20 人，其中女党员 5 人。近十年来，文荣新村人口增长速度加快，从 1996 年 363 人增加到 2007 年 463 人，年均增长 2.5%。村里现有较多外来人口，占到本村总人口的 50%，主要为在本村租房的云南大学旅游文化学院的学生和外来打工、经商人员。

近年来，文荣新村经济发展速度较快，村里经济收入来源于种植业、养殖业和第三产业。2006 年末村民人均纯收入达到 2000 元。种植业：文荣新村现有耕地 130 亩，人均 0.28 亩，主要用于种植玉米、小麦、蔬菜等作物。养殖业：村里的养殖业有广泛基础，但专业养殖户数较少，全村有 4 户从事养殖业，其中有 1 户专门从事养猪业，养猪 40 余头。第三产业等：文荣新村现有的出租、交通运输、商业服务业等服务性综合经营经济得到广泛发展，成为村民经济收入的主要来源。其中，出租房屋给云南大学旅游文化学院的学生及其他经商人员的共有 40 户，租金每月 150 元至 350 元不等；从事交通运输业的有 18 户，包括农用车 12 辆，面包车 6 辆；3 户村民在古城区内经商；9 户村民在村里及周边地方做小生意；30 户村民在"滇西明珠"和云南大学旅游文化学院从事物业等相关方面工作，每月收入近 400元；村里有 2 户与外村村民在村东北角合伙开办砂石厂。

村道建设：村中主要干道整齐划一，路面宽敞，但目前村里 1500 米村道中，有 200 米晴通雨阻。公共场所：村里的公共场所欠缺，尚未建成村公所及村民公共活动场所，古城区政府准备投资 50 万元进行修建。电视、电话入户率已经达到 100%。家庭能源：太阳能使用率为 50%，燃料主要为液化气和煤球。饮水安全：目前村里没有安装自来水，村民全部饮用地下水。医疗、教育：全体村民都已参加新型农村合作医疗。村里现有小学 1 所，共有学生 25 人，分为 2 个年级，其中 1 年级 17 人，2 年级 8 人。三至六年级学生全部在开文社区小学就读。近五年来本村有 5 人考取大学。

二、发展条件

文荣新村地处市郊，交通十分便利，周围社会环境资源丰富，可挖掘潜力很大，为以服务业为主的综合性经营的拓展提供了广阔空间。

较好的区位优势。文荣新村距离古城 2.5 公里，交通便利，便于村民种植的蔬菜及时运往古城销售；云南大学旅游文化学院地处文荣新村东北面，大学内共有师生近 6000 人，充分利用优越的地理位置，通过"学院经济圈"的发展可以为本村经济发展带来商机；庭院式别墅小区"滇西明珠"及不少生态旅游景点也紧挨村庄，这样的区位对提高本村的经济收入具有潜在优势。

村庄布局合理、美观。1996 年丽江发生大地震后，文荣新村在政府的组织领导下，实行了大规模集体异地搬迁，居民住宅进行了集中布局，整个村庄建设造型美观、建筑合理、道路整齐，为对外交流提供了有利条件。

基础设施建设较为完善。文荣新村的村道基本上已经硬化，并且排水设施完善。村庄在进行集体搬迁修建后，安装了统一的污水排放系统，通过排水管道把污水直接连到"滇西明珠"小区进行统一处理，保障了小区环境质量，为服务性行业的发展创造了有利环境。

较为充裕的资本优势。在城市化过程中，文荣新村的土地前后一共被征用了 1300 亩，征地补偿费平均每人约 5 万元，大多数村民把这些资金存放在银行，为村民将来进行投资提供了重要的资金来源。

三、存在的问题

农村转型期的就业问题。文荣新村地处城市边缘，在城市化过程中大量耕地被政府征用，传统收入渠道丧失：历史上文荣新村沙石资源丰富，上一辈以开采沙石作为主要经济来源，但是随着城市化的推进，开采砂石用作经济来源被逐步取消。村里现有的人均耕地平均不到 0.3 亩，村民具有农民和市民的双重身份。失去耕地的农民不能再以土地为生，但是农民又缺乏工商业经验，转型之后找不到新的就业方向，对陌生就业领域存在畏惧心理。政府的引导成为解决转型时期农民就业问题、增加农民收入的关键。

基础设施有待进一步完善。目前，文荣新村还没有安装自来水，村民饮用水全部为地下水；农业灌溉用水时常受到上游村庄的限制，导致本村的水源不足，经常性缺水，对农业灌溉极其不利；村里主干道还没有路灯，不适应城郊发展的需要；村后还有约 200 米道路晴通雨阻，给村民出行带来很大不便。

村容村貌有待改进。文荣新村位于古城西北方的城乡结合部，属于城郊地带，但是城市环卫系统没有覆盖到本村，村里的垃圾处理设施不配套，没有统一的垃圾集中地，村民卫生习惯、保护村容村貌的意识和行为得不到引导，村内及周边环境的"脏、乱、差"与整齐的村庄布局很不协调。

村里教育问题。文荣新村目前只有一所小学，学校的师资力量薄弱，村里不少学生选择去其他周边学校上学，读完高中的人数呈现递减趋势，以文为荣的优良传统受到进一步挑战，不符合未来村民适应社会发展的需要。

公共设施不健全。文荣新村的村公所尚未修建，村里也没有村民健身活动中心、科技文化活动室，公共场所的欠缺不利于村里文化体育活动的开展和村凝聚力的形成。

四、规划内容

1. 指导思想

立足文荣新村的环境资源，因区位环境制宜；拓展就业门路，调整经济结构，促进新兴产业发展，以村民增加收入、安居乐业为文荣新村社会主义建设事业的根本出发点和归宿。

2．规划原则

因村制宜，扬长避短。立足文荣新村的区位特点，针对市郊社会环境资源丰富、农耕资源贫乏的现实，调整产业结构，扬长避短，提高发展实效。

重点突出，拓展门路。培育文荣新村的主导产业，大力扶持服务业的发展，同时注重相关产业的发展，拓展村民就业门路，全方位、多途径增加村民收入。

注重实效，稳步推进。从村民最迫切而又具有条件的事情办起，激活村民的责任心和积极性，引导农民和社会积极投入到新农村建设中来。

统筹协调，和谐发展。在注重经济发展的同时，统筹社会、人文、环境的全面发展，重续以文为荣传统。

3．发展目标

到 2010 年，要把文荣新村建设成为经济繁荣兴旺、基础设施完善、环境整洁优美、公共服务配套齐全、社会管理民主和谐、农民生活文明健康、精神风貌奋发向上、以新型服务业为重要支撑的综合经营型社会主义新农村。

农民生活水平提高：农民工资性收入占到总收入的 40％以上，农民人均纯收入达到 6000 元，养老保险参保率达到 60％以上。

村内主导产业形成：即综合服务业形成，农民就业门路拓宽，每户有一个劳动力主要从事非农产业。

科技文化进步：建成设施完善的农民培训中心，农民技能培训和劳动力转移培训覆盖面实现 100％，农民科技文化素质明显提高。农民文化娱乐、健身休闲设施完备。完成现有通讯改造任务，实现宽带入户，农民信息化程度达到 60％以上。

基础设施完善：村内道路硬化率达到 100％，主干道和公共场所安装路灯。全村饮水改造工程全面实施，每家每户安装自来水。发展清洁能源，实现太阳能入户率达到 100％。

村容村貌整洁：完成村内主干道及公共区绿化，村庄绿化率达到 40％以上。建立村里垃圾集中点，使村内卫生环境纳入到城市环卫系统中，消灭村内卫生死角。

管理科学民主：村务公开形成制度，村级党组织凝聚力和战斗力显著增强，农民群众的知情权、参与权、管理权和监督权得到有效行使，村民对村级管理的满意率达到 90％以上。

四、建设重点与发展思路

文荣新村正处于向城市化发展的过程中，村民的生产方式由自给性的农业向经营性的第三产业转型，农民的身份也在向城市居民转换。如何增加农民收入成为最根本的问题。结合实际情况，充分发挥本村优势，文荣新村在以下方面进行重点建设：

——大力培养主导产业即综合服务业的发展，重点是围绕云南大学旅游文化学院和"滇西明珠"这两大经济圈来带动本村经济发展，通过提供餐饮、住宿、物业管理等服务来拓宽村民的就业渠道，增加农民的收入。

——加强村民的职业技能培训，培养一批具有一技之长的新型农民，使其适应城市发展的需要；加强民主法制和精神文明建设，提高农民的思想道德水平和农村的文明程度，促进村民向市民的身份转变。

——调整种植结构，提高剩余耕地的利用效率，种植无公害蔬菜，成为市区蔬菜主要供应基地。

——结合周边地区的发展情况，利用部分土地修建汽车修配基地，引入更多的汽车修理厂进驻到本村，形成规模化汽车修配中心。

——完善村域基础设施的建设，引导村民修建村路，安装路灯；改善村容村貌，合理堆放垃圾，加大绿化面积；大力推进村里公共事业的发展，改善办学条件等。

为实现规划目标，在发展思路上必须要有创新：

1. 发展学院经济圈

云南大学旅游文化学院坐落在文荣新村东北角，占地800亩。目前，在校师生共有6000余人，为丽江提供了很多旅游方面的人才。6000多师生中，有部分大学生在文荣新村租有房屋，每月支付房租150元到350元不等，给村民带来一定的经济收入；村中有少量村民在学校里面从事物业方面的工作，如学校的卫生清洁人员等；学校周围有不少从事餐饮、小商品服务，但基本为外地人，很少有本村村民提供餐饮等方面的服务。

文荣新村没有更好地利用这一区位优势带动本村经济的发展，经济收入来自学院经济圈的十分有限。文荣村应充分认识到这一区位优势，通过学院经济圈的发展带动本村的经济发展，拓宽村民的就业渠道，增加村民的经济收入。

发展餐饮等服务业。由于该村距离学校较近，部分大学生有外出租房的需要，村民要迎合这种需求，在保障学生住宿安全前提下，改善住房条件，提供各种家电设施等，提高住宿的标准，在满足大学生住房需求的同时又增加自己的收入。除了提供住宿给大学生外，更应该鼓励本村村民利用自有的资本在学校周围进行投资，提供一些便利服务等。如开办餐饮业，为学校师生提供具有民族特色的餐饮及其特色小吃、快餐等；提供各种娱乐服务，如开办网吧，进行影碟出租等；还可以从事服装业、美容美发、小商品、文具买卖等，尽量开发在校大学生的需求，在满足他们需求的同时，提供更多的就业机会给本村村民，增加村民的经济收入，转变其农民的身份。

发展社区管理业。除了在学校周围进行开发以外，文荣新村应与云南大学旅游文化学院建立良好的联系，争取更多的发展机会。由于云南大学旅游文化学院在修建过程中征用了本村400亩的土地，除了在考试录取时照顾本村学生以外，更应该提供更多的优惠条件给文荣新村。目前学校里除了师生以外，还需要大量的工作人员，如学校里的保安、保洁人员以及后勤产业服务等方面的相关人员。比起从外地引进相关人员从事这方面工作，本村村民更具优势。村庄距离学校走路不超过5分钟，而这些工作人员的要求并不是很高，对村民进行相关方面的培训后都可以胜任，发展本村村民在学校从事这方面工作，吃住都可以自己在家里解决，不用学校再为他们提供，不仅为学校节省成本，同时为村民提供了新的就业机会，带来经济收入，更能加强学校与村庄的联系。文荣新村应抓住机会，成立自己的物业公司，在上级政府部门大力支持下，聘请技能培训老师，为适合条件的村民进行技能培训，择优录取，以适应学校相关方面的需求。

2. 依托"滇西明珠"别墅小区修建公路，发展服务业

"滇西明珠"是居于文荣新村西面的6个别墅小区。该小区左面紧邻40米大道，右边与文荣新村的粮食种植区接壤。虽然在地理位置上接近本村，但中间没有道路直接接通，小区与村庄之间联系较少，除了少量村民在小区内从事物业方面工作外，很少能给本村带来其他方面的经济收入。

通道经济建设，发展通道服务业。文荣新村应依托"滇西明珠"这片别墅小区，为增加村民受益创造条件。为加强"滇西明珠"与本村的联系，可以在文荣新村南面修通一条连接40米道与玉泉路的公路，该公路长1500米，占地30亩，公路修成以后，文荣新村四周便被公路环抱。由于村里财力有限，政府应加大投资力度，村里可以免费提供土地，同时提供劳动力进

行修建。完工后，村民可以在公路两旁开办餐饮、娱乐等服务，为小区居民提供便利同时又为村民提供就业机会。

发展物业服务。小区内部也需要大量的物业管理人员。目前，文荣新村有部分村民在小区内从事物业管理工作，给家庭带来经济收入。随着小区入住率的进一步提高，对物业管理人员将会有更多更高的要求。文荣新村具有良好的区位优势，应利用这个机会，扩大物业公司经营规模，在专家培训的基础上，借鉴其他物业公司的管理经验，对本村村民进行上岗培训，提高劳动力基本素质和技能，强化法律知识、职业道德培训，提升农村劳动力转岗就业能力。利用本村提供给小区土地及具有地理位置优势的基础，与目前的物业公司展开竞争，取得六个小区的物业管理服务权，进一步拓宽村民的就业渠道，培养具有较强市场意识、有一定管理能力的新型农民。

发展旅游园区服务业。村周围有“印象丽江——雪山篇”演出地及紫荆公园等较多旅游设施和资源，应进一步营造、美化旅游环境，吸引游客，带动服务业的发展。通过农家乐、游客自主在草地、果园采摘等形式吸纳客人。

3. 建立汽车修配基地

经过实地考察，目前丽江市汽车修理厂规模都比较小，且零星分布，还不具备大规模的汽车修理基地。随着40米道与玉泉路之间的公路修建完成以后，文荣新村凭借距离古城较近的区位优势以及便利的交通条件，可以在村西南角处，紧挨“滇西明珠”小区和新修公路旁，规划出一片空地，修建一个大型汽车修配基地。汽车修配基地的修建需要按照标准化要求来进行，在修建完工以后，通过招租吸引汽车修理厂的集中，形成规模汽修基地。

汽车修理厂的集中必然会带来大量的相关技术人员进入到本村，村里的流动人口会增加。随着人口的增加，其他行业如餐饮、住宿、物业管理、商业贸易等行业也会随之繁荣，相应地会增加对劳动力的需求，这就为文荣新村的村民提供了更多的就业机会。

4. 发展蔬菜种植业，成为城市蔬菜供应基地

城市化过程中，越来越多的耕地用于城市建筑，用于种植的面积逐渐减少，导致城市周围不少蔬菜供应地消失。而城市旅游业的发展对绿色无公害蔬菜的需求量是逐渐加大的。蔬菜市场的需求大于供给对增加农民的收入十分有利。文荣新村处于城市边缘，还有不少耕地，并且分布集中，应抓住这个机会，调整现有的种植结构，提高土地利用效率，通过引进优良品种，种植无公害蔬菜，加大对培养无公害蔬菜的技术支持，提高无公害蔬菜的种植数量与产量，形成自己的品牌，成为古城区的蔬菜供应基地。

随着文荣新村劳动力逐渐转移到第三产业，从事非农产业的农民数量增多，农村土地也变得相对集中，这样有利于形成规模经营，提高土地的利用效率。在土地形成规模经营时，可以发展大棚来种植蔬菜，提供反季节蔬菜，同时建立和完善信息化服务，保证提供充足的蔬菜给城市居民，从而增加农民的收入。

5. 加强村容村貌的整治

文荣新村地处城市边缘地带，应按照城市的要求来整治村容村貌。

重点整治垃圾处理问题以彻底改变农村"脏、乱、差"现象。文荣新村应加强与城市环卫部门之间的沟通，争取使村里的垃圾处理纳入到城市环卫处理系统中去。应在村北砂石厂附近设置村里的垃圾集中点，道路两旁每100米设一个垃圾箱，在村里配备专门的垃圾收集及清运人员，收集村里的垃圾到垃圾集中点，然后通过城市环卫部门的统一清理来进行处理。同时要强化村民的环卫意识，形成良好的卫生习惯，每家每户争取做到"院内清、户外清"。

美化、绿化村里的环境，加大绿化面积，在村、路、渠、宅"四旁"及公共区进行绿化，美化庭院，村庄绿化率达到35%以上。

完善基础设施建设。继续硬化本村西边那条泥泞道路，实现全村公路硬化率达到100%。同时建设供水工程，每家每户安装自来水管，改善本村居民饮水状况。在村里主要干道两边安装路灯，亮化本村。为了适应城市化进程，应加强网络设施的建设，全面铺设网络管道，为居民了解更多的信息提供便利。

推进以太阳能热水器为中心的农村能源建设，使热水器的使用率达到100%；改厕，按照标准模式对农户厕所进行统一改造，使冲水式厕所达到100%。

6. 全面发展农村社会事业

大力发展农村教育事业。文荣新村要改善办学条件，提高教学质量，强化老师责任心。充分利用学校现有的硬件设施，并加大上级部门对学校的投资，将目前的村小学扩建成为标准化中心小学，提供专项资金对教师进行岗位培训，加强教师队伍建设。逐步建立起本村初中、高中、大学入学奖励制度和奖励基金，重视教育的发展。大力发展职业教育，培育新型现代农民。

健全农村卫生服务体系。建立健全以预防为主的医疗卫生保障体系，在村里建立一所与农民收入水平相适应的村卫生所，使农民群众有地方看病，实现小病不出村。加强农村计划生育服务网络和设施建设，认真实施对部分计划生育家庭实行奖励扶助制度，落实计划生育特殊困难家庭救助办法。

完善农村社会保障制度。加快实施新型农村合作医疗制度和贫困家庭救助制度，提高救助比例和标准，逐步形成农民个人缴费、集体补助和政府补贴相结合的养老保险制度，提高农村养老保险覆盖率。

丰富农民的业余文化生活。在村东南角村公所所在地，修建一个农民文化体育活动中心，建立一个科技文化书屋，为村民提供娱乐文化场所和农业科技知识，提高农民生活的质量。

7. 加强民主法制和精神文明建设

扩大农村基层民主，完善村民自治机制，健全以民主选举、民主决策、民主管理、民主监督和村务公开、政务公开、财务公开为重点的村民自治制度建设，开展村务公开民主管理示范活动和民主评议村干部活动，使群众对民主管理满意率达到85%以上。

加强农村法制教育。在政府实施法制宣传教育"123"工程及开展"法律进乡村"主题活动时，组织村民认真学习相关法律知识，使每户有1个法律明白人，提高农民的法制观念和法律素质，推进农村依法治理。加强农村法律援助和法律服务，健全司法救助制度，努力解决农村群众"打官司难"问题。

加强精神文明建设。广泛开展党的政策、先进文化、致富信息、科普知识"四进农家"活动，积极开展"文明家庭"、"文明村镇"争创活动，大力倡导健康、文明、科学的生活方式，不断提高农民的思想道德水平和农村的文明程度。

五、措施保障

措施之一，保障村民在经济社会转型过程中的权益，因地制宜，优先配置社会环境资源，在社区物业管理方面把物业管理权配置给文荣新村。

措施之二，完善建设征地、农民失地之后的就业保障机制和最低收入保障机制。由市政府统一安排、征地单位直接负责安置失地农民的重新就业。

措施之三，开展文荣新村与云南大学旅游文化学院社区文明共建活动，密切关系，挖掘共同发展的资源和机会。

措施之四，村民教育和劳动技能提高制度化，充分发挥旅游学院的师资环境，定期举办村民劳动技能培训班，提高村民的劳动素质技能。

措施之五，争取民政部门及政府挂钩单位支持，多方筹措资金，培育村公共积累，扶持村公益事业，开展村文化活动，帮助村困难家庭，促进村风和睦文明，团结互助。

措施之六，开展文明村民、诚信村民竞评活动，建立文明村民、诚信村民推荐优先就业机制。

措施之七，健全法律保障，把切实维护农民的根本利益作为出发点和落脚点，增强农民的法制观念，定期为农民提供有关生产生活经营中的法律咨询；在农村集体公益事业的决策过程、村民选举、土地承包经营权流转过程中运用公证法律手段促进农村的和谐稳定和经济社会的全面发展。

措施之八，完善组织机制。开展创建社会主义新农村标准党支部活动，把优秀党员致富带头人培养成党的农村基层干部，提高党员干部队伍素质，增强党支部的凝聚力、感召力和战斗力。

健全村民自治机制，落实农民的知情权、参与权、管理权、监督权。妥善处理农村各种矛盾，加强社会治安综合治理，创造农村安定祥和、农民安居乐业的社会环境。

成立由市、镇、村组成的文荣新村社会主义新农村建设工作领导小组，各负其责，以村为主，全面推进社会主义新农村建设。

金山乡金山村委会红光村民小组新农村建设示范村规划

经济学院博士、硕士研究生　王曲元　和贵红　李　诚

一、现状与发展需求

1. 基本现状

古城区金山乡金山村委会红光村民小组位于云南省西北部横断山脉向云贵高原过渡地带，海拔 2400 米，属低纬度高原季风气候，年均气温摄氏 12.6 度，年均降雨量 950 毫米，雨量丰沛，夏无酷暑，冬无严寒，四季如春，气候宜人。红光村民小组总人口 553 人，114 户，劳动力 272 人，主要以白族为主，占总人口的 98%。耕地 554 亩，人均耕地 1 亩。2006 年总产值 1759836 元，其中第一产业占总产值 53%。农民人均收入 2711 元。

红光村的农业结构由粮食作物、蔬菜和畜牧业等构成，2006 年红光村农作物总播种面积 1070 亩，其中：粮食作物 1050 亩，蔬菜 20 亩。粮食作物总产量 234.6 吨，蔬菜总产量 8 吨，畜牧业总产量 69.3 吨。

产业结构中农业收入占总产值的 25%，以建筑业为主进城务工收入占总产值的 31%，养殖业收入占总产值的 20%。

红光村 2006 年产业结构图

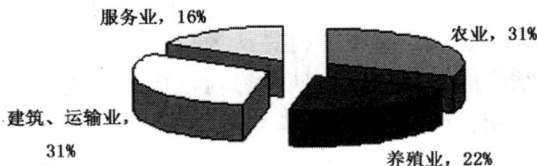

红光村内主要村道基本实现硬化，全村农网改造工程已基本实施完成。大部分农户以液化气为燃料，已实行农村新型合作医疗制度，住房基本以砖木结构为主。

2. 存在的主要问题

农业科技水平低。农民获取科技信息的渠道有限，新品种推广尚处于初级阶段，种植新技术推广面小，而且产品档次不高，科技入户率较低，农民培训活动不多，劳动者素质有待提高。

农业用水效率低。贯穿红光村的主要水渠老化严重，供水沿途水资源浪费较多，而且本村全部采用传统的大水漫灌方式，水资源利用效率低。

农业产业化水平低。红光村农业以传统农业为主，农业机械化程度较低，大部分采用二牛抬杠形式耕地，极小部分农户使用微型拖拉机等小型机械，主要以家庭为单位进行农作物的生产，农业联合生产程度较低，农业产业化服务组织程度不高。

基础设施建设落后。该村基本没有文体活动设施，部分田间道路、村庄巷道尚未硬化，全村仅设有三处垃圾处理点，相关配套体系不完善，生活垃圾不能实现集中处理。

贯穿红光村的农田灌溉沟渠严重老化，造成旱季供水不足、雨季排洪不畅的状况，严重影响村民的生产生活。

没有安全饮用水供水系统，全村农户均以水井为生活用水来源。

3. 新农村建设的发展需求

在基础设施方面，98%的村民希望发展水利灌溉设施，修缮主要沟渠，改涵洞为敞口型水沟，以利于水流通畅，真正做到旱不断流、涝不淹田。100%的村民期望硬化本村的三条主要干道，田间机耕路主道实现砂石路面化，以改善村内的交通状况。

在生产发展方面，80%的村民最想得到新品种、新技术，发展经济作物。98%的村民期望发展鱼塘养殖，建设配套休闲娱乐场所，推广"农家乐"，发展农村田园休闲娱乐产业，增加农民收入。

在生态建设方面，90%的村民期望增设垃圾处理点和健全相关配套设施，以提高整体环境质量。98%的村民认为有必要在道路两边因地制宜地实施乔、灌、草相结合的绿化措施，使村容村貌更加整洁。

在文娱设施方面，100%的村民希望通过建设文体活动中心等，丰富业余文化生活。

二、指导思想与规划目标

1. 指导思想与规划思路

以邓小平理论、"三个代表"重要思想为指导，以科学发展观为统领，认真贯彻落实中央建设社会主义新农村的有关文件精神。

以加快全面建设小康社会进程为目标，以创建文明村为重点，以提高农民生活质量为根本，把红光村建设成为"生产发展、生活富裕、乡风文明、村容整洁、管理民主、邻里和谐"的社会主义新农村。

2. 规划原则

因地制宜，科学指导。坚持科学规划，实行统筹兼顾，因地制宜，分类指导，扬长避短，合理布局，搞好总体规划和具体部署，有计划有步骤有重点地组织实施。

突出产业，全面发展。坚持以发展农村经济为中心、以农民增收为核心，进一步解放和发展农村生产力，既快又好地发展农业农村经济，促进粮食稳定发展、农民持续增收、农村生产生活条件不断改善。

注重实效，稳步推进。坚持实事求是稳步推进，注重实效、不搞形式主义，量力而行、不盲目攀比，民主商议、不强迫命令，突出特色、不强求一律，不包办代替。

依靠群众，争取扶持。发挥各方面积极性，依靠农民辛勤劳动、国家扶持和社会力量的广泛参与，使红光村社会主义新农村建设成为全村的共同行动，形成发展合力。

3. 规划目标

按照云南省社会主义新农村建设的要求和《丽江市古城区国民经济和社会发展第十一个五年规划纲要》，到 2010 年将红光村初步建成充满发展活力的社会主义新农村示范村。具体目标如下：

农村经济快速发展。到 2010 年，农民人均纯收入达到 4000 元左右，年递增 14% 左右，农民工资性收入占总收入比重达到 35%（该比率现为31%）。

现代农业初具规模。农业科技含量明显提升，农业良种综合覆盖率达到75% 以上，先进农业实用技术入户率达到 75% 以上，农业水利化程度达到40% 以上，农业产业化服务组织程度达到 80% 以上。

村容村貌更加整洁。村庄主要街道实现硬化、绿化、净化、美化、亮化等"五化"，村内道路硬化率达到 80%，村庄绿化率达到 40% 以上，垃圾基本实现集中处理，安全饮用水比重达到 80% 以上，清洁能源比重保持70% 以上，卫生厕所比重达到 70% 以上。

农民素质普遍提高。农村劳动力科技文化程度普遍提高，每个劳动力至少掌握两项以上的实用技术。农民观念更新，乡风文明淳朴，农村群众公德意识、环保意识进一步提高，逐步养成节约、环保、卫生的良好习惯。农村九年义务教育儿童入学率保持 100%。

民主管理规范有序。建立起完善的民主选举、民主决策、民主管理、民主监督机制，实现村务公开制度化，使农民对集体事务和村级财务的知情权、参与权、管理权、监督权得到有效保障。农民对村党支部的满意度达到 90% 以上，农民对村政务公开满意率达到 80% 以上，农民对社会安全满意度达到 80% 以上，农民对"一事一议"满意率达到 80% 以上，农民对管理民主满意率达到 85% 以上，农民对计划生育满意率达到 90% 以上。

农村社会和谐。实现乡风文明，邻里和睦相处、互敬互爱，农民自立自强、艰苦奋斗、勤勉协作的意识明显增强。农村文化活动丰富多彩，农民安居乐业。农村合作医疗覆盖率达到 90% 以上，农村养老保险覆盖率达到 10% 以上，文明户覆盖率保持 100%。

三、规划布局

1. 生产布局

全村分为粮食生产区、经济作物大棚区、蔬菜区、鱼塘养殖区、生猪家禽养殖区等五个主要生产区，村东、北部为粮食生产区，面积 300 亩；村西部为经济作物大棚区，面积 200 亩；村西南部为蔬菜区和生猪家禽养殖区，面积分别为 20 亩和 8 亩；村中部为鱼塘养殖区，面积 20 亩。

2. 村庄布局

根据"立足现状，适当集聚，功能齐全，方便生活"的原则，合理布局村庄设施。

基本保留已形成的居住区，重点在村北主干道以北，丽贵公路以东预留 10 亩左右的宅基地，以便未来发展新型住宅小区。

在村中心养殖鱼塘以南建设占地约 12 亩的文化活动中心及停车场等配套设施。文化活动中心包括：文化图书室、电教室、信息服务站、党员活动室、会议室、篮球场、地掷球场等。

建设道路两旁的绿化带，栽种环保木本植物及绿化草皮，美化、亮化村容村貌。

在村中央空地建设休闲场所，绿化空闲用地，增加村内活动场地，以丰富业余文化生活。

在本村上中下三个地段增建三个垃圾处理点，以保持村容整洁。

建设以两横主干道为骨架，在大棚的东侧修建一条主干道。在村东侧粮食生产区修建一条田间路，以方便粮食作物的收种。

四、发展方向与建设重点

1. 发展劳务经济和休闲产业，实现产业富村

（1）狠抓劳务输出，带动经济发展。利用区位优势，结合村情，进一步鼓励支持村民进城务工，形成一个"农忙时在家务农，农闲时进城务工"的特色劳务经济。

随着丽江城市化进城的加快和旅游业的持续发展，就业岗位不断增加，为农村劳务输出创造了良好的平台，因此，应充分发挥红光村能工巧匠多、劳动力资源丰富的优势和长久以来形成的劳务输出习惯，大量转移劳动力。通过转移大批的农村剩余劳动力进城，优化农村劳动力资源的配置，提高农村劳动生产率；转移就业后的农村劳动力将获得收益的一部分投入到农业生产和农村建设中，反哺家乡，反哺农村，从而直接或间接地推动该村经济的发展。

（2）发展农村休闲产业，带动经济增长。红光村位于丽江东坝子中央，田园风光优美，白族民风淳朴，离丽江市区仅 2 公里左右，交通十分便利，利用本村优越的地理位置，以现有旅游资源为依托，开发"农家乐"、"乡村游"、"垂钓园"等旅游项目，实现观光农业与度假休闲的有机结合，拓展红光村的农业功能，多渠道增加农民收入。

针对红光村的地理条件和优势，遵循"突出特色、差异互补、界线完整、因地制宜"的原则，以村中央鱼塘为核心，沿东西两轴延展，形成"以垂钓园为核心、农家乐为主体、田园游为补充"的休闲产业发展格局。

农家乐园。结合现有农户的布局特点，在尊重民意的基础上，对现有民房进行修缮和改扩建，规划建设 5 到 10 户农家乐园，其目的是为游客提供"吃农家饭、住农家屋、享农家乐"的场所。

垂钓乐园。对村中央现有水潭进行统一整治，建设中心凉亭，修建连接南北坝堤和中央凉亭的桥梁，使之成为集垂钓、划船、水上餐饮等为一体的水上乐园。

游客服务中心。与红光村规划相结合，在红光村中央、垂钓乐园南侧建设一个游客服务中心，占地面积约 2 亩左右，为游客提供导游服务和停车、

餐饮、购物、住宿的场所，并为管理和服务人员提供办公生活用房。

（3）推广无公害蔬菜大棚，多渠道增加收入。红光村西边毗邻大丽公路，东面靠近大丽铁路货运车站物流中心，交通便利，气候、水文、土质适宜，为大面积推广无公害蔬菜大棚创造了有利条件。本村现有83亩日本甜脆豌豆大棚，培养了一批种植能手，掌握了一定的栽种技术，摸索出了一些经验，初步形成了"公司＋基地＋农户"的发展模式。在现有资源的基础上，结合该村具体实际，可从以下几个方面进一步推进大棚建设，增加村民经济收入。

继续引进推广蔬菜优良品种，增加科技含量，提高产品质量。

在完善现有蔬菜大棚生产条件的基础上，进一步扩大种植规模，预计到2010年，本村大棚面积将增加到200亩左右，初步体现规模经济效益。

加强与科研机构和农业大学的合作力度，建设优质蔬菜采育中心，增强辐射带动能力。

组织本村农户参加种植技术培训，培养种植能手，提高村民的整体素质，形成一支有技术、懂市场的新型农民队伍。

规范发展蔬菜专业合作组织，统一组织生产，统一产品质量，统一组织销售，统一品牌，扩大销售渠道，力求实现订单种植、订单销售。

在蔬菜产业发展达到一定规模后，根据红光村的统筹规划，依托村东面铁路物流中心，建设蔬菜交易市场，使红光村成为本地蔬菜生产基地和流通集散基地。

（4）完善基础设施。要想形成富裕舒适的田园生活，使现代、文明的生活方式与农村田园牧歌式的传统生活方式得到有机的融合，就必须以城镇社区建设的理念来改造传统的村落，积极完善本村基础设施建设。

村道及公路设施建设。通村公路建设主要是在原有村道上进行改造，村内主干道达到山岭重丘四级公路标准。村内次干道铺设五花石路面，田间机耕路主道实现砂石路面化。通村及村内路网布局做到公路、村道与交通干线相连，村道连接到户，主次分明。路边、河边植树种花绿化。

主灌沟渠的治理。修缮本村纵横交错的主灌沟渠，净化水系，治理污染，把主沟渠砌成三面光，使主沟渠既起到提高农田灌溉能力，又起到排涝和保护生态、美化田园的作用。

住房改造。住宅保持当地白族民居建筑风格，必须做到人畜分院，中间由照壁、花墙或工具房、粮仓等分开，尽量做到"三坊一照壁"。全村民居院落体现出干净、卫生、舒适、优雅、布局合理的白族农家风貌。

（5）建设养殖小区。发展肉猪、家禽为主的规模养殖，提倡专业化经营，建立专业化饲养小区。根据人畜分院的要求，在村西边，主村道南侧调整出8亩地，建立生猪、家禽养殖小区，畜禽生产由分散经营向规模小区饲养经营发展。在饲养小区内按不同的畜种新建和改造的畜圈必须做到夏能防暑，冬能保温，清洁干燥，为畜禽提供最适应的生长环境。畜禽粪便经过发酵、腐熟等无害化处理后用于蔬菜肥料之用。

2．加强技术推广，实现科技兴村

构建技术平台，整合推广资源。要通过示范村文化图书室及信息服务中心的建设，推进信息服务进村入户，让农民利用信息搞好生产经营，增加收入，丰富文化生活，更新观念，提高素质，享受信息化带来的实惠。

引进品种技术，提高科技含量。通过进一步推广日本甜脆豌豆大棚种植，组织红光村村民学习新技术、新知识，引进适合本村气候条件、土质、水文、水利条件的多样化无公害蔬菜品种。加强与中国农业大学的合作，培育优良品种，更新栽种技术，提高红光村经济蔬菜的科技含量，扩大市场份额，增加农户经济收入。

兴建"农民科技书屋"，改善农民学习条件。购买各类农业技术书籍、期刊、光盘，如：设施栽培管理、绿色产品生产技术与规程等方面的图文并茂、好懂易学的技术资料。利用"科技书屋"定期举办各类科技培训班和科技讲座，通过"电教与画教"、"课堂与现场"相结合的方式，向农民传授林果管理、畜牧养殖、庭院增收、市场营销等方面的新知识、新技术，让农民把实实在在的科学技术学到手。

3．综合利用资源，实现生态建村

推广清洁能源，提高生活质量。继续推广太阳能热水器，解决村民生活用热水。加快实施乡村清洁工程，推进人畜粪便、农作物秸秆、生活垃圾和污水的综合治理和转化利用。

完善配套建设，美化村庄环境。改善生活设施条件，拆除露天粪坑、棚厕，兴建新式公共厕所，改善村中的公共卫生；改造农户厕所的卫生条件，提高村民生活质量。清除乱堆乱放杂物、堆肥、暴露垃圾及其他有碍观瞻的现象，增建垃圾处理点，对生活垃圾进行集中处理。

沿主干道两旁建设绿化带，在村中央空地修建花园式休闲小广场，结合花园中心凉亭栽种亮化树木及绿化草坪。

4. 加强教育培训，实现人才强村

开展农民技术培训，采取"请进来、走出去"的方式，多渠道、多层次、多形式地开展农民科技培训和农民就业培训，提高农民科学种养水平和转移就业能力，培养一批有文化、懂技术、会经营的新型农民。

依托本村具有一定规模的基建工程公司，采取"在实践中学习，在学习中实践"和"一帮一，一带多"的方式，由具有较丰富经验的老师傅带领5—7名劳动力在修建工程的过程中学习基建技术，使青壮年劳动力掌握一到两门技术（如木工、水泥工、瓦工、钢筋工等），发展和壮大本村技术工人的实力，增加村民经济收入。

5. 完善组织机制，强化支部带村

健全村民自治机制，推进基层民主化进程。健全本村充满活力的村民自治机制，落实农民的知情权、参与权、管理权、监督权。健全以财务公开为主的民主管理制度，推进村集体经济组织财务管理经常化、规范化、制度化。完善民主议事制度，引导农民自主开展农村公益性设施建设。树立社会主义荣辱观，完善和落实村民公约，形成民主管理、民主监督、民主决策机制。深入开展普法教育，引导农民树立法制观念，增强依法维护权益的能力和履行义务的责任。妥善处理农村各种矛盾，加强社会治安综合治理，创造农村安定祥和、农民安居乐业的社会环境。

加强党组织建设，发挥核心作用。加强党支部班子建设，开展创建社会主义新农村标准党支部活动。建立完善"一制三化"（村党支部领导下的村民自治的运行机制、党支部工作规范化、村民自治法制化、民主监督程序化）的工作机制。落实党员干部"两带三为"（带着感情、带着责任，为民造福、为民解困、为民排忧）责任，全面开展"三项培养"（把党员培养成致富带头人、把致富带头人培养成党员、把优秀党员致富带头人培养成党的农村基层干部）活动，提高党员干部队伍素质，增强红光村党支部的凝聚力、感召力和战斗力。

6. 发展公共事业，建设和谐新村

发展文体卫生事业，提高健康水平。建设村文体活动中心，为农民提供文化活动场所。普及有线电视、推广数字电视及宽带网络入户，使农民群众享受文化娱乐，培养健康文明的业余生活娱乐方式。

完善社会救助体系，构建和谐新村。以为民解困为核心，以农村居民最低生活保障为基础，以农村特困群众生活救助、大病医疗救助、教育救助、

养老救助、自然灾害救助等为辅助，以捐赠扶贫为补充，建立健全覆盖全村的新型社会救助体系、合作医疗制度、保障机制和养老保险制度。

五、规划实施保障措施

1. 加强领导，明确责任

成立由市、区、乡、村有关部门组成的红光村新农村建设领导小组，负责规划制定、项目实施、村民动员和督促检查等工作。

2. 依靠群众，健全机制

尊重农民群众意愿，充分发挥农民群众在社会主义新农村建设中的主体作用，把村民当前最关心、最急迫的事项作为近两年的建设重点，对重大建设事项和涉及农民切身利益的事项，采取科学化、民主化决策。

3. 深入宣传，广泛动员

通过会议、广播、黑板报等途径深入宣传社会主义新农村建设，使新农村建设这一"惠民工程"、"民心工程"真正家喻户晓，充分调动农民建设新农村的积极性、主动性和创造性。

4. 多方参与，确保投入

在积极争取上级资金支持的同时，全面整合项目、资金、技术等资源，建立多方参与的多元化投入机制。调动村民参与新农村建设的积极性，鼓励和引导农民对直接受益的公共设施建设投资、投劳。建立市场机制，广泛吸引社会资金投入红光村建设。

清溪村新农村建设示范村规划

2006 级民族经济学研究生　苗竹佳

一、基本情况

1. 自然、人口状况

丽江市古城区清溪村，地处古城区东北方，距城区约 4 公里，海拔 2400 米，属低纬度高原季风气候，年均气温 12.6 摄氏度。该村共有村民 156 户，560 多人，均为纳西族，其中有 100 多户姓"和"，为该村最早的居民，另外有不到 50 户分别姓李、王、杨、谭，大多是在历史不同时期从其他地区陆续迁入的，由于在该村居住了几代，因此也成为了地道的纳西人。

2. 经济发展现状

清溪村是传统的农业自然村，原有耕地（水田加旱田）共 800 亩，2003 年由于丽江市古城区扩建的需要，政府征收清溪村土地共 800 亩，并将该村与其他五个自然村合并成清溪社区，纳入古城区的整体发展规划中。清溪村现仅有预留地 86.16 亩，可由村民自主开发利用，主要用于宅基地建设等。该村山清水秀，空气质量良好，东靠两座大山，山林面积共 1000 多亩。村中有一水库占地面积近 400 亩，蓄水面积约 300 亩，为古城区生活用水及饮用水提供水源。清溪村有农用车 30 辆，大巴 1 辆，中巴 10 辆，2006 年全村年收入约 984000 元，村民人均年收入约 1400 元，主要来自于个体经济收入，如饭店经营、房屋出租、材料运输等。

3. 社会发展情况

在国家政策支持、项目扶植、农民自愿的共同努力下，目前清溪村已经初步完成了路、水、电等基础设施建设，村中现有村道 10000 米，已硬化长度达 5000 米；生活用电、有线电视、通讯线路已全面建设完成；义务教育、合作医疗也得到了初步落实，村民的生活、教育、健康得到基本保障。但现有的公共服务状况还有待进一步完善，如村民生活用水仍靠打井取水，村中现没有任何排污排水设施，没有冲水式卫生厕所。新农村建设应进一步加大基础设施建设的力度，为清溪村村民提供一个方便、舒适、和谐的家园。

二、发展条件

1. 发展优势

山林资源丰富。清溪村自然环境较好,依山傍水,山林资源丰富,面积达1000多亩,具有发展养殖业的良好条件。清溪村也有养殖牛、羊及家禽的历史和经验。但是,目前开发利用水平相对较低,基本为村民自发上山放养牛羊,致使养殖业无法形成规模,也破坏植被,不利于清溪村的可持续发展。另外,该处山林的自然条件有利于发展食用菌养殖,在保护山林的同时打造绿色品牌,发展绿色农产品,这也是农村经济可持续发展的可行之路。

高等学校为第三产业提供发展平台。丽江师范高等专科学校位于清溪村居民区境内,该校现已面向云南全省招生,在读学生约4000人,并有进一步扩大规模的意向和举措。学生作为一个特定消费群体对餐饮、住宿、娱乐等生活需求的潜力是巨大的,况且该校现有的机构设施以及周边环境远不能满足师生的需求。清溪村可以学校为依托,发展面向学生和学校工作人员为主的生活服务产业,解决失地农民的再就业问题,同时大力带动村第三产业的发展,实现劳动力的就地转移。

预留地开发拉动本村经济。2003年古城区政府征收清溪村土地后,还剩余预留地86.16亩,分为3块,分别位于村中不同的位置。由于预留土地的地理位置不同,可以对每块土地进行初步的合理规划。水库附近的预留土地将建设村民文化活动中心;丽江师范高等专科学校附近的预留地正筹划建设校舍,可以解决部分村民的就业问题;由于玉泉路通往著名旅游景点——玉龙雪山,因此位于玉泉路旁边的预留土地在未来的规划中,结合其于水库附近的优势,计划建设花园式酒店,带动第三产业的发展。

人力资源丰富,受教育程度相对较高。清溪村人力资源丰富,村民受教育程度相对较高,中青年人口基本具有初、高中文化水平。农用土地被征用后,现有300多青壮年劳动力没有获得稳定的转移出路,除极少数在丽江市区打工外,仍有大部分劳动力处于赋闲状态。

村领导班子组织健全。清溪村村委会是2007年3月选举产生的,有村长1人,副村长2人,村党支部书记1人,以及配套的党团组织、妇联组织、民兵组织,机构健全,职责明确。各级干部无论是思想上还是行动上都对新农村建设工作给予了充分的重视,认真学习政策理论,不断开拓改革思路，本着以民为本的原则，始终视提高村民的整体生活水平为己任。随着古城区社会主义新农村建设工作的部署和进一步展开，清溪村被纳入重点规划建设村之中，区里于2007年4月派出了专职的社会主义新农村建设指导员一名，常驻村中，配合清溪村领导开展工作、落实政策。

2. 存在的问题

政策影响。清溪村具有悠久的历史，长期以来沿袭着单一而传统的农业经营模式，1964年人均耕地近18亩之多，村民基本全部从事农业生产，土地是其基本的生活收入来源。近年来，随着古城区的逐步扩建发展，土地大量被征用，耕地面积也相应减少。到2003年，人均耕地面积仅1.4亩。同年，清溪村改组为古城区的一个城市社区，全面纳入古城区的整体规划，耕地也全部被征用，对于2003年征用的800多亩土地，古城区政府正在规划之中，对清溪村经济的带动作用还没有发挥出来。尤其是在吸收失地农民就业方面的作用不明显，从而使劳动力转移面临着很大的困难，由于没有稳定的收入来源，居民的生活受到影响。

基础设施建设滞后。清溪村基础设施建设滞后，道路硬化不完全，村主干道仍有500多米没有硬化，影响了本村经济对外的联系。村民生活环境较差，村中无排水排污设施，无冲水式厕所，农户饮用水仍来自于打井取水；村中没有医疗所和卫生站，看病就医到城里；有一个简陋的村民文化活动中心，由于长年失修，基本处于闲置状态。

地理位置不利。清溪村尽管毗邻古城区，但已属于古城区的偏远地带，地理位置比较偏僻，离古城区商业中心也比较远，旅游业的辐射带动作用不明显，城区发展对该区域的政策投入力度在现阶段也不是很大。同时由于交通设施较差，从古城区到清溪村，需要绕道而行。因此，在古城区整体发展中，清溪村仍处于劣势地位。

资金匮乏。2003年以前政府征地采取划归方式，不给任何补偿金。2003年征用土地近800亩，并一次性支付补偿金。但是，失去土地的农民，没有顺利地转入其他产业，除农业外，该村也没有自己的主导产业或特色产业，失去土地的农民，没有稳定的收入来源。村里集体经济不发达，过去没有积累，无论是投入基础建设还是发展集体经济，都面临资金不足的问题。

经营方式落后。清溪村在发展中，依旧采用传统的粗放式经营模式。尤其是养殖业，清溪村松散养殖比较普遍。因而急需转变经营方式，采取规模经营，发展集约经济。

集体经济薄弱。清溪村原为传统的农业经济村,村民全部以家庭为单位从事个体农业生产,集体产业几乎为零,这使得该村的集体经济基础十分薄弱。土地被征后,全村面临产业转型的迫切需求。但清溪村原有产业结构不合理,粗放式经营,管理滞后,缺乏经济发展的后劲,收入渠道趋于萎缩,缺乏新的收入来源,仅靠财政转移支付和"一事一议"筹资,集体资产保值增值的长效机制有待探索。

农村合作组织发展滞后。农村市场合作组织,是联结农业与其产前、产后部门,联结农民与其他市场主体,联结农民与政府,充当农民进入市场的桥梁和纽带,有利于解决农业生产经营规模小且分散的问题,促进农业科技的推广应用,而且能够促进农业生产专业化的发展和推动新型产业的发育,还是农村剩余劳动力寻求就业岗位,维护农民正当权益的有效保障。但目前,清溪村在农村合作组织建设方面还是一块未开发的处女地,既没有建立诸如专业性的农村经济合作组织,又没有建立诸如劳务输出组织、协会等。

三、规划内容

1. 优化村容村貌,加强基础设施建设

以"三化"(村庄绿化、巷道硬化、庭院净化)、"四改"(改水、改厕、改厨、改房)、"五建"(建设好中小学校、幼儿园和农民成人文化等教育设施、建设好文化场所等文体设施、建设好村培训基地、建设好卫生室、计生服务室等卫生设施,建设好便民商店和综合服务社)、"六通"(通路、水、电、邮、有线电视、通讯)为发展原则,对清溪村现有村公共设施逐一进行排查,加大村容村貌的整治力度。特别是通过积极向政府申请资金、村民出工出力的方式,将主干道"教育路"上尚未硬化的 500 米毛坯路修好,以解决村民出行不便、交通运输受阻的现状,消除村中第三产业发展的障碍。在铺路过程中将排污管道、自来水管道、垃圾集中处理场及电网等设施的建设同时完成,改善农民群众最关心、要求最迫切的人居生活环境。

同时以新农村建设为契机,充分利用自然地理优势和原有的村道设施,对清溪村内在建和将建的大批宅基地进行统一合理规划,使整体村落格局既不能破坏村民以往的日常活动和出行方式,还要符合现代城区发展的规律。但也要注意在不影响景观的基础上,尽量保留、整治和改善不影响规划布局、建筑质量较好的已建农居,避免大拆大建,保护农民的利益;注重传统

建筑格局和生活方式的保护，以充分展现具有浓郁乡土文化氛围的纳西新农村景象。既体现"生活宽裕"、"村容整洁"的要求，又提高农民收入，改善人居环境，创建生态家园，提高农民生活水平和质量。

2. 发挥丽江旅游业的扩散效应，统筹城乡规划，消除城乡二元结构

清溪村距古城区中心仅4公里，现已纳入丽江市古城区整体规划，属于古城区的一部分。清溪村自身的发展规划应当立足于古城区发展规划的大背景之下，保持与古城区政府的沟通协调，及时落实相关建议、政策，配合区政府合理开发本村征用土地，做好配套的辅助设施和服务项目建设，充分利用好丽江旅游业发展的辐射带动作用，实现本村村民的就业转型。同时，统筹村域规划建设、产业发展、资源配置、社会事业、政策措施，逐步消除城乡二元结构，推进城乡互动融合，实现村域内经济、社会和生态的全面发展。

3. 积极进行招商引资，合理利用、开发预留地

清溪村共有3块预留地。靠近玉泉路的预留地准备用于商业项目。村里要做好宣传工作，充分发挥地缘优势，利用其靠近古城旅游区的优势，吸引投资商在预留地上修建花园式酒店，可以采用村里出地、投资商出资金的方式入股分成。还有一块毗邻丽江高等专科师范学校，该校正在扩大招生，逐步扩大学校规模，但现有住宿条件有限，部分学生无法入住学校宿舍楼，只得租用附近居民住房，或由学校下派老师到所在地授课。这样既不利于保障师生安全，也影响教学质量。现利用该预留地，村民可以通过集资建房的方式参与公寓出租利润分成。通过这对两块预留地的合理建设，可以发展村集体经济，使村民提高收入并使就业问题得到部分解决。

4. 引进高新技术，发展新兴产业，壮大集体经济

以发展现代农业推进社会主义新农村建设的开展，是以科学发展观统领农村工作的必然要求，是建设社会主义新农村的产业基础和内在驱动力。因此，要按照"生产发展"的要求，用现代物质条件装备农业，用现代科学技术改造农业，用现代产业体系提升农业，从清溪村的实际出发，充分利用清溪村1000多亩山地，引进菌类种植技术，发展新兴产业，着力形成本村的特色产业，同时，利用本地优越的生态环境，采用无害化技术，生产绿色农产品，打造绿色品牌，突出清溪村独具的优势，壮大清溪村集体经济。

5. 依托学校大力发展第三产业，实现产业结构转型

如前所述，高等学校是一个具有庞大消费潜力的特定群体。清溪村民应充分利用紧邻丽江高等师范专科学校这一区位优势，以方便和丰富师生学习生活为目的，有针对性地在学校周边有组织、有计划的发展服务产业，如开办不同档次风味的餐饮饭店、"农家乐"饭桌、便利超市、小百货商店、网吧书屋、鲜花礼品店等，有条件的村民还可以从事家庭房屋出租，以满足学生对住宿的多层次要求。通过这些不仅可以实现村民的就业转移，增加村民收入，还可以配合进一步促进第三产业的发展，配合花园式酒店和宿舍楼区的开发，加速完成清溪村由原有的单一第一产业向以第三产业为主、第一产业为辅的产业结构的全面转化，实现产业结构的升级提高。

6. 加快建立农村合作组织

面对清溪村农户的分散经营，面对清溪村劳动力转移的困难，面对清溪村农村合作组织的空白，当前应着手加大力度，高瞻远瞩，有针对性、有计划地建立农村合作组织。例如，清溪村发展绿色农产品，引进菌类培植技术，发展新兴产业，着力形成本村的特色产业，可以建立菌类农产品行业协会或相关生产、加工、流通、销售专业性合作组织；另一方面，清溪村农用土地被征用后，面对大量青壮年劳动力没有获得稳定的转移出路，大部分处于闲置状态。可以在村的基础上建立劳务输出组织，利用已有在外打工村民的资源优势，发挥村民能人的带动作用，实现一部分劳动力的有序转移。建立农村合作组织，要统筹规划，建立相关规章制度，形成管理民主、组织科学、指导有序的机构，对农民有足够的吸引力和凝聚力。在"三农"问题的解决上发挥出农村合作组织应有的促进作用。

7. 开展人力资源开发，提高农民基本素质

农民是建设新农村的主体，提高农民素质，培育新型农民是建设新农村的迫切需要。结合清溪村人力资源丰富，中青年人口基本具有初、高中文化，受教育程度相对较高，但仍有大部分处于闲置状态的特点，需在清溪村广泛开展"三教"活动，即农村基础教育、职业技术教育和成人教育等活动，通过多渠道、多层次、多形式的农民科技培训和加强转移就业培训体系的建立，提高农民综合素质，培养一批有文化、懂技术、会经营的新型农民，培养合格的新农村主人。有针对性地分类别指导，做到有的放矢，人尽其用，做好清溪村人力资源的开发，增强村民适应工业化、城镇化和农业现代化的能力。可利用水库附近的预留地，筹建村民文化中心及活动广场，拟组建纳西古乐队、各类文艺宣传队、体育运动队，组织各类文艺、体育活动，丰富村民文化生活，增强彼此之间的交流，培养村民的集体观念和荣誉

感，增加村民生活的自信心和上进心；以村文化站为教育基地，可与丽江高等师范学校合作，邀请老师和学生定期开展文化讲座和与村民的互动活动，使村民及时更新文化知识和思想观念。

四、保障措施

1. 加强领导与协调，为规划实施提供组织保证

在清溪村现有领导班子的基础上，建立由丽江市古城区领导、新农村建设指导员和村特派领导干部组成的清溪村社会主义新农村建设指导委员会和新农村建设执行委员会，加强统一领导，建立任务明确、分工负责的工作机制，完善协调机制，强化工作措施，形成齐抓共管、有序推进的工作格局。定时召开工作领导小组会议，及时、全面掌握示范村建设过程中的新情况、新特点，总结经验，提出对策意见，解决关键性问题。切实加强党员干部的思想、组织、作风、能力和水平建设，充分发挥党员干部在新农村建设中的带头作用。

2. 加强村民自治制度建设，发挥农民主体作用

健全村党组织领导下的充满活力的村民自治机制，加强基层民主政治建设，加大群众参与村级管理工作力度，充分发挥农民群众在社会主义新农村建设中的主体作用。领导小组要定期召集村民或村民公选代表开会，对新农村建设过程中的各项重大决策及实施进程及时向村民予以公示，对涉及农民切身利益的事项，采取"一事一议"等方式，实现新农村建设重大事项决策的科学化、民主化，落实村民的知情权、参与权、管理权、监督权。通过对建设成效的展示和村民监督机制的有效建立进一步激发村民建设新农村的积极性。

3. 多方筹措资金

建立政府领导、农民主体、项目带动、社会参与的多元化资金投入机制。用民主协商的办法，鼓励村民投工、投劳，积极参与村公共设施建设。同时，要发挥邻近古城区的区位优势，主动开展招商引资工作，广泛发动社会捐助。借助古城区经济发展的辐射带动作用，鼓励社会各类组织、企业家和社会知名人士参与新农村建设，运用市场化办法，鼓励社会资本投资新农村建设。另外，还要积极争取金融机构信贷资金促进新农村建设。

4. 加强项目管理

实行项目公示制度，确保项目实施的公开、公正、公平。对村预留地的开发方案，招商引资过程与资金使用，以及所要实施的项目的建设过程实行整体项目绩效督促机制与全程责任追究机制，建立科学的目标考核体系，督促检查项目的实施过程，使项目落到实处，惠及广大农民。

5. 做好宣传引导工作

做好社会主义新农村建设的宣传工作，在村活动中心设立广播室，在活动广场上安放黑板报，利用村中建立的文艺宣传队，多途径向广大村民普及社会主义新农村建设的意义、规划方案、任务和目标。认真总结其他社会主义新农村建设示范村的经验，取长补短，进行广泛的宣传，为社会主义新农村的建设营造良好的氛围，争取村民对社会主义新农村建设的关心、支持和参与，充分调动农民建设新农村的积极性、主动性和创造性。

束河街道办事处中济社区松云村新农村建设示范村规划

一、基本情况

1. 自然、人口概况

松云村拥有近 1200 年的历史，村中一条主路即为茶马古道原路。该村隶属于丽江市束河镇，位于束河镇西部，距丽江古城区 5 公里。海拔 2440 米，年平均气温 12.6 度，最高气温（极端）32.3 度，最低气温（极端）零下 7.5 度。7—9 月为雨季，其余为旱季。日温差大，年温差小，干湿季节分明。松云村背靠石莲山，山上有一座石莲寺，是束河古镇内能俯瞰古镇乃至丽江全貌的唯一地点，被列为"束河八景"之一。松云村现有村民 140 户，共 552 人。该村现有劳动力 360 人，其中 316 人在家务农，其余在古镇景区内经营骑马游览项目或外出从事短期打工。从受教育水平看，全村小学毕业的有 59 人，初中毕业的有 25 人，高中毕业的有 10 人，大专毕业的有 19 人。村民以纳西族为主，其他有汉、藏、彝、白、傈僳族等均为外来定居人口，特别是近年来，随着束河古镇旅游业的蓬勃发展，大量外来人口定居松云村，使得该村姓氏、民族成分日益复杂。

2. 经济发展状况

松云村现有耕地 564 亩，其中经济作物 130 亩，果园 200 亩，蔬菜 10 亩，基本上仅供村民自家食用。2006 年全村的粮食产量为 2419650 公斤，人均有粮达 438 公斤；果园产量 11000 公斤，蔬菜产量 15000 公斤；生猪出栏 110 头；肉牛出栏 3 头。该年度松云村的人均纯收入不足 1200 元，全村贫困率高达 80%。村里现有马匹 100 匹，微型面包车 4 辆，出租车 2 辆，中巴旅游车 2 辆，均用于从事旅游服务项目。

3. 公共事业发展情况

基础建设方面，松云村共有 4 条主干道总长 890 米，平均宽 3.4 米，村内巷道 31 条共 1025 米，平均宽 2.2 米，全部为未经过硬化的砂石泥路。村民吃水难问题严重，所有生活用水及饮用水全取自于村前的一条已经被污染的地表小河。村里没有冲水式厕所，没有任何排污排水设施，80% 的农户烧柴，另外20%农户使用液化气。生活用电及电视信号已全部通村入户，固定电话和电视的普及率达100%。

二、发展条件

1. 发展优势

区位优势。近年来，随着丽江古城区旅游业的蓬勃发展，带动了周边地区的经济发展。其中，束河松云村距丽江古城区约5公里，是束河古城的一部分，有着发展特色旅游业的区位优势，在丽江古城区旅游业发展的辐射效应下，经济有了进一步的增长。

悠久的历史文化。松云村是纳西族古村群落保存相对较为完整的村庄之一，有着1200多年的悠久历史，闻名世界的茶马古道从村中穿过。悠久的历史文化、淳朴的纳西民风以及奇特的东巴文字，为松云村发展旅游业奠定了良好的基础。

风景秀丽，适宜人居。松云村风景秀丽，山清水秀，田园风光浑然天成，优美的自然风景和古老的民宅相结合，形成了适宜人居的良好环境。不仅拥有被誉为"束河八景"之一的石莲寺，还有闻名世界的茶马古道也位于本村。

良好的群众基础。束河松云村领导干部由村民民主投票选举产生，具有坚实的群众基础，在群众中威信较高，有利于团结群众，便于社会主义新农村建设工作的宣传和顺利进行，同时，农民群众求变和发展的愿望迫切，新农村建设的热情高涨。好的领导必须有群众的支持，村长为人正派，做事公道，能够正确处理好不同利益关系，及时化解各种矛盾，深得群众拥护。该村人口大多受过不同程度教育，结构层次较为合理，素质较高，觉悟较好，因此政策实行起来，容易得到拥护，给村干部工作的开展减少了很大的阻力。

2. 存在的问题

经济发展滞后，贫困户较多。松云村有农田564亩，人均农田面积较少，多种植玉米和蔬菜，仅供自家食用，无法对外销售；果园200亩，多种植苹果、李子、海棠、梅子，由于果园的面积小，种植目的并不是增加农民的收入，而是为了防止水土流失，保护生态环境，实现可持续发展。因此，松云村居民几乎没有副业收入来源。近年来，随着束河古镇旅游业的发展，少数农民开始靠养马来增加收入。本村现有马匹 100 多，但本项收入很微薄，平均每匹马一天收入 10 元左右。农民的经济收入很低，年人均收入 1000 多元，远远低于全国年人均收入水平，贫困户约占全村总户数的 80% 左右，而且这些贫困户都没有贫困补助。

基础设施较差。松云村农户房屋较为集中，村内巷道较多，几乎无硬化路。交通落后，车辆不能畅行，不仅给农民生活带来了不便，而且限制了经济的发展。尤其是从束河古镇中心通往村子里的一段长为 84 米的道路尚未硬化，道路的不通畅，造成了客流量的稀少，严重制约了本村旅游业的发展。松云村现无排水、排污系统，污水由各家排放到水渠下游，垃圾都是焚烧处理，这些都给农户的生活带来了极大的不便。农户家中尚未通自来水，居民饮用水都是来自山上九鼎龙潭的潭水。但是，近年来，由于束河古镇旅游业的飞速发展，上游的水源受到污染，影响到松云村的生活用水。

现有旅游资源未得到充分开发。松云村背靠石莲山，山上有一座石莲寺，是束河古镇内能俯瞰古镇乃至丽江全貌的唯一地点，被列为"束河八景"之一。但由于本村道路状况较差，通往石莲寺的路较陡，以至于游客很少来观光，浪费了难得的旅游资源。

人均耕地少，居民生活贫困。随着束河古城旅游业的兴起和发展，越来越多的开发商到束河古城投资发展旅游业，征用了村里约 30 亩土地，每亩土地仅支付 1 万元的补偿金。村民绝大多数从事农业生产，主要种植蚕豆、玉米、油菜、香蕈、豌豆。随着束河古镇的发展，土地被征用后，人均耕地面积减少，现人均耕地仅为 1.03 亩，主要发展种植业，每亩年产值 370 元到 380 元左右。松云村不仅没有集体经济，而且也没有特色产业，人均耕地又少，导致接近 80% 的村民都是贫困户。

三、松云村建设的主要内容

1. 美化村容村貌

松云村应在充分考虑现有的基础条件下进行村容村貌的整治。要从农民最需要迫切解决的问题入手，改善生活环境，真正提高生活质量。积极开展以改水、改路、改厕、改房、改灶和治脏、治乱、治差等为主要内容的"五改三制"工作，整治本村的环境，建设清洁家园，力争基本实现道路硬化、庭院净化、水质优化的目标。建立健全卫生保洁制度，使环境卫生得到长效管理机制的保障，村庄面貌焕然一新。

2. 改造村道为石板路，实现三线入地

松云村道路基本上都未硬化，这严重阻碍了本村经济的发展，也是本村经济落后的重要原因之一。目前未硬化道路总长为 1925 米，包括小巷道和主干道。其中从村口通往村子的主干道 84 米急需改造。预计此项工程大约需要资金 500 万元。由于本村主要是依托优越的旅游资源来带动经济发展，因此，在修路时要注重村容村貌的和谐，保持历史悠久的村落风貌。故要将村路恢复为过去的原貌即石板路。并在施工过程中，实现电线、电视光缆线、电话线"三线入地"建设工程，创建一个良好的村貌和交通环境，在方便村民生活的同时，为旅游业创造基础条件。本村虽然位于旅游景区束河古镇中却由于路况差，基础设施投入不足，未能进入束河旅游圈，仍延续着传统的农业生产。而与之相邻的另一村因基础设施状况好，与束河古城连为一体，餐饮、酒吧等店铺林立，游客也多，带动了全村经济的发展，两村村容村貌及居民收入也呈现出明显的差别。游客因泥路不愿进村观光，因此打算建设的农家乐一条街项目也搁置起来。所以，改造村道是本村一项迫在眉睫的建设内容。

3. 建设自来水管道，解决饮水难问题

饮水安全，关系着每一个村民的身体健康。松云村没有自来水，长年饮用从九鼎潭流下的河水。但由于邻村仁里村旅游业的开发污染了河水，村民常年喝不到洁净的水。目前村民喝水只能采取分时间段来饮用河水。每天 10 点以前和 5 点以后才能饮用，其余时间利用河水洗衣服洗菜。由于水质不良不仅严重影响村民健康，也给生活带来了不便。为解决饮水难，彻底让农民喝上干净水、放心水、方便水，必须建设自来水工程，改建水源，将玉龙雪山的水与九鼎潭的水汇成水源，架设自来水管道，让村民家家通上自来水。为确保该村自来水工程顺利实施，需进一步加大财政扶持力度，千方百计克服困难，采取有力措施，科学规划，狠抓质量，强化管理。

4. 建设农家乐一条街

松云村有着悠久的历史，而且有着地处束河古镇的优越地理优势，应因地制宜、创新特色、规模开发、提升档次，突出本村旅游文化，带动本村经济的增长。如茶马古道、石莲寺都是吸引游客的旅游资源。为进一步丰富旅游项目，为游客吃、住、行提供全方位服务，在本村的南部预留土地，建设 6 座田园式酒店，形成农家乐一条街。沿着通过村庄的茶马古道，村民可利

用自己的房屋，经简单装修，以接待度假游客为主，目标是让游客"体验古道风情，吃农家饭，住农家屋，赏农家风光，感受纳西文化"，在了解古道悠久历史的同时，给人一种脱离城市喧嚣、返回大自然的感觉。通过农家乐一条街的建设，可使本村 80% 的贫困户中的部分村民摆脱贫困。

5. 建立村文化活动中心，开展多种形式的文化活动

松云村目前没有文化活动中心。光有物质富裕不算富，只有把村民的精神文化生活搞上去了，才能算真正地富裕起来。为此，应将切实改善村民的精神文化生活作为重点来抓，在村南水渠附近建设两层楼的文化活动中心，本中心占地 4 亩，建一座占地 1 亩的 2 层活动室、一个门球场、一个篮球场和一个地掷球场。活动室内设棋牌室、图书室、电视室、健身室、茶室，制订严禁赌博、文明娱乐、不随地吐痰、不破坏公共财物等一系列规章制度。开展各类文体活动，发挥村活动中心的作用。同时在村民中培育一批各类文化艺术人才，组织他们进行观摩活动和业务培训，提高村民的文化业务水平，并以此为起点，促进村级文化活动健康发展。积极开展群众喜闻乐见的文化活动，创造一个村民群众安居乐业、精神文化生活丰富多彩的良好环境。把悠久的民族文化与旅游业结合起来。

6. 合理利用土地，提高农民收入

本村有果园 200 多亩，但是水果的种植只是为了保持水土。还有农田 530 多亩，其种植也只是满足本村村民自己食用。本村农户生产仍处于自然经济状态，自己所食用的粮食、蔬菜，基本自给自足，说明农户尚缺乏商品经济、市场经济意识。因此，首先应该转变农民的小农意识，增强市场经济观念，加大对内对外开放的力度，利用多种媒介进行宣传教育，使农民开阔眼界，多与外界进行交流。应分析市场上需求哪种农产品，以此来进行生产，避免生产上的盲目。积极推广先进种植技术，大面积种植优质、高产、高效农作物，提高果园和农田产量。在满足本村村民需要的同时，投向市场出售，提高村民收入。

7. 发展旅游产业，牵马致富

村里现有马 100 匹，是村民自己购置马匹，为游客提供服务，但每匹马每天收入只有 10 到 20 元，一方面骑马的游客人数有限，另一方面存在着与旅游公司合理分配收入的问题。有些旅游景区，利用自然风光的优势，从事牵马服务的农民，每匹马每天收入最少可达百元以上。如四川稻城县香格里拉乡亚丁景区近千匹马的马帮服务队组建后，农民直接参与人数达 820 人，

占该乡总人口的33%。随着景区的不断开发和游客的大量涌入，马儿成为农民的"摇钱树"，仅在2003年，农民靠牵马就实现总收入84万元，每户农民平均增收3000元，而当地农民同年人均收入仅为800元。松云村也应该充分开发牵马服务行业，开辟一条对游客有吸引力的新的牵马路线，组建马帮服务队。比如在进村的路口，每匹骡马按号排序，次第等客，游客的坐骑号数由专人发放，由牵马人认领。改变以往有马没人骑，每天只有零散游客骑马的萧条景象，形成秩序井然的牵马市场，给本村带来发展经济的机会。

8. 充分开发利用旅游资源

松云村虽然紧邻束河古城区，但旅游资源却一直没有得到开发。村后边有石莲山，山上有个山洞，像老虎张开的大嘴，为了震住老虎的威风，当地人在洞口建筑了一个寺庙，叫石莲寺。民国时期曾经办过夜校，读书人围火夜读，成了一道风景，叫做"石莲夜读"，列入束河八景。目前由于交通不便以及宣传上的不足，本村被誉为束河八景之一的石莲寺的游客一直很少。

首先，应改变发展思路，将本村的旅游确立为重点开发项目之一。松云村作为束河古城区旅游的延伸开发地区，应纳入古城旅游发展之中来进行规划。其次，将通往石莲寺的路修好，方便游客行走；进一步修建石莲寺，美化周边环境。第三，多方位的宣传。在游客熟知的束河古镇中加入对松云村旅游景点的介绍，如在门票上印上石莲寺风景照，使更多的游客了解石莲寺，对它产生观光兴趣。第四，充分利用茶马古道资源。藏客走过两条艰险的商旅古道之一位于本村。可以安排相应旅游线路，让游客更多地了解茶马古道文化。

松云村应充分利用这两项旅游资源，用旅游带动经济增长。

四、保障措施

1. 完善组织机制

完善松云村社会主义新农村建设小组机构，增强干部的工作责任心和事业心，发挥村班子的战斗堡垒作用和党员干部的作风，把优秀党员带头人吸纳入农村基层组织中，提高党员干部队伍素质，增强党支部的战斗力，树立村党组织在社会主义新农村建设中的领导地位。在坚持党组织领导的前提下，充分发挥各党员的特长优势，分工协作，实行责任制，为松云村发展规划的顺利实施并达到预期目标，创造良好环境。

2. 拓展投资渠道，多方争取建设资金

在争取政府资金支持的同时，建立多方参与的多元化投资机制。松云村有环境良好的村容村貌、历史悠久的茶马古道遗址，这都是建设旅游项目的良好硬件资源。松云村可以在争取旅游项目建设资金上下大力气，第一，主动分析形势，筹划项目，争取上级政府更多的优惠政策和最大的资金支持。第二，招商引资。建设新农村要加大招商引资的力度，更多地引进内外资金，"借鸡生蛋"，增加地方收入，按照"谁投资、谁受益"的原则，加大引资力度，吸引更多的资金投入到本村建设当中，使松云村成为毗邻束河古镇以外的旅游新亮点。第三，向村民集资。通过制订鼓励政策、激励措施等办法，在尊重村民意愿的基础上，由村、组认真发动群众，宣传群众，发挥群众积极主动性，有力出力，有钱出钱，主动建设新农村。第四，向银行融资。还可以向农信社小额贷款，政府要加强同银行的联系，争取更多的金融资本"下乡"，增加对一些信用度高、项目好的农户的贷款额度，解决小额生产和生活贷款的需求。

3. 大力宣传新农村建设、调动群众广泛参与

紧紧依靠社会主义新农村建设的主体——农民，开展各项建设工作。在思想动员、组织发动上下工夫，真正唤起村民建设社会主义新农村的主体意识，积极引导广大群众正确认识新农村建设与自身利益的关系，最大限度地调动农民建设新农村的积极性、主动性和创造性。村民是新农村建设的直接受益者，也是新农村的建设者、管理者和维护者，是建设活动的力量源泉。要始终坚持相信群众、依靠群众，尊重群众的自主权，发挥其主体作用。在新农村建设过程中，把群众愿不愿意、满不满意作为检验新农村建设成功与否的标准；规划、建设的过程置于村民的监督中，让村民参与规划，参与建设，让他们真正把新农村建设当成家业来办、产业来兴、事业来管。开展新型农民培训活动。建设社会主义新农村，必须转变村民陈旧、落后的思想观念，培育新型农民。依托各种载体，深入开展新型农民培训工程，大力倡导科学、健康、文明的新风貌。深入开展具有浓郁农村特色的文化活动、体育健身活动，促进家庭、邻里和谐。坚持以人为本，把提高农民素质摆在突出位置，大力实施农民知识化、技能化、专业化工程，切实加强农村精神文明建设，加快发展农村各项社会事业，努力造就一大批有文化、懂技术、会经营的新型农民。

4. 合理规划、逐步实施

松云村社会主义新农村建设要按照全面规划、统筹兼顾、远近结合、分步实施的原则，根据规划的思路、布局和建设内容，设计好村各项目的实施方案，分期、分批次地安排好项目的实施，使规划落到实处，真正走上社会主义新农村建设道路。从农民最关心、最盼望解决的事情入手，切实加大工作力度，务求尽快取得实质性的进展。加强分类指导，尊重农村建设规律，坚持因地制宜，积极探索多种模式推进新农村建设的有效方法，及时了解新农村建设相关工作的进展情况，随时解决新农村建设中出现的新情况和新问题，不断完善工作思路和措施，努力开创新农村建设工作的新局面。

5. 建立健全村民自治组织

本着群众自愿原则，建立村民理事会、监事会等自治组织，保障村民对新农村建设的知情权、参与权和监督权，真正体现农民在新农村建设中的主体地位。加强农民维权组织建设，切实维护农民的各项合法权益，化解农村社会矛盾，减少农民上访，维护农村社会稳定。坚持新农村建设阶段性集中整治与日常性管理相结合，健全《村规民约》、"门前三包"责任制以及全体村民共同保护环境、讲究卫生的责任机制和约束机制，通过"村集体解决一点、农民自筹一点、市场化运作一点"的办法，解决部分公共设施、环境卫生日常维护管理费用问题，努力形成农民自我管理、自主发展的长效机制。

6. 建立农村新型社会保障体系

逐步加大农村社会保障投入力度，建立"生有所靠、病有所医、老有所养"的农村新型社会保障体系。建立和完善松云村劳动力转移就业服务体系和农村医疗保障、特困户生活救助、贫困户大病救助、特困学生救助等社会救助体系，推行新型养老保险，建立失地农民生活保障制度。完善被征地农民的合理补偿机制，建立被征地农民基本生活保障制度。

漾西敏儒村新农村建设示范村规划

2006 级民族经济学研究生 邹 蜜

一、基本状况

漾西敏儒村位于丽江市古城区南郊 7 公里处。海拔约 2400 米，属低纬度、高原季风气候，年均气温在 11 摄氏度左右。地理位置优越，自然条件良好，风景秀丽。该村交通便利，距离大丽高速公路 1 公里、距离大理到丽江的铁路只有 2 公里。漾西敏儒村由 3 个自然村构成：敏儒上村、敏儒下村和王家庄。

敏儒上村现有农户 70 户，其中纳西族 65 户，藏族 5 户。全村总人口 300 人，劳动力 150 人。本村"和"姓较多，少数是"杨"姓。初中毕业人口占总人口的 60% 至 70%，高中毕业人口占 5%，每年约有 3—4 人考上大学。本村人均耕地面积 1.6 亩，果树林户均 0.5 亩，集体经济比较薄弱。村内现有一座砖厂对外承包，村委会每年可得到 6000 元的承包费；有一处 600 亩的青梅园也已对外承包。面对地少人多的现状，约 80% 的村民做小本生意，其余约 20% 村民利用农闲时节到城里打短工。全村现有农用车 10 辆、出租车 2 辆、面包车 2 辆。农民人均年收入 2500 元左右。敏儒上村的电话和手机普及率分别达到 50% 和 100%。该村没有卫生医疗室，但已经建立合作医疗。村内现有自己的文化活动中心和小学。

敏儒下村共有农户 62 户，其中纳西族 61 户，藏族 1 户，劳动力有 120 人。本村有蔬菜大棚 30 个，水田 470 亩，苹果园 20 余亩，户均养猪在 10 头以上，每两到三户有耕牛一头。电话和手机的普及率已经达到 100%，安装太阳能的有 33 户。全村共有电脑 3 台，农用车 10 辆，出租车 2 辆，油罐车 2 辆。农民人均年收入 2500 元。

王家庄全是"王"姓纳西族村民，共 48 户，400 人，其中劳动力 190 人。本村有耕地 400 亩，果树园 30 亩，宅基地户均 1 亩。电话电视和手机的普及率达到 100%，有沼气池 10 个，有 5 户人家安装太阳能。村里现有农用车 30 辆，出租车 3 辆。村民主要养殖猪和牛，户均养猪 10 头，每三到五户养有一头牛。本村已完成合作医疗，人均年收入 2400 元。

二、发展条件

1. 发展优势

良好的自然条件和区位优势。漾西敏儒村距丽江市古城区仅 7 公里，离铁路仅 2 公里，是典型的城乡结合部。该村西靠蛇山，东通大丽公路，优越的地理位置以及古城区广阔的市场需求能够为漾西敏儒村的发展提供良好的条件。如村西的蛇山，林区覆盖面积 3000 多亩，农田面积 1300 多亩，土壤肥力好，非常有利于农业生产。

较好的旅游文化资源。漾西敏儒村植被茂盛，空气清新，生态环境优越。村西蛇山林区面积广阔，风景秀丽，有良好的开发潜力。现建有蛇山生态大乐园，占地 1000 多亩，已初具规模。位于王家庄的情人湖，林木环绕，占地 40 亩，有着 300 多年的历史和美丽的传说故事，具有较大的开发价值。

基础良好的养殖业。敏儒下村的养殖业有了一定的基础。该村现户均养猪 10 头以上，并积累了一定的饲养经验和稳定的销售渠道，如能形成较大的规模，将成为敏儒下村的特色支柱产业，能带动该村经济发展，增加农民收入。

初具规模的种植业。敏儒上村的土质条件十分适宜种植花卉和青梅。村内现有花卉种植园 12 亩，以种植马蹄莲为主，远销至泰国、日本和美国；青梅种植园 600 多亩，作为特色产业，带动本村经济的发展。这两种种植业既可以解决农村剩余劳动力的安置问题，又能使农民增收，是敏儒上村应该着重发展的产业。

敏儒下村的蔬菜示范园区发展态势良好，30 个蔬菜大棚的产品已初步站稳了市场。如能在满足供应需求的条件下增加投入产出，并保证出棚蔬菜质量，将成为该村农民增收致富的首要途径。

2. 存在的问题

从总体上看，经济发展仍处在低水平阶段。近年来漾西敏儒村经济总量虽有所增长，但经济增长方式仍属粗放型，整体经济运行效益不高，农业生产水平不高。村容村貌有待改善。漾西敏儒村的村落及环境建设未曾统一规划，村内无垃圾和污水处理设施，道路尚未修建完善，制约了漾西敏儒村的整体发展。

从个体上看，漾西敏儒村分为敏儒上村、敏儒下村和王家庄，每个村子都存在着各自的问题。敏儒上村虽已建有蛇山生态大乐园、花卉种植园、青梅种植园和砖场，但这些都不属于村里的集体经济，村集体仅靠收取有限的租金是很难带动全村整体和长远发展的。敏儒下村养猪业虽已有一定发展，户均养猪 10 头以上，但都是农户自己分散养殖，始终没有形成较大的规模，缺乏村集体的组织和管理，在疫病防治、科学喂养、品种繁育等方面缺乏资金和技术。王家庄：位于王家庄西面的情人湖虽然有着良好的自然环境基础，但由于资金短缺尚未开发。另外，村内 30 多亩果园，仅是农户自己种植管理，种植品种和销售渠道单一、分散，缺少统一的产销体系，没有形成产业合力。

三、发展思路

1. 指导思想

丽江市古城区漾西敏儒村的社会主义新农村建设要切实以中央文件为纲领，有计划、有步骤地逐步开展。在进行社会主义新农村建设的过程中必须以邓小平理论和"三个代表"重要思想为指导，全面落实科学发展观，坚持统筹城乡经济社会发展，按照"生产发展、生活宽裕、乡风文明、村容整洁、管理民主"的要求，协调推进农村经济建设、政治建设、文化建设、社会建设和党的建设；必须以科学发展观统领全局，认真贯彻落实十六届六中全会及区委相关精神，依据村庄的人口规模、用地规模、经济社会发展水平、地理位置和自然条件，规划布置包括道路、农宅、公共建筑、绿化等各项用地，配套村庄水、电、路等基础设施，完善村庄教育、文化、医疗、环卫等公共服务设施，为今后指导调控漾西敏儒村各类建设活动提供依据。

敏儒村当前和以后一个时期的工作重点是：进一步解放和发展生产力，针对制约本村农业和农村经济发展的突出问题，加强农业基础设施建设，加快农业科技进步，转变农业生产方式，推进现代农业建设；要坚持把促进村民增收作为农业和农村工作的中心任务，挖掘农业内部增收潜力，广辟农村富余劳动力转移就业途径，形成村民增收的长效机制；要扩大农村基层民主，搞好村民自治，健全村务公开制度，开展普法教育，确保广大农民群众依法行使当家作主的权利；要加强社会管理和公共服务，坚持以解决好村民群众最关心、最直接、最现实的利益问题为着力点，改善村民的生产、生活条件，关心困难群众生活，促进漾西敏儒村和谐社会建设；要充分发挥各方面的积极性，依靠村民辛勤劳动、国家扶持和社会力量的广泛参与，不断改善农村的整体面貌；要充分发挥漾西敏儒村基层党组织的领导核心作用，为建设社会主义新农村提供坚强的政治和组织保障。

2. 发展目标

按照"生产发展、生活宽裕、乡风文明、村容整洁、管理民主"的要求，漾西敏儒村新农村建设"十一五"期间发展目标是：

大力发展生产，提高村集体经济实力。漾西敏儒村要利用较好的旅游资源，下大力气进行宣传，努力招商引资，采取村委出地、公司出钱或联合入股的方式开发资源，发展旅游业并带动服务产业的发展。通过养殖、种植发展特色产业，进一步壮大村集体经济实力。敏儒上村主要发展花卉及水果种植业；敏儒下村主要发展养殖业和蔬菜种植业。漾西敏儒村要依托本地优势，走区域化种植、规模化生产、集约化和产业化经营的路子，依靠技术进步、体制创新，不断壮大集体经济实力。

大幅提高村民生活质量。敏儒村建设社会主义新农村，必须致力于农民生活水平的提高，把生活宽裕作为核心目标。实现这一目标，一方面要通过开辟各种增收渠道，增加农民收入；另一方面，建设社会主义新农村，在加快经济发展的同时，农村教育、文化、医疗、社会保障、基础设施等社会事业，也要进入加速发展期，建立起包括合作医疗、农村养老保障等农村社会保障体系。生活宽裕要扩展到农民享受教育的权利、提高生活质量、适合人居的环境等。

大力倡导乡风文明。乡风文明是建设社会主义新农村的灵魂。当前，农村精神文化建设与经济社会的协调发展不适应，与农民群众的精神文化需求不适应，主要问题是文化基础设施落后，文化体制不顺、机制不活。要使乡风文明有新气象，必须加强思想道德建设，提高农民的精神境界；大力弘扬公民道德规范，组织农民群众学习党的方针政策、市场经济及科技知识，转变观念，提高素质，树立科学文明新风尚。村委会要实施一系列文化工程，建立健全文化建设机制，

深入开展文明建设活动，提高农民综合素质，培养有文化、懂技术、会经营管理的新型农民，逐步改变敏儒村的文化面貌。

着力改善村容村貌。新农村建设中"村容整洁"的要求，最主要是为农民提供更好的生产、生活、生态条件。在推进新农村建设、改变村容村貌过程中，要特别注意两点：一要尊重村民意愿，在国家、社会力量的支持

下，根据敏儒村经济发展水平量力而行，要避免搞形象工程、政绩工程。二是要根据敏儒村的文化传统等，规划必须先行。这个规划，不仅要站在统筹城乡发展的战略高度，还要站在本村自然和文化发展脉络的高度，充分尊重敏儒村的实际和特点，以改善人居环境为切入点，从硬化、绿化、净化、美化入手，进行村容村貌的综合治理，实现人与自然的和谐相处。

逐步完善民主法制建设。要扩大农民基层民主，搞好村民自治，健全村务公开制度，开展普法教育，确保广大农民群众依法行使当家作主的权利。根据农村改革发展的新形势新情况，以法律法规和政策为依据，进一步建立健全民主管理的各项制度，规范村务公开的内容、形式、时间和程序，建立健全村民议会、村民代表会议议事规则，完善民主评议村干部工作制度和民主监督机制，克服村务公开和民主管理工作中的主观随意性，不断增强村民法治意识，实现村域和谐安定。

四、规划布局

1. 生产布局

根据敏儒上村、敏儒下村及王家庄的自然区位优势和现存的特色产业优势，将全村规划为以发展种植业和生态休闲旅游为主的区域。种植业园区主要分为三大部分：果园种植区、蔬菜种植区及其他粮食作物种植区；生态休闲旅游园区主要以天然的蛇山林区为依托，充分发挥林区的天然优势，利用现有的"蛇山山庄"带动"农家乐"产业的发展，在现有的基础上进一步开发情人湖，吸引广大游客，促进第三产业的发展，从而带动全村的经济发展，将漾西敏儒村发展成为以果蔬种植、生态休闲旅游为主导产业和发展方向的社会主义新农村。

种植业园区：果园种植区主要集中在敏儒上村，位于蛇山林区东侧，以种植青梅为主，面积约600亩。蔬菜种植区，位于大丽公路西侧，主要以敏儒下村的蔬菜大棚为主，敏儒上村和王家庄根据现有条件适当发展。其他粮食作物种植区，位于大丽公路西侧，蔬菜及其他粮食作物种植区总面积1500亩。

生态休闲旅游园区：位于漾西敏儒村最西端，包括蛇山林区，总面积约3000亩。

2．村庄布局

根据漾西敏儒村的发展现状和未来的建设目标，对整个村庄设施进行合理的布局。在现有村庄布局基础上，基本保留已形成的居民居住区，进一步加强田间村路的修建，完善公共基础设施。

五、建设内容

1．加强基础设施建设，改善村容村貌

漾西敏儒村的农村基础设施改造包括：①资金密集型的基础设施，如灌溉和公共水利设施、交通运输设施、储藏设施、加工设施、电力、自来水、煤气（沼气）。②非资金密集型的基础设施，如教育机构、农业研究和试验设施、信贷和金融机构等。③社会事业基础设施，如法律、政治和社会文化的正式和非正式机构。

"十一五"期间，敏儒村要逐步更新老化的农业基础设施，逐步改善农业生态环境，提高土地肥力；更新老化的农业机械，健全农业科研机构和技术推广体系；全面完成村路硬化工程，包括村内主干道、支路及田间小路，硬化贯通村与村之间的路面，并与古城玉泉路相连通，保障交通便利，使漾西敏儒村的区位优势得以充分发挥；在已建成的十多座沼气池的基础上，进一步扩大沼气池规模，引进技术增建质量过硬的沼气池，及时清理路面牲畜粪便，洁净村容村貌，使村民用上清洁能源；此外，在三个自然村中分别建立村民活动中心，扶持村中现有纳西古乐队的活动，同时不断丰富村民集体活动内容，加强村民沟通，增强村集体凝聚力。

2．实现科教兴农，大力推广农业科技入户

漾西敏儒村推广农业科技入户有以下工作要点：①加强主导品种（大棚蔬菜）和主推技术的示范推广。建立农业技术推广机构，普及科学的种植和养殖技术，开通农业科学技术普及广播，设立农技咨询热线，建设农业科技书屋，为农户提供农业科技服务。②加强农业科技示范户能力建设。一是要着力提高其学习接受能力，改变守旧思想，使其能自觉学习新知识，掌握新技能，率先推广应用农业种植实用技术；二是提高科技示范户的自我发展能力，能将学到的知识和技术运用到生产经营活动中，发挥自身优势，自主创业致富；三是提高科技示范户的辐射带动能力，能够将掌握的知识与技能普及和传授给周围农户，以户带户，以户带村，形成农业技术示范的新模

式。总之，漾西敏儒村的农业技术推广要从"点、线、面"三个方面全面推进，带动农业、农村、农民的整体发展。

目前，漾西敏儒村下辖的三个自然村均已具备良好的农业发展基础：敏儒上村已成为生态农业示范村，敏儒下村已建成有机蔬菜大棚30亩，并成立了科技种植示范基地，王家庄现有果园良田面积近30亩。在此基础上，村委或农业科技推广组织可定期组织农民培训，培养一批有文化、懂技术、会经营、示范带动能力强的新型农民，提高农民的科技素质和劳动技能，早日全面实现生态农业种植，推广大棚蔬菜种植技术，扩大大棚面积及产量，进一步加强与蔬菜协会的合作，广开销路，实施科教兴农的策略，增加农民收入。

3. 以村中现有资源为基础，促进集体经济的发展

漾西敏儒村下辖的三个自然村在集体经济发展上呈现出不同程度的不足，但都具备一定的集体经济发展的后发优势。敏儒上村可依托村中的花卉养殖企业和梅园，组织村民培训，传授花卉和青梅种植技术，适当发展花卉和青梅种植业，发展集体经济，实现集体收入。此外，该村应尽快解决历史遗留问题，明确村集体与村中现有个体经济企业的土地承包租赁关系，改善集体资源流失的现象；敏儒下村可利用现有养猪规模，改变粗放式养殖方式，发展集体连锁养殖，定期组织对养猪户的培训，讲授先进的养殖知识与技术，提高出栏猪的质量，统一拓展销路，增强市场竞争力，避免内部无序竞争；王家庄应开发林区资源，村内占地40余亩的情人湖风景秀丽、气候宜人，并与敏儒上村的蛇山相连。可以现有蛇山生态大乐园及梅园为龙头，进一步扩大开发生态旅游业。王家庄山林茂密，地势多样，可开发成人工狩猎园，在园中放养野兔、山鸡等，吸引市区居民体验难得的打猎经历。扩大青梅及其他果木种植面积，规划出天然采摘园，提供体验亲自采摘乐趣。情人湖周围可规划烧烤区；开设"农家乐"饭庄，使游客亲自烤制自己的猎物，品尝亲手采摘的新鲜蔬果，形成集观光、休闲、狩猎、采摘于一体的多元生态旅游基地。

4. 推进基层民主建设，健全村民自治机制

建设社会主义新农村的一个重要方面，就是大力开展农村基层民主建设，进一步完善村党委组织领导下的充满活力的村民自治机制，使广大农民群众在党的领导下实现当家作主。漾西敏儒村完善和健全村民自治机制，当前要着力健全村务公开和民主议事制度，由村民群众自我管理、自我教育、

自我服务，依法办理自己的事情，让村民真正享有知情权、参与权、管理权和监督权。

首先，要进一步健全村务公开制度。敏儒村当前要做好土地征用补偿及分配、村财务收支情况、村集体债权债务、税费改革和政府补贴等村内事物的透明、公开，设立村务公开监督小组，按有关规定认真履行职责。二是要完善民主议事程序，进一步健全村级民主决策制度。凡涉及全村经济、政治、文化发展的重要事项，尤其是与村民切身利益相关的事情，都要依法召开村民会议或村民代表会议讨论决定，逐步规范敏儒村重大事务民主议事、决策的范围、程序和方法，保证村党组织发挥领导核心作用，保证村民自治组织的自治作用，保障村民依法行使自己的权利。三是要完善村民自治章程，进一步健全村级民主管理制度。目前，要及时制定并修改村民自治章程、财务管理制度等规章制度，把村内各项事务纳入制度化、规范化管理的轨道。四是要完善公开办事程序，进一步健全村级民主监督制度。在村活动中心设立村委常驻办公场所，定期进行村务公示，听取村民意见，接受村民监督，实行村务公开化，村政民主化，切实发挥村委领导核心作用。

六、保障措施

1. 加强村委组织的领导

新一届村长于 2007 年 6 月由村民选举产生，迄今还没有组成管理有效的村领导组织，对村内事物不太熟悉。所以，加强村领导小组及班子建设，把有致富经验和技术特长的人选进班子，是村委会当前的首要工作。在领导村民开展生产、经营的过程中，要充分发挥党员干部的新农村建设中的模范带头作用，按个人专长分配专职任务，实行岗位责任制，把规划任务按年度分解到每个村干部，限定完成时间，建立奖惩机制，确保敏儒村新农村建设的各项任务落到实处。

2. 强化制度建设

按照新农村建设关于制度建设的要求，建立起科学民主的决策机制，切实保障群众对村务的知情权、参与权、管理权和监督权，杜绝违背民意的"独权专政"。目光要放长远，集中本村优势大力宣传，广泛开辟资金来源并充分利用。完善村民自治机制，进一步健全村民大会制度，广泛听取民意，在涉及村民利益的问题上必须执行"专事专议"制度，为新农村建设营造良好的制度环境。

3. 动员村民积极参与本村经济、社会事物

通过大力宣传国家有关新农村建设的方针、政策和措施，充分调动村民建设本村、管理本村的积极性，树立村民在新农村建设中的主体地位，使村民在新时期新条件下能够发挥才智，凝聚力量，自力更生，艰苦奋斗，通过自己勤劳的双手和无穷的智慧，改善敏儒村生产生活面貌，建设美好家园。同时，村民可以通过交流互助的方式借鉴其他村庄的成功经验，为本村落的发展献计献策。

经济发展方面，村委会应大力支持鼓励村民向有关金融机构借贷小额低息贷款，用以发展自家农牧、小商品生产。村委会要大力宣传小额低息贷款的好处，使村民正确看待贷款的风险，削减村民对贷款偿还的过多顾虑。

4. 做好新农村建设的宣传、示范工作

在进行新农村建设的同时，认真总结敏儒村新农村建设的经验教训，营造良好的村风村貌和舆论氛围，争取外界关注。同时，力争成为新农村建设示范村的模范，起到对周围村落的辐射作用，带动其他乡村的新农村建设。

七河乡三义村委会拉市湾村新农村建设示范村规划

2006 级区域经济研究生　邸　婧

一、村情概括

拉市湾村位于云南丽江古城区正南方向，距古城区 27 公里，距七河乡政府 8 公里，距行政村 1.5 公里，距离丽江机场 2 公里，背靠五老山，紧邻南北走向的丽大公路与正在修建的丽大铁路。2005 年 3 月政府征用该村土地 80 亩用于修建丽大铁路，共补偿 126 万元。政府提留 3 万元用于修水渠、村公所、篮球场，硬化路面 350 米。

拉市湾村现有 92 户，403 人，分为 2 个村民小组，男女性别比例基本平衡，姓氏主要为"黄"、"和"，民族构成以纳西族、白族、汉族为主。村民中现有党员 22 人，其中女党员 5 人。该村拥有劳动力 270 人，其中 17 人长期在外务工，农闲时节，大部分男性劳动力到外务工。

拉市湾村共占地 820 亩，其中耕地 650 亩（包括机动地 200 亩，主要用于出租种植经济果林，每亩出租价格为 50 元）；居住地较为零散，共 170 亩。近年来由于政府的支持，经济收入比 2000 年翻了一倍，人均可达 3000 元。

该村目前主要经济来源有：

烤烟种植业。拉市湾村已经有 14 年的种烟历史，10 年前进行大规模种植，最多达到 260 亩。目前由于政府实施控制种烟面积和烟草担数的"双控政策"，现有 60 户种植烤烟，面积为 210 亩，平均每亩收入达到 1500 元。

参照玉溪市的管理模式，拉市湾种植的烟叶品质较好，主要用于出口，其余销售给上海卷烟厂。

养猪业。2006 年拉市湾村生猪出栏头数 1800 头，平均每户 20 头，每头纯收入达到 700 元。

鱼塘。目前，拉市湾有 40 户经营鱼塘，占地 100 亩。2006 年平均每户收入 1 万元。该村养鱼主要用于垂钓，品种均为生态鱼。

果园。该村山脚下有果林 100 亩，主要用于种植梨、桃和梅。由于品种落后，科技含量不高，经济收益较低。

粮食作物与经济作物。种植粮食的耕地 300 亩，主要种植农作物有玉米、水稻、大麦、小麦和豆类。由于气候较好，产量较高，每亩经济收入达到 700 元。蔬菜占地 100 亩，2006 年，每亩蔬菜收入为 2000 元。蔬菜种类主要为卷心菜，大多销往丽江古城、大理下关和四川攀枝花，由于缺少市场信息，经济收入浮动较大。

拉市湾村拥有农用车 80 辆，面包车 6 辆，旅游大巴 1 辆，主要用于运营。

2000 年前，拉市湾村尚未硬化村道，总是"晴天一身灰，雨天一身泥"。2000 年成立了村委会，在政府和全体村民的共同努力下，政府提供水泥，农户每户集资 500 元，干部贷款 3 万元，每家每户出义工，在三年时间内完成了村主干道硬化 1.2 公里，直通丽大公路。目前，该村还有 300 米道路尚未硬化。

电视、电话入户率 100%；太阳能拥有户数为 20 户，村内有十几处卫生厕所。

全村主要饮水来源为龙潭山泉水，水质优良，用塑料胶管连接，如一次性更新塑料胶管需要 8 万元。

该村主要使用的能源为沼气和液化气。虽然沼气池的使用具有季节性，夏季能源丰富，冬季能源缺乏。但它使村容村貌变得更加优美，周围环境大有改观。

该村已建篮球场一个，在建村公所一座。全部村民都已参加合作医疗保险，因先天致残、因病致贫而享受低保的有 4 人。三义村委会拥有一所完小，适龄儿童入学率达到 100%，文盲率大约为 10%，均为老人。

二、经济发展优势分析

土地资源丰富，山水秀美

拉市湾村拥有土地 800 多亩，这个面积不包括背靠的五老山的面积。山上各种树木茂密成林，山林资源丰富。

交通方便

拉市湾村西临丽大公路，正在修建的丽大铁路穿过该村，丽江机场也位于该村西南 1500 米处，所以集结了公路、铁路、机场交通优势的拉市湾村可以充分发挥此优势。

多种经营有良好基础

拉市湾村经过近几年的规划发展和产业结构调整，形成了"三体两翼"的产业结构，所谓"三体"为烤烟、蔬菜种植和养猪业；"两翼"为鱼塘、果园。村里在"双控"指导下始终保持三分之一的土地种植烟叶，并且保证其质量；蔬菜种植以卷心菜为主，主要向古城、大理、四川攀枝花供应；养猪业也是本村传统产业，家家户户养猪已经约定俗成，少则几头，多至几百头，猪粪还可以产生沼气；鱼塘为近三年新发展的产业，由于该村具有区位优势，水源丰富，历史存留大水池，被村里有识之士承包养鱼，在他的带动下村民开始不断发掘小鱼塘，现如今已经有 40 户村民 50 个鱼塘的规模；果树种植在山林地区也初具规模。这样就形成了多种产业并存风险分散的产业结构。在这种产业结构下，拉市湾村村民的收入呈现出不断提高的景象。

村民素质高

拉市湾村村民对环境保护意识强，人人都意识到林地植被不可破坏，建立了封山育林区。正是村民这种良好素质使得拉市湾村保存了原始生态环境，在此基础上可以开发生态游。

三、存在的问题

规模经营拓展存在障碍

通过我们的调查，本村的重要经济作物——烟叶的种植需要集合大面积土地进行统一规划布局，土地应轮番使用耕种，然而原有的土地承包制度随着改革开放的深入发展，其弊端已经日益严重，阻碍着土地的顺利流转以及规模经营的发展。

农产品市场信息渠道不畅，农民对市场信息的获取和反应迟缓

近几年，本村烟叶种植的较高且稳定持续的经济效益与种植卷心菜的极其不稳定的市场价格波动形成了强烈的反差与对比。在种植蔬菜方面明显出现了小农户与大市场之间的矛盾。农民在获取农产品市场信息方面没有有效渠道，因而信息不对称严重影响着农民种植蔬菜的数量和结构，即使有部分信息到达农民耳中他们也不能迅速做出及时有效的决策来应对市场变化。

农业保险意识有待强化

拉市湾村种植业占据较大比例，因为农业生产的特点是周期长，市场反应能力差，自然风险大且该村前几年也深受其害，农民一年的辛苦与汗水付

诸东流。发生此类灾害的原因我们认为有农户保险意识不强、参保渠道不畅等问题的存在。

鱼塘简陋，缺乏规划

该村鱼塘大多是历史存留大水池，结构简陋，没有进一步规划成为一个生态休闲好去处，另一方面目前该村渔业养殖技术含量也较低。

四、规划方案

1. 指导思想和指导原则

发挥区位、资源优势，借助天时、地利、人和，扶持山村新型产业，发展多种经营，把拉市湾建成充满活力、开放发达、魅力四射的山村明珠。

规划原则有：

活山：五老山始终怀抱着拉市湾村，可以说五老山就像是拉市湾村村民的父亲，他们珍惜五老山给村民们带来的福祉不乱砍滥伐，但仅仅做到这一点是不够的，还得让五老山焕发出生机才行。

活水：拉市湾村背靠的五老山上贯通了水渠，但现在没有得到利用，应本着活水的原则，将龙潭山泉水通过水渠灌溉庄稼，既可以为鱼塘形成活水源头，又可以使现有的鱼塘规模扩大。

活地：此原则要在烤烟种植土地选择上体现出来，把种植烤烟的土地灵活规划，使之有序被利用创造出更大的价值。

活市：市场上信息的贯通要活现在农民身边，使农民感受到整个市场的活力，并且灵活调整自己的计划来适应市场的需求。

2. 规划目标

拉市湾集天时、地利、人和为一村。村庄满眼青山绿树，鱼塘阡陌交错，村道干净整洁，环境祥和优美，丽大公路铁路临村而过，交通方便；村民勤劳团结，积极向上，各级政府对本村的发展极为关注，尤其是在党中央国务院号召建设社会主义新农村以来，本村的村容村貌、生产生活更上一层楼。为了获得进一步的发展，在了解自身优劣势的基础上，明确该村发展的主题和方向是：以"循环、生态、度假"为核心原则，以"三体两翼"的产业结构为支撑，力争在五年内把拉市湾建设成为以生态环境为依托，以循环经济为特征，以休闲度假为品牌的新型农村，村民人均收入得到显著提高，生活水平得到明显改善。

3. 规划内容

（1）突出重点，发展"三体两翼"产业

眉毛胡子一把抓对于财力人力都比较有限的村庄来说是不现实的，集中力量发挥自己的优势，在现有的基础上不断创新才是发展的必由之路。通过前面的分析，本村具有突出的烤烟、蔬菜种植和生猪养殖的传统优势和发展果林、鱼塘的自然优势。

——稳定烤烟种植面积，加强烤烟种植的统一规划和管理，提高烤烟种植水平。

烤烟的种植受到市场和政策的双重制约。其中政策因素是不可逆转的客观因素，必须进一步理解、应用和尊重政策，在政策允许的范围内努力提高种植、加工的科学技术含量，改善经营模式，拓宽销售渠道。烤烟作为一种消费型经济作物，其种植、加工、销售是紧密相连、环环相扣的一个链条和整体，是一种典型的"订单农业"。目前国内外对这类经济作物的生产运作主要应用"龙头企业＋农户"和"龙头企业＋农业协会＋农户"两种模式。本村烤烟的种植基本上采用第一种模式，在实际操作过程中，暴露出一些问题，主要体现为烤烟规模化轮种客观需要和现有土地制度之间的矛盾。在解决这一矛盾的过程中，村委会发挥了关键作用，但是协调和组织的工作量巨大，其效果完全取决于村委领导的个人努力程度，没有形成长效机制，而且工作比较被动。从长远看，需要用烤烟种植协会代替村委会来解决这个矛盾。首先，在未来三到五年内，争取在"村委引导，村民自愿"的原则上建立烤烟种植协会。其主要作用就是协调种烟户之间以及种烟户和市场之间的关系，为种烟户和各技术部门、收购公司等牵线搭桥。然后，协会和村委会共同努力，引导村民"反租倒包"，科学合理地进行土地流转，为烤烟种植规模化、集约化、轮作化等内在要求提供必要基础。

——提高蔬菜种植效率

蔬菜种植要突出一个"早"字，强调一个"优"字。所谓"早"就是要反季节种植，追求"人无我有"，即"物以稀为贵"，在满足了社会的需要，提高了市民生活水平的同时，也让菜农获得更多的超额利润，提高了获取蔬菜种植收入的效率。所谓"优"是指蔬菜的质量要有保证，品种要符合营养需要，一定要无公害种植，达到"人有我优"的目的。该村可以考虑在一到三年内引进大棚技术，培养种菜能手和示范户，通过示范户的模范力量，鼓励村民发展大棚种植。引导菜农建立协会，通过协会的力量进行监督、管理，为菜农提供优质种子和科学技术，保证蔬菜的质量，打造"反季、绿色、无公害"的拉市湾蔬菜品牌。

——发挥生猪养殖优势

生猪养殖是本村的一大优势，具有悠久的历史，培养了一批养猪能手，形成了丰富的养殖技术和经验。在本规划年限内，生猪养殖要以"规模化、科学化和综合化"为目标。具体而言：一是改变家庭养猪的习惯，在村庄合适地点统一规划建设猪舍，通过承包或入股的形式养殖，这样不仅扩大了养殖规模，而且人畜得以分离，村里的生活环境得到改善。二是推广科学养猪技术，充分利用附近旅游景点农家乐的泔水和本村蔬菜种植的劣质废弃菜叶养殖，加强圈舍的卫生管理和生猪的定期卫生检查，强化养殖的品质和健康意识。三是通过养猪业的发展带动粮食种植和饲料加工业的发展，使之相互促进，协调发展。尤其是饲料加工业，成本低，技术含量不高，市场广阔，很适合在农村发展，是规模养猪业的一个最优配套产业。

——利用山林优势

本村背靠五老山，世代村民都有保护山林植被的强烈意识，山间绿树密植，山前果林种植种类多、空间大、气候适宜。在未来五年内，对山前林地和村庄内的田间道和鱼塘边进行整体规划，选择合适树种进行必要的补种，然后分片承包给村民，结合村里的鱼塘垂钓发展生态采摘游。除了以水果产量为目的的规模种植外，还要充分利用丰富的山地资源，种植城市绿化用的经济果林树苗，近年来经济果林成为一些以"花园城市"为建设目标的城市进行绿化的主要选择。许多城市已经建设成了"银杏街"、"樱桃街"、"柿子街"等。这是由于经济果林具有其他绿化植物无法比拟的优点：如经济果林一般枝繁叶茂，造型优美，吸收二氧化碳的能力强，甚至有些果树还能释放一些人体需要的抗生素等。本村毗邻丽大公路和铁路，发展经济果林树苗的种植具有得天独厚的地理和交通优势。

——扩大完善鱼塘经营

山中泉水顺势而下，在本村形成了很多大大小小的鱼塘。鱼质肥美、健康的口碑正逐渐流传扩散，本村鱼塘成了市区上班族周末节假日休闲、度假、垂钓的不错选择。在未来一到三年内要集中力量修扩建现有鱼塘，增加新鱼塘的数量，培育引进更多种类的鱼苗。加强对鱼塘承包户的技术培训，增强承包户抵制风险的能力。协调村内烤烟、蔬菜、果林种植户、生猪养殖户和鱼塘承包户之间的关系，使鱼塘污泥、猪粪得到充分利用，村内各种土地资源得到循环利用。

（2）抓住关键，建设旅游配套设施

在未来五年内，要重点做好以下两件事情，为本村经济发展提供保障。一是建立本村的广告宣传系统。和古城区各大客栈、农家乐、旅行社合作，设置本村的旅游线路，加强本村的特色宣传。在距离本村比较近的旅游景点"观音峡"景区沿路设置本村的宣传广告牌，在机场购买广告位，精心选择广告用语等。在丽江新城各大单位宣传本村，最好能够建立长期合作机制。在丽大公路和本村村道的交界处设立醒目标志牌或能够反映本村特色的雕塑、建筑物等。在村内设立指路牌和公共厕所等从游客自身利益出发的人性化设施。二是发展适当数量的农家乐接待户。随着垂钓、采摘等项目的展开、游客数量的增多、旅游规模的扩大，干净整洁的农家住宿、餐饮成为客观要求。选择有能力的农家户进行帮助和扶持，在典型户的示范引导下，鼓励其他农户发展农家乐。在鼓励的同时一定要加强监督和管理，从开始就形成规范、卫生、安全、健康的营业机制。

（3）把握中心，提高村民生活水平

在未来一年内完成村活动中心的建设和完善，设立村庄图书室和科技教室。通过定期的有组织的学习活动，提高村民的科学技术水平，尤其是生猪养殖户、鱼塘养殖户和大棚蔬菜种植户等。

在村活动中心篮球场周围设立一些健身设施，为村民和游客提供休闲健身的活动场所。提高村民的身体素质，培养村民积极向上、乐观自信的品质。

组织村里的文艺骨干成立村级文艺队，鼓励和引导文艺积极分子自编自演一些村民喜闻乐见、具有时代气息和启发意义的节目，在农闲季节进行表演。充分利用村活动中心的场地，组织村里的篮球、拔河等比赛，增强村民的团结精神。

鼓励有条件的村民安装网络，学习电脑技术。鼓励村民收看新闻节目、法制节目和农业节目。可以不定期地组织村民就某些关乎"三农"的重大事件、政策、法规等进行讨论、辩论。鼓励村民加强子女的教育，建立上大学的激励机制。

4. 保障措施

提高农业合作和保险服务，推广农业保险。农业生产的特点是周期长，市场反应能力差，自然风险大。而且该村种植业占据较大比重，所以在抗风险方面一定要加强保障措施,完善农业灾害风险转移分摊机制。鼓励该县龙头企业、中介组织帮助农户参加农业保险,并在农户中广泛进行宣传,使农民树立起积极参保意识。

　　加强农产品市场信息服务,发展订单农业、电脑农业。农村商品经济发展中所暴露出来的矛盾,可以通过在"小农户"与"大市场"之间创建一个缓冲地带——农民协会得到解决。农会不仅是上下对话的渠道,也是农村经济商品化的重要支撑,同时也是农民工进城的权益保护组织,有助于劳动力节约与转移过程的平稳运行。通过这样的组织,农村经济的商品化发展便有了一定的制度支持,并且还可以在农会的信息服务基础上进一步发展订单农业与电脑农业,推进农业的现代化进程。

祥和街道办事处祥云社区庆东村新农村建设示范村规划

2006 级区域经济研究生　郭　玮

一、基本概况

庆东村隶属于丽江市古城区祥和街道办事处祥云社区。祥云社区东倚丽鹤公路，西接黄山白华，南临五台青山，向北 2 公里处就是世界文化遗产——丽江古城。优越的地理位置为庆东村今后的经济发展奠定了良好的区位基础。

2003 年，政府在庆东村征用建设用地 100 亩，征地补偿 300 多万元，发放到村民手中人均约 1.3 万元。由于庆东村不在政府规划的主要范围内，所以征地规模较小，庆东村目前是拥有耕地最多的村庄之一。

正是占有大量耕地的优势使庆东村大部分村民的生产方式中依然保有种植业，多数村民都种植有小规模的大棚蔬菜。区位、耕地、种植经验三方面的优势使庆东村具备了成为"城市蔬菜主要供应基地"的基本条件。

庆东村始建于明代中叶，当地人口主要由纳西土著居民及部分移民组成。现有村民 94 户，304 人，全部为纳西族，主要姓氏为"和"，性别比例基本平衡。全村现有党员 15 人，其中妇女党员 5 人，村支部和村委会干部 5 名。304 位村民中有劳动力 123 人，农户同时从事农业和服务业。另有户籍不在本村的 50 人在城里工作，生活居住还在庆东村，他们的经济收入也成为支撑庆东村发展的重要来源。

2006 年庆东村经济总收入 125 万元，人均纯收入超过 4000 元，收入来源以种植业和服务业为主，其中种植业总收入 64 万元，服务业总收入 56 万元，其他收入 5 万元。详细情况如下：

——征地后庆东村还有耕地面积 750 亩，人均耕地 2.5 亩，人均有粮 1000 公斤。在 750 亩耕地中用于种植粮食作物的耕地占 320 亩，总收入 23 万元；油料作物占 250 亩，总收入 25 万元；蔬菜种植面积 80 亩，其中大棚蔬菜 25 亩，收入 16 万元；另有 100 亩土地出租用于种植花卉。

——服务业以运输和房屋出租为主。庆东村拥有农用车 30 辆，微型面包车 4 辆，来自于运输业的总收入达到 33 万元；近半数的农户有房屋出租的收入，全年共收入 24 万元。

——此外，庆东村还有少数农户从事畜牧业，全部为散养的生猪和家禽，全年出栏生猪 280 头。

——村公共财政收入每年近 2 万元，来源于两方面：10 亩集体保留地出租用于种植城市绿化树苗，每年收入 8000 元；3 亩空地出租用于生产空心砖与回收废旧物品，每年收入 10000 元。

庆东村基础设施建设已经基本完成。

——1000 米村道全部硬化完毕，村民居住地电网改造工程基本完成，自来水全面普及。生活设施方面有线电视入户率 100%，电话入户率 85%，电脑 5 台，尚未联网，太阳能安装率 50%，冲水式卫生厕所 12 所。

——该村拥有供村民休闲的门球场 2 个，妇女活动中心 1 个。

——庆东村的适龄儿童入学全部在祥云社区完小，入学率 100%，辍学率为零。自恢复高考以来，全村先后有 20 多人考取大学。

——庆东村全体村民参加了新型合作医疗，医疗点在距离本村 2 公里的城区内。

二、发展条件分析

1. 优势分析

庆东村的优势主要来源于以下几方面：

区位优势：庆东村距离古城市区只有 2 公里，交通十分便利，这就决定了庆东村可以发展一些对于运输条件要求较高的农副产品的生产，比如为市区提供只有短途运输才能保证新鲜的蔬菜，这一点是其他与古城距离较远的村庄不能做到的。

耕地优势：由于庆东村不在政府规划的主要范围内，在 2003 年政府征地时只征用了 100 亩土地，现在仍然拥有耕地 750 亩，是各个示范村中良田面积最多的自然村，庆东村种植粮食、油料作物和大棚蔬菜的规模也是最大的，多数村民目前种植一个大棚的蔬菜，具有这方面的基础知识，大规模的大棚蔬菜种植使庆东村有发展成为古城市区蔬菜主要供应地的潜在能力，而其他村庄由于被征用了大量的土地，在耕地方面也受到限制，不具备发展大规模种植蔬菜的条件。

劳动力优势：庆东村有 20 户农户家庭中的主要劳动力约 50 人在古城市

区工作，虽然他们的户籍不属于庆东村，但是除上班以外的日常生活都在庆东村，这些人带给家庭的经济收入非常可观，他们在农村的消费带动了本村经济的发展，与此同时，他们能够及时将城市的先进意识传播回本村，拉进了城市与农村的距离，促进了农村的城市化进程。

2. 主要制约因素

庆东村在城市化进程中，也存在着很多制约本村经济发展的因素。

最重要的因素就是庆东村的耕地利用效率还很低。庆东村的750亩耕地目前主要用于种植粮食，土地的利用效率不高，种植粮食的经济效益不好。相比之下，种植大棚蔬菜的收益较高，但是目前大棚数量只有66棚，占耕地面积的3.3%，大棚数量还没有达到规模。每一个大棚内种植的蔬菜品种多达四五种，品种的繁多为管理带来很大的困难，难以收到规模效益。

农户对于农业科技知识重要性的认识程度不高，种植大棚蔬菜很少使用先进的农业科学技术，科技下乡与农户结合的作用有待提高。耕地利用的低效率加上村民急功近利的心态，严重影响了农民种地的积极性，成为制约庆东村经济发展的瓶颈。

科学技术方面的制约还表现在大多数村民都没有掌握新的种植品种的相关技术，比如，农户家庭把剩余耕地租给浙江人种植花卉，收取出租土地的租金，而放弃了自己种植花卉的高经济收益，主要就是不掌握种植花卉的相关技术。

村庄在各方面的管理也有较大的改善空间。庆东村目前还没有统一堆放垃圾的场所，村民的生活垃圾随处可见。人畜粪便也没有适当的处理，更没有得到充分的利用，影响了村庄的环境，同时也是一种资源的浪费。事实上，垃圾的清理不需要高额的投资，如果能对垃圾进行规划，不仅减轻了环境的负担，也节省了对其他能源的消耗。对于污水的处理还是农户将污水直接排放到水沟中，村里的水资源遭到严重的污染，需要建立规范的排污系统。

对于流动人口的管理也有待加强。庆东村为城郊结合部，随着近年古城区的发展建设，村内的流动人口有所增加，人口结构更加复杂，社会治安管理的难度加大，社会治安问题明显增多，急需治理。

村庄的农业生产基础设施需要进一步完善，大部分耕地由于基础设施、水利灌溉、供电、道路等方面的限制没有出租给外来人员，只能闲置。生产条件的改善，既有利于村民自己耕种，也有利于出租转让。

庆东村的制约因素还存在于村民的心理状态方面。正如大多数纳西族人民一样，庆东村的村民也受到传统心理状态的制约。我们在调研中发现，男尊女卑的意识在纳西族人心目中还根深蒂固，村民的心理状态比较保守，对于城市化过程中必然面临的劳动力向外输出与转化还存在畏惧心理，以至于把发展古城市区旅游经济的责任和收益让位于外地人员。

以上几方面的制约因素导致了庆东村的经济尚未得到充分的发展。在对于庆东村的社会主义新农村建设规划中，我们应该充分发挥庆东村现有的优势，克服不利条件，促进本村经济上一个新台阶。

三、发展思路

1. 指导思想

在将庆东村规划为示范村过程中，我们按照"生产发展、生活富裕、乡风文明、村容整洁、管理民主"要求，践行科学发展观，发挥市郊区位优势，衔接城市，带动农村，以提高农民经济收入和生活质量为根本目的，推进农村经济和社会的全面发展，促进社会主义新农村建设。

2. 发展目标

庆东村近期发展目标为：

农村经济发展。结合区位、耕地、种植经验方面的优势，庆东村依托大棚种植业可以发展成为"城市蔬菜主要供应基地"，大棚种植是本村的一大特色，也是今后主要发展方向。要发展大棚种植业，就要充分认识到科学技术的重要性，倡导科技兴农；丰富大棚种植的品种，特别是培育地方名特产品、无公害食品、绿色食品、有机食品；同时发展本村的运输业，形成对城市的蔬菜供应和运输的配套产业；引导农村劳动力的外输内转也是发展经济的重要手段之一。

生活富裕安康。生活质量的提高也是新农村建设的根本目的之一。在规划中，我们要建立健全庆东村的服务网络，例如及时为村民提供农业技术信息，方便村民生产生活资料的购销，同时医疗保健、文化娱乐、便民代理等服务也要进村入户，惠及每个农户家庭。

村容村貌整洁。村容村貌体现一个村庄整体的精神面貌，合理的布局规划，村道硬化、排污、路灯、绿化、公共活动场所等生产生活设施的完善，环境的美化绿化，都是村容整洁的表现。

倡导文明新风。倡导村民更新观念，学文重教，崇尚科学，提高科学文化素质，是经济发展的必要条件。还要进一步提高群众的公德意识和环保意识。

民主法制进步。坚持依法治村，实行村务财务公开，接受群众监督，最有利于增强村民的凝聚力，为以后的村务工作奠定坚实的群众基础。要使全体村民知法懂法，将社会治安综合治理措施落到实处。

四、重点建设内容

庆东村在社会主义新农村建设的规划中，应该充分认识到自身的优势在于发展本村大棚蔬菜种植产业，将本村规划为"城市蔬菜主要供应基地"，这就需要把村民的农业生产目的由目前的自给性转化为商品性。

1. 发展优势产业

大棚种植业

正如规划开篇中所述，庆东村拥有其他村庄不具备的区位、耕地等方面的优势，从方方面面着手提高土地的利用效率，将庆东村发展为"城市蔬菜主要供应基地"是这次规划内容的重中之重。大棚种植业的发展必然带动庆东村其他相关产业的蓬勃发展，比如运输业、流通业、蔬菜产品深加工产业。

首先要减少经济效益不高的粮食种植的耕地面积，增加大棚种植的数量，达到一定的规模。庆东村目前的大棚种植面积只有 25 亩，还没有达到家家户户都拥有蔬菜大棚，可以先将面积扩大至 30 亩，约增加 20 个大棚，基本上达到一户一棚。

结合市场需求，丰富大棚蔬菜的品种，特别是培育发展地方名特产品、无公害食品、绿色食品、有机食品，逐步创建庆东村自己的农产品特色品牌。

同时，统一每个大棚内的蔬菜品种，为生产的每一个环节带来方便，收到规模效益。

更要重视科学技术在生产方面的作用，经常组织科技下乡，从选种、种植、到灭虫、采摘，每一个环节的新的生产技术都要及时传播到村民之中。随着农业科学技术在生产中的普及应用，再适度增加大棚种植规模，使大棚种植逐步发展为庆东村的主导产业之一。

在大棚周围的基础设施建设方面，要完善目前大棚种植区域的公路、水电等基础设施，将现有通往大棚的公路拓宽至4米并硬化，方便蔬菜的运输。再将全部大棚配备电力设施，营造良好的生产条件。

此外，还可以创新组织结构，发展行业协会、专业合作社等组织，在生产、质量、销售、品牌方面实现统一，发展庆东村自己的蔬菜品牌，提高农民组织化、专业化程度，在农户之间建立自愿平等、利益共享、风险共担的利益机制，达到规避市场风险，扩大销售渠道，实现订单种植的目的。

运输业

庆东村要成为"城市蔬菜主要供应基地"的发展方向决定了必须发展配套的农用车短途蔬菜运输业。

本村目前的运输业虽然是经济收入的重要来源之一，但是规模还不大，从事运输业的村民之间的交流合作不多，完全是农户自家分散的进行，基本上处于粗放阶段。

在大棚种植业发展以后，运输业有更大的发展空间，必然逐步成为内连生产基地，外接消费市场的"门对门"体系。只有蔬菜运输行业发展达到规模，就可以避免出现烂菜烂市现象，这样才能最大限度地维护菜农的利益。

养殖业

庆东村目前养殖业规模较小，多为农户散养牲畜。由于庆东村大量耕地用于种植玉米，可以利用本村丰富的秸秆资源，结合距离古城较近的区位优势，发展肉牛和奶牛养殖业，满足古城市区肉食产品和奶产品的需要，增加农民收入。

2. 提供科技支持

目前政府对村民在科技方面的支持力度还有待加强。

政府可以从推进科技入户、加强科技培训、强化信息服务这三方面入手，比如建设农民科技书屋，订购以教授种植大棚蔬菜的知识为主的农业科技报纸和杂志，为农民提供固定的获取科技知识的渠道；

加强与高校和科研机构的联系，聘请有关专家对农民进行蔬菜大棚种植的免费培训和指导，提高农民科学种植技术水平，或者普及无公害蔬菜、各种花卉的种植技术，满足市场需求，获得更高的经济效益；

充分利用电视电话普及率相对较高的优势，推广电视、电话、电脑"三电合一"的信息服务平台，扩大信息服务覆盖面。

3．发展公共事业

完善基础设施建设

随着庆东村大棚蔬菜种植规模的扩大，配套的基础设施建设是必不可少的。

目前大棚周围的公路还没有修好，也没有进行硬化，一到雨天，路面泥泞不堪，为运输带来极大的困难，公路的取直、拓宽、延伸、硬化是完善基础设施建设的必要环节。

此外，大棚还没有配备电力设施，灌溉还多是人工提水浇灌。以后庆东村要发展为"城市蔬菜主要供应基地"，在电力、灌溉设施上也要相应地改进。

加强社会治安管理

丽江旅游业的发展必将带来庆东村村内流动人口的进一步增加，加强对流动人口的管理，规范房屋出租手续和外来人口登记制度十分必要。

同时，构建村民群防群治网络，组织村内的老党员、村民骨干，佩戴袖标，作为庆东村的治安巡逻员，制定巡逻路线，发现问题及时反映到社区派出所。

在村庄主干道架设节能路灯，给村民创造一个良好的生活环境。

美化村容村貌

目前庆东村村民的生活垃圾还没有一个妥善的处理方法，存在乱倒垃圾的现象，污染了本村生活环境。

针对这种情况，可以在每户配备垃圾桶，分类收集、处理垃圾。组织村民成立卫生清洁队，配一辆小型垃圾清运车，轮流负责全村主要街道的清扫和垃圾清运。

利用养殖牲畜的粪便和丰富的秸秆资源，改变燃料结构，推行沼气和秸秆气化工程，增加供气能力，提高入户率，鼓励村民使用秸秆燃料、秸秆燃气、沼气等清洁能源，达到每户一个沼气池，减少环境污染。

建设村民户外健身中心

庆东村的村民休闲娱乐设施目前有 2 个门球场、1 个篮球场、1 个妇女活动中心，这些娱乐设施的使用率很高，尤其是门球场，村民中无论老人、小孩还是青壮年都经常参加门球运动。

在走访过程中，我们又了解到村民非常希望在此基础上再建设一个户外健身中心，与其他城市社区相同，配备各种锻炼健身的器材，例如单柱漫步机、伸腰伸背器、把式三人扭腰器、三位压腿器等。这个户外健身中心可以规划在靴顶寺和篮球场附近的空地上，既利用了现在闲置的土地，也丰富了村民的业余生活，提高了他们的生活质量。

五、保障措施

措施之一，加强组织领导。明确各级各部门的职责，制定切实可行的政策措施和管理制度，特别是充分发挥庆东村党员干部在新农村建设中的模范带头作用，对项目建设实施包干责任制，确保新农村建设的各项任务落到实处。

措施之二，加大宣传力度。对新农村建设的新思路、新成效、新经验进行广泛及时的宣传报道，营造良好的舆论氛围，使新农村建设深入人心，引导和动员广大群众自觉地投入到新农村建设中来。

措施之三，发挥农民积极性。村民是新农村建设的主人翁，要充分调动他们建设自己家乡的积极性，就要在规划建设、生产发展时，充分尊重农民的意愿，不搞强迫命令、一刀切，使村民能够事前了解，事中参与，事后管理，激发村民的责任感。在我们进行新农村规划时，也走访了多户农户，认真询问他们对于本村建设的意见建议，并将之反映在规划当中。

措施之四，多渠道融资。积极争取各级政府项目资金的扶持、银行贷款支持的同时，广泛吸收社会资金，多角度多方面筹措资金，形成多元化的投资渠道投入新农村建设。

措施之五，强化科技支撑。充分发挥农村工作指导员、科技特派员的作用，切实加强对新农村建设的指导。组织专家进村入户，为群众提供优良品种、先进技术、市场信息等各项服务。

义尚文明村新农村建设示范村规划

2006 级民族经济学研究生 张 开

一、现状

义尚文明村地处世界文化遗产丽江古城的东郊，距古城区 800 米，全村面积 0.35 平方公里，是义尚社区的行政办公所在地。村落依山顺势而居，这里气候温暖，土壤肥沃，水源发达，植被丰富，村庄"北枕金虹、南倚大丽路、西连古城、东邻金山乡"，区位优势尤显突出。村内交通纵横交错，四通八达，古村落、茶马古道、流官府遗址、文庙、武庙、方国瑜故居、安牧师洋教堂等大批具有多元文化气息的建筑和深厚的文化在这里积淀，可谓"藏在乡间人未识"，独特的文化交汇，尚待开发的资源使文明村内充满了丰富的人文文化气息。因此，开发浓郁的丽江文化及得天独厚的旅游资源是义尚文明村的最终定位和发展走向。

文明村村民历史上以种蔬菜为主，是古城区蔬菜的主要供应地。20% 的农户从事家庭养猪，但规模不大，基本上是每户 2—3 头；专业养殖户一家，有奶牛 7 头，每天产奶 240 斤，收入 300 元。卖凉粉 2 户，月收入 1200 元；卖豆腐 1 户，月收入 1500 元左右。拥有车辆 15 辆，从事运输业，年收入达 20000 元。本村大约有 50 多人外出打工，在古城区从事一些基本服务业，一天大概收入 20 元左右。近几年来，外来人口数量已经跟本村人口数量接近，达到 500 人左右，出租房屋构成本村居民的主要收入来源之一，大约每月 350 元左右。2005 年征地后，平均每人可以得到征地补偿 2.6 万元，失地农民的最低生活保障人均每月 34 元。

文明村现有农户 154 户，人口 510 人，以纳西族为主。劳动力占总人口的 60%，性别比例基本是 1:1。党员 27 人，其中女党员 10 人。2004 年人均耕地面积 0.6 亩，2005 年征地 324 亩后（其中 100 亩被政府无偿划拨给市第一中学，224 亩由四川剑南春集团投资用于"印象丽江——古城篇"项目），本村还有 30 亩预留地，人均耕地减少到 0.04 亩。义尚社区居委会拥有完小一所，小学入学率达到 100%，辍学率为零。近 5 年来约有 30 人考取大学本科。电视和电话普及率达到 100%，电脑普及率为 60% 且都联网，太阳能拥有数 25 户，卫生厕所 110 户。有沼气池、污水池、垃圾存放点各一个，沼气池现已停用。古城区环卫所负责垃圾清理。农村新兴医疗合作社参加率达到 100%。农户以液化气和蜂窝煤为主要燃料，目前已完成 110 户村民自来水管网的铺设工程，实际通水 75 户。村道长度 5000 多米，硬化程度 100%。并且增设了村道亮光工程和消防设施，发放村民消防器材。居委会拥有一间三村共用的阅览室。目前在建村公所计划作为文体活动中心。这些项目的实施极大地改善了村民的生产生活旧貌和环境，在很大程度上增强了群众护村、爱村、团结和睦的主人翁精神与责任感。

二、发展条件

1. 发展优势

依托古城区的区位优势。义尚文明村地处世界文化遗产丽江古城的东郊，距古城区核心区域只有 800 米，实属古城区一部分，古城区旅游经济的发展完全可以覆盖到本村。文明村南接丽大公路，北至市一中大门，东与"名人村"连片，西与文华村财神阁旅游文化商城相连接。并且南临大理，东接四川攀枝花，是东部和南部进入古城的必经之地，被誉为古城的"东大门"和"南大门"，区位优势十分明显。得天独厚的地理优势提供了文明村未来发展的坚实基础。

人文底蕴深厚。文明村北靠流官文化圈，村民传承纳西民族文化，有民族舞龙队、古乐队、打跳队。村庄拥有"印象丽江"的演出实地，借此项目的开展可以充分利用该民族拥有的各种特色文体活动打造文明村文化产业。

土地资源转化升级潜力巨大。文明村在古城区旅游业发展的环境下，现仍然保持其本来面目，没有进行相应的开发，这从另一个角度来看就是一种优势。我们可以根据古城区发展过程中出现的新型需求来开发文明村，使之发展更有针对性，且促成整个古城区的经济整合。

2. 存在的问题

城市化进程所暴露出来的问题。丽江古城区的发展与规划要立足于中国改革的现实，这就是中国改革的第二个阶段，随着家庭承包解决农民温饱问题之后，如何增加老百姓的货币收入。但是，丽江古城区不同于普通农耕区，它的最大优势就在于其旅游资源对外来资本的吸引，以此带来大面积的旅游经济繁荣，但这个过程必然的结果就是占用农业用地，与此同时，外来资本的涌入也带来了可能制约丽江长期发展的最大危害，这就是如何解决失地农民的再就业问题。通过调查我们发现，仅靠政府失地补偿金以及低保金根本解决不了农民向市民过渡与转化以及长期自我发展问题。最近几年，农民可以靠失地补偿金支撑下去，问题是当这些干粮消耗完之前，如果还没有找到出路，问题和矛盾就会激化，影响丽江整体的、健康的长期发展。旅游城市化进程，与其他一般城市化发展一样，最能赚钱和产生贫富差距的行业就是建筑业，以及与之相配套的运输、建材、装修等行业。因为在丽江，旅游业发展的基础就是旅游资源条件的开发，而这个只有通过相关基础设施（例如公路、机场、酒店、旅馆、店铺、别墅、景点建筑等）的开发和扩展才能实现。这一切的开发都需要土地，规范土地征用制度和失地农民以后的发展也就是古城区科学规划的坚实的出发点，抛开这一点，就不可能全面把握问题的实质，也就可能导致急功近利。

主导产业支撑不力。文明村人均耕地已经微乎其微，因其位属古城区内，旅游业的发展是其必然的也是唯一的选择。但其地处古城区边缘，相比之下享受不到古城区核心区域旅游经济发展带来的经济效益，只能将发展旅游业的附属产业——旅游商品开发及服务作为主攻方向。但现在还没有形成相关主导产业，村民谋生手段很有限，并且不成规模。旅游经济效应尚没有波及到文明村所在区域，例如：出租客房规模小、零散、价格便宜，主导产业没有起到应有的带动作用，相应的农民向市民的过渡与转化就不可能顺利进行。所以目前文明村的农民具有双重身份，也就是农民与市民的双重性，如果是农民的话却几乎没有土地；如果是市民却没有明确的、普遍的、固定的收入或职业，相对处于一种尴尬的境地。这也充分体现了城市化进程的问题所在。

传统的"等、靠"意识严重，主动性不强，商品经济意识相对薄弱。村干部、村民都没有全面发挥主体的创造性来发展本村经济，把希望寄托于政策的扶持以及"印象丽江——古城篇"项目的落实。但该项目由于种种原因，尚不能顺利实施，使该村陷入被动和尴尬的局面，被征用的土地目前仍然属于闲置状态。村干部对项目的进行抱有过高期望，"等、靠"意识强烈，把乡村发展的全部希望寄托于此。村民们没有充分发挥主动性，被动地等待是文明村发展停滞、村民收入增长缓慢的一个重要原因。农民传统的、保守的意识形态，只有通过商品经济的充分发展才能够逐渐克服，努力实现自我的完善与提升，适应丽江经济发展的步伐，防止被边缘化。商品经济意识相对薄弱，可以通过古城区本土居民与外来人口所占的经济效益结构比例总结出来。

区位优势利用程度较低。文明村虽然位属古城区域内，但是没有全面享受到古城区核心区域旅游产业带来的收益，一个重要的原因就在于它没有认识到自身的区位优势，把自己纳入古城区旅游经济的组成部分。从外部优势来说，文明村南邻大理，东面是四川攀枝花，同时是进入古城区的必经之路。其间主要干道已经修通，但本村没有意识到利用这一优势建立相应的配套设施和进行相应的公关宣传。

三、发展规划

1. 指导思想和规划原则

以邓小平理论和"三个代表"重要思想为指导，以科学的发展观来统领全局，按"生产发展、生活富裕、乡风文明、村容整洁、管理民主"再加上邻里和谐的总体要求，以创建成小康村、文明村、生态村、和谐村为5年的目标，扎实推进，稳步发展，早日建成名副其实的新农村。

规划原则：

统筹布局，精神简练，突出重点，先易后难，依托自然资源、文化资源，因地制宜，打好接轨古城旅游的招牌。

创新观念，因势利导，借城建园，"筑巢引凤"。使区位优势和人文优势凸显出来，引进各类意识超前、管理先进的人才，注入群众更多的无形发展观念。

立足当前，注重实效，从小事做起，从小做大，放眼长远，量力而行，让各类建设稳步推进。

坚持政府引导、农民主体的建设机制，做好行动在村、实惠到户的工作格局，依靠群众多方参与。

2. 规划目标

按照"一年有起色，三年见成效，五年上台阶"的目标，使城区边缘——城中村，转变为城区热点——城中园。到2010年将文明村初步建设成充满发展活力的社会主义新农村示范村——古城区中的后花园。

具体目标如下：

第三产业初具规模，集体经济年收入要达到 15 万元以上，初步形成村民生活富裕的小康村。

村民充分就业，农民收入快速增长：每年村民人均纯收入年增长要达到 15% 以上。

村容村貌改善：村内主要道路、公共活动场所实现硬化、绿化、净化、美化、亮化等"五化"，垃圾污水基本实现集中处理。正确引导村民按古城规划布局改造现有住房或新建设古城民居。

村民的经营管理意识普遍提高：户均有一个能经营善管理的能人，户均 1 人以上常年从事非农产业，富余劳动力转移输出要达到 80% 以上。农民文化程度、公德意识、环保观念明显提高。

社会和谐：邻里和睦相处、互敬互爱、村民自力更生、艰苦奋斗、勤勉协作的意识明显增强。村文化活动丰富多彩，农村社会医疗、养老保障制度进一步健全。

3. 规划内容

文明村最大的区位比较优势就在于它紧邻古城的地理位置。随着丽江古城旅游开发的逐步拓展和深入，旅游业及其配套产业成为古城区乃至丽江市的主导产业。作为古城区的南大门和东大门，文明村的发展必须从古城区的整体布局出发，既要发挥自己的特色，又不能脱离古城区的经济结构和布局。文明村的土地已经基本上被征用，失去了发展第一产业的基础。村庄的管理也以城市街道管理的方式被纳入了古城区的管辖范围内。村民的生产生活方式已经逐步向城市转变。综上考虑，文明村必须明确旅游业的主导地位，一切以旅游业的发展为中心。

针对本村的资源条件和发展现状，一是打通连接古城区的"11 米道"，并在道路两旁改建、修缮或新建符合古城风貌的商业店铺，同时对店铺进行统一的规划和管理，形成特色民族商品的适当集聚，或者形成旅游商品物流中心。

充分利用区位优势，进行相关基础设施建设规划。随着旅游业的发展，作为古城南大门和东大门的文明村更具有区位优势。由于古城里禁止通行车辆，而作为入口处的文明村将随着客流的增加，相应的客车也会大量增加；文明村规划建设的物流中心也将带来更多的货车停泊；可以在村里的预留地上开发停车场。停车场的规划与建设，可以安排部分失地农民就业。

物流中心建设。在靠近停车场附近的预留地上修建大型仓库，成为物流中心。可以充分发挥文明村的区位优势，形成旅游商品的集中和批发地，带动与之相关的其他行业如住宿、餐饮业的发展。

发展房屋出租行业。相对于核心区域，文明村的廉价房租具有优势，充分利用这一方面的比较优势，扩大房屋出租的规模，增加村民的收入。根据房屋出租的需要，对原有的房屋进行修缮，突出纳西族的民族风情，从而吸引更多的旅客入住。

以"11米道"为中心，建设符合古城特色的建筑，规划"东巴文化一条街"。在11米道两侧，修建商铺；主要经营能够集中反映东巴文化的民族旅游纪念品，以区别于目前古城区街道商铺经营商品的杂乱与无序，形成自己的特色，以吸引游客。

"印象丽江——古城篇"以及文明村休闲、观光、娱乐项目开发。"印象丽江——古城篇"在2007年7—8月启动，可以吸纳本村部分村民参与到此项目中，解决他们的就业问题，同时增加本村的游客数量，带动其他旅游项目的繁荣。以观光、娱乐为主，发展纳西古乐、钓鱼塘等娱乐休闲场所。结合开发原有旅游资源条件：古村落、茶马古道、流官府遗址、文庙、武庙、方国瑜故居、安牧师洋教堂等能够反映文明村历史文化积淀的景点。力争把这些旅游资源条件联系起来，在合适的景点附近演出纳西古乐，互相配合。文明村现有废弃水塘一个，在规划过程中，可以结合以上观光娱乐项目改建成垂钓中心，增加娱乐休闲项目。

充分发展原有几种商品经济形式，例如：奶牛养殖、豆腐加工、凉粉加工等，努力开发古城区市场。尤其是可以扩大奶牛养殖的规模，推广奶牛养殖技术，鼓励有条件的村民发展奶牛养殖业，力争在五年内把文明村建成古城区的鲜奶供应基地。

完善公共设施，美化人居环境，完善村公所的建设。立足于古城区的整体布局，文明村应修建公共厕所、路灯，全面普及自来水。

四、保障措施

加强组织领导。明确各级各部门的职责，制定切实可行的政策措施和管理制度，特别是充分发挥文明村党员干部在新农村建设中的模范带头作用，对项目建设实施包干责任制，确保新农村建设的各项任务落到实处。

加大宣传力度。对新农村建设的新思路、新成效、新经验进行广泛及时的宣传报道，营造良好的舆论氛围，使新农村建设深入人心，引导和动员广大群众自觉地投入到新农村建设中来，推动商品经济的全面发展。

发挥农民积极性。村民是新农村建设的主体。在规划建设、生产发展时，尊重农民的意愿，不搞强迫命令、一刀切，使村民能够事前了解，事中参与，事后管理，激发村民的责任感，充分调动他们的积极性。

多渠道融资。积极争取各级政府项目资金的扶持、银行贷款支持的同时，广泛吸收社会资金，多角度多方面筹措资金，形成多元化的投资渠道投入新农村建设。

束河街道办事处黄山社区忠信村新农村建设示范村规划

2006 级区域经济研究生　田旭峰

一、村情概况

忠信村始建于明代中叶，当地人口主要由纳西族居民组成。该村位于丽江古城西部山脚下，距世界文化遗产——丽江古城 5 公里，距束河古镇 1.8 公里。

忠信村隶属于丽江市古城区束河街道办事处黄山居委会，十一届三中全会以来，在党的富民政策指引下，黄山人民从"左"的桎梏中解放出来，锐意改革。一村一品，一户一业，因地制宜，面向市场，大胆调整产业结构，在稳住粮食产量的前提下，扩大油菜种植面积，逐步扩大蔬菜种植面积，使农林牧副全面发展，与此同时，积极参与丽江的旅游市场，把资源优势变为经济优势。在黄山居委会带领下，忠信村表现出了强劲的发展动力，经过近几年的发展成为黄山社区两个新农村建设示范村之一。

人口概况。忠信村现有农户 86 户，总人口 330 人，以纳西族为主。主要姓氏中"和"姓占 60%、"木"姓占 20%、"李"姓占 15%，其余占 5%。男女比例大致为 48：52。现有劳动力 200 多人，其中有 20% 村民在城里工作。全村现有党员 34 人，其中妇女党员 12 人。黄山社区拥有完小 1 所，适龄儿童入学率 100%，辍学率为零。村内因病致贫而享受低保的有三户。

经济和产业发展现状。近五六年，忠信村经济发展速度明显加快，农民收入来源在原有传统养猪业基础上也呈现出多样化的趋势。忠信村村民 3 年前年人均收入仅是 700—800 元，随着养猪业的发展和村民就业途径的进一步开拓，现在年人均收入已达到 2700 元。

种植业。忠信村村民人均有粮 700 公斤。村内耕地面积 180 亩，主要用于种植玉米、小麦和蚕豆，这些作物除了自给基本不能带来经济收益；蔬菜种植面积 50 亩，除了自给可以通过两种途径销售获得收益：一是通过商贩来村里收购，二是村民自己拿到市场上去卖。蔬菜带来的收入大概每户每月 1000 元左右；果树面积 50 亩，每亩收益约 1000 元。村民中有 20 户主要从事果树种植，其中红富士苹果 3 亩，每年收入 15000 元左右；还有其他水果桃子、李子、翠梨等。86户村民当中80%的农户都在庭院养花，虽然主要目的是美化环境，但美化环境的同时也能带来每年每户约500元的经济收入，花卉种类主要有桂花、十里香、玉兰、海棠花、梅花。

养殖业。86户村民当中，家家户户都养猪，有三家农户养猪规模达到100头，其余平均每户20头左右。2007年由于市场因素，猪肉价格上涨给该村村民带来了更多利益。目前生猪每斤5.4元左右，平均每头猪大约卖到1300元，纯收入800元左右。收入的增长给农民带来了更大的信心，有利于他们进一步扩大养猪业规模。

第三产业。该村现有3户农家乐，分别为神泉园、益和园、和强阁。益和园的修建投资50万，年收入不甚乐观，原因主要是顾客大多是朋友和回头客，数量有限，这引发了忠信村农家乐发展迫切需要解决的问题——新客源的挖掘。除此之外，有4户在山里开采砂石，打石头，每月收入10000元；还有4户从事运输业，其中有1户拥有越野车，1户拥有出租车，另2户拥有面包车；村里20%的家庭常年有人外出去城里打工，但夜晚在家里居住。

公共事业发展现状。忠信村村民住房主要以土木结构为主，村内的绿化程度较高。

村道建设。该村目前被征用土地30亩用来修建西山油路，每亩地政府仅补偿了5000元，村民对基础设施的建设很是支持，尤其是道路的修建。目前村里只有一条长1300米经过水泥硬化的道路已安装路灯，其余都是泥泞的土路，正在修建的西山游路一旦修好将给忠信村带来巨大的变化。

该村主要饮水来源仍为井水，只有1户已通自来水。估计最迟到2008年3月底前能实现100%自来水通水率，计划需要资金25万元。

该村绝大部分农户以液化气和煤为燃料，电视电话普及率为100%，5户冲水厕所，28户太阳能。固体垃圾以焚烧为主。新建公共设施有2007年5月份刚挂牌的活动中心，包括科技教室和图书室，活动中心旁边建有一处公共篮球场。该村已经全面实行了农村合作医疗制度。

该村没有小学，适龄儿童都归入距该村700—800米的普济小学和1000米的士满小学。村里对提高村民的受教育程度很是重视，极力提高村里上学孩子的升学率，由此建立了良好的教育激励机制：考上重点高中奖励1000元，考上大学奖励1000元，其中考上北大清华10000元，一类本科3000元，二类本科2500元，三类本科2000元，专科1500元。这些举措足以证明该村对提高村民文化水平的决心和重视程度。

二、发展条件分析

1. 优势分析

良好的生态环境。该村依山势而布局,气候湿润,空气清新。山间森林密布,绿树参天。村中房前屋后、道路两旁栽满了各种果树,农家庭院鲜花盛开,争妍斗奇。村前是近 200 亩良田,规划中的果林区和蔬菜区建成后定会给该村锦上添花,使忠信村成为名副其实的"绿色村、生态村、花果园",成为中外游客观光旅游丽江古城和养生休闲的首选居住地。

优质的土地资源。该村土质肥沃,非常适合种植果林和蔬菜。李子树、樱桃树、核桃树、梨树、苹果树等都可以普遍种植而且产量大,果质优,营养丰富。村前土地平坦,山中的水流顺势而下蜿蜒曲折遍布其中。种植玉米、小麦产量都很高,大棚蔬菜种植优势更为明显。

独特的地理区位。随着两古镇旅游经济的发展,古镇内的住宿和餐饮资源将越来越稀缺,而该村距世界文化遗产——丽江古城 5 公里,到束河古镇1.8 公里,环村的重要公路"西山游路"即将建成,这些因素综合在一起构成该村独特的区位优势。

优良的养殖传统。该村从五年前开始养猪,村民养猪经验丰富,积极性大。近年来规模逐渐变大,市场也趋于稳定。随着农家乐和旅游接待户的增加,该村主要以泔水养殖的绿色猪肉必定会有更为广阔的市场前景。

优秀的精神面貌。该村村委和村民上下一心,群策群力,相信勤劳必能致富。致富带头人和村领导胸怀宽广,以全村的富裕为己任。村民相信科学,眼界开阔,思维灵活而脚踏实地。整个村庄给人以积极向上、朝气蓬勃、欣欣向荣之感。这是该村发展经济,增加收入,提高生活水平,建设社会主义新农村的根本动力源泉。

2. 潜力分析

旅游资源的挖掘:普济寺旅游开发。由于忠信村本身良好的生态环境和独特的地理区位,因此旅游资源的开发极具潜力。忠信村地处古城西山脚下,山上还有一座藏传佛教的寺庙——普济寺,普济寺始建于清乾隆 36 年(1771 年),分别于嘉庆 11 年(1806 年)、道光 14 年(1834 年)重修与增修。以大殿覆盖铜瓦而闻名遐迩,为云南省唯一的铜瓦殿,1987 年 12 月被云南省人民政府公布为省级重点文物保护单位。普济寺气势雄宏的气魄加之寺外的千年古树让见之的游人无不感到震撼。依山傍寺的忠信村还有沿山种植的果树完全可以吸引游人来体验一回少有的"生态乐园"。村内丰富多样的水果种植、古朴悠闲的民风民俗、郁郁葱葱的南国青山以及绕村而过的西山游路是忠信村旅游资源开发的基础条件。正因为这些条件，忠信村在旅游资源的开发过程中应打造的品牌是——丽江"生态乐园村"。

水洼地变废为宝。目前村里菜地中大约有 30% 不规则的水洼地被杂草填充，没有得到充分的利用。如果将水洼地依据水势和田间道的需要进行必要的填埋、改道、修补和清理，既有利于村内环境的改善，又可以对有限的菜地进行充分利用，实现变废为宝。

养猪业规模化。对养猪业前景的乐观态度决定了村民致富的主要途径，但是无组织、无规模、无技术的散乱养猪产业不能给村民更进一步带来收入的增加，养猪业产业化、规模化被提上日程。养猪业一旦实现规模化，养殖过程中出现的一系列问题比如养殖技术、猪粪排放与处理以及饲料的投放等等都会得到相应的解决，从而带来养猪收入的显著提高。

3．问题分析

养猪分散、污染环境。忠信村有良好的养猪传统，该村在一村一业上力求发展养猪业，但是目前养猪业规模仍是一户平均只有 20 头左右，同时村里也没有足够的场所供他们养猪。每户村民在自家空间有限的院子里饲养，难以达到规模化，同时也带来了污染环境的负面效应。

科技水平尚待加强提高。养猪业的发展和蔬菜大棚、果树的种植都离不开科学技术的指导，这正是该村的欠缺之处，缺乏有效的途径加强对菜农、村民的培训是制约该村进一步发展养猪业、果菜种植的重要因素。

村民文化水平较低，受教育程度不高。该村村民绝大部分小学毕业，受教育程度不高。这在新农村建设当中也成为迫切需要解决的问题。较低的文化水平使得村民寻找其他就业途径受到阻碍。该村目前有 20% 的外出打工人口都是从事低端服务业，譬如饭店打工，月工资平均只有 300 元左右。因此提高村民文化水平，加大其就业选择性也是提高村民收入的有效手段。

三、规划方案

1．指导思想和规划原则

因势利导，因山水环境资源制宜，发挥忠信村村民的忠信优良传统，齐

第一部分 『985 工程』新农村建设试验基地专题调查研究

179

心协力，艰苦奋斗，把忠信村建设成为经济实力厚实、村民生活富裕、生态环境优美的乡村乐园。

以邓小平理论和"三个代表"重要思想为指导，以科学的发展观来统领全局，按"生产发展、生活富裕、乡风文明、村容整洁、管理民主"再加上邻里和谐的总体要求，以创建成小康村、文明村、生态村、和谐村为5年的目标，扎实推进，稳步发展，早日建成名副其实的新农村。

规划原则有：

产业兴村：统筹布局，精神简练，突出重点，先易后难，依托自然资源、文化资源，因地制宜，打好接轨古城旅游的招牌。

环境美村：创新观念，巩固发展意识，"筑巢引凤"使区位优势和人文文化优势凸显出来，引进各类意识超前、管理先进的人才，注入群众更多的无形发展观念。

忠信睦村：精诚团结，上下一心，把依法治村和发扬民主充分结合起来，把民族传统美德和现代精神文明充分结合起来，为忠信村的发展和建设提供一个良好的社会环境、人文环境和制度环境。

2. 规划目标

忠信村地处束河古镇和丽江古城之间，距两座古镇都在二十分钟行程之内，处于一种不近不远的尴尬区位，要发展该村经济，建设社会主义新农村，让村民共享古城的旅游经济效益和社会效益，根本的出路就在于"因村制宜、以民为本"。具体而言，有效利用古城的旅游资源，充分发挥该村的比较优势是忠信村的当务之急和长远之计。根据该村基本概况、经济社会发展现状以及发展优劣势的分析，在未来五到十年之内，要立足于村内丰富多样的水果种植、古朴悠闲的民风民俗、郁郁葱葱的南国青山以及绕村而过的西山游路，以建立丽江古城区的"生态乐园村"为中心，以南国水果采摘、登山观古寺和农家乐为核心的生态一日游以及"住生态乐园村，游南北两古城"的农家客栈为两个基本点，大力发展农村旅游经济，力争把忠信村建设成丽江古城旅游经济圈内独具特色的社会主义新农村。

3. 规划内容

（1）完善基础设施建设

尽快完成西山游路以及和村庄干道之间通道的建设，加宽平整通往蔬菜规划区、果林规划区和养殖区的田间道路。在通往普济寺的登山旅游线路上铺设五花石，并在中途适当地方搭建休息亭或设立休息桩。在村口和村内沿路醒目处设立通往采摘园、农家乐、登山游的标示牌以及相关健康知识、民俗传说、乡村特色等宣传牌。

尽快完成蔬菜大棚区、果林区和养殖区的水电设施建设，对耕地间纵横交错的水沟，依据其走势和种植、养殖、田间道的需要进行必要的填埋、改道、修补和清理，并在适当的地方建立田间休息场所和垃圾存放设施。使村内水系变废为宝。

（2）整理生态旅游资源

对村内沿路果树的品种、产量和产权进行清查、登记，然后进行必要的补种和保养，给所有果树挂牌，简要标明其品种、食用价值等相关小知识。在果林区建立专门的采摘园。采摘园内的果林种植要以"规模化、层次化、多样化"为原则。即相同树种要相对集中成园，不同季节结果的树种要均匀分布，同时采摘销售和批发销售要有适当的比例和相应的处理措施。

对村庄后山的资源进行整理登记，在同一品种出现比较集中的区域设立标识牌。选择合适的果树种（如樱桃、李子等）在山林间补种。

清理洼地，使洼地变水塘。将村内洼地承包给农民，养殖适合的鱼类，以"乡间垂钓"为主，以供应农家乐为辅，同时游客可以把垂钓的鱼拿到农家乐进行"自助式"消费。

协助村民建立村内蔬菜大棚和农家乐的合作机制，理清他们之间的利益分配关系，为游客一站式的农村生态游提供实实在在的便利，使忠信村真正成为远近闻名的"生态乐园村"，成为丽江古城旅游不可缺少的组成部分。

（3）发扬传统产业优势

该村具有相对久远的养猪历史，养猪技术和经验优势明显，村民对养猪致富具有较高的认同感。丽江古城区及束河古镇旅游业的快速发展给该村的养猪业带来了充足的发展空间，结合建设"生态乐园村"的目标，扩大养猪规模，提高养殖技术成为该村经济发展的重要选择。

按照科学养猪和新农村建设的要求以及"生态乐园村"的总体规划，在养殖规划区建设统一的猪舍。由村委会牵头设计和统一布局，养殖户进行投资建设。村委会要积极引导养殖户互助合作，在养殖户自愿的基础上参加社区养猪协会，以分享更大市场的利益，规避不必要的风险。村委会出面协调养殖户和农家乐的利益关系，协调古城区、束和镇农家乐和该村养殖户的关系，使养殖户有稳定的销路。当养殖发展到一定规模的时候，要逐步发展与养猪业相关的肉食品加工业。

（4）做好相应保障措施

建立保护村内传统风格老宅的制度和机制，在教育、宣传和解释的基础上对村民新建住宅的建筑风格和样式做出统一规定，保障"生态乐园村"的环境特色和丽江旅游的整体风格统一。

卫生和安全是发展农村旅游的重要保障，必须加强对农家乐和农村接待户的管理监督，保证旅游顾客的餐饮和住宿没有后顾之忧。同时，农家乐的地铺天井、庭院花草、门窗摆设等风格也必须协调统一。开办农家乐的基本原则可以概括为"古朴风格、现代享受、游人为本、诚信经营"。可以建立农家乐协会，通过协会的力量互相监督，互相促进。

加强该村的旅游宣传力度，使该村旅游优势——"住生态乐园村，游南北两古城"的概念深入人心。通过和古城区城建管理部门协调，在古城旅游区的显要位置和进入古城区的主要道路入口处设置广告宣传牌，选择合适的旅行社合作开发该村旅游线路，全方位多角度地改变农家乐客源以朋友和回头客为主的现状。

在近期内完成村活动中心的修扩建。充分利用该村已有的图书资源，设立专门的村民阅览室。以阅览室为基础，建立村民学习小组，和区科技站建立长期合作机制，定期邀请专业人员做专业讲座，不定期邀请该村、邻村甚至社区范围内的致富能手、各专业户做经验介绍，形成长期学习机制。

把现有的教育激励办法规范化、制度化。该村村委尤其是村长对教育非常重视，提出用现金激励村里学生努力学习、考取大学的办法。教育是百年大计，必须把这项有效的措施制度化，包括激励基金的来源、比例、分配和管理办法，以及受惠学生对村庄发展的回报和贡献方式等。

在村活动中心和篮球场之间设立一些公共健身设施。随着经济的发展和村民收入的增加，健身娱乐等精神层面的需要也将逐渐凸显出来。在硬件设施完善的基础上，还要挖掘该村的传统文艺项目，组建传统艺术表演队，以篮球场和各农家乐接待户为主要表演场地，通过丰富多彩的文艺表演，为"生态乐园村"锦上添花，让村民的生活水平获得质的飞跃，真正感受到新农村建设的魅力。

丽江市古城区居民的生活质量与幸福感评价初探

王曲元[①]　王维杰[②]　张　卉[③]

20世纪50年代，随着发达国家经济不断发展，社会物质生活水平不断提高，传统的衡量经济增长水平的GDP已经不能反映一国（或地区）的经济发展水平和人民的生活水平，取而代之的是"生活质量"与"主观幸福感"。近些年，我国的一些学者对这两方面内容进行了分别研究，并取得了一些成绩。由于民族地区的特有文化使其对生活的追求和生活的目的与汉族聚集地区都有所不同，因而从客观与主观两个方面对民族地区居民的生活质量的研究显得意义尤为重大，但是针对少数民族地区居民生活质量与幸福感的研究较少。本文选取了具有浓厚纳西族文化的丽江古城区为研究对象，从客观和主观两方面考虑，对丽江市古城区居民的实际生活状况进行了调查，并结合少数民族地区生活质量评价指标体系与少数民族地区居民主观幸福感评价指标体系对古城区居民的生活状况做出了评价，同时提出了一些有针对性的建议。

1. 丽江市古城区居民生活质量评价

1.1 少数民族地区生活质量评价指标体系的确定

本文以20世纪90年代中期国家统计局会同国家计委和农业部制订的《全国人民小康生活水平的基本标准》、《全国农村小康生活水平的基本标准》和《全国城镇小康生活水平的基本标准》三套标准为基础，结合目前国内外主要生活质量指标体系中的相关指标建立少数民族地区居民生活质量评价指标体系。

全国标准是作为全国人民小康生活的统一标准来设计的，是测量全国人民小康生活水平的一个基本标准，包括5类16项指标。第1类为经济发展水平，由人均国内生产总值1个指标组成；第2类为物质生活水平，由城镇人均可支配收入、农民人均纯收入、城镇人均居住使用面积、农村居民人均钢筋砖木结构住房面积、人均蛋白质日摄入量、城市居民每万人拥有铺装道

---

① 王曲元，中央民族大学经济学院博士研究生。
② 王维杰，中央民族大学经济学院硕士研究生。
③ 张　卉，中央民族大学经济学院博士研究生。

路面积、农村通公路的行政村比重、恩格尔系数8项指标组成；第3类为人口素质，由成人识字率、人均预期寿命和婴儿死亡率3项指标组成；第4类为精神生活，由教育娱乐支出比重和电视机普及率2项指标组成；第5类为生活环境，由森林覆盖率和农村初级卫生保健基本合格县的百分比2项指标组成。其中，城镇标准由经济水平、物质生活、人口素质、精神生活和生活环境与社会保障5个部分组成，共包括12项指标；农村标准由收入水平、物质生活、人口素质、精神生活、生活环境和社会保障与安全6个部分组成，共包括16项指标。

本文综合了上述3个"标准"，并兼顾个人生活层面和社会条件层面，同时对目前资料缺乏的生活质量指标和现有统计数据计算无实际意义的暂不考虑。经过筛选后以经济发展水平、物质生活状况、人口素质、精神生活水平、生活环境、社会保障与社会安全6个层面进行分类，然后在各分类中确立具体的控制指标。

对于这6个层面下细分的指标，虽然是具体的、易定量化的，但是指标的数量过多，直接用它们进行评价略有不便。因此，我们就选取这6个指标层作为进行综合评价的指标体系。

1.2 权重的确定

各项评价指标在进行综合评价时都占有各自不同的权重。由于我们设计的少数民族地区生活质量评价指标体系主要参考小康指标体系，因此，在赋权重时也主要参考小康指标体系中的权重因子。但是，权重因子是随着时间和空间的变化而变化的。由于小康指标体系构建的时间比较长，因而我们有必要重新设定权重因子。

用于确定"权重"的方法，主要有3类：主观构权法、客观构权法、主观与客观相结合的构权法。我们采用的是前一种方法即由研究者或专家根据自己的主观判断来分配权重。向一批有经验的专家发调查表，让他们对每一个指标在综合评价时应占的"权重"分别填写出自己的意见，回收调查表后，进行统计分析。

1.3 丽江市古城区生活质量评价

表 1　生活质量指标的比较

指标类型	指标名称	指标数值		权数
		全国	古城区	
一、经济发展水平				16
	1. 人均国内生产总值（元）	14040	16324.47	16
二、物质生活状况				40
收入	2. 城镇居民人均可支配收入（元）	10493	10460	8
	3. 农村居民人均纯收入（元）	3255	2766.1	9
消费	4. 城镇居民人均消费性支出（元）	7943	5876	1
	5. 农村居民人均生活消费支出（元）	2555	2870.7	1
	6. 居民家庭恩格尔系数（%）			4
	（1）城镇	36.7	46.3	2
	（2）农村	45.5	48.5	2
储蓄	7. 人均储蓄存款余额（元）	10787		1
居住	8. 城市人均住宅建筑面积（平方米）	26.1	38.16	4
	9. 农村人均住房面积（平方米）	29.7	28.9	4
	10. 居住支出占消费总支出的比重（%）			4
	（1）城镇	10.18	18.05	2
	（2）农村	14.49	16.5	2
交通	11. 城市人均拥有铺路面积（平方米）	10.3		1
	12. 农村通公路行政村比重（%）	92.9		1
三、人口素质				15
文化	13. 中学入学率（%）	98.4	96.96	2
	14. 成人识字率（%）			1
	15. 每万人口在校大学生人数（人）	1561.78	58.63	1
	16. 每万人口在校职业教育人数（人）	1324.74	72.1	1
健康	17. 人均预期寿命（岁）	71.4	65.49	3
	18. 婴儿死亡率（‰）	19	18.12	3
	19. 每万人口拥有医生数（人）	15.2	7.8	1
	20. 居民家庭医疗保健支出比重（%）			2
	（1）城镇	7.6	5.18	1
	（2）农村	6.6	3.69	1
	21. 人均卫生总费用支出（元）	583.9	236	1

四、精神生活水平				11
	22. 电视普及率（台/百户）	95.8	113	5
	23. 文教娱乐支持比重（%）			6
	（1）城镇	13.8	6.59	3
	（2）农村	11.8	9.72	3
五、生活环境				9
	24. 森林覆盖率（%）	18.21	68.4	3
	25. 人均废水排放承担率（逆指标）（吨）	40.15	0.46	3
	26. 电话普及率（台/百户）	44	60	3
六、社会保障与社会安全				9
城镇居民社会保障	27. 在职职工基本养老保险覆盖率（%）	52	41.3	1
	28. 在职职工基本医疗保险覆盖率（%）	40	42.49	1
	29. 在职职工失业保险覆盖率（%）	46	95	1
	30. 在职职工工伤保险覆盖率（%）	78	10	1
	31. 在职女职工生育保险覆盖率（%）	49.84	10	1
	32. 城镇居民最低生活保障覆盖率（%）	3.97	12.44	1
农村社会保障	33. 农村养老保险覆盖率（%）	8.2	8.23	1
	34. 农村合作医疗覆盖率（%）	24	19.3	1
社会安全	35. 万人刑事案件数（起）	464.84	56	1

数据来源于《中国统计年鉴2006》和《丽江古城区年鉴2006》。

（1）经济发展水平的比较

2005年，全国人均GDP为14040元，古城区人均GDP为16324.47元，比全国平均水平多2284.47元。这是由于近些年古城区旅游业的迅速发展，旅游业的发展带动了整个区域经济水平的发展，人民生活总体上已经基本达到小康水平。

（2）物质生活状况的比较

从收入情况来看，古城区城镇居民人均可支配收入已接近全国平均水平，农村居民人均纯收入和全国平均水平还有近500元的差距。古城区农民的主要收入来源一是靠种地的收入，二是进城务工。由于古城区粮食产量不高，因此影响了农民的一部分收入。

从消费情况来看，不管是城镇还是农村，古城区的居民家庭恩格尔系数都高于全国平均水平。这说明，古城区居民的主要消费支出还是用于购买食物。

从居住情况看，古城区城市人均居住面积远大于全国平均水平，农村人均居住面积和全国平均水平差不多。在居住支出占消费总支出的比重方面，古城区居民居住支出占消费总支出的比重比较大。

从交通通讯方面看，古城区居民的交通通讯支出占消费总支出的比重比较小。

（3）人口素质的比较

从文化素质方面看，古城区中学入学率接近全国的平均水平，但在"每万人口在校大学生人数"和"每万人口在校职业教育人数"这两项指标方面，古城区远远低于全国平均水平。这说明，古城区在教育方面还需要大大提高。

从健康方面看，古城区人均预期寿命还低于全国平均水平，"每万人口拥有医生数"仅高于全国平均水平的1/2，"居民家庭医疗保健支出比重"和"人均卫生总费用支出"都低于全国平均水平，不过"婴儿死亡率"低于全国平均水平。这说明，古城区的医疗条件还不是很完善，古城区居民对自己的健康状况也不是非常的重视。

（4）精神生活水平比较

在电视普及率方面，古城区每家每户都有一台电视，甚至有的人家有两台或更多。但在真正反映精神生活水平的"文教娱乐支出比重"方面，古城区却低于全国平均水平。

（5）生活环境的比较

在生活环境方面，古城区高于全国平均水平，特别是在"森林覆盖率"和"人均废水排放承担率"方面，远高于全国平均水平。说明丽江市古城区有着非常适合人类居住的自然条件。

（6）社会保障与社会安全的比较

从城镇居民社会保障情况看，在"在职职工基本养老保险覆盖率"、"在职职工基本医疗保险覆盖率"、"在职职工失业保险覆盖率"、"在职职工工伤保险覆盖率"和"在职女职工生育保险覆盖率"方面，古城区都低于全国平均水平，而在"城镇居民最低生活保障覆盖率"却高于全国平均水平，这说明古城区城镇贫困人口还很多，需要国家的救济。

从农村社会保障情况看，古城区的"农村养老保险覆盖率"和"农村合作医疗覆盖率"接近全国平均水平，说明古城区在农村社会保障方面工作做得还不错。

从社会安全情况看，古城区的"万人刑事案件数"远低于全国平均水平，说明古城区的社会安全系数很高。

总体上看，古城区居民的生活质量略高于全国平均水平。旅游业的发展带动了整个区经济水平的发展。2006年古城区人均国内生产总值约为全市平均水平的2.68倍，人民生活总体上已经基本达到小康水平。由于优越的地理位置、四季如春的气候条件和淳朴的民风，使得古城区在"生活环境"和"社会安全"方面远远高于全国平均水平，非常适合人类居住。但在"人口素质"与"社会保障"方面，古城区的指标数值大大落后于全国平均水平，这说明，古城区在教育方面还需要大大提高，古城区的医疗条件还不是很完善，古城区居民对自己的健康状况也不是非常重视。

2．丽江古城区居民幸福感评价

2.1 少数民族地区居民主观幸福感评价指标体系的构建

不同的研究目的对幸福感评价的设置是不同的。目前，针对中国居民的主观幸福感测量工具主要有我国台湾研究者陆洛编制的中国人幸福感量表和山东省党校的邢占军教授编制的中国城市居民主观幸福感量表。但是这2个量表的测试对象是生活在汉族地区的居民，而民族地区其特有文化使民族地区居民对生活的追求和生活的目的与汉族聚集地区的居民都有所不同，因此本文编制的少数民族地区居民主观幸福感量表是在中国城市居民主观幸福感量表的基础上增添了"宗教信仰"这个分量表，以分析民族地区居民幸福感的实际情况。

少数民族地区居民主观幸福感量表由11个分量表组成，分别为：身体健康、心理健康、心态平衡、家庭氛围、人际关系、自我接受、知足充裕、目标价值、成长进步、社会信心、宗教信仰。

2.2 少数民族地区居民主观幸福感指标体系的检验

由于本次调研的地区主要居民为纳西族和白族，这两个民族宗教信仰不明显，因此本次量表没有排出宗教信仰这个分量表。

（1）样本数的确定

多少位样本才算"够大"，这个议题，社会科学研究领域中，似乎无一致结论。根据学者 Gay 和 Tinsley 的看法①，本文选取了 180 位古城区居民进行调查研究。

（2）信度分析②

经测试，少数民族地区居民幸福感量表的 α 系数（信度系数）为 0.94，10 个分量表的 α 系数也均在 0.60 以上，表示可以用该量表进行分析。

（3）效度分析

以被试（有效的 150 位古城区居民的调查问卷）在单项目自陈主观幸福感自陈量表③上的得分为效标，用被试在少数民族地区居民主观幸福感量表上的总得分与效标分数之间的相关系数，作为效标效度的指数。本文以皮尔逊积差相关方法求二者相关程度。经测试，主观幸福感总量表的效标效度指数（相关系数 r）为 0.66（大于 0.50），各分量表的效标效度指数也达到了显著性水平（$p < 0.01$）。因此该量表具有良好的信度和良好的效标效度，可以用于分析。

2.3 丽江市古城区居民主观幸福感评价

本研究在丽江市古城区选取 180 名城乡居民作为样本，即向他们发放了 180 份调查问卷，最后回收上来的有效问卷为 150 份。对这 150 份有效问卷进行 spss12.0 软件包处理（本文用到了项目分析、信度分析、描述统计和相关分析），进而对古城区居民的主观幸福感做出评价。

本文分别对古城区的城镇居民和农村居民的主观幸福感进行了统计检验，结果见表 2。

表 2　丽江市古城区居民在少数民族地区居民主观幸福感量表上的得分分布情况

量表名称	N		极小值		极大值		均值		标准差	
	农村	城镇	农村	城镇	农村	城镇	农村	城镇	农村	城镇
身体健康	104	46	8.00	7.00	24.00	24.00	15.4904	16.1739	3.98540	4.41364
心理健康	104	46	37.00	25.00	72.00	65.00	52.3750	50.1739	7.76373	8.88771
心态平衡	104	46	5.00	3.00	18.00	16.00	12.3558	12.4783	2.78316	2.82638

① Gay 认为，受试者至少 30 人以上；Tinsley 认为，每个题项数与样本数的比例大约位 1:1—1:10 之间。

② 根据学者 Gay（1992）观点，在任何测验或量表的信度系数在 0.90 以上，表示测验或量表的信度甚佳。如果信度在 0.60 以下，应以重新修订研究工具或重新编制较为适宜。

③ 单项目自陈主观幸福感量表（SISRSWBS）由一个项目组成，"总的看来，我是一个幸福的人"，要求被调查者做出 6 级评价。

家庭氛围	104	46	12.00	11.00	24.00	23.00	19.4519	18.0217	2.62505	3.26251
人际关系	104	46	9.00	12.00	22.00	21.00	16.4519	16.5652	2.61393	2.47343
自我接受	104	46	13.00	15.00	30.00	27.00	20.7308	20.2609	3.31291	2.96224
知足充裕	104	46	13.00	15.00	30.00	25.00	22.5288	20.6087	3.48633	2.77671
目标价值	104	46	10.00	10.00	24.00	22.00	18.6731	17.2826	2.89439	3.09597
成长进步	104	46	10.00	9.00	24.00	24.00	18.5673	16.8913	2.93544	3.35479
社会信心	104	46	10.00	5.00	30.00	25.00	21.5577	18.6739	3.91122	4.20082
总量表	104	46	162.00	148.00	298.00	265.00	221.3558	210.782	26.72620	25.94688
有效的 N（列表状态）	104	46								

由于各项目所涵括的题项不同，因而不能直接从平均值的大小来比较，如果将各项目的平均值除以各项目的题项，则可以求出每个项目的平均得分（见表3）。所以，本文从每个项目的平均得分情况来分析古城区居民的幸福指数。

表3　丽江市古城区居民在中国居民主观幸福感量表上的得分分布情况

项目	题项	均值		每个项目平均分	
		农村	城镇	农村	城镇
身体健康	4	15.4904	16.1739	3.8726	4.0434
心理健康	12	52.3750	50.1739	4.3646	4.1811
心态平衡	3	12.3558	12.4783	4.1186	4.1594
家庭氛围	4	19.4519	18.0217	4.8630	4.5054
人际关系	4	16.4519	16.5652	4.1130	4.1413
自我接受	5	20.7308	20.2609	4.1462	4.0522
知足充裕	5	22.5288	20.6087	4.5058	4.1213
目标价值	4	18.6731	17.2826	4.6418	4.3207
成长进步	4	18.5673	16.8913	4.6407	4.2229
社会信心	5	21.5577	18.6739	4.3115	3.7348
总量表	51	221.3558	210.7826	4.3403	4.1330

我们认为，丽江市古城区居民总体主观幸福感指数还是很高的，每个项目平均得分基本都在4分以上（满分为6分）。这个结果在我们进行调查过程中也能够感受到。1997年，丽江古城申报世界遗产成功以来，旅游业获得了空前的发展。旅游业的发展直接和间接地带动了多个部门的发展，成为古城区经济发展的支柱产业。古城区的居民从旅游业的发展中获得了巨大的

经济实惠，生产生活条件也得到了较大的改善。尤其是古城区农民，2003至2005年3年间，古城区农民人均纯收入平均增长14.8%，远高于丽江市9%的平均水平。在调查中，古城区的居民告诉我们说，"我们现在的生活条件好了，有钱了，我们还要继续地发展得更好，我们现在感到很幸福"。因而我们可以认为，丽江市古城区居民总体主观幸福感很强，幸福指数很高。

从调查结果上看，城乡居民的"家庭氛围"指数在主观幸福感的10项指标中位于榜首。这说明，古城区居民比较重视亲情，家庭成员之间能够互相理解、互谅互让，家庭气氛轻松和谐。排在2、3位的指标是"目标价值"和"成长进步"，这表明，古城区居民目前对自身的成长和发展充满信心，而且目标也很明确。城镇居民在该项指标上的得分略低于农村居民，这表明，近几年来城镇居民的发展速度不如农村居民。事实也确实如此，虽然古城区城镇居民人均可分配收入比古城区农民人均收入高很多，但古城区农民人均收入的增长速度很快，快速增长的收入使得古城区农民对未来的发展充满信心。

在"身体健康"方面，城乡居民的得分都很低，而且农村居民的得分要比城镇居民的得分低。这表明古城区居民对自己的身体健康关心不够，古城区的医疗条件有待改善。在"社会信心"这个指标上，城镇居民的得分最低，而且明显低于农村居民。主要由于城市居民承受的压力增大，日益上涨的物价、房价等等与收入不成正比，相对较高的消费水平与消费能力不成正比，因而生活在城市的居民感到越来越大的压力，自然就会有些不满。相比之下，农村居民消费的水平较低，主要消费就是盖房，现在国家政策好，鼓励并扶持农村改造住房，实行人畜分院，尽量做到"三坊一照壁"①。因此农村居民从国家政策中得到了实惠，对社会的发展充满了信心，相信国家发展得越好，他们也会发展得越好。虽然城镇居民在这项指标上得分最低，但是比平均分还要高很多，因此我们可以认为古城区居民对社会的发展很有信心。

在"知足充裕"、"心理健康"和"自我接受"方面，农村居民的得分

---

① 纳西族、白族的典型民居"三坊一照壁四合五天井"，就是房子建筑成一个四方形，进正门处树一类似屏风的墙，也就是照壁，正对照壁有一间正房做客厅用，客厅两边各有两间房子，照壁以及正房和正房两边的房子中间夹一个天井，这就是"三坊一照壁四合五天井"。

高于城镇居民，这与邢占军教授在其《测量幸福——主观幸福感测量研究》中得出的结论相反。本人认为这与丽江古城区的实际情况分不开。云南丽江是我国著名的旅游热点地区，古城区就处于其核心地。这里旅游产业自1997年后便成为当地的支柱产业，这使当地政府有条件考虑依托旅游业发展其他产业，首先发展的就是农业，既带动当地群众参与旅游开发，也带动了当地农民发展种植业、养殖业、餐饮业和住宿业等。由于紧扣丽江旅游市场，农业产业结构调整既取得了较好的经济效益，也取得了较好的社会效益。2004年全区实现农业总产值2.69亿元，同比增长20%；农民人均纯收入2145元，增长15.3%。此外，古城区大力发展优质高效畜牧产业。2004年，全年实现畜牧业产值1.26亿元，增长33.7%，真正让农村旅游资源成为了农村经济发展的助推器。① 正是由于古城区农业的发展迅速，使农民收入增长速度加快，农村居民生活水平明显提高，因此古城区农村居民对现在的生活很满足，对未来的发展也充满信心。

在"人际关系"和"心态平衡"方面，农村居民的得分略低于城市居民。在"心态平衡"方面农村居民的得分低可以理解，因为虽然古城区农民的收入不断增长，但相比城市居民，收入差距还是很大；与城镇相比，农村地区在教育、卫生、社会保障等多方面都存在很大差距。因此，农村居民的心态稍有不平衡是可以理解的。但是在"人际关系"方面，农村居民的得分低于城市居民的结果有点让人意外，本人认为大致原因是由于古城区农村旅游业的发展，使大量的城市和海外游客涌入古城区农村，他们带来的新的价值观和生活方式大大冲击了农村居民，更是动摇了几千年形成的文化心态和生存方式，农村居民之间的人际交往也趋于城市化。

3. 政策建议

传统经济学认为增加人们的财富是提高人们幸福水平的最有效的手段。对于穷人来说，财富的增长的确能够带来幸福程度的提高。但是，一旦财富积累到一定的程度以后，财富与幸福的这种相关性就变得微不足道了。人们是否幸福，很大程度上取决于很多和绝对财富无关的因素。例如人们的身体健康、工作稳定以及人际关系和谐等等。所以，我们的最终目标不是最大化财富，而是最大化人们的幸福。

---

① 资料来源：《云南省丽江市围绕旅游业发展农业》，阿里巴巴网站，2005 - 09 - 06 09：27：17 http：//club. china. alibaba. com/forum/thread/view/11_ 5951787_ . html。

3.1 大力发展经济，多渠道增加古城区居民收入

丽江市古城区隶属于中国西部 12 省区之一的云南，全区人均收入刚刚接近全国平均水平，因此，发展经济、努力提高人民收入成为提高古城区居民幸福指数的首要任务。丽江市古城区应该紧紧抓住国家实施积极的财政政策、国家实施县县通油路工程、新一轮扶贫攻坚、天然林保护和退耕还林还草、大丽铁路建设、金安桥电站建设、丽江知名度不断提高等重大机遇，集中力量，多渠道地增加人民收入。

3.2 重视教育，提高古城区居民的文化程度

"文化程度"因素作为促进人的全面发展的重要因素，已为社会所认同。而就古城区实际情况看，基础教育方面做得很好，但是高等教育和职业教育方面与全国平均水平相比还有很大的差距，这也是限制古城区经济发展和社会进步的重要因素。因此我们建议，古城区应该一方面进一步巩固基础教育方面的成果，全面实施素质教育，提升青少年的整体文化素养；另一方面要大力发展中、高等职业教育，加大对高层次人才的吸引力度，逐步改善古城区居民的文化结构，提高高学历人群在古城区居民中的比重。

3.3 进一步提高古城区卫生保健水平

近几年，古城区的医疗卫生事业有了长足进步，医疗条件不断改善，广大农村缺医少药状况得到根本性改变。但与全国平均水平相比还有一定差距，因此，古城区要进一步抓好城乡居民卫生保健工作，巩固发展初级保健成果，积极开展疾病监测、计划免疫、计划生育、优生优育、妇幼保健服务及管理工作；开展健康教育，普及卫生科学常识，提高群众爱清洁讲卫生和自我保健的意识和能力。通过努力，切实提高直接关系到古城区居民生活质量的医疗卫生保健工作，加快提高古城区居民生活质量和幸福感的步伐。

绝对财富的鸿沟永远无法填平，而幸福却可能被每一个人所拥有。丽江市古城区居民虽然收入水平较低，但幸福指数却很高。事实已经表明在今天这个提倡"以人为本"的社会里，单纯地追求国内生产总值的增长已经跟不上时代的步伐，经济社会发展的最终目的是增进全体人民的福利，只有把物质财富的增加与人民幸福感的提升结合起来，才能真正体现"以人为本"与"和谐社会"的价值追求。

参考文献

［1］程国栋、徐中民、徐进祥：《建立中国国民幸福生活核算体系的构

想》,《地理学报》, 2005 年 11 月。

[2] 邢占军:《测量幸福——主观幸福感测量研究》, 人民出版社, 2005。

[3] 周长城:《中国生活质量:现状与评价》, 社会科学文献出版社, 2003。

[4] 罗萍、姜星莉:《试论生活质量评估的客观指标、主观指标及主客观指标辐合趋势》,《市场与人口分析》, 2002。

[5] 周长城:《社会发展与生活质量》, 社会科学文献出版社, 2001。

[6] 莫小峰:《广西世居少数民族人口生活质量比较分析》,《桂海论丛》, 2003 年第 6 期。

[7] 鲜鹏:《甘肃少数民族人口生活质量研究》,《甘肃社会科学》, 2004 年第 3 期。

[8] 国家统计局小康研究课题组提供, 中国网, 2002 年 12 月 30 日。http://www.china.com.cn/chinese/zhuanti/254472.htm。

[9] 罗萍、殷燕敏、张学军、张建设、梁玉兰:《国内生活质量指标体系研究现状评析》,《武汉大学学报》, 2000 年 9 月。

[10] 范柏乃:《我国城市居民生活质量评价体系的构建与实际测度》,《浙江大学学报》, 2006 年 7 月。

[11] 王威、陈云:《欧洲生活质量指标体系及其评价》,《江苏社会科学》, 2002 年第 1 期。

[12] 吴展敏、熊礼生等:《城市居民生活质量评价指标体系的构建》,《上海统计》, 2002 年第 12 期。

[13] 周长城、袁浩:《生活质量综合指数建构中权重分配的国际视野》,《江海学刊》, 2002 年第 1 期。

[14] 吴明隆:《SPSS 统计应用实务》, 中国铁道出版社, 2000。

[15] 林杰斌、林川雄等:《SPSS12 统计建模与应用实务》, 中国铁道出版社, 2006。

云南省丽江市古城区社会主义新农村建设调研报告

2006 级民族经济学研究生 李 诚

2007 年 6 月 8 日至 22 日，由中央民族大学经济学院教授、博士生导师樊胜岳老师带队一行 10 人，在云南省丽江市古城区进行社会主义新农村调研，本文以古城区的农村为调研对象，通过介绍其发展现状、存在的问题，提出建设新农村的具体对策建议。

一、古城区发展现状

（一）社会经济发展状况

古城区位于云南省西北部横断山脉向云贵高原的过渡地段，全区地形地貌复杂，有山地、盆地（俗称坝子）、河谷三大类型。属低纬高原季风气候，年均气温摄氏 12.6 度，年均降雨量 950 毫米，雨量丰沛。

2006 年全区总人口 149312 人，有纳西、汉、白、藏、彝、普米等 10 余个民族，其中纳西族人口有 8.8 万人，占总人口的 58.9%。人均耕地面积 0.77 亩。2006 年全区总产值 243744 万元，其中第一产业占总产值 7.5%，第二产业占总产值 30.7%，第三产业占总产值 62.8%。农业在古城区产业结构中所占的比重较低，第三产业所占的比重最高。古城区农业人口 81887 人，占总人口的 54.84%。古城区下辖四个街道，五个乡，包括 18 个街道 35 个行政村。

（二）农业、农村、农民发展现状

古城区的农业结构主要由粮食作物、油料、油菜和蔬菜构成，2006 年古城区农作物总播种面积 20.6 万亩，其中：粮食作物 17.93 万亩，油料 1.1 万亩，油菜 0.98 万亩，蔬菜 0.73 万亩。粮食作物总产 35419 吨，油料总产 1167 吨，油菜总产 10847 吨，蔬菜总产量 22466 吨。

截至 2006 年全区农村除了少数村路面实现硬化外，其余村庄路面均为砂土路面，"下雨泥泞人畜难行"，为本地农村道路的真实写照，同时由于本地雨水天气较多，给出行带来极大不便。

房屋建筑形式主要以"三坊一照壁，四合五天井"式的民族特色建筑为主，结构为砖木结构，民族风情浓厚。

农村的产业结构，以农业为主的粮食产业、以建筑业为主的进城务工业和以饲养生猪为主的养殖业构成，农民的收入结构也主要由这三个部分构成，农民人均纯收入2766元，据调查，三者中的主要收入来源为进城务工所得，占总收入的30%以上。

二、古城区新农村建设中存在的主要问题

（一）对新农村建设认识不充分，主体不明确

干部群众思想认识存在一些偏差和误区。部分村民及少数乡村组干部在思想认识上对新农村建设尚存偏差，对新农村建设表现出来的热情和积极性仅仅是寄希望于上面有资金下来，等、靠、要的依赖思想较为严重；有的村民认为新农村建设是上级要求他们这样做，没有认识到自己在新农村建设中的主体地位，责任意识较为淡薄；多数村组干部对怎样建设新农村感到手足无措，寄希望于上面有可参照的固定模式或方案下来。

（二）主导产业缺乏强劲支撑，特色产业缺乏竞争力

该地区的农业目前仍以传统的粮、猪型为主，耕作方式主要靠"二牛抬杠"人畜式耕作为主，农业联合生产程度较低，农业产业化服务组织程度不高。特色农产品少且发展速度较慢。农民获取科技信息的渠道有限，新品种推广尚处初级阶段，科技入户率较低，农民培训活动不多，留在土地上的劳动者素质有待提高。农业产业化程度较低，据调查村之一的红光村成规模的黑山羊特色农业基地还缺乏较强的龙头企业带动。

古城区农村由于自然、文化、民族等具有旅游独特优势，发展"农家乐"、"乡村游"无可厚非，但村村搞，家家搞，资源浪费，竞争力不强，容易导致恶性竞争。

（三）基础设施薄弱，村庄卫生条件差

乡村道路基础薄弱，田间道路、村庄巷道尚未硬化，农田水利基础设施建设滞后。全区的村庄基本没有文体活动设施，农民的业余文化生活缺乏，

相关配套体系不完善。村庄整治中,生活垃圾得不到集中处理,各村都不同程度存在垃圾乱放,牲畜满街跑,粪便随处可见,村庄卫生状况差。

(四) 农村医疗保障制度不够完善

虽然实行了农村医疗医保,但农村"因病致贫、因病返贫"的现象仍较为突出。

(五) 新农村建设资金投入不足

由于大部分村的基础设施条件较差,道路硬化、改厕、建文娱中心等任务重,需要大量的资金,而目前省、市下拨及群众自筹的资金远远满足不了新农村建设的需要。新农村建设在资金上应该有一定的倾向性,或安排专项资金,古城区全区农村非农户投资由2005年的4459元,下降到2006年的1350万元,投资不增反降。

三、对古城区新农村建设的几点建议

新农村建设是一项长期的、艰巨的社会系统工程,不可能毕其功于一役,必须付出不懈的努力。特别要注意不能搞"一刀切"、"齐步走",而应因地制宜、有序推进。本地区社会主义新农村建设应着重做好以下几点:

(一) 进一步加大宣传力度,让广大农民群众明确自身的主体地位

各村基层干部要把中央、省、市、县、乡一系列关于社会主义新农村建设的精神宣传好、贯彻好、落实好,形成强大的宣传声势,使新农村建设的目的意义、方针政策、总体目标家喻户晓,深入人心。让广大农民群众明确自身的主体地位,消除等、靠、要依赖思想,从而积极投身到新农村建设中去。

(二) 建主导产业,突出特色

每个村调整部分土地,发展适宜本地的经济作物,例如无公害蔬菜、花卉、水果产业等。争取每个村都有自己的主导产业,合理试种,形成特色。如我们调查村之一的红光村引进日本甜脆豌豆大棚种植,在种植蔬菜的过程

中逐步摸索出一条自己的道路，红光村现有 83 亩日本甜脆豌豆大棚，已经培养了一批种植能手，掌握了一定的栽种技术，初步形成了"公司＋基地＋农户"的发展模式。据村长介绍当本村的蔬菜产业发展达到一定规模后，准备建设蔬菜交易市场，形成蔬菜生产基地和流通集散基地。为大面积推广无公害蔬菜大棚创造有利条件。

发展休闲产业并不是每个村都适合，那些距离城区近、交通便利、环境优美、山水相连的村子，可以以现有旅游资源为依托，开发"农家乐"、"乡村游"、"垂钓园"等旅游项目，实现观光农业与度假休闲的有机结合。农业功能旅游产业作为当地特色产业，必须规范从业行为和服务水平，建立旅游市场综合治理联动机制，净化旅游市场环境，提高旅游管理水平，防止恶性竞争。尝试组建类型不同的旅游行业协会，充分发挥行业协会的自律作用，建立与国际接轨的规范、高效的运行机制，努力建设适应现代旅游发展的高素质旅游队伍。

（三）不断完善基础设施

从村容村貌整治入手，重点加强村庄道路、农田水利、公共设施建设，打造一批规划有序、环境整洁、景观生态、村风文明的示范样板村或旅游村。住宅保持当地民居建筑风格。做到人畜分院，牲畜集中饲养，庭院中间由照壁、花墙或工具房、粮仓等分开，体现"三坊一照壁"的建筑特色。民居院落表现出干净、卫生、舒适、优雅、布局合理的农家风貌。

推广太阳能热水器，解决村民生活用热水。加快实施乡村清洁工程，推进人畜粪便、农作物秸秆、生活垃圾、污水的综合治理和转化利用。改善生活设施条件，拆除露天粪坑、棚厕，兴建新式公共厕所，改善村中的公共卫生；改造农户厕所的卫生条件，提高村民生活质量。清除乱堆乱放杂物、堆肥、暴露垃圾及其他有碍观瞻的现象，增建垃圾处理点，对生活垃圾进行集中处理。

（四）发展公共事业，建设和谐新村

建设村文体活动中心，为农民提供文化活动场所。普及有线电视，推广数字电视及宽带网络入户，使农民群众享受文化娱乐，培养健康文明的业余生活娱乐方式。

以为民解困为核心，以农村居民最低生活保障为基础，以农村特困群众

生活救助、大病医疗救助、教育救助、养老救助、自然灾害救助等为辅助，以捐赠扶贫为补充，建立健全覆盖全村的新型社会救助体系、合作医疗制度、保障机制和养老保险制度。

（五）多渠道、全方位筹集资金

政府提供的资金无疑是新农村建设最主要的资金来源，调动农民积极性，鼓励农民参与建设，要以政府的投入为首要条件，尤其是要增加对农业的直接投资。中央、地方的财政投入要形成合力，达到较好的效果。

引导金融资金向农业和农村倾斜。继续发挥古城区农业银行支持农业和农村经济发展的作用，加快农业银行的改革步伐，明确农业银行支持农业的市场定位。

动员社会资金投向新农村建设，可以通过政府组织、民间团体牵线搭桥，让城市有关单位和企业对口帮扶乡村。但解决社会资金进入问题，相应的政策措施必须跟上。

盘活农村集体存量资产。建设新农村，盘活集体存量资产，是获取建设资金的一个好途径。如可以将村集体所有的荒山沙地、果园、机井、林地、闲置的厂房等集体资产，通过拍卖、入股、租赁、承包等形式使其保值增值。同时，可以考虑发展农村集体经济，壮大集体经济实力。

要管好用好资金。筹集到建设资金是前提，管好用活资金是关键。在新农村建设过程中，要统筹安排来自各种渠道的支农资金，集中使用。资金投向上，应重点向能给农民带来直接收益的工程倾斜。同时还要建立资金使用公开制度，特别是重大项目的资金使用一定要公开透明，接受群众监督。

参考文献

[1] 《丽江市古城区统计年鉴》，2006。

[2] 中国"三农"形势跟踪调查课题组：《小康中国痛——来自底层中国的调查报告》，社会科学文献出版社，2004。

[3] 黄景贵：《发展经济学研究：制度变革与经济增长》，中国财政经济出版社，2003。

[4] 王检贵：《劳动和资本双重过剩下的经济发展》，上海人民出版社、上海三联书店，2002。

[5] 韩俊：《工业反哺农业，城市支持农村——如何在新形势下更多地支持农业和农村发展》，人民网——人民日报，2005. 11. 30。

第二部分

经济发展战略

中国西部欠发达地区城镇化路径研究[①]

西南民族大学经济学院　刘晓鹰

如果说全面推进西部地区的工业化进程是整个 21 世纪西部地区开发和发展最主要和最基本的战略任务的话，那么数额庞大的农村人口的非农化和城镇化则是这个战略任务中最艰巨的历史任务。工业化与城镇化的协调推进是一个国家或地区实现现代化的重要途径，这已为世界各国所实践。我国西部欠发达地区存在着大量的农村富余劳动力，以农村自身发展，提高农民收入的空间越来越小。我国的城镇化有其特殊的艰巨性，如果要将城镇化水平提高到世界平均 47% 的水平就要转移农村人口约 1.5 亿人，如果要将城镇化水平提高到与中国工业化和经济发展相适应的水平，则要转移出农村人口约 2.5 亿人，简单地采用美国、日本、韩国的模式走发展大城市的道路，意味着至少要新建 1000 万人口的城市 20 个或 100 万人口城市 200 个，很显然，以中国现有的经济发展水平，选择这种模式是不可行的。我国，特别是西部地区的城市，其产业吸纳就业能力不足，如果大量的农村人口流入城市，对经济发展和社会稳定产生的影响都不堪设想。可见，中国特别是西部欠发达地区城镇化研究非常迫切，不仅仅是一个地域空间和人口的集聚

---

①　本文为中央民族大学"985 工程"建设项目研究成果之一，项目编号：985 – 2 – 103。

问题。

一、经济全球化视角下中国西部欠发达地区城镇化的国际背景

在经济全球化与区域经济集团化的大背景下，我国西部地区城镇化的推进面临着重大的机遇同时也是严峻的挑战。

经济全球化将使我国的产业结构发生较大的变化，第二、第三产业将得到迅速的发展，而城市作为第二、第三产业发展的载体，也将有更大的发展变化。同时，产业结构作为城镇化的相关因素，二者相互促进、共同发展。因此，我国产业结构的大调整，也必将加速城镇化进程；另一方面，产业结构的调整以及第二、第三产业的大发展，将意味着我国工业化水平的提高，而工业化作为城镇化的动力，工业化程度的提高必然推动城镇化的进程。中国经济已经进入到了一个新的重要发展阶段。这一阶段是中国经济发展的重要战略机遇期，也是各种经济社会矛盾凸现期。城镇化将成为这一阶段经济增长的一大关键。

加快城镇化进程是以人为本的科学发展观的本质要求。在中央提出的"五个统筹"的要求中，统筹城乡发展是核心，是解决其他几个统筹的前提和途径。而加快城镇化进程又是统筹城乡发展的关键措施，是解决长期困扰我国经济社会健康发展的"二元结构"和"三农"问题的根本手段。中国西部地区必须抓住历史性机遇，才能够解决好以上紧迫的问题。

二、西部地区城镇化推进的国内背景

现在，中国经济已经进入到了一个新的重要发展阶段。这一阶段是中国经济发展的重要战略机遇期，也是各种经济社会矛盾凸现期。城镇化将成为这一阶段经济增长的一大关键。

从全国来看，加快城镇化进程是未来相当长一段时期内保持国民经济快速增长的重要途径之一。加快城镇化将有力地扩大国内需求，为培养新的经济增长点，如住房、汽车、旅游、教育等，提供必要的前提条件，为经济发展提供持续的动力。事实上，西部地区也是如此。城镇化不仅能有效提高人们的生活水平，改变人们的生活方式，扩大西部地区的需求，而且还能够通过优化资源配置，极大地促进经济结构调整和经济效益的提高，从而带动经

济的快速发展。西部地区城镇化进程比全国和东部地区滞后得多。其对西部地区经济发展的"瓶颈"作用也严重得多，因此，加快西部地区城镇化将成为推动西部经济发展的更为强大的力量。

我国西部地区"二元经济结构"矛盾十分突出，具体体现在西部地区城镇化不仅严重滞后于西部的经济发展水平，而且也严重滞后于西部地区产业结构演变进程上。

区域经济发展水平，关键在于该地区增长极的实力。当然，地区增长极的实力又是区域腹地经济发展水平的反映。但当腹地不具备起码的经济发展基础时，地区增长极仍可凭借其与区外的某种联系，保持一定的经济地位和实力。因此，地区增长极是区域经济发展的中心和对外交往的中心。西部地区国土辽阔，区域经济缺乏有一定规模的增长极强有力的带动。目前，西部地区大中城市数量少，大中城市的功能不健全，其辐射范围尚未覆盖整个西部地区，也就是说，西部地区尚有许多地区还很少有机会接受大中城市的辐射影响。因此，加快西部地区城镇化进程，增加大中城市的数量，提高现有城市的人口及经济规模，必将有利于改变这种状况。

我国西部地区自然环境相当严峻。西北地区干旱缺水，水土流失严重；西南地区多高山峻岭，交通十分不便。这些都给西部开发带来了极大的困难。加快西部地区城镇化可以将人口集中于少数环境条件相对较好的地区，从而避免我国西部人类活动过分的分散，对西部地区脆弱的生态环境造成广泛的不利影响。例如，青藏高原地势高耸、地质年代年轻、地层松散易碎、环境十分脆弱，是世界的屋脊和我国三大江河的发源地。由于空气稀薄，人烟稀少，1999 年西藏和青海两省区人口总计也不过 776 万人，但是，在辽阔的青藏高原上，这稀少的人口却十分分散，人口虽少，由于居住分散，给脆弱的生态环境造成的威胁极大。如果将这些少量的人口集中到青藏高原条件相对较好的一些小范围地区，如西藏的"一江两河"地区、青海的湟水河中下游地区以及格尔木周围地区，则将极大地减轻人类对青藏高原生态环境的冲击，同时也将有利于这些小范围地区土地的集约开发，有利于当地居民生活水平的提高，有利于青藏高原城镇化水平的提高，可谓一举多得。

以多种方式加快中国城镇化进程，让农民进城接受现代社会文明、生产方式和生活方式的熏陶，提高知识水平、劳动技能，并将资金、技术和知识带回农村，将有助于从根本上改变中国农村贫穷落后的面貌，促进落后地区的发展和现代化。加快城镇化进程是实现缩小城乡收入差别、促进区域协调发展的理想选择。

三、西部地区城镇发展的现状与问题

西部大开发，西部城镇化得到快速的发展。2003年底，西部地区共有城市170个，其中超大城市有4座，特大城市有28个，大城市有46个，中等城市有63个，小城市有29个，建制镇有7088个。

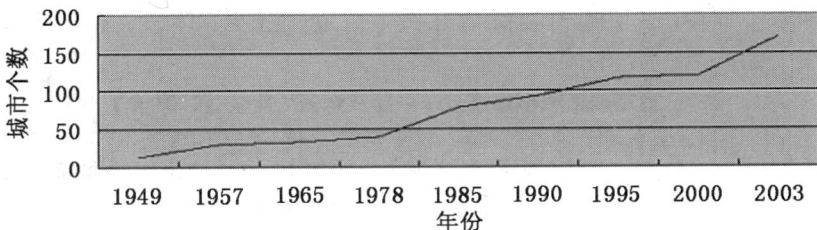

图1　西部地区城市数量增长（1949－2003）

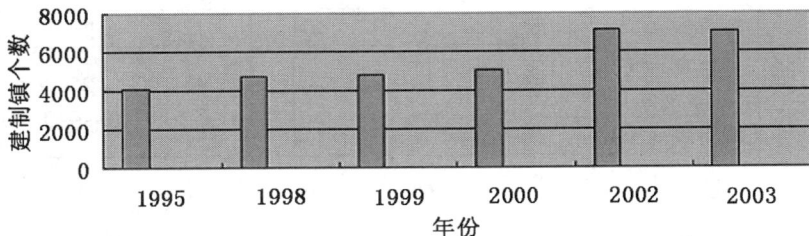

从西部地区的城市体系等级结构比例来看，中小城市占54.11%，高于全国平均水平近20个百分点；而作为区域经济中心或二级中心的特大城市、大城市比例偏小。如表1所示，2003年底，全国城市总量为660个，城市密度是1∶1.45万平方公里，西部地区的城市总量是170个，城市密度是1∶4.05万平方公里，大约是全国平均城市密度的1/3。在西部地区的城市总量中，大中城市比例更小，从各级别城市数量的比例来看，从超大城市到小城市的顺序，西部地区的比例为1∶7∶11.5∶15.75∶7.25；而同时全国的比例为了1∶4.2∶8.3∶5.21∶1.2，东、中部合计的等级城市数量比例为1∶3.89∶7.86∶3.30∶0.33。很显然，在城市体系中大中城市比例偏低，难以承担起带动西部地区经济发展增长极的作用。按各城市市辖区人口统计，西部地区100万人口以上的特大城市有32个，约占西部城市总数的18%，50—100

万人口的大城市46个，约占西部城市总数的27%，50万人口以下的中小城市为92个，约占西部城市总数的55%；而东部地区100万人口以上的特大城市有94个，约占东部城市总数的36%，50—100万人口的大城市124个，约占东部城市总数的48%，50万人口以下的城市为23个，约占东部城市总数的16%；中部地区100万人口以上的特大城市有28个，约占中部城市总数的12%，50—100万人口的大城市104个，约占中部城市总数的44%，50万人口以下的中小城市为82个，约占西部城市总数的42%。因此，和东中部相比，西部地区无论在城镇数量、密度、体系、布局等方面，还有很大的差距。

表1　西部地区城市规模与东中部及全国的比较（2003年）

地区	城市个数及比重	超大城市	特大城市	大城市	中等城市	小城市	合计
西部地区	城市数（个）	4	28	46	63	29	170
	占全国的比重（%）	12	16	17	37	73	26
中部地区	城市数（个）	6	42	104	72	10	234
	占全国的比重（%）	18	24	38	42	25	35
东部地区	城市数（个）	23	71	124	37	1	256
	占全国的比重（%）	70	60	56	21	2	39
全国	城市数（个）	33	141	274	172	40	660
	占全国的比重（%）	5	21	42	26	6	100

资料来源：根据《中国统计年鉴（2004）年》相关数据整理计算。

　　西部地区的城市发展也呈现出较大的不均衡性。由于受自然和人文条件的影响，西南地区城市密度明显高于西北地区。其中西陇海铁路、南昆铁路、成渝铁路、长江水道等交通枢纽沿线，构成了西部的城市密集区和密集带，尤以成都平原最为密集。而在省（市）区内部，又形成了以省会城市为中心的省会邻近地区城镇密集区。总体看来西部地区的城市分布特点是，东部密集，西部稀少，北线和南线密集而中线稀少。西部地区的城市密集地区主要在东经110—100度之间，这一区间的城市数多达130多个，占西部地区城市总数的80%以上，而在东经100度以西的广阔地区仅有30个城市，尤其是在东经100—90度之间，仅有10个城市，占整个西部地区城市总量的15%左右；从南到北看，西部地区的城市主要集中在两大区域，即成（都）渝（重庆）—贵（州）昆（明）地区和亚欧大陆桥沿线地区。2001年，西部共有161个城市，而这两大区域的城市数多达133个，占整个西部地区城市总数的84%（见表1），而在青藏高原、新疆高原的沙漠地区，城市十分稀少，其密度分别是1：39万平方公里和1：8.68万平方公里，大大低于西部地区的平均城市密度。

西部地区城市竞争力总体十分低下，西部大部分城市远远落后于东部的许多新兴城市。据倪鹏飞主编的《中国城市竞争力报告No.1》（2002年），在中国200个城市竞争力排名中，西部只有重庆、成都、西安和昆明四城市排名前50位，其他包括若干省会在内的城市的排名，均十分靠后，如乌鲁木齐排在69位，呼和浩特排在74位，兰州排在75位，贵阳排在87位，包头排在100位，而银川排在135位，西宁排在140位，西部地区的许多大中城市的城市竞争力不断下降，在知识经济和全球化发展潮流中，极有可能被边缘化。

四、西部地区城镇化发展的总体思路

西部各省区工业化水平不同，产业的空间集聚与城镇的区域集聚程度不同，从而导致各地城镇化的条件不同，城镇化水平以及城镇化所处的阶段不同，现有各个城市在推进西部城镇化中所能起到的作用也不同。因而西部的城镇化进程不是在其省域内的全部国土面积上呈平面状地均衡推进。要实现西部的跨越式发展，加快推进西部的城镇化进程，在较短的时间内迅速提高西部的城镇化水平，就应当采取空间集中化战略，重点发展产业空间集聚与城镇区域集聚程度高的地域内的城市与城镇。今后一个时期内西部的城镇化道路既不是单纯地发展大、中、小哪一类城市，也不是一般地将现有的中、小城市规划建设为大城市、中等城市。西部城镇化道路的基本思路应当是：

实施空间集中化和重点推进战略，大力促进乡村人口与社会生产要素向区位条件优越、空间可达性强、产业集聚程度与城镇聚合程度较高的重点区域集中，优先发展重点区域内的城市，扩大其城市规模，强化城市之间、城市与城镇之间的分工协作和经济一体化程度，提高城市的空间聚合能力，促使其向都市圈、城市带、城市群等新的城市空间形态发展，在新的城市空间

形态中形成大中小城市及小城镇的有机结合，扩展城镇化地区，使西部若干重点区域的城镇化率先达到全国先进水平，进而带动整个西部地区城镇化水平的提高。

其具体构想是：

（1）优先发展西陇海—兰新线经济带、长江上游成渝经济带、南贵昆经济区、呼包—包兰—兰青线经济带，四大重点区域内的大中城市。进一步强化重庆、成都、西安作为西部地区最大的、具有跨省区影响的区域性中心城市的功能，更好地发挥其经济、金融、信息、贸易、科教和文化中心的作用，发挥其在西部社会经济发展中的服务、辐射和带动作用，使重庆、成都、西安成为西部地区现代产业集聚和人口集聚的核心和战略支撑点；加速重点区域内大中城市的发展，使其率先跨入特大、大城市的行列，从放松人口迁移限制、合理扩张规模、改造传统产业、培育新的支柱产业、加强基础建设、强化现代城市功能等方面入手加快城市的发展，使其成为西部现代产业与人口的主要集聚地。

（2）促进城市的集群化发展，提高城市的空间聚合度，促进都市圈、城市带、城市群等新的城市空间组织形态的形成，使城镇化由传统的以单个城市为核心的"点"的集聚模式向以都市圈、城市带、城市群等新的城市空间组织形态为中心的"面"或"群"的集聚模式转化，形成更为广阔的城镇化地区。强化重点区域内大中城市与小城市、小城镇的经济一体化，促进大中小城市及小城镇的协调发展，扩展城镇化地域。在提高强势地域内大中城市集聚能力的同时，通过其产生的外部需求以及产业、资本、技术的向外辐射扩散，加速大中城市与周边城镇的经济一体化程度，将工业化、城镇化的影响传递到周边小城镇，使周边小城镇以组团式布局形态与中心城市、大城市形成合理的功能分工，形成一体化的城市空间结构体系，扩展城镇化地区。

（3）培育和发展省（自治区）域区域中心城市。促进省（自治区）域区域中心城市的形成，有条件地分步发展为大中城市。通过调整和优化产业结构，增强城市综合功能，提高城市的集聚能力以及对周边地区的辐射能力，以充分发挥这些城市在区域经济发展中的主导作用，使其成为省（自治区）域内的区域性中心城市和面向省际边界地区的经济中心。

（4）积极扶持发展小城市，有选择地重点发展一批小城镇。通过强化城市功能、扩大规模，加强与大中城市的社会经济联系，积极扶持现有小城市向中等城市迈进。小城镇发展应改变过度分散和低水平发展的状况，加快实现从数量扩张到质量提高、从分散建设到集中建设的转变。提高产业与人口的集聚规模，逐步推进小城镇升级，使部分小城镇成长为小城市。积极引导和推进小城镇与大中城市的经济一体化进程，使其成为大中城市产业扩散的主要吸纳地。引导边远地落后地区的人口向中心城镇集中。重点发展三类小城镇：第一，大中城市影响力范围的小城镇，特别是大中城市周边的小城镇；第二，都市圈、城市带、城市群等新的城市空间组合形态内的小城镇；第三，县城所在地或达到一定规模和经济实力、具有区域增长点意义的小城镇。

五、城镇型建制镇、中心镇是西部小城镇发展的重点

目前，广大西部地区，除城关镇和历史较长、规模较大、非农产业比较发达的建制镇，即城镇型建制镇外，还有一类小城镇能够有效地推动县域经济发展，辐射带动区域农村经济社会发展。这类小城镇在众多的乡镇型建制镇中，为数较少，一般而言，除城关镇外，小县中有 1—2 个，大县中有 3—4 个镇，它们位于周围几个小城镇的中心，处于几条重要的交通线交汇处，地理区位优势突出，经济力量较强，存在较合理的产业结构，第三产业相对其他乡镇更为发达，有较为完善的公共、市政服务设施，具有发展成为区域经济中心，带动周围区域发展的良好前景，我们称之为中心镇。

城镇型建制镇和中心镇大多处于重要交通线的交汇处，区位优势突出，或为县级人民政府所在地，或具有悠久的历史，或具有良好的区域发展空间。其人口规模与经济规模明显高于一般建制镇，第三产业有一定的基础，基础设施建设较好，具有很大的发展潜力，能够带动周围一大片区域经济社会的发展。例如城镇型建制镇——四川金堂县的赵镇（县人民政府所在地）城区面积为 13 平方公里，城镇人口 8.5 万人。中心镇——四川省宜宾县的观音镇，全镇幅员面积 2412 平方公里，人口 76000 多人，其中心镇城区面积 2 平方公里，非农业人口 1.2 万人，集聚规模明显高于一般的建制镇。城镇型建制镇和中心镇在县域经济发展中处于非常特殊的地位，对带动和促进县域经济发展具有举足轻重的作用。

1. 加快城镇型建制镇、中心镇的发展能够促进城镇产业的集中与发展

近年来，随着城市国有企业改制的进一步深入和民营经济的发展，乡镇

企业原有的体制优势已逐步弱化，而规模小、布局分散的弊端则日益显现。加快城镇型建制镇、中心镇的发展有助于引导和推动乡镇企业向中心镇的集中和分工与专业化协作的形成，从而提高乡镇企业的集聚规模效应。而乡镇企业向城镇型建制镇、中心镇的集聚又有助于提高小城镇人口与产业的空间集聚规模，促进商业、金融、保险、电讯、教育、文化、娱乐等第三产业的发展。

2. 加快城镇型建制镇、中心镇的发展能够有效地提高小城镇吸纳农村剩余劳动力的能力

据统计，1985 至 1994 年间，全国小城镇已吸纳农村剩余劳动力 1.4 亿人。但近年来小城镇转移农村劳动力的能力已近饱和，不能吸引更多的农村劳动力。其原因在于乡镇工业布局分散，小城镇低水平、均衡发展，第三产业落后，浪费了大量的就业机会，加之存在严重的"小城镇病"问题，导致工作难找，生活居住条件差，对农村劳动力的吸引力减弱。而城镇型建制镇、中心镇由于具有规模优势，基础设施、公共服务设施较为完善，因而吸引了大量农村剩余劳动力进镇居住、经商、务工。据统计，2001 年我国农村转移劳动力人数 1514 万人，其中，转移到县城的占 14.9%，转移到一般建制镇的仅占 8.7%。这表明，城镇型建制镇、中心镇吸纳农村劳动力的能力远远高于一般建制镇。

3. 加快城镇型建制镇、中心镇的发展有助于提高县域空间结构中点的集聚规模，提高中心城镇的集聚与扩散能力，使城镇型建制镇、中心镇真正成为县域经济的增长中心

城镇型建制镇、中心镇作为县域经济的增长极，为当地经济发展和企业的专业化分工与协作和产业的升级提供了强大的市场、资金、技术、信息等综合服务功能，为农村农产品带来极大的市场需求，为当地农村劳动力提供了大量的就业机会。城镇型建制镇、中心镇通过向周边小城镇和广大农村腹地输出资金、技术、人才、管理、信息，促使农村范围内土地资源、劳动力、资金等生产要素得到优化配置，有利于加快实现农业现代化，有利于解决农民、农业和农村的深层次问题，促进整个农村区域的经济社会的发展。

4. 加快城镇型建制镇、中心镇的发展能够优化县域空间结构，扩大点的集聚规模，使县域内形成不同规模的点组合和等级系列，从而进一步促进点线及网络空间形态的形成

5. 加快城镇型建制镇、中心镇的发展能够使中心城镇成为连接更高层

次区域中心的节点，成为中心城市产业扩散的吸纳地

　　大中城市随着经济社会的发展必然进行产业结构调整，将技术层次较低、成本较高、在城市没有发展空间的制造业如玩具、纺织、皮革、一般纺织、服装、玩具生产、机械加工，轻化工等这类以劳动密集型为特征的低梯度的产业淘汰和向外转移。城镇型建制镇、中心镇在产业发展水平、市场规模、区位条件、基础设施等方面与中心城市具有更为直接的联系，因而成为大中城市产业扩散最佳接收地和集聚地。

　　由于城镇型建制镇、中心镇在县域经济发展中处于非常特殊的地位，对带动和促进县域经济发展具有举足轻重的作用。因此，在西部地区小城镇发展战略中，城镇型建制镇、中心镇应当成为发展的重点。就目前而言，小城镇发展的紧要问题不是简单增加乡镇型建制镇的数量，而是应当摒弃"乡乡建镇"的均衡发展战略，重点和优先发展城镇型建制镇、中心镇，将其建成集几个区域中心即生产中心、商贸中心、金融中心、交通中心、科技文化教育中心和管理服务中心于一体，使其成为区域经济的"增长中心"，并通过其集聚效应和扩散效应，与周围各具特色的一般小城镇共同带动农村区域经济和社会发展。

六、欠发达地区小城镇发展的后发优势

1. 必须加速西部欠发达地区小城镇发展

　　欠发达是对"发展"状态的一种表达，即指落后的社会经济状况的动态反映。如西部四川省社会经济相对落后地区主要指盆地周围丘陵、山区即包括广元、遂宁、南充、广安、达州、雅安、巴中及乐山部分县，以及少数民族地区，包括甘孜、阿坝、凉山三个民族自治地区，以地域面积来看占了四川省幅员面积的60%以上。其中盆周山区、丘陵地区城镇化水平仅为20.78%，而少数民族地区城市化水平则仅有15.04%，城镇分布稀少。两个区域内至今尚无中等城市。

　　西部欠发达地区的城市化推进，必须加快小城镇发展的步伐，实行"据点式"开发。由于这些地区城镇分布相对稀疏，小城镇与上一级城镇的经济联系较为松散，区域内的上一级城市本身吸引、辐射承接能力弱，小城镇的承接转化能力更加微弱。因此实行"据点式"的发展模式是必然的选择。

2. 突出后发优势，选择小城镇发展的支撑产业和途径

西部欠发达地区小城镇发展的"据点式"开发模式，其本质源于增长极理论。当一个地区经济发展处于比较落后的状态下，要加速其城市化、工业化和地区经济的发展，首先要培育形成生长极点，而西部欠发达地区的重点小城镇，就是这样的生长极点，这些重点小城镇一般指县级中心城镇。通过生长极点的形成、发展，人口、工业、资本的集聚、发展，加速其工业化和城市化以及带动区域农村及农村经济跨越式发展。

西部地区在城镇化进程和经济发展过程中，必须充分发挥其后发优势，才有可能实现跨越式的城镇化进程和经济发展，西部欠发达地区具有如下后发优势，是加速小城镇发展可以充分发挥的。

（1）具有资源型后发优势的欠发达地区的小城镇发展

许多后发国家和地区的城市化进程表明，丰富的资源是促进后发优势形成、推动社会进步、甚至推动经济增长的重要因素，如西部四川盆地有丰富的矿产、水能、旅游等资源。这些地区的小城镇首先是根据自身拥有的资源类型和特点确定与其相适应的资源开发型产业，作为加快小城镇发展的产业支撑。但在这类产业的开发和小城镇的发展过程中，要解决好自然资源不可再生问题，过度开发会造成生态环境破坏及环境污染等问题，有了丰富的资源优势，不等于就有了经济优势，有了资源型后发优势不等于就有了绝对的发展优势，由于发达地区因资源匮乏需要大量输入外来资源支撑其工业化、城市化，具备资源优势的后发地区就有可能承接发达地区向欠发达地区低价输出或无偿提供实用性技术和管理技术，帮助欠发达地区进行传统工业的改造，加快欠发达地区工业化进程。资源开发型的工业化必须以小城镇的第三产业发展为有力依托，同时欠发达地区的小城镇在第二、第三产业的发展带动下加快城市化。

（2）具有联动型后发优势的欠发达地区的小城镇发展

所谓具有联动型后发优势，指上一级城市或相邻地区具有较强正向的拉动作用，这些区域的小城镇可以有效依托其产业的后发优势。如四川遂宁市、南充市、广元市、达州市的一些县城及县以下的个别小城镇，具有以上特征。凭借高速公路、铁路等交通条件，可与省会城市以及地级中心城市等进行物资、信息、技术等方面的交流，吸引承接上一级城市的较低层次的企业，或工业协作、加工等方式产生强烈的联动效应，谋求这种联动型的后发优势来加快小城镇的发展。特别要将对外贸易和产业政策、小城镇发展的优

惠政策拉动作为这些地区小城镇发展的原动力，其产业支撑大多选择农副产品加工及商贸型，以及城市辐射型两种类型。

（3）具有干预型后发优势的欠发达地区的小城镇发展

欠发达地区的小城镇发展属于非均衡状态下的发展方式，由于特殊原因及错综复杂的情形，经政府的干预引导，政策倾斜具有特别有效的作用，一些欠发达地区的经验也充分显示，政府的干预如产业政策、基础设施投入、强化资本积累等对小城镇发展具有十分明显的作用。如四川西部甘孜、阿坝、凉山三个少数民族自治地区具有一定程度的地区性市场失灵的情况，政府对小城镇发展的有效行为日益显现。四川省曾提出建立攀西资源开发特区，这种类型地区的小城镇发展干预性后发优势较为明显。

西部小城镇的城市化推进，最为重要的原则是必须根据所处的区位条件、所处的经济社会发展阶段以及特殊的环境条件，选择适合的产业特别是工业的发展。工业发展条件较差的地区，必须有第三产业的发展，才有可能使小城镇可持续发展，使产业的发展与城镇的发展形成良性互动关系。中国西部欠发达地区，紧紧抓住后发优势的发挥是最为重要的，离开了后发优势的发挥，西部小城镇的发展将仍然会处于一个缓慢的过程中。

参考文献

[1] 胡序威等：《中国沿海城镇密集地区空间集聚与扩散研究》，科学出版社 2000 年。
[2] 顾朝林等：《经济全球化与中国城市发展》，商务印书馆 2000 年。
[3] 顾朝林等：《集聚与扩散》，东南大学出版社 2000 年。
[4] 叶裕民：《中国城市化之路》，商务印书馆 2001 年。

莫力达瓦达斡尔族自治旗经济发展战略调查

2005 级政治经济学研究生　连亚玮

2006 年暑假期间，我随中央民族大学"985 工程"项目调研组对莫力达瓦达斡尔族自治旗（以下简称莫旗）作了为期 5 天的调研。我们通过与政府机关工作人员座谈、入户调查等方式对莫旗的经济发展战略进行了较为全面的考察，现将调查结果总结如下：

一、基本情况

莫力达瓦达斡尔族自治旗成立于 1958 年 8 月 15 日，是全国仅有的三个人口较少少数民族自治旗之一，素有"大豆之乡"、"曲棍球之乡"、"歌舞之乡"的美誉。它位于内蒙古自治区呼伦贝尔市最东部、大兴安岭东麓中段、嫩江西岸，北与鄂伦春自治旗接壤，西、南与阿荣旗、黑龙江省甘南县为邻，东与黑龙江省讷河市、嫩江县隔江相望。全境面积约 1.1 万平方公里，南北长 203.2 公里，东西长 125 公里。全旗总人口 32 万人，分属 17 个民族，主体民族是达斡尔族，有人口 30，497 人，占总人口的 9%。境内有山丘、丘陵、平原三大地貌，为浅山区，平均海拔 400 米。属中温带半湿润型大陆性气候，无霜期平均 115 天，平均气温 1.3℃，平均降水量在 400—500 毫米之间。

莫旗地域广阔，有耕地 689 万亩，草场 330 万亩，林地 342 万亩，大小河流 56 条，地表水资源总量为 144.53 亿立方米，约占全区的 40%，水能蕴藏量达 66.6 万千瓦。莫旗土壤以暗棕壤与黑土分布最广，其土壤自然肥力大，天然障碍因素少，可开发潜力大。

莫旗野生动植物资源丰富，植物种类达 573 种，可供人食用的植物 30 余种，饲用植物 200 余种，药用植物 250 多种，用材树木 10 余种，多种植物具有两种以上经济价值。当地兽类基本上属于北极型和林栖型两个生态类型，被列为国家一级二级保护动物的有黑熊、紫貂、驯鹿等，现查明有经济价值的野生动物 93 种（不包括两栖、爬行、昆虫等类动物）。莫旗矿产资源也很丰富，地下蕴藏着煤、玛瑙、珍珠岩、石灰石、萤石、岩金等十余种矿产，全旗有甲类矿山 117 个。

莫旗交通事业发展迅速，累计投资 3.98 亿元，建成 208 公里的 111 国道油路，形成以 111 国道为主动脉，12 条乡间公路为支线的通行总里程达 825 公里的公路网络。黑龙江省的嫩江站至古莲铁路经由莫旗境内三个乡镇，共设 6 个车站，境内铁路全长 56.5 公里。距尼尔基镇 26 公里的讷河火车站设有莫旗专用线。此外有水上运输线 18 条。

由以上情况可知，莫旗总体特点是地广人稀，自然条件基础较好，农牧林渔业发展条件得天独厚，但是由于其地理位置比较偏僻，远离内地市场，加之铁路不够发达，运输成本过高，这在很大程度上限制了当地经济发展。针对这种情况，就需要依托资源优势，以市场为导向，大力加强基础设施建设，千方百计降低生产成本。

二、经济发展状况

1. 宏观经济环境

莫旗以西部大开发、振兴东北老工业基地和尼尔基水利枢纽工程为契机，围绕服务"三农"、振兴"三业"（畜牧业、工业、旅游业）、推进"三化"（农牧业产业化、工业化、城镇化），加大招商引资力度，在牧业经济、工业经济、固定资产投资方面实现超常规、跨越式发展。"十五"期间，地区生产总值年均递增 22.3%，财政收入年均递增 8.7%，全社会固定资产投资年均递增 45.9%，社会消费品零售总额年均递增 16.6%，城镇居民家庭可支配收入年均递增 13.2%，农民人均纯收入年均递增 14.2%，牲畜存栏数量年均递增 58%，工业增加值年均递增 43.2%。三次产业比例由 2000 年的 60：17：23 调整为 2005 年的 54：29：17，经济结构逐渐优化。2002 年和 2003 年莫旗连续两年被中国县域经济评价中心评为西部进步最快、最具竞争力的县市之一。2004 年莫旗各项经济指标在全市的排名情况是：国内生产总值排第 4 位，财政收入排第 5 位，固定资产投资排第 2 位，规模以上工业增速排第 4 位，工业经济效益综合指数排第 4 位，城镇居民人均可支配收入排第 6 位，农民人均纯收入排第 11 位。

2. 主要产业发展状况

（1）农业

莫旗是农业大旗，先后被列入了国家商品粮基地和农业综合开发区。莫旗素有"大豆之乡"的美誉，年产大豆 15 亿斤以上，以县为单位大豆产量居全国之首，所生产的大豆以其含油高、虫眼少深受国内外商家的欢迎，大豆种植被定为自治区优势作物标志性示范点。

在种植业上，根据农牧业产业化发展要求，紧紧围绕新、特、优产品进行优势种植、特色种植，实施了高油大豆示范基地、大豆良种繁育、水稻"三超"技术、牧草种子基地等一批具有示范带动作用的项目，创建了绿色食品基地、菇娘基地、无公害蔬菜基地、中草药基地、马铃薯基地等，大豆、玉米、水稻等农产品在全区旗县中率先获得国家绿色食品标志使用权，申请注册了"天纯"、"莫力"等农产品商标。种植业内部结构调整成效显著，粮食、经济作物、饲料比例由 2000 年的 99.33：0.58：0.09 调整到了2005 年的 80：14：6。2005 年全旗粮食总产量达到 16.3 亿斤，荣获国家农业部"全国粮食生产先进县"的称号。

按照农业侧重向畜牧业调整，种植业侧重向优质高效品种调整的思路，莫旗加大了畜牧业投入力度，"十五"期间累计投资 4 亿多元，牲畜总量2005 年达到 200.3 万头（只），较 2000 年增长 9 倍，养畜户达到 54047 户，占农户的 82%。牧业总产值达 48975 万元，在第一产业中所占比重达到30%。

农业科技普遍推广，通过"科技之冬"、"科技之春"、农民工"阳光培训"等活动，多渠道、多层次地对农民进行培训，五年来累计培训农民 26万人次，使农民科技文化素质得到了提高。农村经济合作组织迅速发展，全旗已有各类农村经济合作组织 63 个，农民组织化程度进一步提高。

（2）工业

"十五"期间，莫旗坚持突出发展工业的理念，把工业作为富民强旗的重大战略加以推进，努力提升工业经济发展水平。2005 年全旗工业总产值达到 72260 万元，较 2000 年增长 7.3 倍，年均递增 48.8%；工业增加值达到 28149 万元，较 2000 年增长 6 倍，年均递增 43.2%；工业实现利润达到6893 万元，较 2000 年增长 7.8 倍，年均递增 50.6%；工业固定资产净值达到 27290 万元，较 2000 年增长 2.3 倍；工业增加值占 GDP 的比重达到10.6%，较 2000 年提高 6.03 个百分点。

莫旗开展招商引资工作 8 年以来，共引进工业、加工业项目 122 个，到位资金额 30458 万元，项目总投资由十几万元到亿元以上。引进了一批像蒙鹅工贸公司、日冕热力公司、牛元农牧业产业化有限公司、富达药业有限公司、三合石材有限公司等一大批总投资在 5000 万元以上的重点项目，使莫旗的工业加工业得以迅速发展。

投资 3000 万元创建的巴特罕工业园区，填补了莫旗工业园区建设空白，为工业发展搭建了良好的平台。巴特罕工业园区成立于 2002 年 9 月，是全区 47 个保留的工业园区之一，规划面积 4 平方公里，目前，园区实现了"六通一平"，入园企业达 11 户，产值达到 21178.9 万元，实现利税 1691.2 万元，有力地拉动了全旗工业经济的发展。

（3）旅游业

莫旗是达斡尔民族文化的摇篮和故乡，其第三产业着重以旅游业为主，力争以旅游业带动整个第三产业的发展。

依托民族文化和尼尔基水利枢纽工程，目前已建成了以中国达斡尔民族园、达斡尔民族博物馆、博荣山植物园、尼尔基水库等为代表的旅游风景区 13 家。到 2004 年底涉及旅游业的总投入达 3039 万，其中中国达斡尔民族园投资达 1902 万元。2004 年接待游客 18 万人次，旅游总收入 3350 万元。新建和扩建了一批旅游宾馆和酒店，其中恺撒大酒店被评选为"二星级酒店"，进一步提高了莫旗餐饮业在周边地区的竞争力和知名度。

从以上经济指标来看，莫旗在近些年的经济增长速度较快，发展势头良好，三大产业各有不俗表现。与此同时，我们注意到，莫旗的产业结构虽有较大调整，但总体还是失衡的。农业仍是最大产业，第二、第三产业发展不足，工业的发展还未培养出优势产业，竞争力不足，第三产业的发展严重滞后。

3. 莫旗"十一五"发展规划

结合"十五"计划实施取得的成绩和遇到的问题，莫旗将"十一五"期间可能面临的困难归结为四大制约因素：一是从自治旗自身来看，经济欠发达，主要是工业不发达。工业占经济总量比重小，依然是典型的农业社会。工业发展的差距，已成为制约全旗经济社会快速发展的主要矛盾。二是农业经济结构单一，增长方式还没有根本转变，农业经济内部结构不够合理，抵御自然灾害能力差。三是经济高速增长的过渡性随着尼尔基水利枢纽工程竣工日益凸现，给经济的持续快速发展带来影响。四是农村贫困面较大，尤其是少数民族群众贫困较为严重，乡村两级集体经济薄弱，脱贫致富任务繁重。五是城市品牌知名度不高，达斡尔族民族特色品牌不突出。

综合自身的资源优势、区位优势和发展潜力，按照规划科学化、开发规模化、发展产业化、产业集群化的指导原则，"十一五"时期莫旗经济社会发展的战略定位是：全力打造五大基地。即绿色农畜产品加工基地、建材资源开发工业基地、水电能源基地、重化工工业开发基地、民俗生态旅游基地。在"十一五"时期将自治旗发展成为"经济发展较快、经济实力较强的少数民族旗市"，综合经济实力稳步进入呼伦贝尔市各旗市区中游行列。

"十一五"时期的经济任务：

第一，立足资源优势，以工业为主导，领先发展工业。紧紧围绕"工业强旗"的目标，立足优势，突出重点，抓住关键，实施资源转换和项目带动战略，以招商引资为切入点，以工业重点项目为突破口，全力扩大工业经济总量，着力构建绿色农畜产品加工、建材以及重化工业三大工业集群，形成优势主导产业。

第二，全力推进农牧业产业化进程。以资源为依托，发展壮大豆、乳、肉、药、米、饲料六大产业，以市场为导向，以绿色食品基地建设为重点，优化农业布局，推进结构调整。加强农业设施建设，转变农业增长方式，提高农业综合生产能力。推进农牧业产业化经营，促进农产品加工转化增值，发展高产、优质、高效、生态、安全农业。加快形成符合农牧业现代化要求的农牧业行业协会和专业经济合作组织形式，培育规范的中介组织和合格的经纪人队伍，促进产业化市场营销机制，鼓励民间资本投向农牧业。

第三，加速培育民俗生态旅游产业，带动第三产业全面发展。深入挖掘民俗特色文化，把旅游业作为优先发展的产业，打造"民俗生态旅游基地"。加快旅游产业化进程。重点规划建设旗内、市内及黑龙江周边旅游精品线路。以市场为导向，积极带动发展餐饮业、酒店业、娱乐业。以达斡尔民族风情和民族文化为底蕴，加快民族工艺纪念品的开发，不断提高旅游接待能力。

第四，全方位实施开放带动战略，推动对外开放和融入东北大市场。"十一五"期间，抓住国家将继续在经济政策、资金投入和产业发展等方面对中西部地区的支持导向，承接发达地区产业转移，大范围宽领域进行经济合作，形成具有较强吸引力的外商投资地区，形成西部大开发，振兴东北地区交叉经济带上的重要一点。

第五，继续完善基础设施建设，统筹城乡发展。加强水利、交通、供水、供热、电力、通讯、文化体育等基础设施建设；结合撤乡并镇，促进城镇化健康发展。有针对性地规划建设中心城镇、旅游城镇、移民新镇，重视发展小城镇经济。按照适当收缩、相对集中的原则，调整人口布局。引导农村剩余劳动力向城镇转移，努力实现人口进城、工业入园、产业集中和要素集聚。

4. 对莫旗"十一五"期间发展战略的建议

通过前面对莫旗基本情况的介绍，我们认为莫旗的"十一五"发展规划基本上是在正确认识本旗实际经济情况的基础上制定的，可行性较强。

规划中特别强调了对第一产业要积极推进农牧业产业化进程，这是与当前农业发展潮流相吻合的，而且是当地丰富的农业资源现代化发展的必要。在第二产业的发展重点上，突出了依托当地资源优势，面向市场的思路，突出了工业的重要地位。

在第三产业上提出要发挥旅游业的带动作用，但我们认为莫旗的旅游业发展存在自身不利条件，虽然开发了不少旅游景区，但是莫旗的地理位置和交通条件限制了旅游业的发展，主要是景点分散且特色不鲜明，另外就是交通上耗费时间过多，不易于游玩，由此客源不会很充足。所以在第三产业的发展上，旅游业的龙头作用有待论证，建议通过工业的逐步强大以及城镇化进程的推进来发展第三产业。

我们认为莫旗的长远发展中应做好以下三方面工作：一是积极推进农牧业产业化；二是大力发展农畜产品加工业；三是加快城镇化进程。莫旗自身的农业优势突出，应当通过农业产业化的途径实现农业的现代化，同时大力发展农畜产品深加工业，这样可以使农工两业相辅相成，既利用了农业资源优势，又发展了工业。可以重点培育大豆深加工、肉类加工、乳品加工、稻米加工、饲草料加工和中草药加工产业，扩大招商引资力度，更新技术，引进市场前景广阔的项目。在此过程中，应当深入分析国内国外市场需求，选择既符合本地资源优势，且在市场上因稀少而价高，地理品牌效用大的项目，这样高运输成本可以得到缓和，此外要重点打造绿色农产品品牌。在实施过程中，龙头企业和原材料基地建设应当双管齐下，这样企业既可以保证原材料供应，农户也可以有稳定的销路。

莫旗地广人稀，居住分散，城镇化水平不高，只有在城镇中聚集效应才会得到有效的发挥。正如在"十一五"规划中所讲，莫旗应当通过政府导向和农工业发展，有意促进人口的相对集中，这样第三产业才会在城镇中较快发展起来，莫旗人民的生活条件才会得到全方位的提高。

甘肃省东乡族自治县经济社会发展调研报告

2005 级民族经济学研究生　王润球　马佳男

党的十六届六中全会提出构建社会主义和谐社会的目标，并做了系统阐释，这是经济社会发展到一定阶段的必然要求。和谐社会建设表现在社会发展的各个方面、各个层次，是一个有机的系统。民族问题是这个系统中的一个重要组成部分。它解决的关键就在于各民族经济社会的和谐发展，各民族的共同繁荣，这是实现民族平等、民族团结的经济基础，更是我国构建和谐社会的内在需要。本文结合构建社会主义和谐社会的要求，通过分析东乡族经济社会发展现状、制约其发展的因素，探讨加快发展进程，缩小发展差距的途径，为构建和谐的民族关系服务。

一、东乡族与东乡族自治县

1. 东乡族概况

东乡族人口超过51万（据2000年全国人口普查统计）。主要聚居在甘肃省临夏回族自治州东乡族自治县以及积石山保安族东乡族撒拉族自治县，其余分布在甘肃临夏县、和政县、广河县、康乐县、临夏市、兰州市、定西地区和甘南藏族自治州等地。还有一小部分散居在新疆维吾尔自治区、青海省和宁夏回族自治区等省区。东乡族主要生活在乡村，农业人口占到95.66%，而非农人口仅仅占4.34%。

东乡族因居住临夏州以东（古称河州，以河州城为中心，城周围分东、西、南、北四乡）而得名。新中国成立以前历代统治者以"东乡回"称之。这是因为东乡族在生活习惯和宗教信仰方面，基本上与临夏回族相同，在历史文献上常把它归属回族之内。20世纪50年代经过民族识别工作，尊重本民族意愿，确定为东乡族。其自治地方命名为东乡族自治县。

东乡族语言属阿尔泰语系蒙古语族，东乡族的词汇中，汉语借词较多，也有不少突厥语、阿拉伯和波斯语借词。东乡族至今只有本民族的语言而没有文字。东乡族整体受教育程度较低。

东乡族信仰伊斯兰教。东乡族的节日与其他信仰伊斯兰教的民族相同，主要有三大宗教节日，即尔德节、古尔邦节和圣纪节。东乡族除了非常重视伊斯兰教节日之外，也过正月十五元宵节。东乡族以农业为主，畜牧业、特别是养羊，在生产中也占重要地位，东乡"三宝"桃杏、瓜果、大红枣享誉全国。

2. 东乡族自治县与东乡族

东乡族自治县位于甘肃省临夏回族自治州东北部，县城设在自治县中部偏西的锁南坝镇。全县现辖 19 个乡、5 个镇、229 个行政村、1893 个合作社。全县总面积 1510 平方公里，人口密度为每平方公里 178 人。2005 年底全县总人口 27.12 万，东乡族占 84.14%。东乡族自治县的东乡族人口占到全国东乡族人口的一半左右。东乡族自治县是东乡族的发祥地。东乡地区东乡族的经济文化生活对于中国东乡族整体的经济文化生活具有典型的代表价值。所以，本文选择东乡族自治县为调研对象来研究东乡族经济社会的发展情况。

二、东乡族自治县经济现状与运行模式

1. 贫困人口多，扶贫工作任重道远

东乡族自治县是全国唯一的以东乡族为主体的少数民族自治县，1983 年，东乡族自治县被中央、甘肃省定为"三西"建设重点县；1986 年被列为国定贫困县；1994 年被列为全省扶贫攻坚七县一片之一，是国家扶贫开发重点县。2005 年，农民人均纯收入仅有 1058 元，是全国农民人均纯收入 3255 元的 32.5%，全省农民人均纯收入的 53.7%，全州农民人均纯收入的 76.7%。农民人均占有粮食 231.5 公斤，是全省的 71.67%，全州的 93.12%。2000 年底基本整体低标准解决了温饱问题。东乡族自治县仍有 6.18 万绝对贫困人口和 6.64 万低收入贫困人口，贫困面高达 49.04%；全县群众居住在 1750 多条梁峁和 3083 多条沟壑之中，非常分散，交通不便，且生态环境恶劣，干旱等自然灾害频繁，使以农业为主要收入来源的群众很容易因灾返贫，"十五"期间累计有 3.35 万返贫人口，返贫率发生在 5% 以上，遇上大旱年间返贫率超过 10%，很难稳定解决温饱。素有"陇中苦瘠甲天下，东乡苦瘠甲陇中"之说，扶贫工作任重而道远。

2. 经济总量小，社会事业发展缓慢，社会发展差距大

东乡族自治县 2005 年生产总值 4.39 亿元，位居全州倒数第二；人均生

产总值 1629 元，是全州水平的 1/2、全省水平的 1/5，位居全州倒数第三。全县还有 50% 的自然村没有通水，94 个自然村没有通电，260 多个自然村的供电得不到正常保障，全县没有一条上等级的公路，基础设施不健全，功能不完善，商贸流通不活跃。公共卫生服务体系不建全，村级卫生医疗机构覆盖率不足 20%，每千人拥有卫技人员 1.2 人，是全州水平的 2/3、全省水平的 1/3，位居全省 21 个民族县和全州倒数第一；每千人拥有病床 0.63 张，是全州水平的 1/2、全省水平的 1/4，位居全省 21 个民族县倒数第二、全州倒数第一，群众就医十分困难。乡村文化基础设施匮乏，全县 24 个乡镇只有 3 所乡镇文化站。广播电视覆盖率分别为 80% 与 83%，位居全省 21 个民族县倒数第二、全州倒数第一，与全国水平分别相差 15 个百分点和 13 个百分点，大大阻碍了群众对信息的获得，社会事业基础薄弱。2005 年全县大口径财政收入 1655 万元，其中县级财政收入 738 万元，人均财政收入仅为 61 元，是全省人均财政收入的 6.3%，全州人均财政收入的 28.6%；财政自给率仅为 3.5%，人均固定资产投资只有 557 元，是全省人均固定资产投资的 16.7%，是全州人均固定资产投资的 50.4%。因此，对基础设施、产业开发、发展项目等方面的投入严重不足，尤其缺少对教育、人力资源开发、卫生基础设施方面的投入，陷入越落后经济发展越缓慢的恶性循环，经济运行速度缓慢。

3．优化产业结构，以种养业为基础，发展地区特色产业和品牌产业的经济发展模式

东乡族自治县从实际出发积极调整经济结构，以种养业为基础，发展地区特色产业和品牌特色产业。第一、第二、第三产业结构由"九五"末的 42.9：13.9：43.2 调整到 41.3：20.2：38.5。逐步形成了洋芋、羊、花椒、劳务四大具有区域特色的支柱产业。

（1）洋芋产业。洋芋是在与小麦的竞争中逐渐成为主要种植作物的，是东乡农民面对人口膨胀与耕地减少的矛盾日益突出的情况下做出的无奈选择，洋芋以其适合东乡大白土土壤条件，即是经济作物，更是面菜兼济的粮食作物而胜出。目前亩产已从建国初的一千多斤发展到现在的五六千斤，高产甚至达到七千多斤，品种也发展到近百余种。近年来，县政府全面实施洋芋脱毒工程，建成脱毒马铃薯组培室和繁育基地，品种改良步伐加快，已呈现高水平均衡的特征。

（2）羊产业。养羊业是东乡族的传统产业，历史悠久。羊文化已深深地渗透在东乡人民的生活中。在东乡，养羊意味着生活有底气，脱贫有希望，"羊皮贵，一张80元，羊毛一年剪两次，一次2斤，既可以擀毡，也可以出售，肥料好，一只羊一年10背篓约2000斤肥，能上半到一亩地，羊肉一斤也可买到11元。"并且，在养羊的基础上发展了擀毡手工业和"东乡手抓"优秀品牌。"两羊（洋）兴县"成为东乡族自治县政府发展经济的主要支点，2004年东乡族自治县投资200万元设立养羊基金，每年引进良种羊2000只以上，进行良种繁育。并且通过"整村推进示范村"帮助农民养羊，目前全县规模暖棚养殖户7200多户，羊饲养量74万只，年均递增16.1%，肉类总产量1.11万吨，年均递增17.8%，东乡族自治县日益成为养羊大县，并培植相关产业。

（3）劳务产业。劳务是东乡农民增加收入的主要途径之一，由于人地矛盾严重，现有的耕地数量不足以养活如此规模的人口，外出务工成为必然选择。东乡人民或是自发或是由政府组织利用除春种秋收外的农闲时间外出打工，主要从事交通运输、餐饮服务、建筑拆迁等领域的工作。每年劳务输出5万多人次，2005年劳务收入1.06亿元，年均递增18.7%，人均劳务收入达到268.7元。但由于东乡人受教育程度低，没有专业技能，主要从事体力劳动和3D（Dangerous 危险 Difficult 困难 Dirty 脏累）工作。

（4）花椒产业。结合生态工程建设，建成了锁东绿色通道和锁南至高山绿色通道工程，"百里20万亩花椒林带"工程初见成效，花椒面积达到8.7万亩，产量171.8吨，年均递增8.7%。

四大支柱产业人均收入909元，占农民人均纯收入的85.9%，其中，洋芋收入占27.9%，养羊收入占31.7%，劳务收入占25.4%，花椒收入占1%。并且，县政府全力推进"科技兴农"战略，科技示范项目8个，推广种植2.25万亩，推广脱毒马铃薯繁育、良种羊引进和繁育推广，建成了脱毒马铃薯基地和县良种羊繁育中心，在那勒寺镇建成了航天育种高新农业试验示范园区，开展大豆、玉米等"太空农作物"种子的种植试验和示范，取得成功。

4. 改变人地矛盾，向外移民的扶贫经济发展模式

据联合国粮农组织考察测算，在东乡这样的干旱农业地区，土地承载人口的临界线为20人/km^2，而东乡目前的人口密度为178/km^2，是土地承载人口临界线的近9倍，人地矛盾显著，从而严重制约了群众生产生活水平的提高。生态移民成为解决矛盾，提高东乡人民生活水平的重要发展模式。

从 1989 年开始东乡族自治县按照甘肃省"两西"扶贫规划，开始组织实施有计划地向外移民。经过近二十年的发展，移民工作从无到有，规模由小到大，先后在小金湾、古浪、疏勒河、引大灌区建立了移民基地，建成安西县腰站子、独山子、临泽县新华牛场等 16 个移民点，累计完成扶贫移民 7487 户、3.55 万人；开发土地 8.86 万亩，并完成田间配套，建成学校、医院、村委会等社区服务设施，创造了基本的生产和生活条件。并且，在移民的过程中遵循自愿原则，对于想移民的农户进行备案，对于不想移民的农户尊重其意愿，因为，这里不仅是东乡人的生活家园更是精神家园（东乡族信仰伊斯兰教，东乡族自治县仅清真寺就有 405 座、拱北 45 处，还有阿訇 568 人，满拉 2300 人，伊斯兰教徒 226685 人，信教人口占总人口的 90%，每当钟声响起时大家都会走进清真寺礼拜），东乡人民喜欢这片土地。

5. 扶贫资金与项目开发相结合的经济发展模式

长期以来，东乡族自治县的经济发展资金主要来源于扶贫资金和项目专项发展资金，逐渐形成了扶贫资金与项目开发相结合的经济发展模式。扶贫资金由 1983 年"两西专项"一块增加到"两西专项"、"财政发展"、"以工代赈"、"两州一地"、"扶贫信贷"、"新增财政"等六块，总规模逐年有所增加，至 2005 年，累计投资 3.69 亿元，其中财政扶贫资金 2.01 亿元；以工代赈资金 0.61 亿元；少数民族发展资金 0.009 亿元；扶贫信贷资金 1.06 亿元。"十五"实施整村推进项目 39 个，五年内 4.06 万人解决温饱问题，农村贫困面下降 16.15 个百分点。在五年期间以项目开发为中心累计社会固定投资 5.37 亿元，是前九个五年计划投资总量的 2 倍。建设规模最大的总投资 5.56 亿元的南阳渠工程主干渠建成通水；2003 年开始进行县城改扩建工程累计完成投资 2.01 亿元，占规划总投资 3.32 亿元的 60.5%；完成 4 条主骨架道路铺油，拓宽改造县乡道路 21 条；兴建与延伸饮水管 750 公里；完成 163 个村的农网改造；新修电灌 2 处，可灌溉面积达到 10.75 万亩，梯田面积累计达到 21 万亩。通过项目的专项开发建设，东乡族自治县经济发展的基础设施条件在逐步改善。并且有 24 个中央和省州帮扶单位实施对口帮扶，全县范围内开展了"321"结对帮扶活动，有 21 个国内外非政府组织及 6 个慈善人士对东乡族自治县进行了援助，投入援助资金 3300 多万元。2001—2005 年，各级帮扶单位累计投入帮扶物资达 800 多万元，帮扶实施整村推进项目 6 个村，修建学校 6 所。

6. 以政府为主导，计划为主市场为辅的经济发展模式

东乡族自治县地处山区，交通不便，以农业为发展主业，农民收入低，生活贫困。地区人口受教育程度低，企业数量少，再加上政府财政困难，地区的经济发展速度相当缓慢，导致市场经济体制在经济运行过程中边缘化，这必然导致东乡族自治县的发展要采取以政府为主导、计划为主市场为辅的经济发展模式。

政府的决策始终围绕"以经济建设为中心"，按市场规则和自身实际情况制定发展目标，以促进东乡发展和提高东乡人民的生活水平。例如，产业政策的制定与实施，扶贫资金的争取与使用，教育的投入与发展，科技兴农的实施等都需要以政府为主导开展，所以在东乡的"起飞"前的准备阶段，政府的作用是非常重要的。

三、东乡族自治县经济社会发展的现实约束因素

1. 自然资源发展禀赋先天不足，工农业发展基础薄弱

综观东乡族自治县的地理资源环境，主要的困难就是土地资源与水资源的条件极为恶劣。东乡四面环水，东有洮河，西有大夏河，北有黄河刘家峡水库，南有巴谢河。但由于东乡中间高突，腹地荒山秃岭，没有河流湖泊，造成了见水而无水可用的严重缺水情况，东乡族自治县只有沿河平坦地区利于灌溉，但这部分只占全县总面积的6%，94%的地区则是群山连绵，沟壑纵横，没有河流，干旱缺水，植被稀少，土地支离破碎。年自然降水量一般为350毫米，最低仅为216毫米，年蒸发量高达1800毫米。并且东乡矿产资源十分贫乏。金属矿产，截至2004年探明的只有存量极少、不具有开采价值的锰和黄金。非金属矿产只有石英石、石膏和红黏土。自然资源发展禀赋的先天不足严重限制了工农业的发展，特别是第二产业的开发。

2. 灾害频繁，返贫程度较高

由于特殊的地理环境，东乡从历史上就是一个自然灾害频繁发生的地方。其中主要自然灾害是：旱灾、滑坡、地震、冰雹以及洪涝等。其中以旱灾对东乡人民危害最大，干旱非常频繁，旱年占到93%。山体滑坡和地震也是东乡族自治县历史上发生频繁、危害剧烈的地质性灾害。东乡族自治县从果园到达板，长达40里的那勒寺川北山属古滑坡带，这一地带的沟川地农田，都是往日滑坡的堆积土。而冰雹在东乡主要有三条运动轨迹，据县志

材料，从 1949 年到 1985 年共 36 年间，就有 21 次大冰雹，其中 1975 年至 1983 年 8 年连续大冰雹，受灾面积从 8 千多亩到 4 万多亩不等。其他灾害也同样对东乡人民造成了极大的伤害。东乡生态型贫困的一个重要特征，就是自然灾害导致的贫困，脱贫的低收入人口一旦遇到灾年就会立刻返贫，返贫程度较高，在"十五"期间累计有 3.35 万返贫人口，返贫率发生在 5% 以上，遇上大旱年间返贫率超过 10%。这限制了东乡族人民生产生活水平的稳定提高。

3. 生产力落后，人口的迅速膨胀与生态环境失衡的恶性循环

人口问题一直是东乡发展的主要问题之一，人口的急剧膨胀和生态环境失衡的恶性循环给东乡的发展造成了严重的阻碍。新中国成立后，1953 年东乡族自治县人口为 11 万人，2000 年全国人口普查时东乡族自治县人口有 256829 人，在 47 年间就增长一番还多。就东乡族而言，亦是如此，1953 年人口统计，东乡族为 15 万人，而到 2000 年全国人口普查时已增至 513805 人，47 年中东乡族人口增加了 3.43 倍。究其原因，由于东乡的地理地貌，耕地支离破碎，生产力落后，无法展开机械化耕种，农民只能使用二人抬扛、铁锨、锄头、架子车等简单工具进行原始的耕作。这就需要大量的男性劳动力的投入，人口的增长成为当地落后生产力的必然结果，这也大大限制了东乡族人民的生活水平的提高。

人口的急剧膨胀给东乡原本就脆弱的生态环境带来了更大灾难。其中主要表现在以下几个方面：（1）毁林开荒，向山岭沟壑要吃食；（2）伐木造屋，分家出去的人要造新房子；（3）砍树为薪，向天然林要燃料。资料记载，到 20 世纪 80 年代，东乡族自治县的森林面积下降了千亩之多，森林覆盖率下降了五六个百分点。并且人口的增加也导致了开荒耕田，耕田由 20 多万亩增加到 43 万亩，生态进一步破坏。

现在的实际情况，一方面是人口的继续增加，另一方面是建设用地的迅速增加，主要是修路修渠、建厂建店等。熟耕地的面积正在逐年减少，人地矛盾也就是与生态环境的矛盾仍是一个突出的矛盾，虽然这几年政府搞了移民和严格限制非农用地及组织剩余劳动力外出打工，但根本的问题还没有解决。

4. 财政困难，缺乏金融支持，经济发展资本短缺，吸引外来投资能力较弱

在东乡这个经济落后的地区，资金是该地区实现工业化和现代化的重要

约束条件之一。但东乡的资本形成能力很弱，成为解决"贫困恶性循环"的主要障碍。2005年全县大口径财政收入1655万元，其中县级财政收入738万元，人均财政收入仅为61元，是全省人均财政收入的6.3%，全州人均财政收入的28.6%；财政自给率仅为3.5%。全县财政赤字累计高达5879元。上世纪90年代县建设银行、县工商银行先后撤销，县农业银行降为办事处，经济发展所需的金融支持几乎为零。由于东乡的人均收入低，民间的社会积累增长缓慢，投资基本依靠扶贫资金，人均固定资产投资只有557元，是全省人均固定资产投资的16.7%，是全州人均固定资产投资的50.4%。本身的条件对于吸引外来投资的能力较弱。

5. 科教发展缓慢，劳动者科学文化素质低，观念封闭落后

科技是第一生产力，教育对地区发展的推动作用已成为全社会的共识。在东乡人均受教育程度很低，成年人平均受教育程度只有二三年级，20世纪70年代，东乡人的文盲率高达89%，妇女的文盲率更是高达98%。全县的科教水平很低，在2003年全省最后一批实现"普初"，在全国55个少数民族中受教育程度最低，文盲率最高。全县适龄儿童入学率为96.8%，初中生入学率为50.9%，高中生入学率仅为18.5%，失学率和辍学率较高。适龄儿童上学前只会说东乡语，在小学前三年教与学都困难重重。东乡教育资源严重短缺，按照"普九"标准，全县尚缺初中校舍面积8.5万平方米，所需的硬件与软件条件都与标准距离很远。这造成了劳动者文化程度低、观念封闭落后、科技能力差和驾驭市场能力低、教育投资少、人才短缺，这就大大限制了东乡人接受新事物的速度，难以形成自身脱贫致富的内在动力，也使得东乡整体发展缺少长远的潜在支持。

四、东乡族自治县与东乡族经济社会发展战略

东乡经济社会发展战略要基于东乡经济社会自身的现状与制约因素的现实制定。经济发展的动力往往是多个条件共同作用的合力，东乡的发展也是这样。在全国建设和谐社会和社会主义新农村建设的大环境下，东乡族自治县应积极地利用政策的倾斜，做好发展的准备。而东乡的发展不能仅仅依靠自身的力量，应该充分发挥外在的和内在的动力促成东乡族自治县和东乡族经济社会的大发展。

（一）外在方面，中央政府与地方政府（省、州）应根据《民族区域自治法》积极加大扶贫资金、金融支持和财政转移支付的投入力度

1. 农业扶贫资金方面

农业的发展是东乡发展的基础，更是人民生活水平提高的保障。东乡农业扶贫资金应主要集中在以下四个方面。首先是农业基础设施建设，东乡族自治县的农业基础设施较为落后，制约了农民的生产与生活的提高，目前最大的基础设施问题就是水利设施的建设，应积极兴修小型水库与雨水集流工程，节约用水与科学灌溉相匹配，政修统修与民间兴修同上。力争保证山区群众每户有一座雨水集流工程，用于解决人畜饮水，在天旱时，保证每户有5亩左右的农田得到灌溉，以确保解决吃饭问题。另外，加大专项资金兴修大型水利工程。其次，应利用社会主义新农村建设的时机，积极修建通村组公路，实行"村村通油路、家家通公路"工程；其次是科技兴农的支持，由于东乡人的受教育水平较低，严重限制了利用科学技术提高农业生产的水平，应利用专项资金帮助农民掌握科学种田的技能，请专家做科学示范，走科技兴农的道路，使东乡人民早日走出原始的农业生产模式；再次是特色农业的产业化发展，大力扶持东乡的特色农业和品牌农业，实施农业产业化。最后是农村信息网络建设，随着资讯时代的到来，信息与知识将成为繁荣农村经济的重要发展资源。东乡地区本来由于交通闭塞而信息不通畅，因此建立农村信息网络体系至关重要，立足实际，东乡族自治县的当务之急是建设农村广播网络，为农村科技推广和培育高质量的农村信息队伍打好基础。

2. 农村金融支持方面

根据2005年中央国务院第一号文件《关于进一步加强农村工作提高农村综合生产能力若干意见》，结合东乡的实际情况，应帮助建立"以产权清晰的农村信用合作社为主体，邮政信贷为补充，允许民间金融有序发展"的金融支持市场体系。第一，建立产权清晰的农村信用合作社。吸收农村的致富大户和村委会为社员，以他们为龙头发放贷款，形成有效的贷款链：农村信用合作社低息贷款给社员农村致富大户和村委会，然后购买种子等生产资料发放给各个分散农户，按照要求进行种植或养殖，收获后卖给农村致富大户并扣除种子等生产资料费用或由村委会集中进行销售。其模式为：农村信用合作社＋公司＋基地农民。第二，建立邮政贷款业务。2005年中央一

号文件指出："采取有效办法，引导县及县以下吸收的邮政储蓄资金回流农村。"目前，北京市正在办"邮政银行"试点，针对民族地区当前支农资金紧张的特点，邮政银行应尽快争取试点政策，以开展小额贷款业务为主，专门支持东乡农民发展特色种养业。第三，规范民间金融。2005年中央一号文件指出："培育竞争性的农村金融市场，有关部门要抓紧制定农村新办多种所有制金融机构的准入条件和监管办法，在有效防范金融风险的前提下，尽快启动试点工作。有条件的地方，可以探索建立更加贴近农民和农村需要、由自然人或企业发起的小额信贷组织。加快落实对农户和农村中小企业实行多种抵押担保形式的有关规定。扩大农业政策保险的试点范围，鼓励商业性保险机构开展农业保险业务"。

3. 教育发展支持方面

针对东乡族自治县教育资源缺乏的现状，应积极地投入资金，首先建设校房校舍，改造危房，建设寄宿制学校，购买教学设备和图书；其次是聘请专业教师弥补缺岗教职，加大培训教师的投入，提高代课老师的待遇；再次，直接补贴家庭困难的在校学生和失学、辍学的适龄儿童，提供寄宿学生生活补助。

4. 财政转移支付方面

面对东乡族自治县的财政困难，首先要根据国务院《若干规定》第9条"充分考虑民族自治地方的公共服务支出成本差异，逐步加大对民族自治地方财政转移支付力度。上级财政支持民族自治地方财政保证民族自治地方的国家机关正常运转、财政供养人员工资按时足额发放"的规定，国家应当从民族地区实际出发，切实考虑解决吃饭与保证建设的矛盾问题，按照政府公共服务水平均等化的目标要求，每年单独安排适当补助资金，帮助东乡族自治县消化财政赤字5879万元，逐年加大转移支付力度，兑现拖欠的政策性津贴，并对事业单位工资的差额部分给予全额补助，保证政府基本的运作和政府自身能力建设；其次是政府财政投资，可以通过财政转移支付帮助东乡族自治县积累一定的财政投资建设资金，增加东乡族自治县政府自主投资能力，把政府资金利用的规范性和灵活性相结合，提高政府资金利用的效率。

（二）内在方面，东乡的发展应加强政府执政能力建设，选择农业产业化的可持续发展和科教兴族的以人为本的发展之路

1. 特色农业产业化的可持续发展之路

（1）特色农业的产业化发展。2005 年中央一号文件指出："继续加大对多种所有制、多种经营形式的农业产业化龙头企业的支持力度。鼓励龙头企业以多种利益联结方式，带动基地和农业发展。"第一，根据地区农业的比较优势，立足实际，分类指导，发展特色支柱产业。动员组织农户养羊，兴办各类育羊站，选择多胎羊等高效品种，扩大出栏率，提高商品率，大力发展"东乡手抓"品牌。发展洋芋产业，扩大洋芋种植面积，推广新优品种和整薯播种等技术，提高单产，增加总量。在北部地区生态工程建设中大力推广花椒种植，加强技术服务，建成花椒基地，育成花椒产业。第二，扶持东乡民营企业家，用现代化农产品加工企业的方式推动农业产业化发展。东乡除了拥有特色农业这个比较优势外还有就是人力资本的优势，东乡不仅有大量的劳动力资源还有一批敢闯敢干的民营企业家。由于东乡族历来有经商传统，有许多的东乡人背井离乡出外经商打工，在改革开放后，逐渐涌现了一批出色的民营企业家。东乡族自治县可以通过技改贴息、财政支农、项目安排、信贷投向、人才流动等方式资助东乡族民营企业家，建立龙头农产品加工企业带动特色农业向产业化方向发展，可以提高农业的附加值，增加农民的收入，提供就业机会，保证财政资金的保值增值。

（2）生态环境综合治理与可持续发展。东乡族自治县生态环境的恶化与经济社会发展的矛盾日益严重，出现了"贫穷→人口增加→环境退化→贫穷"的恶性循环，对生态环境的保护与治理，走可持续发展之路已迫在眉睫。一方面就是在发展农业产业化的过程中要保护好生态环境，不能走发展工业牺牲环境的老路。另一方面就是进行生态环境的治理，如大力发展种草种树，建立稳定的人口生态平衡系统。一是要在贫困山区兴修梯田，蓄水保墒，防旱抗旱，提高单产；随着农业科技的深入推广，宜于将先进耕作技术普及到农户，推动农业科技进步，取得良好的经济和生态效益。二是进行小流域综合治理，保持水土。三是大力开展护山育林、封山种草。对于一些坡地，容易造成水土流失的山地，应坚决退耕还林还草。四是增加对环境破坏的监管力度，对破坏者给予坚决惩罚，严格执法。

2. 科教兴县与科教兴族的以人为本的发展之路

从东乡族自治县的实际情况看，东乡人可以利用的外在发展条件先天不足，正像笔者在调查中听到的："联合国调查团来过之后得到的结论是这里不适合人类居住。"但这并不代表东乡族自治县失去了自身发展的机会。通过大力发展教育，以教育促进劳动者素质技能的提高，同样可以成为自身发展的强大动力，例如大和民族的日本、犹太民族的以色列都是资源严重匮乏的国家，但他们都是依靠较高的民族素质获得了经济的长足发展。所以，东乡族自治县的发展就必须从自身出发，科教兴县，科教兴族，走以人为本的发展之路。

（1）科教兴县与科教兴族。要实现民族经济大发展，从根本上讲，必须依靠科学技术的发展，依靠高素质的劳动者，依靠足够数量的人才。因此，首先要对现有劳动者进行文化知识教育和科学技术教育。普及法定的义务教育，推广双语教学（汉语和东乡语），大力发展中高等教育，加快党政管理人才、企业经营管理人才、各类专业技术人才的培养，制定有效的政策，解决人才外流问题；加快职业教育的发展，加强适用速成人才培训，提高各方面从业人员、在岗人员的素质。

（2）加大政府对劳动力输出的支持力度。劳动力输出是东乡族自治县发展的支柱产业，也是东乡人民增加收入的主要来源之一，但现在东乡族自治县的劳务输出还主要以私人形式为主，在外出的过程中遇到了许多问题，如用工信息不确定、工资拖欠等，这都是个人难以解决的。所以政府应加大对劳动力输出的管理。可以通过加大劳务宣传力度，扩大组织传输，加强劳务培训，开发劳务基地，做好法律维权，保障合法权益，逐步培育壮大"东乡铁军"劳务品牌等手段，更好地促进东乡人民自身素质、自身收入、自身权利的全面发展。

（3）加快社会事业的发展速度。社会事业的发展是人民生活水平提高的重要保障。针对东乡族自治县社会事业发展的现状，应加强农村合作医疗建设，扩大媒体的传播范围，以保证东乡人民对健康医疗保障、信息保障、生活便利的需要，促进东乡人素质的全面提高。

3. 加强政府执政能力建设，警惕寻租现象

在东乡经济"起飞"前的准备阶段更多的是依靠计划与政府干预，政府起着配置资源和收入再分配的主导作用。所以加强政府执政能力建设至关重要。首先是要培植东乡政府制定和协调政策的能力，其次是建立有效的服务提供系统，再次是培养一批积极主动、精明强干的民族干部，最后就是加强内在和外在的监督制度，警惕寻租现象。

2005 年东乡族自治县主要经济指标及在国家、省、州中所处的位置

指标	单位	绝对数	全州位次	在全省21个民族县中的位次	占全州的%	占全省的%	占全国的%
人口	万人	27.12	2	3	13.90	1.05	0.02
生产总值	亿元	4.39	6	10	7.81	0.23	0.0024
人均生产总值	元/人	1629.00	8	21	56.31	21.92	11.7
全社会固定资产投资	亿元	1.51	8	15	7.06	0.17	0.0002
人均固定资产投资	元/人	556.80	7	20	50.80	16.52	0.8
财政收入	亿元	0.17	6	15	4.02	0.07	
人均财政收入	元/人	61.00	6	19	28.91	6.22	
社会消费品零售额	亿元	0.51	8	19	3.20	0.08	0.001
人均社会消费品零售额	元/人	189.70	8	20	23.02	7.78	3.69
粮食总产量	万吨	6.05	2	4	12.47	0.72	0.01
农民人均占有粮	公斤	231.50	7	9	93.12	71.67	62.6
农民人均纯收入	元	1058.00	8	21	76.67	53.43	32.5
农户恩格尔系数	%	68.00	8	21			
每千人拥有卫技人员	人	1.20	8	21			
每千人拥有病床数	张	0.63	8	20			
每百人拥有固定电话数	部	3.70	8	20			
每百人拥有移动电话数	部	3.60	7	21			
广播覆盖率	%	80.00	8	20			
电视覆盖率	%	83.00	8	20			

资料来源：东乡族自治县统计局提供，数据为 2006 年 7 月 21 日之前统计。

参考文献

[1] 施正一：《民族经济学教程》，中央民族大学出版社，2001 年 5 月。

[2] 刘永佶：《民族经济学大纲》，中央民族大学出版社，2006 年 7 月。

[3] 张培刚：《发展经济学教程》，经济科学出版社，2005 年 8 月。

[4] 马志勇：《河州民族论集》，甘肃文化出版社，2000 年 8 月。

[5] 陈其斌：《东乡社会研究》，民族出版社，2006 年 7 月。

[6] 韩劲：《走出贫困循环》，中国经济出版社，2006 年 8 月。

[7] 林毅夫：《发展战略与经济发展》，北京大学出版社，2004 年 9 月。

红河哈尼族彝族自治州民族贫困地区经济发展研究
——以元阳县为例

2005 级区域经济研究生　李小利

一、元阳县民族贫困地区经济发展现状

1. 元阳县基本情况

元阳县位于哀牢山南段，红河南岸，东与金平县相邻，南靠绿春县，西接红河县，北与建水县、个旧市隔江相望，全县面积 2189 平方千米，是集边疆、山区、民族为一体的国家贫困扶持县。全县辖 15 个乡镇，136 个村（居）委会，970 个自然村，人口 37.3 万人，世居哈尼、彝、汉、傣、苗、瑶、壮等 7 个民族，少数民族占人口的 88%，其中哈尼族约有 20 万人，占总人口的 54%。境内山高谷深，沟壑纵横，地形呈 "V" 形状，由西向东南倾斜，土地全部为山地，无一平川，最高海拔 2939.6 米，最低海拔 144 米，相对高差 2795.6 米，山区立体气候明显，有热带、亚热带、温带、寒温带、寒带、高寒带等多种气候特征。现有耕地面积 29 万亩，人均耕地 0.83 亩；森林面积 42 万亩，森林覆盖率为 26.7%。截止 2004 年底，全县总人口达 36.9 万人，其中农业人口 34.3 万人，占总人口的 92.9%。农民人均有粮 326 公斤，人均纯收入 757 元，按新的脱贫标准计算，尚有 10.9 万人未解决温饱。

2. 贫困地区经济发展现状及特征

村寨经济发展总体上处于落后阶段。由于历史的原因和现实的自然环境等制约因素，虽然从纵向比较来看少数民族村寨经济发展取得了巨大成就，但从横向比较，文教、卫生、经济发展等总体发展水平不容乐观：商品经济发展仍然十分落后，自给自足的农业生产经营模式没有得到根本改变，消费水平低，人均收入低于云南省平均水平和全国农村水平，仅相当于云南省农村 1996 年平均水平，相当于全国农村 1990 年平均水平。人均收入在 1000 元以下的村寨仍然占 1/4 的比例，有相当一部分村民未能摆脱贫困或因各种原因脱贫后返困。

恩格尔系数相当高。大多数少数民族村民的消费结构仍然是以满足生存

第二部分　经济发展战略

231

需求为主，消费的主导部分仍然是吃、用、住方面，约占总消费支出的70%；对提高生活质量的文化娱乐、医药类消费和改善生存环境的科教文化类的消费从纵向看有所增长，但所占比重仍然十分低，村民的恩格尔系数约为0.5—0.6左右，恩格尔系数仍处于一个较高的水平。在调查中发现，贫困地区村民的食物构成基本上只是谷物，很多村民根本没钱吃肉，只是在过自己的民族节日和过年的时候才会到集市上买一些肥肉炼成油，用油拌饭吃，剩下的油渣要留下来招待重要的客人。小孩子的衣服基本上是由大人不能再穿的旧衣服改的，由于小孩子爱玩耍比较费鞋，所以基本上小孩子都不穿鞋，仅有的一双鞋要在出门或者重要客人来的时候才穿上。这些情况反映了少数民族的生活水平仍处于相对较低的状况。

山区多，平坝少，居住环境恶劣，脱贫难度大。整个元阳县土地全为山地，无一平川，山区面积达到100%。而且不同民族的生活状况及所处的资源环境存在明显差异。瑶族、苗族等民族居住于高寒山区，哈尼族、彝族居住于中、高山区，傣族、汉族居住于低山和平坝地区。由于社会经济发展起点低，基础设施落后，居住区域的环境条件恶劣，可耕作的土地面积小，人对自然的依附程度大，贫困家庭收入90%以上来自传统农作物的生产，而其他收入来源如外出打工等仅限于农闲时节的就近打工，打工收入来源还不足10%。由于经济收入来源数量与结构的单一，导致脱贫难度相当大。

教育没有得到普及。在调研过程中发现，多数村子里有一至四年级的小学（有的甚至没有），初中要到镇上读。虽然规定学校不收学杂费，但是很多小学变相收费，如校服费、试卷费，有很多孩子就是因为交不起变相收费的十到二十块钱而退学；有的孩子考上了镇上的初中，但是由于出去读书要在学校寄宿，产生了食宿费用，再加上到镇上要产生交通费用，所以就不得已而退学。退学的理由如此简单，让人不得不深思。村寨里的大人基本上都是文盲，有的连自己的名字都不会写，超过一半以上的孩子没有小学毕业，去村子外面读中学的孩子数量很少。在调研过程中走过的五个村子里，我们只看见一个在建水一中读高中的男孩。经济贫困导致教育贫困，教育贫困又导致了经济贫困。

交通极不发达，使得贫困山区农民思想闭塞。由于大多数少数民族贫困地区的农民生活在高山地带，陡峭的山路致使修建铁路、公路成本加大。当地农民下山需要背上自己生产的农作物如木薯、甘蔗等走上三四个小时的山路到山下集市将农作物换成货币，然后购买自己所需的大米、盐巴、辣子，再走三四个小时的山路回家。交通基本上是靠步行。当遇到天气恶劣的时候，道路泥泞，坎坷不平，交通工具根本无法行驶，致使山里面的人不愿意走出去，外面的人不愿意走进来。最终结果就是使得当地人极少与外界交流，思想闭塞。在调研采访过程中，很多农民根本没有意识到自己的生活贫困，更不用提思考过自己贫困的原因。同时，由于交通不发达，村内剩余劳动力无法向外转移，也是制约农民收入增加的又一个原因。

以元阳县南沙镇幸福村为例，调查该村的贫困现状

1. 幸福村基本情况

幸福村距离元阳县城南沙镇 13 公里，共 303 户 1520 人，主要有哈尼族、彝族、汉族、傣族、苗族、瑶族六个民族。幸福村是由元阳县马街、逢春岭、嘎娘等乡镇的贫困村民于 1997 年 3 月份从高寒山区搬迁下来组建而成的移民村，政府给每家自愿搬下来的农户给予奖励：无偿提供盖房子用的水泥和砖瓦，因为是政府支援的项目，所以村子起名幸福村。

2. 家庭收入

种植业。幸福村的种植业包括木薯和甘蔗。木薯的叶子和果实都能吃，所以木薯就是食物，而甘蔗可以做糖，拿到集市上卖给糖厂，每家卖的钱 2000—4000 元不等。

畜牧业。走访幸福村二十多户人家，只有一户人家说自己家里养了一头猪，是用来过节吃肉的。没有看见猪和猪圈，据说猪很小很瘦，因为没有粮食喂，只靠吃山上的草长大。

土地。因为哈尼族居住在高山上，没有土地。

工资性收入。调查中有 60% 的农户家里正在盖房子，除了种庄稼和盖房子，根本没有时间再去打工赚钱；还有 27% 的农户虽然家里没有盖房子，但是孩子都在 7 岁以下，如果丈夫出去打工，妻子一个人在家无法一边照顾孩子一边上山干活，所以决定在农闲时节就近打工，每年只能打工一个月左右，一天的收入是 20 元，一年的打工收入只有 600 元左右；剩下的 13% 农户，有的根本没有想过要去外面打工，有的十七八岁的孩子在外面打工，虽然赚了钱，但是从没有拿回家，反而是在外面把钱花光，有时还要伸手向父母要钱花。

3. 家庭支出

食物。吃完木薯叶子，大概需要半年时间，剩下的半年需要买 1.2 元一斤的大米，辣子和盐也是必不可少的。其次就是烟酒。几乎家家男人都要喝酒，酒要买 4 元一斤的，每天都要喝半斤以上。烟就买烟叶，卷纸抽。问到为什么要抽烟喝酒，调查的结果几乎是异口同声，每天干活太累了，烟酒能解乏。在调研过程中，看见小孩子们基本不吃零食，饿了就自己盛一碗白米饭吃，没有菜。

衣物。小孩子们过年过节没有新衣服穿，几乎所有的孩子穿的衣服很不合身，不是太大就是太小。太大是因为是别人穿剩下的；太小是因为是以前的衣服虽然小了但还是将就着穿；几乎所有的小孩子都不穿鞋，有的是因为确实没有，有的只有一双，要在出门或者重要客人来的时候才穿；男人们几乎都不穿上衣，因为很多人在盖房子，怕费衣服，所以不穿；女人们穿的衣服不是不合身，就是补丁摞补丁。

教育。大人们基本都不识字，男人基本都会写自己名字，女人只有很少的人会写自己名字。村子里都有小学，基本上小孩子都会去上学，不分男孩女孩。上小学不花钱，中午吃饭也在自己的家里吃，没有任何费用。但是初中要到村子外面上学，要产生交通费用，而且，在村子外面上学要带午饭，这就和在家里吃午饭比较成本更高一些了，所以就退学了。

交通。交通基本上是靠自己的双腿。甘蔗和木薯都要靠男人背下山去换成钱再换成米和盐巴、辣子，去一趟要花费一天时间，家里又很忙，所以基本上很少出去。如果遇到刮风下雨天是万万不能出山的，因为路很不好走。有46%的人去过南沙镇，去的原因还是因为要卖甘蔗和木薯。几乎没有人去过元阳县，到达云南省省会的人几乎没有。

医疗。基本上没有什么地方病。村里的人有病如果能挺过去，都不会去找大夫看病，更不会去山外看病。有98%的人说自己从没有进过医院，因为进医院说明已经是很严重的病了，很严重的病根本没有钱治疗，所以进医院只是浪费时间，没有必要。村子里只有一个人会看病，但只是限于简单的头疼脑热，简单的包扎。在对这位会简单医术的人做调查的时候，正好有一个六岁的小男孩从坎子上跳下来摔断了胳膊，这位大夫对小孩做了简单的包扎，并且用两根木板对小孩的胳膊进行了固定，并告诉小男孩这条胳膊一定会残废。小男孩疼得昏过去了，大夫就让他躺在旁边的地上沉沉睡去。

二、民族贫困地区贫困成因

1. 自然地理、生态环境制约着贫困地区经济的发展

元阳县不仅境内山高坡陡，沟壑纵横，而且气候资源条件差，自然灾害

严重。1993 年 7—9 月，云南省红河哈尼族彝族自治州元阳县戛娘乡由于降雨滑坡最大滑距 10 余米，滑坡使新建教室及教师宿舍下沉、开裂，小伍寨河上的石拱桥被滑坡埋没。经济损失 20 余万元；1996 年元阳老金山连续两次滑坡灾害造成 372 人死亡，造成公路交通到处坍塌受阻、农田水利设施严重受毁、农业和农村经济严重受灾的局面，给全县工农业生产和群众生活带来了极大困难。而且，虽然元阳有享誉国内外的元阳梯田、箐口哈尼族民俗村、哈尼土司署等旅游文化作为自己的宣传支柱，但是我们在调查过程中发现，到达这些旅游景点的交通问题急需解决：除非游客自己有车或者包车并且需要一天的时间在盘山公路上盘旋，县内基本没有旅游大巴直达，所以旅游人气并不旺，仅靠旅游拉动元阳经济的发展很难。

2. 产业结构单一，生产力水平落后

由于大多数少数民族居住在山区，可耕作土地自然坡度大，对水土保持十分不利，也难以采用机械化操作和实施灌溉系统工程，这样使村民的生产经营活动对自然条件、气候因素的依赖大大增强，遇到伏旱、暴雨等频繁的自然灾害根本无法抵御，很大程度上是靠天吃饭；山区特殊的地理条件还增加了村民劳动强度，降低了劳动效率，加大了生产成本；从产业结构看，广大贫困地区的经济收入主要来源于农业种植的玉米、木薯等作物，而几乎没有甘蔗、香蕉、茶叶、烟草等经济作物的种植，更不用说工业、商业、运输等其他产业的收入，一些边远偏僻的地区基本上没有第二、第三产业；贫困地区自然资源虽然丰富，但因没有形成生产、加工、销售一条龙的系列化生产体系，难以综合利用，经济效益很低。

3. 失衡的人口与生态，使贫困地区难以摆脱贫穷落后

单一的产业结构和劳动者素质的低下，造成贫困地区农民发展生产、增加经济收入的手段只有靠低层次的扩大耕地种植面积和增加人口。我们在调研过程中发现，政府规定一对少数民族夫妇只能生两个孩子，多生一个孩子要罚款 3000 元，虽然 3000 元在城市里不算多，但是在少数民族贫困地区，3000 元这个数字可能是他们几年的纯收入，虽然政府也严格执行国家的政策法规要控制人口的增长，但是遇到需要罚款的人家里确实没有钱，家里也没有什么值钱的东西，政府对这种情况也无能为力。随着人口的无计划盲目增长，加大了耕地的承载量，不得不毁林开荒，扩大耕地面积，造成贫困地区陷入越贫困越超生——人口增长越快——越是拼命扩大耕地面积——生态条件越差——生产条件越恶化——经济越难发展的怪圈之中。在生态环境的

严重破坏和急剧增长的人口的双重作用下，贫困地区的农作物产量越来越低，最终导致更加贫困。

4. 资金短缺，缺乏必要的建设资金

在调查中发现，民族贫困地区的农户中，超过43%的农户根本没有存款。在南沙镇幸福村，村民盖房的资金是政府以砖瓦和水泥的形式给出的，盖上房子以后所需要的简单装修的花费很多村民不知道要到哪里去筹。有较多生产垫本的农户只占5%，有少量生产垫本的农户占45%，有50%的农户生产垫本要靠贷款等方式解决。而当地政府由于财政收入水平低，所需财政转移支付数量大，财政年年赤字，并且缺口年年增大。从地方政府到生产者个人都缺乏必要的经济发展与建设资金，使贫困地区的经济发展受到极大限制。

5. 市场观念淡薄，经济活动与市场联系度低

对于新中国成立前夕一些少数民族还留存在封建土司制社会形态的元阳县来说，很多贫困地区村民的主要生产活动围绕着种植粮食、蔬菜，养牛、养鸡、养猪进行，而这一切主要是以满足自身需要为主，自始至终延续着小农经济意识。"种田为吃饭，养牛为耕田，养鸡生蛋为点盐巴钱"，如妇女在市场上出售收集的野菜和种植的蔬菜的直接目的是获得足够的钱购买盐、辣子和其他生活必需品。同时，受"自己生产自需粮食"的传统观念影响，他们往往愿意花费更多的劳动力投入和生产资料投入生产粮食等农作物，而不是生产经济作物再将其出售，取得货币购买粮食。甚至有些地方还存在着以物易物的传统方式。再加上交通条件差，贫困地区农民基本上是自产自销、自给自足，使得其经济活动与市场联系较低。

6. 开放性意识弱，信息传递迟滞

以山区为主的地理环境使少数民族村寨与外界的信息沟通受到很大阻碍，虽然不少村寨已经建起了乡村公路，但是乡村公路路况差，畅通程度低，交通的辐射力难以有效地发挥出来；星罗棋布的山区村寨使交通、通讯等基础设施建设成本和使用成本提高，大多数少数民族村寨电视、收音机、电话家庭拥有率低（即使有电视也没有接收信号，根本收不到几个频道；即使有信号，那里的人们也听不懂汉语，对电视信息的接受仅仅凭借画面的猜测），村民对外界信息的获取渠道主要靠村民之间的人际交流、乡村干部召开的会议等方式，村民外出量小、外出行程短等等因素，导致信息来源狭窄，信息流量小，信息吸收慢。由于未形成有效的对外部信息吸收反馈的流

程，使少数民族村民与外界联系少，长期处于封闭的自然与社会环境中。

7. 经济作物的生产经营未形成规模，市场的风险增强

在政府倡导下和市场的诱导下，也有一些少数民族尝试着增加经济作物的种植，以获取经济收益。但不少村寨在生产经营中，都不同程度地因市场问题而遭受经济损失。如南沙镇团结村曾试图种植甘蔗和芭蕉等经济作物，但是由于对市场需求信息的缺乏，使得种植经济作物等均遭受到市场影响而使农户生产积极性大受挫折。虽然市场风险是任何经济主体不可回避的问题，但是从调查过程中可明显感到少数民族村寨经济面对市场风险表现得更为脆弱，更为无可奈何。究其原因，主要是经济作物的生产经营未能形成规模，不仅增大了生产成本，而且使产品市场辐射能力弱，对前向联系的产业影响力低，通往市场的通道狭小，从而承担了更大的市场风险。

8. 教育滞后

首先对教育认识不足，各乡镇的"普九"教育只是一种形式，或者说只是口头上的"普九"。很多父亲不愿供子女上学，认为"供子女读书，不如打酒喝"，认为人多好劳动，多个人，少份负担，而母亲是听从父亲的话的，任凭孩子不去上学，致使民族地区是全省儿童入学率最低的；其次教育设施不全，布局不尽合理，再加上乱收费等问题的一再出现，使得教育费用增大；再次，民族地区师资力量薄弱，老师总体素质不高，一所小学中，民办老师占半数以上，教育资金紧缺。教育滞后的结果使民族贫困地区人口的文化素质普遍较低，难以接受新事物、新成果，科学技术无法转化为生产力，人们思想保守陈旧，这也是贫困面貌难以改变的症结之所在。

三、民族贫困地区反贫困对策

1. 加大对民族贫困地区基础设施建设的投入

基础设施建设是改善贫困地区生产条件的基础和长期发展的保障。应把加快以水利设施为重点的农业基础建设放在优先发展的首位，全面规划，分步实施，解决贫困乡村的水资源优化配置和利用问题，用好河道水，积蓄天上水，发展旱作农业；"要想富先修路"，任何一个地区经济的起飞都是以优先发展交通运输业为依托的，交通是山民走出大山，走向市场，参与竞争的"手足"，是连接城乡的纽带，元阳县的交通问题对于旅游资源的开发，带动旅游产业的发展具有重要意义；通讯设施是贫困地区农民与外界联系的

重要手段，对外面世界的了解、农业生产技术的学习、市场需求等重要信息的获得很大程度上需要通讯设施的设立。应加大财政建设资金和政策性银行贷款，加大对民族贫困地区公路、通电、通讯设施、网络建设等的投入，切实解决人民群众出行难、收视难等问题。

2. 加大教育投资力度，提高人口素质

发展教育，提高民族科学文化素质，是经济发展及现代化建设的根本性问题，也是元阳县全面建设小康社会的基础性工程。经济、社会的发展。根本的问题是人的发展，要把教育事业的发展放在首位，坚持教育创新，深化教育改革，优化教育结构，合理配置教育资源，全面提高各少数民族的素质。但是同时应该注意到，由于大多数少数民族居住在偏远山区，开发相对较晚，有的地区尚未开发，仍处于原始社会的生活形态之中，所以在少数民族地区开展基础教育，难度大，收获小。孩子从小受母语的影响，形成了母语思维模式，要解决此问题，必须在民族地区开展"双语教学"。使汉语与民族语言相交融，寻求一个共融点，使民族文化在继承中创新，培养民族语言与汉语兼通的高素质人才，更好地保护民族文化。同时要严格禁止教育乱收费问题的一再出现，保证贫困地区孩子不再因为十块钱、二十块钱而导致退学。

3. 依靠技术培训，培养专业技术人才

要从根本上改变民族贫困地区的落后面貌，智力开发对于贫困地区的发展更为重要。而要做到这一点，就需要大力培训本地区本民族的各种专业技术人才。把自然资源优势开发与智力开发结合起来，通过举办种植、养殖、加工、修理等各种科技培训班，组织科技服务队伍，大力开发农村各项应用技术的培训和推广运用工作。在实施过程中，要从种植业范围扩大到林、牧、副、渔、工、商、运输、建筑、建材等广泛的领域。根据各地自然资源的状况和广大农民的适应程度，采取简单与复杂、低层次与高层次相结合的方法，分期分批地向当地干部和广大农民传授科学种田的技术、发展商品经济的知识和经营管理的技能，并指导他们在生产实践中加以广泛应用。同时，大力发展职业教育，努力提高劳动者的素质，培养出一大批有知识、懂技术、会当家理财的经济建设人才，加快改变贫困地区落后面貌的步伐。

4. 开发旅游资源

云南是一个以旅游为支柱产业的省份，云南旅游业的主导产品是民族民俗风情旅游。各少数民族村寨如果能够很好地对自己的民族风情和民俗文化

进行商业包装，发展旅游业，这是一条非常有前途的经济发展之路。元阳县具有丰富的旅游资源，独特的喀斯特地貌、极具哈尼特色的蘑菇村、蘑菇房—箐口哈尼族民俗村、多姿多彩的哈尼、彝族风情、堪称世界奇观的哈尼梯田都是元阳旅游的品牌，可以以旅游业为龙头，带动第三产业的全面发展。同时由于旅游业是开放性的，能带来人流、物流、资金流、信息流的多向交流。

5. 加大对贫困地区的政府支持力度

贫困地区受"贫困恶性循环"的作用，靠自身的力量难以实现经济发展，特别需要政府的扶持性发展政策。政府支持力度的增大，并不仅仅意味着政府财政、转移支付等对贫困地区的资金拨付，而是指文化、观念、意识以及生活方式等等方面的帮扶。为了促进少数民族村寨经济的发展，各级政府应充分考虑到在西部大开发中少数民族村寨经济发展的特点和特殊性，以更大的力度来推动少数民族村寨的发展：政府要在充分尊重民族习俗和传统的前提下，实施异地搬迁扶贫开发措施，从根本上改善一些生存条件恶劣的村寨的生存和发展条件；对少数民族村民传统工艺开发和其他私营经济活动可以通过减免税收或财政补贴的方式加以扶持；促进先进地区对少数民族村寨的对口支援，强化支援项目的多元性，如农产品深加工、生态农业发展、技术人员培训、管理方法引入等方面的支持。

6. 加强村寨与现代社会之间的信息交流，促进村民传统观念意识的改变

传统意识形态是少数民族村寨经济发展的重要制约因素，观念的创新是推动生产经营方式创新的主导力。而观念的创新来自新信息不断刺激下的态度改变，因此，要保证村民能够及时和源源不断地获得新的信息来源，同时所传递的信息还要有一定的刺激强度，如能够引起听众兴趣的产生或多次重复宣传等等，才能够有效地改变少数民族村民心理上根深蒂固的与发展市场经济不相符合的传统观念。要起到这样的作用，电视和广播是一个很好的传媒选择，村民能够通过电视节目、广播节目的转播增强与现代社会的交流；同时交通条件也极大地影响着村民与外界交流的状况；村委会也应该经常组织活动，向村民宣传党的方针政策，传输致富信息和农业科技。

四、小结

可喜的是，在调研过程中，我们看到元阳县南沙镇幸福村和团结村正在大力抓山区小水池、小水沟、小水窖、小水井、小坝塘等"五小工程"，解决民族贫困地区的人畜饮水困难，实现人均有半亩水田或水浇地，极大地改善了当地人的吃水、蓄水、灌溉困难；农村节水灌溉、人畜饮水、乡村道路、农村沼气、农村水电、草场围栏等"六小工程"的投入，也从一定程度上缓解了贫困地区基础设施落后的状况；元阳梯田作为旅游资源龙头产业计划正在逐步展开，周边旅游资源如箐口哈尼族民俗村、哈尼土司署的开发拉动，对于当地经济的发展都已经取得了建设性成果。

少数民族地区和贫困地区的开发，不仅是元阳县区域开发的重要组成部分，也是红河哈尼族彝族自治州区域开发的重要组成部分，少数民族地区和贫困地区经济状况如何，直接关系到整个红河哈尼族彝族自治州区域开发的全局。同时，民族贫困地区经济的发展，也是整个西部区域快速、持续、稳定发展的重要一环。富国必先富民，民族贫困地区的反贫困问题是当务之急。正因为如此，我们必须唤起全社会的共识，都来关注少数民族贫困地区的经济发展状况，全面寻找解决其贫困现状的有效途径。

参考文献

[1] 林文勋等：《云南少数民族村寨经济现状及发展对策》，《云南民族学院学报》（哲学社会科学版），2002年7月第19卷第4期。

[2]《红河哈尼族彝族自治州国民经济和社会发展第十个五年规划纲要》。

[3] 者丽艳：《云南民族地区经济发展与全面建设小康社会》，《云南社会科学》2003。

[4] 李奥烈：《云南民族贫困地区经济发展的思路与对策》，《云南师范大学学报》（哲学社会科学版）第29卷。

[5] 魏红：《试论云南民族贫困地区的经济发展》，《云南大学人文社会科学学报》，2000年第3期。

[6]《红河哈尼族彝族自治州年鉴》（2005）。

[7]《红河哈尼族彝族自治州统计年鉴》（1990—2000）。

内蒙古扎兰屯市经济状况调查

2005 级区域经济研究生　潘　乐

2006 年 8 月 3 日至 21 日，中央民族大学经济学院"985 工程"战略创新小组 10 名同学在张丽君老师和杨思远老师的带领下到内蒙古呼伦贝尔市进行了为期 19 天的调研。期间，从 8 月 11 日至 13 日，调研小组在扎兰屯市进行了 3 天的调研，主要采取了乡村入户问卷访问、与当地政府部门如发改委、经贸委等举行座谈会等形式，收集了大量有关扎兰屯市经济发展状况的第一手资料，对当地经济发展状况有了较为全面的了解。在这里，笔者主要对扎兰屯市的经济现状、存在的问题以及今后的发展战略谈一下自己的看法。

一、扎兰屯市经济现状

扎兰屯市位于内蒙古自治区东部呼伦贝尔市南端，北倚大兴安岭，面眺松嫩平原，东以音河为界与阿荣旗为邻，东南及南以金界壕为界与黑龙江省甘南、龙江二县及兴安盟扎赉特旗接壤，西及西北以哈玛尔山和莫克河为界与科尔沁右翼前旗、鄂温克族自治旗相连，北以阿木牛河为界与牙克石市为邻。市境东西宽 210 公里，南北长 160 公里，滨洲铁路纵贯市境。距海拉尔 333 公里。全市总面积 16 926.3 平方公里，共有 10 个镇、6 个乡（其中 3 个民族乡）和 6 个市区街道办事处。乡、镇、办事处共下辖 167 个行政村和 117 个居民委员会。全市共有 22 个民族，其中有蒙古、达斡尔、鄂温克、鄂伦春、满、回、朝鲜等少数民族。全市总人口为 434 037 人，其中少数民族人口 55837 人，占该市总人口的 12.9%。旅游资源十分丰富，自古以来素有"塞外苏杭"的美誉。

通过查阅当地统计部门提供的资料以及座谈会上当地政府部门领导同志的详细介绍，我们了解到 2005 年扎兰屯市地区生产总值达 323433 万元，按可比价计算，比上年同期增长 23.9%。其中：第一产业增加值完成 115600 万元，比上年同期增长 36.3%；第二产业增加值完成 115667 万元，比上年同期增长 28.2%；第三产业增加值完成 92166 万元，比上年同期增长

9.6%，全市乡及乡以上工业总产值实现 16.65 亿元，比"九五"期末增长了 357.13%，年均递增 35.5%。在经济总量大幅增加的同时，扎兰屯市各个产业也都取得了长足的发展。

1. 农林牧渔业

据当地农牧业管理局李局长介绍，2005 年扎兰屯市积极推进农牧业产业化经营，大力发展特色农业，优化种植业内部结构，全面落实惠农政策，及时兑现粮食补贴政策，农民生产积极性空前高涨，粮食产量达到了 10.03 亿斤，比 2004 年增长 61.6%，创历史最高水平。我们入户问卷调研的扎兰屯市南木鄂伦春民族乡猎民村就是一个很好的例证。作为内蒙古自治区民委、扶贫办联合扶持的人口较少民族扶贫开发试点村，共有 115 户、300 余人，耕地 7500 余亩，2005 年这个村的粮食产量比 2004 年增长了近 40%，其中先后引进的"无壳白瓜子"和"303 系列土豆"新品种使当地农民人均纯收入增加 400 元，另外全村 7500 多亩耕地上的 70 眼喷灌井全部打完喷水，成为扎兰屯市 126 个自然村中首个全部耕地实现水浇的村子。

据了解，该市农业在调整中提质增效，三次产业结构由 2000 年的 46：19：34 调整到 35：35：28，新的农牧业产业化格局已经形成。当地的基地农业、订单农业、特色绿色农业迅速发展，农牧业产业化的发展使全市 4.4 万农牧民从中获益，农民人均从订单农业中获得纯收入 1600 元，实现了收入的稳定增加。

扎兰屯市牧业生产在"十五"期间得到了快速发展，肉羊、肉牛基地建设不断扩大，在调研过程中我们了解到，2005 年全市牲畜总头数达到 231 万头（只），比上年增长 51.6%。其中，大小牲畜存栏 203 万头（只），比上年增长 62.7%；羊存栏 182 万只，比上年增长了 67.0%；生猪存栏 28 万口；奶牛存栏 6.8 万头，全年牛奶产量 15.1 万吨，比上年同期增长 62.4%。

2. 工业

2005 年扎兰屯市工业生产继续保持高速稳定的增长势头，依托当地特色产业，大力发展高新技术产业，企业自主创新能力进一步增强，龙头企业带动作用明显增强，其中以玖龙浆纸厂扩建、热电厂机组扩能改建、宏裕农药扩建项目的建成投产，成为该市工业经济增长中的新亮点。其中发改委和经贸局的同志重点介绍了当地的一个龙头企业宏裕农药厂的扩建及投产情况。总体统计资料显示，全市乡及乡以上工业企业当年完成现价产值 166512.7 万元，同比 2004 年增长 42.5%，其中：规模以上工业企业完成现价产值 162048.8 万元，同比增长 42.1%。全市乡及乡以上工业企业完成现价增加值 63256.5 万元，同比增长 40.8%，其中：规模以上工业企业完成现价增加值 61573.3 万元，同比增长 40.2%。规模以上工业企业产品销售率达到 87.66%，主要产品产量增长较快。

企业经济效益整体水平继续大幅提高。全市规模以上工业企业经济效益综合指数达到 183.38，比上年同期高 46.48 点，实现利润总额 7747.6 万元。玖龙兴安纸业、热电厂、宏裕农药制品等工业企业的拉动作用尤为突出，推动了全市工业经济的快速增长。

3. 固定资产投资

我们从当地政府部门提供的《2005 扎兰屯市国民经济统计资料》可以看出，扎兰屯市固定资产投资稳定增长，投资拉动作用充分显现，基础设施日趋完善。2005 年全市固定资产投资完成 125083 万元，比上年增长 23%。其中，基本建设完成投资 88508 万元，比上年增长 85%；更新改造完成投资 29821 万元，比上年下降 33.0%；房地产完成投资 4645 万元，比上年下降 45%。投资结构得到进一步优化，投资效益明显提高。2005 年扎兰屯市重点工业企业技改投资力度加大，更新改造投资大幅度增长。项目带动战略的强劲拉动作用突出体现，电力、交通、城市基础设施等一批重点项目的建设对固定资产投资增长起到了积极的带动作用。

4. 商贸、物价、旅游

当地居民消费需求继续升温，居民社会购买力十分旺盛，市场商品销售持续快速增长，旅游、假日、餐饮业等成为拉动该市消费品市场增长的主要因素，商品市场总体保持良好的发展势头。据调研小组了解，2005 年扎兰屯市社会消费品零售总额达 120696 万元，比上年同期增长 17.0%。其中，批发零售贸易业 105330 万元，比上年同期增长 16.8%，餐饮业 12686 万元，比上年同期增长 18.0%。全年市场物价基本稳定，居民消费品价格总指数为 101.6%。旅游业已成为该市的支柱产业，全年共接待国内外旅游人数 52 万人，旅游总收入达到 2.67 亿元。

二、扎兰屯市经济发展中存在的问题

1. 自然灾害较严重，农业基础设施落后，畜牧业不发达

在调研期间，根据当地政府部门提供的气象资料，调研小组认为扎兰屯

市的地理位置处于内蒙古东北部，与中国东北的黑龙江省毗邻，历史上扎兰屯市曾经隶属于黑龙江省，当地的年平均气温较低，仅有 0 摄氏度左右，极端低温达到零下 42 度，每年的平均供暖期都在 7 个月左右，低温冷害是当地比较常见的自然灾害之一，这样使得当地的基础工程建设年平均时间仅有 5 个月，较其他温暖地区少很多，经济建设的时间也就有限。另外，干旱、冰雹、春涝、秋涝以及大风等灾害性天气也经常发生，对当地的经济发展起到了不小的抑制作用。

2005 年扎兰屯市的农业人口有近 28 万人，耕地面积为 260 万亩左右，人均耕地面积为 9.28 亩，耕地主要分布在雅尔根楚、中和、大河湾、哈拉苏、达斡尔、柴河镇以及市郊等地，虽然当地的耕地面积不小，人均耕地面积也不低，并且地势也比较平坦，但是当地农业的基础设施建设却比较滞后，大多数农民的耕作工具比较落后。在调研中，我们看到，在许多自然村中，农田喷灌技术的应用还不是很普及，126 个自然村中，只有 55 个村应用了喷灌技术，占 44% 左右。在南木乡，很少有农民家中有拖拉机、四轮农用卡车等耕作机械，基本上都是用马、牛等牲畜犁地，劳动效率比较低。

扎兰屯市位于蒙东地区，主要位于内蒙古的农业区，畜牧业虽然在建国后有了较大程度的发展，但是同蒙中和蒙西相比，还是处于劣势。2005 年末，扎兰屯市保有牲畜 213 万头（只）（较之年初的 155 万头（只）增加了 58 万头（只），增幅达到了 37%，看起来增长较快，但是，和内蒙古其他畜牧业大旗相比还是显得发展较慢，比如锡林郭勒盟正蓝旗 2005 年出栏牲畜就达到 400 万头（只）。从调研的结果来看，当地农村的农民也并不是都有牲畜饲养，其中很大一部分农民是替人看养牲畜。另外，扎兰屯市的畜牧业加工产业还处于较低水平，2005 年肉类产量为 42000 吨，明显少于海拉尔市的 60000 吨。

2. 经济总量较低，工业基础薄弱

扎兰屯市 2005 年国民生产总值为 32 亿元人民币，可比价增速为 23.9%，工业总产值为 11.5 亿元人民币，可比增速为 28.2%，二者增速均远高于全国平均水平。但是，由于扎兰屯市经济基础较低，工业基础较为薄弱，虽然相对增速较大，但是绝对增加量并不是很大。从经济总量看，扎兰屯市在整个内蒙古自治区的排名比较靠后，低于西蒙地区旗县，甚至比一些东蒙旗县还要低。从工业来看，扎兰屯市工业化水平较低，其中 2005 年该市的工业企业共 44 个，但是亏损企业却达到 20 个，几乎占到所有企业数的一半。在该市的 22 个重工业企业中，有 8 个严重亏损，其余 22 个轻工业企业中，有 12 个企业亏损。该市重点发展的粮油食品加工企业、肉类食品加工企业、乳品企业、制糖企业等由于投资力度有限，致使扎兰屯市的工业基础薄弱的状况在短期内得不到实质解决。

3. 城乡、旗市区发展不平衡，市区对周边的辐射作用不强

根据扎兰屯市提供的资料，该市下辖 10 个镇、6 个乡，扎兰屯市处于中心城镇的位置，本应发挥对周边乡镇辐射作用，在本市的发展过程中，带动其他乡镇加快城镇化进程。但是，扎兰屯市对所辖乡镇的辐射作用并不是很强。首先，扎兰屯市 1983 年才建市，时间不长，工业化和城镇化起步较晚，本身的经济实力不强，整个区域对外界的资源吸引能力较弱，所以其对周边小城镇的经济辐射和带动作用较低。其次，扎兰屯市周边的小城镇虽然数量不算少，但经济增长缓慢，乡镇规模偏小，如柴河镇有人口 6220 人，哈拉苏为 1550 人，功能偏弱，集聚能力不强，吸纳生产要素和转移农业人口的能力弱。最后，扎兰屯市所属的乡镇分布很分散，从乡下到市区的距离很远，这也和东北地区平原面积较大，城镇之间间隔较远有关。比如从南木乡到扎兰屯市的车程大概是一个半小时，并且路况在很多地方还很差，交通的不方便造成了主城区对郊区辐射能力的下降。居民收入与经济增长不同步，城乡居民间收入差距扩大。

4. 存在较丰富的旅游资源，但是开发力度不够

扎兰屯市是国家重点旅游城市，有特色的旅游资源是比较丰富的，比如阿尔山、柴河等，并且扎兰屯市的交通网络可以说是四通八达，滨洲铁路、111 国道、碾博公路与通往市区的各条公路形成了很完善的交通网络，这对该市做强做大旅游产业应该是得天独厚的条件。但是根据当地旅游部门的说法是："扎兰屯市是捧着金饭碗还挨饿。"从气候上讲，扎兰屯市冬季时间太长，可利用的旅游时间太短，游客的游玩时间十分有限；从地理位置来讲，扎兰屯市夹在海拉尔和哈尔滨中间，旅游优势不是很明显，大多数游客只是路过此地，真正以扎兰屯市作为旅游目的地的游客并不是很多，这就造成了虽然存在美好的景色，但是无人来欣赏的尴尬局面。此外，扎兰屯市对本地旅游资源的宣传力度虽然在加强，但是相对较弱，对旅游产业包括旅游产品的深层次开发还有待加强，比如这次我们到扎兰屯市调研就不知道有什么旅游纪念品可以购买，这与海拉尔、满洲里等市的旅游产业的开发力度相差很远。再有，各种旅游项目和设施建设还不是很成熟，市内宾馆、旅店等

住宿接待服务设施在档次上还有待提高。

三、扎兰屯市经济发展战略

通过在扎兰屯市几天的问卷调研和与当地政府部门官员开座谈会，我们对扎兰屯市的总体经济发展状况有了比较全面的认识，当然也发现了其经济发展中存在的一些问题，对于这些问题的解决不是一朝一夕的事。作为扎兰屯市来说，现在处在一个发展自身的大好时期，正如扎兰屯市民族宗教事务局的同志所说，当前，国家正在实施西部大开发、振兴东北老工业基地和加强与俄蒙经济技术合作三大战略，扎兰屯市作为边疆少数民族地区，处于祖国西部和东北部之间的交汇地带，按行政区划属于西部地区范畴，按经济区划又是东北经济区的有机组成部分，不仅享受民族区域自治政策，而且得益于西部大开发的优惠政策，更有振兴东北计划的强力拉动，政策优势、区位环境和物质基础优势彰显。所以扎兰屯市应从实际出发，依托国家重点风景名胜区和中国优秀旅游城两大品牌，深入实施工业化、农牧业产业化、城镇化和旅游业发展战略，依托项目带动，强化产业支撑，做大做强经济总量。在此，依据此次调研所搜集的资料以及自己的思考，提出发展扎兰屯市经济的几点具体建议：

1. 扎兰屯市应以结构调整为主线，推进农牧业产业化。我们在该市的南木乡猎民村调研时了解到，当地农民在种植传统农作物的同时，也积极种植经济作物且面积不断加大，单单这个村的经济作物面积就达到了近4000亩，并且在当地政府的资金支持下，这个村很多农民不仅种植农作物，还进行畜牧养殖，人均养殖2头以上，并以奶牛养殖为主，通过种植经济作物和养殖业，当地农民的收入有了较大的增幅，达到1690元左右，增幅达到15%，并且种植经济作物和养殖奶牛的收入已占到总收入的55%以上。另外，居住在当地的少数民族，如鄂伦春、鄂温克、达斡尔等少数民族在农业产业化过程中受益很大，生产方式的转变使这些人口较少民族的经济发展跨上了新的台阶。所以我们认为扎兰屯市应该坚持收缩传统种植业生产规模，重点发展高效特色农业、农区畜牧业，以市场促产业、企业带基地、基地连农户，形成集种养加、产供销、贸工农、农科技为一体的农牧业产业化体系，实现以种植业为主向以牧业为主的农牧业主辅换位，发挥内蒙古的牧业优势。（1）提高畜牧业的专业化、规模化、集约化水平，按照扎兰屯市政府农牧业部门的规划，到2007年末，牲畜总存栏将达到248万头（只），其中奶牛存栏10万头，畜牧业增加值占第一产业比重将提高到60%，牧业纯收入占农民人均纯收入的60%。（2）加快培育特色主导产业，依据市场需求，选择主导产业，推进生产集中和规模经营。建设出口创汇蔬菜和特色种植基地，深化种植业内部结构调整，重点发展高效特色农业。（3）认真贯彻中央精神，以农民增收为目标，巩固农村税费改革成果。在调研中农民对农业税的政策很是支持，认为这在很大程度上减轻了负担，增加了农民的可支配收入。

2. 扎兰屯市应以重点项目为支撑，推进工业化战略。一个地区经济的发展在很大程度上取决于当地工业水平的高低，工业作为地区经济发展的支柱从来都是当地政府扶持的重中之重，工业产值的多与少直接影响当地经济总量，所以扎兰屯市应坚持"为农而工"、"为牧而工"、"为林而工"，构建、充实和完善支农支林支牧工业体系，重点发展粮油食品加工业、肉类食品加工业、乳品业、制糖业、饮品酿造业、医药化工业、浆纸制造业、钢铁制造和饲料加工业等农副产品深加工业。首先是实施好工业增量项目，确保已建成或在扩建项目达产达效，如在座谈会上发改委的同志提到的玖龙兴安60万吨浆纸厂扩建、热电厂机组扩能改建、宏裕农药新型除草剂等；其次是建设好工业园区，坚持"高起点规划、高标准建设、高水平集聚、高效益运作"的原则，加快大兴安岭以东工业开发区建设步伐。按照当地经贸委同志的介绍，扎兰屯市要争取到2007年，形成10个以上产值超亿元企业，实现工业增加值15亿元，占全市国内生产总值比重达到35%；最后是规划好原料基地建设，发挥当地龙头企业对原材料基地建设的反作用，大力推行订单农业，调整农业生产布局，建设优质大豆生产基地70万亩，马铃薯生产基地25万亩，甜菜生产基地5万亩，中药材生产基地1万亩，加强农业对工业原料的支持力度。另外，加大科技投入，加快科技向生产力转化的速度，缩短转化周期，用科技的发展促进工业的发展。

3. 扎兰屯市应以产业联动为手段，推动城镇化战略。在调研过程中，我们整体上感觉扎兰屯市城镇化的进程较快，各种商业活动比较频繁，周边的成吉思汗镇、蘑菇气镇、柴河镇等均在很大程度上受到该市区经济发展的影响，扎兰屯市是呼伦贝尔盟商业批发中心和大兴安岭以东地区城乡物资交流的集散地，在该市街上经常可以看到来自周边城镇的汽车来此地进货，这极大地拉动了周边地区经济的发展。按照现有资料分析，扎兰屯市应坚持

"一镇促多镇"的思路，统筹安排各类资源，加快形成功能完善、布局合理、规模适度的城镇体系，逐步调整和改善城乡二元结构，整合资源，优化配置。首先，要坚持完善城镇体系规划。市区规划方面，完成城乡总体规划修编和市区各类专项规划的编制。其次，要坚持完善城镇基础设施，加强城镇路、电、信、绿化美化等基础设施和服务设施建设，增强城镇特别是中心城镇的辐射功能、服务功能和聚集功能。最后，坚持发展城镇经济，围绕建设综合型、近郊型、商贸型、生态旅游型、工贸小区型等类型城镇，加快专业市场建设步伐，通过小城镇经济总量的发展，不断提高该市的内涵和水平。

4. 扎兰屯市应以培育主导地位和支柱产业为目标，推进旅游开发战略。在该市调研期间，当地旅游主管部门对于本地的旅游资源的开发十分重视，多次向我们提及扎兰屯市是全国优秀旅游城市以及周边的很多旅游景点。在我们去该市下辖的南木乡猎户村做问卷调查的时候，确实领略到了当地的旅游资源之丰富，所以我们认为扎兰屯市应该依托中国优秀旅游城市和内蒙古唯一的国家重点风景名胜区两大品牌，利用"塞外苏杭"自然条件优越、历史民族文化底蕴厚重的优势，大力实施旅游开发工程，努力开发阿尔山和柴河两大旅游区域，带动当地第三产业优化升级，并逐步实现第三产业对第一产业、第二产业的拉动。根据当地的实际情况，我们认为，扎兰屯市具体应主要做好以下工作：一是建设好重点景区景点，如一柱亭、九龙泉、月牙岛等景点，构筑并完善"一个中心、两个重点、九大景区"的景区发展格局。二是开发好旅游资源，依托山水、林岩、冰雪和"三少"民族风俗、成吉思汗文化等优势资源，开发旅游项目，编制演绎传说，实现文化资源与旅游资源有机结合。三是全面扩大对外宣传。要以加入"中国兴安旅游联盟"为契机，采取多种形式加强宣传促销，加速开拓以东三省旅游市场和以俄罗斯为重点的国外旅游市场，扩大扎兰屯的旅游知名度，从而吸引更多的游客来此旅游，以带动第三产业的发展，尤其是餐饮、住宿等服务产业的优化。四是加快旅行社发展速度，培养一批旅游专业人才，实现旅游业的产业化格局。

作为内蒙古东部重要城市的扎兰屯市，在国家的"十一五"发展计划中，迎来加快发展的新一轮重要战略机遇期。扎兰屯市应努力加快经济发展步伐，实现产业结构升级，从战略高度认真思考，把握机遇，制定正确的发展战略，实施相应的政策措施，全力打造经济强市。

呼伦贝尔地区经济发展战略与国家整体战略关系

2005 级政治经济学研究生　厉晓冬

呼伦贝尔市位于内蒙古自治区东北部，西、北分别与俄罗斯、蒙古国毗邻，国土总面积 25.3 万平方公里，是我国北方乃至东亚地区的重要生态屏障。2006 年 8 月，我随中央民族大学"985"工程"国家和地区经济发展战略"调研组前往呼伦贝尔进行实地调研，通过与政府部门有关负责人进行座谈交流，对地区经济发展战略和国家整体战略的关系有了进一步的认识。

一、国家整体战略和地区战略的关系

任何国家都是由不同的地区构成的，地区经济组成了国家经济；没有地区的发展，就没有整个国家的经济发展。国家整体发展战略，在整个国家的发展中具有关乎全局的战略地位，是立国、强国的基础，富国强民之道，通过科学的战略指导，确定发展的目标和方向，推动整个国家的经济、政治、文化整体发展，增强国家的整体实力。从地区的角度看，国家的发展战略是各个层面的复合体，是各个地区经济社会发展子系统的集中统一，具有系统整体性。在这个系统中，各个层面是相互联系、不可分割的，共同构成了整体的全面协调发展。

1956 年，毛泽东在我国社会主义改造任务趋于完成及"一五"计划已实施三年的背景下，发表了《论十大关系》的讲话，强调要处理好重工业和轻工业、农业的关系，沿海工业和内地工业的关系，经济建设和国防建设的关系，国家、生产单位和生产者个人的关系，中央和地方的关系，汉族和少数民族的关系，党和非党的关系，革命和反革命的关系，是非关系，中国和外国的关系。他把矛盾的理论运用于社会主义建设的实践，通过矛盾的协调和解决来统领整个社会主义社会，进而推动社会发展。十大关系就是十大矛盾，世界就是由矛盾组成的，我们的任务就是要正确地处理好这些矛盾，处理各方面的利益。其中中央和地方的关系、汉族和少数民族的关系、中国和外国的关系是重要的内容：处理中央与地方关系要兼顾各方利益，充分发挥中央和地方两个积极性；诚心诚意地积极帮助少数民族发展经济建设和文化建设；学习一切民族、一切国家的长处，反对不加分析地一概排斥或一概照搬。《论十大关系》阐明我国社会主义建设中基本方针和政策，论述我国社会主义建设中必须正确处理的各种矛盾的关系，调动国内外一切积极因素；提出了探索适合我国国情的社会主义建设道路，体现了中国建国初期对经济、政治和文化、中国与外国的和谐的追求。

我国经过十个"五年计划"的发展，综合实力大大增强，已经进入全面发展的新时期。国家"十一五"规划，国家整体发展战略强调的经济社会发展，是全面贯彻落实科学发展观，坚持以人为本，转变发展观念，创新发展模式，提高发展质量的全面协调可持续发展。发展既要有较快的增长速度，更要注重提高增长的质量和效益，特别要注意到土地、淡水、能源、矿产资源和环境状况对经济发展的严重制约，在保持经济平稳较快发展的同时必须转变经济增长方式。发展循环经济，保护生态环境，加快建设资源节约型、环境友好型社会，促进经济发展与人口、资源、环境相协调。我们要实现 2010 年人均国内生产总值比 2000 年翻一番的目标，在反映市场供求状况和资源稀缺程度的价格机制形成之后，对资源的需求必然加大，资源进一步开发利用的同时，利用效率应有显著提高。国家与地方（中央与地方）的关系应随着国家战略的调整而相应做出变化。中国经济发展已经进入新的时期，只有符合国家整体利益的地区战略才可长久。

国家整体战略和地区经济发展战略是一对矛盾，正确处理好这个矛盾是我们经济发展的关键环节。换句话说，就是协调好整体利益与局部利益之间的关系，局部要服从整体的利益，整体的发展同样必须以局部的发展为前提。整体利益和局部利益的一致性和差异性是明显的，我国的"十一五"规划是全面提高我国综合国力、国际竞争力和抗风险能力的战略措施，是呼伦贝尔市经济社会发展的有力保证。反过来看，呼伦贝尔的经济发展是国家发展的组成部分。全部的整体利益压倒局部利益，产生恶果，局部利益压倒整体利益，同样会产生恶果。大兴安岭林区自东北向西南，逶迤纵贯千余里，纵贯呼伦贝尔中部，其森林覆盖率为 49%，有林地面积 1.9 亿亩（含松、加地区），占自治区有林地面积的 83.7%，是我国面积最大的国有林区，也是我国天然林主要分布区之一。林业是呼伦贝尔的重要基础产业，为国家和地区的经济建设做出了重要贡献。近年来，随着国家"天然林保护工程"的实施，呼伦贝尔市林业生产特别是传统的森林采伐受到限制，木材产量大幅度调减，林业经济逐步滑入低谷，林区发展、林业职工的生活状况面临很多困难。据统计，2005年全市林业产值12.57亿元（包括营林和采伐产值），比上年下降18.3%，增加值7.54亿元，比上年下降14.6%。林业产值占全市农林牧渔业总产值的8.6%。2004年林业职工家庭人均可支配收入比全市城镇居民低3982元，家庭人均消费性支出比全市低2240元。资源面临枯竭、林业产业资源配置不尽合理、"天然林保护工程"补偿配套资金标准低、到位不及时等都是林区目前所面临的问题，制约着当地经济的发展。而且林区的多数下岗人员文化素质普遍不高，技能单一，难以自谋出路，生活比较困难，迫于生活压力，偷伐偷砍现象时有发生，更有甚者，放火兴安岭。这样做，一方面可以获得国家的补助，另一方面由于是人为的纵火，火势比较容易控制，扑灭火之后还可以卖掉火灾遗留下的树干等木材，获得收入。然而这对国家、对呼伦贝尔市都是损失，从长远看同样是林区工人的损失。国家战略和地区发展战略的关系处理不好，就会导致国家、地区、居民三方利益受损。

国家整体和地方的关系一定程度上表现为中央集中资源、资金与地方的自治性。国家由于承担了全国性的公共服务，因而在经济上有集权的欲望和理由。地方由于有自身的责任和任务，力求在自己的范围内自主发展。地区和国家战略作为矛盾的两个方面，是有冲突的，从根本上说，地区经济发展战略和国家发展战略的冲突是地区和国家经济利益的冲突。呼伦贝尔地域广阔，北和西北部以额尔古纳河为界与俄罗斯接壤，西和西南部同蒙古国交界，边境线总长1723.82公里，其中中俄边界1048公里（不含未定界部分），中蒙边界675.82公里，能源、矿产、水资源丰富，境内居住着汉、蒙古、达斡尔、鄂温克、鄂伦春、俄罗斯等民族，总人口267万。国际和国内关系、经济发展和环境保护的关系、民族关系、国家整体和地区关系都在呼伦贝尔市表现出来，可以说，呼伦贝尔在全国战略中具有独特的地位。

二、呼伦贝尔地区和国家的经济利益关系

呼伦贝尔特殊的地理位置，丰富的能、矿、水资源和少数民族等问题决定了呼伦贝尔在国家战略中具有十分重要的作用。

呼伦贝尔毗邻俄罗斯，满洲里口岸位于呼伦贝尔东北部的中俄边境线上，是我国连接欧洲公路铁路的主要通道。木材和石油是经济发展不可缺少的原材料，也是重要的战略物资。由于实施了"天然林保护工程"，我国进

口木材量不断增加。目前，满洲里口岸每年进口俄罗斯木材的过货量达600多万立方米，成为我国木材进口的主要通道。截止到2006年5月底，满洲里检验检疫局共检验检疫进口木材500.1万立方米，其中铁路口岸进口495.5万立方米，公路口岸进口4.6万立方米，与2005年同期相比进口量增幅达38.8%，有效满足了国家对木材的需求，对大兴安岭的天然林保护工程做出了特殊贡献。同时由于我国经济高速增长，对原油需求旺盛，近年来满洲里口岸原油进口持续大幅度增长，2006年1~6月累计进口原油385.2万吨，占进口货物的37.8%，同比增长65.2%。对我国石油贸易输出国之一的俄罗斯，预计2006年通过铁路向我国出口原油1500万吨，这就意味着满洲里口岸原油进口仍将继续保持较大增长幅度。

作为我国北方乃至东亚地区的重要生态屏障，呼伦贝尔草原素有"绿色净土、北国碧玉"之美誉。"吃着中草药，喝着矿泉水"长大的三河牛、三河马、锡底河牛久负盛名。广阔的呼伦贝尔草原，对防风固沙、涵养水源、保持水土等方面起着决定性的作用。呼伦贝尔的煤炭资源丰富，全市含煤面积24478平方公里，已探明煤炭储量306.7亿吨（相当于东北三省总和的1.8倍），预测储量630亿吨，远景储量在1500亿吨以上。境内探明各类矿产资源9类65种，探明或初步探明资源储量矿产49种、矿点370多处，累计探明总资源储量317亿吨。其中探明有色金属储量346.7万吨、黄金储量32吨、白银储量4400余吨、铁矿石储量为7366.4万吨。预测海拉尔盆地可采石油储量8亿吨，天然气总储量2496.9亿立方米。探明石灰石储量60亿吨，硅石储量近亿吨，其他非金属矿藏勘探工作正在进行。境内以大兴安岭为分水岭，形成嫩江和额尔古纳河两大水系。有大小河流3000多条，其中流域面积大于500平方公里的98条，大于1000平方公里的63条。有湖泊500多个，其中大于100平方公里的2个，呼伦湖面积2400平方公里，是中国第四大淡水湖。全市水资源总量317.09亿立方米，人均占有量11744立方米，是全国人均占有量的5.4倍。呼伦贝尔是能源、矿产、水资源的富集区，是内蒙古资源型城市的典型代表。"十一五"规划中明确提出："西部地区要加快改革开放步伐，充分发挥资源优势，大力发展特色产业"的发展战略。但是矿产资源的开发和利用必然会导致耕地草场的不同程度的破坏。华能伊敏煤电有限责任公司是国家批准的全国第一家煤电联营的大型能源企业，露天煤矿不仅给电厂供煤，并且将开采中的疏干水输到电厂作为循环补给水，这些水在处理达标后再排放灌溉草原；电厂用煤则通过

3.7 公里的皮带走廊直接从露天矿送到电厂锅炉；燃煤发电后产生的灰渣，一部分作建材出售，其余均通过皮带返排回露天矿坑，从原煤的挖出、燃烧到煤渣的回填，仅需要 45 分钟的时间。可是，伊敏煤矿的开采代价是鄂温克族自治旗最好的草原不复存在。

蒙古、达斡尔、鄂温克、鄂伦春、俄罗斯等民族是呼伦贝尔主要的少数民族，毛泽东的《论十大关系》中把处理好汉族和少数民族的关系作为国家工作的一项任务。民族问题是当今世界的一个普遍问题，事实已经证明，民族问题在多民族国家中占有重要的战略地位，是制约世界经济社会发展的因素，它是多民族国家社会总问题中事关全局的重要部分。我国是一个多民族国家，中华五千年经济社会的历史是一部民族冲突与民族融合相互交织的历史。呼伦贝尔的少数民族人民在促进民族平等、团结和经济社会发展上做出了重大的贡献。

只要有国家和地区存在，就会存在国家和地区各自的经济利益关系。国家和地方的经济关系矛盾的根本点就是经济的自利。国家负责全国性的公共事务建设与管理，考虑整体的发展，因此开支大，费用高。国家掌握了公共费用即财政的主要收入与支出的权力。地区性的公共事务由地方负责，因此拥有部分财政税收权力。然而，国家和地区是相对的，即使是全国性的公共事务，其"经营"服务活动也分布在地方，地区是主要的、直接的受益者。整个国家的经济社会发展，就是各个地区的经济社会发展。国家对地方的投资建设和管理，又依靠地区的参与和支持，地区从中可以获得财政补贴和公共服务。但是从另一个角度看，国家从不同的地区收取税收统一支配，一定程度上也会影响某些地区的资金供给。呼伦贝尔市为国家、为内蒙古的经济发展做出了巨大贡献。伊敏煤电集团每年源源不断输送到东北电网的电能，每年向国家上缴的几亿元的税收其支持是呼伦贝尔丰富的煤炭、水资源，这是祖祖辈辈生活在大草原上的人们生存的保障，他们现在又可以从中获取多少利益呢？满洲里口岸每天火车声不断，当地居民、政府能从中得到多少实惠呢？呼伦贝尔也有自己的责任和义务，因此在法定范围内力求自我发展，有时候直接、间接或者暗自采取一些违背国家整体政策的方案，是国家和地区之间经济利益相冲突的表现。

三、协调呼伦贝尔经济发展战略与国家整体战略

呼伦贝尔市经济社会发展面临的良好环境，从国际环境看，国际贸易和投资继续扩大，中俄战略协作关系深入发展，将带动我国与俄罗斯、蒙古国等周边国家的经济技术合作更加密切；从能源资源开发利用和经济合作条件来看，呼伦贝尔市有望成为东北亚区域经济合作的重要战略支点和中俄蒙边境上最具吸引力的投资区，为呼伦贝尔市经济转型和产业开发提供了广阔的发展空间；从国内环境看，"十一五"规划的提出，经济社会发展的大好形势，使呼伦贝尔市面临重大的战略机遇期。西部大开发、振兴东北工业基地及人口较少民族发展等一系列政策的制定和完善，是呼伦贝尔市经济加快发展的良好政策环境。随着经济社会的发展对能源、原材料的需求增加，呼伦贝尔市可以发挥后发优势，全面提升产业分工地位，发展壮大产业集群，优化经济结构。国家加强和改善宏观调控，有利于呼伦贝尔市加快能源和原材料等基础产业发展，改善基础设施条件。只有协调好地区经济发展战略与国家整体战略，呼伦贝尔的经济社会才能更健康地发展。

历史上，在谈到地区和国家发展战略的关系时通常强调国家是整体，地区是局部，局部要服从整体。国家对地区有控制权，地区的自利性最终要在国家总的目标内获得承认，地区在始终与国家的利益保持一致的前提下追求自身的利益。呼伦贝尔是我国重要的牧产品生产地区，由于过度放牧，目前呼伦贝尔草原地表土层总厚度仅有 0.1 米~0.3 米，细沙含量高达 85%，极易遭受风沙流磨蚀和冲蚀而破坏。呼伦贝尔的土层薄、沙层厚，一旦形成破口，风力会轻易将土层下的细沙搬运出来造成巨大风蚀坑，沙漠化将难以控制。目前，矿产资源已经成为我国经济社会发展的一个桎梏，呼伦贝尔的矿产资源应该而且必须服从和服务于整体经济利益的要求。呼伦贝尔要发展高载能产业，计划到 2010 年，高载能产品产量达到 250 万吨，其中甲醇产量达到 120 万吨，石油开采量 200 万吨，有色金属采选能力 15000 吨/日，呼伦贝尔市会成为国家重要的重化工业基地。

处理地区经济发展战略与国家整体战略之间的关系还可以让国家整体战略服从地区发展战略，也就是整体服从局部。局部是整体的重要组成部分，没有每一个局部的发展就不会有整体的发展，任何部分发展不好都会影响整体，因此每个局部对整体来说都是至关重要的。如果地区在追求自利性的时

候受到国家的打击，那么地区就丧失了积极性，因此地区在尽量追求自利性的同时，始终和国家的战略保持一致。2002年起，我国的煤炭、电力能源出现紧张，同时生态环境的恶化和生态系统的弱化问题凸显出来，越来越成为制约经济社会发展的瓶颈。作为我国北方乃至东亚地区的重要生态屏障，呼伦贝尔的地区经济发展战略必须要明确其在整个国家中的特殊地位，以森林采伐业、畜牧业、煤炭业和粮食生产为主的发展策略不但不利于地区的持续发展，对整个国家整体发展也是不利的。就呼伦贝尔来说，国家的整体战略应该满足地区经济发展的战略。

从以能源重工业为主要经济增长引擎的模式向生态经济模式转化是呼伦贝尔新的发展战略。市委市政府把保护生态资源作为首要责任，始终把"生态立市"作为发展经济的首要前提，提出"有进有退，理性发展"新的发展理念，呼伦贝尔市"进"是发展，"退"一样是发展。党的十六大强调"可持续发展能力不断增强，生态环境得到改善，资源利用效率显著提高，促进人与自然的和谐，推动整个社会走上生产发展、生活富裕、生态良好的文明发展道路。""十一五"期间，必须以科学的发展观指导经济社会进步。能源战略高地、绿色食品基地、休闲旅游胜地、北疆开放龙头、自然生态屏障是呼伦贝尔市发展的方向。这就需要充分利用呼伦贝尔的自然、矿产、水利资源，加大市内、境外能源开发力度；加快建设优势农牧林业产业带和生产基地；大力开发体验旅游、商贸旅游、度假旅游、休闲旅游、民俗文化旅游、生态观光旅游、会议旅游和异域风情旅游等多元特色产品；有效开发利用国际国内两个市场、两种资源，全面推进对外开放的战略升级；大力实施退耕还林、退牧还草和防沙治沙等重点工程，形成东北乃至全国的自然生态屏障。理性发展、协调发展、全面发展、共同发展相结合的发展战略是呼伦贝尔经济社会发展的亮点。坚持以科学发展观为指导，加快煤炭、电力、化工、冶金、绿色农畜林产品加工、进出口产品加工、旅游等优势特色产业的发展步伐，限制森林采伐业、草原畜牧业、传统种植业及高投入、高污染的小企业发展，实现可持续协调发展。发展经济中保护生态环境，全面推进政治、文化建设，切实保障人民群众的经济、政治和文化权益，有效解决民族和区域发展中的不平衡问题，加快少数民族特别是"三少"民族（鄂温克族、鄂伦春族、俄罗斯族）和人口较少民族的发展步伐，促进各民族、各地区共同发展和不同群体的全面进步。

呼伦贝尔市市委书记曹征海明确表示：未来呼伦贝尔经济发展的战略必

255

须是兼顾资源开发和环境保护的，"不符合环保要求的项目我们坚决禁止"。影响呼伦贝尔发展的最大障碍是"生态问题"，所以必须把一部分不适合耕作的土地退出来，退耕还林还草，2006年预计退100万亩；草原上牲畜的数量计划由600万头减少到400万头；林木的砍伐量继续降低，2006年要减少到200万立方米，这样才可能实现有序发展；不符合环保要求的小工业，比如小电厂、小煤矿、小冶炼等不符合生产标准的要全部关停。呼伦贝尔草原生态建设项目已经被列为国家重点地区的重点工程，2001年至2006年5年内国家斥资约15亿元，通过建立人工草地、改良草场，给农牧民生活补助等方式，贯彻"退牧还草"工程，彻底遏制呼伦贝尔草原沙化、退化的趋势。增强保护生态能力，最大限度地发挥资源的现有价值和潜在价值，走大规模的循环经济的道路，是协调呼伦贝尔地区经济发展战略和国家整体战略的途径。

参考文献

［1］《中共呼伦贝尔市委关于制定国民经济和社会发展第十一个五年规划的建议》，2005。

［2］《呼伦贝尔市2006年国民经济和社会发展计划》，2006。

［3］曹征海：《不符合环保要求的项目坚决禁止》，《21世纪经济报道》，2006（9）。

［4］《满洲里口岸进口木材大幅增长》，《满洲里报》，2006（8）。

［5］洪洋、君珊：《呼伦贝尔市可持续发展战略探讨》，《内蒙古环境保护》，2005（6）。

中国民族地区经济社会发展与公共管理调查报告

第三部分

农牧民与农牧业

云南少数民族地区农村劳动力转移现状调查报告

中国科学院地理科学与资源研究所　鲁　奇

一、引言

在近 200 多年的世界历史中，人类社会进入了持续至今的由传统社会向现代社会转型的巨大而深刻的现代化进程。在这个转型过程中，最明显变化之一就是传统社会中的绝对主导产业—农业，让位给了非农产业，居于绝对地位的农村让位给了城市，占人口绝对比重的农业人口让位给了城市人口和非农产业人口。1840 年以来，我国的现代化进程在世界性的现代化进程中虽然缓慢而曲折，但近 50 年来，特别是改革开放的近 30 年来，农业产业的产值比重、农业人口的比重、城市化水平，都发生了极为迅速的变化，国家的现代性迅速提高。与这一巨大变化携手而行的一个重要现象，就是我国的农业人口，特别是农业劳动人口自由地从农业部门流入非农业部门、从乡村流入城市。据不完全统计，当前，在我国大地上流动性转移的农村劳动力大约有 1.2 亿。他们的流动规模越来越大、流动距离越来越长、回流的机会越来越小。从而将我国农村劳动人口在上世纪 80 年代经历的离土不离乡的转移模式，改变为离土又离乡的转移模式。这对促进我国经济社会的现代化建设、提高我们的工业化和城市化水平，并且最终解决我国的"三农"难题，均具有重要意义。改革开放近 30 年来，这样全国范围的大规模人口流动现象已引起了国内外各界学者的广泛关注，有关研究成果相继问世。少数民族地区，是我国经济社会相对落后的地区，因此，少数民族地区少数民族农村人口向城市地区流动对促进当地经济社会的发展、摆脱贫困更具重要意义。然而，有关少数民族地区少数民族农村人口向城市地区流动现象的专门研究却不多见，这不仅妨碍了我们更完整地认识我国农业人口从农业部门流入非农业部门、从农村地区流入城市地区的历史过程，也不利于促进少数民族地区农村人口转移活动的健康发展。因此，我们选择了市场经济体制下，少数民族地区少数民族农村人口向城市地区流动现象和少数民族地区农村劳动力市场建设作为研究重点，以期对更完整地认识我国农业人口从农村地区流入城市地区的历史过程有所补益。

二、云南少数民族地区农村劳动力转移问题调查概述

在中央民族大学"985"国家项目"少数民族地区市场经济体制建立与完善"课题资助下，继 2006 年，调查组在广西少数民族地区的调查后，2007 年 7 月上旬，中国科学院小组再次在进行了文献资料调查、收集和问卷修改、设计等室内工作后，于 7 月 17 日至 7 月 29 日，与中央民族大学课题组一行 5 人，赴云南省红河哈尼族彝族自治州、该州的元阳县、弥勒县，进行了为期 13 天的野外调查和资料收集工作。野外调查期间，课题组针对"少数民族地区农村劳动力转移与劳动力市场发育"主题，采取的主要调查研究方法有三：（1）与地区、县、乡、村各级党政和职能部门领导座谈，了解当地农村经济社会发展的一般情况，获取深入理解当地农村劳动力转移与劳动力市场发育的背景资料；（2）到当地政府各职能部门收集农村经济社会的相关资料；（3）采用问卷访谈方式与随机抽样农户座谈，获取更真实、更详实的第一手资料，目的是与从政府部门获得的背景资料相互验证，使研究结果更为接近实际。经过为期 13 天的野外调查和资料收集，课题组获得的有关资料有：与各级政府部门的访谈记录、各调查地区的农村经济社会统计资料、农户调查问卷 175 份。这些资料为课题组顺利进行云南少数民族地区农村劳动力转移与劳动力市场发育状况的研究奠定了良好的基础。

三、研究区基本社会经济情况的调查结果整理与初步分析

为入户调查的顺利进行并且为更准确分析当地农村劳动力流动的真实情况提供参照数据，课题组首先分地级市、县、乡镇、村四个层次调查了地方经济社会的基本背景。调查的有：红河哈尼族彝族自治州政府、该地区的元阳县政府、弥勒县政府；元阳县马街乡和南沙镇政府、马街乡马街村和南沙镇林戈塘村；弥勒县西三镇和西二镇政府、西三镇的蚂蚁村和西二镇的石则坡村。

为反映研究区不同行政层次的基本社会经济情况，课题组将调查所得资料整理后制成下列各表。

表 1   红河哈尼族彝族自治州基本社会经济情况

总耕地 （万公顷）	总人口 （百万）	乡村劳动力 （百万）	人均耕地 （亩）	GDP（亿元）	农民人均 收入（元）
26.04	4.31	2.16	0.94	308.5	1991

资料来源：（1）云南统计年鉴 2006；（2）与州政府座谈记录，2007；（3）红河哈尼族彝族自治州政府工作报告汇编，2006、2007。

表 2   元阳县基本社会经济情况

总耕地 （万公顷）	总人口 （万）	乡村劳动力 （万）	人均耕地 （亩）	GDP （亿元）	农民人均 收入（元）
1.93	38.1	21	0.76	9.5	1396

资料来源：（1）云南统计年鉴 2006；（2）与县政府座谈记录，2007，（3）元阳县 2007 政府工作报告。

表 3   弥勒县基本社会经济情况

总耕地 （万公顷）	总人口 （万）	乡村劳动力 （万）	人均耕地 （亩）	GDP （亿元）	农民人均 收入（元）
7 *	51.4	30	1.2	81.8	2112

资料来源：（1）云南统计年鉴 2006；（2）与县政府座谈记录，2007；（3）弥勒县国民经济和社会发展第十一个五年规划纲要，2006。*总耕地为当地总播种面积，以云南复种指数160%估计，弥勒总耕地面积约在 4 万公顷左右，人均 1.2 亩。

表 4   元阳县马街镇基本社会经济情况

总耕地 （千公顷）	总人口 （万）	乡村劳动力 （万）	人均耕地 （亩）	GDP （万元）	农民人均 收入（元）
2.1	2.9	1.5	1.1	5356	1140

资料来源：（1）与马街镇政府座谈记录，2007；（2）镇政府提供的政府工作报告，2007。

表5　元阳县南沙镇基本社会经济情况

总耕地（千公顷）	总人口（万）	乡村劳动力（万）	人均耕地（亩）	GDP（万元）	农民人均收入（元）
2.1	2.3	0.83	1.4	9381	1439

资料来源：与南沙镇政府座谈记录及镇政府提供的材料，2007。

表6　弥勒县西二镇基本社会经济情况

总耕地（万亩）	总人口（万人）	乡村劳动力（万人）	人均耕地（亩）	GDP（百万元）	农民人均收入（元）
5	3.9	2.7	1.3	-	1300

资料来源：与西二镇政府座谈记录，2007。

表7　元阳县马街镇马街村（自然村）基本社会经济情况

总耕地（亩）	总人口（人）	乡村劳动力（人）	人均耕地（亩）	产值（万元）	农民人均收入（元）
600	445	192	1.2	40	1451

资料来源：与南沙镇马街镇马街村委会座谈记录材料，2007。因该村坐落在镇政府所在的马街，家家有人在镇上做小工。

表8　元阳县南沙镇林戈塘村（自然村）基本社会经济情况

总耕地（亩）	总人口（人）	乡村劳动力（人）	人均耕地（亩）	GDP（万元）	农民人均收入（元）
228	319	124	0.7	20	-

资料来源：与南沙镇马街镇马街村委会座谈记录材料，2007。该村亦坐落在镇政府所在的南沙，村民到镇上做小工的机会亦多。

表9　弥勒县西三镇蚂蚁村可邑村（自然村）基本社会经济情况

总耕地（亩）	总人口（人）	乡村劳动力（人）	人均耕地（亩）	GDP（元）	农民人均收入（元）
1000	668	460	2.2	-	2200

资料来源：表中数据为笔者与各村村长谈话时的记录。

表10　弥勒县西二镇石则坡村（自然村）基本社会经济情况

总耕地（亩）	总人口（人）	乡村劳动力（百万）	人均耕地（亩）	GDP（元）	农民人均收入（元）
230	356	250	0.65	-	720

资料来源：表中数据为笔者与各村村长谈话时的记录。

分析上列表数据，研究区总体经济社会特点有：

（1）从农民人均收入水平看，研究区总体上仍是经济社会比较不发达的地区，州级层面农民人均纯收入1991元，约为全国平均水平（3255元）的61%左右，云南省平均水平（2041元）的97%。县级层面农民人均纯收入分别为全国的43%（元阳县）和65%（弥勒县），为全省的68%和103%。镇级层面农民人均纯收入平均在1300元左右，为全国的39.7%，全省的63.4%。村级层面农民人均纯收入平均在1500元左右，为全国的46%，全省73%。

（2）就其耕地资源而言，研究区总体上是经济资源相对匮乏的地区，州级层面人均耕地0.94亩，约为全国平均水平（1.4亩）的67%左右，云南省平均水平（2.05亩）的46%。县级层面人均耕地0.76亩（元阳县）和1.2亩（弥勒县），分别为全国平均水平的71%和86%，为全省的37%和58%。镇级层面人均耕地平均在1.3亩左右，为全国平均水平的93%，全省平均水平的63.4%。村级层面人均耕地平均在1.2亩左右，为全国平均水平的86%，全省平均水平的58%。

（3）因此，在市场经济原则条件下，为自身生计打算，这样一个经济社会水平相对落后、经济资源相对匮乏的地区在理论上应该是农业劳动力大规模、大范围转移活动相当发达的地区。然而实际情况却与理论逻辑不甚一致。

四、研究区农村劳动力流动特征调查结果

1. 研究区农村劳动力流动总量特征

了解、掌握研究区农村劳动力流动总量特征是深入分析、研究农村劳动力流动问题的第一步。本报告通过整理研究区农村劳动力流动总量的调查资料，以反映地级市、县、乡镇、村等四个层次的农村劳动力流动的总量特征。汇总概况见表11—表13。

表11　研究区地县级行政层次的农村劳动力流动情况

红河哈尼族彝族自治州	元阳县	弥勒县	
流动总人数	52万	5万左右	7万左右
占农村劳动力（%）	24.1	24	23

资料来源：野外调查记录，2007，斜体为估计值。

表 12   研究区镇级行政层次的农村劳动力流动情况

	马街镇	南沙镇
流动总人数（人）	3900	3000
占农村劳动力（%）	26. 4	37

资料来源：野外调查记录，2007。

表 13   研究区自然村级层次的农村劳动力流动情况

	马街村	林戈塘村	可邑村	石则坡村
流动总人数（人）	12	30	50	28
占农村劳动力（%）	6. 3	24	10. 8	11. 2

资料来源：野外调查记录，2007。

由于受调查时间、各级政府部门对数据资料掌握的相对粗放的限制，我们在各个层面所得到的农村劳动力转移对比数据相差较大，最高值与最低值之间相差高达 30 个百分点以上。因此，对这些数据进行尝试性的分析，以揭示研究区农村劳动力流动转移的总量特征。

（1）就全国目前情况看，流动劳动力的总体规模在 1. 2 亿左右，大体占全国乡村从业人员（5 亿）的 24% 左右。结合上节分析，在这样一个经济社会水平相对落后、经济资源相对匮乏的地区，农业劳动力流动性转移应该有更大的规模。然而实际情况却与理论逻辑上的猜测不甚一致。

（2）从地区级和县级行政层面看，研究区的流动转移规模大体在农业劳动力的 23%—24% 之间，与全国情况基本一致。

（3）从镇级行政层面看，研究区的流动转移规模大体在农业劳动力的 26%—37% 之间，略高于或较高于全国水平。

（4）但在村级层面看，除林戈塘村与全国水平基本相当外，其他三村都远低于全国的平均水平。

（5）如果将 9 个单位的数据进行平均计算，则研究区的农业劳动力流动转移规模在 20%—21% 左右，与全国平均水平有 4 个百分点的差异。因此，从研究区的经济社会水平落后和经济资源匮乏的现实考虑，该地区的农业劳动力流动转移尚处在比较落后的状态。

2. 研究区农村劳动力流动半径和时间特征

按照现代化理论，国际交往是一个民族、一个国家现代性的标志之一。国际交往的范围越广、越深入，现代性程度越高。因此，这样的理论视角也适于用来观察、研究和评价农村劳动力的外出流动。农村劳动力外出流动范围的广狭和时间的长短是研究区农村劳动力外出流动活动发育程度的综合反映，标志着农村劳动者群体与外界的交往和接触水平和创业冒险精神，其在外滞留的时间越长、越有稳定的工作和居所，现代性或城市性越强，同时也是研究区未来经济社会环境良性发展潜力的表现。现根据课题组与云南红河州政府、元阳弥勒县政府、各下级镇政府和村委会的座谈纪要，将分四个层面将该地区的农村劳动力外出流动范围特征归纳总结如下：

从红河哈尼族彝族自治州层面观察的农村劳动力外出流动半径和时间特性：根据州政府提供的材料和座谈记录，红河哈尼族彝族自治州农村劳动力外出流动目前仍以就近转移为主，就近转移约占全部外出流动人口的90%以上，而且，越是少数民族，越是仅在州内流动，到外省流动者主要是汉族人口。州政府提供的2005年转移的数据，证实了这点。2005年，全州新增外出流动劳动力72415人，大部分在州内和县内流动，其中，国外转移137人，占0.18%，转移到省外的7006人，占9.7%，县内转移36962人，占51%。2007年上半年，全州外出劳动力共5.4万人，其中，转移到省外的亦仅7000人左右，占12.9%，省内流动者1.8万人，占33%，州内流动者2.6万人，占48%。在农村劳动力外出流动时间特性上，表现为"转移出去的走得不远，还要经常性地回来做农活"，说明当地农村劳动力外出流动仍以季节性为主。

从研究区县级层面观察的农村劳动力外出流动半径和时间特性：根据研究区县级政府提供的材料和座谈记录，目前红河哈尼族彝族自治州县级层面的农村劳动力外出流动范围似与州级略有不同，即，远距离转移者数量增多。研究区县级职能部门提供的资料不尽一致，弥勒县劳动就业管理中心截止2007年6月半年的数据显示，转移到省外的农村劳动力约占全部外出流动人口的24%，31%为省内转移者，其余45%为县内转移者，县内转移者仍占很大比重。弥勒县农村劳动力提供的劳动力转移阳光培训工程项目资料表明，2006年经该工程培训输出的劳务中，约29%的人转移到省外务工。弥勒县农业局提供的数据则是，在阳光工程带动下，2006年共转移16594人，县内转移9371人，占56.5%，县外转移4478人，占27%，省外转移2737人，占16.5%，境外转移8人，占0.04%。这个比重接近全州的整体情况。县内转移为主从一个侧面反映出，当地农村劳动力外出流动仍以季节性为主的特点。

从研究区镇级层面观察的农村劳动力外出流动半径和时间特性：根据研

究区镇级政府提供的材料和座谈记录，目前红河哈尼族彝族自治州镇级层面的农村劳动力外出流动仍以就近转移为主，就近转移约占全部外出流动人口的90%以上。元阳县马街镇：3000名外出流动者中，约1100人在深圳、珠海、上海、浙江等地做工，占外出流动劳动力的36%左右，其余均在本州内做工；元阳县南沙镇：南沙镇是县政府所在地，镇区农村劳动力外出流动主要集中南沙镇，从事零工和短途交通运输行业。镇内转移为主也从一个侧面反映出，当地农村劳动力外出流动仍以农忙时在家务农，农闲时外出做工，时时往返于城镇与农村之间的季节性转移为主的特点。

从研究区村级层面观察的农村劳动力外出流动半径和时间特性：根据村委会提供的材料和座谈记录，目前红河哈尼族彝族自治州村级层面农村劳动力外出流动仍以就近转移为主。元阳县马街镇马街村（行政村），转移人口约250人，约40人在省外就业，占转移人口的16%，转移到省外就业者主要是由政府组织的转移就业者，本地转移就业者多以季节性打零工为主。元阳县南沙镇林戈塘村（自然村）转移人口30人左右，其中仅4人在浙江就业，占13%左右，其他近90%在南沙镇内做零工。弥勒县石则坡村（自然村），转移人口28人，在县内做工24人，占86%左右，在附近澄江县做工者4人，占14%，就近转移特点尤为突出。特别值得指出的是，本地就业者除以季节性打零工为主外，甚至也在本地打农业性零工。

3. 研究区农村劳动力流动特征总结

总结云南少数民族地区不同层面的农村劳动力外出流动范围和时间的长短的实地调查，可以看到以下特点：

（1）目前，农村劳动力外出流动以近距离和地方性的转移为主，经济活动范围相对较窄，总体看，这样的转移流动在各个层面都占80%—85%以上。以向省外或更长距离的转移流动为辅，一般不足劳动力外出流动总量的20%。

（2）以近距离和地方性的转移为主，就不可避免地使研究区农村劳动力外出流动转移具有很强的季节性特点，或者说，正是与农业劳动难舍难分的季节性转移，使得农村劳动力外出流动范围相对狭窄。

五、农村劳动力转移特征：研究区与其他地区的简单对比

通过与其他地区，特别是其他少数民族地区农村劳动力转移特征的对比，可以更突出地看到本研究区农村劳动力转移流动的特点。

（1）与其他地区农村劳动力转移总量的对比　根据研究组 2006 年在广西百色市、河池市（地区级）少数民族地区调查所得资料，两市农村劳动力流动量分别占农村劳动力总量的 22% 和 42%，平均为 32%，高出红河哈尼族彝族自治州 8 个百分点。广西县级层面的平均水平 37%，高出红河哈尼族彝族自治州两县平均值（23%）14 个百分点。广西乡镇级转移率平均值 27%，红河哈尼族彝族自治州约 31%，高于广西 4 个百分点。广西村级转移率平均值 32%，红河哈尼族彝族自治州约 13%，低于广西 19 个百分点。广西总体平均值 32%，高于红河总体平均值 11 个百分点。可以说，云南少数民族地区的农村劳动力转移流动规模小于广西地区。

（2）与其他地区农村劳动力转移范围的对比　根据研究组 2006 年在广西调查所得资料，大部分农村劳动力流向省外求发展，百色市外出农村劳动力中，有 60% 流向广东、海南、福建等区外地区，仅 40% 留在区内就业。河池市流向区外的比重更高，达到接近 80%。县级层面也达到 70% 左右。而红河地区流向省外的农村劳动力只占流动总量的 20% 左右，与广西地区形成鲜明的对比。

（3）与其他地区农村劳动力转移的季节性对比　广西农村劳动力外出流动转移以跨省区为主，流出劳动力受距离所限，不宜频繁往返于城市与农村之间，百色市田阳县甚至出现约 10% 的外出流动者在流入地定居的趋势。因此，与红河地区农村外出流动者频繁往返于城市与农村之间也形成了鲜明对比。广西地区农村劳动力外出流动转移的季节性明显弱于云南少数民族地区。

六、结　语

报告根据实地调查所得资料，梳理了调查研究区的基本情况、调查的方法，并从不同行政层面总结、分析了云南少数民族地区农村劳动力转移流动的总量特征、农村劳动力转移流动的范围尺度和时间尺度特点，并对云南少数民族地区农村劳动力转移流动的总量特征、农村劳动力转移流动的范围尺度和时间尺度特点与广西地区少数民族农村劳动力转移流动总量特征、转移流动的范围尺度和时间尺度特点进行了对比。报告的主要结论如下：

（1）云南红河哈尼族彝族自治州是个经济相对落后、资源相对匮乏的少数民族地区。这是当前我国农村地区推动农业劳动力向外转移流动、寻求发展的主要驱动力。然而，在云南红河哈尼族彝族自治州这两个驱动力的推动作用似乎还发挥不够，甚至不如相邻省区广西。其发挥不够的原因似应在更深入的意识、行政管理方面的研究中去寻找。

（2）云南红河哈尼族彝族自治州农业劳动力向外转移流动总量、流动半径都低于全国的平均水平，也低于与其相邻的少数民族地区—广西。在流动的季节性上不仅强于全国农业劳动者转移流动的季节性，也强于广西少数民族农业劳动者的转移流动季节性。说明，这里的农业劳动力向外转移活动尚处于初步的发展阶段。

参考文献

［1］《2007 年云南红河州野外调查记录》。

［2］《红河州政府工作报告汇编》，2006、2007 年。

［3］红河哈尼族彝族自治州农村劳动力转移领导小组办公室：《红河州农村劳动力培训和转移就业工作汇报材料》，2006 年。

［4］《红河州劳动和社会保障局工作指标完成情况》（2007 年 1 月—5月）。

［5］《红河州经济社会发展现状》。

［6］《元阳县政府工作报告》，2007 年。

［7］《元阳县国民经济和社会发展第十一个五年规划纲要》，2006 年。

［8］《弥勒县国民经济和社会发展第十一个五年规划纲要》，2006 年。

［9］《弥勒县农业局 2006 年工作总结暨 2007 年工作要点》。

［10］《弥勒县农村劳动力转移培训阳光工程实施情况汇报》，2006 年。

［11］《完善社会保障机制，构建和谐劳动关系，夯实和谐社会之基》，2006 年。

［12］鲁奇、杨春悦、张超阳：《少数民族地区农村劳动力转移的调查研究—以广西壮族自治区为例》，《山西大学学报》，2007 年 7 月第30 卷第 4 期。

云南少数民族地区农村劳动力市场发育现状调查报告

鲁 奇

一、引言

在中国经济学界，曾经长期存在过一种现象，即我们在理论上承认劳动是生产力三要素的重要组成部分，但我们不承认劳动力是商品。也许就是理论认识上这种失误，我国经济学界对劳动力市场的研究始终是比较薄弱的环节，对具体的农村劳动力市场就更缺乏研究了，虽然改革开放以来，情况大有改观。这样的失误不仅是认识上的和理论上的，对实践上劳动力市场的发育的影响也是深远的。一般而言，主要集中在西南和西北的少数民族地区也是我国经济社会发展相对落后的地区。少数民族地区农村的经济社会发展的落后则更甚。改革开放以来，我国经济发展的区域差异日益拉大，在边远少数民族地区与相对发达地区之间表现得尤为突出。农村地区劳动力市场的发展是市场经济及其准则实现的重要方面，也是推动少数民族地区农业劳动力转移、促进农村经济社会健康发展的重要力量。因此，开展少数民族地区农村劳动力市场发育情况的研究，不独有利于少数民族地区农村劳动力市场的发展，对于丰富我国劳动力市场和农村劳动力市场研究也具有重要意义。

二、云南少数民族地区农村劳动力市场现状调查缘起

在中央民族大学"985"国家项目"少数民族地区市场经济体制建立与完善"课题资助下，针对"少数民族地区农村劳动力转移流动和市场发育情况"主题，中国科学院小组与中央民族大学小组分别于 2006 年 7 月和 2007 年 7 月，在广西壮族自治区河池、百色地区（现为地级市）、云南红河哈尼族彝族自治州进行了田野调查和资料收集工作。田野调查期间，采取的主要调查研究方法有三：（1）与地区、县、乡、村各级党政和职能部门领导座谈，以了解当地农村经济社会发展的一般情况，获取深入理解当地农村劳动力转移与劳动力市场发育的背景资料；（2）到当地政府各职能部门收集农村经济社会的相关资料；（3）采用问卷访谈方式与随机抽样农户座谈，

获取更真实、更详实的第一手资料，目的是与从政府部门获得的背景资料相互验证，使研究结果更为可靠。通过田野调查和资料收集，课题组获得的有关资料有：与各级政府部门的访谈记录、各调查地区的农村经济社会统计资料、农户调查问卷425份。

三、云南少数民族地区农村劳动力市场发育现状

云南少数民族地区农村劳动力市场发育现状调查报告，主要讨论少数民族地区农村劳动力市场的主要存在形式、不同形式之劳动力市场发挥的主要作用、对不同形式之劳动力市场及其作用的评价、发展少数民族地区农村劳动力市场的政策建议。

1. 云南少数民族地区农村劳动力市场的主要形式

根据实地调查，目前云南少数民族地区农村劳动力市场主要由以下三种形式体现，即以政府为主导的农村劳动力市场、农民自发形成的劳动力市场和以各种劳动中介组织为核心的劳动力市场。这三种市场形式在培训农业劳动者非农产业技术、寻求就业机会、组织农业劳动力外出务工、保护农业劳动者利益等各个方面都发挥着不同程度的作用，是促进农村劳动力非农化转移、推动乡村发展的重要力量。

2. 以政府为主导的农村劳动力市场

综观古今中外的历史，劳动力市场是受到政府之手指导、干预、调整力度很大的市场之一。改革开放以来，随着实践的需要和理论认识的提高、深化，市场经济体制的建立和完善，我国城乡劳动力市场得到了很大发展。虽然我国城乡的劳动力市场还有诸多不完善之处，交易条件也远非理想，但城乡劳动者已经能把劳动力作为商品，依照个体的需要和选择相对自由地进入劳动力市场交换。就农村地区的劳动力市场来说，改革开放以来，我国的农村劳动者已逐渐摆脱各种束缚，已实现了基本无障碍地自由进入城市地区或非农产业领域的劳动力市场。但是，由于农民的自组织性较差、教育水平过低、城乡人口公民待遇不平等的制度、社会劳动需求与总体劳动资源过剩的矛盾等一系列政治、经济、社会问题，农村劳动者所面对的问题主要是劳动力市场比较恶劣的交易条件。为改变劳动力市场比较恶劣的交易条件，我国各级政府已在培训农村劳动者技能、为农村劳动者寻求就业市场、监督农民工付酬、农民工社会保障制度建设、提高农村教育水平、改革城乡户籍制度

等方面付出了很大努力。根据我们的调查，研究区地方政府在改善农村劳动力市场的交易条件，推进市场经济体制下的劳动力市场发展方面也付出了很大努力。总结研究区的调查结果，地方政府在改善农村劳动力市场的交易条件，推进市场经济体制下的劳动力市场发展方面，主要做了以下几个方面的工作：

（1）农村劳动力转移流动的机构建设　在州政府的领导下，从上到下建立了负责农村劳动者技能培训、为农村劳动者寻求就业市场、组织农业劳动力外出务工、监督农民工用工单位合理付酬、农民工社会保障制度建设、保护农业劳动者利益、促进农村劳动力非农化转移的职能部门。在红河哈尼族彝族自治州，从2004年1月成立农村劳动力转移领导小组以来，全州13个县市均成立了领导机构和办事机构，139个乡镇成立了农村富余劳动力转移工作站，共配备专职人员75人，兼职人员364人，认定培训基地50个；在调查了当地劳动力资源基本情况的基础上，制定下发了"2005—2010年红河州农民工培训规划"；为实施规划目标，州政府下发了"红河州人民政府关于加快农村劳务输出的意见"，制定了培训补助、输出奖励、费用减免、权益保障、回乡创业等一系列扶持政策，州政府与各县市政府签订了"红河州农村劳动力转移目标责任书"，明确各自职责。

（2）农村转移劳动力的技能培训　我国城乡之间经济社会发展差距巨大，教育落后是农村地区普遍的现象。由于教育落后乡村地区劳动者的文化素质普遍低下，是他们进入城市地区或非农领域从业的主要障碍之一。为克服这一障碍，提高当地农村劳动力适应外界劳动市场的能力，加大当地农村劳动力转出农业领域的力度，红河州政府的各级相关部门非常重视对外出务工农民的技能培训工作，根据外出务工劳动者本身的教育水平，开展了针对性强的培训工作，如对初中及其以下学历的劳动力进行家政服务、餐饮服务培训，以就地转移为主；对高中以上学历者重点进行计算机操作的技能培训，以满足州外劳动力市场的需求。大多数外出务工农民得到了一定程度的培训。仅2007年1至5月，就开展了农民工培训56班次，落实职业技能培训2843人，占同期组织劳务输出人口3861的73%。据红河哈尼族彝族自治州劳动就业综合情况统计，1996年以来，参加过就业培训的人数约11万余人，占农村劳动力流动就业人员总数的16%。2004年以来，红河哈尼族彝族自治州用于劳动力培训和转移资金投入227.76万元。

（3）政府联系发达地区就业市场，积极组织农村劳动力外出流动　农民是文化素质较低、自组织性较弱、信息相对比较闭塞的群体。因此，无论就全国的情况而言，还是就研究区的情况来说，通过亲朋好友介绍的所谓"连锁模式"还是广大农村外出流动人员实现由农村地区向城市地区转移，达到就业目的的主要途径。这种转移与就业途径有其存在的历史必然性，但它终究是难于适应信息社会的准确、便捷特点的。由于外界或宏观信息的不准确性易被放大，这条相对比较传统的转移与就业途径就会强化农村外出打工人员流动的盲目性，增大他们的就业难度，从而提高转移的心理和经济成本。因此，为降低转移的心理和经济成本，就需要对外界或宏观经济信息比较了解的政府部门在农民外出流动中的组织和引导工作。研究区各级政府部门在转移成本方面的主要作用就是：①通过近年建立的各种劳动服务部门，加强农村劳动力外出流动的组织工作。据红河哈尼族彝族自治州介绍，2007年上半年，有组织的外出劳动力约占外出劳动力的 10%（5800 人）。有组织的劳动力外出流动降低了农民外出劳动者的就业风险和外出务工者的盲目性。②联系发达地区就业市场，加强与经济发达、劳动力需求旺盛地区的定点联系。例如，红河州政府近两年组织了各县农村劳动力转移办公室工作人员到上海、广东等地考察，并与上海、深圳市的劳务市场达成了劳务工输出协议，确保了输出渠道的畅通。③红河州政府农村劳动力转移办公室与全国各地中介组织联系，及时准确地把各种劳务信息传输到各县市，县市再传输到基层和农户，基本形成了州、县市、乡镇、村上下连通的劳务信息网。

3. 农民自发形成的劳动力市场

迄今为止，红河哈尼族彝族自治州仍是个农业人口占多数的地级单位（农业人口仍占总人口的 81%），尽管近年来农村地区已转移出去的劳动力50 多万，但仍有将近 170 万左右的农村劳动力滞留在农村。相对于其有限的耕地资源来说，还需要进一步转移出去更多的农村劳动人口。我们根据不完全的资料进行了简单估算，现全州共有农村劳动力 170 万左右，总耕地390 万亩，以人年工 300 天计算，全年总劳动工约 5.1 亿，以稻田亩用工 30个估算，全部耕地年用工仅需 1.2 亿左右，仅为全部劳动工的 23.5%，尚有 77.5% 的剩余，即剩余总量可能在 130 万。因此，尽管政府在组织农村劳动力外出流动的就业中发挥着重要作用，但相对于庞大的农村劳动力大军来说，政府在组织农村劳动力外出流动中的作用仍然是及其有限的。目前，在红河哈尼族彝族自治州，农村劳动力外出流动仍以自发形成的劳动力市场占主导地位（其主要形式有二，一是劳动者本人自己到市场去找，一是通过亲朋好友的介绍寻找就业），约有80%以上的外出流动的劳动力是以自发形式到外面寻求就业的。这点从不同层面的调查材料可以得到证实。据州政府有关部门的材料，由政府组织的劳务输出约占外出劳动力总量的10%左右；据弥勒县政府有关部门的材料，2007年上半年由政府组织的劳务输出约占外出劳动力总量的8%左右；元阳县政府有关部门的材料表明由政府组织的劳务输出约占外出劳动力总量的35%左右；2006年，元阳县马街乡政府组织劳务输出54人，占其当年外出劳动力总量的26%左右。

4. 民间劳动中介组织的劳动力市场

在实地调查中，课题组了解到，红河哈尼族彝族自治州与全国其他地区一样，也存在着按照市场经济原则形成的民间劳动中介组织劳动力市场，这样的劳动力市场，是促进农村劳动力转移流动的一支重要力量。由于时间限制，课题组虽然未能对民间劳动中介组织的劳动力市场情况进行专门的调查，但是从地方政府官员的介绍中，课题组了解到，由于民间劳动中介组织劳动力市场外界联系广泛，在掌握各方面的劳动用工需求信息方面具有较大优势，曾经是信息缺乏的外出农业劳动者需要的重要劳动中介组织，也曾发挥过积极的作用，是对地方政府组织外出务工、农民自发组织外出务工之外的重要补充形式。然而，近年来，由于这种民间劳动中介组织操作不够规范，收费较高，而且出现了一些欺骗性用工事件，给外出务工劳动者造成了较大的损害，因此民间劳动中介组织的信誉有较大下降，通过这种中介组织寻求就业的外出务工者越来越少。民间劳动中介组织的存在呈现日益衰落之势，前景不容乐观。课题组认为，在建设市场经济的过程中，按照市场经济原则形成的民间劳动中介组织应该是连接劳动需求市场与劳动者之间的重要而有效的组织，因此，如何挽救民间劳动中介组织日益式微的趋势是值得关注和研究的重要问题。

四、红河哈尼族彝族自治州不同劳动力市场及其作用与局限性评价

应该说，红河哈尼族彝族自治州存在的三种不同形式的农村劳动力市场各有其不可替代的作用和优势，同时也都有其局限性，科学总结它们各自的积极作用和局限性，是当地农村劳动力市场在市场经济体制下整体健康发展的前提。根据课题组的田野调查所得，总结如下：

1. 以政府为主导的农村劳动力市场

在组织农村劳动力转移流动中，总结以政府为主导的农村劳动力市场具有其不可替代的积极作用，归纳而言，主要有以下两个方面：

（1）保障性强、可信度高　以政府为主导的农村劳动力市场由于与其他地方政府的官方联系，劳动就业信息来源比较可靠，而且也容易掌握较大的劳动就业信息量。同时，由于政府的权威性较高、工作的规范性、法制性较强，对农村外出务工人员进行了一定程度的技能训练，是农村外出务工人员相对安全的人身保障和收入保障的重要条件。因此，在农村外出务工人员中已建立了较高的信任度。

（2）费用优惠、交易成本较低　虽然农村外出务工人员在寻求就业的过程中要交纳一定的费用，有一定的交易成本，但是由于考虑到当地农民的收入低微，以政府为主导的农村劳动力市场在技能培训、就业信息收集、对外联系等为农村外出务工人员的服务方面实行很多减免收费的优惠政策，因此降低了农村外出务工人员本人在寻求就业的过程中的交易成本。同时，由于服务对象众多，政府为此付出的交易成本理论上也低于农村外出务工人员个体付出的总和。

虽然以政府为主导的农村劳动力市场具有其不可替代的优势和积极作用，但也有其局限性，这种局限性可以归纳为以下两个方面：

（1）带有政治任务性。由于把农村富余劳动力转移出来，使他们迅速在城市或非农产业稳定就业是从中央政府到地方政府的共同愿望，因为解决好这个问题，对国家和地方的经济社会乃至资源环境的可持续发展都有着重要影响。迅速把农村富余劳动力转移出来，往往成为从上至下分解下来的带有政治性的任务。因此，容易在执行的过程中出现官僚主义、急于求成、形式主义、数字主义、家长主义等不实或强迫性事件，造成"政府失灵"。这与市场经济的原则是相悖的。

（2）政府受财力制约，代办转移农村外出务工人员比重低。毫无疑问，由于我国农业劳动群体受教育程度相对较低，经济能力较为低下，生活在大山深处的少数民族农业劳动群体所受教育的程度和经济能力尤其低，对外界的认识和经济能力都限制了他们的转移行为。因此，在这种形势下，通过以政府为主导的农村劳动力市场帮助他们与外界发生联系是非常必要的。其局限性在于，政府的举措给旁观者包办代替的感觉，受政府财力所限，面对庞大的农村劳动力大军，政府往往有力不从心之感。从社会经济长期合理发展的角度看，培育低教育和低经济能力群体的外界适应能力则是更为根本的举措。

2. 农民自发形成的劳动力市场

在组织农村劳动力转移流动中，总结农民自发形成的劳动力市场的积极作用，主要有以下两个方面：

（1）个体的转移成本较低　农民自发形成的劳动力市场是当前红河地区农村劳动力转移的主要形式，80％以上的农村外出人员是以这样的形式实现转移的。农村外出劳动者依靠自己的力量或亲朋好友的带动，不用缴纳各种各样的培训费用和其他费用就可以在外界劳动力市场找到工作，个人负担的成本较低。

（2）自主性强　农村外出务工人员在寻求就业的过程中，可以自由地根据自身的年龄、技能、知识特点和愿望，寻求比较适合自身特点的工作，同时也能比较自由地设计自己未来的发展蓝图，有较强的自主性。

农民自发形成的劳动力市场也有其不可避免的局限性，这种局限性也可以归结为两个方面：

（1）就业安全的保障性差　由于农村外出人员大部分所受教育程度较低、对外部世界了解有限、自身的工作技能不高、自组织性不强等限制，他们在寻求工作的过程中和在岗位工作的过程中，盲目性比较强。因此，他们在寻求工作的过程中和在岗位工作的过程中如果碰到困难，自身的工作安全和收入安全的保障性难以保证。

（2）社会总体转移成本较高　农民自发形成的劳动力市场对转移劳动者个人来说，所需转移成本可能不太高，但由于整体转移中的盲目性较大，自组织性较差，试错的行为比较普遍，从而造成外出务工劳动者整体转移成本较高。

3. 民间劳动中介组织的劳动力市场

在红河这三种农村劳动力市场形式中，民间劳动中介组织劳动力市场是最具市场经济本质的劳动力市场形式，在组织劳动力外出流动中，其主要的积极作用是：

（1）按照市场经济原则运作。民间劳动中介组织劳动力市场由民间力量组成，在组织劳动力外出流动中，完全依照市场经济的利润原则和劳动力供需双方的需要，将劳动要素与其他生产要素组织在一起，并获得自己的利益，在组织农村劳动力外出流动中是一只看不见的手。

（2）劳动用工信息丰富、组织农业劳动力外出流动的社会成本相对较低。民间劳动中介组织劳动力市场是专业性比较强的劳动力市场形式，由于掌握的劳动用工信息丰富、了解劳动力供需双方的需要、组织农业劳动力外出流动的经验丰富，因此可以降低农村劳动力外出流动的社会组织成本。

这种劳动力市场的局限性，主要是近年来信誉度下降。由于我国市场经济体制尚在建设过程中，市场的规范化运作与市场经济国家还有很大距离，特别是在市场经济意识、市场经济法律、法规体系、执法力度等软环境方面的建设还很不健全，远远不能满足合理的市场经济发展的需要，因此，在组织农业劳动力外出流动中时时出现就业者权益受到侵害、就业安全难以得到保障等问题，造成其信誉度下降。

4. 总结

综观上述，我们可以将红河哈尼族彝族自治州三种农村劳动力市场归结为两种不同的力量，即：以政府为主导的农村劳动力市场所代表的看得见的手的政府力量和以民间劳动中介组织劳动力市场、农民自发形成的劳动力市场所代表的看不见的手的市场力量。概括总结这两种不同力量在组织农村劳动力转移流动中的局限性，可以看到，政府力量有其"政府失灵"之处，市场力量有其"市场失灵"的地方。因此，如何寻求看得见的手与看不见的手有机结合的有效途径将是研究区未来农村劳动力市场体系健康发展的决定性选择。

五、发展少数民族地区农村劳动力市场的政策建议

在实地调查和简要分析的基础上，课题组针对红河哈尼族彝族自治州农村劳动力市场建设和完善提出如下政策建议：

1. 适当转变政府的服务观念

红河哈尼族彝族自治州各级政府在为外出农民工就业服务思想指导下，近年来为这些转移流动者做了大量工作，从捕捉劳务需求信息、技能培训到组织力量把务工人员送到目的地安排妥当，成绩也是十分显著。在劳务市场发展的初期、在当地农民工文化素质不高、眼界不够开阔的情况下，政府的帮助无疑是必要的。但政府的服务似乎不仅仅意味着像父母那样大包大揽地为自己的子女做好一切安排的具体而微的做法，政府为外出农民工就业的服务观念应重点放在为外出务工人员创造更为安全、可靠、可信的外部条件，

帮助他们清除外出务工碰到的各种障碍，使就业变得更为顺利。

2. 提高农民综合素质是政府服务的重点

为减小农民外出务工的盲目性，政府部门服务的重点在于集中人力、财力、物力和精力加强外出农民工的组织建设，提高农民的自组织性，政府组织与外出农民工组织共同形成协调会议制度，商讨农民外出务工遇到的困难和解决办法。在技能培训中，应以加强外出务工人员的基本文化素质、技能水平、法律法规知识和维护自身权利的意识和知识为重点，从而提高外出务工人员从容处理就业市场复杂条件的综合能力。

3. 健全法制，提高执法水平，规范市场行为

红河哈尼族彝族自治州农村民间劳动力市场的式微与市场经济体制与依法行事的管理体制的不完善有着密切的联系。因此，为重新发挥农村民间劳动力市场的优势，振兴以市场经济原则为宗旨的农村民间劳动力市场，最大限度地消除外出务工人员就业过程中遇到的不诚信行为，从而保护农民外出务工人员的权益，政府服务的重点应在于强化农村劳动力市场法律法规体系的建设与有效地实施执法、加强农村劳动力市场的规范化管理等方面。

参考文献

[1]《2007 年云南红河州野外调查记录》。

[2]《红河州政府工作报告汇编》，2006、2007 年。

[3] 红河哈尼族彝族自治州农村劳动力转移领导小组办公室：《红河州农村劳动力培训和转移就业工作汇报材料》，2006 年。

[4]《红河州劳动和社会保障局工作指标完成情况》（2007 年 1 月—5 月）。

[5]《红河州经济社会发展现状》。

[6]《元阳县政府工作报告》，2007 年。

[7]《元阳县国民经济和社会发展第十一个五年规划纲要》，2006 年。

[8]《弥勒县国民经济和社会发展第十一个五年规划纲要》，2006 年。

[9]《弥勒县农业局 2006 年工作总结暨 2007 年工作要点》。

[10]《弥勒县农村劳动力转移培训阳光工程实施情况汇报》，2006 年。

[11]《完善社会保障机制，构建和谐劳动关系，夯实和谐社会之基》，2006 年。

中国朝鲜族居民出国农民工个案研究

——基于对呼伦贝尔市阿荣旗新发朝鲜族民族乡东光村的入户调查

2005 级区域经济研究生　李　可

2006 年 8 月中旬，中央民族大学经济学院"985 工程"战略创新组 10 名同学赴呼伦贝尔市就该市经济社会发展战略问题展开调研。通过问卷调查和入户个别访谈等形式，收集到大量的第一手资料。在阿荣旗新发朝鲜族民族乡东光村调研时，调研组发现了"出国农民工"这一独特的经济现象，并对这一现象产生的原因、发展状况及其规律做了深入调查和分析。调研组认为，东光村朝鲜族农民外出韩国务工，赚取外汇，回乡创业等方式为局部地区解决"三农"问题提供了启示。

一、新发朝鲜族民族乡东光村基本情况

阿荣旗位于大兴安岭向三江平原过渡地带，地貌以平缓丘陵为主，嫩江支流阿伦河纵贯全境，虽属高纬地区，然而南北走向的大兴安岭阻挡了冷空气的南侵，气候较西部温和很多，适宜农作物耕作。1947 年 10 月，阿荣旗正式建旗。该旗总面积 1.3641 万平方公里，辖 15 个乡镇，其中有 4 个少数民族乡。301 国道和 111 国道贯通全旗，旗政府驻地那吉镇是广西北海至内蒙古省际大通道的北起点，交通便捷。

阿荣旗新发朝鲜族民族乡是内蒙古自治区唯一一个朝鲜族民族乡。[①] 东光村西距那吉镇 10 多公里，全村耕地 3730 亩，其中水田 3500 亩。村中 91 户居民中朝鲜族为 86 户，朝鲜族人口 242 人，占全村总人口 86%，有一半以上的家庭有成员正在或曾在韩国务工。

---

① 全乡现有朝鲜族居民 900 多人，占全乡人口的 1/10。

二、大规模对外输出劳务的原因

1998 年后，阿荣旗东光村出国务工现象开始出现。调查中我们了解到，去韩国务工人员一般都有亲戚在当地，他们先通过探亲的方式在韩国做短期访问，从国外亲戚处了解情况，得到帮助，回国后，再次办理签证，委托专门中介组织介绍在韩工作，在韩工作 2—3 年后回国①。据村干部和村民介绍，出现如此普遍的出国务工现象不是偶然的，而是多方面原因综合作用的结果。

首先，没有语言障碍。中国朝鲜族源于朝鲜半岛。他们大量迁入中国的第一个高峰期为朝鲜北部大闹灾荒的 1869 年，距今只有 100 多年。他们是在朝鲜半岛已形成为近代民族之后迁入的。清末以来，中国东北封禁的打开，为朝鲜移民和关内移民的流入提供了有利的条件，由于东北移民社会所具有的特殊的人文环境和历史条件，很大程度上为朝鲜移民保留了原有的语言、传统习俗和生产方式。朝鲜族重视教育，在民族聚居区域，大多数学校使用双语教学，大部分朝鲜族人同时精通汉语和韩语，对于不需要较高技能的工种，语言上的优势和族源上的纽带为外出务工者提供了巨大优势。

其次，血缘纽带。按照韩国目前的外劳政策，探亲签证比较容易获得。东北地区是朝鲜族主要聚集居住区，他们与朝鲜半岛居民有着很深的历史渊源——1910 年日韩合并至 1931 年"九·一八"事变，大量反日人士、反日团体成员及在日本殖民统治下破产的农民迁移到中国，并形成了以延吉、丹东等城市为中心的东北朝鲜族聚居群体。1931 年"九·一八"事变至 1945 年"八·一五"光复，日本为建立"大东亚共荣圈"，把东北变为其扩大侵略的粮食基地和军事后方，采取了强制移民政策，使大批朝鲜人以集团、集合、分散等形式迁入东北。据不完全统计，1937—1944 年，被日本强制移民到东北的朝鲜人达 30 856 户、147 744 人②。这时从南到北形成了东北朝鲜族聚居区域。调查中了解到，东光村朝鲜族中，全部是日据时代迁入的，距今不过几十年时间。很多五十岁左右的村民在韩国找到了和他们源自同一

---

① 随韩国政府对劳工政策调整，居留时间由 2 年延长至 3 年，并可回国后再签再往。下文将专门讨论这一问题。

② 车哲九：《中国朝鲜族的形成及其变化》，《延边大学学报》1996 年第 3 期。

祖父的亲戚。在亲友的协助下，简化了出国务工手续，大大降低了风险。乡村社团规模很小，一旦有人成功，其示范作用强烈，这种示范作用在短时间内迅速激发，为出国务工热潮推波助澜。血缘纽带为出国务工提供了极大便利。

第三，务农收入有限，与打工生活货币化收入差距巨大。2005 年，全国农民人均纯收入 3255 元①，阿荣旗农民人均纯收入 3338 元②，而据我们问卷调查资料显示，东光村出国务工村民在韩国每月的收入达 1 万元人民币，扣除在韩国最基本的生活必需品消费外，年均净收入可达 5—6 万元。国内外收入差别悬殊，是东光村有大比例居民甘愿出国吃苦的最主要动因。

第四，韩国劳动力市场需求旺盛。韩国属于新兴市场经济国家，经济比较发达。亚洲金融危机后随着经济的持续增长，而人口却呈下降趋势，社会老龄化问题逐渐显现，造成劳动力缺乏。国家人均收入上升后，韩国本国人都不愿意做危险、脏累、工资少的工作，也产生了大量的闲置岗位。据有关方面统计，目前仅韩国的中小企业就缺少劳动力 20 万之多。为了缓解本国劳动力紧张，韩国政府采取了多种形式，如研修制、雇佣制、就业制等方式来引进大量外籍劳动力，劳动力市场的需求成为中国籍朝朝鲜族人出国务工的助推剂。

第五，韩国短期移民政策宽松③。韩国政府 2002 年 7 月 17 日发表的《外国人力制度改善方案》规定自 2003 年 1 月 1 日起，在韩国有亲戚的 40 岁以上的中国朝鲜族等具有外国国籍的韩侨，可在饮食店等服务业工作 1 年，并允许延长 1 年。2003 年 7 月 31 日，韩国国会通过了《外国人劳动者雇用等法律案》，该法律案构筑了外国人雇用许可制的基本框架。经过半年多的紧张准备，2004 年 3 月 9 日，韩国国务会议通过了《外国人劳动者雇用等法律案实施令》和《关于外国人劳动者雇用等法律案实施细则》，宣布外国人雇用许可制正式启动。目前，持三个月探亲签证的人员出国后，在韩国很容易办理续签手续，可以长时间居住，这为中国籍朝鲜族人从事劳务工

① 《2005 年国家统计年鉴》，中国统计出版社，2004。
② 《阿荣旗社会经济发展"十一五"规划》
③ 对外劳务合作是国际经济合作的主要方式之一，在国际上，这类劳务人员通常被称作"短期外籍工人"（Temporary Migrant Workers），即在一国从事具有项目或合同期限的工作（如建筑项目、家庭服务等）的工人（引自中国对外承包工程商会——劳务合作 http：//www．china．org）。

作创造了条件。2006 年初韩国法务部又向立法机构提交新政策①，面向居住在中国和前苏联等地的朝鲜族人新设立了一种有效期长达 5 年的长期签证规定，持该签证的人在 5 年内可以自由地进入韩国，持该签证的人士在韩国的就业期限为 2 年，如果想继续留在韩国工作，他们可以在离境后再进入韩国工作。② 届时，即使在韩国没有亲戚的朝鲜族人士也能迅速获得前来韩国访问的就业签证，将为今后中国籍朝鲜族人出国务工提供更加宽松的外部环境。

三、东光村出国务工活动的一些特点

东光村出国务工人员一般委托专门中介组织介绍其在韩工作。为此，他们需支付 12 万韩元中介费（约合人民币 65000 元），对农民来说，极少有家庭能独力支付，只能通过务工所得来偿还债务。走访中我们了解到，村中出国务工的妇女一般都是村子里四五个人一起出去，干两年签证到期再回国，出去一年能挣大约 6 万元人民币，不过第一年挣的钱全部都给了在韩国给联系工作、帮助办理手续的中介人，第二年收入才归自己所有。而韩国本地的亲戚收入虽相对较高，但家庭支出也很大，即便是血缘很近的直系亲属，也很难给予实质性的经济帮助。

中国朝鲜族在韩国主要从事一些韩国工人不愿意干的粗活、脏活，男子一般从事建筑施工业，而妇女则通常在餐馆打工。即使如此，这也会与当地低层工人之间产生矛盾，当地低层工人认为中国朝鲜族人的到来，抢了他们的工作机会，降低了平均工资。甚至在亚洲金融危机时，有些韩国人认为他们的失业是因为中国朝鲜族的迁入，还有些人认为外籍朝鲜族人的增加导致了韩国犯罪率的上升。

出国务工人员工作强度大，生活质量不高。据东光村的村民介绍，他们在韩工资水平一般为每月 1 万人民币。如同中国大城市中的农民工一样主要目的是打工挣钱，家庭负担比较重；而且韩国物价水平很高，比如一斤牛肉在阿荣旗价格 7—8 元人民币，而首尔则需 100 元人民币左右，即使四个人

---

① 原载韩国 KBS 电视台：韩国法务部和外交通商部有关人士 2006 年 2 月 9 日透露，目前有关部门就上述问题进行协商。下周在结束该协商后，将进入修改相关法律的程序。有鉴于此，韩国最早将从 2006 年 7 月开始可向中国和俄罗斯的朝鲜族签发"访问就业签证"。

② 中国驻韩国大使馆经商参赞处。

合租当地条件最差的房子，每人每月需负担的房租也高达人民币1300—1400元；因此他们除了必需的开支外尽量压缩消费性支出，每月收入的40%都汇回国内，生活条件即便较之国内农村也难以达到。韩国周末只有一天，工作强度很大，这些外出务工人员每天都要工作12—14小时，有的人甚至是同时打两份工。① 曾经在汉城一家饭店打了两年工的52岁朝鲜族妇女林某说"虽然我们出去能挣一点儿钱，但是很不容易，每天要工作12个小时，很辛苦，干的都是苦力活，有时会受到人家的歧视。"

东光村出国务工者大都在40岁以上，且以妇女为主。年轻人不愿意出国务工。绝大多数人员出国务工的目的是"挣够钱就回国"，不想长期居留韩国。其主要原因除了物价水平高以外，对韩国人和外籍朝鲜族人的差别待遇也是原因之一。② 虽然语言相同，朝鲜族人出国打工本是经济所迫，各方面都要节省开支，和当地人消费层次和生活方式都不一样，打交道的机会不多，交流的机会也很有限。他们认为自己去韩国打工和普通中国农民进城务工动机相似。比如上面的那位妇女林某被问到是否还准备出去时说："我打算11月份走，多挣些钱给自己养老。"而定居韩国的中国朝鲜族，社会阶层的改善较之国内城市更困难。既然无法融入到当地社会，就只能带钱回家。相应的，韩国方面也不打算大规模接受移民。

打工收入主要用于改善国内生活水平。我们调查的家庭里，大部分家庭把打工所得都用于盖房等提高生活水平的项目，除少数投资建设几个朝鲜族特色餐馆外，用于再生产的几乎没有。

四、对出国农民工"韩流"的思考

朝鲜族的"韩流"，是在中国经济整体走向改革开放的大背景下发生

---

① 2001年年末，一家民间团体发表的外劳人权白皮书表明，在韩外籍劳工的悲惨状况已经到了难以想象的程度。他们平均只有70万韩元左右的工资，但每天却从事12小时以上的重体力活，一半以上的人都经历过拖欠工资的问题。在2002年9月11日汉城大学医院举行的"为保障外国劳工健康权利的宣言"活动中，汉城市医师协会会长韩光洙、汉城阿山医院院长洪昌基、前任亚洲大学校长李虎英以及汉城百济医院院长卢万熙等343名医生联名发表宣言，呼吁为外国劳工保障最基本的医疗服务。医疗报纸《青年医生》发行人李旺浚作为代表称："现在居住在韩国的外国劳工总数大约为30万人，他们时时刻刻面对着各种疾病和产业灾害，但由于身份上的原因却享受不到任何医疗服务。"

② 在餐馆，从事同样工作，平均韩国人收入较外籍朝鲜族人要高出4000—5000元/月。

的，显著提高了朝鲜族社会生活水平。

中国经济进一步发展，调节三大差别的政策逐步显出实效，农民收入会有较大增长；人民币汇率升值过程也会相对降低外国平均工资水平。单纯的出国挣钱吸引力削弱。

中国加入全球分工体系，越来越多发达国家的产业转移至中国。韩资企业也不例外。日益增加的韩资在华企业、工厂，雇佣了很多朝鲜族同胞。我们在村里一户柳姓人家调查时了解到，虽然男主人的妻子正在韩国首尔的餐馆打工，可他的两个儿子都在天津工作，受雇于三星电子。这两个年轻人都是高中毕业，月工资却都超过了2000元。拥有本科学历的朝鲜族年轻人很容易在三星现代等大企业中找到白领工作。既然可以在国内做地位高、更轻松的工作，何必要去韩国做建筑工人？既然可以直接进入国内的大城市工作甚至定居，为什么还要辛苦出国挣钱回乡盖房呢？

随着时间流逝，老一辈亲戚的去世会使血缘纽带淡化，务工的商业色彩愈浓而骨肉亲情愈少。没有感情寄托的异乡生活，韩国对年轻一代朝鲜族农民的向心力不会像他们父辈那样强烈，相反国内生活越来越有竞争力。

毫无疑问，出国务工机会帮助多数东光村的居民脱离了贫困，盖起了新房。这对在20世纪90年代末缺少致富机会的中国北方农村，大大提高了朝鲜族农民的生活水平。短期来看，对该地区朝鲜族同胞脱贫致富影响显著。但出国务工并不是朝鲜族脱贫致富的长久之计。随着国内经济实力增强，当经济上出国务工不再有利可图时，"韩流"就完成了它的历史使命。归根到底，农村问题的最终解决途径还是立足国内。

关于农村劳务输出对地方经济发展影响的实证研究

——以广西河池市南丹县为例

2006 级硕士研究生　杜广琴　郭玮　张国华　邸婧　孙逊

　　劳务输出就像一根根杠杆，正在撬动着各地的经济发展。劳务输出已成为许多地区致富的"秘诀"：繁荣了城乡经济，提高了农民的素质，富裕后的农民称劳务输出为旱涝保收的"铁杆庄稼"、"无烟工厂"和另一个"钱袋子"。加大劳务输出，发展劳务经济是转移农村剩余劳动力。增加农民收入，加快乡镇现代化和构建社会主义新农村的重要手段。地处广西西北边陲的河池市人均耕地面积不足 0.5 亩，农村存在大量剩余劳动力，为提高农民收入，减缓土地压力，近年来，该市市委、市政府及时调整发展战略，充分发挥政府导向作用，组织引导当地农民外出打工，把劳务经济作为全市经济发展的重要产业来抓，力争打造河池劳务输出品牌，对推动当地经济发展、剩余劳动力就业起到了一定的作用。但近些年来劳务输出一些负面影响也逐渐显现出来，比如过多青壮年劳动力的外出使家庭自有耕地闲置、留守家庭成员生活的负担增大等。本文在实地调研的基础上，根据调研掌握的第一手资料，分别介绍了南丹县劳务输出的现状及政府组织管理情况；劳务输出对当地经济发展的影响；劳务输出对留守家庭成员生活的影响。

一、南丹简述

　　南丹县位于广西壮族自治区西北部云贵高原余脉的边缘，横按于云贵高原向广西丘陵过渡之咽喉，扼黔桂交通大动脉之要冲，是黔桂交通大动脉的咽喉要塞之地。全县版图面积 3916.62 平方公里，整个地势由东北向西南次第倾斜。境内林木繁茂，河流纵横，山涧田园肥沃，盛产五谷，颇具江南鱼米之乡特色。

　　南丹县辖 7 镇 6 乡，居有壮、汉、瑶、苗、毛南、水、仫佬等 11 个民族，总人口 27.6 万，其中壮族约 14 万，占全县人口一半多，是境内第一大民族；汉族约 9 万人，是第二大民族。

　　南丹自然资源丰富，矿产资源得天独厚。县内已勘探发现有锡、铅、锑、锌、金、银、铜、铁、铟、钨等 20 多种有色金属，总储量 1100 万吨，其中锡矿储量 144 万多吨，居全国首位，被誉为"有色金属之乡"、"中国的锡都"、"矿物学家的天堂"。这里真可谓"无山不聚宝，无岭不藏金"。

二、南丹县劳务输出的现状、政府组织和管理情况

（一）南丹县劳务输出现状

在调查访问过程中，我们走访了南丹县农业局、劳动局、统计局、劳务输出管理办公室等政府职能部门，还深入到南丹县吾隘镇、里湖瑶族自治乡的共四个行政村 30 多家农户中进行走访，了解南丹县的劳务输出现状。

1. 劳务输出的原因

南丹县虽然矿藏丰富，经济发展总体情况良好，是广西的十强县之一，但由于县辖部分乡镇耕地面积少，有的甚至是典型的大石山区，境内三分土地七分石，农业发展受到自然环境制约，产生了相当数量的农业剩余劳动力。南丹县全县人口 28 万多人，农村劳动力 107000 人。其中富余劳动力 15700 人。近年来，由于部分本地企业处于停产整顿状态，当地农民就业出现了困难，由于无法在家门口找到工作，外出打工是他们首选的出路。在回答调查问卷中为什么要外出打工的问题时，有 65% 的农民的回答是因为家里耕地太少致使收入太少，难以解决家庭基本生活支出，还有 25.4% 的农民是为了解决子女的教育费用，仅有 7.9% 的农民外出打工是为了增长见识或想出去创业。

可见，劳动力剩余是外出打工的前提条件，而解决基本的生活问题是外出打工的最主要原因，其次供子女上学也是一个重要原因，而外出增长见识、为创业则是很少一部分农村青壮年外出打工的原因。

2. 南丹县劳务输出现状

2004 年，南丹县农村劳动力总数为 136289 人，除在农村从事第一、二、三产业人员外，全县有富余农村劳动力 50000 余人。据对全县农民外出务工情况统计调查：截止 2005 年 4 月末，全县农民外出务工 13048 人，占农村劳动力总数的 9.6%，占农村富余劳动力人数的 26.09%。2004 年，全县农民外出劳务收入 237.86 万元，人均劳务纯收入 360 元，占农民人均纯收入的 18.31%。从农民外出从业分布情况看，在外出的 13048 人中，从事

商业的 1898 人，占 15%，从事工业的 3164 人，占 25%，从事建筑业的 2531 人，占 20%，从事其他行业的 5063 人，占 40%。

近两年，为了使农村富余劳动力更好的就业，增加农民收入，南丹县委和政府成立了专门的劳务输出管理机构，采取先培训、后就业的方式，先后免费培训农村劳动力 5 万多人次，输送到广东、浙江等地进行再就业。2006 年全县劳务输出收入达 5600 万元，比上年增长 30%，使农民增加了收入。2005 年以来，南丹县县委、县人民政府一直在加大发展劳务经济的力度，县财政拨出 1000 万元建设劳动力资源流动人力市场，为劳务输出构建一个平台，通过几年的努力，现在南丹劳务输出已经成为当地农民人均增收的一个非常有效的途径，农村劳务输出人均收入已经占到农民人均收入 1/3 还多一点，有效地解决了在温饱线以下的农民的增收问题，为南丹县农村劳动力转移提供了一个重要途径，也为全力推进新农村建设打下了良好的基础。截至目前，全县劳务输出共计 1.5 万人，每年劳务收入 5000 多万元。

3．外出务工去向和途径

从外出渠道看，有 23.5% 的农民是自主外出，47% 是通过亲戚朋友介绍出去的，还有 28% 的农民是通过政府提供的信息，由政府组织统一出去的。

从分布区域看，县农业局提供的数据显示，通过有关部门培训的农民有 16.1% 去往长江三角洲地区，83.9% 在珠江三角洲打工。主要是广东和浙江两省。

从外出农民的行业分布来看，从事电子产品加工业的占 30%，从事机械加工业（车工、电工、钳工、铣工等）的占 20%，从事制衣业的占 35%，还有 15% 从事服务及其他行业。

4．南丹县劳务输出的特点

根据上述情况，我们可以归纳出南丹县劳务输出具有以下几个特点：

外出打工收入贡献大。从绝对数量上看，南丹县每年劳务收入约 5000 多万元，人均劳务收入约 3500 元，占到农民人均收入 1/3 还多一点，有效地解决了在温饱线以下的农民的增收问题，可以说外出打工是农民增收的主要途径，同时也是那些没有土地农民家庭收入的主要经济来源。

年龄低。从年龄段来看，80% 以上的外出打工人员是 30 岁以下的青壮年。其中出省打工的多为 18 至 25 岁的未成家的青年，其人数占到外出打工的 40% 左右；年龄较大的，已结婚的青壮年大多在邻近县市打工。

无序外出多。有70%以上的农民是自主外出或是亲朋好友带动外出，仅有不到30%的农民由政府统一安排外出。尤其是出省外出打工的青年多为同学朋友介绍。

分布区域广而较集中。外出的农民广泛分布在祖国大江南北，但也比较集中于东部比较发达地区，特别是珠江三角洲地区，占外出打工总人数的80%左右。

分布行业广且具有相似性。外出农民广泛分布在制造业和服务业等行业，这些行业大都是劳动密集型行业，工作时间都比较长，工作普遍很繁重，工作环境比较恶劣，工资待遇不高。

5. 南丹县劳务输出存在的问题

虽然劳务输出为农民增收，改善农民生活做出了重大的贡献，但我们也清醒地看到劳务输出中存在的一些突出的问题。

农村劳动力文化素质和职业技能普遍偏低。农村劳动力人均受教育年限只有7.2年，也就是说还没有达到初中毕业的教育年限。68.22%的农民没有一技之长，而每年接受各类不同职业技能和农业技术培训的却只有1.2万人，只占农村劳动力总数的4.64%。由于大部分农村劳动力受教育年限短，参加培训少，缺乏职业技能，科学文化素质普遍不高，加之没有接受相应的专业培训，这给外出打工的农民带来不同程度的障碍。据调查，有77.8%的农民认为缺少或没有非农业职业技能是他们外出打工的最大障碍。素质低一方面会导致农民外出就业难，另一方面即使这部分农民找到了工作，也只能从事"脏苦重险"的体力活，且工资收入不高。另外，政府对务工人员的培训大多也主要是最基础、最简单的劳动培训，不能满足那些技能要求相对较高企业的需求，不能满足企业用工岗位的需要，加大了外出务工人员就业可选择性的困难。

农民外出存在着很大程度的盲目性。这主要表现在：一是劳动供求信息不畅。虽然在这方面，政府在劳务信息的获取、宣传过程中做出了很大的努力，但仍然还有很多农民无法及时获得用工信息，只好通过中介机构介绍，而中介的良莠不齐，其中掺杂着很大的欺骗性，使很多农民上当受骗。二是缺乏合理引导，有70%以上的农民是通过自主或别人介绍出去的，这就加大了农民工权利维护的难度。

农民自我保护意识差，维权力量薄弱。大量农村剩余劳动力盲目自发外出务工，经常会有上当受骗或是受到不合理待遇的事情发生，当农民工的合法权益受到侵害时，经常得不到政府有关部门的及时监管，而农民大都不知道如何用法律维护自己的合法权益，这就造成了农民工的管理和服务的较大死角。这也是造成南丹县外出务工人员返乡率较高的原因之一。

农民外出打工不同程度地影响了家庭农业生产。由于外出打工的大多是身体素质好，头脑灵活的青壮年，而留守在家中的是老人、妇女和小孩。青壮劳力的外出，加重了其他家庭成员的劳动负担。在我们的调查访问中就经常可以看到忙碌在田间地头的年迈老人。通过问卷调查，我们还了解到，有一半的农民家庭在农忙时农活较多，农民工在农忙时返乡帮忙的基本没有。留守的农民大都通过雇人帮忙或者亲友间的相互帮忙来解决问题，没有造成很大影响。但同时也存在一小部分农民外出务工导致农田闲置的现象。

农民外出务工存在着户籍歧视、就业机会不平等等情况。据到广东打工的农民说，在广东务工，有广东户籍或会讲广东话的，一般都被安排在比较轻松的工作岗位，工资也较高。而非广东户籍的务工人员则被安排在任务比较重、工作比较累的岗位，工资也比较低。

留守儿童和老人缺乏关爱。在调查访问中我们了解到，大部分家庭是父亲外出打工，母亲留在家中照顾小孩，也有一部分是父母双双外出，而把小孩交给老人看管。这使得留守的小孩得不到完整的关爱，这会给小孩的心理成长带来不利影响，留守小孩的管教和学习上辅导都存在着很多不足，这都不利于留守儿童的成长和成才。另一方面，家庭中的顶梁柱外出，使得已为家庭操劳一生的老人再次挑起家庭重担，既要忙家里的农活，又要担负教育小孩的重任，这往往会给留守老人的健康带来很大隐患。

（二）政府对于劳务输出的组织和管理

为了解决当前劳务输出中的突出问题，南丹县委把发展劳务经济作为一个长远的战略来抓，采取了一系列行之有效的措施，积极引导劳务经济的健康发展。其主要措施包括以下几个方面：

1. 加大培训力度，提高农民就业能力

按照上级政策的指示，南丹县开展了一系列针对农民工的培训计划，以"阳光工程"为主体，整合各种教育资源，通过多种形式培训农民。在开展农民培训就业工作中，该县以县乡党校教学和管理体制改革为契机，积极整合多部门培训资源，创造性地探索出诸如"订单、定点、定向"、"校企联办"、"绿色证书工程"、"阳光工程与转移培训相结合"、"引导与职业技能

相结合"等多种模式就业培训，着力培养"有文化、懂技术、善经营、会管理、觉悟高"的新型农民。全县开设了电脑、家政、烹饪、机动车和电器维修、建筑施工等20多个培训专业。截至目前，该县共组织126名农技专家到镇、村开展现场培训80多次，培训农民1万多人。目前，全县共有3000多名农村劳动力经过职业技能培训与鉴定，有1200多人取得了初级职业技术等级证书。此外，该县还在沿海发达城市建立了8个劳务输出基地，与县外30多个用人单位和劳动部门建立了长期劳务合作关系。

2. 积极建立与完善服务网络，广开就业门路

为充分发挥劳动力市场在农村劳动力转移工作中的纽带作用，该县在13个乡镇建立了劳动和社会保障站，成立民办职业介绍机构6家，形成了以县级就业职介中心为龙头、乡镇劳动保障站为主体、展办职业机构为补充的职业网络。其具体负责农村劳动力教育培训的组织和职业介绍工作，定期组织人才交流和招聘洽谈会。据不完全统计，每年通过劳动力市场转移的农村劳动力大约有3.5万人。

建立起用工信息收集和发布制度。各乡镇劳动和社会保障站设劳务输出专职信息工作人员1至2人，各行政村配备信息员3至5人，完善乡村劳务输出信息网络。同时，在全国各类专业市场开发新区、大企业集团中聘任兼职信息员，及时收集有关信息。另外，在深圳、南宁、广东等地开辟务工基地，建立信息服务机构，与当地政府签订劳务信息共享协议，并派专人在当地设办事处，以便更好地搜集当地用工信息。劳动管理部门为参加培训的农村劳动力进行登记造册，设立学员档案，建立培训人员储备库，对就业情况实行跟踪服务，定期到用人单位走访看望务工人员，征求用人单位意见，加强输出人员的劳动合同管理，及时解决好劳务纠纷和计划生育管理等各项工作，有效地解除了务工人员的后顾之忧。

3. 多层次转移，拓宽就业渠道

南丹县注意培育新的就业载体，不断拓宽就业渠道。目前，南丹县种养殖加工、民营企业、木制品加工等特色产业发展迅猛，为农村劳动力转移提供了广阔的空间。2007年以来，南丹县紧紧围绕"三农"服务，不断拓宽就业渠道。利用农村劳动力转移阳光工程培训契机，加强免费就业培训。2007年5—7月以来，利用两个基地进行免费培训农村劳动力388人。为提高农民的素质技能提供了很好的途径。

（一）对农业发展的影响

南丹县地处云贵高原与广西丘陵过渡地带，形成独特的低纬凉山地气候。农业气象灾害多，主要是干旱、低温、寒露风、霜冻、冰雹、大风、洪涝等。春暖迟，秋寒早，气温不稳定，水稻、玉米播种季节还会出现烂秧烂种天气。县境内土地资源比较丰富，总面积587.4万亩，但可耕面积少。1990年全县耕地面积24.316万亩，占土地总面积的4.1%，农业人均1.15亩。据2005年统计，全县可耕地面积为23.7733万亩，其中水田13.0753万亩，保水田只有4.7745万亩，旱地106980万亩，农业人均耕地已下降为0.89亩。

由于南丹县多山地与丘陵，耕地面积较少，所以农业对于本县来说并不能发展为支柱产业，相应的农业生产产值在全县总产值所占比例也越来越小。根据统计资料显示，按当年价格计算，2004年全县总产值为384002万元，农业总产值为35051万元，只占总产值的9.13%；到2005年全县总产值为487007万元，同比增长22.5%，农业总产值为35758万元，同比增长6.3%，占总产值的比例下降到7.34%。农业在总产值的比例呈现下降的趋势。

从上面的数据可以看出，农业在南丹县总产值的比例不是很高，还没有超过10%，可以说该县是以工业为主导产业的。统计数据也显示，第二产业在全县总产值所占比例高达46%。因此，相对于0.89亩的人均耕地来说，农村存在着大量的剩余劳动力。应该说劳务输出是解决农村相对剩余劳动力的一个比较好的途径。然而在调查中我们也发现，外出务工对于家庭农业生产也产生了一定的消极影响。

1. 当地农村土地耕作现状

自家庭联产承包制后，当地的田地便以家庭为单位分到各家各户，形成了以家庭为单位的耕作方式。但是由于当地地形以山地为主，多数田地分布于山涧之中。耕地地块狭小，远离村庄，且道路不方便，所以当地的土地耕种以人力为主，采取较为原始的耕作方式，只有在播种过程中可以采取小型的播种机，在收割、打场、往家运送等都只能以人力、畜力为主，机械化的耕作方式受耕地的地形所限无法应用。因此这种简单的耕作方式，在农忙季节需要大量的劳动力。

2. 农村青壮年劳动力外出对家庭农田耕种的影响

根据我们对南丹县两个乡近四个行政村的调查发现，外出打工者多为年龄在18—35岁的青年。其中比例最大的是17—20岁左右、初中刚毕业的青年，他们大多选择出自治区；而年龄稍大一些，刚刚结婚的人去自治区外的不多，大多选择在邻近的县市。由于这些人在家都是比较重要的劳动力，因此他们的外出对年龄越来越大的父母来说，增加了家庭的负担，尤其是农忙的季节。调查中，在问及留守家庭的父母如何解决农忙季节的收种问题，他们大多采取雇人的方式帮自己干活，如果时间不是很紧迫就全部自己来干，很少需要孩子回来。但对于那些年龄稍大一些的家庭来说，由于其在家已是顶梁柱，同时，他们外出打工地多为邻近的县市，所以每到农忙季节便回家收种。还有一部分村，人均耕地面积较多些，也有因外出打工而致使耕田荒废的，但这种情况只是很个别的现象。一般村子，对于每家每户来说，本身耕地就不是很多，因此，劳务输出对家庭田地的耕种其实影响不大，唯一影响就是增大了留守在家父母的负担。

3. 劳务输出对当地农业发展的影响

南丹县本来就是农业小县，由于条件所限，不能大规模发展农业。同时，由于南丹县各种有色金属矿产比较丰富，是全国有名的有色金属之乡；水资源丰富，全县内有几座全国大型、超大型的水电站，所以矿业和水力发电便是全县经济发展的主要支柱产业。虽然县政府也在部分地区开辟茶叶园、烟叶园等，但是规模都比较小，且这些地区一般少有人外出打工。外出打工较多的乡镇多为人均耕地面积少、本地无就业机会和收入来源才被迫出去打工。例如，在我们调查的吾隘镇，由于修建公路和退耕还林，使得原本少有的耕地变得更少，部分农户的土地已完全被征用。只有靠外出打工来取得收入来源。理论上讲，对于城乡二元经济结构，只有工业或第三产业的发展把农村剩余劳动力吸纳之后，才有利于农业采用机械化，使农业生产产生规模效益，但对于南丹县来说本身发展农业就不具有优势，因此，发展劳务输出，转移农村剩余劳动力对于当地农业发展可以说没有太大影响，相反劳务输出更好地解决了农村剩余劳动力，为农民家庭的增收创收找到了一条很好的途径。

（二）对工业发展的影响

南丹县境内矿产资源丰富，是全国有名的"锡矿之都"和"有色金属之乡"。新中国成立前，县境工业也主要以矿业为主，但多是私商个体经营。新中国成立初期，县人民政府注重矿产资源勘探、开采，同时也在着力于其他工业的建设生产，但是生产条件落后，经济薄弱，效益低。1956年后，县境注重以资源优势为基础增加企业项目，大力发展本地工业，工业总产值占国民经济总产值的比重逐年上升。特别是党的十一届三中全会后，企业实行了"调整、改革、整顿、提高"的方针，全县工业出现了新的面貌，一个以地方优势为基础的工业生产格局基本形成，到1990年，国营工矿企业已拥有冶炼、电力、建材、化工、机修、软木、酿造、食品、造纸、印刷等行业，为县属的主要骨干企业，特别是矿业生产一派生机，矿窿星罗棋布，矿区厂房林立，有采、选、冶联合的中央企业——大厂矿务局，区属的拉么锌矿、新洲锡矿，县办的茶山矿、五一矿、亢马、高峰、大福楼、芒场大山等矿厂和采、选、冶机构，一个具有现代化规模的矿区正在县境崛起。同时随着商品经济需求，各乡镇不少乡村企业也应运而生。工业总产值在国民经济中比重逐年增加，1991年（按当年价格计算），全县工农业总产值29285万元，其中农业总产值14298万元，占国民经济总产值的48.8%，工业总产值14987万元，占国民经济总产值的51.2%，工业总产值首次超过农业总产值，表明南丹县已由传统的农业县逐步变成为以工业经济为主体，工农业生产全面发展的新兴工业县。随着政府对当地矿产勘探的不断进步和开采技术的不断提高，以矿业开采的工业企业总产值逐年增加，按当年价格计算，2004年全县工业总产值为116637万元，2005年为229818万元，十多年间工业总产值增长十倍多，年均递增达25%左右，工业总产值占到全县工业国民经济总产值的52.6%，远远超过农业所占的比例（7.34%）。南丹县已发展为以工业为支柱产业，第三产业全面跟进的工业县。

随着我国市场经济体制的不断完善和国有企业改革的不断深化，全县工矿企业的数量不断减少，但是企业的规模不断扩大，规模以上企业的生产总值不断上升，企业用工人数不断增加。下表是近几年全县工业企业用工情况的变化。

从业人员按产业分（万人）	1998 年	1999 年	2000 年	2001 年	2002 年	2003 年	2004 年	2005 年
第一产业	8.59	8.49	8.86	9.78	10.07	10.74	11.03	10.43
第二产业	2.37	2.94	3.19	2.55	1.00	1.04	1.14	2.11
#工业	2.24	2.81	2.95	2.32	0.91	0.96	1.05	2.02
第三产业	2.35	2.43	2.81	2.91	2.52	1.95	2.37	2.29
总计	13.31	13.86	14.86	15.24	13.59	13.72	14.54	14.83

资料来源：南丹统计年鉴2005。

　　从上面数据可以看出，工矿企业用工人数在1998年到2001年基本维持在2.5万人左右，2002年突然低谷，以后又连续上升，到2005年基本又恢复到了2万人以上。我们知道，在2001年南丹县发生了"7·17"特大透水矿难，共死亡81人，随后南丹所有矿窑全部停产整顿，致使企业用工人数急剧减少，这才导致了从业人员数从2001年的2.32万人一下子下降到0.91万人。在工矿企业工作的工人一般大多为农村的农民工，因此这次大矿难也加剧了农村剩余劳动力在本地就业的困难，也是南丹县响应河池市政府关于发展劳务输出的一个因素。

　　然而，随着停工的企业陆续开工和新一届政府不断招商引资上马新的项目，全县用工人数又大量上升，而且部分企业出现了招工难的问题。对此我们很是不解，难道是劳务输出造成了当地企业的招工困难？在我们与当地政府座谈中问及大力发展劳务输出与满足当地企业用工需求的关系时，他们也回答说，新开工企业的工人一部分来自当地人，还有相当一部分是来自外省的，比如紧挨南丹县的贵州省的荔波、平塘、独山等县。政府一方面组织本地农民工外出打工，一方面也会帮企业到外地"引进"工人。对此我们很是不解，为什么当地企业提供那么多就业的岗位，本地人没有就近就业，反而千里迢迢跑出去打工呢？或者说为什么南丹县政府一方面组织大量劳动力外出务工，同时又要到邻近的县市再去招工呢？通过调查采访我们总结出了造成这种情况的主要原因：

　　1.当地人一般不喜欢在本地工矿企业务工。当地工业企业多为矿产开采和冶炼行业，工作强度大，工作负担重，且矿产开采危险性较大，尤其是"南丹7·17特大矿难"发生后，当地人对于从事矿产开采工作更是不喜欢，同时认为这些工矿企业的工资水平也比较低，相反外出打工虽然工作也很繁累，但工资收入会高些，且制造业的危险性系数较低，因此，大多数农村青壮年一般都选择外出务工。

2. 作为企业也比较愿意招用外地工人。因为外地工人离家较远，农忙时节一般不会请假回家务农，便于企业管理，同时外地工人较本地人能吃苦耐劳，对于企业的工资水平也能接受。

通过上述分析比较，我们可以发现，从表面上来说南丹县大力发展劳务输出与本地工矿企业用工之间存在着矛盾，一方面本地企业发展需要大量的工人，本地工人不能满足企业用工的发展只能从外地去找工；另一方面本地又存在着大量剩余劳动力，这些人找不到工作只能外出打工。但当地企业用工来源变化的原因都是不同打工者根据自己的偏好自行选择的结果。从经济学理论的角度看，市场配置资源的机制就是要求各种生产要素通过价格机制自动配置到各个生产部门，这样才能使得生产更有效率。在与南丹县劳动与保障局领导座谈时，他们也提到，南丹县人才市场建设和劳务输出管理的基本理念：搭建劳动力自由流动的平台，建立健全各种招工用工信息，方便劳动力资源的合理配置。我国经济体制改革的目标是建立健全市场经济体制，使市场机制在资源配置中起基础性作用。建立健全市场经济体制，一个重要方面就是要建设劳动力市场，使务工者根据市场引导自由流动，合理配置，打破地区保护、地区封锁的局面。因此南丹县大力发展劳务输出与当地企业发展的用工紧张并不相矛盾，相反这样极大地促进了劳动力的合理配置，提高了本地企业的生产效率，节约并提高了农民的收入，人力资源的自由流动使得当地企业和农民都"有利可图"。

（三）对第三产业发展的影响

1. 南丹第三产业发展的现状

南丹素以农业为主，尤其是新中国成立后，大力兴修水利，改善自然条件和作物品种改良，提高农业科学技术开发利用，提高了单位面积的产量。但随着国家不断对南丹矿产资源的勘探和开采，工业总产值逐渐在国民经济总产值的比例逐年上升，到1991年，工业已超过农业成为南丹县的支柱行业。随着各种工矿企业的发展和南丹县基础设施的建设，为工业发展提供服务的第三产业蓬勃发展起来，根据南丹县统计年鉴2005年统计数据，南丹县地区生产总值实现23.2亿元，比2000年增长6.3%，年均增长1.33%，其中第二产业实现12.1亿元，年均增长68.2%；第三产业实现6.3亿元，年均增长0.5%。下表是近几年来三个产业增长指数的比较：

国内生产总值 指数（％）	1998 年	1999 年	2000 年	2001 年	2002 年	2003 年	2004 年	2005 年
第一产业	106.40	108.64	104.73	104.85	97.47	106.24	108.35	106.32
第二产业	125.90	118.84	120.69	90.87	114.90	156.05	128.51	147.42
#工业	121.60	117.58	119.99	94.59	18.45	134.75	161.13	152.83
第三产业	111.80	110.67	110.08	100.49	104.07	80.04	137.07	108.54
第三产业从业 人员数（万人）	2.35	2.43	2.81	2.91	2.52	1.95	2.37	2.29

资料来源：南丹统计年鉴2005。

2．对南丹第三产业发展的分析

通过上面的数据对比我们可以发现，相对于第二产业来说，南丹县第三产业的发展速度远低于第二产业的发展速度，只比第一产业稍高一些。因此从业人员人数也增长缓慢。在与政府相关部门的领导座谈中，我们了解到南丹县政府的发展思路是以工业为主，合理利用南丹县境内的资源矿产优势，大力发展南丹经济。一个个大型采矿厂、选料厂、冶炼厂相继在南丹落户。例如华锡集团、恒峰冶炼厂、恒生选矿厂、南方冶炼厂、南丹酒业等都是南丹的大型工矿企业，这些企业规模大、技术先进、科技含量高，是南丹经济发展和财政收入的主要龙头企业。而第三产业缺少这种有代表性的企业，发展缓慢。加快第三产业的发展无疑是增加经济活力，提高人民生活质量和生活水平的重要手段。对于南丹县第三产业发展缓慢的原因我们可以从两个角度来分析。

本地人在激烈的市场竞争中逐渐淡出，有两方面的原因：

首先，以工矿企业为代表的第二产业是南丹经济发展的支柱行业，政府对工矿企业发展的扶持和政策倾斜为第二产业发展创造了更多的发展条件，相对而言对于第三产业的发展便没有这么多的政策优惠。同时工矿企业是提供就业机会最多的行业，使得大部分农村剩余劳动力都流向第二产业。在此基础上的剩余劳动力被输出到外省（区）市、外县打工。可以说，第二产业和"打工经济"吸纳了本县绝大部分劳动力。

其次，本地人创业意识不强，普遍素质较低。以零售业为例，南丹县从事零售行业的绝大多数是外地人，在县城繁华的主干道，外地商人开设的服装店、水果店、理发店、旅店、饭馆，目不暇接，而少见本地人自己开的商店，而本地人大多为其店中的雇员。在南丹县调研的六天里，我们接触了许多当地人，发现安分守己、思想保守是他们的一大共同特点。不具有"走出去"的思想，或者"走出去"了还是为别人打工，没有对自己的人生进行理性的思考和规划，就更谈不到创业意识了。这一点在我们调研的第二站——里湖瑶族乡的白裤瑶人身上更加明显。在他们居住的地方，经济都是自给自足的，基本不存在第三产业。白裤瑶扎根于黔桂交界并不富饶的山地上，固守着世代相沿的生活方式。莽莽大山不仅阻隔了她古朴瑰丽的民族文化，也阻隔了瑶族人民与外界沟通的意识。他们久居深山鲜为人知。如今，瑶民们多数都不能流利地讲普通话，而是使用本民族语言，与外界的交流成为"走出去"最先面临的问题，人口素质亟待加强。

通过上述分析，我们知道，作为南丹这样的一个工业县，工业的发展是其经济发展的首要行业，同时地处广西北部一隅并不是交通便利和商贸集散的地方，南丹第三产业的发展只能是在第二产业发展的带动下才能更好地发展，同时提高人民收入加快城镇化发展才能为第三产业的发展提供一个更好的平台，因此，发展劳务经济对南丹第三产业的发展不会造成不利的影响。相反，发展劳务经济，构建人才自由流动的平台也有利于把外地一些能创业、有技术的人才吸引进来，以更好地促进当地经济的发展。

四、劳务输出对留守家庭的影响

劳务输出固然增加了农民收入，提高了农村家庭收入，使得留守家庭成员可以相对提高生活水平，看到生活的希望，这是它带给留守家庭的喜悦。但与此同时留守家庭问题却不可避免地出现在世人面前。留守老人、留守儿童、还有夫妻单方外出打工留在家的另一个，成为了留守家庭人员。他们面对的将是纷繁复杂的问题的纠缠。

外出打工的多是青壮年，在我们调研的南丹县两个乡四个村 30 户家庭中有 20 户家中只剩老人和儿童了，其余家里还有单亲，但他们面临着同样的问题。留守老人大多身体状况不佳，却没有儿女的照顾，反而还要照顾正在成长中的孙子、外孙。家里仅有的几分土地不能弃之于荒，于是还得老胳膊老腿儿地挣扎着每天下地里劳作，老人们嘴里说出的话让我们感动很无奈："哎，没办法呀，老了反而过得比以前更累了！"

留守儿童面临的问题更是危险，这关乎中国的下一代。他们由于父母在外，和爷爷奶奶、外公外婆一起生活，由于存在代沟，孩子的逆反心理、懒惰心理、依赖心理越来越严重，根本不听长辈的话。部分孩子学习成绩不佳,生活放纵自己,极易产生犯罪和越轨行为。除此之外,家庭内部的感情问题也很受影响。夫妻单方外出打工的,夫妻之间感情淡化。双方都外出的大多一年回家一两次,和孩子的交流仅限于一周一次的电话,孩子有时一周也听不到爸爸妈妈的声音,感情的疏远必然存在于他们之间。从小感受不到父爱、母爱也是劳务输出带给留守儿童的悲。

我们在调研过程中看到的这些活生生的案例令我们很受触动。在南丹同贡村的一户农家里,两位老人抚养着一个刚满两岁的孙女,小孩儿时不时地扒到门上想到外面逛逛,可是两位老人腿脚不方便,只能让她在家里"自由活动"。问及小孩儿你的爸爸妈妈哪儿去了,小孩嘴里轻轻啜着"爸爸妈妈",而眼神却很恍惚,仿佛在想这个复杂的问题"爸爸妈妈是什么啊,我好像很熟悉怎么又很陌生呢?"

劳务输出给留守家庭带来的负面影响是不能忽视的,一方面它使得整个家庭的生活处于离散的状况,不利于家庭成员之间感情的交流与培养,外出打工无形增加了年迈父母的生活压力,同时也减少了作为子女照顾他们生活的机会,不利于老人身心的健康;另一方面,对子女养育与培养的负面影响不容置疑,俗话说"隔辈亲",就是指老人容易溺爱小孩,同时从小没有父母的照顾也容易淡化他们对父母的感情,对其身心的健康成长产生不利影响。我们必须呼吁社会各界关注这个特殊群体,学校、社会各方面配合外出打工者照顾留守老人与儿童,政府多出台相关的政策对留守家庭成员的生活给予适当的照顾,这样才能在某种程度上把这一负面影响降到最低。

五、小结

通过上述分析,南丹大力发展劳务经济是一项比较正确的选择,这对提高农民收入,转移农村剩余劳动力起到了积极的作用。虽然南丹县是以工矿企业为主的工业县,在经济发展的同时也会需要大量劳动力,但这与发展劳务经济并不矛盾。首先,南丹县人均耕地少,农村存在着大量的剩余劳动力,这为南丹经济发展提供了大量的劳动力储备。其次,南丹县人力资源市场的建立和人员流动自由择业平台的建立为企业用工提供了更多的选择机会,上文也分析到,部分当地企业喜欢雇用外地打工者。这个就业平台的建立,使得劳动力有进有出,提高了资源配置的效率。再次,发展劳务经济利于常年固守家乡的农民开阔视野,更新观念,提高自己的技能素质。邻近县也有几例"凤还巢"的典型，他们通过外出打工，学得一技之长，回乡创业致富，这种"示范效应"对促进本地经济发展，产生了很好的效果，同时也可以吸纳更多的剩余劳动力。因此，南丹县把发展劳务经济作为一项长远的计划来抓，是一项很有战略眼光的政策，同时，南丹县在劳务输出政府组织和管理方面的经验也是值得兄弟县市借鉴的。当然，南丹县还应该根据情况的变化，不断完善和提高劳务输出的组织方式和服务质量，为南丹县经济发展创造更好的条件。

参考文献

[1] 南丹县统计局编：《南丹统计年鉴》（2005）。

[2] 南丹县统计局编：《南丹统计年鉴》（2004）。

[3] 《南丹县志》，广西人民出版社1994年10月。

[4] 刘永佶：《农民权利论》，中国经济出版社2007年3月。

[5] 刘永佶：《政治经济学方法论纲要》，河北人民出版社2000年6月。

[6] 《南丹县2005年政府工作报告》。

[7] 《南丹县2006年政府工作报告》。

[8] 《2005—2006南丹劳动与社会保障局关于劳务输出的相关文件资料》。

[9] 《2005—2006河池市劳动与社会保障局关于劳务输出的相关文件资料》。

南丹县劳务输出调查报告

2006 级区域经济研究生　张国华

长久以来，劳务经济一直是农民增收的重要途径之一。对于相当部分的农民来说，自身拥有的劳动力是他们唯一可以控制的资源。因此，是否能将农村剩余劳动力转移到需要劳动力的部门和地区，实现剩余劳动力与外部资金、技术等生产要素重新组合，在一定程度上决定了农民能否脱贫致富。素有中国有色金属之乡美誉的南丹县，全县人口 28 万多人，农村劳动力107000 人，其中富余劳动力 15700 人。[①] 近年来，由于部分本地企业处于停产整顿状态，当地农民就业出现了困难。因此，如何立足于当地实际发展劳务经济对当地农民增收、对当地社会主义新农村建设意义重大。本次调研过程中，通过对南丹县农民工外出务工途径、工作待遇、生活状况、精神文化生活以及外出务工对家庭和当地经济发展的影响等多方面调查，发现了南丹县劳务输出中存在的问题，针对这些问题提出了南丹县进一步发展劳务经济的对策性建议。

一、调查背景

1. 宏观背景

我国 13 亿人口中农民约占 70% ，是一个典型的农业人口大国。中国的发展在很大程度上取决于农村的发展，而城乡差距、"三农"问题一直是中国发展所面临的难题。这些问题的存在，不利于社会主义新农村的建设，更不利于社会主义和谐社会的构建。缩小城乡差距、解决"三农"问题的关键在于通过建设社会主义新农村推进城镇化进程。从根本上讲，推进城镇化进程、建设社会主义新农村根本目的都是为了增加农民收入，提高农民生活水平。然而长久以来，由于以户籍制度为基础形成的城乡二元结构的存在造成的限制，使农民工寻找就业机会的平台少，所从事的也大多是一些脏、

---

① 黄尚彪、苏宏流：《南丹县内外结合安排富余劳动力使农民增收》，广西广播网，2006 - 04 - 03。

累、差的工作，农民工遭歧视、讨薪难、工资被拖欠严重以及为讨要工资走极端等事件不断发生，劳动保障普遍缺失又缺乏维权意识。虽然改革开放的不断深入使得涉及到农民工的问题日益受到社会各界的关注，但是由于介于农民和工人之间的农民工身份特殊，既没有农民所应拥有的土地、也无法享受到工人可以享受的社会保障，尽管他们为国家发展和建设做出了巨大贡献，目前仍旧难以改变他们身为弱势群体的现实。

2. 微观背景

南丹县位于广西壮族自治区西北部的云贵高原余脉的边缘，是黔桂交通大动脉的咽喉要塞之地。全县版图面积3916.62平方公里，县辖7镇6乡，居有壮、汉、瑶、苗、毛南、水、仫佬等23个民族，总人口27.6万。县内有锡、锑、锌、金、银、铜、铁、铟、钨等20多种有色金属，总储量1100万吨，其中锡储量144万多吨，居全国首位，被誉为"有色金属之乡"、"中国的锡都"、"矿物学家的天堂"。① 南丹县虽然矿藏丰富，经济发展总体情况良好，是广西的十强县之一，但由于县辖部分乡镇耕地面积少，有的甚至是典型的大石山区，境内三分土地七分石，农业发展受到自然环境制约，产生了相当数量的农业剩余劳动力。南丹县全县人口28万多人，农村劳动力107000人。其中富余劳动力15700人。② 近年来，由于部分本地企业处于停产整顿状态，当地农民就业出现了困难，由于无法在家门口找到工作，外出打工便成了他们的首选出路。

二、调查方式

本次调查我们主要就南丹县外出务工人员的基本情况进行了调查，调查对象为家庭留守人员；调查内容主要涉及农民工外出务工所遇到的一些基本问题以及由于家庭成员外出务工给留守人员造成的影响。此次调查主要选取了定点发放问卷调查和入户访谈两种形式。我们选择了南丹县的同贡村、里湖瑶族自治乡、吾隘镇三个调查点，总共发放调查问卷60份，收回有效问卷47份；三个调查点共选择10户进行入户访谈调查。

---

① 南丹县. www. gxtzzn. com。
② 黄尚彪、苏宏流：《南丹县内外结合安排富余劳动力使农民增收》，广西广播网，2006 - 04 - 03。

三、调查内容

1. 外出务工原因

在调查中得到，25.53%的外出务工人员选择外出务工是由于家里耕地太少，34.04%是由于收入太少难以解决家庭基本生活支出，还有19.15%是为了解决子女的教育费用，也有19.15%外出打工者是为了增长见识或想出去创业，见表1。可见，劳动力剩余是外出打工的前提条件，而解决基本的生活问题是外出打工的最主要原因，其次供子女上学也是一个重要原因，而外出增长见识、为创业则是较少一部分经济条件较宽裕的农民外出打工的原因。

表1 家庭成员外出务工的原因

序号	选项内容	人数（人）	百分比（%）
1	耕地面积少	12	25.53
2	家庭收入少	16	34.04
3	为解决子女教育费用	9	19.15
4	增长见识	6	12.77
5	外出创业	3	6.38
6	其他	1	2.13

2. 外出务工地点的选择及其原因

南丹县外出务工人员多集中在广东和南丹本县境内，可谓特色鲜明。

表2 家庭人员外出务工的地点

序号	选项内容	人数（人）	百分比（%）
1	本县	10	21.27
2	本市（本县之外的县区）	6	12.77
3	本区其他市（不包括本市）	8	17.02
4	外省市（不包括广东）	9	19.15
5	广东省	14	29.79

表2显示，南丹县外出务工人员有29.79%集中在广东省，有21.27%在本县境内，其余将近一半的外出务工人员相对较为分散。造成南丹务工人员29.79%集中在广东的原因有：①广东和广西在地缘位置方面属相邻省区，交通便捷；②广东的经济发展水平居于全国前列，远远高于广西，所以成为大量广西外出务工者的首选地。南丹县外出务工人员选择在南丹本县务工的原因有：①南丹县的矿藏丰富致使其经济发展水平较高，属广西十强县

之一；②南丹县矿藏丰富，采矿、选矿等需要大量劳动力，为当地居民提供了大量就业机会，因此部分外出务工人员选择在南丹打工，这样既增加了收入，还方便了对家庭的照顾。

表3　家庭人员选择外出务工地点首要考虑的因素

序号	选项内容	人数（人）	百分比（%）
1	经济发达程度	16	34.04
2	未来发展的机会多	9	19.15
3	离家近，方便照顾家	13	27.66
4	有亲人、朋友可照顾自己	9	19.15
5	其他	0	0.00

外出务工人员在选择务工地点时首要考虑的因素见表3。由表3可得34.04%的农民工在外出务工时首先考虑的是当地经济发展水平，这也佐证了南丹县外出务工人员选择广东和南丹县最重要的是广东和南丹的经济发展水平较高；位居第二的考虑因素是离家近，方便照顾家；另外19.15%的外出务工人员将未来的发展机会列为首要考虑的因素，在这19.15%的人群中，年轻的未婚农民占绝大多数。

3．外出务工人员年龄组成和学历

表4　家庭外出务工人员年龄

序号	选项内容	人数（人）	百分比（%）
1	18岁及以下	5	10.64
2	18—24岁	27	57.44
3	24—45岁	13	27.66
4	45岁以上	2	4.26

从年龄构成中可以看出，未成年人外出务工的比例占到10.64%。在我们入户调查过程中，有两户留守人员告诉我们他们的孩子2006年初中毕业，之后通过交纳几百元的介绍费用，经劳动部门组织到广东的企业打工。在农民工聚集的地方，一般有很多劳动中介和外地劳动中介办事点，只要交纳足额费用，一些人冒用他人身份证通过中介进厂很普遍（冒用他人身份证的包括年龄不足18岁者，没有办理身份证者及丢失自己证件不能及时补办的），同时未成年人通过中介照样进厂，很多电子类及其他制造业企业招收年轻人多，一些厂商也以此压低工资，降低其经营成本。[①] 表4中18—24

---

① 梁洪超：《外出务工人员基本情况调查报告》，中国农村研究网，2007 - 04 - 03。

岁组占到了57.44%，因为南丹县外出务工人员多集中于广东一带，而且广东一带聚集着大量的制造业企业，这类企业的工作人员多为年轻人。在电子类、纺织类等企业，女工比例远高于男性员工。在加工工业聚集的很多劳动中介对外发布的工人招聘信息中有女工免费这一项，在收费部分女性收费标准也大大低于男性。

表5　家庭外出务工人员学历

序号	选项内容	人数（人）	百分比（%）
1	小学（及以下）	5	10.64
2	初中	36	76.60
3	高中（及同等学力）	6	12.76
4	大专（及以上）	0	0.00

从学历构成可以看到，初中毕业的比例为76.60%，占绝大多数，说明我国的九年义务教育普及是成功的；但仍有10.64%小学（及以下），表明南丹县的教育发展相对落后，也说明民族地区教育发展面临更大困难；另外12.76%具有高中或同等学力，他们之中有很大比例是职业中专及技术培训院校毕业的学生，劳动力素质较高，但是他们的跳槽频率也相应较高。

4. 外出务工途径

表6　家庭成员外出务工途径

序号	选项内容	人数（人）	百分比（%）
1	亲人、朋友介绍	26	55.32
2	政府组织劳务输出	11	23.40
3	用人单位到本地招工	2	4.25
4	社会机构组织劳务输出	0	0.00
5	城市劳务中介	2	4.25
6	自己找	6	12.78

表6显示，外出务工途径中，通过个人的占12.78%，通过职业中介（包括其他有组织输出）的为0，通过政府组织劳务输出23.40%，另有8.5%是通过用人单位到本地招工和城市的劳务中介，其他55.32%均通过亲戚、同学、朋友、熟人、同村及老乡等社会关系（即通过血缘、亲缘、地缘关系）。

虽然南丹县的经济发展水平较高，但大部分农村尤其是少数民族聚居的民族乡等地仍然受到发展条件落后以及农民获取信息能力差的现实制约，除在本地乡镇企业就业的一部分外，其他55.32%外出务工仍然通过亲戚、朋友、熟人、同学等社会关系介绍。南丹县政府近年来坚持"政府引导、部门联动、市场运作、完善服务"的工作机制，把劳务经济作为增加农民收入的一项产业来抓。通过建立健全劳务输出信息网络和服务机制，先后与浙江、广东等地建立了6个相对稳固的劳务基地。① 一系列措施的实施使得南丹县政府组织劳务输出初具规模，23.4%的外出务工人员是通过政府组织外出务工途径外出。通过个人外出途径占到12.78%，这一数字只占到总数的1/10，充分表明南丹县外出务工人员的个人创业和外出闯荡的积极性有了极大的提高。

5. 外出务工人员的流动性

表7 家庭成员农忙时是否回家帮忙

序号	选项内容	人数（人）	百分比（%）
1	回家	11	23.40
2	不回家	31	65.96
3	视情况而定	5	10.64

表7显示南丹县外出务工人员具有一定的流动性，但流动性并不强。主要由于：①农忙时期回家帮忙；②中秋、春节等传统节日回家团圆及节后外出；③更换工作。在入户访谈中我们发现，年轻群体更容易换工作。有一户外出打工者的父母告诉我们，他们的儿子初中毕业后外出打工，三年的时间换了四份工作。频繁更换工作的原因：①工作待遇、环境较差，达不到务工人员的预期；②工作时间太长、太辛苦；③离乡背井，无人照顾，感情空虚。在访谈中还发现，处于适婚年龄的人群面临找对象困难的局面，这是造成年轻打工群体流动性强的原因之一。

表8 您和您的家人（指务工者）是否考虑过迁居到家人务工地生活

序号	选项内容	人数（人）	百分比（%）
1	是	6	12.77
2	否	38	80.85
3	没有考虑过	3	6.38

由表8可以看到，南丹县的外出务工人员有80.85%的人不打算迁居。在入户访谈时，我们了解到不准备迁居的务工人员中绝大多数已婚，他们不考虑迁居的原因主要有：①已经成家，赡养父母、照顾孩子等责任太重；②

---

① 李运江：《南丹"三驾马车"拉动农民增收》，《河池日报》，2006-04-24。

在工作地点生活，成本太高，不现实。另外考虑过迁居的12.77%务工者中未婚女子比例很大，她们的家人认为：①女性外嫁到城镇相对容易，不用考虑买房子等现实问题，这些应由男方解决；②家里耕地少，经济条件较差，女性一旦外出打工增长见识之后，主观上不愿再回到家里过清贫的农村生活；③家人支持，他们认为"人向高处走，水往低处流"，城镇的生活水平优于农村，能在城镇安家落户最好。

6. 外出务工人员的收入

表9 家庭成员外出务工比在家务农每年多得收入 元/年

序号	选项内容	人数（人）	百分比（%）
1	0—1000元	11	23.40
2	1001—2000元	12	25.53
3	2001—3000元	9	19.15
4	3001—4000元	8	17.02
5	4001—5000元	5	10.64
6	5001元以上	2	4.26

表9表明外出务工促进了南丹县农民增收。其中52.17%的外出务工者每年可以使家庭收入增加2000元以上，较大幅度地提高了南丹县居民、特别是居住在大石山区的农民的生活和消费水平。

表10 外出务工收入占家庭总收入的比例

序号	选项内容	人数（人）	百分比（%）
1	0—20%	8	17.02
2	20%—40%	15	31.91
3	40%—60%	7	14.89
4	60%—80%	8	17.02
5	80%—100%	4	8.52
6	暂未带回家的（及欠债）	5	10.64

表10显示，没有钱回家以及欠债的外出务工者比例为10.64%。这一群体主要由未婚男青年构成。是否结婚成为很多人是否将收入带回家、将多大比例的收入带回家的重要分界点。通过调查数据显示，大多未婚女性邮寄或带回家的收入比例明显高于同年龄段的男性，一些未婚男青年甚至入不敷出，向父母索要部分生活费。这些人的花费主要用于：手机及通讯费用、房租（不在企业集体宿舍住的）、上网、聚会、逛街等。

7. 外出务工人员精神状态及业余生活

我们入户调查过程中，着重询问了家庭留守人员有关他们的家人外出务工时闲暇时怎样度过，得到的回答是大多数年轻的务工人员除了上班，闲余时间主要睡觉、上网（当我们问及留守人员"上网是什么"时，他们并不清楚）、看电视、逛街、聚会等，他们读书的很少。还有一些留守人员告诉我们，他们的亲人（大多是儿女）回家很少与他们交流，在家的时间大多与同龄人在一起。访谈中还有少部分留守的家长们谈到他们的子女回家时偶尔会抱怨"打工没意思"、"枯燥乏味"等，感觉迷茫和空虚。外出务工人员的业余生活方式反映出他们的发展意识相当薄弱，用于个人发展的时间投入基本没有。由此导致的知识技术有限会限制他们未来收入的增加。

四、调查中发现的问题

虽然劳务输出为农民增收、改善农民生活做出了重大的贡献，但也应清醒地看到南丹县目前劳务输出中存在的一些问题。

1. 外出务工人员年龄小

从年龄构成中可以看出，未成年人外出务工的比例占到 10.64%，这一数字表明南丹县居民的法律意识淡漠。为了保护未成年人的合法权益，我国《劳动法》明确规定禁止用人单位招用未满 16 周岁的未成年人。这条规定属于禁止性规范，任何单位或个人不得以任何理由违犯这种禁止性规范，所以任何企业不得以"自愿上门"等理由雇用未成年人。只要雇用了未成年人，就可以视为违法。另外，南丹县外出务工的人员中有 95% 以上是 45 岁以下的青壮年劳动力，给家庭留守人员的生产和生活带来困难。

2. 外出务工者文化素质和职业技能普遍偏低

表 5 显示，南丹县外出打工的人员初中毕业比例为 76.60%，10.64% 为小学（及以下），虽然有 12.76% 是高中或同等学力的务工人员，但整体素质仍然偏低。由于大部分外出务工的农村劳动力受教育年限短，参加培训少，缺乏职业技能，科学文化素质普遍不高，加之没有接受相应的专业培训，一方面导致了他们外出就业难，另一方面即使找到了工作，也大都只能从事"脏苦重险"的体力活，且收入不高。

3. 农民外出务工仍然存在一定程度的盲目性

虽然南丹县为充分发挥劳动力市场在农村劳动力转移工作中的纽带作

用，先后在 13 个乡镇建立了劳动和社会保障站，成立 6 家民办职业介绍机构，初步形成了以县就业职介中心为龙头、乡镇劳动保障站为主体、展办职业机构为补充的职业网络，① 但是由于多数农民信息获取能力不强，导致他们外出务工仍然存在一定程度的盲目性。这种盲目性主要表现在：①劳动供求信息不畅，很多农民无法及时、准确地获得用工信息，有的通过中介机构介绍，而中介机构本身良莠不齐，鱼龙混杂，其中掺杂着很大的欺骗性，使一些农民上当受骗；②政府组织和引导的力度仍显不足。问卷调查结果显示，南丹县外出务工者通过政府组织外出的占到所有外出务工者的23.40%，远远低于 68.1% 这一自主或别人介绍外出的比例，这也加大了外出务工农民权利维护的难度。

4. 农民外出务工不同程度地影响了家庭农业生产

由于外出打工的大多是身体素质好、头脑灵活的青壮年，而留守在家中的是老人、妇女和小孩。青壮年劳力的外出，加重了其他家庭成员的劳动负荷。在我们的调查访问中就经常可以看到忙碌在田间、地头的年迈老人。留守的农民在农忙时大都通过亲友间的相互帮忙来解决劳动力缺乏的问题，没有造成经济损失。但也存在小部分农民外出务工导致家庭生产受到影响的现象。

5. 留守儿童、妇女和老人缺乏关爱

在调查访问中我们了解到，大部分家庭是父亲外出打工，母亲留在家中照顾小孩，也有一部分是父母双双外出，把小孩交给老人看管。这使得留守的小孩得不到完整的关爱，会对小孩的心理成长带来不利影响，对于留守小孩的管教和学习方面的督促不足，不利于留守儿童的成长和成才。对于留守妇女而言，家庭顶梁柱的外出使她们不得不承担起生产劳动、家务劳动、教育子女、赡养老人的责任，面临着劳动强度高、精神负担重、缺乏安全感的三重压力。对于中青年夫妻双双外出务工的家庭，为家庭操劳一生的留守老人再次挑起家庭重担，既要忙家里的农活，又要担负教育第三代的重任，给留守老人的生理和心理健康埋下很大隐患。

6. 农民工自我保护意识差，维权力量薄弱

伴随着城市化和工业化的进程，我国逐渐步入了一个"城市化和工业

---

① 《南丹县建起农村劳动力转移快车道》，南丹农业信息网，2004 – 11 – 03。

化的'双中期'"时代,① 在这个大的背景之下，大量农村剩余劳动力涌入城市，加速了城市化进程，也带来了一系列社会问题。进城的农民经常会遇到上当受骗或是受到不合理、不公正地对待，当农民工的合法权益受到侵害时，经常得不到政府有关部门的及时监管，而农民由于自身素质限制，大都不具备法律知识或常识，不知道如何用法律维护自己的合法权益，这就造成了农民工的管理和服务的较大死角。在我们的入户访谈中发现，合法权益受到侵害也是造成南丹县外出务工人员流动、返乡的原因之一。

7. 农民外出务工存在着户籍歧视、就业机会不平等等情况

入户访谈的过程中，据到东部沿海发达城市务工人员的家庭留守人员说，他们的亲人回家后偶尔会提到在务工地，有当地户籍或会讲广东白话的，一般都被安排在比较轻松的工作岗位，工资也较高；而非本地户籍的务工人员则被安排在任务比较重、工作比较累的岗位，工资也比较低。

五、南丹县政府组织、管理劳务输出的具体做法

为了解决当前劳务输出中的突出问题，南丹县政府也采取了一系列行之有效的措施，积极引导劳务经济的健康发展。主要措施包括以下几个方面：

1. 加大培训力度，提高农民转移能力

南丹县开展了一系列针对农民工的培训计划，以阳光工程为主体，整合各种教育资源，通过多种形式培训农民。在开展农民培训就业工作中，以县乡党校教学和管理体制改革为契机，积极整合多部门培训资源，创造性地探索出诸如"订单、定点、定向"、"校企联办"、"绿色证书工程"、"阳光工程与转移培训相结合"、"引导与职业技能相结合"等多种模式就业培训，着力培养"有文化、懂技术、善经营、会管理、觉悟高"的新型农民。全县开设了电脑、家政、烹饪、机动车和电器维修、建筑施工等20多个培训专业。截至目前，共组织126名农技专家到镇、村开展现场培训80多次，培训农民1万多人。目前，全县共有3000多名农村劳动力经过职业技能培训与鉴定，有1200多人取得了初级职业技术等级证书。此外，南丹县还在沿海发达城市建立了8个劳务输出基地，与县外30多个用人单位和劳动部

---

① 李晓西等：《新世纪中国经济报告》，人民出版社2006年5月版，第9页。

门建立了长期劳务合作关系，2006 年全县劳务输出 1 万多人。①

2. 积极建立与完善服务网络，广开就业门路

为充分发挥劳动力市场在农村劳动力转移工作中的纽带作用，南丹县初步形成了以县就业职介中心为龙头、乡镇劳动保障站为主体、展办职业机构为补充的职业网络。其具体负责农村劳动力教育培训的组织和职业介绍工作，定期组织人才交流和招聘洽谈会。据不完全统计，每年通过劳动力市场转移的农村劳动力大约有 3.5 万人。

建立起用工信息收集和发布制度。各乡镇劳动和社会保障站设劳务输出专职信息工作人员 1 至 2 人，各行政村配备信息员 3 至 5 人，完善乡村劳务输出信息网络。在全国各类专业市场开发新区、大企业集团中聘任兼职信息员，及时收集有关信息。另外，在深圳、南宁、广东等地开辟务工基地，建立信息服务机构，收集提供外埠用工信息。劳动管理部门为参加培训的农村劳动力进行登记造册，设立学员档案，建立培训人员储备库，对就业情况实行跟踪服务，定期到用人单位走访看望务工人员，征求用人单位意见，加强输出人员的劳动合同管理，及时解决好劳务纠纷和计划生育管理等各项工作，有效地解除了务工人员的后顾之忧。②

3. 多层次转移，拓宽就业渠道

南丹县注意培育新的就业载体，不断拓宽就业渠道。目前，南丹县种养殖加工、民营企业、木制品加工等特色产业发展迅猛，为农村劳动力转移提供了广阔的空间。2007 年以来，南丹县紧紧围绕"三农"服务，不断拓宽就业渠道。利用农村劳动力转移阳光工程培训契机，加强免费就业培训。2007 年 5—7 月以来，利用两个基地进行免费培训农村劳动力 388 人。解决了农村剩余劳动力的难题，就业率达到 95% 以上。③

六、对策建议

尽管南丹县政府为了解决当前劳务输出中的问题采取了一系列措施，但

---

① 广西社会主义新农村建设工作领导小组办公室：《广西社会主义新农村建设简报》第 12 期，2007－06－13。

② 《南丹县建起农村劳动力转移快车道》，南丹农业信息网，2004－11－03。

③ 张忠梅：《南丹：农村劳动力转移阳光工程培训 5—7 月完成 388 人》，南丹农业信息网，2007－09－06。

仍存在不足之处，针对这些不足之处，特提出以下几点建议：

1．进一步提高基层领导对于劳务输出的重视程度

我国城乡资源配置不公平长期存在，客观上造成了对农村劳动力的转移重视不够。具体到南丹县，劳动相关部门的注意力也主要集中在城市，因此要通过劳务经济提高农民的收入，必须加强基层政府对农村剩余劳动力转移的重视程度。必须加强基层政府在拓宽农民外出务工渠道、完善就业服务所起的作用。

2．建立外出务工人员协会

南丹县政府应当鼓励广大外出务工人员建立"外出务工人员协会"，协会应由生活在当地的农民自发组织，属于民间自助组织。协会的宗旨在于帮助外出务工人员维护自己的权益，解决外出务工人员外出务工所遇到的各种问题，起到联系务工人员与市场、务工人员与企业、政府与百姓的纽带作用。协会的成员应由村干部、党员牵头，在此基础上实行以自愿参加的原则，争取做到"村村都参与、户户有会员"。

3．加强法律法规教育，成立法律援助中心

针对调研中发现的南丹县目前外出务工人员的"自我保护意识差，维权力量薄弱"、"未成年人外出务工的比例占总外出务工人员10.64%"的现状，南丹县相关的政府部门需要大力加强法律法规教育，提高务工人员的法制观念、法律意识和自我保护能力。由于外出务工人员维权意识差，单个人维权成本高，因此还应加大法律知识的宣传和普及，对有需要的务工人员提供免费的法律援助。据调查，外出务工人员讨薪难，即便可以讨要薪水，所付出的成本往往高于讨回的工资，针对这种情况，南丹县政府可以成立"外出务工人员法律援助中心"，为广大外出务工人员提供法律咨询，甚至提供免费的法律援助。

4．完善相关政策的落实机制

根据南丹农业信息网等政府部门的网站得到的信息表明，南丹县政府已经采取了很多促进劳务经济发展的措施，但是我们的调研过程中发现这些措施在落实环节仍存在问题，需要进一步完善落实机制，确保相关的政策措施实实在在地惠及于民。完善落实机制主要从以下两个方面展开：

首先是建立三方信息交流沟通机制。通过建立信息交流机制，达到政府、企业（包括本地和外地企业）、外出务工人员三方之间的有效沟通，一方面有利于三方信息（指各级政府、企业和外出务工人员）快速传播；另

中国民族地区经济社会发展与公共管理调查报告

一方面通过这种机制的建立使得企业用工更加透明，要在网站上发布招工信息或在当地招聘工人，必须经过政府遴选和批准，政府把关可以大大降低外出务工人员上当受骗的几率，有利于保障外出务工人员的合法权益。这一信息交流沟通机制的建立需要市场硬件的支撑，应做到县、乡镇有网点，村委会有窗口，形成县、乡、村劳动力市场三级框架体系，加强信息网络建设，形成面向用人单位和劳动力市场的信息网络，实现政府、市场、用工单位互通开放的劳动力资源就业用工岗位信息的共享。

其次是建立劳动力登记备案制。建立健全南丹县劳务输出登记备案制度，促进南丹县劳务输出的良性发展。劳务输出备案登记制度主要通过建立南丹县以及其下辖各行政村农村富余劳动力登记工作组，每个行政村的登记工作组是劳务输出备案登记机制的最基层组织。每个村的基层组织作为基本单位最少有一名工作人员，主要负责本村富余劳动力、尤其是外出务工人员的基本信息搜集和整理，并将本村信息汇总至南丹县就业指导中心；由南丹县就业指导中心负责建立南丹县农村人力资源管理数据库，实行动态管理，使农村人力资源制度化、规范化，并对新增的富余劳动力随时进行登记，以便为劳务输出提供最准确的数据信息。

5. 关爱留守人员

通过基层政府部门组织开展"关爱留守人员"活动，具体可以采取：①在农忙时节组织村里或邻近村已经忙完自家农活的人员开展"关爱留守老人"活动，帮助他们分担繁重的农活。②对于外出务工人员家里有留守学龄儿童的，通过学校的老师组织开展"爱心日"活动，到留守儿童家里辅导学习。③各村的妇联应定期组织留守妇女开展文艺活动填补他们因丈夫外出产生的情感空虚；每年为留守妇女组织体检和心理咨询活动关爱她们的身心健康；另外，针对家庭耕地少的大部分留守妇女，南丹县政府还应出面引进一些投资少、利润可观的项目，增加她们的收入。

6. 建立"关爱留守人员"基金

通过政府出面建立"关爱留守人员"基金，基金的资金来源主要通过向社会各界募捐得到。基金设立并成功运作之后，基金的40%用来帮助家里壮劳力双双外出务工的重病老人、儿童，以备不时之需；30%用来帮助那些在外出务工中遭遇工伤、车祸等不幸和因工致病的外出务工人员家庭，减轻他们的生活压力，避免这一特殊的群体家庭因病、因伤致贫、返贫；其余30%用来支援家庭确实非常困难的家庭孩子的教育费用。

另外，还要加大培训力度，进一步提高外出务工人员素质；继续加大政府组织劳务输出的力度；落实务工人员社会保障政策，营造有利于推动南丹县劳务输出的良好社会氛围；加强对劳务中介机构的监管，规范劳务市场秩序；推进户籍制度改革，逐渐免除外出务工者的后顾之忧，逐步改善外出务工人员的生存状态。

参考文献

[1] 广西社会主义新农村建设工作领导小组办公室：《广西社会主义新农村建设简报》第 12 期，2007 – 06 – 13。

[2] 黄尚彪、苏宏流：《南丹县内外结合安排富余劳动力使农民增收》，广西广播网，2006 – 4 – 3。

[3] 梁洪超：《外出务工人员基本情况调查报告》，中国农村研究网，2007 – 04 – 03。

[4] 李晓西等：《新世纪中国经济报告》，人民出版社 2006 年 5 月版，第 9 页。

[5] 李运江：《南丹"三驾马车"拉动农民增收》，《河池日报》，2006 – 04 – 24。

[6] 南丹县. www. gxtzzn. com。

[7]《南丹县建起农村劳动力转移快车道》，南丹农业信息网，2004 – 11 – 03。

[8] 张忠梅：《南丹：农村劳动力转移阳光工程培训 5—7 月完成 388 人》，南丹农业信息网，2007 – 09 – 06。

产业化是阿荣旗农业经济发展的必然选择

——阿荣旗农业经济发展战略调查

2005 级区域经济研究生 董 娜

2006 年 8 月 3 日至 8 月 22 日，我随中央民族大学"985 工程"建设民族地区经济社会发展与公共管理哲学社会科学创新基地民族地区经济社会发展中心基础理论创新团队和发展战略创新团队调查组，赴内蒙古自治区呼伦贝尔市进行了为期 20 天的少数民族地区经济发展战略调研。重点了解了海拉尔市、满洲里市、扎兰屯、阿荣旗和莫力达瓦达翰尔族自治旗共五个地区的经济社会发展概况。在此，我将根据调研中了解的基本情况，对阿荣旗的农业经济发展战略作一简要概述。

阿荣旗位于呼伦贝尔市东南部，背倚大兴安岭，面眺松嫩平原，是山区向平原过渡的浅山丘陵区。居住着汉、蒙古、鄂温克、达翰尔、朝鲜等 19 个民族，人口 31.4 万，辖 15 个乡镇，153 个行政村。总面积 13641 平方公里，耕地面积 380 万亩。气候特征属中温带大陆性半湿润气候，年降雨量 400—500mm，无霜期 90—125 天。春季干旱，夏季炎热，雨热同期，冬季寒冷，土质肥沃，适宜各种农作物生长。因此，阿荣旗是呼伦贝尔市典型的农业大旗，是内蒙古自治区粮油、豆米、瓜果、蔬菜、粉丝、木材、禽蛋、肉乳的重要生产基地，是全国 500 个产粮大县、300 个秸秆养羊示范县和 5 个大豆重要生产县之一，素有"粮豆之乡"、"肉乳故里"的盛誉。

一、阿荣旗农牧业和农村经济发展现状

1. 农业总产值及其构成。调查中了解到，2005 年末阿荣旗农业总产值 93260.2 万元，其中，种植业产值 63332.1 万元，占农业总产值的 67.9%；林业产值 1645.5 元，占农业总产值的 1.8%；牧业产值 18949 万元，占农业总产值的 20.3%；副业产值 9041 万元，占农业总产值的 9.7%；渔业产值 292.7 万元，占农业总产值的 0.3%。

2. 农作物生产结构情况。据调查，阿荣旗主要农作物有大豆、玉米、马铃薯等。1998 年三大作物占总播种面积的 73.5%，2005 年占 85.8%，平

均年递增 2.2%。1998 年，三大作物总产占粮食总产的 81.0%，平均单产 212.8 斤/亩，2005 年三大作物总产占粮食总产的 99.2%，平均单产 403.1 斤/亩，平均年递增 9.6%。1998 年三大作物平均生产成本 144.3 元/亩，2005 年三大作物平均生产成本 123.9 元/亩。

3. 农民人均纯收入及其构成情况分析。根据入户问卷调查分析，1998 年，阿荣旗农民人均纯收入 1490 元，2005 年，农民人均纯收入 2582 元，平均年递增 8.2%。1998 年种植业收入 1028 元，养殖业收入 149 元，加工业收入 224 元，其他收入 89 元。2005 年种植业收入 1968 元，养殖业收入 301 元，加工业收入 198 元，其他收入 115 元。7 年中，种植业收入平均年递增 9.7%，养殖业收入年递增 10.6%，加工业收入呈负增长，其他收入年递增 3.7%。

4. 农副产品加工业总产值及其构成情况。在与当地政府有关部门座谈中，我了解到，1998 年，阿荣旗农副产品加工业产值 7456.4 万元，其中，油脂加工业产值 5914 万元，占 79.3%，淀粉加工业产值 509.5 万元，占 6.8%，其他加工业产值 1032.9 万元，占 13.9%。2005 年，农副产品加工业总产值 10135.5 万元，其中，油脂加工业产值 7264.9 万元，占 71.7%，淀粉加工业产值 1702.6 万元，占 16.8%，其他加工业产值 1168.0 万元，占 11.5%。7 年中，农副产品加工业总产值平均年递增 4.5%，其中，油脂加工业平均年递增 3%，淀粉加工业平均年递增 18.8%，其他加工业产值平均年递增 1.8%。

5. 养殖业生产情况。据畜牧局有关人士介绍，1998 年，阿荣旗牲畜存栏 31.8 万头（匹、只），其中：大畜 5.6 万头，小畜 10.8 万只，生猪 15.4 万口。2005 年，全旗牲畜存栏 76.2 万头（只），乡镇部分牲畜存栏 60.5 万头（匹、只），其中：大畜 3.8 万头，小畜 39.7 万只，生猪 17 万口。从 1998 年到 2005 年的 7 年中，牲畜存栏年递增 9.6%，其中：大畜近几年呈逐年递减态势，小畜年递增 20.4%，生猪年递增 1.4%。

6. 农机具状况。据调查，1998 年，阿荣旗大中型牵引动力机械 1342 台/54426 千瓦，2005 年，大中型牵引动力机械 779 台/25275 千瓦，呈缓升趋势。小型牵引动力机械从 1998 年的 10881 台/97929 千瓦，增加到 2005 年的 18517 台/197976 千瓦，台数和动力分别平均年递增 7.9% 和 10.6%。1998 年，大中型配套农具 2971 台，配套比为 1:2.21，2005 年，大中型配套农具 1302 台，配套比为 1:1.67。1998 年小型配套农具 16453 台，配套比

1：1.67，2005 年，小型配套农具 46940 台，配套比为 1：2.53

7. 农业基础设施建设及投入情况。调查中了解到，1998 年以来，阿荣旗从中低产田改造、农田防护林建设、农田道路建设、小流域治理和水源井建设等方面做了一些工作，也取得了一些成效。1998 年到 2005 年，共改造中低产田 17.5 万亩，累计投资 4310 万元，80% 属农民自己投资。共营造农田防护林 1.55 万亩，投资 194 万元，60% 为农民投入。共修建农田道路 286 公里，投资 509 万元，均为农民出义务工完成。从 1998 年开始，共新打水源井 445 眼，投入 69 万元，绝大部分为农民自己投入。

8. 畜牧业基础设施建设及投入情况。据调查，阿荣旗 2003 年共建设棚圈 2400 个，投入 11 万元，2004 年 3000 个，投入 14.88 万元。草场建设从 2000 年开始，到 2005 年累计 6.41 万亩，累计投入 160.2 万元，人工草地建设从 2000 年开始，到 2005 年，累计完成 6.8 万亩，累计投入 340.4 万元。种畜建设从 2000 年开始到 2005 年累计完成 5.88 万只，累计投入 6085.6 万元。

从阿荣旗的农业经济发展现状中，我们得到以下结论：

1. 传统种植业是阿荣旗农业经济中的主导产业，也是农民的主要经济来源。但由于阿荣旗农业基础设施建设比较薄弱，农业生产技术相对落后，因此在农业中仍然存在着靠天吃饭的现象，即粮食丰收了，农民的生活就相对好些。如果赶上连续几年的自然灾害，农民的生活状况就非常糟糕。但随着科学技术的进步及其在农业生产中的广泛推广和农村基础设施建设的不断完善，应该说阿荣旗的农业总产值已有了大幅度的提高，粮食单位亩产量也逐年递增，且生产成本呈下降趋势，这些进步都使农民人均纯收入增长了近一倍。

2. 畜牧业是使农民增产增收的一条"捷径"。近年来阿荣旗由于不断加强畜牧业基础设施建设，牲畜的存栏数量呈近两位数递增态势，农民养殖业收入的增长速度也比种植业收入的增长速度高出近一个百分点。

3. 农畜产品的加工转化严重滞后。2005 年阿荣旗农业总产值 93260.2 万元，而农副产品加工业总产值仅为 10135.5 万元。

二、阿荣旗农业经济在运行中存在的主要问题

1. 阿荣旗经济发展环境对外部的吸引不强，农副产品加工企业，特别

是龙头企业规模较小，科技含量低，产业链条短，大部分农畜产品仍处于初级加工阶段，产品附加值低，没能有效地拉动本地区农业的发展。以大豆加工为例，阿荣旗大豆加工尚处于初级阶段，产品单一，其主要产品有：大豆油、色拉油、豆粕。初级的产品加工决定了其较短的产业链条和较低的产品附加值，使得系列产品无法开发，加工增值无法实现。据调查，阿荣旗以大豆加工为主的淳江油脂有限责任公司 2004 年大豆原料购进总额为 7.6 亿元，产成品出厂价值总额为 9.1 亿元，加工增值率仅为 19.7%。

2. 农产品生产基地规模小，存在有量无品牌，有市场无批量的问题，对吸引国内外知名企业到阿荣旗投资设厂的作用不强，标准化体系建设仍需加快。阿荣旗的农产品生产缺乏"绿色无公害农产品"的品牌效应及其对投资的吸引力，所以尽管阿荣旗农产品产量较大，但由于没有享誉全国的知名品牌，使得某些企业在选择投资场所时，由于不了解阿荣旗农产品的质量和供应情况，而选择在素有"大豆之乡"美誉的莫力达瓦达斡尔族自治旗投资设厂。

3. 农业一体化生产经营的组织化程度较低，农畜产品加工企业和农户尚未形成共需对接，良性互动；经纪人队伍建设仍停留在初级阶段，缺乏统一生产销售的组织化程度和抵御市场风险能力，各自为政，经营分散，产加销脱节现象仍很突出。2005 年阿荣旗马铃薯脱毒种薯取得显著增产效益，种植面积达到 50 万亩，鲜薯产量达 65 万吨。但由于农民对农产品市场信息了解不够，产销信息不灵，缺乏农业中介组织的引导和调控，缺乏统一的生产与市场营销规划，从而导致马铃薯滞销约 10 万吨，增产不增收的现象严重伤害了阿荣旗农民的生产积极性。

4. 农业生产资料价格上涨，部分农产品价格不稳定，严重影响了种粮户的收入。2003 年春的国产磷酸二胺价格为每吨 2200 元（人民币），尿素价格为每吨 1360 元。2004 年春分别上涨到每吨 2400 元和 1590 元，现在国产磷酸二胺价格已达到每吨 2600 元，尿素已达每吨 1800 元，每年价格上涨 10%—15%，每亩生产资料涨价增加成本 4 元。在农业生产资料涨价的同时，部分农产品降价，主产品大豆价格从 2003 年的每吨 2600—2700 元，下降到现在每吨 2300 左右，价格下降 10% 以上，导致农民每亩减少收入 40 元。

5. 现行农业政策的保护和扶持力度有待加强，地方财政薄弱，支农支牧资金和农村基础设施建设资金不足。这些都导致了农业基础设施建设相对落后，农业生产受制于天，缺乏抵御自然灾害的能力，如若遭受自然灾害，将直接给农民带来巨大的经济损失，影响了阿荣旗经济的快速健康发展。2003 年阿荣旗遭受到多年不遇的秋、冬、春连续干旱和山洪冰雹的袭击，农业生产遭受重创。农林牧渔业总产值完成 78489 万元，同比下降 48.6%；增加值完成 52284 万元，同比下降 37.6%；全年粮食产量为 96881 吨，同比下降 85.4%。在粮食作物中玉米 31393 吨，下降 88.2%，大豆 40670 吨，下降 83.6%，薯类 19623 吨，下降 83.3%；经济作物中，油料 2111 吨，下降 90.5%，甜菜 2305 吨，下降 97.9%。这场自然灾害使得 2003 年阿荣旗实现国内生产总值 11.6 亿元，比上年下降 14.8%，严重影响阿荣旗经济的发展。

三、依托资源优势，积极推进农业产业化

　　基于以上对阿荣旗农业经济发展现状及在运行中存在主要问题的分析，结合暑期的实地考察，我们认为农业产业化是繁荣阿荣旗农村经济的有效途径。阿荣旗最大的实际和最重要的旗情是第一产业大而不稳，第二、第三产业发展相对滞后。因此要努力夯实第一产业，强化第二产业，大力发展第三产业，进一步提升三次产业的紧密度和关联度，努力实现各业齐头并进、持续发展。农业产业化则是连接三次产业、解决三者之间联系松散问题的治本之策。在农业产业化经营链条中，有四个重要组成部分：生产基地、龙头企业、市场和服务体系。龙头企业是核心，联市场、带基地，而服务贯穿于农业产业化全过程。积极培育农业产业化龙头企业，通过龙头企业对农产品的批量加工，带动为其提供农产品原料的基地，形成农产品的集约化生产和规模化经营，并随着企业规模的扩大，对农产品原料需求不断增加，会促进产业结构调整，促进区域主导产业的形成，变资源优势为经济优势，为第一产业的健康发展创造更加有利的条件。加工企业出于占领市场和提高市场竞争力的需要，一方面要不断地提高自身的能力和水平，另一方面还要对原料基地不断地提出新的要求，拉动并提升第一产业。农业产业化在运行中要完成从原料生产到加工、到市场、到消费者群体的一系列对接，不断地改进和完善各种服务，依靠中介组织和经纪人，发展第三产业。推进农业产业化经营，生产基地、龙头企业、市场、服务形成密不可分的产业链条，可以创造出在生产中增值、在服务中增效等多方面的经济增长点，为拓展农业的发展

领域与空间、全面繁荣与振兴农村经济奠定坚实基础。

当前和今后一个时期，阿荣旗要以培育特色产业、产品为关键，以提高农产品加工增值、延长产业链为重点，充分发挥各类市场主体的积极性，重点做好以下五个方面的工作，合力推进农业产业化进程。

1. 培育壮大龙头企业，为农业产业化打造强势主体。搞好龙头企业建设，是经营农业产业化的关键。龙头企业在产业化经营中处于中间环节，具有承上启下的作用。如果龙头断了，产业化经营的链条就彻底断了，农民和市场很难实现合理的对接，势必会造成我们过去经常遇到的"卖难"问题，使农民利益遭到巨大损失。即便能够形成对接，但农产品加工增值已不复存在，致使农业的经济效益大幅度降低，不利于农村经济的发展。在龙头企业的发展方向上，要坚持高起点，发展高档次、高科技、高附加值企业；坚持多元化，扶持一些集种植、加工、运输和销售等多功能于一体的企业集团；坚持外向型，面向国内国际市场，发展一批以出口创汇为重点，能够参与国内国际市场竞争的龙头企业。在经营主体上，坚持多层次、多成分、多形式，重点发展民营龙头企业。在发展途径上，既要根据市场需求组织新的龙头企业，又要重点扶持、改造有一定基础的企业，使其上规模、上水平。同时优化发展环境，扩大招商引资，引进嫁接一批科技含量高的企业。结合阿荣旗实际，当前和今后一个时期，要紧紧围绕大豆、马铃薯、奶业、肉类等优势主导产业，大力支持辐射带动力强的龙头企业加快发展，使其进一步做大做强。具体地讲，即把奈伦淀粉、淳江油脂、金马油脂、兴农复合肥、乳品加工和肉类食品加工六个产值有望超亿元的企业培育成拉动全旗工业经济发展和实现农牧产业化的"火车头"，努力将全旗的马铃薯精深加工、大豆精深加工、柞蚕精深加工、绿色无公害蔬菜和肉类生产加工、绿色生态复合肥五个产业培育成为呼伦贝尔第一，建立起具有地方特色的相对独立的工业体系。

2. 加强农畜产品基地建设，确保农业产业化"第一车间"的安全。基地是推进农业产业化的重要物质基础，是产业化经营又一核心环节。俗语说"巧媳妇难为无米之炊"，没有充足的原材料供应，企业就难以发展壮大。同样，基地的规模、稳定性和产品质量也影响着企业的发展。因此要引进和培育大的龙头企业，推进农业产业化，重要的任务是加强农畜产品基地建设，为产业化经营创造先决条件。加强基地建设，必须走集约化、规模化、专业化、科学化的路子，大力推广先进适用的科学技术，强化科学管理，降低生产成本，提高劳动生产率和土地使用率。结合阿荣旗实际，加强基地建设，一要区域化布局。按照因地制宜的原则，合理布局农畜产品基地，努力构建一带四区和七大基地，即南起三道沟，北至查巴奇，纵贯五个乡镇的蔬菜产业开发带和水稻、苗木、瓜果、中草药四大生产专业区，建成全区重要的畜产品、大豆、马铃薯、无公害蔬菜、柞蚕、白瓜子和中草药七大基地。二要优质化生产。即：确保良种优质化，瞄准国内外最新农业科技成果，精种精养，提高农产品质量，增强产品市场竞争力；落实农畜产品生产标准化，建立健全农业质量标准体系和质量标准监测体系，积极引导农民实行标准化生产，以质量求生存，以质量创效益；实施品牌化战略，广泛开展农业领域的创品牌活动，大力扶持一批有规模、有特色的农产品积极申请注册商标，调亮绿色农业，营造品牌优势。三要集约化经营。围绕优势农产品，引导农民进行适度规模经营，提高集约化程度，扩大产业聚集效应。要加大农产品基地建设的资金投入，把财政支农资金、农牧业综合开发资金、扶贫资金、以工代赈等各种专项资金相对集中使用，重点投向基地建设，努力改善基地的生产条件。四要系列化服务。加强农畜产品基地的服务体系建设，从技术、资金、物资、运输、储藏、收购、信息等方面搞好农畜产品的生产服务。五要建立农户和企业的利益联结机制。提倡和鼓励企业采取建立风险基金、保护价收购等形式，与农户建立利益共同体。企业还可以通过对生产者提供良种、物资、技术、资金等服务，使企业和农户的关系逐步由松散型向紧密型转变。

3. 加快农村合作经济组织的建设，为农业产业化架起坚实桥梁。引导农民依托龙头企业和专业大户建立自我管理、自我服务的农村合作经济组织，使其在农户、市场、龙头企业与政府之间发挥好桥梁与纽带作用。在这方面，阿荣旗已经取得了一定的成果，建立了一系列比较规范的行业协会。要利用好这一基础，围绕主导产业和优势产品，继续积极稳妥地发展不同层次、不同类型的专业协会、专业合作社、股份合作社等专业合法经济组织及其他中介组织，鼓励和支持龙头企业、供销合作社、农牧业技术推广部门和农村能人创办、领办农村专业合作经济组织。各类合作经济组织都要建立健全规范管理、利益分配、监督约束和风险防范机制，为农民提供科技、信息、生产资料、产品流通等产前、产中、产后服务，提高农牧业的竞争力和抵御市场风险、生产风险的能力。

4. 加强市场环境建设，为农村工业化搭建良好发展平台。要想抓好农畜产品市场环境建设，关键是要立足大宗、主要农畜产品产地和集散地，逐步建设一批在全市、全区有较高知名度的功能齐全、资源充足、交易活跃、辐射力强的专业批发市场，鼓励发展为生产企业服务的集信息、仓储、配送、运输、装卸、交易等功能为一体的物流园区，形成批发与零售、综合与专业相配套的市场网络体系。结合阿荣旗实际，当前要集中力量建设和培育牲畜、绒毛、马铃薯、葵花子、蔬菜、中草药、粮油和瓜果等专业批发市场，使之成为区域性的农畜产品集散中心。要建立农畜产品"绿色通道"，打破地区封锁、部门分割和行业垄断，保证农畜产品运销畅通，尽快形成统一、开放、竞争、有序的农畜产品市场体系。

5. 强化支持体系建设，切实做好政策落实和协调服务工作。认真贯彻落实国家和自治区出台的有关政策特别是中央一号文件精神，从政策、资金等各个方面更多地关注农村，关心农民，支持农业，并根据形势发展需要，研究制定新的扶持政策。其中，要把推进农业产业化作为扶持的重点，采取银行贷款、群众自筹、小额信贷、各种专项资金捆绑使用等多种形式，集中财力加大重点企业和基地的扶持力度，让产业化的龙头舞起来，基地壮起来，带动市场活起来，让广大农民从中得到实惠。还要进一步转变政府职能，强化责任意识，积极搞好宏观调控与微观服务，重点要抓好三个对接，即抓好各有关部门的工作与培育重点龙头企业和扶持农业产业化的对接；抓好重点龙头企业与农产品生产基地的对接；抓好重点龙头企业与市场网络的对接，为农业产业化的顺利推进创造良好的体制环境、法制环境和社会环境。

参考文献

[1] 阿荣旗第十二届人民代表大会第三次会议关于《阿荣旗国民经济和社会发展第十一个五年规划纲要》的决议。

[2] 《阿荣旗 2005—2010 年农牧业产业化发展规划纲要》。

[3] 《关于农业旗加快发展工业经济的思考》。

莫力达瓦达斡尔族自治旗农业产业化现状调查报告

2005 级区域经济研究生　乌日嘎

一、农业产业化的内涵及莫旗农业产业化发展的区域优势

（一）关于农业产业化

1. 产业化的内涵

农业产业化的内涵是以市场为导向，以效益为中心，以企业为龙头，以基地为依托，实行区域化布局、专业化生产、企业化管理、社会化服务、产供销贸工农一体化经营的社会化大生产组织形式和经营方式，是以多元参与者主体共同利益为基础的经济共同体。农业产业化的主要内涵有以下几层含义：一是把农业发展成为面向市场、按照市场规律来安排的农业，即市场化的农业；二是把农业发展成为生产、加工、销售等各个环节紧密结合起来的具有一定规模的农业，即社会化的农业；三是把农业发展成为内涵式发展的农业，即集约化的农业；四是把农业科技广泛用于农业生产加工、销售等各个环节，提高农业的科技含量，即形成高科技的农业、现代化的农业。产业化的任务就是把产业链条拉长，将农村千家万户的分散经营与购销、加工企业联系在一起，通过农业"龙头"带动基地，基地联农户。

2. 农业产业化的特征

（1）整体性。农业产业化的一个显著特征就是实现种养加、产供销一体化经营。一方面要求把农业生产的产前、产中、产后连接成一个整体，利用经济组织（龙头企业）一头连接生产，一头连接加工、销售，这样有利于农产品的生产、保鲜、储藏和深加工，因而能提高农产品的附加值。另一方面则要求把作为商品的生产、加工、销售形成一个整体，增加数量，保证质量，降低成本，提高效益。

（2）规模性。规模经营是农业产业化的本质要求。要求在横向上实现土地、资金、技术等生产要素的集约经营，在纵向上实行产加销一体化、服务支撑社会化，从而提高农业的比较效益，做到统一规划、统一技术服务、统一加工销售，达到适度规模，以增强市场竞争力，取得最佳的经济效益。

（3）社会化。实施农业产业化是以改善和提高农民经济水平和生活质量为目的，必然要与推进社会全面进步相适应。首先要遵守生态经济学的原理，运用现代化科学技术成果和现代经营管理手段，通过资源的合理开发与建设，实现生态与生产的良性循环，以达到高产、优质、高效。其次是通过生产、加工、销售一体化，适应现代经济制度，实现社会化大生产。同时，通过技术输入与技术培训，普遍提高劳动者的素质，从而达到经济与社会的协调发展。

（4）利润性。实施农业产业化的宗旨就是以市场为导向，以效益为中心，追求产业最大平均利润，改变农业效益低的现状，实现农业生产的集约经营，并向第二、第三产业延伸。

3. 实现农业产业化的意义

（1）能有效实现地区农业资源的优化配置，推动农业生产专业化、规模化、商品化、企业化、现代化，形成具有地方经济优势和良性经济结构的特色农业，保证农业最大限度地增产和农业稳步地增收。

（2）农业产业化可以把农民的生产和市场连接起来。农民生产什么、生产多少要以市场为导向，由市场来决定。根据市场需要，调整农业的产业结构和产量，减少农业生产过程中的盲目性。另外，农民在进入市场的进程中，既要面临农业生产固有的自然风险，又要面对市场的风险。单个农户的生产规模小，难以抵御农业生产的双重风险。通过农工商联合公司、加工流通企业、合作组织及专业协会等组织形式，把农户小生产和大市场连接起来，分散农户的经营风险，从而更大程度地保证农业生产的顺利发展。

（3）农业产业化有利于农产品的增值，增强农业的自我积累能力，增加农民收入。民族地区农业生产成本高却效率低，农民出力不少却高出不多，这都是由于传统农业的粗放经营造成的。农业产业化可以改变这一传统的经营方式，通过资金、科技的投入，通过农业生产的结构优化、流通组织方式的创新和经营管理水平的提高，使农业生产往后延伸至第二、第三产业，把农产品的生产、加工和流通联系起来，形成商品生产的大循环，增加农产品的附加值。农民除了可以得到种养业的初级产品收入外，还可以分享加工业和服务业的部分收入。

（4）农业产业化有利于转移剩余劳动力，提高农业生产效率。随着农业产业化的不断发展和生产规模的不断扩大，农业生产将进一步走向一体化，农业相关产业的发展将吸引大量劳动力就业。一方面是种植业、养殖业和加工运输、销售业的建立需要大量劳动力；另一方面，加工业的发展需要为之服务的劳动力，这包括商业、饮食业、建筑业、文教卫生等行业。另外，由于农民进厂从事有一定科技含量的农产品加工，对生产信息、品种品质、技术要求等接触较多，有利于对技术、信息的把握，有利于技术和信息在农村的传播，有利于农民理念的转变，有利于农业生产的发展。

（二）莫旗实施农业产业化发展的区域优势

莫力达瓦达斡尔族自治旗位于大兴安岭东南麓，嫩江西岸，面积1.1万平方公里。莫力达瓦达斡尔族自治旗（以下简称莫旗）具有丰富的土地资源，土壤有机质含量高，是全国100个商品粮基地和500个商品粮大县之一。莫旗是以农业为主导产业的旗县，享有"大豆之乡"的美誉，大豆产量县级排名全国第一。莫旗垦区气候属寒温带大陆性季风气候，耕地肥沃，集中连片，降水充沛，雨热同期，有利于大豆脂肪的形成和积累，有利于高油大豆的专品种、规模化、机械化生产，所生产的大豆以其含油高、虫眼少深受国内外商家的欢迎。莫旗先后被列入国家商品粮基地和农业综合开发区，农业综合生产能力不断提升，现已形成了年产粮食10亿公斤的生产能力。在种植业基地建设中，根据农牧业产业化发展要求，紧紧围绕新、特、优产品进行优势种植、特色种植，依托龙头企业狠抓大豆、水稻、玉米、中草药等基地建设，建成高油大豆、中草药、绿色食品等原料基地100余万亩。大豆种植被农业部划为高油大豆生产的优势区，无公害蔬菜和小水面水产养殖已分别得到自治区和国家生产基地认证。全旗现有耕地689万亩，人均耕地达28亩，水资源占内蒙古自治区的40%，占呼伦贝尔市的60%，水能蕴藏量达66.6万千瓦，位居全区全市第一。可以进行规模化、集约化的种植，同时，也便于规模化组织原料生产和加工。

二、莫旗农业产业化现状

（一）农牧业产业化龙头企业——六大主导产业的推进

1. 乳产业龙头企业。内蒙古双娃乳业有限公司是莫旗农牧业产业化的龙头企业。该企业现阶段日处理鲜奶20吨，2006年计划投入3600万元，使企业达到日处理鲜奶80吨的生产能力。据莫旗政府部门同志介绍双娃乳业有限公司2007年力争完成全部投资，企业达产达效，将达到日处理鲜奶160吨的生产能力，年产值和利润分别达到34560万元和2581万元。目前带动农户已达3000余户，进入市级重点龙头企业。

2. 肉产业龙头企业。一是以蒙鹅工贸有限公司为龙头。蒙鹅公司2006年屠宰加工大鹅达到百万只，生猪2万口，已带动养鹅农户3万余户。二是牛元公司，创建之初设计生产能力为年屠宰肉牛15万头，肉羊30万只，生产高、中档牛羊肉3万吨，产值59475万元，利润3613万元。2003年在巴特罕工业园区内开工建设，2006年，肉类加工厂2946平方米生产车间主体工程已完工，机械设备安装完毕，800平方米冷库及锅炉房、水房、控压机房等附属设施已完工，并已投入试生产。此外，尼尔基镇、汉古尔河镇和宝山镇招商引资兴建的3个小型肉羊屠宰加工厂已投入生产。肉类加工产业已呈现出强劲的发展态势。

3. 豆（薯）产业龙头企业。一是大豆加工龙头企业鑫豆都油脂有限公司。现有生产能力为年加工大豆9万吨，生产低温大豆粕6万吨，食用豆油1.4万吨，大豆分离蛋白1500吨。已带动农户8120户，企业已进入呼伦贝尔市重点龙头企业行列。二是小康淀粉有限责任公司。该公司设计生产能力为年加工马铃薯5万吨，生产精淀粉5600吨，薯渣饲料（湿）1万吨。2006年已达到日加工马铃薯200吨的生产能力。

4. 米产业龙头企业建设。米产业目前缺少龙头，几个小型稻米加工厂尚未形成规模。

5. 饲草饲料产业龙头企业建设。目前莫旗饲草饲料规模加工企业尚属空白。

6. 中草药产业龙头企业建设。以富达药业开发有限公司为龙头。设计能力为年加工中药材1万吨，生产中药饮片5000吨，产值7000万元，利税1100万元。2004年在巴特罕工业园区内开工建厂，2006年厂房和办公楼即将完工，基础附属设施建设也在抢进度施工。第一年可生产中药饮片500吨，次年达产。

（二）农牧业产业化基地建设

1. 乳产业基地建设。调查中了解到，截止到2006年6月份全旗奶牛总头数已发展到2.55万头，养殖示范基地2处，一个是汉古尔河镇的额尔根浅村（奶牛专业村），全村奶牛已超过700头；另一个是杜拉尔乡奶牛小区，现有存栏奶牛137头，480平方米规范化圈舍1栋，机械化挤奶站已建成；计划再建3栋规范化牛舍，总面积达2000平方米，使奶牛头数达到200头以上。2006年全旗鲜奶产量有望达到4万吨，其中商品牛奶可达3.2万吨。

2. 肉产业基地建设。肉产业基地建设主要以肉牛、肉羊、生猪和大鹅为主，截止到2006年6月份全旗牲畜存栏总数已达200万头（只），其中肉牛15.3万头，羊170.2万只，生猪27万口、大鹅153万羽。肉产业基地建设已呈现"三大亮点"：一是"养殖示范小区"，尼尔基东兴生态养殖场已初具规模，每批可育肥牛600头，年出栏育肥牛1800头以上；二是"养殖专业户"，登特科镇德鑫养殖中心，现有基础畜130头，每批育肥牛200头，年出栏可达600头以上；汉古尔河镇付耀明舍饲育肥牛养殖场存栏已过百头；三是"农牧结合户"，全旗养牛10头以上的农户1148户，养猪20口以上的农户756户，养羊100只以上的农户4032户，养禽类1000只以上的农户26户，农牧结合户已达4.68万户，占农户总数的84%。

3. 豆（薯）产业基地建设。一是大豆基地。全旗现有耕地689万亩，2005年大豆播种面积490万亩，其中高油大豆170万亩，高蛋白大豆30万亩（优质专用大豆面积达到200万亩），按正常年份计算，大豆总产量可达60万吨，大豆原料极为充足。二是马铃薯基地。2005年全旗马铃薯种植面积10万亩，主要分布在中南部乡镇。年产鲜薯约15万吨。为扶持龙头企业，旗财政还拿出部分产业化项目扶持资金，为小康淀粉公司建设马铃薯原料基地200亩。

4. 水稻产业基地建设。莫旗现有汉古尔河、尼尔基、西瓦尔图三个水稻生产基地，共种植水稻10万亩，其中A级绿色水稻2万亩，随着尼尔基水利枢纽建设，到2010年全旗水稻面积预计达到43万亩，水稻产量将突破20万吨。

5. 饲草饲料基地建设。随着畜牧业的迅猛发展，莫旗进一步扩大了饲草饲料种植面积。2005年全旗饲草饲料种植面积39.8万亩，其中青贮玉米17万亩，饲草22.8万亩，并开发了5000亩新品种牧草种植示范基地，代表性的"健宝"和"牧特利"两个品种的示范种植已喜获成功，均已达到预期标准。专用饲草料加上农作物可利用秸秆，基本可满足牲畜饲养需要。

6. 中草药基地建设。莫旗域内土壤、气候适宜，培植的中草药材品质好，药量足，深受中草药客商的青睐。根据这一优势，坤密尔堤乡率先培植"关防风"喜获成功，并取得了明显的经济效益，因此，该乡中药材种植面积由2004年的5000亩扩大到2006年的10000亩。2005年全旗中草药种植面积已达 3 万亩，主要品种为防风、黄芩、黄芪、柴胡等，在满足龙头企业原料的同时，还可外销创收。

此外特色产业基地建设有菇娘种植、白瓜子种植、獭兔养殖、梅花鹿养殖等。

（三） 农民经合组织及产业协会建设

农民经济合作组织和种植养殖业协会是农牧业产业化经营"产加销一条龙，农工贸一体化"的中间环节，起着至关重要的作用，一是向会员和农户及时提供农牧业生产技术、优良种子或种畜；二是组织会员和农户形成整体，提高农民的组织化程度，从而推动农畜产品产前、产中、产后营销的有机衔接；三是进行产品商标注册，争创名牌，打开市场。截止 2006 年 6 月份，全旗农民经合组织和产业协会已发展到 26 个，其中已注册达到规范化的 3 个，经纪人队伍已达到 4545 人，直接带动农户 6694 户。

三、莫旗实现农业产业化经营存在的问题

经过多年的探索，莫旗农业产业化已经取得了一定的成绩，但必须清醒地看到，目前莫旗农业产业化水平还不高，突出的问题是：农业产业化经营组织的规模小，势力弱；缺乏龙头企业，或龙头企业带动与抗风险能力还不强；农业产业化经营组织内部机制不健全，利益联结机制尚未完善；商品化和一体化程度都很低，可以说莫旗的农业产业化还处于成长阶段，突出问题有如下几方面：

1. 思想观念落后，缺乏经营创新理念。莫旗的农业产业化起步较晚，相当一部分少数民族群众对农业产业化的内涵和农业产业化发展缺乏深刻和系统的认识，更谈不上有意识地参与。形成这种情况的原因，除农户生产经营规模小，市场参与能力弱外，主要是地方政府没有把国家发展农业产业化的政策宣传到农户心里，许多农民安于现状，有限的农业收入是他们唯一的生计来源。这说明当地少数民族群众思想观念还比较落后，还没有形成市场经济条件下的竞争意识，自然不会主动参与到农业产业化中来。通过在莫旗的库如奇乡、巴彦鄂温克民族乡、汉古尔河镇的农民入户问卷调查，我们发现这是当地普遍存在的问题。

2. 涉农经营组织融资困难，造成农业产业化严重的资金投入不足。调

查中了解到，目前，随着加入世贸组织和提高国际竞争力的要求，农业龙头企业生产基地建设标准不断提高，投入不断加大。而银行惜贷，资金很难到位，由于民族地区经济落后，加之向上集中的财税分配体制，县乡财政普遍拮据，在农业产业化方面的资金投入少。虽然各级财政有用于农业产业化的贷款贴息、周转专项，但数额很少，其实也很难兑现。再有农产品生产的季节性强，产品相对集中上市，而农业龙头企业为保证常年加工，必须在短时间收购足量的农产品。这就形成了农产品原料收购巨大的流动资金压力。一些龙头企业的流动资金和固定资产投资都来源于银行贷款，企业负债率高。由于企业自有资金不足，经营风险较高，很难再获得银行贷款，限制了龙头企业的发展壮大。莫旗宝山镇小康淀粉有限责任公司由于资金紧张，原材料储备不足，严重影响正常生产运行，经济效益不能持续攀升。产业化龙头项目建设包括技改扩能，也是由于资金投入不足，进展缓慢，导致缺少"立旗"大项目。

3. 龙头企业带动能力弱。莫旗虽然也有一些龙头企业，但从总体上看，加工技术设备落后，产品档次较低，品种单一，真正上规模、上档次的骨干龙头企业少，也就难以按照产业化的要求完成产加销生产环节的一体化过程，从而形成了"小马拉大车"的局面。据我们调研了解，莫旗的龙头企业带动能力差，无力开展订单农牧业，致使农产品加工再增值特别是畜产品的商品转化能力低。下表充分显示设备加工能力与目前的实际加工能力之间还有很大的空间。再如，原料基地集中连片，规模化建设缓慢，典型不突出，未能形成"龙头加基地，企业联农户"的利益联结机制，"产加销一条龙，农工贸一体化"的产业化经营格局尚未全面形成。

2005 年莫旗农牧业产业化龙头企业生产情况

企业名称	主要产品名称及产量		主要原料名称设备加工能力		
	主要产品名称	主要产品产量	主要原料名称	设备加工原料能力	主要原料实际加工量
鑫豆都油脂有限公司	分离蛋白	0.15 万吨	低温豆粕		0.24 万吨
	植物油	0.15 万吨	大豆	15 万吨	1.25 万吨
	豆粕	1.2 万吨	大豆		1.8 万吨
蒙鹅工贸有限公司	鹅肉制品	4000 吨	大鹅	500 万羽	115 万羽
双娃公司	全脂工业奶粉	0.02 万吨	牛奶	0.2 万吨	0.16 万吨
	液态奶	0.28 万吨	牛奶	0.3 万吨	0.24 万吨

4. 农业技术推广体系不完善，经营方式粗放。粗放型增长又称外延型增长，农业粗放型增长就是指主要靠扩大农业生产要素投入规模（土地投入、劳动投入、资本投入）来增加农业产出的方式。而集约型增长，又称内涵增长就是主要靠提高农业要素生产率（土地生产率、劳动生产率）来增加农业产出的增长方式，这种增长方式通常在采用新技术设施的条件下实行。目前，土地的数量和土壤的自然肥力，对于莫旗农业增产特别重要；在单位面积上投入的活劳动和物化劳动均较少，科学技术应用少；单产低，总产量的增长主要靠扩大耕地或农业用地，属于典型的粗放型经营。由此可见，农业增长主要依靠农业要素投入的粗放经营，不仅农业经营效益和农民收入水平难以提高，而且人口、资源、环境和经济发展之间的矛盾日益尖锐。在莫旗的乳业基地，农民养奶牛仍然采取粗放式经营，不注重科学饲养，由于 2005 年秋季饲草料储备不足，加之 2006 年春季干旱，使得奶牛饲草缺乏，产奶量下降。

5. "银企双赢"的利益联结机制尚未形成。金融部门与企业的诚信关系不够紧密，融资困难是当前大多数龙头企业面临的主要问题。首先，部分龙头企业自身信用程度不高，无法提供足额、有效的抵押和担保。其次，龙头企业市场风险大，风险抵御能力低，因而不符合商业银行贷款条件，得不到贷款。再次，金融部门对龙头企业的资金扶持不够，贷款发放忽视农产品加工业的特点。这些问题严重制约了莫旗六大主导产业的快速发展，是直接影响农牧业产业化推进的重要因素。如鑫豆都油脂有限公司已论证了大豆产品精深加工扩能技改项目，分别为"年产 9000 吨大豆分离蛋白综合技改项目"和"年加工 30 万吨大豆综合技改项目"，这两个项目的前期工作已基本就绪，并已启动，但由于资金问题，综合技改项目至今未能正式实施。

四、莫旗实现农业产业化发展的主要途径

1. 培养各族群众提高市场竞争意识，让更多的农户参与到农业产业化中来。其基本途径，一是办好当地职业学校；二是组织农业技术知识讲座和各种培训班；三是组织农牧民到专业大户和农业企业等参观学习；四是党员干部要成为产业化发展的带头人和榜样。如加大宣传，抓好典型，通过对典型户宣传，改变农牧民生产观念。通过调查，认为莫旗应充分发挥乡级、村级行业协会，这些协会通过提供产销、技术信息，帮助建立信息网络来改变

当地农牧民的落后观念。此外莫旗可以采取举办农业产业化知识竞赛等活动来提高农民参与的积极性。

2. 加大财政投入力度，努力确保财政支持农业产业化资金持续稳定增长，努力壮大财源。农业生产资金投入是农业产业化经营中一个至关重要的问题，当地政府要发挥导向作用，加大资金投入引导力度，多渠道筹集资金，实行投资主体多元化。应密切关注国家财政转移支付政策和专项扶持资金的新动向，积极争取更多的中央财政支持。财政预算资金要安排一定的比例，扩大对农民和农村合作组织的投入，并积极引进外资，吸引第二、第三产业的资金，吸纳社会法人和大众资金。引进外资方面莫旗可以采取对完成招商引资责任目标突出的单位给予精神和物质奖励等做法。

3. 大力培育龙头企业。农业产业化的重要内容之一是依托各地资源优势，从培育区域性的龙头企业着手发展农业。"公司＋农户"，即龙头企业带动型是当前及今后一段时间内农业产业化经营组织的主导类型，龙头企业在农业产业化经营组织中承担着开拓市场，组织生产，加工增值，科技创新，资本增加与带动农户六大功能。莫旗应积极鼓励龙头企业进行科技创新，提高龙头企业科技含量和市场竞争能力。这是加强农业产业化建设，提高农业产业化水平的关键。因此，莫旗财政税收、土地使用、资源开发、行政事业性收费、技术人才的引进、相关待遇等不应只局限于招商引资企业，这些政策还应更多地鼓励当地的龙头企业。努力提高龙头企业的产品质量，实行优质名牌战略。莫旗不但要抓好优势农畜产品品牌注册和绿色无公害认证工作，还要从产品包装、宣传上树立品牌意识。积极主动地理顺龙头企业与农户的互动关系，企业抓好基地建设，帮助农户解决问题，扣紧产业链条，推进农牧业产业化。

4. 提高农业科技水平，走科技兴农兴牧之路。转变农业经济增长方式，实现由粗放型向集约型经营的转变，关键是靠科技的进步，依靠科技成果的转化和农业劳动者素质的提高。农业科技化对农民收入的变化是巨大的。因此，建立系统的农业职业教育，显得尤为重要和紧迫。所谓系统的农业职业教育就是指要建立起由地方政府统筹领导，形成较完整的连接初、中、高级并与农民成人教育相结合的区域性农业职业教育新体系。此外，在模式上创建"学校＋农户＋市场"的办学新模式，使农业教育更贴近农户实际，贴近农业产业化经营的实际，有利于拓展学校在人才培养、实验示范和社会服务方面的功能，有利于把农业知识更快地转化为生产力。还有，莫旗通过与内蒙古大学、内蒙古农业大学、当地的呼伦贝尔大学的技术合作，构建科技人员直接到户，良种法直接到畜田、技术要领直接到人的长效机制。

5. 建立健全适应农业产业化经营的信贷投资机制。农业产业化以其市场、规模、技术优势产生的效益优势，为农村金融部门形成了一批重合同、守信用、低风险的客户群体，对于优化农村金融环境，提高农村信贷资金使用效益，加快农村金融事业发展提供了新的机遇。因此，支持农业产业化经营是农村金融的信贷政策取向，也是农村金融自身发展的客观要求。莫旗广大农村金融干部的思想观念、经营理念和经营方式都必须适应农业产业化经营的新变化和新要求，进一步增强支持农业产业化经营的责任感和紧迫感。另外，金融机构，特别是莫旗农村信用合作社应扩大农村贷款规模，制订优惠政策，扶持产品附加值大、技术含量高、经济效益好、企业信誉优的龙头企业，可试行以有效房屋产权证、土地或山林承包经营权证作抵押，对农户发展高效农业提供信贷支持。

参考文献

[1] 杜青发：《莫力达瓦达斡尔族自治旗情》，内蒙古文化出版社，2002年。

[2] 赵琳琳：《民族地区发展农业产业化的对策研究》，《黑龙江民族丛刊》2005年第2期。

[3] 吴言忠：《农业产业化中龙头企业的发展研究》，《农业与技术》第25卷第1期，2005年1月。

[4] 季全凤、谭奎：《试析推进农业产业化经营的有效途径》，《农村经济》2005年第4期。

[5] 马国平、梁宏：《农业产业化过程中科技创新的重要性浅析》，第5卷第1期，2005年1月。

[6] 刘勇兵：《我国农业产业化问题研究》，《湖南科技学院学报》，第27卷第1期，2006年1月。

[7] 刘大蓉：《西部农村金融支持农业产业化经营的困境与对策》，《重庆工商大学学报》第15卷第1期，2005年2月。

[8] 《莫旗农牧业产业化运行情况》，2006年8月。

[9] 《莫力达瓦达斡尔族自治旗人民政府工作报告》，2005年2月。

对呼伦贝尔市乳业产业化发展的思考

2005 级区域经济研究生　乔富华

近年来，随着我国经济持续、快速的发展和人民生活水平的不断提高，乳制品已经成为人们日常生活必需的消费品。与此同时乳业也进入了它发展的黄金期，成为中国食品工业中发展最快、成长性最好的产业之一。而最值得一提的是地处内蒙古自治区东北部的呼伦贝尔市更因其独特的奶源基地和广阔的发展空间而备受人们的关注。我们调研组一行 13 人于 2006 年 7 月 11 日至 7 月 30 日对呼伦贝尔市进行了为期 20 天的调查，由于对牧区乳业的关注，笔者随调查组的牧业组重点对牧业三旗（鄂温克族自治旗、新巴尔虎左旗、新巴尔虎右旗）进行了实地调查。通过调查，我们了解到了呼伦贝尔市牧业三旗乳业发展的实际情况和存在的问题，并折射出整个呼伦贝尔市乳业发展的整体情况。

一、呼伦贝尔市乳品业发展现状

广袤的呼伦贝尔草原，有 1.25 亿亩天然草地和大面积的改良草地、人工草地，是一个巨大的乳制品原料基地，它独有的广阔地域和优良的畜种决定了它巨大的开发潜力。然而由于地理位置的限制，导致交通不便，制约了乳制品企业的发展。

1. 呼伦贝尔奶源基地建设优势与生产现状

呼伦贝尔大草原是世界上天然草原保留面积最大的地方，是中国最大的无污染源食品基地。水草丰美的天然牧场，为发展乳品业提供了得天独厚的自然资源。另外还有农区大面积的可利用饲养地，有足够的青贮和秸秆资源。同时，乳业作为呼伦贝尔的传统产业，历史悠久，形成了深厚的文化底蕴，因"原产地效应"而赢得消费者的一致信任和青睐。

呼伦贝尔市 2005 年鲜奶产量达 95.83 万吨，较上年增长 47.4%，占自治区鲜奶产量的 13.18%。截至 2005 年底，全市奶牛存栏近 33.7 万头，比上年增长 27.9%。种植饲草饲料 67344 公顷，比上年增长了 60.4%。2005 年全市新建奶牛村（小区）41 个，标准化暖棚 476 座，面积 6.2 万平方米，奶牛村（小区）总数达到 298 个。北京洛娃集团双娃乳业阿荣旗第一养牛场投资 3500 万元，引进全套现代化奶牛饲养设备，使全市的奶源基地现代化建设迈出重要的一步。海拉尔区哈克镇实现奶牛 30200 头，人均奶牛 7 头的奶牛业发展的良好势头。该镇投资 1300 万元建成了标准化奶牛小区，可饲养奶牛 1000 头，年产鲜奶 5000 吨，人均年收入达 1.5 万元。

2. 奶源基地建设的成功经验

国内外乳业发达地区的实践证明，在乳业的发展过程中，每一次饲养方式的转变，都提高了牛奶的产量与质量，提高了乳业的经济、社会和生态效益。呼伦贝尔牧区是以畜牧业为主体经济的地区，而乳业作为新兴的产业正逐步发展成为畜牧业的支柱产业。而奶源基地建设则是乳业走向产业化、规模化的前提和基础。

在奶源基地建设方面，比较成功的是鄂温克族自治旗。这不只是因为鄂温克大草原草质优良，适合养大畜，更因其地处呼伦贝尔市腹地，通讯发达，而"海（拉尔）伊（敏苏木）公路沿线 80 公里奶牛带"则成为其奶源基地建设的有效载体。从 1999 年开始，鄂温克族自治旗就将海伊公路两侧数以千计的养牛户划在奶牛带规划区中，并不断增加投入，引进高产奶牛，培育出巴彦托海嘎查奶牛示范小区、新科牧场、巴彦塔拉乡高产奶牛示范小区等一大批奶牛示范小区典型。我们调研组主要调查了巴彦托海嘎查奶牛示范小区。该嘎查位于距鄂温克族自治旗旗政府 5 公里处，嘎查人口有 507 人，草场面积 14 万亩。近几年来，巴彦托海嘎查摆脱了传统粗放的畜牧业经营模式，实施了"企业加基地，基地联农户"的产业化发展模式，通过奶牛协会的运行，建立了完善的综合服务体系，使乳品企业的奶源得到了充实，牧民收入得到了提高。奶牛协会的成立，解决了一家一户分散经营所带来的奶源不足、质量低、牧户利益得不到保证等难题，通过加强同行业合作，遏制了行业中的无序竞争现象，实现了企业和牧户生产经营利益的最大化，为乳业不断向产业化方向发展提供了有力保障。在 2002 年奶价下降的时候，奶牛协会通过和企业进行谈判，以质量和信誉为保证和企业达成协议，最后以每公斤高出市场价 0.25 元的价格出售，这不仅为企业提供了优质的原料，而且保证了牧民的利益，三年来为牧民多增加收入 13 万元。从调查中我们了解到，嘎查 2000 年高产奶牛仅有 198 头，种植青贮饲料 1500 亩，截止到 2005 年 4 月高产奶牛已发展到 1500 头，青贮饲料地 9800 亩，40% 以上的牧户用上了挤奶器，基础设施棚圈建设 15560 平方米，牧民人均年收入达到 5300 元。奶源基地建设取得良好成效。

3. 加强与内地企业联合发展

在呼伦贝尔市乳制品总产量中，有相当部分是靠外地企业介入才正常生产的。如北京三元、上海光明、内蒙古伊利的进驻，这些龙头企业的进入不仅给呼伦贝尔市的乳品业带来了竞争，而且也带来了巨大的发展动力。北京三元公司与原海拉尔乳品厂实行股份制合作生产后，注入资金对原有设备进行改造，增添了新设备，并在体制和管理制度上进行创新，使鲜奶的日加工能力由过去的几十吨迅速提高到 300 吨。上海光明乳业公司在 1995 年控股鄂温克族自治旗巴彦托海乳品厂，连年盈利，不断扩建，滚动发展，鲜奶的日加工能力也由过去的 50 吨增加到现在的 400 吨。扎兰屯伊利乳业公司，引进了伊利公司的先进技术和管理经验，并借助伊利的广阔市场，使企业得到了迅速的发展。经过几年来的全面技术改造，使公司现日处理加工能力达 270 吨以上，年生产能力达 10000 吨以上。除了三元、光明、伊利三家龙头企业外，呼伦贝尔市又引进了长富、洛娃、雀巢等龙头企业。2005 年，全市生产牛奶 95.83 万吨，同比增长 47.4%。

总之，呼伦贝尔草场面积为 1.69 亿亩，其中可利用草地面积为 1.49 亿亩，占全市土地面积的 45.5%，占内蒙古自治区草地总面积的 14.4%。植物种类繁多，其中可供家畜饲用的野生植物 700 多种，这些丰富的野生植物资源成为呼伦贝尔乳业赖以生存和发展的物质基础。

二、呼伦贝尔市乳产业存在的主要问题

呼伦贝尔市乳产业现在有发展潜力的企业并不多，一批中小乳品厂由于技术设备陈旧，产品结构不合理，导致发展动力不足，未形成很大规模，向外开拓市场的能力较弱。从总体上看，呼伦贝尔市的乳品业没有形成一定的产业化规模，在畜牧业为基础产业的呼伦贝尔，乳品业还没有成为反哺畜牧业的拉动力较强的行业。呼伦贝尔共有 42 家乳品厂，除了 6 家龙头企业外，剩下的规模都不大，处于低产量、低质量和低效益的状态①。

1. 大多数企业规模小，资金不足，缺乏竞争力，抵御风险能力弱。呼伦

---

① 新巴尔虎左旗三元乳业有限责任公司已于 2006 年 5 月 25 日被收购，现已更名为呼伦贝尔明英乳业有限公司，主要生产全脂奶粉、脱脂奶粉、干酪素及奶油。

贝尔乳品业发展较早，在上世纪 50 年代就开始建厂生产，但由于缺乏资金引进新的加工和包装设备，一些中小企业加工技术极为落后，从而导致经营亏损，很难得到继续发展。加之与成品相关的包装、宣传、营销环节薄弱，很难打开市场，而且已占有的市场份额也极不稳定，抵御冲击的能力很弱。如从 2005 年起，奶粉的关税由 25% 降到 10%，国内奶粉的价格优势不复存在，无法和国际品牌的科技含量、营养成分、品牌价值等"综合竞争力"相抗衡，澳大利亚、新西兰等乳制品成本较低的国家或地区会加大对中国的奶粉出口。可见，这种生产格局与当前乳制品生产形势、乳品消费结构、消费趋势不一致，甚至是相反的。这种供需结构的失衡必然导致众多的中小乳品企业效益不高，甚至亏损。

2. 乳品行业的产品结构不够合理。具体体现在产品类型单一，奶粉和液态奶间的比例不合理。呼伦贝尔市的地理位置给乳制品行业提出了一个难题，由于人口相对较少，消费市场狭小，导致多余的乳制品无法在当地销售，因此产品输出成为企业的唯一出路，然而，闭塞的交通使新鲜的乳制品不能及时运出，制约了液态奶的发展。牧业三旗的七家乳品厂都是生产奶粉和干酪素，而没有液态奶的生产（见表 1）。由于呼伦贝尔市人口少，对液态奶的消费需求相对要低，而地理位置带来的交通不便又制约了产品的运输，这是呼伦贝尔乳品加工企业不生产液态奶的一个因素。但是生产奶粉耗用的原奶是生产液态奶所用原料奶的 4—5 倍。大量的原料奶用于生产奶粉，不仅损失了大量的营养成分。而且还要耗用更多的能源。因为生产一吨奶粉约需标煤 2—3 吨、电 600—800 度、水 40—70 吨，而生产一吨 UHT 灭菌奶只需要标煤 0.035 吨、电 100 度、水 2 吨。这样不仅浪费了大量的能源，不利于草原的生态建设，而且牛奶的营养成分也会流失很多。

表 1　呼伦贝尔市部分乳品主要产品情况统计表（2005 年）

企业名称	日处理鲜奶能力（吨）	生产主要产品名称
光明熊猫乳业乳品责任有限公司	400	奶粉
北雪乳业有限公司	150	干酪素
天莳乳业有限责任公司	100	奶粉
双娃乳业有限公司	30	奶粉
呼和哈达乳品厂	60	奶粉、干酪素、奶油
莫达木吉乳品厂	60	干酪素、奶油
新左旗三元乳业有限责任公司	30	奶粉

资料来源：根据《全区农牧业产业化加工企业经营情况表》、《畜牧业及乳肉草畜发展情况》整理而得。

3. 奶源不足不稳定，影响企业正常生产。从资源条件看呼伦贝尔有着优越的奶牛饲养条件。但由于以家庭为单位从事奶牛业，生产十分分散，牧户既无能力改良奶牛品种，又无科学喂养技术，一直信奉低成本生产观念，奶牛饲养主要用自己生产的牧草作饲料，既不会从外采购牧草和精饲料以扩大奶牛饲养规模，也不会把自己生产的牧草向外出售，保持奶牛饲养数目与牧草产量之间的平衡。这种以牧户家庭为单位的一体化奶牛养殖方式使得呼伦贝尔原奶生产表现出奶源分散、工业利用程度和商品率低、科技利用率低、产奶季节性强、奶牛单产过低且原奶质量差等问题。由于呼伦贝尔地区地域广阔，导致奶源分散。这给了一些以收购牛奶为目的的中间商以可乘之机，它们不仅从中赚取了一部分利润，而且由于其收购过程的不规范，导致企业很难得到优质的原材料。这样一来，原材料的成本提高了，而且奶源的品质也无从保障。在光明熊猫乳业有限公司了解到，中间商收奶占全部奶源的60%，平均年收购价格为1.44元/公斤，而公司建奶站直接收购，价格为1.28元/公斤。由于乳品加工企业与奶牛饲养者之间的关系并未完全理顺，供求关系相当不稳定。而且呼伦贝尔受气候条件的制约，枯草期时间较长，这样就会出现在枯草期龙头企业吃不饱的现象。奶源不足，没有稳定的奶源支持，乳品加工企业发展就无从谈起。乳品加工企业的发展必须以充足的奶源为后盾，没有奶源，乳品业的发展就会成为无源之水、无本之木。因此，奶源基地的建设对于乳业的发展同样重要。

4. 奶源基地建设中存在的问题。呼伦贝尔的奶源基地建设取得了一定的成效，但是从总体来看，还存在一些问题。呼伦贝尔奶牛带，奶牛饲养以牧民家庭为单位，由于土地广阔，牧草丰富，因此形成了以牧草作为主要饲料的粗放饲养方式。同时由于饲养观念较落后，不具备调制营养成分合理配方的技术，牧民大都以低成本作为经营观念，以自己生产牧草饲养奶牛的一体化方式经营，规模小，单产低，成本低。

（1）一是奶牛的平均单产低。呼伦贝尔不少地区，特别是传统的牧区，成年母奶牛平均单产只有2500公斤，远远低于世界发达国家单产8000—10000公斤/头的平均水平。主要原因在于良种奶牛比重低，全市近33.7万头存栏奶牛中，真正的高产奶牛（良种赫斯坦奶牛）大约只有1/3，由于大部分地区良种比重低，导致单产低，而且产奶的季节性也很强，多集中在5—9月份，其他月份则产奶很少或奶质明显下降，造成悬殊的淡旺季差别，从而对乳制品加工业造成不良影响。

（2）资金投入不足。由于资金不足，奶牛饲养规模往往很小，牛舍条件简陋，缺乏必要的设施，专业化程度低，因而导致奶牛饲养的劳动生产率低、奶牛的单产低、生产成本高等情况。资金的不足也使得牛奶回收的基础设备、设施不配套，如挤奶站、牛奶收购（检测）站、收奶冷藏设备、检测仪器等，致使这个环节机械化、专业化水平低。我们在鄂温克族自治旗的辉苏木辉道嘎查的阿木尔扎布家了解到，由于基础设施薄弱，牧民自身投资能力有限，即使有投资能力也无力承担投资高产奶牛带来的风险，所以只能养殖本地牛。但由于草场有限，增加本地奶牛头数势必会加重草场的负担，引起草场的退化。我们走访了几家牧户，他们都说到了这一两难的矛盾。而对于企业来说，除龙头企业外，规模小的乳品厂无心而且无力对乳业基地发展予以投资或投入高科技生产线，指导奶户生产。而且奶源供应不足导致企业经常停产，奶户没有切实体会到饲养高产奶牛所带来的经济效益，饲养奶牛的积极性没有真正调动起来。这种由于投资不足导致的奶源基地基础设施薄弱，制约了奶源基地规模化、集约化、专业化发展，使奶源基地始终停留在一个较低的层次上，这也必将影响到呼伦贝尔乳品企业的长期稳定发展。

（3）相关配套服务滞后。奶牛服务（如防疫、育种、饲料搭配、技术推广等）不健全，社会化服务体系滞后，服务覆盖面窄，致使奶牛饲养技术含量低，专业化程度低。而奶牛饲养周期长、投入大，从牛犊培育到产奶需要两年半左右，一旦养牛户丧失积极性，必将造成生产波动，影响乳品加工业的正常生产。奶牛协会没有发挥应有的作用，没有真正地为牧民争得利益。还有大部分地区没有自己的奶牛协会。我们调查的新巴尔虎左旗和新巴尔虎右旗到目前为止还没有成立一家奶牛协会。

（4）奶源分布大区域集中，小个体分散。呼伦贝尔市有很大一部分牲畜在牧区放养，散居在数万平方公里的面上，点多、线长、面广，很不利于实现集中的大规模机械化。而且由于收奶运输距离长，造成牛奶附加成本高，收购难度大，不利于商品化率的提高。同时，由于缺少必要的机械挤奶和冷藏储运条件，又使在挤奶和运输过程中奶质得不到保证。呼伦贝尔从牛奶产量的绝对量来看，是比较大的，然而由于奶源个体分散，集中程度不高，商品化率程度较低。因此，呼伦贝尔的奶资源优势并未转化为产业优势。

三、对呼伦贝尔市乳业全面发展的几点建议

（一）从政府的角度来看

在市场经济条件下，政府作为社会事务的管理者，尽管不直接参与乳业的生产经营活动，但在乳业长期发展的过程中将继续发挥着不可替代的作用。乳业是一个及其重要的产业，但同样是非常脆弱的产业，需要政府的大力扶持，否则将有损于农牧民的利益，并影响到产业的发展和竞争力。

1. 加大奶源生产基础设施建设的投入和支持力度

政府应该在对奶牛饲养、牛奶收集等方面的基础设施建设、技术服务领域给予支持。首先，应加强奶牛的品种改良工作，建立良种牛培育基地。因为，呼伦贝尔的草原生态脆弱，草原承载能力有限，如果无限制地增加奶牛头数，势必会破坏草原生态环境，在这种情况下，就要提高奶牛单产，改良低产奶牛的品质来保证充足的奶源。其次，应鼓励大规模、集约化奶牛场的发展，为欲购买奶牛和挤奶机的农牧户提供低息贷款，并通过各级兽医站或协会组织为其提供技术咨询、卫生防疫等服务。政府还应根据市场上生产资料价格的变动以及供需情况及时调节原奶的收购价格，确保养殖者有合理的赢利，必要时可制定保护价，对生产者实行补贴，以保护其生产的积极性。

2. 建立奶牛风险基金

在对牧户的实地采访中了解到，牧民不愿养高产奶牛的原因主要是投入高、风险大。在这种情况下，政府就应该积极引导奶户建立风险基金。这样就能在一定程度上防范风险，促进奶牛养殖业的健康、快速发展，防止奶牛饲养的大起大落。建立风险保障机制和积累机制，形成良性循环。奶牛业的持续稳定发展面临市场和自然双重风险。饲料市场的开放，政府的补贴取消，使奶牛养殖失去了风险保障。为保护奶户的利益，政府应建立奶业风险基金，在价格波动剧烈时，给奶户以适当的补贴。奶牛的自然风险，主要是疾病、意外事故和死亡，这种风险对于以家庭为单位奶牛饲养户以及规模较小的奶牛场常常是灾难性的，让农民参加奶牛保险是万全之策，但对缺乏风险意识的农民来说，需要政府组织和引导。

3. 加大技术引进和人才培养，并加大基础设施建设力度

在技术引进上，一方面，要从发达地区特别是国外引进先进的育种、饲

335

养、管理技术，并结合实际情况积极推广，以提高劳动生产率。另一方面，要加大基础科研投入。要在生物基因工程和培育科技人才基地方面下工夫，和高校、科研单位尽快联手。内蒙古地域辽阔，东西差异性大，内蒙古畜牧科学院、内蒙古农业大学等高校和科研机构都集中在西部，而呼伦贝尔地处内蒙古的东部，离自治区首府甚远，未能直接从这些高校和科研机构的研究结果中受益。而且呼伦贝尔和内蒙古西部的气候特征不同，属于高寒地带，所以要专门进行高寒牧区的畜牧业研究。同时高校和科研机构应在呼伦贝尔建立科研基地，为奶牛业的发展提供优良的技术和奶牛品种。在人才培养上，一方面，要技术人员到大中专学校进行专业培训，呼伦贝尔大学可以开设奶业相关专业，培养专业技术人员；另一方面，要定期对基层的专业技术人员和农牧民进行培训。

政府要加快基础设施建设和城市化进程，增强引资的吸引力；改善交通运输条件，大力发展冷藏链运输，运用大型、快速的冷藏汽车或火车，扩大供奶的范围。使乳品企业对呼伦贝尔地区产生一种根植性，而不是成为"飞地"。

（二）从行业的角度来看

1. 增加投入，加强奶源基地建设

奶牛场是乳品加工业的第一车间，只有提供充足优质的原奶，才能生产出质量上乘的乳品，原奶将是制约乳品加工业发展的主要因素。呼伦贝尔乳品企业的竞争是奶源的竞争（朱晓军 2006）。目前，呼伦贝尔奶源基地建设基础薄弱，奶牛单产低，原奶质量参差不齐，原奶质量将成为影响行业进一步发展的瓶颈。加强奶源基地建设，立足奶源是生产的重要保障。扩大奶源、提高奶质是奶源基地建设的重中之重，是增强企业整体实力的必经之路。生产企业要大力推广"牧户＋养殖小区（牧场园区）＋现代化奶站＋乳品加工企业"的发展模式，从根本上解决奶源不足、奶质不高的问题。

2. 推进乳业产业化经营，促进产加销协调发展

牛奶生产、加工、销售环节联结度非常紧密，迫切需要产业化经营。应当把产业化经营作为呼伦贝尔乳业发展的目标。现在呼伦贝尔已经有伊利、光明、三元、雀巢、长富等龙头企业，形成了在国内外乳品市场富有竞争力的舵头，充分发挥了龙头企业开拓市场的功能。但现在的这些龙头企业形成了各自占领一方水土的鼎立局面，没有形成一种良性的合作，不利于乳业的

产业化发展。因此今后呼伦贝尔乳品企业要加强"强强联合"，实现不同加工层次的合理分工与专业协作，推进乳业产业化的进程。

另外，龙头企业与奶农应在双方协商的基础上，吸收奶农入股，逐步实行股份合作制经营，与奶农形成风险共担、利润共享的利益共同体。龙头企业要严格履行公证的合同或契约，按原定的价格收购奶农的原料奶，要在良种、饲料、防疫等环节，加大对奶农扶持的力度，逐步建立配套的服务体系。引导并扶持奶农联合起来，建立奶业合作社、奶业协会等专业合作经济组织，作为连接龙头企业与奶农的桥梁和纽带。

3. 调整乳业内部行业结构

由于呼伦贝尔乳品企业的规模不同，企业面临的情况也并不一样，企业应根据自身情况进行规模调整。（1）大型乳品企业应对一些小型企业和经营效益差的企业进行兼并收购、重组。同时应该寻求"强强合作"的机会，只有走强强合作之路，才能实现资源共享、优势互补、规模效益，从而在新的游戏规则中生存并发展。（2）对于有发展潜力的企业必须在稳定原有市场的前提下，有计划地向外扩展，做到市场开发先于对该市场的大规模投资。同时，根据自身情况进行改制、改组，推动企业走规范化、集团化经营的路子。这样的企业大多是当地生产当地消费的，主要产品是液态奶的生产厂家，由于这些产品保质期短，不适合长途运输，因此将长期具有地缘优势。呼伦贝尔乳品企业的联合、兼并是趋势，但利用乳业要求保鲜的自身特点，再加之产品、价格、渠道的差异化，市场细分和"本土作战"是某些企业自我保护、自我发展的一种很有效的手段。例如：呼伦贝尔的北雪乳业有限责任公司，就是利用这些特点仍以其液态奶和干酪素在市场上占有一席之地，并赢得了自身的发展机会。（3）对于规模小、设备陈旧、技术落后、管理水平低、产品质量差的企业要鼓励有实力的企业兼并、收购。呼伦贝尔是牛奶产量较高、但乳品业不发达的地区，这就应该通过优惠政策吸引大型乳品企业进入，对呼伦贝尔分散的生产能力进行整合，以充分利用牛奶资源，发展壮大呼伦贝尔的乳品行业。

4. 根据市场需求调整产品结构

呼伦贝尔的乳品业主要以生产奶粉为主，产品类型比较单一，产品结构不合理。因此要根据市场需求调整产品结构和布局，开发特色产品，增加冰淇淋和干酪素的生产，减少奶粉的生产。要从地区资源优势来开发特色产品，大力生产和开发具有竞争优势的蒙古族传统制品，不同口味的奶茶与具有民族特色的产品搭配上市，例如：可以把奶茶、嚼口、炒米、奶皮等产品搭配上市。内蒙古锡林郭勒盟在开发民族特色产品上做得比较好，可以借鉴其成功经验。另外，可以生产具有民族特色和多种保健功能的奶酒、奶啤等极具市场发展潜力的产品。

（三）从乳品产业发展模式与产业链条关系角度来看

1. 因地制宜建立乳业发展模式

由于地理区位的不同，乳业发展所选择的模式也不尽相同。呼伦贝尔拥有大面积的天然牧场，是一个以畜牧业为基础产业的地区，因而，乳业产业化发展模式就应当充分发挥牧区的这一资源优势，在龙头企业的带动下，由自给自足生产向现代化产业转变。在牧区应该建立"牧户＋养殖小区（牧场园区）＋现代化奶站＋乳品加工企业"的发展模式。企业和政府扶持规模养殖户、兴建养殖小区和牧场园区。牧场园区的建设采取国家、公司、个体共同投资的方式。从原料生产角度出发，改变传统的一家一户奶牛饲养习惯，逐步提高奶牛养殖规模和品质，不断满足企业产品的用奶需求，带动周边地区多年来形成的分散饲养模式向适度集中的经营方向发展，逐步由大群体小规模向小群体大规模转变，走科学化、规范化、集约化的奶牛养殖道路，建立稳固的高质高产奶源基地。

2. 建立奶牛协会等中介机构。在西欧，奶农在自愿的基础上组成各种形式的合作社，按合作社的章程实行统一经营、统一核算、利润分成。参加各种奶农联合会，获得财政信贷、牲畜配种、饲养管理、物资供应等各方面的优质服务和产品质量、市场销售等信息。在日本，通过农业协会对奶农进行产前、产中、产后服务。国外的经验表明，建立健全从配种、饲料、防疫治病到集中收奶等一整套技术上服务、生产资料供应和产品流通领域的社会化服务体系，不仅为从事奶牛生产的奶农所欢迎，同时也是稳定发展奶牛业的必要条件。近年来呼伦贝尔草原退化严重，从天然草场的载畜量和草食家畜的存栏比较，草畜矛盾非常突出。在这种情况下，应该改变传统的粗放经营方式，建立草业生产基地，成立草业协会。

3. 建立合理的牧区乳业产业链条关系。乳业是以种植业为前提、奶牛养殖业为基础、乳品加工业为龙头的长链条产业。乳业的发展需要乳业产业链条上的各个环节相互协调，上游产业链条要为下游产业链条提供优质的原料，否则就会造成整个产业链条的脱节，不利于产业的健康发展。乳业的产业链条包括饲草饲料生产、奶牛饲养及其服务、原奶的验收和收购、乳品加工与销售。牧区的乳业发展有其自身的特点，要针对其特点认真分析，理顺它们之间的关系。

首先，可以在呼伦贝尔东部农区的农业用地上种植青贮饲料，来保证西部草饲料的充足供应。呼伦贝尔扎兰屯市在牧草种子基地建设方面取得了良好的成效。2002年经国家农业部批准，2003年开始实施育种项目。项目总规模为播种牧草面积200hm^2，其中肇东苜蓿150hm^2，垂穗披碱草50hm^2。基地建成后，每年向全市及周边地区提供苜蓿种子5万kg，披碱草种子3万kg。扎兰屯市以基地建设为龙头带动全市草业的发展，形成由基地提供种源，全市农牧民种植牧草，由基地负责将农牧户种植的牧草销售出去，最终形成基地带农户，农户连基地的良性模式。同时给扎兰屯伊利乳业公司提供了优质充足的奶源，形成了草业带动乳业发展的良好局面。

其次，乳品产业的特点决定原奶生产与乳品加工之间必须紧密结合，协调一致。乳品是一种营养食品，其营养与安全是产品质量的核心，这要求从原奶的采集、贮存、运输到加工必须协调一致。一个环节出现问题就会影响到乳品的质量。在呼伦贝尔乳品产业发展初期，原奶生产者直接以冷水池贮藏牛奶，等待中间商来收购，再由中间商售给乳品加工企业，由于在这一流通渠道中既没有专用降温设备，也无专用真空贮奶与运输设备，流通中时滞过长，不法商贩的掺假使得乳品企业无法获得优质原奶，这既严重地影响原奶生产者的积极性，又影响乳品加工企业的乳品质量。在乳品市场进入"买方市场"阶段后，呼伦贝尔各大型乳品企业间竞争激烈，开始认识到大规模的优质原奶采购、贮藏、运输与加工的精确协调是竞争取胜的关键。许多乳品龙头企业在原奶生产基地兴建了自己的收奶检测中心，并购买了大型贮奶罐与运奶车，使原奶从挤奶到加工环节都处于低温无菌环境之中，这些企业也因向市场提供高质量与大批量的乳品而成为乳品产业中的优胜者得以迅速成长壮大。同时通过投资与原奶产后的这些活动，乳品企业与原奶生产者之间建立起规范公平的交易关系，消除了中间商的盘剥，较大地降低了交易费用，增强了奶牛饲养与乳品加工企业之间关系的协调性，促进了乳品产业的发展。

第三，正确处理奶牛饲养与乳品加工业之间的关系。乳品企业要从长远生产的战略高度来处理与原奶生产者的关系，不能只追求短期利润最大化而利用市场力量使奶农利益受损，乳制品加工企业要通过综合奶站向奶农提供周到而价格合理的产前、产中和产后服务以消除奶农生产的后顾之忧。同时，政府要搞好相关制度和机构建设，使原奶生产与乳品加工之间关系的协调发展有法律和制度的约束。

第四，正确处理乳品加工企业与乳品销售之间的关系。中国的乳品消费主要集中于城市，而且主要以液态奶为主，因此牧区乳品加工企业的乳品必须进行远距离的运输，这决定了牧区乳品加工企业必须生产保质期长且便于运输的乳制品，如奶粉、超高温灭菌奶、冰淇淋、雪糕、奶酪等。呼伦贝尔同样如此，由于人口较少，消费市场狭小，多余的乳制品无法在当地销售，只能运往外地。大多外地企业进驻呼伦贝尔都是把其作为一个原料加工基地。如光明熊猫乳业有限公司，利用呼伦贝尔优质和充足的奶源生产大包粉，运往上海光明总公司进行深加工。因此说呼伦贝尔的乳制品企业所面临的是独特的奶源基地与销售市场。由于呼伦贝尔独特的地理、政治、经济、文化等方面的影响，政府在企业销售环节应发挥作用。大型乳品企业可以通过在各地建立代理商网络，然后再由代理商组织零售活动。而对于不知名的小型乳品企业，可以与知名企业合作，通过它们已经建成的销售渠道将产品"送"出去，这样做不仅节约了企业的建设资金，更会使品牌建设易如反掌，这种捆绑式的销售渠道曾被许多商家所使用。

总之，大力发展乳品业是呼伦贝尔振兴民族经济、优化产业结构的有效途径。在对乳业做出正确定位的同时，我们也应该认识到，在市场经济条件下，资源配置的原动力来自于市场需求。只有以市场为导向，立足于资源优势，合理配置资源等生产要素，才能使呼伦贝尔得天独厚的自然资源优势得以充分发挥。如果不能满足需求或引导需求，无论资源多丰富、资金投入多大、政策多倾斜，都不能实现真正意义上的资源转换。未来呼伦贝尔乳业的兴衰关键就在于这一点。

参考文献

[1] 何玉成：《中国乳品产业发展研究》，华中农业大学博士论文（2003.3）。

[2] 巴彦托海奶牛协会：《鄂温克族自治旗巴彦托海嘎查牧民专业合作组织工作总结》（2005.12）。

[3] 鄂温克族自治旗畜牧局：《呼伦贝尔草地奶牛业生产经营管理模式示范研究工作总结（1999—2003）》（2003）。

莫力达瓦达斡尔族自治旗农村
合作经济组织的调查与思考

　　莫力达瓦达斡尔族自治旗成立于 1958 年 8 月 15 日，是呼伦贝尔市三个少数民族自治旗之一，面积约 1.1 万平方公里，总人口 32 万人。2002 年和 2003 年连续被中国县域经济评价中心评为西部进步最快、最具竞争力的县市之一，在西部百强县中列第 91 位。莫旗农村合作经济组织发展迅速，对于提高农民进入市场的组织化程度，引导农民进行产业结构调整，加快农业产业化进程等方面发挥着重要作用。

　　通过在莫旗农村的实地调查研究，对莫旗的农村合作经济组织有了初步了解。为了进一步掌握农村合作经济组织建设和发展情况，我走访了旗供销社，通过供销社工作人员的介绍，对合作经济组织的现状和发展规划有了新的认识和思考。

一、莫旗农村合作经济组织的发展概况

　　农村合作经济组织是指在家庭联产承包经营的基础上，由从事同类产品生产经营的农民、企业、组织和其他人员自愿联合设立，在技术、资金、信息、加工、流通、储运等环节，实行自主管理、自我服务、互助合作的经济组织。莫旗的农村经济合作组织是为了积极推进农村经营体制创新，提高农民进入市场的组织化程度和农业产业化水平，建立农业增效、农民增收的长效机制，根据呼伦贝尔市委、市政府《关于大力发展农村牧区合作经济组织的意见》，从适应农业和农村经济发展的要求出发，依靠当地产业优势，以基层供销社和社有企业为依托，积极培育和发展专业合作社、协会、农副产品市场，壮大经纪人队伍，取得了明显的效果。截止 2005 年末，莫旗各类合作经济组织已经近 50 个。

1. 发展农村合作经济组织的指导思想和基本原则

　　"科学的发展观"，服务"三农"是莫旗农村合作经济组织的指导思想，始终坚持因地制宜，自愿、民有、民管、民享，依法组建，市场导向的基本

原则。从实际出发，在充分尊重农民意愿的前提下，多形式发展。广大农民只要承认农村合作经济组织规章，接受合作组织指导，履行相关义务，经申请均可以成为合作组织成员。农村合作经济组织实行自我管理、自我服务、自我受益、自我承担民事法律责任的体制。具备社团法人条件的，由民政部门按照《社会团体登记管理条例》办理登记注册；具备企业法人条件的，由工商部门依法办理营业执照。同时要按照市场化原则选择生命力强、市场潜力大，发展前景好的产业或者加工项目组建经济组织。

2. 农村合作经济组织的现状和奋斗目标

围绕莫旗提出的"以农牧产业化统筹城乡发展，发展壮大六大产业（豆、肉、乳、药、米、饲），开发和利用两种资源（石材和水利）"目标，结合中草药基地、大鹅基地、无公害蔬菜基地、元葱基地、豆（薯）产业基地等基地建设和农畜产品加工体系建设，在培养新兴产业、特色产业中建立各类农村合作经济组织。

2003 至 2005 年新建专业合作社 9 个，其中仅尼尔基镇就建立了关于养殖、农源农资的 4 个合作社，其他 5 个分布在阿尔拉镇、红彦镇、宝山镇和塔温敖宝镇。仅 2005 年下半年就组建了塔温敖宝镇农副产品交流协会和莫旗再生产资源经营、富方水稻协会（设在尼尔基镇），中草药种植协会、农资经营者协会、经济作物研究会相继成立。自 1998 年建立汉古尔河集贸市场后，登特科、库如奇、西瓦尔图集贸市场相继建立。另外，村级服务站已经占全旗村屯的 10% 以上，经纪人队伍不断壮大，现已有 45 人。截至目前，全旗农民经合组织已发展到 26 个，其中已注册达到规范化的 3 个。预计至 2010 年在各乡镇建立起新农村合作经济组织 100 个，其中专业合作社 15 个，专业协会 10 个，综合服务社 75 个，发展经纪人队伍 75 人，65% 以上的农户加入农村合作经济组织，80% 以上的农畜产品通过农村合作经济组织推向市场。到 2015 年，新农村合作组织发展到 150 个，其中专业合作社 25 个，专业协会 20 个，综合服务社 105 个，发展经纪人 150 个，合作经济组织的农户占总数的 80%，95% 以上的农畜产品通过农村合作经济组织推向市场。

3. 农村合作经济组织的兴办主体

莫旗合作经济组织由旗供销总社统一管理。各个经济组织的建立和发展主体除了原有的农村集体经济组织和基层供销合作社，充分调动"能人"的积极性是推动合作组织进一步壮大的途径。政府鼓励有销售渠道、生产加工技术、资金实力和拓展能力的人，牵头创办各种类型、各具特色的农村合作经济组织，发展"龙头＋基地＋协会（专业社、村级服务社）＋农户"形式的组织，不仅涉及到农产品的生产经营，还要向流通服务、资源的加工利用和开发等多领域发展。2002年10月，莫旗供销社引导博客图村的黄少荣成立了莫旗供销社博客图供销综合服务站。该站距旗所在地尼尔基镇40华里，占地面积4000平方米，门市房80平方米，仓库200平方米。现有资产3万元，职工3人，年销售额25万元，主营生资日杂、农机配件、化肥、农药等农资产品。该站成立四年来，在黄少荣和职工的努力下，农民的大事小事，只要能够做到，几乎都做。最近兴办的村级集贸市场，受到了农民的一致认可。

二、农村合作经济组织发展势在必行

莫旗地域广阔，有耕地689万亩，草场330万亩，林地342万亩，人均耕地15亩，农产品产量大，因此农牧产品的市场不能只着眼于本地市场或者中国市场，更要注重国外市场的扩展，尤其是发挥区位优势，占领俄罗斯的农牧产品市场。随着市场范围的扩大，竞争更加激烈，千家万户的小生产与千变万化的大市场之间的矛盾越来越突出。

家庭经营与农牧产品商品化、社会化、专业化、国际化的矛盾逐渐暴露出来，原有的农村集体经济组织被削弱，不能满足农户发展市场的需要。莫旗宝山镇的土豆淀粉加工是农业产业化经营的缩影，加工厂的生产需要土豆来支撑。家庭联产承包以后，农民的生产不再由集体统一组织，农业生产的品种、数量等因各家各户的具体情况不同而各异，对宝山来说，农民传统以种植大豆为主，在短时间内改变农村的种植结构不是非常容易，而且种植结构的改变，种植方式必须随之变化，大规模农产品基地建设对于单家单户的小农生产是挑战。

同时，农业组织化程度低，农民分散生产经营，在直接面对统一的国内国际大市场时，难以准确把握必要的市场信息，生产经营活动不能和市场的需要接轨，带有很大的盲目性，供求矛盾突出。农民进入市场的成本很高，直接导致农业市场中的供不应求和农民丰产不丰收的现象出现。要解决这些矛盾，实现小农户和大市场的有效对接，必须提高农民的组织化程度。莫旗中草药种植协会主要功能之一就是收集预测市场对中草药的需求，指导农民采用科学的种植方法，组织农户调整种植结构，使农户的中草药种植真正和市场的需要接轨。可以说，农民的联合是解决矛盾的出路，农村合作经济组织就是在家庭承包经营基础上，同类农产品的生产经营者、同类农业生产经营服务的提供者和利用者，自愿联合、民主控制的互助性经济组织。

实践证明，农村合作经济组织能够把分散的农业生产经营者联合起来，形成一个利益共同体，以提高农民生产经营的组织化程度，增强市场竞争力。莫旗的专业合作社、协会、农副产品市场、经纪人，已经成为农民走向市场、促进分散生产者与市场有效衔接的中介。

三、莫旗农村合作经济组织的效果

1. 促进农业科技推广，提高农产品质量

农业的科学技术在农牧产品的生产中起着举足轻重的作用。依靠科技解决农产品优质率低和优质农产品产出率低的"两低"问题，不仅是莫旗农牧业发展的瓶颈，而且也是我国农业发展的主要任务。然而，近几年农民投入的增加与收益的下降形成明显的反差，使农民无心无力去接受和采用先进的科学技术，造成"今年种大豆—赔，明年种大豆—还赔"的现象。另外，莫旗的农业科技推广部门面临大量分散的农民，在传统的推广模式下，技术推广比较困难。农村合作经济组织和农民的关系密切，能够很好地联系科学技术掌握部门和广大的农民，将科学技术直接转化为产品产量和质量。2005年，莫旗农业科技中心引进卡莫一号、金状元（元葱种子），通过在元葱基地的示范，喜获丰收，平均亩产5000斤，市场价格0.40元/斤，亩纯收入1230元。2005年莫旗农业科技中心的重点项目示范大豆固氮菌，这个项目是莫旗与秦皇岛领先科技、自治区科技厅联合，涉及14个乡镇（农场）、48个村（连队）、280户，共15000亩田地，处理平均亩产146.1公斤，比对照亩增产26.4公斤，亩纯增收57元。这14个乡镇包括尼尔基、阿尔拉、红彦、宝山、塔温敖宝，各个乡镇的农村合作经济组织积极主动组织其成员种植新品种，在科技人员的指导下调查和测产，各组织还邀请该项目的负责人员向农民们介绍大豆固态菌的生产价值和大豆病虫害的防治等问题，受到大家的欢迎。各合作组织通过不同的途径，如实验、示范、开展技术咨询与服务、与大专院校及科研单位联合等措施不断促进技术推广，提高科学技术对农业增长的贡献率，改善农产品质量，增强农牧产品市场竞争力。

2. 拓宽农民的信息渠道，提高农民抵御市场风险的能力

莫旗是传统的农业大旗，农业作物主要以大豆、玉米为主，被誉为"大豆之乡"。但是大豆、玉米的经济效益明显不如一些劳动密集型的农产品，如蔬菜、土豆的收益。调整农民的种植结构，需要及时根据掌握的有关农产品市场的动态信息，势单力薄的农民在复杂的市场环境下缺乏必要的市场信息，难以预测农产品市场前景，合作经济组织根据当地种植的传统，结合对市场行情的预测，指导农民的生产经营活动，帮助农民及时获取更多的市场信息，有效避免种养的盲目性，发挥农产品品种、品质、区域优势。农村专业合作组织的发展，将农村分散经营的农户初步组织起来，有计划地安排生产的品种和数量，有计划地组织收购和销售，共同面对市场，实现小生产与大市场的有效对接，较好地抵御和防范自然与市场两大风险。目前，莫旗最有成效的就是土豆种植面积逐年扩大，种植土豆的农民收入也较种植大豆收入高。同时，土豆种植面积的扩大，促进了淀粉加工工业的发展，宝山镇的土豆淀粉加工厂已经成为宝山镇的一个代表性企业。

3. 完善农牧业产业化运行机制

推进农牧业产业化经营，是莫旗全旗的系统工程，也是全旗农牧业和工业经济的长期发展战略。莫旗农牧业产业化的工作可以说就是"强龙头、建基地、抓协会、带农户"。农村合作经济组织在农牧业产业化的作用举足轻重。"龙头 + 基地 + 协会（专业社、村级服务社） + 农户"比"龙头企业 + 农户"更适合莫旗农牧产业化的运行机制。由龙头企业在农牧产品的基地与合作经济组织以合同形式下达种植计划、规定最低收购价格，并委托合作经济组织组织农户生产并收购农产品，再由龙头企业将农产品加工增值，并按一定比例返还给合作经济组织和农户，让农民分享农产品加工和流通领域的利润，分享农业产业化的好处，把企业利益与农户利益有机地联结在一起，促进农业增效、农民增收。合作经济组织是农牧业产业化经营"产加销一条龙，农工贸一体化"的中间环节，从而推动农畜产品产前、产中、产后营销的有机衔接。

4. 创新农村供销合作社体制，提供政府宏观调控的组织基础

农村的供销合作社是以农民为主体的劳动群众集体所有制的合作经济组织。我国供销合作社是合作社理论与中国实际相结合的产物。新中国成立初期，广大农民群众通过自愿入股的形式，组建了供销合作社，因为历史原因，合作社的性质有过两次大的变革，直到 1981 年 12 月供销社的集体所有

制性质才恢复。随着农产品和农业生产资料的逐步放开，供销社在农村流通中的垄断地位受到了严重挑战，全国供销社系统面临瘫痪。供销合作社要适应新形势的发展要求，就要坚持供销社的集体所有制性质，坚持为"三农"服务的办社宗旨，坚持自愿、互利、民主、平等的合作制原则，突出基层供销社的建设。莫旗的农村供销合作社承担着对农村经济合作组织指导和协调服务的职责，把发展农村合作经济组织作为供销合作社的中心工作，供销社一定程度上可以称作"农村合作经济组织联合会"。通过改革，莫旗农村供销合作社真正建立起自主经营的经营机制，通过加强农村合作经济组织建设，供销合作社在搞好为农服务、助农增收的同时，寻求新的经济增长点，开辟了自身生存和发展的空间。

供销合作社是合作经济组织的联合会，政府通过合作经济组织这一环节，避免了生产的盲目性和无序性，使农产品生产和市场需求得到有效衔接，是政府进行宏观调控的组织基础，为真正实现"小政府、大服务"创造了条件。

四、农村合作经济组织的制约因素

1. 缺乏对合作经济组织的认识

农村合作经济组织是一个新生事物，广大的农民对新形势下的合作经济组织的性质和功能认识不清，对合作经济组织的参与不够热情，内在动力不足。一些乡镇没有看到合作经济组织在促进农牧业产业化经营、提高农牧产品的质量等方面的重要作用，思想上没有摆脱旧有的思维定式，行动上还缺乏主动性和积极性，工作中没有将发展合作经济组织摆上应有的位置。只重视生产，忽视对农产品产前、产中、产后的整体协调是一些乡镇和农民普遍存在的问题。莫旗现辖8个镇、2个乡，农业人口250957人，目前26个农村合作经济组织带动农户数为6694户，参加合作经济组织的农民只有26776人，约占总农业人口的10%，覆盖面仍较低，对合作经济组织缺乏认识是重要的原因。

2. 内部运营机制不完善

目前已建立的农村合作经济组织，规模较小，组织化程度较低，体制和利益机制不够健全。莫旗将是否有章程、规章制度和管理办法作为考核专业合作社和专业协会的首要指标。

然而，不少的合作社、协会除章程外，几乎没有其他配套制度，没有组织的最高权力机构、执行机构和监督机构。在运行过程中，由于缺乏行之有效的执行和监督管理，章程等各项制度往往流于形式，各种组织的活动很少，部分只凭口头协议、君子协定办事，随意性很大，违反制度的现象时有发生。

3. 组织服务功能难以发挥

莫旗的农村合作经济组织大多局限在本村、本镇，跨地域、多层次的集团式合作组织较少；服务功能单一，一个合作组织只从事某一项或两项专业服务，综合性服务很少；多数的合作组织不从事营利性活动，信贷、税收等政策支持力度小，加上成员的经济实力不强，导致农村合作经济组织难以发挥多方面的服务功能。

4. 合作经济组织人才的匮乏

莫旗农村合作经济组织的成员多是农民，文化底子薄，缺乏搞市场经济必备的知识和发展合作经济的经验。合作组织不仅自我完善、自我发展、自我服务的能力较弱，而且驾驭市场风险能力也不强。农村合作经济组织的组建、运行和发展需有一定经营管理能力及较强组织能力的人才支撑，从而才能调动农民积极性，规范组织的运行。

5. 合作经济组织的法律地位不确定

我国搞合作经济已经有 50 年，至今仍未有一部关于合作经济的法律。由于没有专门的法律规范，无法确定合作经济组织的法人资格和法律地位。农村合作经济在发展中遇到不少难以解决的困难。绝大多数合作经济组织和农户之间、企业之间还没有形成"风险共担、利益共享"的关系，缺少必要的有法律约束的合同契约，买卖随意性较大，存在好则合、不好则散、遇险则乱的现象，具有很大的不稳定性，而且各个合作组织之间的合作也没有有效的法律保障，合法权益难以维护。相比而言，日本在 20 世纪 40 年代相继颁布了《农业协同组合法》、《农协助成法》等法律来支持与保护农村合作经济组织的发展。

五、莫旗农村合作经济组织的调查思考

1. 农村合作经济组织是新型的合作制经济组织

合作制是公有制的基本形式，是以人、以劳动为基础的，它的基本权利是人身权利所包含的劳动力所有权。我国农村合作制的首要环节，就是农民

以自己的劳动力所有权为根据，按照自己的利益和意识，自愿将其劳动力所有权联合起来，构成"一个联合体"，在这个联合体中，每个参加者的劳动力所有权都是平等的，其派生出来的占有权集合起来由一个共同机构行使。合作制的本质决定了建立在合作制基础上的农村合作经济组织是农民自己的组织。

我国农村基层供销合作社是传统的合作组织的典型，它实际上是由国家和地方政府办在农村的，由部分农户集资组成的，为广大农民收购农产品、供应工业品的一个流通企业；基层供销合作社的所有权名义上归全体社员所有，但是实际上吸收社员股金后，具体操作中实行了固定利率分红的办法，属于集资性质的组织；供销社所得利润在按固定比例支付一部分红利（集资利息）外，其余均归供销社自己所有，基层供销社与农户的关系是买卖关系。这完全背离了农村合作经济组织的性质。莫旗的农村合作经济组织是新型合作经济组织的代表，农民自我管理、自我服务、自我受益、自我承担民事法律责任；合作组织与成员不是买卖关系，而是一种委托、代理关系，委托者是农民，代理者是合作经济组织。这就是说，合作组织对内是不以盈利为目的的，纯粹是农民的"联合体"。

2. 加大宣传，提高认识

针对农民普遍存在的封闭保守意识、对新事物不轻易接受、一些干部尤其是基层干部对合作经济组织认识不够的实际，充分利用多种新闻媒体、舆论工具，广泛宣传发展农村合作经济组织的意义和作用，大力普及相关知识，为农村合作经济组织的发展营造良好的舆论环境。同时可以树立典型，如莫旗供销社博客图供销综合服务站，组织典型到各村现身说法，提高对合作经济组织的认识，从而唤起农民的合作意识，加强基层干部对合作经济组织的重视。

3. 完善机制，科学规范运营

制定完善统一的各类型农村合作经济组织示范章程是合作组织运行的基础。完善内部规章和操作管理办法的同时，建立健全理事会、监事会、董事会等组织管理机构，明确其责权利关系，是合作组织在科学体制下健康运行的重要保障。完善监督机构，关键是社会监督与内部监督相结合：社会监督主要是发挥政府有关部门（在莫旗主要是旗供销总社）作用，监督合作经济组织是否按国家法律法规从事经营及社会活动和经营管理情况；内部监督主要是充分发挥监事会和参加合作经济组织农民的监督作用，实行社务、财务公开，加强对经营管理情况、财务情况的监督检查。

4. 统筹规划，提高服务能力

农村合作经济组织的建设，要根据主导产业、优势产业和特色产业的资源条件和品种布局，制定农村合作经济组织建设的战略，拓展和培育分行业、分产业的合作组织，鼓励合作经济组织打破城乡、地域、行业和所有制界限，积极探索多渠道、多领域、多层次的联合与合作。生产经营、资源加工利用、流通服务和开发合作型的合作经济组织共同发展，加强各个组织之间的相互联系，从而真正推动农畜产品产前、产中、产后营销的有机衔接，为农民谋利益。

5. 加强培训，提供人才支撑

重视农村合作经济组织经营管理人才和技术人员的培养，有计划、有步骤地通过高等院校、各类职业技术学校及职能部门开展各种形式的业务培训，加强农村合作经济组织主要负责人的能力，提高其经营素质和管理水平，培养和造就一支懂生产技术、懂市场经营和管理的骨干队伍。同时在传统组织，如农业科技服务中心内挑选培养人才，输送到现有农村合作经济组织中，帮助管理或领办、创办新的农村合作经济组织。同时聘请专家教授面向农民讲授市场经济的知识，加强合作经济组织各类人才和成员的知识更新。

6. 优化外部环境，加大扶持力度

农村合作经济组织是一个新生事物，在全国范围内，没有相应的立法确定农村合作经济组织的法律地位，难以确立稳定的内部经济关系，难以参与社会经济活动和获得正常的经济资源。国家应尽快出台相关法律法规，依法引导、扶持、规范、保护合作经济组织。

农村合作经济组织的利益目前无法用法律的手段来保护，因此就需要政府因地制宜地制定与实施能促进合作经济组织发展的政策，加大扶持的力度。财政部门要安排一定数额的专项资金用于合作组织开展新品种的引进、新技术的推广、管理人员的培训、农牧业生产基地建设等；对合作组织在农业产业化过程中提供税收优惠；加强对合作组织的信贷支持力度。

中国南北方农民被征地补偿的差异分析

2006 级区域经济研究生　邸　婧

随着我国城市化进程的加快，农村土地特别是城郊农村的土地大量被政府征用。土地作为农民最基本的生活来源与生存资料，政府在征地过程中必须要充分考虑并尽量满足农民的利益。因此政府对失地农民做出相应的补偿是责无旁贷的，但各地农民获得的补偿因其土地区位等客观条件以及农民自身谈判能力等主观因素呈现出差异。作者就云南省丽江市古城区和内蒙古鄂尔多斯农民被征地补偿差异产生的原因进行了调研。

一、调研背景

随着我国城市化进程的加快，农村土地特别是城郊农村的土地大量被政府征用。土地作为农民最基本的生活来源与生存资料，政府在征地过程中必须要充分考虑并尽量满足农民的利益。我国人口的增加和土地资源的稀缺造成了我国农村土地上附着过多的社会功能。土地的社会功能要求不同，导致各地补偿不同。目前，农村土地对于我国农民而言，具有三项基本的社会功能：就业岗位、经济收益和社会保障。而各地农村因其土地区位差异对土地的社会功能要求不同，因而农民最终获得的补偿也不相同。笔者关注失地农民所获征地补偿的具体方式和数额及在中国南北方的区别。

二、调研资料显示——南北方农村普遍存在征地补偿差异

1. 云南丽江富裕的失地农民

在走访云南省丽江市古城区周边村户过程中，我对当地村民土地被征后得到补偿的状况进行了入户探询。丽江市古城区是我国 5A 级旅游区，它围绕"人文丽江、休闲古镇、雪山风情"的主题，依托古城区特色旅游资源和处在"三大世界遗产——古城、三江并流、东巴文化"腹地和滇、川、藏中国大香格里拉生态旅游圈的核心地位，发展成为了 2006 年接待国内外旅游人次达到 460 万，旅游业综合经济收入年均增长 10% 的旅游胜地。正

因为这一背景古城区周边农村土地区位优势显著突出,具有古城区潜在蔬菜、水果供应基地之称,因而征地补偿价格较高,平均每亩可以达到4万元左右。而且当地政府在补偿机制方面也采用了灵活多样的补偿方式,除现金补偿外,当地政府还采用了返还地的方式,即在土地开发之后,农户可以获得相应比例土地的返还;此外完全失地农民还可以获得长期粮油补贴,每亩地4.25元。这种多种方式的补偿机制给当地农民带来了某种程度上的利益满足,相对全国其他省市的一些农村此补偿算是比较合理的,但相对其土地发挥的作用和实现的价值仍是没有完全达到农民的预期。

在我走访的庆东村伍大娘家,当问及政府给予的补偿她认为合理不合理时,她的回答是:"与其他地方的农村相比我们还是比较幸福的,拿到手里的钱可是不少,可是他们(指政府和开发商)拿到我们的土地开发之后发挥的作用、获得的价值简直是我们的几十倍,所以我们心里还是会很不舒服,认为我们应该得到更多一些才对。"伍大娘的一席话充分说明当地农民的预期仍是高于现实获得的补偿。

2. 内蒙古鄂尔多斯有业可就的失地农民

内蒙古自治区鄂尔多斯市的一个特殊要素是当地农民的外出就业率很高,因而他们对土地的就业岗位这一社会功能要求就不是很高。这一缘由是当地的经济发展为他们提供了潜在就业机会。当地资源比较丰富,尤其煤炭资源,幸而这种工作对技术要求也并不高,失地农民外出打工就可以较容易地得到就业机会,因此本应当政府满足他们失地补偿中的就业补偿他们自我满足了。而在南方就不存在这种天然解决就业的情况,我们去的丽江市古城区文荣新村,这个村村民几乎已经完全成为失地农民,但是政府却没有给他们提供任何就业途径,村民没有任何劳动技能,直接步入城市较难获得就业岗位,成为了所谓的"种田无地,上班无岗,低保无分"的"三无"人群。但是他们依据政府相对北方较高的土地补偿金额依然可以维持生活,但无论如何这也不是长久之计,文荣新村村长就提出了政府给予村民机会,将他们村土地开发后的滇西明珠居住小区的物业管理交于村民,将部分村民进行上岗培训,这样就为村民们创造了就业机会,也是政府对于失地农民的一种补偿方式。我认为这种较灵活的补偿方式还是值得考虑的,最起码它给我们提供了一个新视野,让我们看到征地补偿不再是单一的现金补偿,也让我们更加体会到了土地——农民的生存之本,失去了土地,就得寻找另一个生存来源。

在鄂尔多斯伊金霍洛旗的一位张伯伯家里，他对我提出的政府补偿合不合理这个问题的回答是："能给点儿就不错了，这年头地种了也不赚钱，反正我们都打算外出打工的，我们还就怕人家不要我们的地呢！"与伍大娘的态度截然相反，北方荒地比例较南方大，农民对土地的预期也较低。

3. 南北方农村之间普遍存在征地补偿差异

就笔者观察，南北方农村之间的征地补偿差异普遍存在。北方农村土地平坦，每家每户拥有土地较多，土地的区位优势也不突出。北方农民对土地所特有的社会功能也不了解，因而在争取足够补偿努力不够，最终得到的补偿较小。而南方农村因为整体的地势与地貌，山地居多，平原较北方少许多，南方农民对土地的社会功能比北方农民体会得更深一些，在争取补偿方面也努力更多。因而南北方农村村民土地补偿差异普遍存在，原因除了土地本身的潜在价值之外，农民的素质也是很重要的。南方农民看到土地被征用后发挥的巨大作用和实现的巨大价值开始对自己的权益产生质疑，因而出现失地农民上访的事件也较多，而在北方农户中，农民的土地大片大片地荒掉，农民本身对土地的利用程度不够高，一旦土地被征用还可以获得些许补偿就很满意，农民也不具备与政府谈判的能力。

三、差异产生的原因

从以上两个案例：丽江市古城区和内蒙古鄂尔多斯市作为南北方农村的代表可以看出，土地综合区位决定的潜在价值和农民对土地社会功能认识基础上对土地价值的预期及所作出的争取补偿的努力不同是差异的两个主要来源。此外，农民拿到手的补偿金差异还和村官廉洁程度有关。

现行的征地补偿费包含三部分款项：土地上附着物和青苗补偿费、土地补偿费和安置补偿费。根据《中华人民共和国土地管理法实施条例》，"土地补偿费归农村集体经济组织所有；地上附着物及青苗补偿费归地上附着物及青苗的所有者所有。征用土地的安置补助费必须专款专用，不得挪作他用。需要安置的人员由农村集体经济组织安置的，安置补助费支付给农村集体经济组织，由农村集体经济组织管理和使用；由其他单位安置的，安置补助费支付给安置单位；不需要统一安置的，安置补助费发放给被安置人员个人或者征得被安置人员同意后用于支付被安置人员的保险费用"。这就意味着，农民个人能够明确获得的补偿费只是地上附着物和青苗补偿费，只占全部征地补偿的极少部分，而征地补偿费的大部分并不能够归农民所有。而这一个款项的补偿费对于农民失去土地以后的生活安排而言，几乎发挥不了任何作用。土地补偿费是全部征地补偿费的主要部分，但这笔款项由农村集体支配，理论上的用途是发展生产、促进就业、增加农民福利，但实际上，往往很难有效发挥上述作用，而经常被作为农村集体组织的日常开支，这种现象在欠发达地区尤为严重。更有一些农村集体组织占用了全部的征地补偿费，直接侵害了农民的利益。因此，村官廉洁情况也是影响村民能够拿到多少补偿金的重要原因之一。增加对农民的征地补偿费，既需要适度提高有关的补偿标准，同时，更需要调整向农民发放的补偿款项。适度提高补偿标准固然必要，但补偿标准的提高幅度是有限的，不可能达到土地的市场价格。然而，在当前"先征后用"的制度下，政府是对失地农民进行利益补偿的唯一责任主体，应当责无旁贷地为农民失去土地以后的生活和就业提供基本的保障，最大限度地防止产生新的贫困阶层。要使农民能够获得的补偿数额有实质性的增加，关键在于调整土地补偿费的支配权，将土地补偿费中的大部分直接发放给农民，农村集体组织只应获得其中的一小部分，以用于一些公益事业。

综上所述，各地土地区位不同和农民对土地社会功能、预期引发的谈判维权能力是失地农民获得补偿出现差异的主要来源。政府给予村户集体的补偿金的分配也说明村官的廉洁起着至关重要的作用。

从差异的三方面来源我们可以做些适当的思考，如何使征地补偿更合理，可以从以下三方面着手：

第一，适度提高补偿标准。但是此手段幅度有限。因为，农民获得土地的途径和手段不是市场化的购买行为，农民占有土地的性质也不是私有财产，要求政府对这样的土地完全按照市场价格水平进行补偿是不现实的。

第二，提高农民对我国土地特殊的社会功能的认识，根据农民自身条件，提出合理的对土地社会功能补偿要求。如果该地是农民唯一生存资料来源，农民必须要求补偿其就业岗位。政府不能直接提供就业岗位，也要通过间接方式为农民创造就业岗位或就业条件，对农民进行基本的技能培训，用劳务输出进行就业替代。笔者走访的广西河池市政府这一点就认识得很清楚。他们作为农民与企业的桥梁，向农民提供外出打工的就业途径和信息来源，与企业洽谈为企业提供劳动力要素。而且政府还组织培训当地农民职业技能与外出务工安全防卫知识，不断努力使"体力型劳务输出"转变为

"脑力型劳务输出"。

第三，注重村官素质，村长为村民利益着想，以服务于村民为己任严格要求自己。杜绝村官以权谋私行为，将土地补偿金私自处理，不实现最大限度的与民分享。

参考文献

［1］徐琴：《农村土地的社会功能与失地农民的利益补偿》，《江海学刊》2003 年第 6 期。

［2］李国健、韩立民：《农村土地的社会功能及其补偿依据》，《山东社会科学》2007 年第 1 期。

［3］姚从容：《城市化进程中的失地农民——制度安排与利益冲突》，《人口与经济》2006 年第 3 期。

［4］李岩：《鄂尔多斯市建设征地补偿情况分析》，《科技与经济》2006 年第 7 期。

［5］鲁金萍、蒲春玲：《土地征用储备中地方政府与农民的博弈行为浅析》，《农村经济》2006 年第 1 期。

广西田阳县农业产业化状况调查报告

2005 级区域经济研究生　白　雪

2006 年 7 月下旬，中央民族大学"985"市场体系调研组师生一行 7 人赴广西壮族自治区就该地区的农村金融以及劳动力流动状况进行了为期 20 天的调研。我作为其中的一员，全程参加了整个调研活动。期间，我们于 8 月 2 日至 4 日在田阳县参观考察了那务屯、晚亮屯、陇黎屯等自然村的社会经济状况，并对该县的农业产业化状况进行了调研。在田阳调研过程中，我们采取与有关部门座谈、个别访谈、入户问卷、统计资料搜集等多种方式，并在充分掌握资料的基础上深入分析了田阳农业产业化的现状、面临的问题，提出了相应的对策，以期为田阳推进农业产业化提供参考。

一、田阳县农业产业化的现状

田阳县位于广西壮族自治区西部，右江河谷中游。东邻田东县，南接德保县，西与右江区接壤，北界巴马瑶族自治县。东西最大距离 43 公里，南北最大距离 117 公里，总面积 2394 平方公里，辖 7 个镇 8 个乡，总人口 33 万，有壮、汉、瑶等民族，其中壮族占 89.9%。2005 年全县人均增收 278 元，同比增长 14.5%，农民人均纯收入达 2201 元，居百色市首位。

凭借着良好的地理条件和气候条件，田阳是广西壮族自治区农业大县之一。1995 年被国家确定为全国商品粮基地县，甘蔗面积达到 5 万亩，产量达 50 万吨。田阳芒果种植面积 20 万亩，是中国三大芒果生产基地之一，被国家命名为"中国芒果之乡"，优质品种"田阳香芒"两次荣获中国农业博览会最高奖。蔬菜种植达 20 万亩，成为广西新兴的南菜北运基地，每年向全国 28 个省 100 多个城市提供西红柿、四季豆、青椒及瓜类等 40 万吨以上。

在与县农业局有关干部座谈中，我们了解到，田阳县在推动农业产业化进程中，积极探索有效的利益联结机制，初步形成了四种模式，使农户、企业之间的利益进一步紧密联结，促进了农业增效、农民增收、农村经济发展。2004 年，全县农业总产值达到 15.26 亿元，农民人均纯收入 1923 元，居广西百色市各县（区）首位。

1. "公司＋农户"模式

在调查中我们了解到，田阳县积极引导当地企业采取"公司＋农户"的形式，投身农业产业化建设。田阳南华糖业有限公司是田阳县一家民营企业，田阳县从各方面给予大力支持，使企业扭亏为盈，年上缴税金 2900 万元，成为田阳县甘蔗生产的龙头企业。2005 年该公司还投资 6000 万元进行技术改造，使日榨能力从 4500 吨提高到 6000 吨。由于龙头企业的带动，目前田阳县甘蔗种植面积达 19 万多亩，甘蔗生产已成为田阳县农民的一项重要收入来源。金牛公司依托科研机构，以科学综合育肥技术和牛人工授精技术为基础，采取与农户签订犊牛回收协议，农户赊牛饲养，公司负责收购牛犊的办法，每年为农户杂配母牛 1500 头以上，带动了更多农户加入公司生产户行列，壮大了生产规模，既解决了农户购牛缺少资金的问题，又提高了企业的效益。田阳县还引进了四川客商谢方泽投资 3000 万元成立百色聚农牧业有限公司，规划建设牛、羊养殖基地，现已建成羊舍 12 栋 2.4 万平方米，饲养各品种山羊 2000 只。

2. "市场＋农户"模式

坚持抓好产地市场建设，以市场带动生产。经过近几年的发展，形成了以广西田阳农副产品综合批发市场为龙头，以县城农资市场、家禽专业市场、里仁木材加工市场等专业市场为骨干，以建制镇集贸市场和经营网点为基础的农产品销售市场体系。广西田阳农副产品综合批发市场是国家农业部定点的鲜活农产品中心批发市场，是全国供销合作总社及广西农业产业化重点龙头企业，区供销合作社联合社的龙头企业。它地处广西桂西部，位于田阳机场、南昆铁路、南宁至百色 323 和 324 国道二级公路和右江航线的田阳交汇处，交通极为便利。据田阳县彭副县长介绍，该市场工程投资 3450 万元，占地 152 亩，总建筑面积 2.9 万平方米，交易棚 14 栋 12400 平方米，经营铺位 168 间；停车场 11000 平方米；综合服务楼 5000 平方米。其营业设施按星级酒店标准配置，大厦三楼是广西百色国家农业科技园区服务中心，提供免费上宽带网服务。该市场自 1999 年 11 月 20 日开业营运以来，果菜年平均交易量达 60 万吨，成交额 10 亿元以上，产品远销全国 29 个省、直辖市、自治区及越南、俄罗斯、香港等国家和地区，是中国西南最大的农副产品产地批发市场。在市场的带动下，有近 10 万农户、20 万人（包括周边县）投入蔬菜水果商品生产，直接带动 8.3 万户农户。

3. "中介组织 + 农户"模式

围绕蔗、菜、果、畜生产，该县以农业技术服务部门为依托，农民自办协会为补充，大力发展农民专业协会和经纪人队伍，不断健全完善社会化服务体系，为农业生产提供产前、产中、产后服务。田阳县先后成立了凤马肉芥菜加工协会、农产品市场营销协会、蔬菜协会、龙河蔬菜协会、芒果协会、东江芒果协会、农村科技信息协会等7个农民专业协会，建立饲料、兽药、农药、种子、化肥等销售服务网100多个。通过这些协会，使单家独户的小生产与外界的大市场进行了有效对接，不仅解决了农民难以进入市场的问题，而且解决了市场营销难的问题。

根据田阳县经管站的工作人员介绍，2005年，该县农民合作经济组织年销售收入50万元，其中种植业占80%。在这些合作组织中，农民经济能人牵头领办的占60%。截止我们调查结束，该县合作经济组织会员480户，辐射带动农户4万户。2005年，全县农民合作经济组织销售农产品100多万吨，约占全县主要经济作物总产量的10%。目前，该县乡镇以上有各种农业行业协会5个。2004年成立的田阳蔬菜协会，加强科技推广体系建设，积极引进名优新特品种，大力推广先进实用技术，不断提高主导产业的发展层次和产品质量。田阳县先后引进以色列大果番茄、台湾地区圣女水果型番茄等一批新优特农产品，规模不断扩大。大力推广无公害蔬菜生产，2005年全县蔬菜种植面积稳定在35万亩，其中无公害蔬菜面积达到了31万亩。蔬菜总产量65万吨，其中无公害蔬菜产量达55万吨，无公害蔬菜占蔬菜总产的85%以上。同时，田阳县农业部门还组织广大农业科技人员，采取科技承包、示范推广等多种形式，先后推广了蔬菜配方施肥新技术，使科技在全县农业生产中的贡献率达到50%以上。另外，田阳县还积极发挥科研单位和公司的作用，为农民提供技术服务和指导。如与广西大学农学院、广西农科院等大专院校和科研机构建立联系，定期邀请专家到该县讲授先进农业技术，培养了数千名农业生产技术骨干，从而大大促进了先进实用技术在当地的推广应用。

4. "公司 + 基地 + 农户"模式

田阳县种子公司主要从事水稻种子的生产、加工、销售一条龙经营，每年生产杂交水稻种子约900吨，并在田州镇建有2000多亩的良种制种基地。公司的产业化运行机制较为完善，按照"公司 + 基地 + 农户"方式运转，公司与农户之间签订合同，利益联结关系相当稳定，农户严格按照公司提供的技术标准进行标准化生产。如果种子有问题，公司和农户都要承担责任，形成了"风险共担、利益共享"的生产格局。田阳县还引进台湾汲隆开发有限公司投资1000万元在五村乡建立3000亩玫瑰花种植基地，现已育苗50万株，种植100亩，该基地将成为东盟博览会花卉供应基地。

二、田阳县在农业产业化进程中存在的问题

在田阳积极推进农业产业化取得很大成效的同时，我们在调研过程中发现田阳的农业产业化进程中也存在着一些问题和不足，主要表现在以下几个方面：

（一）人们对农业产业化的认识不足，农业产业化流于形式

农业产业化目前在田阳尚处在初级阶段，人们的认识还十分肤浅。表现为：（1）对农业产业化体系认识不足。受长期狭义农业观念和地方保护主义影响，不理解农业产业化体系要打破地域等界限，实行全方位合作，而是仍然按照过去传统管理法加地方封锁等来管理农业和农村经济活动。（2）农民对农业产业化缺乏参与意识和合作心理，对社会化服务体系心存疑虑，担心上当受骗，多持观望态度，从而影响了整个农村经济活动的效率。在我们的调查问卷中设有"如果有机会，是否愿意参与专业性的合作经济组织"一项问题，那务屯、晚亮屯、陇黎屯调查结果显示，表示愿意参与专业性的合作经济组织的农户还不到全部被调查农户的50%，还有一部分农户甚至还不清楚专业性的合作经济组织是怎么回事。（3）一些基层干部认为农业产业化是由东部发达地区兴起的，田阳经济落后，条件不成熟，发展农业产业化困难大，障碍多，故而畏难情绪严重。与此相反的是，当地有的基层组织为了追求政绩，甚至还随意捏造了农业产业化合作经济组织。在我们的调查过程中，就发现某村委会门口挂着一个崭新的牌子，上边赫然印着"XX村蔬菜水果协会"几个烫金的大字，而当我们入户调查时，当地的农户没有一家参与了这个合作组织，有的甚至都没有听说过这个合作组织的存在。关于这个问题，从村干部那里得到的解释是："这是做给上级领导看的，其实只是个空壳"。以上这些来自不同方面认识上的缺陷，使田阳的农业产业化步履缓慢，农村经济发展新的格局远未形成。

（二）骨干龙头企业较少，牵动能力不强，龙头企业没有摆脱"小、散、低、弱"状态

在田阳县大部分组织的龙头企业还是小企业，经营规模小，经济实力弱，辐射面狭窄，带动能力不强，缺乏抵御市场风险和自然风险的能力。龙头企业的科技含量普遍较低，科技投入少，在农产品精加工、包装、营销、品牌管理等方面缺乏有力的技术支撑。据田阳县蔗果办提供的资料显示，田阳县目前在水果采后商品化处理环节还相当薄弱，目前还没有强力的水果产品深加工龙头企业，包括田阳香芒、金煌芒等优势品种在内的农产品都没有得到深加工，产品的附加值很低。我们在当地的市场上看到，大多数水果都是采摘后直接装箱就拿到市场上出售，基本没有经过任何加工。关于保鲜方面的技术也不过关。田阳县是全国的芒果生产大县，但芒果摘下后在半个月左右就有可能腐坏，而当地的水果销售商也多次提示我们"一定要在10天内就把购买的芒果吃完，要不就坏了无法再吃！"这么短的保质期在很大程度上制约了水果的对外销售。另外，田阳县畜牧水产局的有关干部在座谈时也反复提到，目前田阳畜牧水产业在产业化进程中存在的问题就是缺乏龙头企业、行业协会、农业专业合作组织的牵动。据我们了解的情况看，田阳县还没有一个关于畜牧水产业的行业协会、农业专业合作组织，所有行业协会和专业合作组织都是关于种植业的。

（三）组织化程度较低

分散众多的农户直接面对竞争激烈的市场，没有联合起来的强有力组织，农户切身利益就很难得到有效的保护，使得农民难以在新阶段得到生存和发展。我们在晚亮屯调研时看到，粮食收购商到村里挨家挨户收购粮食，粮食收购商是与单个农户进行联系，并没有一个组织代表农户与收购商进行沟通，使得单个农户在与粮食收购商讨价还价中处于不利的地位。当我们询问农户粮食收购的价格是怎么确定时，农户回答说："是他们（指收购商）说了算的，我们管不了的！"另外，农业科技教育现状、农民素质、农业的基础设施建设和农业在国民经济格局中的地位等方面，也都与新阶段农业发展的要求不相适应。

三、关于田阳县进一步推进农业产业化的几点建议

（一）提高认识，加强领导，为发展农业产业化创造良好的宏观环境

首先，要加强对农村工作者进行农业产业化知识的培训，使他们深刻理解农业产业化的内涵及其对于创造农业发展的内在动力，引导小农户进入大市场，提高农业比较利益和农民收入等方面的重大意义，并以这些基础理论来指导实践。田阳县可以考虑定期开展农业产业化短期培训班，及时将农业产业化的一些新动态和新方法介绍给农村工作者。同时，要加强对广大农民群众的示范教育，更新农民的思想观念，从实处着手，让农民从参与农业产业化经营中得到更多的利益，消除农民的疑虑，使之从观望转变为积极参与。田阳县各乡镇可以通过乡、村广播站或者以黑板报的形式向广大农户提供农业产业化方面的知识，也可考虑在农闲季节组织农户集体学习。

（二）做大做强优势产业，大力发展特色农产品，为农业产业化提供坚实的基础

一是要继续实施"优粮"工程。田阳县应大力推广品质好、产量高、有市场的优质粮食品种，加快品种的更新换代；以推广先进实用技术为重点，主攻单产，增加总产，全面推广旱育秧、免耕抛秧、精准施肥、病虫害综合防治、无公害栽培等轻型、简便、节本、增效生产技术。"十一五"期间，田阳县的粮食播种面积每年应保持在32—38万亩之间，玉米13.5—14万亩，马铃薯和其他杂粮0.5—2.5万亩，每年粮食总产量要稳定在11012—17675万公斤，每年人均有粮380公斤，粮食自给率100%。

二是要继续实施"优果"工程。田阳县可以考虑扩大水果面积，改良现有低产低质的水果品种，优化结构，提高单产，发展加工保鲜。突出发展芒果、香蕉、西瓜、龙眼、荔枝五大产品，兼顾发展其他一些新、稀产品，重点支持特色产品田阳香芒、香蕉发展。"十一五"期间全县水果种植面积要扩大到35万亩，其中主导产业芒果13.5万亩，总产7万吨，香蕉8万亩，总产25.2万吨，荔枝、龙眼稳定在原有面积，发展柑、橙、柿子各5000亩。

三是要继续实施"优菜优蔗"工程。对于甘蔗种植来说,田阳县要建立健全甘蔗良种繁育推广体系,重点抓好品种改良,提高单产和含糖率。到2010年,全县种植面积要达到22万亩,总产100万吨,平均亩产5吨。对于蔬菜种植来说,田阳县应重点发展反季节菜、北运冬菜、无公害蔬菜以及绿色产品蔬菜,积极发展保鲜加工。"十一五"期间,全县蔬菜的种植面积要稳定在35—36万亩,产量60—65万吨,重点是提高单产和产品质量,要求产品商品率达到80%以上。实施无公害标准化生产30万亩,占种植面积的85%。要严格按照无公害生产技术规范组织生产,做到周边环境无污染,违禁农药不使用,农药残留不超标,确保基地内蔬菜产品无害化。

　　四是要实施"优畜"工程。田阳县要大力改良畜禽品种,重点发展猪、牛、羊产业,扶持发展玉凤香猪、雷圩鸭、桥业玉米鸡等本地特色畜牧品种养殖,打造养殖业品牌,整体推进畜牧业发展。"十一五"期间,全县农业中非种植业在农业总产值中的比重要由目前的32%提高到45%,畜牧业产值在农业总产值的比重应达到42%。

(三) 抓好龙头企业建设,以龙头企业带动特色产业,引领农户进入市场

　　龙头企业外连国内外市场,内连千家万户,具有开拓市场、引导生产、深化加工、配套服务的功能,是农业产业化经营的火车头,抓好龙头企业建设是实施农业产业化经营的关键。在龙头企业建设上,既要避免低水平重复建设的倾向,又要防止脱离实际,盲目坚持以高标准为原则来建龙头企业。龙头企业的建设要符合当地的经济发展水平及其资源状况,要适应市场的需求,还要与城市工业发展结合起来,充分利用城市工业现有的生产能力,解决龙头企业建设问题。所以,应以现有的涉农企业为主,打破所有制、部门和区域界限,坚持国家、集体、个体、私营、联合体、外资企业等一起上,谁有能力谁牵龙头的方针,建立多层次、多形式的龙头企业。

　　针对当前田阳农产品加工和为农产品提供销售服务的商业企业十分薄弱的状况,田阳应围绕主导产业和商品基地,着重在蔗糖、水果、蔬菜、食品、饮料等产品的加工和销售环节下工夫,通过改造、新建、引导、引进等方式建设相应的工商企业,逐步引导其向产业化经营发展,成为产业化经营的龙头。田阳县可考虑以已经建成的大规模农产品生产基地为基础,建设芒果、香蕉采后分级、清洗、杀菌、包装、保鲜商品化处理示范点,水果采后

商品化处理量和加工量要力争达到水果总产量的 80%。在香蕉产区再增加建设采后商品化处理示范点 2—3 个，在县农副产品综合批发市场内建设芒果为主的水果采后商品化处理生产线。对于畜牧业的发展，田阳县在加大对金牛公司养牛场的扶持力度的同时，可考虑建设 1—2 个标准化的无公害牧渔产品示范小区，以养殖重点户牵头组建畜牧水产业的行业协会和农业专业合作组织，或者从现有的养殖重点户中培育龙头企业，促进养殖业的快速发展。

参考文献

［1］田阳县人民政府：《田阳县"十一五"及到 2020 年国民经济和社会发展总体规划纲要（草案）》，2005 年 12 月 28 日编制。

［2］田阳县农业局：《田阳县农业局 2005 年工作总结及 2006 年工作打算》，2005 年 12 月 20 日。

［3］田阳县蔗果办：《田阳县蔗果办 2005 年工作总结及 2006 年工作计划》，2005 年 12 月 26 日。

［4］田阳县农业局：《田阳县农业生产基本情况介绍》，2006 年 8 月。

［5］广西壮族自治区田阳县志编纂委员会编：《田阳县志》，广西人民出版社，1999 年 6 月。

田东县调研报告：增加农民收入—基于公共品供给视角

2006 级区域经济研究生　熊娴娟

一、提出问题的背景

1. "三农"问题的重要意义使得农村公共品供给问题越来越受重视

中国农民是代表中国绝大多数人的群体，中国农村是中国能否走上真正意义上成熟而又稳定的市场经济道路的关键环节和难点，中国农业关系到中国这样庞大人口的国家的生存与发展。"三农"问题是中国最根本的矛盾问题，揭示这一矛盾有助于真实把握中国实际。农业丰则基础强，农民富则国家盛，农村稳则社会安。

2006 年以来，社会主义新农村建设开局良好。但当前农村发展仍存在许多突出矛盾和问题，农业基础设施依然薄弱，农民稳定增收依然困难，农村社会事业发展依然滞后。2007 年中央一号文件对农业和农村工作也要求切实加大农业投入，积极推进现代农业建设，强化农村公共服务，深化农村综合改革，促进粮食稳定发展、农民持续增收、农村更加和谐。

农村公共品是现代农民生存的基础，也是现代农业生产的基础，更是农民、农业和农村朝现代化方向发展的基础。农村公共品的提供不仅可以反映出一个地区的经济发展水平，也可以反映出该地区各级政府的行政能力即行政公正性与行政效率，部分反映出新农村建设中的成果及不足。因此农村公共品供给是"三农"问题中的重要组成部分，具有研究的价值。

2. 制度性的转变使得农村公共品的供给机制发生转变

1978 年以来，我国农村制度性的变迁使得农村公共品供给机制也发生了一系列的变化，公共品供给的决策规则、资金筹集制度（成本分摊制度）、生产和管理制度、使用分配制度该如何转变，这些问题引发了许多学者的思考。

产权和新制度经济学家张军认为当公社体制瓦解，转变为家庭承包责任制以后，农村公共品供给制度在改革中也就出现了可替代的制度安排，通过国家财政和乡村集体提供农村公共品不再是唯一可选择的方式了，例如私人组织的公共品供给制度，组织成本低，易于符合要求，只要解决了难以收费的问题，便可以成为可能。樊纲等学者认为：家庭承包制实施之后，乡镇财政体制未能适应农村经济体制和经济形势的转换，正是这种缺陷导致了乡镇"制度外财政"的发生，这种制度及自上而下的公共品供给决策程序，为农民负担的加重提供了制度根源。

3. 在现今的分税财政体制下，进行税费改革之后，农村公共品供给不足

自从 1994 年分税制改革之后，由于收入分享方式重新确定而事权支出基本没有重新划分，造成乡镇一级政府在财力减少的情况下必须承担原有甚至更多职能。1992 年全国乡镇决算总支出 530.5 亿元，1996 年达到 1214.9 亿元，平均年增长达 23%，而同期全国支出平均增长 12.4%，地方支出平均增长 22.3%。上面数据说明了分税制改革之后的财政体制赋予了乡镇财政更多的安排公共资源的权利，这是由于地方居民对公共品需求的压力使然，另一方面作为政治集权最基层的一级行政组织，乡镇政府也有机构与权力膨胀的需求，使得乡镇财政支出有高增长的动力。

另外，分税制改革在界定中央与地方事权、财权方面有比较清晰的规定，但对于地方各级政府之间的财权却模糊不清，作为五级财政最基层的两级往往成为最后的"负担者"。最后在无路可走的情况下，只好向辖区的居民筹集收入来弥补财政缺口。分税制和宏观经济结构上的变化造成了乡镇财政上的收入支出脱节，也造成了负担分配不公，增加了农民负担。现有的实证研究认为 1999 年农民实际负担占其上年人均纯收入的比重超过 10%，而且来自农民的减负呼声也越来越大。

正是为了减轻农民负担，我国实行了税费改革，通过给农民提供减轻负担的制度性保证，确立农业税收在农村分配关系中的主导地位，为进一步强化农村分配的法治意识打下一个良好的基础。面对农村名目繁多、征收秩序混乱的税、费项目，当前进行的税费改革采取了并税式改革模式。

税费改革明显减轻了农民负担，规范了农村分配关系，改善了农村干群关系，促进了乡镇机构精简和职能转换，促进了基层民主政治建设。税费改革的成果显著，但是也带来了一些遗留问题。首先，乡镇政府公共收入锐减，农民减支，政府减收。其次，造成了农村公益事业举步维艰。第三，由于税费改革后，农业税具有累退性质，使得农民负担不均情况仍然存在。最后，税费改革的长期效果、农民负担是否反弹还有待观察。

长期以来，我国农村政府扮演着"全能政府"的角色，在分税制和税

费改革的双重压力下，使得政府更多地注重经济发展，而对于农村和农民所急需的公共品供给水平过低。

上述宏观经济上、制度上和体制上的因素使得通过农村公共品的供给来增加农民收入成为一个具有重要意义的课题。研究田东县作为一个西部民族地区的贫困县，应该如何以最少的财政收入提供最有效率的农村公共品，以提高农民收入具有实际应用价值。

二、各类农村公共品与农民收入关系分析

基础性农村公共品、发展性农村公共品和奢侈性农村公共品对不同收入层次的农民的收入有不同的影响，应该分别进行分析。

下表选取了田东县新农村试点的几个村 2005 年、2006 年的农民人均纯收入：

表 1　田东县新农村建设试点村 2005 年、2006 年收入情况

乡镇名及村名	2005 年农民人均纯收入（元）	2006 年农民人均纯收入（元）	人均纯收入变化数（元）	该村收入水平
作登乡大板村	1500	1800	+300	低收入
作登乡新安村	1800	2100	+300	低收入
朔良镇那娄村	1815	2018	+203	低收入
义圩镇东冠村	1880	1980	+100	低收入
印茶镇巴麻村	2173	2146	−27	中等收入
江城镇那蒙村	2182	2350	+168	中等收入
思林镇良余村	2240	2560	+320	中等收入
祥周镇百银村	2317	2435	+118	中等收入
林逢镇平洪江洞新村	4000	4100	+100	高收入
平马镇游昌村内榄屯	5100	5300	+200	高收入

以上 11 个村屯按照收入水平分类，分别为 4 个低收入村：作登乡大板村、作登乡新安村、朔良镇那娄村、义圩镇东冠村；4 个中等收入村：印茶镇巴麻村、江城镇那蒙村、思林镇良余村、祥周镇百银村；2 个高收入村（屯）：林逢镇平洪江洞新村、平马镇游昌村内榄屯。

下面是田东县新农村建设各项资金投入统计表，按照不同项目统计。

表 2　田东县 9 个乡镇新农村建设各项资金投入统计表（按项目）*

项　目 乡　镇	目前各项建设投入总额（万元）	新村规划投入（万元）	农村道路投入（万元）	农村水利投入（万元）	生态能源投入（万元）	教育文体投入（万元）	医疗卫生投入（万元）	广电通信投入（万元）	村屯整洁绿化投入（万元）	旧房改造总投入（万元）
合计	656.1	71.45	295.3	42	48.05	11	43.1	10	37.2	98
作登乡	56	2	17.6	4	24	0	6.3	0	2.1	0
朔良镇	80	53	15	12	0	0	0	0	0	0
义圩镇	274.3	1	200	21	10	11	21	9	1.3	0
印茶镇	9	0.2	4.7	0	0	0	4	0	0.1	0
江城镇	14	2	0	0	8	0	2	1	1	0
思林镇	8.3	1	3	0	0	0	3.8	0	0.5	0
祥周镇	180	5	38	0	5	0	6	0	28	98
林逢镇	0	0	0	0	0	0	0	0	0	0
平马镇	34.5	7.25	17	5	1.05	0	0	0	4.2	0

* 填表时间：2007 年 4 月 10 日，填报单位：田东县新农村办公室。

从表 2 来看，新农村建设投入的项目大部分为满足农民第一层次基本需求的农村公共品，如农村道路投入、农村水利投入、生态能源投入、医疗卫生投入、广电通信投入等；也存在一部分满足农民第二层次发展需求的农村公共品，如新村规划投入、教育文体投入和村屯整洁绿化投入；还有满足农民第三层次奢侈需求农村公共品，即旧房改造投入。

1. 首先分析基础性农村公共品对农民收入的影响

由表 1、表 2 对照看来，收入越低的村屯，当有基础性农村公共品投入进去时，其收入的增加幅度越大，如作登乡大板村和作登乡新安村。作登乡是瑶族乡，位于田东县南部的大石山区，辖 21 个行政村 210 个自然屯 308 个村民小组，有 7854 户 37580 人（其中瑶族 11627 人，占总人口数 31%）。全乡总面积 376.4 平方公里，其中石山 233 平方公里，占 61.9%；耕地面积 35627 亩，人均耕地 0.9 亩。由此看来，作登乡自然条件恶劣，不适宜人类生存发展，再加上大石山区造成的交通不便，使得村民常年与外界隔绝，自给自足的生产方式禁锢了村民的收入水平、生活水平和生产方式的进一步发展。基础性农村公共品的提供可以在一定程度上改变村民们的生产、生活环境，由于环境的改变，生产方式和效率得到提高，收入水平也随之上升。

投入相同量的基础性农村公共品，对于收入水平越低的村作用越大，将作登乡大板村与朔良镇那娄村、义圩镇东冠村相比较即可看出，这可以由要素边际效率递减来解释。而朔良镇那娄村和义圩镇东冠村相比较则不能说明这个问题了，这两个村的收入水平差不多，而义圩镇比朔良镇的农村公共品投入更多，但是义圩镇东冠村收入增加幅度却小于朔良镇那娄村，有一种解释就是义圩镇的行政效率不如朔良镇。在义圩镇调研时，我们调研小组曾发现这样的问题：该村通往外面的村道泥泞失修，而村中正在全村统一修水泥路、盖新房。这涉及到是否把农村公共品投入在"刀刃"上的问题。农村公共品的供给是为了提高农民的收入，从而使农民自发改变自身生存环境、生存状态，而不是为了形式上的新楼房。

由以上分析可知，除去行政效率影响到农村公共品有效供给的问题，总的来说基础性农村公共品对农村和农民来说是不可缺少的，它对提高低收入农民的收入水平有显著效果。

2. 再来分析发展性农村公共品对农民收入的影响

从表2看出，对发展性农村公共品的投入，印茶镇最少，相应的，印茶镇巴麻村的农民纯收入 2006 年比 2005 年减少了 27 元，这不能说完全是表中显示出的农村公共品投入少的问题。在该村调研时我们了解到一个情况，即该村政府为农民提供的优良种子信息出现了问题，造成农民减收，而良种信息也是发展性农村公共品的一种，正是这一信息的错误，造成了不可挽救的损失，也恶化了干群关系。可见发展性农村公共品的供给与农民生产生活息息相关，政府应该以农民的利益为重，不能有丝毫马虎。江城镇、思林镇和祥周镇对发展性农村公共品的投入都比印茶镇多，相应的，这三个镇中的试点村屯的收入增加幅度都较大，其中思林镇人均纯收入增幅达到 320 元，增长最多。

这里再着重分析一下田东县的"下山进城入谷"工程对当地农民的影响。这一工程主要是进行劳动力转移，属于发展性农村公共品。田东县在劳动力转移上下了很大的功夫，每个乡镇都设立了试点村，县直各部门（农民下山进城入谷领导小组办公室、县水产畜牧局、县妇联、县财政局、县教育局等）也都参与到该工程中来。

到 2003 年底，全县劳务输出累计达 8.3 万人，全年劳务经济总收入达 3.4 亿元；到 2004 年底，全县劳务输出累计达 9.18 万人，全年劳务经济总收入 4 亿元；到 2005 底年，全县劳务输出累计达 11.27 万人，全年劳务经济总收入达5.1亿元，外出务工人员人均比2004年增收255元。

下面以思林镇为例。

思林镇累计劳务输出人数14240人，其中男8678人，女5562人；初中及以下文化程度13447人，高中及以上文化程度793人；16—17周岁551人，18—30周岁8480人，31—55周岁5111人。输出人员结构：县内1919人，县外市内597人，市外区内665人，区外11059人；从事第一产业344人，第二产业11046人，第三产业2850人。

思林镇从2004年起开始安排人员到该镇各村屯进行劳动力资源的调查工作，完成了全乡外出务工人员、富余劳动力人员、外出务工返乡创业人员和外出务工返乡有技术有特长人员调查情况表。从2004年到2006年，举办各类实用技术培训班75期，接受培训群众共1万多人次。2004年7月，在镇外出务工人员较集中的广东广州、深圳、中山、东莞、开平五个城市，分别建立老乡互助协会。自协会成立至今，已输送432人到当地务工。2005年共向田东县职业中学输送两批共26名学员参加县人事和劳动局、县扶贫办举办的职业技能资格证书的培训。

据统计，全镇"下山进城入谷"农民人均纯收入的增长幅度达9.1%，人均纯收入提高265元。

该镇还有一个个体典范：良余村的黄壮灯刺绣点。黄壮灯从1990年开始在广东珠绣制品厂打工，十年掌握了各种手工艺品的加工制作技术，从2002年10月开始回村培训农村妇女掌握珠绣技术，带动思林镇良余村、百笔村、坛乐村、思林村、思林街以及林逢镇林驮村、平马镇将近1000名妇女一起手工珠绣鞋面，将近600名妇女是不间断跟她领活做的，经过她的培训，她们熟练掌握了珠绣技术，每个月都能从她这里拿到350元到1400元不等的手工费。几年来黄壮灯共给这些妇女带来了超过300万元的收入。2005年政府实施了"农家课堂"工程，思林镇建立了廖正剑、钟永余、廖焕武等多个"农家课堂"培训接收户，带动不少农民走上了致富路。而在这些"农家课堂"培训接收户中，黄壮灯是接收人数最多，培训时间最多、最长、最有效，带给农民收入最直接、最快的一个。2005年以来，为了让跟她绣鞋面的人有更多的收入，她多领活回来让村民做，每个月发出去的手工费都在10万元左右，2006年1月份达到了14万元。由于黄壮灯的突出贡献，共青团百色市委员会2005年4月29日授予她"2004年度百色市优秀回乡创业之星"荣誉称号；田东县农民下乡进城入谷工作领导小组2006

年 2 月 28 日授予她外出务工创业先进个人，表彰她 2005 年的突出贡献；2006 年 3 月 8 日，黄壮灯又获得田东县"双学双比女能手"称号。《右江日报》2005 年 8 月 4 日头版曾以《打工带回一个"厂"》为标题报道了她的事迹。

由以上分析和案例可知，发展性农村公共品对提高各个不同收入水平农民的收入水平都有较为显著的效果，尤其是针对有这方面需求的中高收入水平的农民，效果更为明显。

3. 最后分析奢侈性农村公共品对农民收入的影响。

表 2 中涉及到奢侈性农村公共品的只有旧房改造这一项，得到这一农村公共品供给的也只有祥周镇，祥周镇百银村是一个中等收入村，从表 1 来看，祥周镇百银村农民纯收入增加幅度不及江城镇那蒙村和思林镇良余村，而实际上在其他农村公共品的投入上祥周镇都大于其他两个镇，可以说是奢侈性农村公共品的消费拉了祥周镇百银村的后腿。旧房改造虽然是一项农村公共品，政府会给予一定的优惠政策，但是它仍然较为接近私人产品，且对旧房改造的投资大部分是由农户自己出资的。一个中等水平的农户在其原有住房能够居住，却要进行旧房改造时，势必会增加其即期消费，减少当下的收入。

因此，不应主张在中等收入的村庄进行旧房改造，应该在贫困村进行危房改造，在富裕村引导农民按照自己的意愿，并参照新村规划进行旧房改造。

另外，农村公共品对较高收入农民的收入会有什么影响？

由表 1 可以看出平马镇游昌村内榄屯农民人均纯收入增幅大于林逢镇平洪江洞新村，由表 2 可以看出平马镇进行了农村公共品投入，而林逢镇没有农村公共品的投入。可见，农村公共品的供给对提高较高收入农民的收入水平也起到一定的作用。

综合上面四点分析，基础性农村公共品供给对提高低收入农民收入水平能达到较显著的效果；发展性农村公共品供给对提高中等收入农民水平作用较大；奢侈性农村公共品的供给比较适用于较富裕的村庄，当农民有了这方面需求的时候再进行供给才不会增加农民的负担。

从农村公共品和农民收入的关系来看，农村公共品是提高农民收入的有效方法之一，是农村进一步发展的基础。但是中国目前的农村公共品供给还存在许多问题，这些问题妨碍了农民收入的提高。下面将分析一些较为突出的问题。

1. **公共品供给总体水平较低，支出层次没有体现农民的需求层次。**

据统计，从1992年到2002年，我国财政一般预算支出中涉农支出仅3%左右；2004年达到7.68%，其中用于政府人员经费和对个人的福利性支出占36.6%，用于公用行政管理支出占21.6%，用于没有明确事项的其他支出占9.1%，扣除上述几项，用于农村公共品生产只有2.2%。一些农村公共品供给超越农民现实需求，政府支出集中在需求的第二、三层次，偏离第一层次。据测算，在2.2%直接用于农村公共品投入中，关乎农民基本生存与基本生产的投入仅占13.8%。

下表是田东县2007年财政支农计划及项目表：

表3 田东县 2007 年财政支农计划及项目 *

支农情况	金额（万元）	
	上级补助	地方资金
农业方面	306	
一、百财农〔2007〕6号灾后早稻、玉米种子化肥补贴	10	
二、百财农〔2007〕7号农业生产救灾柴油资金	5	
三、百财农〔2007〕11号水稻生产全程机械化技术示范补贴项目技术推广	21	
四、百财农〔2007〕26号农作物"三避"技术应用推广等项目	65	
五、百财农〔2007〕29号测土配方中央补贴资金	50	
六、百财农〔2007〕40号农业生产救灾柴油资金	6	
七、百财农〔2007〕45号农业生产资料补贴（良种补贴资金）	120	
八、百财农〔2007〕49号新增山羊圈养示范项目	20	
九、百财农〔2007〕13、14号义圩镇《乡镇渔牧兽医站建设项目》	9	
林业方面	90.6382	
一、百财农〔2007〕12号非贫困村沼气池建设1500座	60	
二、百财农〔2007〕27号奖励育林基金上交工作任务完成较好的县区	1.7	

三、百财农〔2007〕36号专业森林消防建设	15	
四、百财农〔2007〕43号奖励2006年农村沼气池建设任务完成的县区	0.5082	
五、百财农〔2007〕44号2006年第二批非贫困村沼气池建设2488座	13.43	
水利方面	55.986	
一、百财农〔2007〕2、3、41、51号水库移民后期扶持资金	25.92	
二、百财农〔2007〕4号水库移民后期扶持工作经费	0.066	
三、百财农〔2007〕21号东养水库安全鉴定	10	
四、百财农〔2007〕23号修复灌区管护设施维修	20	
上级追加小计	452.6242	
地方财政支农方面投入	271	
一、农机具购置补贴配套	5	
二、水稻良种补贴工作经费	15	
三、重大动物疫病应急经费	21.6	
四、水稻"两迁"害虫	5	
五、气象灾害应急地面自动监测网建设经费	39.5	
六、小型水库涵管加固工程项目	25	
七、东养水库安全鉴定	5	
八、农村特困农户茅草房改造项目	87.9	
九、田东县防洪堤前期工作	50	
十、冬修水利	17	
十一、农业综合开发	50	
总计	452.6264	271

＊填表单位：田东县财政局，填表时间：2007年7月27日。

由于田东县2007年的财政预算还没有公布，只有田东县2004年的一般预算支出数据25288万元，预算支农资金为1474万元，实际投入2199万元占一般预算支出的8.7%。又得知田东县财政收入的年增长率为25.7%，大致估算田东县2007年的一般财政预算支出为50225万元，其中支农项目支出为723.6264万元，约占一般财政预算支出的1.44%。虽然从这些支农项目上看，基本上支农资金使用在农民生存和生产的基本需求上，只有少数资金使用在工作人员经费上，但是1.44%的比例相对于整个一般财政预算支出来说还是微不足道的。据2006年田东县发改委的数据，农民人均纯收入增长15.2%，城镇居民人均可支配收入增长21.2%，农民与城镇居民的收入基础相差本来就很大，农民收入增长幅度又远不如城镇居民，再加上支农投入比例太小，只能造成农民收入与城镇居民收入差距越来越大。

2. 农村基本需求公共品需求满足率低，与城市反差悬殊

首先，农村基本生存所需的农村公共品需求没有得到应有的满足。

关于农村基本生存的纯公共品有村饮用水、村道路照明、村道、社区安全等。在我国农村，还有许多居民没有获得符合卫生标准的饮用水。田东县总人口有 397681 人，农村人口 339684 人，到 2006 年农村饮水安全工程覆盖了 10 万人，占农村人口的 30% 左右。在贫困的南部喀斯特地形大石山区，由于该地区特殊的地形地貌，使得农村饮水安全工程无法深入。例如我们调研的作登瑶族乡平略村，该村缺水、缺土、易涝、易旱、饮水困难、石漠化情况严重，耕地大部分为石缝地，零星分散、广种薄收。该村到 2006 年为止，建饮水工程 4 处，建家庭水柜 337 座来解决人畜饮水问题，但仍有 1217 人的饮水困难问题不能解决，占全村人口（3231 人）的 37.7%。该村的茅草房和危房共有 100 户，已改造 62 户，还有 38 户未改造，仍住在夏不遮雨、冬不避寒的茅草房，总改造率为 62%。目前，仍有 1 个自然村、5 户农户不通电；1 个自然村、5 户农户不通车。由于支农资金少，需要资助的贫困户多，在这种僧多粥少的情况下，农村基本生存需要的农村公共品需求就难以得到完全的满足，农民生活水平提高较慢。

关于农村基本生存的准公共品有高危疾病医疗、最低生活保障、农村小学与初中教育、最低收入线下农民劳动力的转移等等。目前农村合作医疗制度虽获得恢复和发展，但由于合作医疗制度还不完善，其现实意义无法完全体现，保障功能和保障水平也难以提高。在田东县调研的过程中，我们了解到，合作医疗制度实行以来，农民基本上都参加了合作医疗，每人每年缴费 10 元，但是医药费的报销各个乡镇的政策略有不同，大致上是当农民需要看病时，通过合作医疗制度，可以报销医药费的 30%—60% 不等。据义圩镇班龙村东雷屯一位村民反映，虽然实行了合作医疗制度，但由于该制度对农民报销医药费有很多限制，还是感觉到大病之后负担很重，合作医疗效果不明显。

其次，农村基本生产所需的农村公共品仍显不足。

关于农村基本生产的纯公共品有大江大河治理、防汛岁修抗旱、农村水利灌溉系统、自然灾害救助、资源安全等。目前国家投入大量的资金进行大江大河治理，但农村水利灌溉系统多是人民公社时期兴建的，年久失修，但直接关系到小型分散家庭农田的灌溉引水取水问题；由于农村水利灌溉系统很少投入维护，许多地方因为缺水而使土地抛荒，靠天吃饭仍是农村基本生产不可避免的。田东县 2003 年总耕地面积 25622 公顷，有效灌溉面积为 15100 公顷，占总耕地面积的 58.9%，实际灌溉面积为 9150 公顷，占总耕地面积的 35.7%；2004 年总耕地面积为 25519 公顷，有效灌溉面积为 15090 公顷，占总耕地面积的 59.1%，实际灌溉面积为 8710 公顷，占总耕地面积的 34.1%。农户灌溉问题大部分还是靠农户自主安排，又由于农村治安不是很好，很多农户因害怕被盗而不敢购买水泵，灌溉只是靠雨水，特别是在自然条件差的南部大石山区就基本只能靠天吃饭。

关于农村基本生产的准公共品有大宗农产品的农业科技推广、病虫害防治、动植物检疫监测、农产品质量安全等。在田东县农业局访谈时曾谈到农业科技在田东县农村推广的问题，了解到的情况是农业科技信息网络的建设主要是在河谷地区，主要措施是实行了"三电合一"，即通过电视、电脑、电话向农民提供农技知识，只要农户家里有电视或者电脑，通过这两个工具获取农技知识是不需要农户付费的，如果通过电话则需要每个月支付 2 元包月费。另外，农业局还有一个农技 110 办公室，每天有专家"坐诊"，农户可以打电话咨询，或到办公室咨询，还可以免费拿一定量的优良品种。为了将农技知识推广，农业局印制了 8 万本"三电合一"指导书发放到各个乡镇。虽然农技推广只在河谷地带，覆盖面不够广，但是这些工作农业局是做了。可是当我们去各乡镇调研时，许多河谷地区的农民都不知道"三电合一"、"农技 110"，而南北山区的农户就更没听说过。由此看来，农业科技信息网络可以说是网破、线断，自上而下的供给不知在哪里断掉，传达不到农户。而且"三电合一"在贫困地区的实施确实有些脱离农民现状，现在田东县农民家里很少有电脑，而在那些没有电视、电话的农户家庭普及"三电一体"和"农技 110"更不可能。

3. 农村公共品供给不能依据农民意愿，需求表达机制尚未建立

政府在自上而下进行农村公共品供给时，忽略农民意愿的现象比较普遍，对于如何激发农民民主意识，有效真实表达需求缺乏有效的方法，农民真实表达农村公共品需求机制尚未建立。在对田东县进行调研的过程中发现，不同经济发展水平的乡镇，农民对农村公共品呈现出不同的需求侧重，贫困地区对人畜饮水、危房改造、大病医疗等基础生活生产的需求更为急迫；中等经济水平的地区对经济项目的提供、良种、低收费技术的推广、化

肥平价供应、大宗农产品销售、老区输出培训等有利于收入水平进一步提高的农村公共品有强烈需求；而较高经济水平的地区则对供销商品信息、资金、新技术培训、职业技术教育、中高等教育有较大的需求。新农村建设中的一些试点村已经开始重视根据不同经济水平提供不同的农村公共品，但是反映农民意愿的供给现象仍然没有出现。而当农村公共品不符合农民需要，反而损害了农民利益（如印茶镇巴麻村的假良种信息供给，或者要农民为超过他们需求的农村公共品供给付费）时，农民的对抗情绪就明显增强，即使农民以后需要这种农村公共品，也会对政府的农村公共品供给产生不信任心理和抵触行为，不利于干群关系，也不利于农民收入的提高。

4. 税费改革以来，农民显性负担虽然减轻不少，但隐性负担却还很沉重

根据田东县减轻农民负担监督管理领导小组办公室 2006 年对税费改革出现的新问题的调查报告可知：在税费改革之后，农民负担明显减轻，涉及农民负担的案（事）件明显减少，农民得到的实惠明显增加，农村干群关系明显改善。但是随着农村税费改革的不断深入，乡村两级收入的来源大大减少，逐渐引发了一些新的问题。一是集资摊派仍然存在。主要包括乡村道路、水利建设、校舍修建和报刊征订等。一些不应由农民出的钱，以摊派的形式强制向农民收取，如一些地方在修建"村村通"公路时，以配套资金、公益资金等名义，强行向农民收取。二是一些项目的收费仍然较乱。主要包括农村义务教育、农业用水用电、农民建房、计划生育、身份证办理、结婚登记、工商登记、生猪屠宰、外出务工收费等项目。其特点是，以合理的项目出现，有的超标准收取，有的将相关违规项目搭车收取，有的将无关的违规项目捆绑收取。三是农民负担形式有新变化。（1）在收费的内容上，由农业税费转向事业性的专项收费。农业税取消了，但水电费、以资代劳等各种费用却增加了。（2）在收费的方式上，由乡村组织集中收取转向由各收费机关、单位分散收取。（3）在收费的对象上，由面向全体农民转向要求办事或提供服务的部分特定农户。

以上四点是农村公共品供给中存在的比较显著的问题，其他问题还有：农村公共品供给途径不畅通，农村精神性公共品供给不足等问题。农村公共品供给途径不畅通涉及到行政效率不高和能力不足；农村精神性公共品供给不足则成为农民进一步发展的障碍，农村市场经济发展的"短板"。

四、影响农村公共品的有效供给制约因素

上面分析了农村公共品供给存在的一些问题，总体供给水平较低、基本需求层次供给不足、供给与需求不符等，总的来说，农村公共品有效供给的不足。影响农村公共品有效供给的原因有如下几点：

1. 政府间事权财权不符影响农村公共品的供给水平和农民负担

压力型等级行政体制形成事权与财权反向运动。我国分税制实行了有利于确保中央及省级财力充实壮大的财政体制，财权层层上收，也是无可厚非的；同时，我国各级政府间的关系基本上延续了传统的等级行政体制，这种压力型的关系，使上一级政府层层下放事权成为一种普遍的行政行为。与农民生活密切相关的农村公共品的政府供给责任主要落到乡镇政府。乡镇政府作为我国目前五级行政体系中最基层的政府机构，其承受力相当有限，多数是负债。田东县思林镇良余村评点屯的新农村建设项目预计投资2124.105万元；其中县自筹239.73万元，占总投资的11.28%，主要用于道路、水利、环境整治等基础设施建设；上级补助685.74万元，占总投资32.28%，主要用于基础设施建设和产业发展；贴息贷款517万元，占总投资24.33%，主要用于房屋建设及生产等项目；农户自筹618.635万元，占总投资32.1%，主要用于住房建设和农业增收等项目。贴息贷款和农户自筹的比重之和高达56.43%，这两项支出最终还是落在农民头上，从而增加了农民负担。还有诸多的事权，上级以种种政绩考核相配套层层下放，同时经费转移不够顺畅，承受过重事权的基层政府要完成任务，难免将负担转向农民，减少政府供给，形成上级向下级施加压力，下级向农民释放压力的机制。

2. 农民和村干部的民主意识不够影响到农民需求表达机制的建立

在中国这种与西方不同的世俗文化影响下，千丝万缕的人情关系使得政府运行内部形成利益共同体。农村公共品供给的成果被县乡村三级或多或少地分配给拥有人际关系的农户，造成农户之间公共品的分配不公平。例如在如火如荼进行的农业科技培训中，田东县采取"中心农户、骨干农民"带动的形式，这种形式的好处就是能够在各个村屯找到一个或几个带头人，起到一个良好示范作用，而弊端就是无法避免这其中人情关系所起的作用。与中心农户、骨干农民"关系"好的农户可以优先得到较好的农业科技培训，

享有信息的优先获取权，获得带头人的大力帮扶。在"一事一议，村民自治"的制度下，在村里"有头有脸"的人所提的意见和要求也会优先得到采纳和考虑。另外，由于市场经济在农村也未完全建立，市场经济的正面效应法制、契约、诚信、民主也未在农村确立，反而是脱离集体的追求个人利益的负面效应体现了出来。在诸多"关系"的协调中，民主被口头化形式化，农民对自己的民主权利不认真行使，或干脆不行使，村干部也缺少民主意识，不去思考如何促进农民对自己民主权利的行使。民主意识的缺失导致农民的需求无法有效正当地表达并得到解决。

3. 一些发展性农村公共品供给政府宣传不够，与农民之间沟通不够，公共品供给得不到落实

在田东县调研时发现一个现象：当问到农户有没有接受农业技术培训时，中心农户和骨干农民的回答是经常接受这些免费培训，而当问到普通农户时，大部分都说没有听说过，政府没有提供过这类公共服务。田东县农业信息进村入户项目目标是完善县级农业信息网络平台，建立13个乡（镇）农业信息站、15个村信息服务点和15个农业信息示范户；建立一支覆盖县、乡、村的农业信息员队伍；建立一整套包括信息的采集、分析、处理、发布、反馈和服务的管理机制；建设农技110电话语音服务系统；开通电视信息频道；建设多媒体培训中心，建立视频会议室；实现农业信息服务"进村入户"，推进农产品的网络化销售，实现项目村农民年人均增收200元以上。

表4　田东县农业信息进村入户项目投资概算表（单位：万元）

单位	设备名称	数量	价格	投资
1. 县级农业信息平台				11.2
	网络平台服务器	1	2.2	2.2
	复印机	1	3	3
	激光打印机	1	0.3	0.3
	传真机	1	0.3	0.3
	笔记本电脑	2	1.5	3
	数码摄像机	1	1.2	1.2
	数码照相机	1	0.5	0.5
	专业级多媒体电脑	1	0.7	0.7
2. 植保病虫电视预报体系				4.5
3. 乡（镇）农业信息站				26

	电脑	13	0.5	6.5
	复印机	13	1.2	15.6
	喷墨打印机	13	0.1	1.3
	传真机	13	0.2	2.6
4. 信息示范村				15
	电脑	15	0.5	7.5
	针式打印机	15	0.3	4.5
	有线电视频道播放转换器	15	0.2	3
5. 农技 110 语音系统				2
	服务器	1	1.8	1.8
	语音系统软件	1	0.2	0.2
6. 开通电视信息频道				12.5
	电视图文制播系统	1	5.5	5.5
	变频调制器	2	0.48	0.96
	1310 光发射机	2	2.77	5.54
	连接线等备件	5	0.03	0.15
	光分路器	20	0.02	0.4
7. 多媒体培训中心				15.8
	装修费			10
	桌椅	100	0.03	3
	网络视频设备	1	0.5	0.5
	投影机	1	1.8	1.8
	音响	1	0.5	0.5
8. 项目运行维护费用				4
	县级平台运行维护			2
	乡村级运行维护及培训			2
合计				91

　　项目总投资概算 91 万元，其中要求县自筹 31 万元，申请农业厅拨款 60 万元。2004 年 9 月到 12 月完成该项目。我们在祥周镇中平村下东屯调研时和当地的几户农户进行了交谈。其中一户是下东屯的中心农户，在与他交谈时，我们了解到农村信息进村入户项目确实在该屯实施了，屯里有一个专门用于培训农民的培训中心，配置了电脑、电视、打印机，被调查的中心农户在培训中心进行过培训，只是培训次数较少，课堂与实践也不太相符。在与一户普通农户交谈时，我们了解到虽然他家离那里只有 100 米左右的距

离，但他从来没去过那个培训中心，也没有听说过农村信息进村入户项目。可见，这些能够帮助农民进一步提高收入的农村公共品虽然由政府提供了，但是却虚置了，没有得到最大限度的利用。田东县实行"中心农户、骨干农民"制度，在一定程度上能够起到带动作用，但是许多中心农户、骨干农民并不明白自己在提高农民收入上的重要作用，许多中心农户、骨干农民都是村干部、党员，他们在农村公共品的推广方面应该起到宣传作用。普通农民没有接收到应有的公共服务，中心农户和骨干农民是有责任的。

五、农村公共品供给建议

基于以上农村公共品供给中出现的问题、对农村公共品有效供给的制约因素和不同需求层次的农村公共品对提高不同收入水平农民收入的效果，有以下几点建议。

1. 解决公共品供给不足的问题

第一要解决基层政府财力不足的问题。

通过前面对满足农民基本生存和生产的农村公共品的分析可以看到，基础性农村公共品的供给还处在一个相当低的水准，受制于财力不足的问题突出。在 1994 年分税制之后，基层政府的财政收入大量减少，在农村税费改革之后，基层政府财政收入更加拮据，而农村公共品亟待加强又需要各级政府财力的充足，这种矛盾该如何解决呢？首先应该建立一个中央对地方的基本公共品保障线的一般转移支付制度，取代地方政府到中央"跑项目"、"跑资金"的规则。越是富有的地区，地方政府越有财力"跑"，越是贫困的地区，地方政府越没有财力"跑"。这势必造成越缺少农村公共品的地区，越没有能力提供农村公共品，形成恶性循环。而地方政府"跑项目"、"跑资金"的花费也必然会在"跑"来的项目和资金中分摊，势必也会减少供给。因此建立这样一个转移支付制度是非常必要的，既可以解决基层政府财力不足的问题，也可以达到一定的社会公正目的。

第二要寻求政府供给之外的其他公共品供给方式。

由于政府财力不足，那么一些农村准公共品可以由市场主体来提供。例如一些乡镇企业可以为农民提供劳动力转移这一发展性农村公共品。平马镇游昌村香蕉示范园就是这方面的典型，该示范园全部建成后，年产量可达500 万元以上，每年可为农村剩余劳动力提供 3 万个以上工作日，吸纳劳动力 1000 人，每人每年可获得收入 6000 元，并可辐射带动全镇香蕉进行产业化升级 20000 亩，增加收入 5000 万元，人均增收 80 元。示范园主要采用组培脱毒苗、配方施肥、节水灌溉、无害化病虫害防治、合理密植、果实套装、采后商品化处理等技术，也可起到普及农业技术知识的作用。某些农村公共产品由当地企业提供既可以减少政府的负担，又可以促进企业的发展，加快农业产业化进程，提高农民的收入。

2. 解决供给与需求对口的问题

第一要使农村公共品供给符合当地农民收入水平的客观情况。

由各类农村公共品与农民收入关系的分析可知，基础性农村公共品、发展性农村公共品和奢侈性农村公共品对不同收入水平地区的农民收入影响是不同的。贫困地区的自然条件、基础设施都跟不上农民的要求，因此，农民对基础性农村公共品需求强烈，而这些农村公共品一般比较接近纯公共品，应该由政府全额来提供才比较符合贫困地区的需求状况，才能显著提高贫困地区的农民收入，改善农民生活。在基本生存生产需求得到解决之后，农民收入水平得到提高，于是会产生更高层次的需求，这时发展性农村公共品的供给应当由政府加强市场建设来解决，这方面的农村公共品无需政府全额供给。最后对于奢侈性农村公共品的供给则不能随意提供，要考虑到是否会增加农民的负担，农民是否有这方面的需要，政府也要量力而行，不宜在奢侈性农村公共品上过多投入。

第二要建立民主的农民需求表达机制。

最重要的是应该培养农民的民主意识。民主的基础是人民，农村公共品的直接服务对象是农民。如何建立农民表达意愿的民主渠道，如何让农民真实地表达自己的偏好，如何培育农民克服短视走向自觉的协作，如何让农民的思想由依附型的"替我做主"转变为"我要做主"等一系列问题都是民主意识的问题。只有具备了民主意识，才谈得上民主。民主不仅仅是选举投票，而是对社会不断向理性方向进步的自觉能力。只有农民有了民主意识，才可能产生民主的需求表达机制。而文化精神素质的提高则是培养农民民主意识的重要途径。要确保农民最基本的受教育权利，重视对农村文化产品的供给，以提高农民精神文化素质，培养民主意识。

第三要将农村公共品供给与生产区分开来。

应该正确理解公共品供给和生产的不同内涵。公共品的供给是指公共品的资金投入，显然，供给与生产是可以分离的，生产可以委托市场或私人组织，但这不等于由市场、私人组织提供生产资金，虽然现在公共品市场化提供的方法和例子有很多，但由于农村市场经济不健全，大部分农村公共品还是应该由政府来提供。由于供给和生产可以分离，那么可以由政府向农民提供资金，由农民自己购买需要的公共服务，以达到供给和需求对口的目的。

3. 解决公共品供给落实的问题

第一要明确各级政府对基础性农村公共品供给的事权。

中央政府应提供体现全国性、社会公正性的公共品，如国防、跨省、跨流域大型水利工程、交通设施等，以及涉及"三农"问题的基本制度、基本政策、基础教育、计划生育、检验检疫、农村最低保障、高危医疗、大宗农产品科技推广等。省级政府要制定与中央事权配套的公共品供给的具体实施办法、信息服务等，还有公安、跨省、跨流域大型水利工程、农村重点高中教育补助、农村通讯网、农村道路网、农村能源水力资源网、农村信息网自然灾害救助，还应与县级政府共同承担职业教育培训、农村水利灌溉系统、农民合作组织这些公共品的供给。市级政府主要起上传下达功能，要减少农村公共品供给资金的周转层级以利于提高效率。县级政府除了与省级政府共同承担公共品供给之外，还要供给小流域防洪防涝设施建设、病虫害防治、中低产田改造、农村道路建设、乡村电网建设、乡村自来水、大宗农产品农技推广。乡级自治组织接收上级委托生产公共品，并使公共品供给得到落实。

第二要建立民主、廉洁、高效的政府运行机制，并推进乡镇民治、村民自治。

要建立民主、廉洁、高效的政府运行机制就要加强政府民主实践能力，上一级政府要本着民主的精神开展调查研究，下一级政府要不断增强民主实践能力，总结村民自治的成功经验，探索乡镇民治的新方法，由民选产生的乡镇自治干部必须为农民谋利益，使农村公共品的信息渠道畅通，使农村公共品得到公正的分配。村民委员会是村民自治组织和政府在农村的代理机构，承担着行使村民自治权力和国家行政权力的双重功能。因此村委会不仅有向基层政府反应农民需求的义务，也有向农民传达政府提供的农村公共品的义务。农村公共品是否能够落实，乡镇政府是执行农村公共品供给的委托人，而村委会则应负起将农村公共品公平分配到每个农户身上的责任。我国农村公共品要真正得到落实，农村民主政治还有待加强。

六、结语

通过以上分析得到的结论是：在我国这样一个特殊的时代背景中，农村公共品供给水平还应进一步提高。要通过农村公共品的供给来提高农民收入不能只依靠西方公共品理论，还需要具体情况具体分析，因地制宜地提供符合农民需求的、适合当地经济发展的农村公共品。在供给农村公共品时要注意供给的有效性、分配的公正性等问题，一切以农民的利益为重。

参考文献

［1］杨红：《中国农村公共产品特殊论》，中国税务出版社 2006 年。

［2］李华：《中国农村：公共品供给与财政制度创新》，经济科学出版社 2005 年。

［3］林万龙：《中国农村社区公共产品供给制度变迁研究》，中国财政经济出版社 2002 年。

［4］李彬：《乡镇公共物品制度外供给分析》，中国社会科学出版社 2004 年。

［5］陈锡文、韩俊、赵阳：《中国农村公共财政制度》，中国发展出版社 2005 年。

［6］刘兵：《公共风险与农村公共产品供给：另一个角度看农民增收》，《农业经济问题》，2004 年第 5 期。

［7］王国华：《农村公共产品供给与农民收入问题研究》，《中央财经大学学报》，2004 年第 1 期。

［8］岳军：《农村公共产品供给与农民收入增长》，《山东社会科学》，2004 年第 1 期。

［9］苏晓艳、范兆斌：《农民收入增长与农村公共产品供给机制创新》，《管理现代化》，2004 年第 4 期。

［10］《百色市新农村建设示范村基本情况调查表》，2007 年。

［11］《田东县新农村建设各项资金投入统计表》，2007 年。

［12］《百色市新农村建设试点基础设施建设进展情况统计表》，2007 年。

［13］《田东县实施"农民下山进城入谷"工程参观点材料》，2006 年。

谈农民的发展——基于素质技能提高的角度

——赴广西壮族自治区百色市田东县调研报告

2006 级区域经济研究生　杨　丽

2006 年国务院一号文件提出了要进行新农村建设，旨在解决"三农"问题，是为了营造一个让农民自身发展的环境。建设新农村的主体必须是农民，但是这个占中国人口 60% 的广大群体素质技能与现代文明极不相符，严重影响着农民主体功能的发挥，这对于新农村建设无疑是一种制约。所以在新农村建设中必须重视农民自身的发展，农民发展的核心是要提高农民素质技能。本文基于在广西壮族自治区百色市田东县新农村建设调查，对田东县农民的发展现状进行分析，探讨新时期如何提高农民的素质技能，构建农民发展的内在机制与外在机制。

一、问题的提出

中国问题的根本是农民问题，首先是农民的数量占中国总人口的 60%；其次是农村社会存在的生产和生活方式落后，其素质技能与现代文明不相适应，不仅制约着农民自身的发展也制约着中华民族的发展。农民问题的严重性已被公认。从历史和现实来看，农民的发展一直受到制约，马克思关于人的全面发展的论述，指出发展是要实现人的全面充分的发展，中国共产党和国家领导人在不同发展阶段也对人的全面发展有了具体的内涵，中国的发展必定是要实现 60% 农民的发展，只有农民发展了，农民由传统农民向现代农民转化，中国才算真正地步入现代化的轨道。对于农村来说，只有农民自身发展了，农民才能在解决自身问题时具有主动性和创造性，才有出路。

农民的发展是多方面的，其方向是现代化。目前关于农民现代化还没有一个具体的标准，无法衡量我国农民发展现状离现代化还有多远，也不能依据具体的指标来进行分析，但是农民的发展情况却是可以调查并进行分析的，在研读学者们的著作后，我认为从长远的角度看推动农民发展的最重要的因素和目标是农民自身素质和能力的提高，所以本文就在建设社会主义新农村这一大的历史背景下基于素质技能的角度来谈农民的发展问题。

建设社会主义新农村是为解决"三农"问题而提出来的，是农民、农村、农业发展的一个契机，但是面对全球化信息化知识经济的到来，农民作为新农村建设的主体又面临着巨大的压力，所以广大农民更加需要抓住机遇发展自己，提高自己的素质技能，培养一身本领，形成一种稳定的可持续的竞争力，在现代化的过程中经受锻炼和洗礼，最终改变自己的身份，在价值观念、行为方式和生活习惯上成为有现代意识、现代文明和现代风貌的新农民。

农民发展就是农民本质力量和本质关系的发展，即农民意识的发展，通过认知自然、社会能力的提高，具有理性、具有总体意识；通过能力与素质的提高拓展劳动范围，不再仅是从事简单的体力劳动，并在劳动过程中发展自己。农民发展的根本就是要提高自身的能力与素质。农民发展的核心要以提高农民素质技能为本，要围绕农民素质技能的提高来进行制度安排，要构建农民发展的内在机制与外在机制。新农村建设的一号文件提出了"有文化、懂技术、会经营"的新型农民的概念，是新的历史时期对农民发展的方向、要求和内容，这三方面正好与素质技能的内容符合，本次赴广西田东调研的主要内容也就是围绕这三方面来考察农民的素质技能情况。

二、田东县农民素质技能现状和问题分析

1. 田东县及其农业劳动力概况

田东县位于广西壮族自治区百色市东部，总面积 2816 平方公里，全县 11 镇 2 乡，人口 39 万余，是一个拥有壮、汉、瑶、侗、苗等 12 个民族的民族大县，拥有独特的自然环境和资源条件，"两山夹一谷"是其典型的地形特征，以右江为界，南部六沼山脉横亘，形成海拔大多在 200～700 米之间的喀斯特地形，占全县总面积的 18.33%；北部都阳山脉纵横，形成海拔大多在 500～1000 米左右的土山区，占全县面积的 3.37%，中间是右江河谷平原区，占全县总面积的 6.7%。由于地形的特征和土地的限制，田东县农业发展受到了限制，特别是占全县面积很大比例的喀斯特地形地区，农业发展的条件更有限。田东县非农业人口 5.8 万人，农业人口 33.6 万人，劳动力 22.2 万人，农村富余劳动力达 13 万人。田东县农业人口主要根据本地的地形特点和自然条件从事甘蔗、芒果、香蕉和水稻、玉米的种植业和香鸭、香猪的养殖业，此外，有大部分农村富余劳动力转移到外省市从事工业

和服务业生产，目前已输出农村富余劳动力 9 万多人，还剩农村富余劳动力 4 万人。

2. 田东县农民素质现状和特点

（1）农民的文化水平状况

从调研的情况了解到，总体来看田东县小学和初中文化程度的农村从业人员占到 80%，高中及高中以上文化素质人员也占有一定比例，不能讲普通话和不识字或识字很少的人员还占有一定比例，而从事非农产业的人员文化水平较高。

值得关注的问题是田东县农村后续劳动力的文化水平状况，很多农民都能意识到文化水平低是农村贫穷的根源，所以在思想观念上，他们都意识到下一代只有读书才能改变命运，非常重视孩子的教育，认为条件再苦也要让孩子读书。但田东县的现实是，很多农民的孩子只是上到初中或高中就出去打工，很少接受大学教育，作为后续的农村劳动力，虽有一定的知识水平和文化素质，但是在科技知识和劳动技能方面是个欠缺，这对农村的发展来说是一个制约。

对于田东县不同地区的农民，其文化水平差异也比较明显，经济水平的差异决定着农民受教育的程度，大石山区的作登瑶族乡，文盲率比较高，很多农民只有小学和初中水平，有的农户连电视都不看，农活闲暇就是聊天和喝酒。但是河谷地区的农民掌握信息的来源十分丰富，读书看报和广播电视成为主要的闲暇方式，中平村的农户还上网了解农业信息的发布和科技知识。这与农民的整体文化水平是紧密联系的，文化水平不同，思想素养不一样，思考的问题就不一样，行动起来也不一样。

田东县农村的文化教育事业在新农村建设中得到了很大的发展，田东县各乡镇完全普及了九年义务教育，中小学入学率也很高，男女性净入学率几乎没有差别。通过"核心村屯、中心农户、骨干农民"抓典型，以点带面发展战略指导思想，在新农村建设的各个试点村屯设立了培训班，使农民想学技术和知识有了去处，但是由于这种职业教育还处在起步阶段，管理体制不顺，有的地方只是建立了农家课堂，具体的上课还没启动；县级设置的职业学校，大部分为培养外出打工者而设立，经常定期的进行劳务培训，组织劳务输出，对转移农村富余劳动力起到了很大的作用。但是职业教育的投入不够，办学条件较差，大部分培养出去的人员也只是从事简单的体力活或简单的技术操作，不能转化为农民的持续发展力。试点村通过建立文化站、读书室、灯光球场，组织各种文娱活动尽量丰富村民的文化生活，改善了农民的业余生活方式，促进农民在思想观念上与城里人更接近。

（2）农民的现代科技水平状况

首先从农业生产的科技含量来看，在农业生产领域，田东县农民在进行农业生产时较少接触到现代农业科技，像良种运用这种简单的科技已经普及了，但是其他方面的农业科技就很少，比如甘蔗的种植，采用的仍然是传统种植方式，翻土下种，收割全部是人工，非常辛苦。在大石山区，农民只能在石头缝里散播玉米种子，有时还要带上土壤上山，靠天吃饭，很多地方的灌溉水主要是人工，完全没有科技成分。在种养技术、农药使用等方面大部分农民都是靠经验积累或者问亲朋好友，科技在农业中处于停滞状态，一方面由于投入农村农业的资金有限，另一方面是因为现在留在农业生产领域的大多数是年龄偏大、文化水平较低的人口，他们对现代技术的领会能力和掌握能力比较差，现代农业主要靠科学技术，以这样的劳动者素质肯定难以推广和应用农业新技术。随着高科技逐渐应用于农业，对农民的科技水平要求越来越高，就必须更加重视农民素质，及时提高农民的科技素质。在农民从事的非农业生产领域，科技含量也不高，上岗前的培训极其简单，大部分转移出农村的劳动力仅仅局限于建筑、餐饮、服装、服务等以手工操作为主、技术含量极低的行业或规模较小的私营企业，从事一些繁重的体力劳动，难以进入更高层次的行业。对现代科技的应用掌握较少，返乡后创业的农民科技人员也很少。

（3）农民的经济行为状况

田东县农民消费结构分析，根据问卷调查，有部分农民的支出大于收入，解释这种现象，是因为农民收入来源少，但是为了最基本的生活而不得不支出，这种情况下的农户每年都处于负债状态。自然条件好的地区，经济发展状况好，比如中平村和游昌村的居民奢侈品和生产性投资在消费结构中占有很大比重，在考虑改善自己的住房条件，提升生活质量的同时，有的还用来投资于农业生产。但是在经济发展落后的地区，农民很少购置奢侈品，连电视的普及率都很低，在作登瑶族乡，大部分农民的最高追求就是住上好的房子，对于他们而言住上好房子就是脱贫致富。可以看出，消费习惯的不同受地区开放程度的影响，地区开放程度高，接受的信息比较广，见世面也多，在这些地区，农民的消费观念受到现代化的冲击就会比较新颖和长远；而较封闭的地区，消费观念受传统陋习的影响较深，不容易接受新事物和新思想，很容易满足于现状，消费观念也是短期化，很少考虑长远利益和后代发展。

（4）农民的心理素质状况

总体而言，田东县农民的心理素质比较健康，热情好客，勤劳善良，对于本村农业经济发展状况比较乐观，但是，深受中国儒学思想"中庸"潜移默化的影响，农村几千年来形成的生产规模小、思想保守，农民仍然保持着循规蹈矩的生活方式，安于现状。田东县被誉为八香之乡，但却少有形成全国闻名的品牌，中平村的香葱生产基地，已经初显规模，但只是停留在生产初级产品阶段，本村的村民满足于每天的香葱供应，根本没有考虑过更大规模的生产，或者考虑到香葱的深加工从而提升产品的附加值，他们只考虑到相比以前种蔬菜现在种香葱在体力上轻松很多，而且，基于眼前利益的考虑，认为更多的人种香葱会对自己造成竞争，所以不愿意扩大生产和投入，这对于一个产业的发展无疑是一种制约。

田东县的整个自然状况比较艰苦，土地少，可种的粮食和经济作物也少，但是田东县农民却非常勤劳，积极思考致富的路径，养蚕、养猪、养鸭，进行多元化农业生产，赌博等恶习在田东县少有，很多农民玩扑克牌都是娱乐性的。

农民的科技和教育意识较强，在问及要何种补贴时，各有一半的人认为要钱和要科学技术，也有80%的人认为教育非常重要，但是，农民的行为很多都是短期行为，缺乏忧患意识，在被问及是否愿意参加科技培训时，99%的农户回答是肯定的，但被问及愿意接受的培训时间和培训费用时，80%的农户都不愿意投入很多的时间和金钱在科技培训上面，他们认为学习技术太长会耽误生产，投入资金觉得不值，这些短期行为限制了农民在更深更广的领域获得更多的知识。

上述状况说明田东县的农民已经摆脱了那种完全封闭的思想状态，具有一定的科技意识和追求长远发展的眼光，只是单靠分散的农户无法将这种潜在素质发掘出来从而发挥作用，农民需要引导，也需要建立农村发展的保障机制。

（5）农民的身体素质状况

由于实施了农村合作医疗制度，农民的参与程度也非常高，因此农民有病都去就医，基本不会出现有病不治的现象；农村的饮水基础设施有所改善，大部分农户已经饮用自来水，但在田东的落后地区居民饮用的还是雨水。在调查中，了解到因为生病致贫的现象逐渐减少，说明农民的身体素质状况良好。但是，在有些地区，农民缺乏良好的卫生习惯，受地理条件的限制人畜混居，还有些村庄的垃圾乱扔，这些都是疾病的隐患，如果不处理好，就会招来疾病，影响居民的身体健康。

（6）农民的法制状况

本来对田东县的法制状况没有进行特别的调研，但是在问及村民治安状况时，一些地区的居民反映当地的社会治安不太好，问为什么人畜要混居时，回答竟然是牲口放在外面怕遭偷窃，问为什么不用水泵灌溉时，回答竟然是放在田间的水泵经常被偷，这反映农村的社会治安存在问题。另外，农民的法治意识比较淡薄，不懂得用法律手段解决事情，村里发生的事情一般都是靠村委会调节和村民自发解决。

总结田东县农民素质状况的各个方面，田东县农民素质发展存在巨大的潜能，但是农民素质在不同地区的差别非常明显，农民对自身素质的提高缺少主动性措施，农民对提高自身素质技能的需求和愿望强烈。

三、政府对提高农民素质所做的制度安排以及存在的问题

1. 政府层面的制度安排

田东县作为国家"985"新农村建设的试点县，田东县政府对于新农村建设给予了高度重视，成立了专门的新农村建设办公室，新农村建设办公室的领导也充分认识到提高农民素质是解决农村农业问题、增加农民收入的关键。田东县农业局、科技局、教育局、劳动人事保障局等各部门主要负责提高农民素质技能的工作，在走访了上述各局后，总结田东县政府部门在提高农民素质技能方面主要做了以下努力：

首先是财政上加以投入，采用多渠道、多形式筹集资金，以县财政投入为主，部门筹集经费为辅，每年投入培训经费200万。

提高农民素质技能的主要方式是农民培训，田东县实施了农民"下山进城入谷"技术培训计划，包括农业实用技术培训、农业科技入户工程、农村农民文凭工程和阳光工程，农业局、科技局等部门组织了一些涉农项目的技术培训，主要是让农民掌握种养方面的生产技术，增加科技意识，掌握科学的技术和技能。比如针对芒果园的生产理念和技术标准对农户进行培训，但由于农产品加工技术培训所需的资金投入太大，没有在这方面进行引

导。主要达到的效果是良种的普及和推广。"农村农民文凭"工程鉴于农民素质低的现实（比如：印茶镇向外转移的劳动力中5%为中专水平，80%都是初中以下水平）计划在五年内培养600名中专学历的农民，提高农民的整体素质水平；"农业科技入户"工程将1000户科技示范指标分到各乡镇，每年开两期培训班，推广新的良种良法，通过农业示范户推广到农户，由1户辐射20户，保证新农业技术能渗透到农民中去；阳光工程主要是使农民向非农行业转移。此外，农业局为了解决农民在农业生产中的科技问题，设置了电话电脑电视的"三电合一"服务，设置了专门的"农技110"办公室。主要是为农民提供关于农业信息和科技的免费服务，包括农药的使用，良种劣种的判断，发放农业生产指导书。

科技局主要是提出农业科技战略，对上述各项工程进行测评和验收，并组织进行科技下乡活动，每年组织10次科技下乡，下乡时利用农民到乡镇赶集时间发放科技资料；启动星火培训开展职业教育，职业教育主要是对村镇干部和农民骨干进行一年达12天以上的培训；科技局还成立科研情报所下乡了解情况，反馈农村科技工作的实施情况；另外，科技局与公司和企业签订惠及农民的科技项目合同，如正在平马镇实施的养猪合同，由公司承担养猪的风险，提供配种的说明和养殖技术，交给农户养殖然后回收产品。这样降低了农民养猪的风险，只要农民按照合同的要求进行养殖，不用考虑疾病和市场价格的风险，农民也较容易参与。

政府层面对于农民素质技能的提高，在增强科技意识，拓宽就业渠道等方面做了多方面的努力，但是农民普遍反映对于农业信息的获得比较困难，希望多一些关于种养方面的科技知识，大部分农民认为农村中科技宣传不够，对于培训只是听说而没有机会真正参加，这说明政府工作与农民的需求存在脱节，一定意义上是一种资源的浪费。前已述及田东县农民的素质潜能巨大，如果政府能给予合适的引导和帮助，农民主体性就能够得以发挥。

2. 政府在促进农民素质提高方面存在的困难与问题

主要的困难：农民的分散性导致难以组织起来进行培训，加上群众的接受能力有限，只能采取官方带动的形式；各个局在经费和人力上有限，比如科技局专业技术人员只有两个，没有专门的科研机构来针对农村问题进行调查和研究，不能真正了解农民的需求，也就不能更好地为"三农"服务。

在调研过程中发现的问题：首先是各个部门的工作协调问题，由于多个部门共同负责，没有明确的责任范围和工作分工导致各部门在工作中互相推诱，没有主动性。其次是信息不对称，一方面农民有了困难不知道向何处求救，农民需要科技培训不知道怎么参加，农业信息也不知道何处寻得；另一方面是农业局各种惠农服务无人问津。文明办和宣传部在加大工作宣传方面还应投入一些，各个局应该深入工作，把工作做到实处。三是缺乏监督机制和责任心约束，比如科技局提到的测评和验收工作没有落到实处。

四、提高田东县农民素质思考

从上部分对田东县农民素质的现状分析，可以看出田东县农民素质发展状况有积极的方面也有消极的方面，同时，田东县域自然条件和经济发展水平不一样的地区农民素质存在很大差异，本部分针对田东县农民素质特点，分析现有制度安排中存在的问题，探讨提高田东县农民素质的措施与对策。

1. 营造良好的社会环境，促进农民素质升级

从田东县域内农民素质水平的对比可以看出，农民素质的差异在于农民意识的差异，农民意识的差异产生于农民所生存的环境的差异，有自然环境和社会环境，自然环境是农民所处的地理位置和发展农业的自然条件，这在一定程度上决定了田东县各乡镇经济发展水平的差异，比如作登乡受自然条件的限制，经济发展状况就明显落后于右江河谷地区的祥周镇和平马镇；经济条件的差异构成社会环境差异①的一部分。这种社会环境对于农民素质的形成与发展产生重要的影响，城镇和农村就是因为这种社会环境的差异而导致城里人和农民的素质有很大差异，环境影响人的素质形成，反过来人的素质又形成环境的一部分，且反作用于环境。如果把田东县农民素质水平作为一个整体与现代化农民应有的素质水平进行比较，首先也应该考虑两种不同的社会环境，一种是现代化的社会环境，一种是离现代化水平还有很大差距。所以，提升农民素质，无论是提升田东县落后地区的农民素质还是田东整个地区的农民素质都需要构建良好的社会环境。从这一点看与马克思的社会存在决定社会意识的基本原理是一致的。社会环境促进良好的社会意识形成，社会意识提升农民素质。

---

① 这里的社会环境是指与农民的劳作、生活有直接联系的较窄空间的社会环境，主要包括家庭、学校、村镇、交往群体、各种集会、集市、传统节日活动等，还包括一个地区所形成的开放意识和氛围。

这里不得不提到一点，我认为，农村的落后，农民素质难以提高的一个很重要原因就是农村的封闭、农民的保守。现在已经处于信息化时代了，而农民信息的获取渠道却十分单一，更谈不上对信息的选择与利用，不了解外面的世界，不了解别人的发展状况，则不会想到改变，农村就难有发展，所以社会环境十分重要。对于还处于封闭状态的农村地区，或者思想封闭的农户，应该采取促使其开放的措施，多接受新思想，通过和外界的比较，思考致富的路子，逐步改变原有的社会环境，促进更积极的社会环境的形成。

2. 充分挖掘农民素质潜能，建立农民自我发展机制

在调研过程中，感受到田东县农民最大的特点是吃苦耐劳，他们骨子里有一种坚韧向上的精神，大部分农民都积极乐观地面对生活的现实，为了改善生活条件而努力。谈到致富的想法时，大部分农民都意识到懂科技有知识才可以致富，改变了以前一味要钱的思想观念，说明农民的素质潜能巨大，应该加以合适的引导让农民自我发展的机制建立起来。为此，我们结合田东县的调研情况提出以下几点建议：

（1）用知识武装头脑，用科技武装生产

前已述及科技是农业现代化的出路，农民必须具备一定的素质技能才能将科技用于农业生产并将农业科技成果转化为现实，农民必须用知识来武装自己的头脑，具备掌握科技知识的文化素养。很多农民在谈到文化水平时总觉得很自卑，存在"农民就没有文化，农民就是素质低"的思维定式，我认为这是社会对农民的一种歧视或偏见。农民不能把自己禁锢在这种偏见中，应该积极地改变社会对农民群体的偏见，提升自己的知识结构和文化水平。虽然受农村发展条件的限制，农民职业教育学校等比较正式的渠道还没有建立，但农民获得知识也不一定就非要通过这种方式，只要充分利用资源，农民获得知识的来源也很多，看电视、听广播、看书报，参加政府组织的各种科技培训，亲自到外面了解情况等等，通过这些方式开阔眼界，增长见识，逐步积累，农民也可以成为有文化的人。

其次，农业科技的运用要通过农业生产工具和生产资料以及生产方式表现出来，田东县在运用农业科技方面表现不足，在生产工具的使用上，大部分还是传统的工具，除了收水稻是用收割机和碾玉米用碾米机外，其余的机械耕作几乎没有；在生产方法上仍沿袭传统的老方法。随着农业科技的不断发展，农民应该使用现代化的生产工具进行农业生产，科学种养，减轻劳动强度，提高生产效率，而且这样农民可以在劳动的过程中不断地学习到新的知识，遇到新的问题，对提高自己的能力也很有帮助，在这方面存在的最大问题就是思想和资金问题。农民不愿意投入价值较高的科技产品，习惯于传统方式。农民应该解放思想，把目光放得长远一些，在资金方面可以采取集资，在生产工具和生产资料的使用上可以采取合用与协作。

（2）多渠道创收，培养经营管理理念

农民增收困难是中国农村的一个普遍现象，田东县的农民情况也不例外。调查田东县农民总收入和收入结构时发现，那些总收入高的农户，既有农业收入也有非农业收入，在农业收入结构上既有种植业的收入，也有养殖业收入；而那些收入低的农户往往是单一的收入来源。我认为这种能够多渠道增加收入的能力是一种很重要的农民素质，这样的农民懂得合理安排时间和分配自己的精力，掌握的农业技术也很全面，多渠道创收也是分散风险提高资金效率的体现。

（3）外出务工谋出路

田东县农民外出打工占有很大比例，但是通过调查发现，打工后回乡致富的不多，返贫现象严重，因为大部分转移出农村的劳动力仅仅局限于建筑、餐饮、服装、服务等以手工操作为主、技术含量极低的行业或规模较小的私营企业，从事一些繁重的体力劳动，难以进入更高层次的行业。外出打工只是临时解决生活困难，没有长远的打算，年轻力壮时出去，回来后继续父辈留下的农活，对自身的发展和农村的发展都不利。再者，随着社会经济发展水平的提高和新兴产业的崛起，较低素质的农村劳动力的转移渠道越来越窄，打工的农民光凭力气找活越来越难，农民就业的难度越来越大。所以，外出打工的农民应该考虑长远利益，做出必要的投资，学习一技之长，同时具备保护自己的法律知识和城市生活常识，这样才能适应城市就业的要求，适应城市的生活方式。农民进城务工是农村劳动力转移的重要途径，也是农民向市民转化的一个重要途径，农民完全可以在职业转化的过程中，学到知识、学到技术、学会管理、积累经验，其素质技能随之进一步提高，不断促进其自身的发展。

（4）集中农民智慧，成立农民合作组织

分散的小农户由于受信息和技术的制约，农业生产往往处在盲目和无奈之中，产品的市场认同度和竞争力低，影响了农民收入的增长，根据马克思主义整体大于部分之和的哲学原理，应该集中农民的智慧，成立农民合作组织。田东县现有的农民合作组织处于起步阶段，一是数量上比较少，没有形成规模，田东县现有农村发展各种专业协会、股份制合作社等农村合作经济组织 23 家，其中种植业 14 家，养殖业 3 家，其他 6 家；二是质量上，一些合作组织管理机制不健全，内部运行机制不够完善，没有章程、制度，没有工商登记，工作的随意性较大，缺少必要的监督机制，利益联合机制也不完善，尚未形成"利益共享，风险共担"的紧密型利益共同体。农户应该认识到自己单个力量的不足，培养合作意识，组织起来将自己小规模的生产纳入社会化大生产之中，通过适当的方式建立多种形式的合作组织和各类专业协会，传播市场信息，协调生产决策，提供技术支持，代销代售产品，统一品牌、质量、包装，批量上市。这样在提高农副产品的市场竞争力的同时加强农业产业化经营。在这里强调一点，这种合作组织一定要注重农民的自愿性和有意识性，不然就会变成形式上的合作，起不到作用，反而是一种浪费。

（5）发挥基层干部的作用

作为农民的一部分，农村基层干部是和农民联系最紧密的，他们最了解农民的愿望和需求，做的工作也最实际，一方面上级政府部门的各项政策需要他们落实，另一方面农民的实际情况也要他们上报给上级，农村基层干部的责任重大。在田东县调研过程中，可以看出基层干部对农村农民的发展起着举足轻重的作用，大部分农民渴望有一个好的农村基层组织，多为农民争取项目，想农民所想。但是也有些地方的农民根本不相信基层组织，主要是这些地方的基层干部自身存在一些问题，不能代表本村农民利益办事。农民可以根据民主的程序选择信任的基层干部，农村基层干部应该为农民办实事，及时准确地传达上级的工作指示，将惠及农民的政策措施落到实处。

3. 政府层面——外在机制的保障

政府所要做的工作主要是给农民的发展提供良好的社会环境，包括受教育的环境和社会保障的环境。在这些方面做一些制度层面的安排，建立农民发展的外在机制。结合田东县的实际情况，具体来说政府可以在以下几方面加大工作力度。

（1）加大对农村公共服务的力度和深度

相比城市，农村享受到的公共服务太少，广大农民也希望过上城里人的生活，单靠自己的力量有限，需要政府的扶持。从提高农民素质的角度来看，农民没有良好的受教育的环境，田东县各乡镇几乎没有农民职业技术学校，政府应该加大乡镇办学规模，增加办学数量，为农民提供学技术、受教育的场所；在通电通路通水的基础上，还应该通广播，传播信息，宣传农业科技。加大农民培训的规模和质量，培训农民所急需的种植技术和养殖技术，同时培养农民在农业生产中解决问题的能力。加大宣传力度，形成良好的科技培训氛围，切实做好农民科技教育培训工作的情况通报及工作进展情况报道，通过有效的宣传，将政府的优惠政策、培训内容和方式以及参加培训能带来的实惠宣传给农民。从思想上提高基层干部的观念意识，强化对"培养新农民、服务新农村"重要性的认识，使全社会都来关心和支持农民的科技教育工作，努力营造全社会重视和支持农民科技培训的良好气氛，特别是从基层干部到农民这一环节要引起重视。此外，鉴于田东县农村社会治安环境问题，田东县相关政府部门，如公安局和政法委应该加强对农村的治安管理和法治宣传，这些公共服务只能靠政府来提供。

（2）农业保障制度

对田东县农民的调研表明，农民求富的愿望十分强烈，在致富道路上也多次尝试，但是农民自身力量毕竟有限，往往经不起市场经济大风大浪的考验，比如有的农户看好猪肉市场的好价格，结果把积蓄投资在买仔猪上，但是遇到猪瘟疫病后毫无办法，损失惨重，以后也不敢轻易投资；有的农民想投资苦于没有资金来源；有的农民需要技术上的指导却找不到相关的负责部门；我们知道，投资是有风险的，要想获得更大的收益，就肯定要承担一定的风险，农民对风险的承受力是有限的，需要政府建立对农民和农业的保障制度，比如农民要进行某项投资，政府可以出台政策替农民承担一部分风险，这样农民可以更大胆的投资。再者，为了鼓励农民进行投资，政府可以制定一些优惠政策，提供投资信息、技术咨询、财政补助等等。政府部门应该建立一套基于农民利益的农业保障制度，增加农民应对市场风险的能力。当务之急是要建立农业投资风险分担制度和鼓励农民投资的财政支持与信息技术支持的相关制度。农村的医疗合作制度已经取得了一些成绩，减轻了农民的医疗负担，其他保障制度应该加快步伐实施，共同形成农村完善的社会保障机制。

五、结 语

在田东县半个月的调研经历给我留下了很深的印象，田东县的山山水水以及田东人民的热情、勤劳令我难忘，写报告的整个过程脑海里时常浮现田东农民一张张淳朴的笑脸，田东农民的素质表现出一种巨大的潜能，进一步提高农民素质还存在很大的空间，主要在于营造一个良好的社会环境，形成农民自我发展的内在机制，开阔视野，注重知识的积累，用科技武装农业生产；寻求多渠道的收入来源，有意识地培养自己的经营管理理念；做长远的打算，通过外出务工找到发展的出路，发展科技创业，提高自己的持续竞争力；同时集中分散的农民的智慧，发展农民组织，在协作中相互学习共同进步。政府为农民发展提供制度保障，加大对农村公共服务的力度，为农民学知识学技术创造机会，结合农村实际将农业科技开发和推广工作落到实处，并建立农民进行农业生产的一系列保障制度，鼓励农民投资，降低农业生产的风险。通过这种内外机制的良性互动促进田东县农民素质的提升，增强田东农民在社会主义新农村建设中的主动性和创造性，使他们真正成为新农村建设的主体，发挥应有的主体功能，引领田东县农村步入现代化的殿堂。

参考文献

[1] 刘永佶主编：《新农村》第一辑，中央民族大学出版社 2007 年。

[2] 刘永佶：《农民权利论》，中国经济出版社 2007 年。

[3] 曾业松：《新农论》，新华出版社 2004 年。

[4] 陈立庆：《中国农民素质论》，当代世界出版社 2002 年。

[5] 黄祖辉、胡豹、黄莉莉：《谁是农业结构调整的主体?》，中国农业出版社 2005 年。

[6] 李云才、刘卫平、陈许华：《中国农村现代化研究》，湖南人民出版社 2004 年。

[7] 王晶、张蒽编著：《国外的农民生活——法国与日本》，中国社会出版社 2006 年。

[8] 田东县科技局：《2006 年农民"下山进城入谷"工程培训方案》。

[9] 田东县科技局：《2006 年农民"下山进城入谷"工程培训总结》。

[10] 田东县劳动人事保障局：《2006 年"下山进城入谷"工程培训总结》。

[11] 田东县农业局：《2006 年"下山进城入谷"工程培训总结》。

民族地区山区贫困现状与社会主义新农村建设实证研究

——以云南省红河哈尼族彝族自治州元阳县为例[①]

2005 级民族经济学研究生　彭中胜

2006 年夏，中央民族大学国家"985 工程"中国民族地区经济研究中心赴云南红河彝族哈尼族自治州调研组进行了为期约一个月、涉及 4 县、48 个乡镇、960 余农户的大范围调查。此次调查正值中央提出建设社会主义新农村口号不久，以及《扶持人口较少民族发展规划（2005—2010 年）》实施之时。所以，结合社会主义新农村建设实践以及民族发展需要，对民族地区经济社会发展情况特别是民族地区贫困现状的调查具有非常重要的理论意义与应用价值。而且，针对该州的山地自然地理特征，本次调查综合考察了该州山区经济发展与新农村建设情况。

从地势来看，中国大多数贫困地区集中在山区。据国家统计局农村社会经济调查司的《中国农村贫困检测报告 2006》称，2005 年末全国山区贫困人口 1228 万，贫困发生率为 5.5%，占农村贫困人口总数的 51.9%，且近半数的低收入人口分布在山区，占全国农村低收入人口的 47.5%[②]。同时，扶贫工作重点县中少数民族聚居区的贫困人口相对集中，大多在"老、少、边、穷"的山区；民族聚居区的乡村人口占扶贫重点县乡村人口的 37.4%，但其贫困人口占扶贫重点县贫困人口比例的 49.1%。[③]

本文主要围绕对该州典型山区贫困县——元阳县的调查进行分析，以探讨民族山区新农村建设过程中存在的主要矛盾、历史成因、重点任务、发展困境与对策措施。

一、元阳县基本情况综述

元阳县位于云南省南部，哀牢山脉南端，红河哈尼族彝族自治州西南部，红河南岸，于 1951 年建县，辖区面积 2189.88 平方公里，耕地 35.7 万

---

①　2006 年夏，中央民族大学国家"985 工程"中国民族地区经济与管理基地云南省红河哈尼族彝族自治州问卷调查组在州内进行了为期约一个月的问卷调查。本文对元阳县的分析所采用的问卷调查数据即来源于该调查组回收的问卷数据。本文作者在此对该问卷组成员表示感谢。

②③　国家统计局：《中国农村贫困监测报告 2006》，中国统计出版社，第 7 - 8、23 页。

亩，总人口 43.833 万人。

境内山高谷深，沟壑纵横，属于深切割中山地貌类型，最高海拔 2939.6 米，最低海拔 144 米，相对高差达 2795.6 米。立体气候特征明显，境内有中亚热带季风气候，有亚热带到寒温带等气候类型，素有"一山分四季，隔里不同天"之称。

元阳县具有较好的地域优势，距昆明 301 公里，距离国家级口岸河口 161 公里，是连接红河哈尼族彝族自治州南北部的交通枢纽。

境内世居哈尼、彝、汉、傣、苗、瑶、壮七种民族，少数民族人口 33.2833 万人，占总人口的 75.93%①。民族文化丰富多彩，风情各异，哈尼族的"昂玛突"（长街宴）、"苦扎扎"、"十月年"；彝族的"火把节"，傣族的"泼水节"，苗族的"采花节"，瑶族的"盘王节"，壮族的"三月三"等民族节日独具特色，而且各民族在上千年的共同生产生活中衍生出的"贝玛"、"土司"、"祭祀"、"服饰"、"农耕"等文化活动更增添这片土地的神秘性。

二、考察样本与分析方法

1. 样本框与样本总量

（1）本次调查针对元阳县区域经济特征与山区海拔差异，按典型比例抽样法选取了元阳县具有典型的三个乡镇进行调研。各乡镇及村社的主要特征描述如下（见表 1）：

表1　元阳县调查样本描述

调查乡镇	乡镇特征	2005 年末人口总计	社区选取
马街乡	山区，且多处山寨为直过区	28244	乌湾村、啊路嘎村、登云村、马街村
新街镇	山区，有闻名的哈尼梯田	34819	土戈寨、新街村、下节村、大田街社区
攀枝花乡	山区，厂矿多	17291	洞浦村、保山寨村、勐品村、阿猛控村

（2）样本结构。每个县、乡（镇）一级政府，发放政府问卷一份，每

① 数据来源：《2006 红河州领导干部经济工作手册》，红河哈尼族彝族自治州统计局编。

个村委会发放社区问卷一份，每个农户发放家庭问卷一份。所以，该县共回收政府问卷 4 份，社区问卷 12 份，家庭问卷 240 份，总计 256 份。

（3）抽样方法。在乡镇一级采取非随机等距抽样法，按各乡镇经济发展程度与乡镇特色分别选取，特别选取了贫困镇。同时，按海拔从高到低选取社区，这样，有利于考察山区经济"因山而变"的特征。在农户一级，采取随机抽样法（见图 1）。

图 1　元阳县调查流程图（以 A 镇为例）

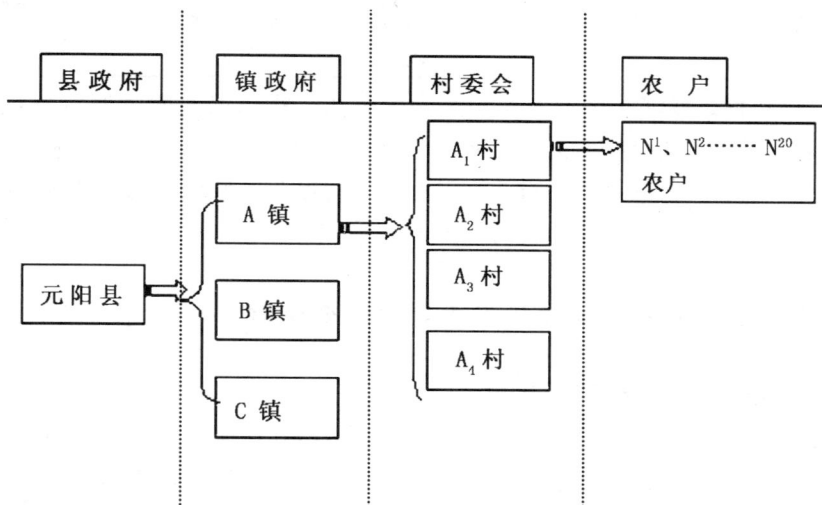

2. 调查方法

（1）宏观分析与微观调查相结合。此次问卷调查以红河哈尼族彝族自治州总体经济社会调查为整体，采取分县、分乡镇、分社区整群抽样调查法。所以，在调查的同时，与州、县、乡镇各级政府、民族与宗教事务局等开座谈会了解一些基本情况。通过把国家总体扶贫发展战略与云南省、红河哈尼族彝族自治州扶贫政策选取及其实施进展相结合进行考察，在逐步认识到元阳县县域经济特征的基础上，调研组对该区域的区域经济与政策脉络有了宏观上的了解。同时，采取随机抽样入户调查的方法，了解老百姓的主观认知与社区发展状况。

（2）一手调查数据与二手文献资料相结合的调查法。在此次调研过程中，我们承蒙各级政府、社区的鼎力相助，获得了相当多的政府资料如《红河州统计年鉴》、《红河州政府干部经济手册》、《红河哈尼族彝族自治州

"十一五"计划纲要》（草案）、《元阳县政府工作报告》（2006）、《马街乡政府工作报告》（2006）、各级县政府年鉴（除元阳县外）等。这些宝贵资料为我们进行调查研究提供了丰富的参考。

但是，调查的独立性、专业性、科学性、深入性、创新性要求我们自行采取调查方案。通过艰苦的问卷调查，我们获得了 256 份问卷（见表 2）。这些问卷成为本文的主要数据来源。

表2　问卷结构表

问卷种类	政府问卷	社区问卷	家庭问卷	总计
数量	4	12	240	256

（3）群体座谈与个别面谈相结合的方法。在座谈与问卷调研过程中，我们采取了开座谈会畅所欲言与典型个案专访相结合的形式。既有利于了解当地大多数老百姓的需求与看法，又有利于挖掘个别典型户的特殊意义。如攀枝花乡五保户访谈、登运村村支书采访等。

三、元阳县贫困山区现状与成因调查分析

1. 元阳县域经济现状与问题

作为国家"八七"扶贫工作重点县，元阳县在国家、省、市的重点扶贫支持下，经济社会发展迅速，人民的生产生活得到了巨大的改善。但是，扶贫攻坚任务依然艰巨，"三农"问题仍然是发展的第一难题，扶贫攻坚是该县新时期新农村建设中的重要任务。具体来说，主要表现在以下几个方面。

县域经济发展总体水平不足，产业结构调整缓慢，经济发展处于初期阶段。2004 年元阳县 GDP 79980 万元（当年价），第一、第二、第三产业分别占 43.2%、17.7%、39.1%。2005 年 GDP 达到 94826 万元（按 2006 年价算），增长率为 10%，排名红河全州 12 县市的第 8 名，略高于州 9%的增长率[1]，人均 GDP 为 2535 元，为全州人均 GDP 7612 元的 1/3，为全州倒数第三。其中第一、第二、第三产业总值分别为 35994 万元、14963 万元、41889 万元，从产业结构上来说，按照罗斯托的经济增长五阶段理论，元阳县经济发展处于经济发展的初期阶段。"十五"末三次产业结构为 50.1：19.5：30.4，尚处于产业结构调整初期。其中第一产业增长值仅为 0.2%，

---

[1]　资料来源：《2006 红河州领导干部经济工作手册》，红河哈尼族彝族自治州统计局编。

可见该县农业经济发展速度缓慢，农业增加值贡献率较小。而且，2005 年元阳县主导经济作物甘蔗产量下降了 8.1%，影响了甘蔗种植主的收入。2005 年辖区工业总产值 24992 万元，增长了 16.8%，排名全州倒数第二，辖区 500 万元以上工业总产值 21600 万元，也排名全州倒数第二，而 500 万元以下工业总产值仅为 3392 万元，排名全州倒数第一，而且该县工业主要集中在几个规模龙头企业，中小企业稀少，工业企业改制与发展难度大。

县乡财政①赤字严重，财政支农难度大。2005 年，元阳县地方财政收入为 2801 万元，人均 74.36 元，居全州倒数第一，且财政收入增长缓慢，2005 年比 2004 年增长 4.2%，排名全州倒数第三。而当年地方财政支出为 25203 万元，比 2004 年增加了 19.5%，地方财政收支赤字达到 22402 万元，财政自给率仅为 11.11%。人均财政支出仅为 674 元，为全州人均 1385 元的 48.66%。所以，该县财政仅仅为"吃饭财政"，甚至还没有达到"吃饭财政"水平。而且，各乡镇也大多为赤字财政，如表 3，所调查的三个镇的财政在赤字高位运行。这种财政状况，严重影响了政府的财政支农能力，据《2006 中国农村贫困监测报告》所载，元阳县 2005 年的财政支农支出仅为 1384 万元，占其财政总支出 24041 万元的 5.76%。

表 3　2005 年被调查乡镇财政状况

	元阳县	新街镇	马街乡	攀枝花乡
地方财政收入（万元）	2801	125	15	16
地方财政支出（万元）	25203	394	192	161
地方财政赤字（万元）	22402	269	177	145

数据来源：根据《2006 红河州领导干部经济工作手册》整理。

扶贫攻坚成效明显，但是绝对贫困、赤字贫困数量大，返贫率高，扶贫任务更加艰巨。2005 年，元阳县农民人均纯收入为 1397 元，增长了 11%，红河哈尼族彝族自治州农民人均纯收入为 1991 元。而元阳县 2005 年底尚有贫困人口 16.6 万人，占全县 37.6666 万人口的 44.07%②，所以，元阳县贫困人口基数大。加之元阳县少数民族人口比例大，且大多居住于偏远落后的

①　说明：据查，《2006 红河州领导干部经济工作手册》中有关元阳县的财政收支数据与《2006 中国农村贫困监测报告》相关数据存在一定的差异。在此以前者数据为依据。《2006 中国农村贫困监测报告》中元阳县财政状况为：财政总收入 4237 万元，其中地方财政预算内收入为 2737 万元，财政总支出为 24041 万元，其中支农支出为 1384 万元。

②　资料来源：元阳县政府工作报告（2006）。

山区，部分地区居住条件恶劣，经济发展滞后。甚至还有些少数民族居住地区是"直过区"①，贫困程度深，贫困面大，贫困发生率高，扶贫效益差，很多农户表示都有家庭负债，以负债支撑家庭生产生活。所以，如何减少绝对贫困人口，巩固扶贫成果，把扶贫与新农村建设有机结合起来，成为元阳县下一步扶贫的巨大挑战。

基础设施薄弱，生态环境脆弱，社会事业发展任务艰巨。2005 年年末，元阳县耕地总资源 23829 公顷，相对于 2004 年减少了 19 公顷，约减少 0.5%。城镇化率仅为 5.6%。这里部分山区生态环境比较脆弱，泥石流常有发生，严重危及群众的生产生活。

2. 农户调查微观分析

此次调查样本共 240 户家庭，人口 1195 人，平均每户 4.9 人，大大高于全国 4.1 人的水平。样本户共计 842 个劳动力②，劳动力占样本总人口的 70.46%；其中，少数民族人口占总人口的 88%，高出元阳县 75.93% 约 12 个百分点。因为被调查点中，有几个村是典型的哈尼族聚居村落，所以，少数民族比例较高。

通过对调查数据的处理，结合调查中的经验收集与座谈访问，本文对元阳县的经济社会现状与问题具体分析如下：

山区农业以传统小农生产为主，部分山脚地区走向初级农业产业化，生产力山区差异大。该县多处民族山寨属于直过区，经济发展基础差，特别是半山以上地区。该地区建国前大多处于刀耕火种的传统、原始农业生产阶段。建国后，在党和政府的关心下，实行了土地制度改革与生产方式的社会主义改造，这些地区直接从原始的半封建、半奴隶的社会过渡到社会主义社会，在社会制度上取得了历史的进步。但是，受制度惯性、经济基础、民族传统的影响，这些地区的生产力发展水平相对落后于其他地区。对调查数据分析可得（见图 2），240 户农户中有 132 户认为自己没有采取现代农业生产技术，占农户的 55%；而 82 户（占 34%）认为自己采取了优种技术，据调查，这主要是低海拔地区农户采取优种香蕉等亚热带农作物品种。所以，在粮食种植以及经济作物种植上，山区生产技术水平随着海拔变化而差距拉

---

① 直过区：云南民族"直过区"是指 20 世纪 50 年代初，中央政府对云南边疆还处在原始社会末期的 13 个少数民族聚居区，采取特殊的"直接过渡"方式，直接、逐步地过渡到社会主义。

② 本次调查所指"劳动力"定义为年满 16 周岁以上具有劳动能力且常年或者短时期内参与劳动的各个年龄段的人，其中包括学生、达到退休年龄的老年人等。

大，调研组甚至发现，在该镇高海拔地区，很多农民仍然是采取火烧山坡种植玉米等粗放式的生产方式，对这个地区原本很脆弱的植被造成了巨大的破坏，贫困山区环境保护与生存需要之间的矛盾十分尖锐。而该县高海拔地区因为水文、气候等的制约，优质稻种植范围少，且产量低，劳动力生产效率低下。

图2　元阳县农业技术使用情况农户调查

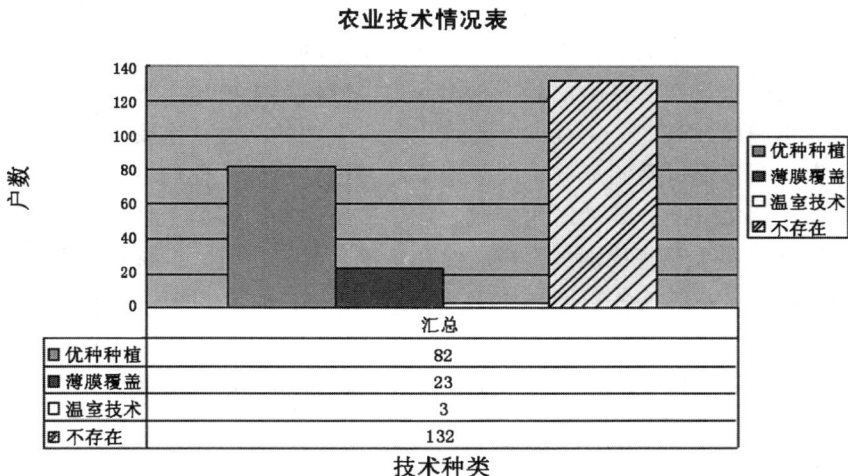

农业技术情况表

	汇总
优种种植	82
薄膜覆盖	23
温室技术	3
不存在	132

技术种类

农民主体性分裂严重，主体意识处于多重矛盾之中。在对农民权利主体性的调查中，特别是从农民选举参与性的调查来看，发现农民的参与性比较弱，只有13%农民认为自己认真行使了选举权，45%的人抱着无所谓态度，而不认真行使或者不行使的占了40%，这说明农民的政治权利主体意识比较淡薄。而在经济权力诉求上，农民又表现出极大的渴望。所以，这种对政治权力与经济权力的认识严重脱节的现象，表现了民族贫困地区农民主体性的分裂。究其原因，笔者认为主要是两种权力意识的来源不同造成的：在政治权力意识方面，靠外部力量进行政治制度设计与实行是民族贫困地区的主要政治特征，农民的主动参与性较弱，或者主要是被动参与；在经济权力意识方面，随着商品经济与市场机制渗透进民族地区农民的生活，农民的经济利益诉求得以内发生长，与此相应，其经济权力意识也得到内生。这种内外源力量造成的农民权力主体分裂，最终会成为农民主体性全面发展的羁绊。所以，要发挥农民在农村建设中的主动性、创造性，真正树立农民的主体性，在民族贫困地区真正实现基层民主政治制度，就必须改变传统的对农民进行民主意识灌输的方式，创新选举制度，使农民真正参与到基层自治与基层政治运转中来。

表 4　元阳县农户基层选举参与情况

态度	认真行使	不认真行使	无所谓	不行使	未填（空白问卷）	总计
人数	32	79	109	18	2	240
百分比	13%	33%	45%	8%	1%	100%

生活基础条件差，医疗、保险等社会保障网络急需建立。在对农民生活条件的调查中，我们选择了住房、医疗、饮水等与农民生活息息相关的几个项目。调查发现，该县哈尼族山寨山区大多数建寨于坡顶山脊，居住地区与耕地、水源比较远，一定程度上导致生产、生活的不便。主要是因为这些山区多发生泥石流，且哈尼族有向阳建寨的习惯，所以，他们如此选址。

在住房条件上，该地区大多数农户住房条件差，多为土坯房，或者土木混合房子，甚至有些特别贫困户居住在茅棚、权权房里。据统计（见表5），钢筋水泥与砖木结构住房面积比重只有58.75%，而全国来说，农村平均为85.2%，低收入户为63.7%，贫困农户为56.6％。还有40%的农户住在土坯与木竹草藤房中，这些房子的抗风雨侵蚀能力弱，建筑寿命短，而且很多是危房，住房安全十分堪忧。

表 5　元阳县农民住房条件调查

房屋种类	砖瓦石房	木竹草藤房	土坯房	钢筋水泥房	总计
户数	31	21	78	110	240
百分比	12.92%	8.75%	32.5%	45.83%	100%

经过调查统计，样本农户的平均住房建筑面积是 84 m²/户，在填写问卷时，由于对问卷的理解存在差异，许多农户把牲畜饲养建筑也算在内，所以，每户住房面积要低于 84 平方米。即使照此计算，也只有 16.87m²/人（见表6）。而 2005 年全国贫困和低收入人口人均住房面积分别为 18.1 和 19.3 平方米，全国农村人均住房面积为 29.7 平方米①。可见，该县住房指标远远偏低，生活条件令人堪忧。所以，民族地区新农村建设需要加大投资力度帮助贫困户改善住房条件。

---

① 资料来源：国家统计局农村社会经济调查司编：《中国农村贫困监测报告2006》，中国统计出版社，第12页。

表6 元阳县农户住房情况调查

总户数	样本家庭总人数（人）	样本住房建筑总面积（m²）	样本户均建筑面积（m²/户）	样本人均建筑面积（m²/人）
240	1195	20160	84	16.87

同时，截至2006年8月调研结束为止，红河哈尼族彝族自治州的部分县还没有开始实施新型农村合作医疗。元阳县也没有实行农村合作医疗试点。在医疗条件调查中，有些调查对象是因为在企事业单位或者政府部门任职，享受医疗保险。但是此类对象只有19人，占总调查对象的7.92%。

与医疗状况相似，农村养老保险也没有实行，被调查者中，只有20人因为"单位职工"身份参与了单位养老保险，人数、比例与医疗状况高度吻合。

通过就医情况调查，结果十分令人震惊（如图3），只有约35%的人选择去县级及以上医院就诊，虽然有约29%的人选择在乡镇医院就诊，但是，这些山区乡镇医院对于大病的治疗水平相当有限。甚至还有17%的人选择不看病或者自己买药吃。可见贫困地区的医疗建设迫在眉睫。

图3 农民就医情况调查

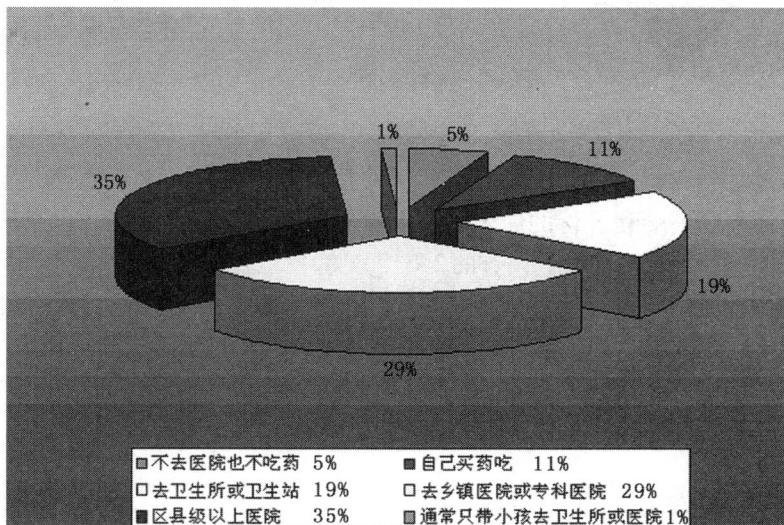

不去医院也不吃药 5%　■自己买药吃 11%
去卫生所或卫生站 19%　□去乡镇医院或专科医院 29%
区县级以上医院 35%　■通常只带小孩去卫生所或医院 1%

农民增收难，收入结构单一，需多管齐下促农增收。该县大多乡镇处于山区，交通阻隔，通信不便，生产力水平低，环境脆弱等多因素综合决定了农民增收难（见图4）。大多数家庭的主要收入来源于家庭经营第一产业，特别是种植业，且以自给自足为主，种植业商品化水平低，农户收入的货币化程度低①，而且农民对自己增收难也呈现理性的认识。技术、市场价格、收入渠道、成本成为当前农民增收的主要制约因素。这也反映出民族贫困地区农村在设计提高农民收入的下一步政策措施时，需要反思过去的技术支农、资金支农方式的单一性，而要在市场、技术、产业等多方面实行综合配套改革。特别是在扶贫攻坚过程中，应该大力培育区域市场，使农民能够充分参与进来。

图4　制约农民收入的主要因素调查

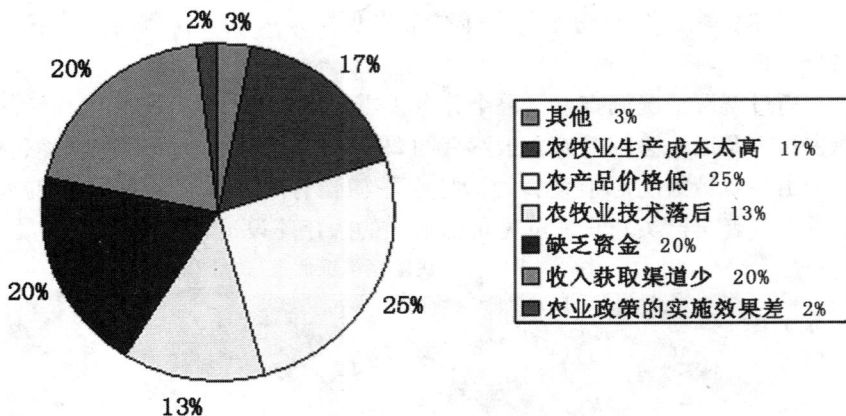

劳动力转移难度大。农村劳动力转移是农业现代化的必然之路，也是农业产业结构调整顺利进行的保障，是农村城镇化的最主要途径，也是增加农民收入的重要渠道。在我们调查的240个家庭中，总人口1195人，总共有842个劳动力，劳动力占总人口的70.46%。据对"你家去年有____人在外地打工"这个问题的回答进行统计，一共只有211个外出打工者，平均每户不到1人，占劳动力的25.1%，占总人口的17.66%。在外出就业渠道②的选择上，大多是靠自觅或者亲戚朋友相助寻找工作，对政府依赖比较少。而且，由于

———————

① 据国家统计局报告，2005年贫困人口人均现金纯收入为278元，占纯收入的52%；低收入人口人均现金纯收入519元，占纯收入的60.3%，分别比全国平均水平低31.1个和23.8个百分点（见国家统计局农村社会经济调查司编：《中国农村贫困监测报告2006》，中国统计出版社）。

② 该问题设计为：如果你外出打工，你首先选择什么地方？1. 本县本乡；2. 省内；3. 国内其他省区；4. 国外；5. 不存在。

地方经济落后，劳动力文化素质低，外来单位招工也很少（见表7）。

表7 外出就业渠道的选择

渠道选择	政府或村组织	亲戚朋友介绍	自行外出	外来单位招工	其他	总计
人数	19	61	75	11	2	168
百分比	11.30%	36.30%	44.%64	6.55%	1.19%	100%

在就业地点的选择上，该县劳动力大多选择就地就业，或者省内其他地方，而选择出省者不到总人数的14%（见表8）。

表8 就业地点的选择

地点选择	本县本乡	国内其他省	国外	省内	总计
人数	79	21	4	86	190
百分比	41.57%	11.05%	2.11%	45.26%	

如上调查，从劳动者的就业选择来看，民族地区劳动力转移存在几个问题。第一，劳动力转移总量少，组织程度差。大多数劳动力在传统农业中低水平就业，劳动力剩余很大，也影响了农业劳动生产率的提高。第二，由于劳动者文化水平低，对于外出就业的风险承受能力低；即使外出就业，可选择岗位少，缺乏就业主动权。第三，就业渠道有限。在贫困山区，劳动力就业以宗亲、朋友传帮带为主，而政府在劳动力转移过程中的角色不明显。据调查，劳动力即使外出，也大多是在本省、本县乡兼业，农闲外出打工挣钱，农忙则回乡务农。而贫困地区县、乡经济发展落后，城市化水平低，就业创造能力有限，工资水平低，对于农村剩余劳动力转移的贡献有待提高。

男性劳动力受教育文化水平低[1]，职业教育缺乏。在此次调查中，因为民族地区问卷受访者大多为16岁以上的男性，而被访女性仅45人，占填表者的18.75%。所以，在此先分析男性劳动力的教育文化水平（见图5）。

填表者中，16岁以上男性共193人，其中小学及文盲半文盲101人，占群体总数的52.33%。因此可以看出，男性劳动力文化程度普遍偏低，特别是山区哈尼族聚居村落男性劳动者文化水平更低。如登云村[2]的21个填表者中，小学及其以下文化者16人，占总数的76.19%（见表9）。在山区农村，生产生活主要以家庭为单位进行，而男性劳动力又是当地家庭生产生

---

① 因为此次调查中，被调查男性年龄大于16岁的为193人。所以，由于民族地区男女性社会功能的限定对于调查对象选取的条件制约，为了便于研究，此处主要讨论男性劳动力的受教育程度。并不是说本次调查不重视女性社会地位及其教育、生活、文化等的发展。

② 登云村属于红河哈尼族彝族自治州哈尼族直过区。

活的主要决策者，也可以说是农村地区微观家庭经济结构调整的主要决定力量。家庭男性劳动力的教育文化水平与家庭的收入水平呈高度正相关性，也决定了民族农村的经济发展水平。所以，提高男性劳动力的受教育文化水平是民族农村地区经济进一步发展的重要手段。

表9　登云村填表者文化水平

教育程度	大专及以上	中专（高中）	初中	小学	文盲
百分比	5%	5%	14%	33%	43%

图5　元阳县男性劳动力受教育程度

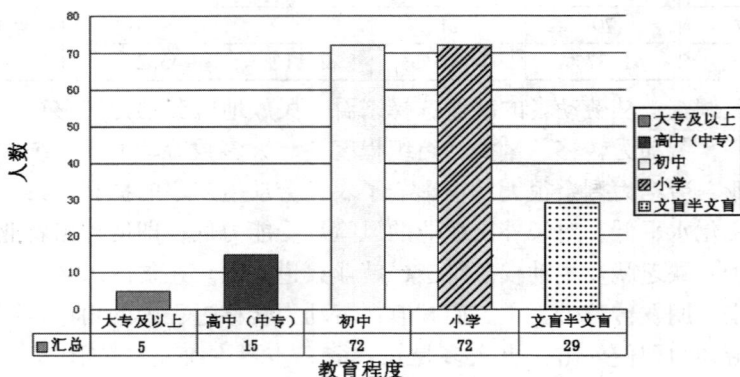

教育程度	大专及以上	高中（中专）	初中	小学	文盲半文盲
汇总	5	15	72	72	29

与全国总体水平相比，元阳县被调查农村劳动力文化程度不高，文盲率高，受初中教育水平低于全国及贫困农户、低收入农户水平（见图6）。

图6　元阳县劳动力受教育程度调查

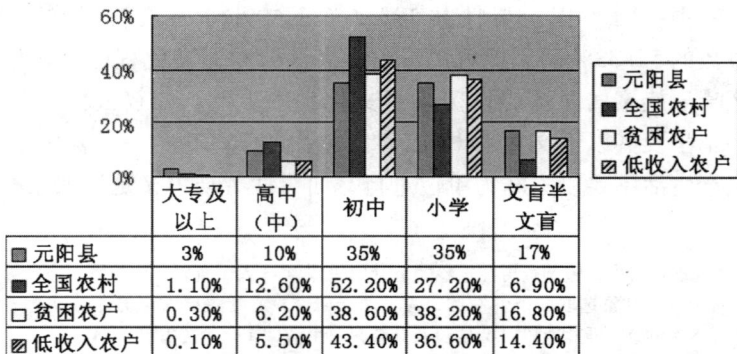

	大专及以上	高中（中）	初中	小学	文盲半文盲
元阳县	3%	10%	35%	35%	17%
全国农村	1.10%	12.60%	52.20%	27.20%	6.90%
贫困农户	0.30%	6.20%	38.60%	38.20%	16.80%
低收入农户	0.10%	5.50%	43.40%	36.60%	14.40%

数据来源：据元阳县调查问卷与《中国农村贫困检测报告2006》资料整理得来。

同时，过半数农户表示没有机会参加农业技能培训（如图7），这说明该地区在科技支农投资上有待加强。

图7　参与职业技能培训的机会

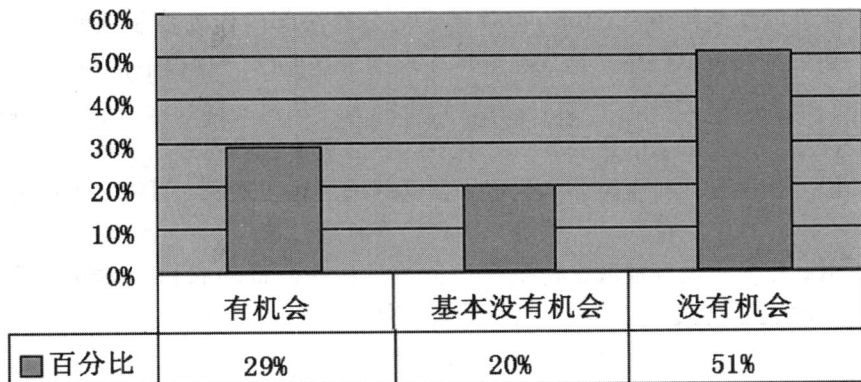

	有机会	基本没有机会	没有机会
■百分比	29%	20%	51%

　　农民对合作组织的内在需求强，但是对其功能的认识存在局限性。通过调查①，78%的农民认为合作组织能增加收入且愿意参加经济合作组织，这说明在农村发展专业合作组织具有很好的群众基础。然而，资料表明，红河哈尼族彝族自治州除高度垄断性的"公司＋农户＋基地"模式的烟草公司颇具规模外，其他合作组织发展十分有限，而元阳县因为其气候、土地特征不适合种烟，只有山脚地区甘蔗、香蕉产量丰盛，但是缺乏社会化、专业化的组织进行技术与信息指导、市场运作，这些经济作物的种植与生产缺乏规模经济效益，农业产业化水平低，尚处于培育与引导阶段。

　　法律意识薄弱，维权渠道单一，基层组织发挥了重要作用。树立农民的权利意识是农村建设的重点，也是民族贫困地区的薄弱环节。通过调查发现维权过程中，62%的人表示首先找村委会调解（见表10），而政府为第二选择，公检法反而为第三选择，亲友排列第四。这说明我国民族农村地区村委会在基层法律纠纷调整中发挥着第一站的作用。村委会人员的法律素质与调

① 该问题设置为：你感到参加专业合作组织对你和你家有什么好处（选三项）：1. 增加收入；2. 降低市场风险；3. 在生产、销售等有关方面节省精力；4. 享受组织提供的技术、信息服务；5. 依靠组织扩大与外界的社会交往；6. 其他。

解能力直接决定着村级法制秩序的维护。而村民纠纷先找村委调节也符合我国法律诉讼程序，所以，要加强民族地区农村村委会成员的综合法律素质。

同时，对政府的选择性优先于对公检法的选择，说明民族地区政府在百姓的心目中占据重要地位；而公检法部门在老百姓的选择中地位相对次之。民族贫困地区的政府一直以来在老百姓心目中扮演着全职者的角色，使老百姓对政府的功能与角色认知有些模糊。而公检法部门作为强制性的职能部门，如果按照法律程序，老百姓个体在求助于这些部门过程中，要在时间、金钱、精神上承受巨大的代价，往往得不偿失。且很多百姓表示公检法部门活动程序复杂，活动的透明度十分有限，往往要求当事者必须具备一定的法律知识。相比较，对于整体文化水平偏低的民族地区来说，百姓寻求政府帮助在成本、效率、信任、习惯等方面都符合其理性选择。

由此看来，民族地区农村要想迈向政治民主、推动农村法律制度的完善，公检法部门首先应该加强自身建设，加大法律支农力度。

表 10　维权渠道调查

渠道	村委会	公检法	政府	新闻机构	亲友	自行解决	沉默妥协	其他	总计
人数	151	28	43	2	6	4	4	2	240
百分比	62%	12%	17%	1%	3%	2%	2%	1%	100%

农民环境治理主体意识强，但是缺乏制度保障。元阳县虽然属于山地，但是其植被覆盖率低，生态比较脆弱。由于过去采取粗放型经济发展方式，对自然资源的掠夺性开采，这些地区的自然环境也遭到了巨大的人为破坏。我们调查发现，该地区泥石流灾害频发，主要是因为覆盖其上的林木被砍伐，水土缺乏保护所致。同时，据调查统计，当地居民对于居住环境也表示了强烈的担忧。约有 54.17% 的居民认为自己的居住环境一般，只有 38.33% 的居民认为环境很好。

环境被破坏的主要原因①，如图 8 所示，第一生活垃圾（主要是村民周边生活环境），许多村庄"脏、乱、差"极为严重；其次为水土流失和工业污染，因为多处村庄的百姓承受着泥石流危害，且元阳县内有红河流经，红河流域多厂矿特别是小矿厂，这些厂矿的水污染、大气污染特别严重，使红

---

① 问题设计为：如果自然环境不好，主要原因是什么？（单选）1. 工业污染严重；2. 生活垃圾太多；3. 水土流失严重；4. 资源被盲目开发利用；5. 土地沙漠化；6. 政府治理环境不力；7. 其他。

河流域的百姓颇有怨言。

图8　环境问题的原因调查

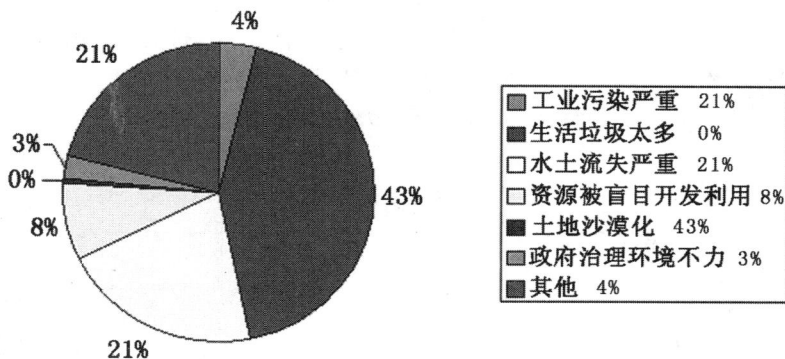

- 工业污染严重　21%
- 生活垃圾太多　0%
- 水土流失严重　21%
- 资源被盲目开发利用 8%
- 土地沙漠化　43%
- 政府治理环境不力 3%
- 其他　4%

在对环境保护责任主体的认识上，63.33%的居民认为重在本地居民的环境保护，同时也有27.75%的居民强调政府在环保中担当责任主体。他们认为只有政府发挥其管理者的角色，才能在非居民环境治理上起到成效。

与此相对应，农户在环境治理的重点上与上述认识是高度吻合的，如图9所示，居民认为规范生活垃圾以及加强政府环境治理力度是重点。

图9　对环境治理重点的认识

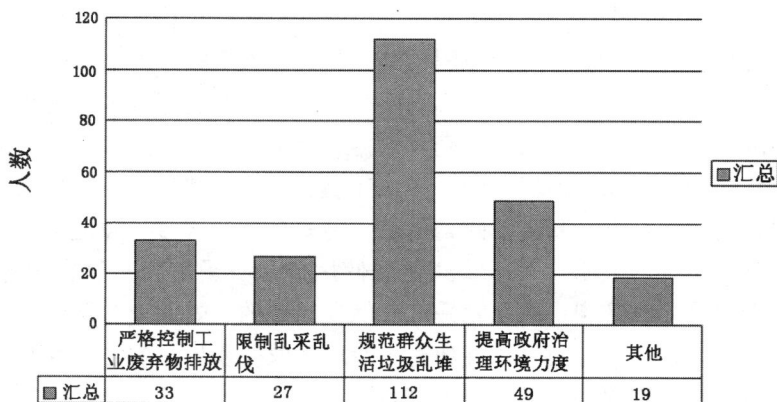

	严格控制工业废弃物排放	限制乱采乱伐	规范群众生活垃圾乱堆	提高政府治理环境力度	其他
汇总	33	27	112	49	19

农资价格上涨①与贫困山区农民的单一投资决策。农业生产中，农资价格往往成为农民生产决策的重要影响因素，元阳调查显示（见图10），61%的农户认为农资价格有所上涨，且50%的农户认为对自己的生产生活影响不大；认为大幅上涨的占28%，33%的农户认为对自己的影响很大。总共有89%的农户认为农资价格在近几年上涨了。

图10　农民对生产资料价格涨幅的认知

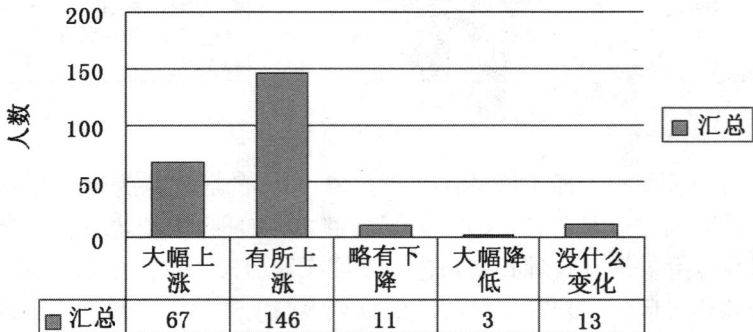

	大幅上涨	有所上涨	略有下降	大幅降低	没什么变化
汇总	67	146	11	3	13

在农资价格上涨对农户生产生活的影响上，我们发现该地区一个独特的现象，因为该地区以农业为主，但是大部分农户认为对自己的影响不大，按照农村发展规律只有高度城镇化的地区，农民对农资价格上涨的反映缺乏弹性。笔者分析，这里面有两个原因，其一是该县农资整体价格几年来上涨幅度确实不大，成本增加对于农户影响不大。其二，笔者通过调查发现，由于这些地区农业现代化水平低，农药化肥施用量很少，主要还是使用农家肥，所以，化肥价格上涨对他们也没有多大影响。甚至有些高海拔哈尼族山寨居民不用农药化肥。据元阳县陪同官员讲，高海拔山区许多少数民族农户因为教育科技文化水平限制，对于农药化肥使用方法不了解，甚至在上世纪90年代个别村民把扶贫到户的化肥一次性倒在田地的一处而十分珍惜地保藏化肥口袋。可见，治穷先治愚，要加速民族地区农业发展与农业现代化，必须首先加大对农民农业科技知识的教育力度。

----

① 农资调查设计：你认为这几年农业生产资料价格如何？1. 大幅度上涨；2. 有所上涨；3. 略有降低；4. 大幅度降低；5. 没有变化。

在农资价格上涨的分类上（见图11），可以看出46%农户认为化肥价格上涨的影响最大；其次是电费，占调查农户总数17%；种子，13%。

图11　农资价格上涨分类调查

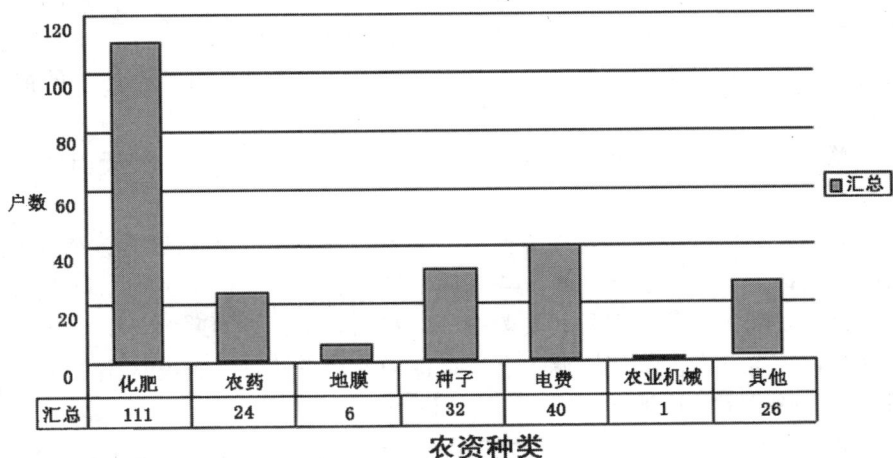

农资种类	化肥	农药	地膜	种子	电费	农业机械	其他
汇总	111	24	6	32	40	1	26

农户对农资价格上涨多数显得无可奈何（如图12），57.5%的农户认为没有办法采取其他措施去应对。而发达地区的农村对农资价格上涨的决策相当具有弹性，因为其农户并不以农业为主要收入，当农资价格上涨时，可以

图12　农民对农资价格上涨的对策

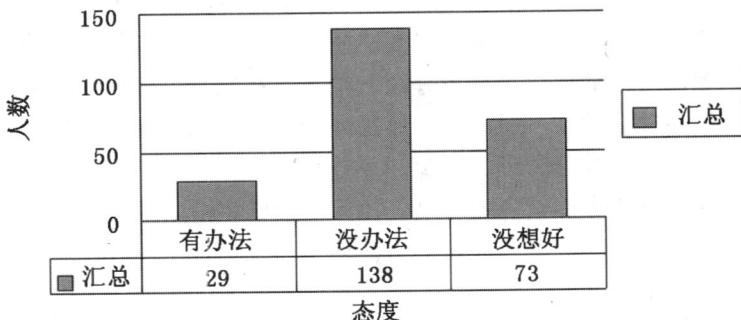

态度	有办法	没办法	没想好
汇总	29	138	73

通过调整家庭农业结构和加大非农就业化解因成本增加而导致收入减少的风险。他们对农资价格的反映具有相当大的弹性。而民族地区农户主要以传统小农生产为主，虽然可以减少化肥、农药使用，节约用电。但是，因为收入

制约，这种生产方式本来处于农资成本的低预算水平，又没有其他的就业和增收渠道，因此，农民决策调整行为对价格的反应缺乏弹性。这种价格——决策特征在传统农业为主业的其他民族贫困农村也大有呈现。

因为受低收入制约以及由此导致的投资——收入低水平均衡，贫困和低收入农户的农业生产投资水平始终较低，投向单一，主要是投向了种植业；同时，家庭生产性固定资产数量少，尤其缺乏体现现代农业生产方式的拖拉机等农业机械。

总之，从调查中，我们发现，元阳县的扶贫攻坚与新农村建设面临着如下典型矛盾与困难。

第一，山区经济发展与环境保护的两难。元阳县很多山区是沙砾土质，植被覆盖薄弱，易于造成泥石流与山体滑坡。所以，保护山区生态环境是该县可持续发展的保障。但是，要改变山区贫困现状，必须遵循市场原则，对山区进行综合开发。如何协调生态环境保护、经济开发、农民需要之间的关系，将严峻地考验该地区。

第二，政府引导与市场主导之间的选择。元阳县多年的扶贫开发虽然取得了一定的成效，但是，也面临着扶贫的困境。其中最主要的是在新时期的扶贫工作中政府如何发挥其功能，创新其措施。正确处理好扶贫中的政府决策者短期预期与地方发展的长期需要、政府寻租与农民利益等关系。新时期的扶贫结合新农村建设，必须以市场为导向，那么，在民族贫困山区，如何建立有序、高效、农民主动参与的市场体制是一个亟待解决的课题。

第三，山区开发与城乡协调发展。开发必然导致利益的重新分配，贫困山区开发必须在土地制度、资源开发机制上有所创新。市场竞争的结构必然将导致该地区阶层的分化与城乡差距的拉大。在民族地区，这种差距的变化将成为敏感性社会问题。所以，民族山区开发，必须发挥政府对利益分配的调节与资源开发的监督管理，以免城乡差距的拉大。

第四，民族心理的转变与和谐。山区开发必将对其居民的传统思维方式产生冲击，使其民族心理经受新的价值体系与思想观念的洗礼。如何在尊重当地少数民族价值认同的基础上，引导其向着开放、兼容的方向发展对维持民族地区和谐社会关系具有重大的意义。

四、加强民族贫困山区扶贫攻坚力度，促进其新农村建设

1. 根据山区经济特征，整村推进与集中连片相结合进行扶贫开发

民族贫困山区大多是典型的"老、少、边、穷"地区，具有少数民族小聚居的特点，在生产方式上处于传统小农阶段，信息封闭、交通不便、生存条件恶劣，老百姓大多处于温饱与贫困的边缘。虽然对这些少数民族地区的扶贫实行政策倾斜，但是由于其绝对贫困、深度贫困户数量大，扶贫效率不是很高，因此，对民族贫困山区的扶贫一定程度上缺乏政策连续性和规划的系统性。

《中国农村扶贫开发纲要（2001—2010年）》提出了按照集中连片原则确定扶贫开发重点地区；结合新农村建设要求，《纲要》提出了整村推进的扶贫计划。"贫困地区是新农村建设的难点和工作重点；消除贫困是新农村建设的前提和基础；扶贫开发是新农村建设的组成部分；整村推进扶贫开发同样是新农村建设的好形式、好抓手、好平台。"① 所以，民族贫困山区要把整村推进与集中连片的原则结合起来，因地制宜地采取农村扶贫与新农村建设措施。如结合元阳县山区农业种植成片的特征，元阳县提出了"片区"开发的计划，并且按照山区经济带状特征，由政府科学统筹规划，调整农业产业结构，在不同的农业功能区种植甘蔗、八角等经济作物，一改过去农民无序种植的局面，初见成效。

2. 加大对基础设施建设投入，改善生产、生活条件，积极探索有效的社会保障制度

致贫的原因是多因素一体的。然而，因基础设施缺乏与生产生活条件差是致贫的普遍原因。《中国农村扶贫开发纲要2001—2010》提出了"2010年前，基本解决贫困地区人畜饮水困难，力争做到绝大多数行政村通电、通路、通邮、通电话、通广播电视。做到大多数贫困乡有卫生院、贫困村有卫生室，基本控制贫困地区的主要地方病。确保在贫困地区实现九年义务教育，进一步提高适龄儿童入学率"②

对于贫困山区来说，由于基础设施建设成本高，短期效益不明显，各级

---

① 见《＜中国农村扶贫开发纲要（2001—2010年）＞中期评估政策报告》。

② 见《中国农村扶贫开发纲要（2001—2010年）》。

扶贫资金有限，所以，过去以政府主导的基础设施扶贫成效不是十分令人满意。而随着经济的发展与形势的变化，农村贫困也呈现了点（村）、片（特殊贫困片区）、线（边境线）并存的特征①。

因此，应充分利用整村推进新农村建设这个好平台，整合各级扶贫力量，对贫困的点、线、片重点突破，加大基础设施投入。对于山区来说，应充分调动农民的参与性，以政府投资为主导，以农民主动参与为载体，以农民的需求为出发点，主次分明地进行基础设施建设。如元阳县高海拔深山地区，农民对于用电、通信、电视的需求最为强烈，而道路建设非一时所能完成且预期收益不高，农民的参与积极性也没有前者高。因此，这种地区应该优先投资建设于用电、通信等与群众日常生活最密切的基础设施。

同时，要加大发挥政府在公共服务方面的作用，加快建立、健全惠及全民的最低生活保障与医疗保障制度。贫困户没有进入这个制度的能力，应该由政府买单使其进入制度中来。

3. 以农业产业结构调整为主线，以市场为导向，以农民自生能力培养为根本手段，多渠道增加农民收入

对于少数民族山区来说，以政府为主导进行扶贫开发，这种外源性开发虽然为民族山区经济发展与制度建设注入了动力，但是随着深层结构性矛盾与制度性约束，农民对这种模式参与动力的减退，扶贫思路当有新的转变。其根本在于由政府主导走向市场主导。

如前对农户的调查，少数民族山区农民已经置身于市场体系中了，具备了一定的商品价值观念与市场意识，这说明由政府动员转变为市场动员已经具备了最基本的条件。

而且，要想解决扶贫攻坚的深层次问题如可持续发展、政府功能转换、减少返贫率、减少相对贫困等问题，必须把市场功能与政府调节有机结合起来。

随着农民文化意识的提高，农民增加收入的内在需求越来越强烈，只有使农民主动参与到市场中去，真正成为市场决策的主体，在市场中培养主体意识，才能成为农村具有长期自生增长能力的主体力量。

所以，要结合山区资源优势，以农业产业结构调整为当前主要任务，以市场为导向，以政府政策支持与社会服务为指导，以农民市场参与能力提升

---

① 见《＜中国农村扶贫开发纲要（2001—2010年）＞中期评估政策报告》。

为手段，增加农民收入，使山区扶贫由外源为主导的模式向内源动力推动的机制转变。

4. 划分贫困层次，重点监控与整体提升相结合进行扶贫

中国自实行反贫困战略特别是"八七"扶贫攻坚计划实施以来，虽然采取开发式扶贫，且取得了重大的成就，但是贫困形势依然严峻，且呈现了新的特征："从社会成员普遍贫困到贫富差距迅速扩大，从绝对贫困为主到相对贫困为主，从农村贫困突出到城市贫困问题凸显，从区域性贫困到阶层性贫困，从社会分割性贫困到社会转型性贫困，从暂时性贫困到持续性贫困。"①

而民族山区的贫困特征有上述共性，也有其特征：

第一，民族因素复杂。由于历史的原因，少数民族深居大山，各民族之间在民族利益、民族心理、民族文化上受区域的影响，存在一定的特点。因此，要想扶贫攻坚，必须正确处理好民族之间的利益平衡、民族心理上的有效引导、民族文化上的开发与保护、传承之间的关系，使之成为少数民族改进自身贫困现状的积极因素与可用资源。

第二，区域因素复杂。民族贫困山区大多面临多种困难，如对资源开发与环境保护关系的处理最为两难。山区水文、土壤、气候复杂，规模开发难度大，模式复制性弱，且在人口、资源、环境关系的处理上也要因地制宜。如有的地区不适宜居住，只能异地迁移，但是面临所在区域居民缺乏迁移动机，迁入后适应性慢等多种问题。还有迁移资金缺乏，政府财政有限等困难。

第三，经济社会因素复杂。民族山区因为自然地理先天阻隔、历史上对民族地区采取的特殊政策以及民族之间的融合与分化，以及民族地区在现代化过程中受市场经济的冲击与国家政策的调整，存在着民族地区社会结构与阶层的分化与整合，民族地方本土制度与现代制度的选择与兼容，传统小农经济及其小农生活在越来越加剧的现代市场经济冲击下如何和谐转变等多种问题。

所以，应该正确认识上述问题，针对民族贫困山区的特征采取有效的扶贫新措施。应该对这些山区贫困群体划分不同的群体特征。清晰划分出绝对贫困户、相对贫困户与温饱户，对绝对贫困户实行建档立卡重点帮扶，对易

---

① 洪大用：《转型时期中国社会救助》，辽宁教育出版社，2004。

返贫户实行持续的贫困检测，采取措施，以防返贫。同时，政府在区域上统筹规划，加强各村之间的合作、分工与竞争，实行整体推动，这样，形成点、线、面立体式的山区扶贫开发格局。

5. 继续加强对人口较少民族发展的扶持力度

少数民族贫困山区大多是少数民族聚居的地区，此次对元阳县调查可知这些地区也是扶贫攻坚重点地区，其中很多地区还是人口较少民族聚居区。如何促进这些人口较少民族的脱贫致富成为扶贫过程中的重大课题，也是少数民族山区农村区域开发的主题。

中国政府在2004年全球扶贫开发大会上发表的《中国政府缓解和消除贫困的政策声明》指出：加快全国22个人口较少民族（人口少于10万）贫困地区的脱贫步伐，力争先于其他同类地区实现减贫目标。2005年，在国家领导人的重视下，8月8日由国家民委、国家发改委、财政部、中国人民银行、国务院扶贫办5部委联合发布国务院第90次常务会议通过的作为国家"十一五"专项规划之一的《扶持人口较少民族发展规划（2005—2010年)》，正式实施这一规划。该规划主要以640个人口较少民族聚居的行政村为主战场，以增加群众收入、人畜饮水、交通、通电、广播电视、安居、农田等基础设施建设和科教文卫等社会事业为重点，目标是通过5年左右的努力，使这些小民族的发展达到当地中等或中等以上水平，帮助他们走上共同富裕的道路。这说明人口较少民族的扶贫进入了新的阶段。

但是，因为发展的历史基础差，发展水平严重滞后，区域生产生活条件的恶劣，扶贫资金供需缺口大，扶贫资金的低效率等多因素制约，这些地区的人口较少民族扶贫任务依然十分艰巨，也关系到贫困山区新农村建设的全局。所以，应该整合各种力量，继续加强对其扶贫开发力度。

6. 以基础教育为根本促进民族地区人力资本提升，加强职业技术教育，促进劳动力转移

从元阳县的调查可以看出，民族地区山区劳动力的教育文化水平低，劳动力科技知识少，人力资本缺失成为当地经济可持续发展的最大制约。

自2006年1月始，国家在西部地区推行全免费业务教育，所以，应该以此为契机，普及基础教育，积极发展贫困地区职业技术教育，大力实施科技扶贫，增加贫困地区科技示范推广与教育培训经费。

同时，要想增加农民收入，实现民族地区农业产业结构调整的顺利进行，实现民族地区山区农业现代化，必须转移劳动力。如元阳县调查所示，民族贫困山区劳动力转移缺乏多种渠道，主要以农民个人社会网络为主。所以，政府应该把劳务输出与多渠道反贫、增收与民族地区市场经济体制培育与发展、增加农民参与性相结合列入贫困地区经济社会发展规划。以市场为导向，建立政府劳务输出管理机构，有针对性地对外出农民工进行专业技术培训，增加外出务工的组织化，增加农民对务工地点与岗位的选择。

7. 创新农村基层自治制度，完善地方政府服务功能，培育农民的政治参与意识

民族地区农村基层自治具有极强的政府行政色彩，基层行政权力已经深深地扎入了民族乡村的"两委"。如调查所示，这种基层政治安排有民族地区政治现代化转型过程中，民族主体参与性不足的原因；也是民族地区本身传统乡村自治制度被打破后替代制度的适应性不足所致。其中，最主要的是民族地区农民因为对于制度的选择主导权缺失，这种缺失导致各个利益分配群体的博弈不足，弱势群体对于制度收益预期减少，从而对于现有制度的需求动力减退，最终选择消极抵制或者退出所处制度。特别是贫困地区的农民更是如此，基层民主虽然牵涉到农民的利益，但是越是贫困地区的贫困人口，越是采取消极态度。

因此，要创新农村基层自治制度，弱化基层自治的行政色彩，以法制的力量保护各弱势群体公平参与制度博弈的机会，增加乡村社区内部的合议与民主协商。特别是民族贫困地区，在扶贫工作中，在自治领导的选择、村级项目的安排、资金的供给等方面政府要尊重村级合议的结果。

总结

民族贫困山区的扶贫开发与新农村建设是有机一体的，是统一于减轻民族贫困、促进民族人口的全面自由发展的目标之中的。扶贫开发是民族贫困山区在新农村建设中的工作重点，也是其难点；民族地区山区新农村建设要立足于其区域经济社会发展的贫困现实，要认识到扶贫与新农村建设长期发展目标的一致性与短期实践措施的相关性。要综合分析其致贫原因的复杂性，探寻适合本民族、本区域特点与发展规律的新模式。而不能不顾这种区域实情盲目赶超，落入传统扶贫使真正的穷人越扶越贫、差距拉大、扶贫机制失效的错局。

在新时期，随着国家民族政策、扶贫政策、"三农"政策都倾向于关注弱势群体；随着民族贫困山区百姓改变自身命运意识的增强等，少数民族山区农民一定有能力也有条件抓住这个发展的新机遇，迎接新挑战。

参考文献

[1]《元阳县政府工作报告》（2006）。

[2] 洪大用：《转型时期中国社会救助》，辽宁教育出版社，2004。

[3] 社会经济调查司编：《中国农村贫困监测报告2006》，中国统计出版社，2007。

[4] 红河哈尼族彝族自治州统计局编：《2006红河州领导干部经济工作手册》。

[5]《扶持人口较少民族发展规划》（2005—2010年）。

[6] 朱玉福：《人口较少民族迎来发展黄金期》，《西北民族大学学报》（哲学社会科学版）2006年第1期。

[7] 韩彦东：《人口较少民族贫困原因及扶贫开发对策研究》，《贵州民族研究》2005年第6期。

[8] 国务院扶贫开发领导小组办公室：《中国农村扶贫开发概要》，中国财政经济出版社，2003。

大力推广替代种植，促进和谐社会构建

2006 级区域经济研究生　刘长松

2007 年 7 月 10 日—20 日，我有幸参与边境贸易调研小组赴云南进行调研。在实地考察中，再次印证了边境贸易对德宏傣族景颇族自治州经济发展的重要性，尤其是替代种植计划的实施，为当地和谐社会的构建提供了强有力的保障。下面就详细介绍有关替代种植的情况。

一、替代种植与和谐社会的关系

1. 替代种植介绍

替代种植，就是用其他农作物，取代罂粟及所有可制成毒品原料的作物。从上世纪 90 年代初开始，中国有关方面就开始与中国接壤的罂粟种植区域进行磋商，着手开展罂粟替代种植工作，处于中国禁毒前沿的云南省 1990 年就着手开始对境外罂粟替代种植进行部署。

德宏具有独特的地理位置。三面与缅甸接壤，边境线长 503.8 公里，是中国通向缅甸最便捷的陆路通道。境内共有瑞丽、畹町 2 个国家级口岸，此外还有 28 处渡口，64 条通道，9 条公路，可方便通往缅甸的勐古、九谷、木姐、南坎、八莫和密支那。方便的地理位置为中缅两国人民进行友好交流创造了条件，但与此同时，漫长的边境线给边境管理工作带来了巨大挑战，一些不法分子趁机从缅甸向中国走私毒品，给德宏地区带来了严重的经济、社会问题。德宏作为云南省禁毒防艾的先锋，单靠围、追、堵、截并不能从根本上解决问题，铲除毒源才是治本之策。因此德宏早在 1990 年就开始了境外罂粟替代种植的探索。

2. 替代种植与和谐社会的构建

开展替代种植可以清除毒源，维护社会治安。毒品问题已成为德宏边境地区社会治安的一大隐患，更是构建和谐社会的最大威胁。德宏傣族景颇族自治州紧邻世界毒品生产基地"金三角"，与缅甸有 500 多公里的陆地边境线。两国山水相连，村寨相依，同种民族跨境而居，两国边民早有通婚互市的历史习惯。正是由于这么长的边境线无天然屏障，无疑给贩毒者提供了可乘之机。德宏60%以上的刑事案件是毒品贩卖和吸毒人员为了筹集毒资而发生的，毒品问题成为影响全州社会治安最重要的因素。普通的禁毒措施效果不很理想，只有从源头上切断，禁毒工作才能取得重大胜利。经过实践证明，替代种植就是一种行之有效的措施。

开展替代种植还具有经济利益。通过这种方式，可以有效地利用"两个市场、两种资源"，通过利用缅甸丰富的自然资源，德宏地区可以开展加工贸易，然后再出口，形成"外向拉动型经济"，提高当地的经济发展水平。而且替代种植项目可以有效规避缅甸中央政府对资源性产品出口的限制，缅甸政府也意识到资源性产品是其经济发展的基础，通过资源性产品的出口为经济发展筹措资金，如果资源性产品都廉价出售，显然使本国失去了实现经济发展的机会。只有社会治安稳定、经济发展、人民生活水平提高，社会才能和谐。

替代种植可以减轻国际压力。缅甸作为世界上一个主要的毒源国，正遭受巨大的国际压力。毒品问题不仅是一个国家的问题，更是区域性、全球性的问题，它给全人类带来灾难。美国已经对缅甸实行了经济制裁，缅甸作为一个军方独裁政权，要取得国际社会的认可，实行替代种植就是其中之一。

替代种植可以加强中央政府对地方的控制力。在缅北地区，存在着地方武装力量，与中央政府抗衡。毒品收入是地方武装力量的一个重要来源，切断了反政府武装的钱袋子，也就是削弱了地方武装的力量。通过对替代种植项目的审批，中央政府可以重新获得对地方的控制，并获得相应的税收收入。

可见，实施替代种植有利于缓和缅甸中央政府和反政府武装的关系，只有缅北地区实现了和谐，中、缅才能开展边境贸易，贸易的发展会促进双方经济共同的发展，经济的发展促进社会的和谐。

二、替代种植的发展现状

1. 替代种植面积大增

2006年云南省境外罂粟替代种植工作得到全面发展，首先是国务院出台了《关于在缅甸老挝北部开展罂粟替代种植发展替代产业问题的批复》（国函〔2006〕22号），财政部下发了《关于下达2006年度禁毒境外替代种植专项资金的通知》，并划拨了相关资金。在政策的指引下，云南省企业掀起了新一轮投资替代种植高潮，全年全省有 95 家企业新增投资 1.8 亿人民币到缅老北部开展罂粟替代种植；第二是全年新增替代种植面积 28.4 万亩，其中老北 17.8 万亩，缅北 10.6 万亩，超额完成年初预定 25 万亩的目标；第三是国家禁毒委通报了来自联合国毒品与犯罪问题办公室所公布的数据，"金三角"地区罂粟栽种面积下降到 30 年来最低点，从 2005 年度的 49.6 万亩降到 2006 年度的 32.5 万亩。净减 17 万亩的罂粟种植面积，也就是减少 17 吨海洛因对社会的危害，其中替代种植发挥了重要作用，2006 年新增替代种植面积是从 1992 年以来速度最快、成绩最好的一年。[①]

2. 毒品种植面积大幅下降

2005 年 11 月 1 日，联合国毒品和犯罪问题办公室发表《缅甸 2005 年鸦片种植调查报告》说，缅甸 2005 年鸦片的种植面积比 2004 年下降了 1/4 多，与 1996 年种植面积最多的时期相比更是下降 80%。报告是在毒品和犯罪问题办公室与缅甸政府联合进行卫星和实地考察的基础上作出的。联合国调查的重点是缅甸掸邦，它是金三角毒品区的一部分，缅甸 94% 的鸦片产于该地。报告指出，到目前为止，缅甸仍是世界第 2 大鸦片生产国，排在第 1 位的是阿富汗。2005 年缅甸鸦片种植面积占全球总种植面积的 21%，而 2004 年是 23%。2005 年缅甸预计将生产 312 吨鸦片，而 2004 年是 370 吨。[②]

缅甸的统计也证实了这一点，缅甸正在边境地区发展替代经济种植业和养殖业，这些地区分布在掸邦、钦邦和克耶邦，目前这些措施已初见成效。据缅甸官方统计，一些开展替代经济的原罂粟种植业主年均净收入已达 362 美元，而当地罂粟种植业主的年均净收入仅为 292 美元。从替代经济业主的实际情况看，从事多领域替代经济产业主较仅单一种植罂粟者的经济收入更为可观。政府对此也在采取一些扶持政策措施，如：免费发放养殖种畜和种子等。据缅甸中央禁毒委的统计数据，2005 年缅甸罂粟种植业产值约 5800 万美元，仅占 GDP 的 0.7%。罂粟种植面积约 328000 英亩，较 2004 年下降了 26%。但缅甸罂粟的主产地仍集中在掸邦，其罂粟种植面积占缅甸全国总种植面积的 90%，掸邦的替代产业仍任重道远。[③]

---

　① 云南省商务厅：《2006 年云南省境外罂粟替代种植取得丰硕成果》，http：//tdb. yunnan. mofcom. gov. cn。

　② 联合国毒品和犯罪问题办公室：《缅甸 2005 年鸦片种植调查报告》，http：//www. un. org。

　③ 商务部网站：《缅甸替代经济发展产业初见成效》，http：//dehongzhou. mofcom. gov. cn。

三、制约替代种植发展的因素

1. 政治性因素—中缅两国没有签署有关替代种植的正式协议

对于缅甸中央政府，不守信用，朝令夕改，严重影响了德宏企业"走出去"的步伐。由于中缅双方没有签署正式的协议，所以中方企业在缅的利益得不到充分保证，企业也就不愿意到缅甸去投资。虽然中国大陆具有优良的地缘优势，但对缅甸投资仅占第6位，对缅甸投资的前五位的国家和地区分别为：泰国、英国、新加坡、马来西亚、中国香港。

有些合作项目，对于缅甸中央政府的批文，实际控制边境的反政府武装并不买账，这就增加了谈判成本。而对于另一些项目，虽然缅地方政府支持，但得不到缅中央政府的支持，相关的优惠政策企业也不能享受。因此，这些政治上的困境影响了替代种植的推广。

2. 经济因素

首先，缅币汇率波动大。汇率波动较大，无论是短期，还是长期对企业来说，都是汇兑风险。

美元现钞兑缅币汇率

2006. 1	2006. 2	2006. 3	2006. 4	2006. 5	2006. 6	2006. 7
1100	1160	1200	1400	1200	1300	1340
2006. 8	2006. 9	2006. 10	2006. 11	2006. 12	2007. 1	2007. 2
1340	1340	1340	1340	1200	1265	1275

数据来源：中国驻缅经商处。

由下图可以看出，缅币的汇率波动大，容易受多种因素的影响，如外汇市场的需求状况、公务员工资的发放、消费品的销售情况等。这些因素都会造成缅币汇率的大幅波动，如果按照官方的汇率结算，企业的盈利风险很大，承受的汇兑风险过大，如果汇率的损失超过项目的收益，企业就出现了亏损，因此企业对缅的投资意愿受到抑制。

其次是资金。替代种植的经营模式是这样的：采取"公司+农户"的形式。符合条件开展替代种植的企业在经过审批后，提供种子、化肥、农药，并负责产品的回购。由于企业自身资源的有限性，因此获取资金支持是十分必需的。如果缺乏资金的支持，这种模式就可能无法维持，或者开展的

美 元 兑 缅 币 汇 率

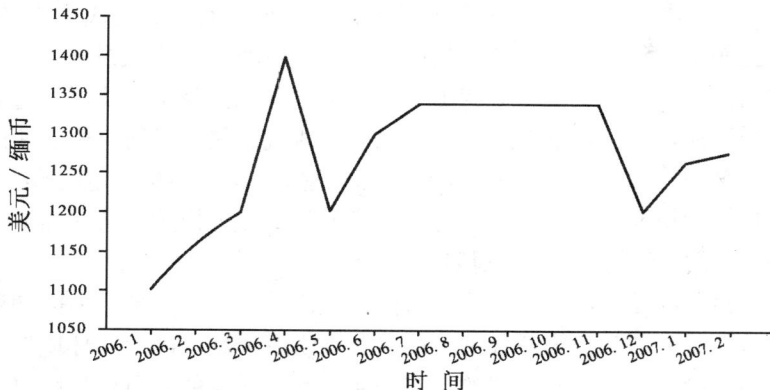

规模很有限，仅靠地方政府有限的资金解决不了问题，如果替代种植不能得到推广，缅甸农户就会再次种植鸦片，以前取得的成果也就付诸东流了。目前仅有云南省设立的专项资金来扶持开展替代种植的企业，资金缺口远没有解决。

最后是配额。配额就是对替代种植返销的进口产品设定的数量标准。由于政治因素和前面提到的经济因素，企业不愿意到缅甸设厂，因此企业就会把替代种植项目下的产品进口，进行加工后再出口。返销的进口产品享有税收优惠，免除进口环节增值税和关税。但是对替代种植项目下的返销产品，须由企业提出申请，在配额范围内通过审批，才能完成进口。但是对在配额项目下产品的审批是需要一定时间的，由于市场需求易变，很可能延误商机。而且如果返销的产品在国内流通的话，仍然会补征那部分税收优惠。这样返销产品实际上并没有受到税收优惠。

四、替代种植发展的前景

1. 实现由替代种植向替代发展的转变

联合国毒品与犯罪问题办公室负责人科斯塔表示，要彻底消除种植鸦片，就必须首先解决贫困问题。如果缅甸农户的贫困问题得不到解决，过去10年铲除鸦片种植的成果将付之东流。目前，缅甸农户对替代种植的积极性很高，但如果农户不能持续从替代种植中获益，当种植经济作物的收益低于种鸦片的收益时，鸦片的种植面积将会"反弹"。因此遏制毒源地根本就在于消除缅甸农户的贫困。

单一的替代种植短期内具有较好的效益，但向大范围的替代发展转变，通过在农业领域的经济技术合作，提高农业生产效率，才能从根本上消除缅甸农户的贫困。缅甸发展了，对我国是有利的。毒源清除了，我国的边境地区就能免受毒品之害，才能聚精会神谋发展。替代发展就是通过中、缅的经济技术合作来取代缅甸的"毒品经济"，当然这不仅仅局限于农业领域，中缅双方通过多领域的全面合作，实现一种新的经济发展模式—替代经济。

2. 继续深化改革，进行体制创新

替代种植，利国利民。因此为促进民族地区的发展，实现边境的和谐稳定，必须进行制度创新，为替代种植的发展提供一个良好的外部环境。

中、缅两国应深化经贸领域的合作。通过签订正式的经贸合作协议，把各种经济技术合作制度化、文本化，最大限度地维护中方企业、个人在缅甸的权益。企业的利益有了保障，自然会对缅甸增加投资。通过深化经贸领域的合作，双方的经济技术交流必将提升到一个新的层次。同时文本化的协议也消除了缅甸政府的政策风险，那种"朝令夕改"的现象将不复存在。缅甸的政策环境、投资环境得到改善后，将会有更多中方企业"走出去"。经济合作推动政治合作，通过与缅方的合作，中国将打通西南陆路大通道，这对于我国的发展具有重要的战略意义。

要大力扶持替代种植项目。目前，替代种植缺乏资金支持发展受限。因此应结合实际情况，由国家开发银行、农业发展银行等相关机构对企业进行资金支持。政府通过向企业提供完善的服务，吸引更多的企业参与进来。对于返销产品的管理，应进行管理制度的变革。缩短审批期限，建立绿色通道，对配额实行弹性管理，增强企业快速应对市场变化的能力。

参考文献

[1] 云南省商务厅：《2006 年云南省境外罂粟替代种植取得丰硕成果》。

[2] 联合国毒品和犯罪问题办公室：《缅甸 2005 年鸦片种植调查报告》。

[3] 商务部网站：《缅甸替代经济发展产业初见成效》。

退耕还林退牧还草调研报告

——以赤峰市巴林右旗为例

2006 级区域经济研究生　李文艳

2007 年 8 月笔者随同巴林右旗退耕还林、退牧还草工程验收小组，在同基层项目实施人员进行广泛座谈并查阅其相关文件档案的同时，通过问卷调查、当事人访谈等方式走访了 7 个村（嘎查）的近 30 户农牧民，了解退耕还林、退牧还草工程在巴林右旗的具体实施情况，本文从实证分析的角度，综合评价该工程实施的政策效应，以及在其实施过程中存在的问题。

一、巴林右旗的现状及生态恶化成因分析

1. 巴林右旗的自然条件

巴林右旗位于内蒙古自治区赤峰市北部，位于北纬 43°12′—44°28′、东经 118°11′—120°05′之间。属温带季风型大陆性气候，年平均气温 4.9℃，最冷 1 月份平均气温 –13℃，最热 7 月份平均气温 22.2℃。年平均无霜期 121 天，年平均降水量 358 毫米。年日照为 3 000—3 200 小时。其北与锡林郭勒盟的西乌珠穆沁旗相接壤，东与巴林左旗、阿鲁科尔沁旗相毗邻，西部与林西县为邻，南部以西拉木伦河为界与翁牛特旗隔河相望。巴林右旗东西长 154 公里，南北宽 139 公里，总面积 10256 平方公里。其中山地 2888 平方公里，占总面积的 28.1%；丘陵 2611 平方公里，占总面积的 25.5%；平地 4757 平方公里，占总面积的 46.4%。在总面积中牧业用地占 71.9%，林业用地占 19.5%，农业用地占 3.7%，其他用地占 4.9%。呈西北与东南两端小，西南部凸出，东北部凹进的"蝶"形。

2. 严峻的荒漠化现实

随着巴林右旗社会经济的不断发展，生态问题日趋严重，引发的问题越来越多，如土地荒漠化、过度放牧等问题。巴林右旗的沙化土地主要分布在南部的西拉木伦河北岸，查干沐沦河两岸和中北部的复沙带，与赤峰市克什克腾旗西部沙地及辽河两岸沙地相连，属科尔沁沙地"八百里旱海"的延伸部分。根据 2004 年普查资料，巴林右旗各类沙丘面积为 397.7 万亩，占

全旗总面积的 26%。全旗沙漠化土地面积 462 万亩，占全旗总面积的 30%，其中固定沙地 238 万亩，占 51.5%；半固定沙地 96 万亩，占 20.8%；流动沙地 128 万亩，占 27.7%。同时还有潜在沙漠化土地 308.5 万亩。16 个苏木（乡镇）各有不同程度的沙漠化存在，而以南部查干沐沦河及西拉木伦河沿岸最为严重，其沙带延伸长 164km。风起沙涌，极易向周边地区扩散，严重危害着当地农牧民的生产生活。

3．土地沙化、生态恶化成因分析

巴林右旗生态环境恶化、土地沙漠化问题除受自然因素影响外，人类活动的频繁增加在其发展和逆转中起到加剧作用。从下面的简表中我们可以清晰地看到，人为因素是其生态环境严重退化主要、直接的驱动因子。尤其近些年来，当地居民肆意毁林开荒、乱砍滥伐、超载放牧等，造成当地生态失衡。主要表现在以下几个方面：

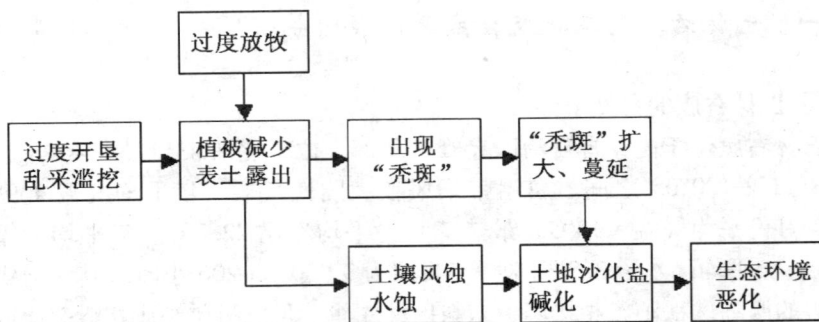

（1）过度放牧。当地草场只利用不建设，天然草场生产力低，随着人口的增加以及受市场利益驱动，牧民盲目增加牲畜头数（见下表），导致草场严重超载，抢牧、争牧现象时有发生。据了解，巴林右旗退耕还林、退牧还草工程实施前，牲畜超载一般在 50%—120% 以上，有些苏木超载 300%。

巴林右旗 2000—2005 年牲畜头数统计表　单位：头（只）

年份	家畜总头数	大牲畜			小牲畜		猪
		牛	马	驴	绵羊	山羊	
2000	1321714	126520	19748	13653	326098	798333	34350
2001	1046467	83931	14397	9145	225438	710945	23427
2002	1428656	82395	14806	9234	276529	1017324	25473
2003	1664032	101507	14573	9701	345979	1163210	26315
2005	1986532	151633	12718	9770	538815	1262510	33574

资料来源：根据巴林右旗畜牧局提供的资料整理。

以海申村为例，由于山羊带来的回报率远高于绵羊（山羊对草场的破坏程度要强于绵羊），因此该村农牧民所养牲畜中山羊占90%。尽管政府颁布政策要求该村实行全年禁牧，但农民的牲畜不但没有减少反而有增加的趋势。禁牧政策实施前，政府限定人均占有羊数15只，而该村每户实际羊数为30只/人。该政策实施后，政府要求实行禁牧，但该村人均占有量约为45只/人。其原因在于该村的农田"靠天吃饭"，缺乏基本农田灌溉措施，除农业外畜牧业收入是该村农民的主要经济来源。退耕还林、退牧还草工程的实施，给予了当地农民一定的利益补偿，但该村很多农民把政府发放的补偿金作为一种副业收入，并不会因为禁牧政策的实施而减少其原有收入。另外，由于禁牧政策的实施，致使当地牲畜价格降低，这为一些农民提供了扩大牲畜养殖的机遇。该村农民夜里放牧，羊群都在"值夜班"。结果，使牧草植株变稀变矮，优良牧草减少，毒草增加；另一方面使地表结构受到破坏，造成土壤风蚀沙化。过大的放牧压力是退化草地形成的主导驱动因素。

（2）过度开垦。受历史遗留因素的影响，当地长期以来处于封闭或半封闭半农半牧状态，加之其人口素质相对偏低，多数地区仍然维持广种薄收、重用轻养、靠天养畜的传统农牧业生产经营方式。由于经营管理粗放，牧民长期对草场资源只利用、不建设，采取掠夺式经营，最终导致草场大面积退化。另外，随着人口不断增长，由于缺乏灌溉、施肥等农田基本建设，人均占有粮食量逐步下降，农牧民在粮食单产较低的条件下，自给自足的农业政策导致大规模的草原开垦。以罕大坝村为例，该村共有水浇地近100亩，其他耕地生产用水全部靠降雨。该村80%的农户拥有自己围封并开垦的荒山。当地农牧民为增加粮食产量不考虑地形及土壤地质条件，盲目垦荒。开垦后缺乏防护，垦荒地肥力下降，表土受到风蚀或沙埋，单产急剧下降，耕种几年后导致撂荒、废弃。撂荒地由于植被遭到破坏，在风力作用下很快发生沙化。

（3）过度采伐。由于草原管理制度不建全，当地农牧民生活贫困，交通不便，煤炭难以购进，燃料缺乏，农牧民主要以天然植物和畜粪为燃料。因此，导致当地农民滥砍灌木，滥搂草，乱刨"疙瘩"[1]，樵柴通常是大片连根挖掘。当地农牧民为了增加副业收入，无计划、无节制地常年采挖贩卖药材等资源植物，使草原植被、天然疏林及沙生植被遭到破坏，地表植被和

---

[1] 指植被的根茎。

土壤在风力作用下，大面积固定、半固定沙地逐渐变成流沙。当地95%的牧民认为，乱挖药材等会破坏草场植被，但75%的农民认为乱挖药材等不利草场植被的生长及恢复，但不会放弃其带来的副业收入。

二、退耕还林退牧还草工程的实施及其效应分析

1. 退耕还林退牧还草工程的实施及其正效应分析

近几年，从中央到地方各部门以至到农牧户本身，都加大财力、物力和人力的投入，合理调整土地利用结构和强度，压缩粗放管理的耕地面积，集中经营水土条件较好的耕地，退耕还林，实行大面积草场封育，抑制过度放牧，实行退牧还草。2000年，旗政府采用草原管理部门的建议，颁布《禁牧令》，其中规定名山、名沟、公路两侧、项目区等禁牧面积200万亩。收效明显。2001年6月，巴林右旗人大审议通过旗政府《关于全旗生态建设的报告》和《巴林右旗转变畜牧业生产方式实施办法》，批准对巴林右旗草场、牧场有针对性地实行分区禁牧和季节性管理。具体规定为："把公路沿线、天然林区、重点名山河流发源地、主要生态建设项目区以及生态严重恶化区划定为禁牧区，实行常年禁牧管理；对大面积草牧场，在草木生长期实行季节性禁牧。"① 2003年，巴林右旗新增常年禁牧面积151万亩，其中以羊场乡作为典型，实行全乡禁牧。巴林右旗通过加强草原基础设施建设，加大补播封育力度，有效遏制草原退化和沙化的同时，有力推动当地退耕还草、草田轮作、草原承包、舍饲②养殖措施的落实。几年来，巴林右旗退耕、禁牧管理对其植被恢复和生态改善作用明显，植被覆盖度及其高度以及生物量与禁牧前相比均有提高，取得了显著的生态和社会成效。

首先，生态环境逐步改善。

由于自然侵蚀和人为无序利用等原因，巴林右旗的天然草原退化、沙化严重。近几年，随着巴林右旗退耕还林、退牧还草工程逐步实施，其生态环境明显改善，使草原得以休养生息，植被覆盖率逐步上升，尤其土地的沙化现象得到了缓解（见表1）。通过对近30年来巴林右旗沙漠化土地面积的

---

① "季节性禁牧"亦称"半舍饲"即放养结合，指在禁（休）牧期内牲畜实行圈养，即舍饲和圈养相结合的形式。摘自《北方经济》杂志《内蒙古畜牧业生产方式的重大变革（上）》2003（6）。

② "舍饲指的是全年彻底禁牧，牲畜完全厩舍条件下实行圈养。"同上。

动态变化可以看出，巴林右旗沙漠化总面积呈逐年减少趋势。从 1975 年到 2005 年 26 年间，沙漠化面积减少 3158.68km²，所占总面积的比例下降到 0.302，相比 1975 年，严重沙漠化面积、重度沙漠化、中度沙漠化、轻度沙漠化均有大幅度减少，减幅均在 50% 左右，并且恢复趋势良好。

表 1　巴林右旗各种类型沙漠化土地面积动态变化情况表　面积：平方公里

年份	总面积	严重沙漠化	重度沙漠化	中度沙漠化	轻度沙漠化	沙漠化总面积	比例
1975	9909.97	109.91	425.53	1729.2	3867.03	6131.67	0.619
1987	9909.97	269.63	551.03	1153.34	3366.37	5340.37	0.539
2000	9909.97	197.93	934.13	1708.84	2344.37	5205.17	0.525
2005	9909.97	84.34	572.11	882.31	1434.23	2927.99	0.302

资料来源：根据巴林右旗草原站提供的资料整理。

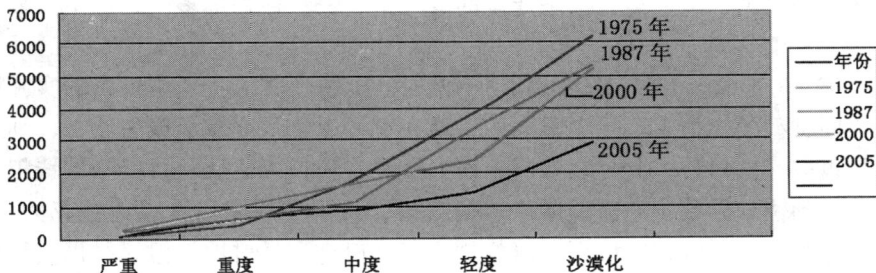

巴林右旗各种类型沙漠化土地面积堆积折线图

其次，特殊群体从中受益。

农牧民从退耕还林还草中得到较多实惠。以罕大坝村为例，按规定，要求该村退耕地 5.3 亩/人，国家补助 160 元/亩。同时，该村实行全面禁牧，荒山或草场补助 3.5 元/亩。全村共 116 户，2005 年底，该村农牧户（每户按 2 人计）获得退耕还林、退牧还草补偿收益均在 3000 元以上。国家对退耕还林、退牧还草实行粮款补助政策，众多贫困的农牧户得到了粮食和现金补助，成为生态环境建设的主动参与者和受益者。另外，巴林右旗利用退耕还林还草开展"双女（蒙古族三女）"养老保险专项制度，对"双女（蒙古族三女）"户实行优惠和倾斜政策，为其增拨 5～10 亩退耕地和自然经济林作为养老保险基地，采取固定或滚动的方式，由其自主管理、自主经营、收入归个人。目前，巴林右旗实行按 8 亩划拨，每年每户可创收 2500－3000 元，解决其在经济上的后顾之忧，增加了当地社会安定因素，促进了社会持续稳定的发展。

最后，农牧民传统观念得以转变。

畜牧业是巴林右旗牧区经济发展的支柱产业，畜牧业的兴衰与牧民生活息息相关。退牧还草、全面禁牧使牧民的思想和经营观念发生了转变，在发展畜牧业的同时更加注重生态环境的保护，改变其传统放牧方式为舍饲圈养、以草定畜，实现当地畜牧业的可持续发展，增强农牧民对天然草原的保护和建设意识。调查显示，退耕还林、退牧还草受到农牧民的欢迎，65%的牧民认为退耕还林、退牧还草是一件造福子孙后代的好事，能够缓解土地沙化，改善农牧民的居住环境①。

2. 存在的问题

退耕还林、退牧还草政策实施后，巴林右旗的土地荒漠化、过度放牧等问题得到缓解，但在进行生态建设的过程中，仍然存在诸多问题。主要表现在：

第一，补助标准单一化、到位不及时。退耕还林退牧还草项目的实施涉及不同类型的耕地和草场，不同的耕地、草场退化程度及承载力不同，利益补偿也应区别对待。此外，基层工作人员和农牧户普遍反映，补助的钱粮不能及时到位，导致生态建设成果难以巩固，干群矛盾突出。以达兰花为例，达兰花为典型牧区，牧民大多以放牧为生，仅有少量耕地，但该村仍实行全年禁牧，在退耕还林还草实施过程中，政府给予当地牧民的利益补偿标准与巴林右旗其他以农业为主、牧业为辅的乡镇相同，即为草场3.3元/亩、耕地160元/亩，并于每年年底统一发放。在该村实行常年禁牧，牧民付出了高昂的代价，当地政府承诺给予牧民一定的经济补偿。但在我们走访的7个村（嘎查）中，农牧民均未领到当地政府给予的经济补偿。

第二，短期内不利于农牧民增收。受巴林右旗自然条件和社会经济发展程度的制约，短时期内退耕还林退牧还草工程的实施将对农牧民的生产生活产生一定的负面影响。退耕还林退牧还草工程实施的实质是要变更土地及草场的利用和经营方式，巴林右旗属农牧混合区，耕地减少使退耕地区广种薄收的传统耕种习惯得到改变，大批农业劳动力从粮食生产中解放出来，退耕后势必增加人地矛盾，在一定程度上造成农民的贫困。家畜饲养数量的下降，意味着经济利益的放弃。全部禁牧造成牲畜饲草料短缺，饲养成本上升

① 石家庄经济学院：《脆弱生态区生态安全与保护》，2006年。

（购饲草饲料、运输费等）。以达兰花村（嘎查）为例，由于可放牧草场的减少，牧民没有足够的饲草，舍饲成本提高，致使牧民的牲畜量减少，常年禁牧使以牧业为纯经济收入来源的牧民生活受到严重影响。常年禁牧后，该村牧民人均年收入降低近 3000 元，大牧户保持人均年收入 1000 元左右，中、小牧户则降至 500~800 元不等。因此，当地大部分农牧民希望政府除给予相应的经济补偿外，在发展生产的过程中还应提供资金、技术及物资扶持，帮助当地农牧民脱贫致富、增产增收。调查显示，该村 80% 的牧户希望提供贷款优惠，65% 的牧户希望政府提供饲草料，50% 的牧户希望提供水利设施，45% 的牧户希望提供畜棚暖圈，35% 的牧户希望提供技术培训。禁牧后，70% 的农牧户愿意进行舍饲圈养，建设饲草料基地。由于牧民缺乏一技之长，只有 10% 的牧户选择外出打工。在我们走访的克得河村，当地居民人均年收入不足 1000 元，基本只能满足温饱，有的农户离乡外出打工，也只能维持基本开销。

第三，生态环境建设科技含量低、后劲不足。巴林右旗的生态建设采用多个项目支撑点进行治理，有国内的投入治理也有其他国家共同参与，如德国援助项目。在全旗广大干部和农牧民的努力下，每年完成各项治理任务，使巴林右旗的生态环境明显改善。但在进行生态建设的过程中，科技支撑没有新突破，未能发挥各项建设应有的效应。同时，由于缺乏编制和经费，其保障体系建设长期得不到加强，许多关键问题如节水技术、优良品种选育、病虫害防治等得不到解决。很多种苗基地处于瘫痪、半瘫痪状态，职工工资没有保障，生产、生活十分困难，很多工作难以有效开展，各项工程建设缺乏后劲。

表2　2000—2005 年巴林右旗生态建设情况面积汇总表 单位：万亩

项目 年度	总计	京津风沙源项目	退耕还林项目	德援项目	生态建设保护工程	科技支撑
2000 年	9.1	9.1	0	0	0	
2001 年	14.51	12.5	2	0	0.01	
2002 年	27.1489	10.65	11.6	3.6989	0.5	0.7
2003 年	28.9022	11	14	3.6632	0.239	
2004 年	23.9148	10.6	8	4.4398	0.875	
2005 年	36.6824	9.5	20.5	5.9824	0.7	
合计	140.2583	63.35	56.1	17.784	2.324	0.7

资料来源：巴林右旗林业局。

第四，气候条件日趋恶劣。目前，巴林右旗推进的退耕还林退牧还草工程、生态林建设在一定程度上缓解了巴林右旗生态环境退化、土地沙化等问题。但由于生态环境的局部恶化而引起的"多米诺效应"没有得到有效遏止，尤其受生态环境的影响，当地恶劣的气候环境仍然威胁着当地居民的生存。

表3　巴林右旗 2001—2005 年气象信息统计表

年份	最长连旱天数（天）	八级以上大风天数（天）	全年降雨量	最大连续降水量（毫米）
2001	120	26	366.4	40.2
2003	84	33	408.4	130.4
2005	94	55	393.3	138.3

资料来源：根据巴林右旗提供的气象资料整理。

三、综合治理推进生态环境建设与社会经济的和谐发展

1. 确保国家的利益补偿政策落到实处，足额补偿当地农牧民。退耕还林退牧还草制度的设计首先考虑到了生态建设与物质利益结合，即通过经济补偿等手段调动农牧民参与的积极性。因此，巴林右旗在其实施的过程中，尤其要切实保护好牧民的利益。依据当地不同类型的草场、不同的利益主体制定不同的补偿标准，也可将全旗耕地及草牧场依不同地区、自然状况、植被条件，将其划分类型，切实补偿好农牧民。尤其在广大牧区，在以内蒙古自治区的草畜平衡标准为依据的同时，要结合不同类型草场的总产草量和理论载畜量进行计算，以得出不同类型耕地及草场在退耕、退牧后饲料粮和围栏补助标准和补助时间，对当地牧民加以补偿。

2. 加强基本农田生产能力建设，实现粮食单产增收。把实施退耕还林还草与农业产业结构调整结合起来，大力发展特色、优质林草业，促进林草产业化发展。从巴林右旗退耕还林退牧还草的实践中看，农户的增收结构以国家补偿政策为基础而形成，农户的收入大部分得益于国家的补偿政策。从长期来看，对于那些致富无门、退耕增收几乎全部来源于国家政策性补偿的农户，生存将成问题。为此，除了调入补助粮食外，巴林右旗应坚持立足区域、基本自给、优化结构的原则，通过加大农田水利设施建设投入，推广高效农业，实施坡改梯的基本农田高产改造计划等，加强巴林右旗基本农田生产能力建设，提高保留耕地的单位粮食产量，努力实现本区域粮食基本自

给。

3．依靠科学技术，加强生态环境建设。可以围绕巴林右旗实施的几个生态建设项目，着手培育适合当地生长的优良林（草）种，加强管理，提高其科技含量，推广先进适用的技术，如优良牧草繁育推广技术、"窄林带、小网络"防风固沙林技术。引导当地农民运用小型水利技术促进植物生长成活，节水增产。采用地膜覆盖穴播技术、宽幅度标准梯田整修法等技术维护当地生态建设。注意总结和推广当地成功的经验，建立和完善生态环境信息服务体系。通过巴林右旗不同试验区的对比示范，探索加快全旗生态环境建设的新技术、新途径，促进其生态环境建设向集约经营、科学管理和高起点、高水平方向发展。

四、结语

巴林右旗实施的退耕还林退牧还草工程，仍需要正确处理经济发展、社会进步与生态建设三者之间的关系，逐步实现农牧区经济增长方式的转变。处理好草原全面保护、重点建设与合理利用之间的关系，逐步实现草原畜牧业生产方式的转变。同时也要处理好农牧民生产、生活与草原生态之间的关系，最终实现农牧民生产生活方式的转变。巴林右旗生态环境的改善除大力开展植树种草外，还应充分利用土地沙化过程的自我恢复属性，有效地控制人为活动继续干扰生态环境，促进天然植被的恢复，防治土地沙化。

参考文献

[1] 巴林右旗统计局：《2000—2006 年统计年鉴》。

[2] 赵哈林：《科尔沁沙地沙漠化过程及其恢复机理》，海洋出版社。

[3] 唐秀萍：《退耕还林五年历程》，《中国林业》2004 年第 8 期第 13—16 页。

[4] 王欧、宋洪远：《建立农业生态建设补偿机制探讨》，《农业经济问题》2005 年第 6 期。

[5] 郝婷、徐军红、张丽萍：《中国经济环境政策及退耕还林还草政策取向》，《中国农学通报》2005 年第 21 期第 1 页。

浅谈根河林业制度

2005 级区域经济研究生　苏　畅

一、关于产权和制度变迁的基本理论

（一）关于产权的几个基本定义

1. 产权。产权不是指人与物之间的关系而是指由物的存在及关于他们的使用所引起的人们之间相互认可的行为关系。

2. 交易成本。科斯指出，交易成本就是运用价格机制的成本，它至少包括两项内容：发现相关价格的成本（即获得可靠市场信息的成本）、谈判与履约成本即市场当事人之间是存在冲突的，为克服冲突就要谈判、缔约并求助于法律，因而，要建立企业间有效的联系就需要支付费用。

3. 产权界定。产权的界定即通过法律的形式确定产权的边界，产权的法律界定是一种交易成本的选择。在只有市场制度的情况下，所有的生产要素所有者均直接进入市场进行交易，显然各所有者之间的交易摩擦将十分剧烈，解决摩擦的费用极高，交易成本高昂，降低这种成本的途径有：（1）通过经济组织制度使市场中的部分生产要素所有者组合在一个经济组织中，减少市场中的交易者数量；（2）通过法律的形式界定明确各经济组织的产权边界，减少相互之间的摩擦。显然，产权的界定也是需要成本的，但这一成本与明晰产权下导致的效益的增加相比要小得多。因此科斯认为，明晰界定的产权具有十分重要的市场经济意义。

4. 外部性。经济的外部性又称经济外部效应，是指经济当事人的经济活动无意间对别人的经济福利造成好的或坏的影响，而又没有给别人以合理的补偿或自己得到补偿。经济的外部性包括生产上的外部性和消费上的外部性，两者又都有正效应或负效应。产权经济学发展了制度的外部性概念，一种产权制度安排下，自愿的边际利用效益低于其他产权制度安排，即资源开发利用价值未得到充分发挥，这时认为存在制度外效益，既制度的外部性。克服制度外部性的方法是进行制度创新与制度变革，使外部收益内部化。

5. 资源配置。资源配置是基于资源的稀缺性为基本出发点，由于资源的稀缺性要求人们充分合理地利用资源，通过资源的合理配置和最优化配置，实现资源的最佳效益。资源的优化配置表现在两个方面，一是资源应配置到最需要这种资源的人的手中，前者体现的是公平，后者体现的是效率。因此，所谓资源配置应该是指通过市场力、制度力和行政力的作用，使稀缺的资源分配给社会群体，实现资源的公平享有和高效利用的过程。

（二）制度变迁的基本理论

制度安排对经济的影响是显而易见的而且是不容忽视的。不同国家以及同一国家不同时期的经济发展差异很大程度上受到制度安排和严谨方式的影响。

1. 制度的含义

根据新制度经济学的观点，制度被定义为设计社会中个人遵守的一套行为规则。制度被分为正式规则和非正式规则，正式规则包括基础性规则（制度环境）和制度安排，非正式规则包括文化进化所形成的规则或叫"文明"和意识形态。新制度经济学所讨论的制度主要是指正式规则中的制度安排和非正式规则中的意识形态。制度变迁是指一个追求潜在利润的制度交替过程，制度的替代、转换与交易过程构成制度变迁或制度创新。

2. 制度的功能

制度构成人与人之间相互作用关系的约束决定社会和经济的激励结构，其主要功能体现在四个方面：

（1）降低交易成本。交易成本来自于交易要素和人的要素，前者取决于市场的不确定性和交易主体的数量，后者取决于人的有限理性和机会成本主义倾向。当交易成本存在时，制度就会发挥作用。

（2）创造合作条件。传统经济学强调经济主体之间的竞争性关系，忽视了合作带来的效率跟进。制度经济学认为，制度所执行的功能具有经济价值，能够提供关于经济主体性动荡的信息，使经济中的合作过程具有可理解性和可预见性，增进主体之间的合作与交往，减少获取和使用信息的成本，从而把阻碍合作的因素减少到最低程度。

（3）形成激励结构。制度把提倡什么、鼓励什么、限制什么的信息传递出来，影响人们的行动方向，约束人们的机会主义行为倾向，改变人们的偏好，影响人们的选择。制度化形成的激励机制，有利于整体经济绩效的改进。

（4）减少外部效果。制度的这一功能主要通过产权界定而实现。在明确产权的基础上，引进市场价格机制，能够有效地确认相互影响的程度及其承担的责任。明确规定不同主体受益和受损的权利，可以使社会成本和个人成本、社会收益和个人利益趋向一致，减少外部性。

3. 制度的变迁

诺斯1990年发表了《制度、制度性变迁和经济绩效》，在该书中，系统地对制度变迁与经济增长、制度变迁与国家行为、制度变迁与人的思维模式、制度变迁的路径依赖性等问题进行了集中的论述。

斯诺认为，制度变迁就是"制度的创立、变更及随着时间的变化而打破的方式"。制度变迁也可以理解为一种效益更高的制度对一种制度的替代过程。在这个过程中，实际制度需求的约束条件是制度的替代成本。制度变迁的过程，既可以理解为一种更有效益制度的生产，也可以理解为规则改变或重新界定权利的初始界限。

制度变迁通常会带来经济的增长。首先，制度的产生本身与高的交易成本有关，制度的确立通常会使原来较高的交易成本得到节约。市场的交易成本通常是很高的，导致交易费用降低的因素，一为基数的，一为制度的，这两种因素常常交错出现、互相促进。其次，制度变迁是技术变迁的前提条件。因为制度变迁可以对社会分工起到保护和促进作用，尤其是对技术的保护促进了人力资本的形成，为个人从事创造性活动提供了机会。西方经济增长的原因在于当人口对稀缺资源赋予的压力增加时，那些支配产权规则的制度发生了变化。第三，制度变迁的主体是组织活动家和个人。斯诺认为，经济制度演变是由制度与组织之间的相互作用引起的。政治组织对经济制度表现有十分重要的作用，他们可以制定并执行经济规则，因此创立和执行有效产权的政治组织在制度变迁和经济发展过程中是非常重要的；与此同时，只有当经济组织有效时，才会使新的制度变迁促进制度变化，推进经济增长；此外，经济变化是个人行动者和组织家的活动每天作出决策的结果，这些决策有时会导致原有经济规则的改变。

制度变迁是制度在均衡条件下寻求新的活力机会而导致的制度交替过程，在这一过程中，所处的层次不同，具体的诱因不同，实施的主体也不同，从而制度变迁的具体模式也存在一定的差别。诱导性变迁和强制性变迁是两种常用的比较分析模型。

（1）需求诱导性制度变迁。需求诱导性制度变迁是现行制度安排的变更、替代或制度创新安排的创造，由个人或团体在相应获利机会时自发倡导、组织和实行，其主体形成的依据是共同的利益和经济原则。这种制度变迁一般是渐进的，需要支付达成一致的成本，而且存在外部效果和"搭便车"问题。

（2）强制性制度变迁。强制性制度变迁由政府命令和法律引入和实行，实际上是一个引入国家作用后的制度变迁模型。国家是在某个给定地区对合法使用强制性手段具有垄断权的制度安排，其基本功能是提供法律和秩序，并保护产权以换取税收。由于制度具有公共品的特征，一些制度只能由国家供给和实施。强制性制度变迁属于供给主导型制度变迁，具有纵向推进、增量改革、试点推广和利用已有的组织资源推进的特征。国家推进制度变迁能够节约达成一致同意的协商成本，但在强制执行过程中的成本会增加。

制度安排对经济的影响是显而易见的而且是不容忽视的。不同国家以及同一国家不同时期的经济发展差异很大程度上受到制度安排和运行方式的影响。

二、根河市与林业局的关系与林业制度概况

1. 根河市概况。根河是蒙古语"葛根高勒"的谐音，意为"清澈透明的河"。地处大兴安岭北段西坡，与鄂伦春旗、额尔古纳市、牙克石市以及黑龙江省漠河县、塔河县毗邻。南北长 240.4 公里，东西长 198.8 公里，全市总面积 20012 平方公里。自然地理特点是高纬度、高寒冷地区，东经 120°12—122°55′，北纬 50°20′—52°30′，是中国纬度最高的城市之一，是内蒙古自治区平均气温最低的旗市。其气候属寒温带湿润型森林气候，具有大陆季风性气候的某些特征，特点是寒冷湿润，冬长夏短，春秋相连。无霜期平均为 70 天，气温日较差大，平均气温 –5.3°C，极端最低气温 –49°C，年较差 47.4°C，日较差 20°C，结冻期 210 天以上，境内遍布永冻层，个别地段 30 厘米以下即为永冻层。根河市森林资源是主体资源，森林覆盖率 75%，居内蒙古自治区之首，属典型的国有林区。植被分为森林植被和草原植被，并以森林植被为主。主要树种为兴安落叶松、白桦、樟子松，其次为杨、柳等。

2. 根河市林业局概况。根河林业局地处内蒙古根河市南部，地理坐标为东经 120°41′20″—122°42′22″，北纬 50°25′32″—51°17′00″。北邻金河林业

局，西北与得耳布尔林业局相连，西南靠额尔古纳市，南与牙克石市境内的图里河、伊图里河林业局施业区接壤，东南与鄂伦春自治旗内的克一河、甘河林业公司施业区相接。东北至西南总长 160 公里，东南至西北宽 39 公里。全局经营面积为 632424 公顷。内蒙古根河森林工业有限公司（根河林业局）是中国内蒙古森工集团所属的最大森工企业，现有职工 11892 人。1954年建局。1998 年实行法人治理结构，建立根河森林工业有限公司。

3. 根河市政府与林业局的关系。从根河市的发展历史来看，1966 年 4月 1 日，国务院批准撤销额尔古纳旗，设额尔古纳左旗和额尔古纳右旗，额尔古纳左旗政府所在地根河；1994 年 4 月 28 日，经国务院批准撤销额尔古纳左旗，设立根河市政府所在地根河。由此可见，根河建市的历史不过二十几年的时间，而根河市林业局却拥有半个多世纪的历史，长期以来，根河市林业局的兴衰决定着整个根河地区的国计民生。存在历史的长短一定程度上造成了根河地区强势林业弱势政府的局面。林业局发挥着替政府管理资源的功能。目前，根河市政府与根河市林业局其关系非行政隶属而是作为两个平行的机构存在。从历史上看，强势林业的存在符合当时的国情，具有合理性，对当时开发林区建设林区以及整个国民经济的发展都起到了不可替代的作用。然而，在改革开放的大环境下，市场经济发展的今天，根河市林业局建立了规范的公司法人治理结构，这种企业与政府平行存在的局面在很大的程度上限制了根河地区的经济发展。首先，根河市林区面积占其总面积的绝大部分，如果政府对当地绝大部分的资源与环境不具有处置权与管理权，由于各利益主体在具体利益上的不一致将对城市规划与建设存在极大的限制；另一方面国家、政府作为国有森林资源的所有者，为了能够在复杂的林业制度中确保对森林资源，特别是天然林资源的监督，必然要花更大的人力、财力、物力从而提高了政府的管理监督成本，因此，这种安排带来了国有林区林业运行总的交易费用的提高，极大地降低了资源的配置效率。其次，根河市林业局森工企业肩负生态、社会、经济等多重职能，在很大程度上加重了企业的负担。在市场竞争日益白热化的今天，森工企业无法做到"轻装上阵"，在沉重的社会与生态负担下，凸现出运营资金紧张、资源匮乏、人才紧缺、产业结构不合理等一系列问题。

4. 林木采伐管理报批手续繁琐，管理方式僵化。在国家对重点天然林区实施全面禁伐后，国家对林木的采伐管理进行了严格的宏观调控，无论采伐数量多少，采伐林木是天然林还是人工林，都要层层上报至林业行政主管部门审批，造成了林木采伐管理的复杂而混乱的局面。据当地政府介绍，在政府进行基础设施建设如修建公路、铁路如涉及林区面积也要进行层层审批。这样极大地提高了基础设施建设的人力、物力与时间成本，势必会造成基础设施建设的障碍，而基础设施的不完善又会反过来制约林业经济的发展，形成恶性循环。由于地理上的限制，根河市远离消费市场，如果没有便利的交通设施势必会造成较高的运输成本。与消费市场的不紧密接触，信息的补充会十分困难，再加上较高的运输成本，在市场经济日益完善的今天，长此以往，根河的林业必将陷入极其尴尬的境地。此外，由于对林木采伐采取限额开采，在计划期对林木的开采数量与种类进行严格的限制。在林业生产市场化为导向的以林业生态建设为主的林业发展时期，林业部门无法对市场的林木需求做出快速有效的预测，造成林业部门无法紧跟市场的节奏，不适应市场经济的发展。

因此，要更好地推进根河地区的经济健康发展，就要改革现有的林业制度，改善现有的根河政府与林业局关系的现状，改变现有的林木管理体制。

三、根河市林业制度改革建议

（一）各地林业制度改革的措施与成功经验

目前，随着社会主义市场经济的蓬勃发展，森林资源作为生产要素进入市场流转是大势所趋，然而我国林业制度的不完善，长期以来形成了政企不分、政事不分、企资不分，最终导致了权责不清、机制不活，形成了极高的市场交易成本。这种极高的交易成本极大地限制了林业经济的健康发展，建立一种适应市场经济发展的林业制度迫在眉睫。针对这种现状，各地纷纷进行完善与改革林业制度的尝试。

案例

福建省自2003年开始，从集体商品林权开刀进行了为期三年的以"明晰所有权，放活经营权；开展林权登记，发换林权证；规范林权流转，完善流转机制；实施配套改革，促进林业全面快速发展"为主要内容的集体林权制度的改革。在明晰所有权问题上，通过折股量化、股权到户（联户）或以人口、农户为单位均分、均包等形式，把集体林木所有权和林地使用权明晰到户、联户或其他经营主体。在放活经营权问题上，通过承包、租赁、股份合作、折价转让等形式，建立以林农为主体的微观层次的市场经营主体。在落实处置权问题上，通过简化林政资源管理手续，放宽商品林采伐条件，实行木材自主经营，产销直接见面，落实林业经营者对林木的处置权。在确保收益权问题上，通过认真落实中央和省里对有关林业税费的规定，降低木竹税费，还利于民。集体林权制度的改革，极大地促进了当地林业的发展，改革到位的地方，林子繁茂，林农生活水平有了极大提高，林业呈现出极大的活力，整个林区实现了前所未有的高速发展阶段。

由此可见，对林农发放林权证的方式改革林权制度在一些地区取得了可观的效果，而这种可观的效果是建立在南方地区林农种植知识与经验丰富，树木生长周期较短等特有的规定性上的。但是运用到根河的国有林区体制改革中是否会"水土不服"呢，笔者的观点是发放林权证方式进行林权制度改革对根河而言是可以部分借鉴的，但不能全盘照搬。

首先，从生态环境的角度来看，根河林区属于大兴安岭林区的一部分，是我国陆地生态系统的重要组成部分，是松嫩平原乃至东北地区的天然屏障，发挥着巨大的生态效益。其生态作用不可缺少更不可替代。国家目前对大兴安岭的生态需求远远大于经济需求，"如果有一天大兴安岭的木头被砍完了，松嫩平原甚至整个东北大粮仓都将暴露出来，那将是我们的灾难!"。此外，大兴安岭林区地处欧亚大陆中高纬度地带，属寒温带大陆性季风气候区，气候寒冷，林木生长缓慢，人工林要110年才能成熟。因此，大兴安岭的木材生产不具备较好的经济效益。综上，如片面照搬其他地区林权制度改革方式，由于个体对社会效益认识的局限性，林权证的所有者有可能会采取对个人理性而对整个社会而言不理性的行为产生负的外部性，这样下去，不但分到林权证的根河市民得不到理想的经济收益，大兴安岭的生态系统乃至整个东北地区的生态环境都将受到前所未有的威胁。

其次，从根河国有林区发展的历史来看，根河市的林业职工与南方的林农有很大的区别。长期以来，林业职工有明确细致的分工，而且，林业职工长期以来从事的是伐木而非种树的生产活动。对林木的种植缺乏必要的生产知识和经验。其次，林区职工群众思想观念落后。由于长期计划经济的影响和林区职工长期生活在边远的深山老林，形成了林区职工群众思想封闭、不思进取的观念。他们感觉每月能挣300—500元钱就非常满足，"小富即安甚至不富也安"的思想在他们的脑海中根深蒂固。因此，要林业职工单独从事林木的生产与培育工作在林业职工的思想上并没有足够的动力。

（二）根河地区的主要矛盾与体制改革的建议

首先，明确产权主体。林业产权即林权。林权作为一种财产性权利，其权利主体具有广泛性，既可以是国家、集体，也可以是自然人、法人或者其他组织。林权的客体即林权所指向的对象是森林、林木和林地。林业产权没有明确的落实，整个林区经济的发展呈现出极大的不和谐，成为中国经济发展最慢的部分之一。根河市林业内部处在"国家要生态，企业要效益，职工要生存"互相对立左右为难的尴尬境地中，产权模糊导致林业政策的实施、森林资源的管理、林业利益的分配关系、政企关系产生了严重的偏差。长期以来森林资源的管理权与经营权不分，森工企业一方面受国家委托管理森林资源，另一方面企业为谋求经济效益又采伐森林资源。因此，出现了长远利益与眼前利益、生态利益与经济利益的矛盾。而森工企业作为经济实体的特性必然舍长远利益取眼前利益、舍生态和社会效益取经济效益，造成对国民经济发展的极大威胁。因此，必须明确林权，将森工企业的管理权与经营权分离。

其次，推进国有森工企业的改革，建立完善的现代企业制度，全面调整管理体制与用人机制，提高经济效益。现代企业制度是指以完善的企业法人制度为基础，以有限责任制度为保证，以公司企业为主要形成，以产权清晰、权责明确、政企分开、管理科学为条件的新型企业制度，其主要内容包括：企业法人制度、企业自负盈亏制度、出资者有限责任制度、科学的领导体制与组织管理制度。根河市林业局社会生产、生活及各项基础设施基本处于空白状态，根河市政府建立较短，长期以来，根河市林业局依靠自身力量承担起了区域内部属于社区政府职能范畴的绝大部分社会职能，至1998年根河林业局实行法人治理结构，建立根河森林工业有限公司后这种政企合一社企合一的状态一直没有得到改善，存在着一般企业办社会的通病。森工企业在发展市场经济的同时，不得不同时考虑政府的社会管理目标，森工企业的部分行为不能完全实现市场化，同时，森工企业为社会提供的公共产品的社会效益、环境效益等得不到应有的补偿和回报。在计划经济与市场经济的夹缝中生存的森工企业在用人、管理人方面也没有完全市场化。因此要使森工企业快速健康发展，首先就要将其从繁重的森林资源管理职能中剥离出来，并由国家派出的国有林管理机构代表国家行使资源管理职能，履行出资人职责，享有所有者权益；其次，结束企业办社会的模式，减轻森工企业的社会负担，降低企业的生存成本；第三，积极探索新的管理体制，发挥集约化的经营优势。就这一方式，根河板业集团公司的经营管理模式提供了很好的借鉴。根河板业公司成立于2002年末，该公司根据企业的实际情况在管理上实行了"六统一"，即统一劳动人事管理、统一财务管理、统一大宗物资采购、统一标准、统一品牌、统一销售；并推进了民主管理和民主决策，成立了"技术鉴定论证审核委员会"、"安全生产技术委员会"、"重大项目投入审查委员会"、"质量监督检测委员会"、"厂区规划管理建议委员会"、"合理化建议技术革新审核委员会"、"销售领导小组"、"大宗物资采购领导小组"，实行票决制。通过该公司重大决策项目的严格把关，提高了公司决策的科学水平，保证了决策的质量，减少了决策的失误率（根河市庆十周年区域经济研讨会材料）。由于板业集团公司科学的管理方式以及正确的战略定位，在几年的时间内全面扭转了林区林产工业长期亏损的局面，提高了企业的竞争力。

第三，制度改革要注意平衡各利益主体的利益，重点关注森工企业职工的利益。1998年，四川省率先启动了天然林资源保护，此后，全国在长江中上游、黄河流域以及东北地区相继推行了天然林保护工程。根河地区在天然林保护工程的具体实施过程中也取得了显著的成绩，生态状况得到了明显改善。森林和野生动物的保护得到了进一步加强。然而，强制天然林保护在满足国家生态需求的同时却严重损害了林木所有者和经营者的利益，林业工人的生活状况急转直下，以根河市境内的5个林业局为例：2004年在岗职工平均工资为6840元，分别为全市11185元、全区13324元和全国16024元的61.2%、51.3%和42.7%；2005年林区城镇居民人均可支配收入接近5000元，分别为全市8228元、全区9137元和全国10493元的60.8%、54.7%和47.7%。由此可见，林区职工的收入非常低，他们中有很多生活在贫困线以下只能保证最低限度的温饱。据当地人介绍，早在天然林保护工程实施前，人们视林业为最好的就业选择，然而现在林业工人却竭尽全力地离开林业部门。由于根河地区生存环境恶劣以及林业效益的不景气根河地区平均每天都会有居民迁出。因此在改革过程中既要关注国家的长远利益又要兼顾林木所有者、经营者、林业职工的切身利益。根河地区的绝大多数人口为林业工人（占当地人口的75%以上），如果在改革过程中林业职工的利益得不到切实的保障，则对当地的经济发展乃至根河市的长治久安都是一个极大的威胁。因此，在积极发展林业，争取长期经济效益的同时，在短期内，根河市政府应积极争取补贴政策，对每年取暖期在9个月以上的生活在贫困线以下的林区职工给予必要的补贴。

第四，根据市场需求有效地调整林业产业结构。由于林业是多产业部门，用三次产业分类方法将根河林业分为：第一产业，为基础产业，经营对象为直接利用林区自然资源进行初次开发性生产活动的部门，主要包括林区的采伐业、营林业、种植业、养殖业等；第二产业，经营对象以物理方法或化学方法对原材料进行加工，使其形态或性能上有所变化和增值，主要包括林区内的各种加工业。第三产业，其余的在林区内部和外部联合起来的一切部门，包括旅游与服务业。根河林业的劳动力与生产总值主要集中在第一产业，第二、第三产业有了一定程度的发展但并不理想。

针对根河林业当前的发展状况，应采取稳步发展第一产业，大力推进第二产业，适度发展第三产业的发展战略。首先，稳步发展第一产业。根河林业的产品主要是初级产品，其经济附加值不高，但仍然是根河地区人民收入的主要来源，提供大量的就业机会保证社会的稳定，同时，第一产业的健康发展是第二产业迅速发展的基础。其次，大力推进第二产业蓬勃发展。商品经济条件下，市场需求决定着产业、产品结构。根河应加大对第二产业的投资力度，建立稳定的林业工业格局，实现林木产品的增值，延伸产业链。在发展人造板、木艺产品等原有产品的基础上积极创新并开发经济价值高的新产品。第三，适度发展第三产业。根河市作为中国最北、年平均气温最低的县级市，对开发白色旅游具有其独特的自然优势。同时，敖鲁古雅的民族旅游文化，在三百多年前从勒拿河一带的俄罗克屯迁到额尔古纳河流域的鄂温克民族其古老而神秘的生活习惯与民族信仰对游客有着强大的吸引力。在自然优势的基础上，加大基础设施建设，创建方便、舒适的旅游环境也是根河发展旅游业应首先解决的问题。

参考文献

[1] 福林主编：《把土地使用权证交给农民》，中国经济出版社，1999年12月。

[2] 陈明：《中国农地产权制度变迁与创新研究》。

[3] 《根河市志》。

[4] 张恒伟：《内蒙古根河市林业产业结构调整与优化》。

[5] 王兆君、曹兰芳：《国有林区森工企业人力资源管理思考》。

关于社会主义新农村建设中"孤岛现象"的观察与思考

——基于广西百色市田东县作登瑶族乡的个案研究

2006 级民族经济学研究生　赵培红

　　探索特困民族山乡如何建设社会主义新农村、实现全面建设小康社会战略目标，是中央民族大学经济学院"985 工程"中国少数民族地区社会主义新农村建设示范基地研究项目的重要议题之一。2007 年暑期，由经济学院 7 位师生组成的调研小组①围绕该议题在广西壮族自治区百色市田东县作登瑶族乡进行了实地调研。

　　目前，作登乡所辖 21 个村均为贫困村，占田东全县贫困村总数的 22%，仍有 50% 左右的农民生活在贫困线以下，全乡总体上处于特困状态和与世隔绝的"孤岛"。

一、"贫困的孤岛"——田东县作登瑶族乡的贫困现状

（一）作登瑶族乡基本情况

　　作登瑶族乡是 1984 年根据当时瑶族人口集中在作登的情况（1984 年，田东县瑶族人口为 14277 人，其中作登有 10622 人，占全县瑶族人口的 74.3%），为切实保障散杂居特少数民族的平等权利，根据《中华人民共和国民族区域自治法》的规定，于当年 12 月建立的，是田东县唯一的民族乡。该乡位于田东县城东南部，大部分为石山区，小部分为土山区，离县城 23 公里。东接林逢镇、印茶镇和江城镇，南界天等县，西和西南界德保县隆桑镇，北接祥周镇和平马镇，乡人民政府设在登高村作登圩，有平岳公路经过乡境。② 全乡面积 376.4 平方公里，其中石山区 233 平方公里，占 61.9%，土坡 143.4 公里，占 38.1%。全乡辖 21 行政村，211 个自然屯，308 个村民小组。2006 年末总户数为 8477 户，37888 人，占全县总人口的

---

① 　小组由李澜教授带队，组员有彭中胜、赵培红、云丽娜、刘志颐、杨丽和熊娴娟。
② 　田东县志编撰委员会编：《田东县志》，第 26 页，广西人民出版社，1998。

9.5%。其中瑶族 11372 人，占全乡人口的 31%。2006 年底全乡耕地面积为 35627 亩，占全县总耕地面积的 9.2%。全乡人均耕地 0.98 亩。其中水田 10387 亩，占全县水田总面积的 6.3%；旱地 25240 亩，占全县旱地总面积的 11.2%。[1] 作登乡有森林面积 12000 多公顷；龙须河可用水能丰富；有丰富的矿产资源，境内仅铝土矿储量 2000 多万吨。

（二）作登瑶族乡贫困现状

作登瑶族乡属于全国、全区乃至田东县的一个典型的民族山区农业特困乡，经济发展水平与全国、全区、全县相比，差距甚远。

1. 从纵向看，作登瑶族乡经济社会发生了翻天覆地的变化

表1　作登瑶族乡农民人均纯收入历年变化情况（1989—2006）

年份	人均纯收入（元）	年增长率（%）	年份	人均纯收入（元）	年增长率（%）
1989	217	—	1997	1299	33.2
1990	226.5	4.4	1998	1449	11.5
1991	244	7.7	1999	1559	7.6
1992	378	55.0	2000	864	—44.6
1993	339.7	—10.1	2004	1026	—
1994	423	24.5	2005	1388	35.3
1996	975	45.1	2006	1216	—12.4

数据来源：根据田东县各年统计数据整理，种种原因，2001—2003 年数据未能收集齐全。

如表 1 所示，改革开放以来，该乡经济社会获得了快速发展：1989 年作登瑶族乡农民人均纯收入仅 217 元，到 2006 年已增加到 1216 元，2005 年达到历史最高 1388 元，超过了当年的国家的贫困线，是 1989 年人均纯收入的 6.4 倍。但很明显，当地农民的收入波动较大，返贫现象频现。全乡范围内基本形成乡村之间、村与村之间的交通网络，其中有 3 个村通乡村柏油路，其余 18 个村通乡村四级砂路；全乡实现了村村通电；全乡 21 个村均安装有无绳电话，建有移动基站 4 个，移动信号覆盖率达 86%；建成联通基站 1 个，联通信号覆盖率为 7.2%；登高、大板、新安 3 个村的村部所在地拉通了闭路电视和宽带网；全乡建有初级中学 1 所，九年一贯制学校 1 所，

---

[1]　根据田东县统计局 2007 年 6 月 1 日编印的《田东县国民经济主要统计指标 2006 年》第 20 页相关数据和百色市民族乡 2006 年基本情况与从业人员构成情况调查统计表以及百色市民族乡 2006 年土地情况调查统计表（一）计算所得。

中心小学 1 所，村完小 10 所，高小点 2 所，初小点 9 所，适龄儿童入学率 99.67%，初中阶段入学率 96.98%；全乡设乡级卫生院 1 所，在大板、新安、坡圩、三陇四个村设卫生室。① 干部、群众一致认为，与过去相比，作登瑶族乡发展的成绩很大。

2. 从横向看，作登瑶族乡与全县、全乡、全市、全区以及全国的差距很大

表 2　作登瑶族乡农民人均纯收入与全县、全市、全区以及全国农民

人均纯收入对比情况（2004—2006）　　单位：元

地区 收入	作登瑶族乡	田东县	百色市	广西壮族自治区	全国
2004	1026	1814	1550	2305.2	2936
2005	1388	2133	1783	2490	3255
2006	1216	2493	2110	2770.5	3587

数据来源：各级历年统计年鉴。

从表 2 我们可以看出，作登瑶族乡与所在县、市、自治区的差距越来越大，与全国的差距更大，2006 年人均纯收入绝对数相差 2371 元，全国农民人均纯收入几乎是该乡农民人均纯收入的 3 倍。

3. 自给不自足的生产活动

生计对策是人们从事生产、投资和再生产一系列活动的选择或组合，以便满足生活的需要。生计对策的选择越多，灵活性越大，人们适应或抵抗外部环境打击和压力的能力就越强。在一定的活动范围内，人们将选择有最大潜力实现正面产出的生计活动，而不愿被迫选择某一项活动。

通过观察、入户调查和二手资料分析，发现当地农户解决食物保障问题的生计对策有：养猪、喂鸡、开荒种植玉米、种植蔬菜满足食物需求、季节性外出打工、做小生意等。为了保证农户食物供给，农民所采取的生计对策的特点具有多样性、相会结合的互补性、地域范围向外扩大等。生计对策的目的是为家庭成员直接提供所需的食物，或出售以增加现金收入，购买必需的生活用品或替代食品。在生计对策的互补性方面，畜牧、家禽的肉食生产、粮食生产、做小生意、季节性打工，其产出是提供家庭食物保障所需的多样性食物结构。为了充分利用现有劳动力，在男性劳动力外出打工时，妇女投入劳动时间增加，儿童和老人也增加了劳动投入。活动的地域范围是在

① http：//www.zdyzxzf.17jzw.com/.

现有的土地利用方式的基础上，逐渐向乡镇和附近其他乡镇发展。

表3　农户生计对策状况表

对策	目的	活动地点	对环境的影响	面临的困难	需要的资源
养猪	喂母猪，产猪崽；喂肥猪过年杀，一半出售，一半为全年的肉食	圈养和放养	提供有机肥料	饲料粮不够	收获的玉米喂猪
喂鸡	自吃	庭院内	提供有机肥料	鸡瘟多，不易防治	饲料粮，养鸡技术
混农林业	种黄皮果；花椒自吃或出售；竹子建房子、做工具	庭院附近，坡耕地上	有利于水土涵养	果树品种退化，土地分散，不易开展规模化种植	品种改良技术和更多的种植面积
开荒	种玉米，增加粮食产量	石头缝、坡地、	破坏植被，加大水土流失	产量不高	适合耕种的土壤，劳动力和肥料
种蔬菜	自吃和部分出售	庭院附近，坡耕地		种植面积不大，分散经营	开展集中规模生产和种植技术
养牛羊	山羊出售，牛耕地	荒山、林地		放牧草场不大，缺乏养牛技术	需要更大草场和技术
打工	农闲季节外出务工，从事种植和收砍甘蔗的劳务	平马	减少对当地环境压力	缺乏组织、培训，在异地权益得不到保障	需要当地政府的支持和管理、培训
做小生意	卖蔬菜、小食品，酿酒卖	作登圩		当地需求有限，缺乏资金	小额贷款

来源：小组访谈和调查问卷整理。

尽管全乡有 219 家乡镇企业，但 2006 年末从业人数仅为 406 人①，每家企业平均从业人数 2 人，可想而知都是家庭作坊小规模的家庭企业，根本无法消化当地大量富余劳动力。

我们知道对一个国家或地区的贫困进行完整的研究，就必须研究人们生活的质量（缪尔达尔）。贫困不仅仅是经济上的贫困，而且还包括健康贫困、文化贫困和精神贫困。经济上的贫困表现在自然条件差，基础设施落后，生产力水平低下，缺粮、缺水、缺生活必需品以及缺路、缺电、缺土等等；健康贫困表现在缺医疗设备，人口平均预期寿命短，死亡率高，儿童、青少年生长发育水平较低，出生缺陷发生率高，现残率高以及遗传性疾病和先天性智力低下的人口比例大等方面；文化贫困表现在缺广播电视、缺学校，受教育程度低，文盲、半文盲率高，文化程度低下，缺少必要的科学文化知识等；精神贫困主要表现在一些群众思想观念落后，缺乏自力更生、艰苦奋斗的精神及积极向上的生活态度等等。社会文化的贫困相对于经济贫困而言，是一种更难消除的贫困。鉴于本次调研时间有限，本文主要对当地的经济贫困作了访谈，其他涉及不是很多。据统计，新中国成立以来，作登瑶族乡接受正规国民教育并获得大学本科文凭的只有 3 人，2003 年田东县招考 5 名瑶族公务员，全县只有 7 人符合报考条件（要求大专以上学历），达不到组织人事部门规定的考试人数。2003 年在校就读的高二瑶族学生有 8 名，而女生只有 3 名，高三有 3 人，没有一名女生。② 从医疗卫生情况来看，全乡一个卫生院中只有 6 名医师和 5 名护士，其中大专以上学历的只有 1 人，绝大多数都是中专学历。③ 全乡无一村图书室，仅有的一个乡图书室，也只有 30m² 大小，1 名工作人员。

所谓"孤岛现象"，是指某一区域较少或很少与外界进行经济、社会、文化、科技、信息、人员方面的交流，在自给半自给、封闭半封闭状态下所形成的贫困落后的恶性循环。④

综上，作登瑶族乡的贫困状况属于典型的孤岛现象。作登瑶族乡出现的"孤岛现象"，首先表现在物流极少而且很不通畅。物流是物质资料从供给方到需求方的位置移动，涉及物资资料变成商品、买卖发生和运输等，可以

---

① 调研收集材料《百色市民族乡 2006 年乡镇企业主要经济指标情况调查统计表（一）》，第 3 页。
② 调研收集材料《田东县瑶族简介》第 7 页。
③ 调研收集材料《百色市民族乡 2006 年医疗卫生情况调查统计表》，第 30 页。
④ 赵俊臣等：《特困民族乡奔小康》，第 21 页，中国书籍出版社，2004。

创造时间价值、场所价值和加工附加价值。合理的物流活动，可以使生产者及时购买到生产所需原材料进行有效生产，并及时出售赚回成本与利润，进入新一轮的扩大再生产，与此同时，可以使消费者及时购买到自己渴望的商品，以满足其消费需要。

二、作登瑶族乡"孤岛现象"分析

（一）作登瑶族乡形成"孤岛现象"的内在原因

素质论认为，贫困的本质规定是人的素质差，即把人的素质落后作为导致贫困的终极原因。如智力知识界的领袖萨拉扎·班迪博士就认为"落后和不发达不仅仅是一堆能勾勒出社会经济图画的统计指数，也是一种心理状态"。[①] 国内学者王小强等人则更明确地指出，"落后的本质规定，是人的素质差。""人的素质差才是所谓落后概念的本质规定"。"人的素质差，不仅造成了目前落后地区落后的结果；而且还可能是造成将来落后地区更落后的原因"。[②]

在现实的经济发展过程和经济活动中，经济行为主体——劳动者是所有问题的关键。劳动者主体的素质高低，不仅决定着什么是所谓"资源"，而且决定着用什么手段去开发所谓"资源"。在其他生产要素（如土地、技术等）不变的情况下，劳动者素质不同，其经济行为的经济效果也不同。在调研过程中，作登瑶族乡的大多数农民教育年限短，质量低。大多数农民只有简单、朴素的耕作和饲养经验，不掌握更深的文化知识和劳动技能，对先进技术认同、理解、学习、掌握的能力十分有限。有统计资料显示，文盲半文盲的农户贫困发生率、贫困深度指数和贫困强度指数分别是小学文化程度的 1.5 倍、1.6 倍和 1.8 倍，是初中文化程度的 3 倍、3.1 倍和 3 倍，是高中文化程度的 3.9 倍、3.3 倍和 3.4 倍。[③] 有关调查显示，中国农村家庭主要劳动力文化程度与家庭人均收入高度相关，相关系数为 0.85。[④]

---

① 殷陆军编译：《人的现代化》，第 3 页，四川人民出版社，1990。

② 王小强等著：《富饶的贫困》，第 39—40 页，第 61 页，四川人民出版社，1990。

③ 陈端计：《构建社会主义和谐社会中的中国剩存贫困问题研究》，第 111—112 页，人民出版社，2006。

④ 陈端计：《构建社会主义和谐社会中的剩存贫困问题研究》，第 112 页，人民出版社，2006。

从思想素质看，贫困地区人们普遍缺乏进取心理，缺乏自觉改变落后、摆脱贫穷的信心和决心。尤其是处在自然灾害频发的大石山区，返贫现象频繁发生，使人们心理上产生了"宿命论"的阴影，认为无论如何努力都不能改变贫困状况。

从文化素质看，贫困地区往往是科盲、文盲、法盲集中之地。目前在中国农村劳动力中，小学及以下文化程度占38.2%；初中文化程度占49.3%；高中及中专文化程度占11.9%；大专及以上文化程度占0.6%；受过专业技能培训的仅占9.1%。[①] 作登瑶族乡也不例外，以2006年为例，该乡初中升学率仅为9.7%。[②]

从身体素质看，在作登瑶族乡，由于生活水平低下，医疗卫生状况落后，近亲结婚多，地方病多，以及由于自然、地理、气候等方面的影响，当地人们的身体素质差，严重制约了当地的经济发展。令人忧心的是，当地儿童的发育状况根本无法与别地的同龄人相比，无疑埋下了继续贫困的"种子"。

素质论的缺陷在于，忽视了人的素质同时又是贫困所造成的结果。人的素质虽然包括人的先天禀赋，但后天的教育水平和社会环境对人的素质的形成和提高也往往起着决定的作用。此外，素质论更无法解释同样一个人在贫困地区和在发达地区，其经济行为相同而经济效果迥然不同这样一个事实。经过外出打工和"下山进城入谷"工程富裕起来的农民就是很好的反证。

（二）作登瑶族乡形成"孤岛现象"的外部原因

1. 制度的贫困

贫困地区外部不利的经济社会环境供体不平等论认为，贫困的根源在于贫困地区外部经济社会环境的不平等。其代表思想主要有以下几种：

（1）分配论

该观点认为，贫困是财产、收入和权利不公平分配的结果。其代表性理论观点有社会分层职能学说、社会阶层斗争学说和依附论。

社会分层职能学说，其主要代表人物有法国的社会学家埃·迪尔克姆、

---

① 薛志伟：《农村剩余劳动力一亿五》，第2版，《经济日报》，2004年4月8日。
② 调研收集材料：《百色市民族乡2006—2007年度上学期中学教育情况调查统计表（一）》，第23页。

英国社会学家拉德克利夫·布朗等。该学说认为，所有社会都被分成许多层次，因而收入、地位和权利的不平等是一种普遍现象，贫富差别之所以存在是因为它满足于社会的某种特殊需要。换言之，它对社会的有效运转发挥着某种必不可少的功能。因此，收入不平等和贫困是必然的、普遍的和必需的。

社会分层斗争学说，其主要代表人物有拉尔夫·达朗道夫、格哈德·林斯基等人。该学说认为，社会分层是社会权利分配的结果，贫富差距是斗争和冲突的产物。各类社会群体时刻争夺稀少的有价值的资源，当一些群体争得了统治地位，获得了资源，而另一些群体不能获取时，贫富差距便产生了。

（2）发展经济学者的观点

发展经济学者把贫困的造成看成是政府的责任，由于种种原因，地方政府没有提供满足穷人发财致富欲望的环境和机会。如缪尔达尔认为，落后地区的经济，如果没有政府的支持和干预，只会陷入贫困的恶性循环。①

（3）资本短缺论

"一国穷是因为它穷"。一切都以贫困为原因，同时又把贫困作为结果。比如纳克斯的"贫困的恶性循环"认为，发展中国家长期存在的贫困，是由若干个相互联系和相互作用的"恶性循环"并列造成的。类似的观点还有纳尔逊的"低水平均衡陷阱理论"和缪尔达尔的"循环积累因果假说"。②

我们认为，从外部环境看，贫困地区与发达地区相比，存在着诸多差异，如资金短缺、极不便利的交通运输条件、政府职能转变严重滞后等，但最主要的差异还是制度的差异。在这里，制度贫困并不是指缺乏制度，而是指不合理的制度容易导致贫困，而合理的制度安排才有可能通向"共同富裕"。

目前，该乡绝大部分金融活动仅由农村信用社一家承担。然而，农村信用合作社由于所有权缺位、利益主体越位、产权制度目标不明确和商业化改革，唯一存在的农村合作金融异化为非农银行。首先，地方政府控制了信用社的决策权，作为利益主体的全体社员的权利形同虚设。按照现行的有关法

---

① （瑞典）冈纳·缪尔达尔：《世界贫困的挑战》，北京经济学院出版社，1991。

② （爱沙尼亚）拉格纳·纳克斯：《不发达国家的资本形成问题》，商务印书馆，1966。

律规定，农村信用社社员是信用社产权的当然的所有者。① 但是，名义上的所有权拥有者即全体社员既不能对信用社产权进行保护，也不能对产权使用、处分、让渡、利益分配等发表意见和进行决策。因此，信用社实际上成了一种政府主导型的缺乏独立决策权的官办金融机构，社区政府成为农村信用社产权实质上的利益主体。其次，农村信用社"内部人控制"排斥了自身经营自主权。除当地政府和人民银行行驶决策权外，农村信用社的具体经营管理，被信用社的经营管理者所控制，几乎不开全体社员大会，因而经营管理事实上形成了个人或几个人说了算的现象，至今未建立起广大农民积极参与、接受农民监督、代表和反映农村信用社利益主体的法人治理结构。再次，商业化改革偏离了为"三农"服务的性质。商业化改革过程中，农村信用社不得不把利润作为重要的考核指标，并与内部员工的收入挂钩，为此，将广大农民置于脑后，由此偏离了合作金融的宗旨和办社方向。② 分配论看到了社会的经济制度或政治制度对造成贫困的影响，这是值得借鉴之处。但分配论没有考虑人的素质、自然、生态环境等对贫困的制约，而仅仅从社会的经济、政治制度来解释，因而是片面、不完善的。

2. 贫困地区恶劣的自然、生态环境

载体不完善论产生于 18 世纪，在 19 世纪和 20 世纪末广为流行。其基本观点是，地理环境和气候条件能够决定个人或民族的性格特征，乃至决定他们的社会成就和经济地位。

作登瑶族乡属于典型喀斯特山地贫困区，山大沟深，地形起伏剧烈，相应的水分、热量、土壤等环境要素的空间梯度大，呈现不稳定状态；土地质量低下，可以利用的水资源短缺，耕地分散且面积小，坡地比例大，土层薄。由于岩石中硅酸盐矿物含量低，这一地区的成土过程缓慢，较非喀斯特地区成土速度慢 10—40 倍。干旱、风、滑坡、塌陷等频发的自然灾害，又影响到粮食产量的稳定性。再加上山体阻碍交通和对外联络，先进的生产技术和生产方式不能及时地为人们所采用，山区的生产能力较低。降水量虽大，但降水时节和用水期不同步。径流量大，但是保水率低。喀斯特地区地表漏水，径流多转入地下，因此造成水资源的短缺，农业时常受旱灾威胁，

---

① 赵俊臣等：《特困民族乡奔小康》，第30—31 页，中国书籍出版社，2004。

② 调研访谈归纳。

有些地方甚至连人、畜饮用水都成问题。[①]

世界银行在考察中国贫困现象时，也提到贫困地区人与自然关系的失调。世界银行指出，"大多数中国的贫困者居住在农村环境严重退化的地区，（他们）除了在某些无生产性而生态环境最脆弱的土地上汲取他们微薄的生活源泉外，别无其他办法。"[②]

无论从理论上分析还是从现实中观察，都可以发现贫困加剧和环境恶化之间存在着内在的联系，即贫困导致的资源过度开发和环境过度利用会造成资源和环境的恶化，而后者引发的自然和环境灾害又反过来致使贫困人口健康恶化、寿命减短和贫困加剧。生态系统退化导致的干旱、洪水、山体滑坡、森林大火和其他自然灾害发生频率的加大，还会造成贫困人口获取食物和水的竞争与冲突。[③]

载体不完善论在历史上曾起过积极的进步作用，即以唯物主义的"决定论"反对唯心主义的"目的论"。但同时也应该看到，它也确实存在着许多严重的缺陷，最主要的是机械地把地理环境对人类社会的作用绝对化和必然化了。

（三） 思想认识上的"误区"强化了"孤岛现象"

在中国进行的大规模扶贫活动中，我们不时地发现不少的政府官员、经济学家和社会扶贫者的头脑里根深蒂固地存在着贫穷农户"愚昧"、"懒惰"等思想认识上的"误区"，以至于提出"治穷必先治愚"、"治愚必先治懒"等口号，从而掩盖了揭示致贫的真正原因，干扰了扶贫开发的决策和行动。

1. "穷人懒惰说"忽视了贫穷农户面临的主要矛盾是缺少赚钱门路

在分析作登瑶族乡"孤岛效应"和贫困农户的致贫原因时，许多人异口同声地指责穷人懒惰，穷人大都爱睡觉，"穷人像条虫，一觉睡到太阳红"；穷人爱烤太阳，"宁愿饿肚烤太阳，不愿下地打把粮"。

应该承认，"穷人懒惰说"举出的一些例证确实是存在的，几乎所有的贫困地区都可以找出这样的典型例子。但是，我们要看到，所有的例证在贫困地区、在穷人当中都是个别的，不代表所有的穷人。即使是有些贫困地区

---

① 调研过程中正值当地雨季，平略村村民都从村前的一个大水坑里挑水，可以看见水面上漂浮着杂物，而且由于是积聚的雨水，水也很不清澈，但这就是他们的饮用水。
② 世界银行：《中国九十年代的扶贫战略》，中国财政经济出版社，1993。
③ 李周主编：《中国反贫困与可持续发展》，第3页，科学出版社，2007。

的有的穷人出现所谓的"懒惰"例证，我们只要进行科学的、实事求是地分析就不难发现，导致他们"懒惰"的原因除了主观因素外，还应该从他们所处的环境中寻找答案。首先，穷人天生也是勤劳的，他们一时懒惰的主要原因之一在于，社会并没有为穷人提供将其活劳动结合的足够机会和生产资料，穷人主观上的辛勤劳作却没有对象。其次，现在实施的扶贫开发项目，本意是为穷人创造就业和赚钱机会，但是由于现有扶贫机制和机制设计上的弊端，使宝贵的扶贫资源难以送达真正的穷人，他们眼巴巴地看富人"争夺"扶贫资源而不得不无活可干，不得不继续"懒惰"。正如许多反贫困专家所指出的，在贫困县扶县不扶户、扶富不扶贫、穷富一起扶持的问题始终没有得到彻底纠正，大量的扶贫资金用在了城边、路边等经济条件相对较好的地区，相当一部分特困乡村和贫困户并没有得到重点扶持。① 再次，极差的营养、简陋的住房，使穷人只有依靠减少活动和"睡觉"才能维持生命。②

2. "穷人愚昧说"忽视了维持生存的本能使贫困农户慎重地接受新技术

就理论上讲，新的适用技术的采用和扩散，可以提高贫困地区农业生产率（单位劳动生产水平）和土地产出率（亩均生产水平）；可以降低农业生产成本，增加农民的收入，增产增收；可以提高农业技术在农业总产值中的贡献率；可以提高农民的素质和对技术变革的适应能力。③

实际上，贫困农户在技术采用上属于风险躲避型，他们的生产决策并非像非贫困农户那样在新旧技术的收益和成本之间进行比较权衡，以追求短期利益的最大化。这是因为，一方面，作登瑶族乡自然条件差，各种灾害和市场剧烈波动所造成的客观风险大量存在；另一方面，信息不完整带来的主管风险，即他们对新技术缺乏了解和信心，不能正确地估计新技术的投入水平和产出水平，因而对其生产决策产生重大影响，特别是在应付风险的各种作用手段极不发达的情况下，他们往往不得不在较少的风险和较多的利润之间进行谨慎的权衡，权衡的结果往往是追求收入的稳定，以免使本已极低的生

---

① 赵俊臣等：《特困民族乡奔小康》，第 36 页，中国书籍出版社，2004。
② 由于口粮不够吃，有的家庭不得不将一日三餐改为一日两餐甚至一日一餐，不得不将吃稠的改为吃稀的。在许多家庭食物不足的情况下，几乎所有的父母都可怜自己的孩子，宁可自己少吃甚至不吃而让给孩子。在寒冬，他们穿不上棉衣，只好躺在尚有几丝暖气的被子里御寒。其实并不是他们爱睡觉，而是客观环境逼的结果。
③ 汪三贵等：《技术扩散与缓解贫困》，中国农业出版社，1998。

活水平遭受意外的损失而降低到难以接受的程度。

贫困农户对新技术的谨慎程度，是他们在自己家庭与外部环境现有状况下所做出的理性选择，是不应该受到非议的。社会和扶贫者所要做的，不应该是口头上的说教和现行的非贫困农户的示范。几乎所有的扶贫开发项目所做的非贫困农户试验示范，之所以对贫困农户并无太大的吸引力，一是贫困农户与非贫困农户的家庭状况不同，特别是非贫困农户抵御新技术风险的条件优于非贫困农户；二是非贫困农户在试验示范时往往得到资金、技术、人才、物资等许多方面的厚待，而在试验示范成功后的推广时，这些待遇却不能保证全部或大部分仍然存在。[①]

但是，我们也不得不指出，面对贫困地区、贫困农户适用的科学技术的供给不足仍然是一个薄弱环节，特别是适用于维持贫困农户生存的技术供给严重不足，或者供给的新技术成本太高而收益不高，迫使他们不得不沿用传统的技术。

3. "穷人不愿意接受教育说"没有任何事实依据

就统计数据看，我国农村特别是民族地区教育不发达，作登瑶族乡也不例外，劳动者受教育年限少。一些经济学家、社会学家便把贫困的原因归咎于他们不愿意接受教育，不支持子女上学，而是目光短浅地让其子女过早地参加家庭劳动。其实，这是片面的。

我们在调研中发现，该乡本来不多的教育投资，大部分用在以升学为主要目标，但却不能使贫困农户子女跳出"农门"的基础教育上，贫困农户节衣缩食供孩子读完小学、中学后不但没有学到回乡脱贫致富的技术，反而因跳不出"农门"而扭曲了性情，使贫困农户觉得这样的学校还不如不上。

尽管近几年当地已经重视贫困地区发展初等职业技术教育和成人职业培训，取得了不小的成绩，但认真分析不难发现，在整个教育投资中，面向贫困地区经济开发和贫困农户实际需要的初等职业教育在各级政府的教育规划中并没有占据应有的位置，同时实用的贫困地区教育评价体系还远未建立起来。[②]此外，一些扶贫项目并没有瞄准贫困农户。一方面，由于示范项目为了成功而自觉不自觉地选择村干部和非贫困农户，因而这些项目的培训对象当然不是穷人。另一方面，由于范围较广的培训一般都在县城所在地进行，

---

① 赵俊臣等：《特困民族乡奔小康》，第 39 页，中国书籍出版社，2004。

② 同上书，第 42 页。

统一供应免费伙食，有时还有一定的误工补助，因而成为一种特殊的物质享受待遇，其培训名额到贫困村后往往被村干部及其亲朋好友优先占用。①

4. "穷人酗酒说"并不符合中国贫困农村真正酗酒者的实际

作登瑶族乡农户经常饮酒，于是就有人把贫困归咎于酗酒，有"哪里喝哪里醉，哪里喝醉哪里睡，有酒醉一天，无酒睡一天"的说法。过度饮酒即酗酒是一种极不文明的行为，当然应该反对，但就我们在作登瑶族乡调研发现，当地贫困农户基本没有余粮酿酒或余钱卖酒。就深层次分析，贫困农户中的男主人于非贫困农户中的男子一样，都具有一种当家立业，让全家人过上体面生活的责任感，但由于多方面的原因使他们的家庭处于贫困状态；他们已经作出了努力，但是仍然找不到可以发挥能力的机会、场所和除了几块"锅盖地"外的其他有收入的工作，因而在内心里产生一种必然的烦闷、失望、忧郁和颓废，在社会大吃大喝风气的诱导下，自然而然地希望通过饮酒醉酒获得一时的解脱。

5. "穷人多生子女致贫说"并不反映贫困农户的生育观

在论及民族地区贫困农户的贫困时，有的同志归咎于少数民族享有生二胎政策，这种观点是片面的。不否认贫困地区计划生育工作十分难做，许多贫困农户存在着强烈的生育愿望，以至于陷入越穷越生、越生越穷的恶性循环。

但是，我们在强调贫困农户需要执行计划生育政策、严禁超生多生的同时，不能把贫困户致贫单纯地归结于此，以免干扰了我们正确寻找致贫的体制、机制方面的主观因素，更不能影响制定和实施正确的扶贫策略。

在农村现代化和社会保障体系建立和完善尚需走较长路程的情况下，农村特别是贫困山区农民仍然需要一定数量的人口才能维持生存下去。在作登瑶族乡所在的大石山区，如果农户没有足够的劳动力，农业生产是难以做到适时播种、管理的。同时由于没有可能使用液化气和电力等能源，不得不由壮劳动力用较多的时间砍柴背柴。至于说到养老，没有社会保障体系的全覆盖，"养儿防老"的观念就是一种必然而不是传统或保守。

尽快使少数民族农民摆脱贫困、实现全面建设小康社会，既是全乡各族

---

① 调研以前，也曾想到过会出现这种情况，但还是不希望出现，调研中，谈及此话题，村干部要么信誓旦旦说轮流安排，要么闪烁其词，但问到普通村民时，他们则否认了村干部对此事的说法。

干部群众的强烈愿望，也是一个重大的经济问题和政治问题；有条件地跨越式发展，是作登瑶族乡奔小康的必由之路和唯一选择；大胆改革现有发展体制和机制，才能确保冲出"孤岛"，实现有条件的跨越式发展，顺利建设社会主义新农村和全面建设小康社会。①

三、对作登瑶族乡目前实施各类扶贫措施的分析

（一）劳务输出——下山进城入谷工程

这是一项针对一些贫困地区资源有限、劳动力资源丰富的状况，通过相应技能培训，有组织地输送贫困地区劳动力异地就业，提高贫困人口收入水平和生活水平的扶贫模式和扶贫工程。

为了促进农村富余劳动力转移，田东县从 1998 年开始，全面实施"下山进城入谷"工程，有计划有组织地"扶"农民下山（即扶持受过培训的山区农民下山谋出路），"引"农民进城（即引导农民到本地和外地城镇落户就业，或临时打工），"带"农民入谷（即带领农民到该县所在地的右江河谷地区落户和劳务）。作登瑶族乡成立了由乡政府一把手组成的工作小组，成立乡服务所和各村服务室。② 2005 年作登瑶族乡开展技能证书类培训 36 场 2000 多人次，开展各类专项技术培训 3 期 1300 人次，印发技术资料 3000 多份；开展了 200 多人次的骨干青年农民和农民工科技培训，联系县农业局、畜牧水产局、职业技术学校等部门开展了科技下乡活动 6 场共计 700 多人次。培训后转移输出 48 人。③ 以该乡摩天岭村为例，2005 年全村劳务纯收入约为 80 万元，人均增收约 1000 元，占 2005 年全村人均纯收入 1361 元的 73%。④

可以说这项工程的实施一定程度上有效地缓解了贫困地区的人与资源紧张的矛盾，拓展了贫困人口的就业空间。贫困地区劳动力资源丰富，其他资

---

① 赵俊臣：《正确理解贫困农户的行为》，《云南经济研究》，1999（2）。

② 唐广生、周章师、黄忠：《田东实现农村富余劳动力全部转移》，《广西日报》第 1 版，2007 - 3 - 30。

③ 数据来自调研过程中收集的《作登瑶族乡 2005 年农民"下山进城入谷"工程培训工作总结》第 1 页。

④ 数据来自调研收集材料《作登瑶族乡摩天岭村下山进城入谷工程简介》

源特别是土地或耕地资源稀缺，人和资源的矛盾非常尖锐，劳务输出可以大大缓解有限资源的就业压力。同时，通过劳务输出可以使贫困人口学习新技术、新的生活方式、新的工作方式，开阔和改变贫困人口自我发展的思路和观念。此外，通过劳务输出，可以较大幅度地提高贫困地区和贫困人口的现金收入。目前存在的问题是贫困地区劳务输出还处于一种无序的状态，更多地依靠熟人带领或自己出去闯，而且贫困农民进入非农产业的门槛过高。更为严重的是，很多先前外出打工现在年龄大返乡的农民工并没有成为当地经济发展的能人，而是用打工赚的辛苦钱还了债或者盖了房子，根本没有形成自生能力，生活又重新陷入了困境。

（二）异地安置扶贫

这是针对"一方水土养不活一方人"的状况，鼓励和支持生存条件恶劣的贫困地区通过移民搬迁、异地开发的扶贫模式。中国贫困人口异地搬迁开发的原则是农民自愿、就近安置、量力而行、适当补助。主要形式有：一是插户移民，由贫困人口自行投靠亲友，分散安置，政府给予一定补助。二是政府投资，建立移民开发基地安置贫困人口。三是吊庄移民，即采取搬迁初期两头有家，等移民点初步建成后，再全部搬迁。四是区域内移民和跨区域移民相结合。

为了解决该乡剩余劳动力的就业问题，解决温饱和脱贫致富，田东县委、县政府用好自治区人民政府异地安置开发专项资金，抓住国家发改委、广东省广州市、广西玉林市、广西贵港市对口帮扶的机遇，先后在平马镇合乐、祥周镇那达、印茶镇塘灌、思林镇江山、坡塘乡新隆、那拔乡六鲁等兴建了8个农民异地安置开发区，征地3.25万亩，共安置贫困农民1344户6812人，建立甘蔗、芒果主导产业，其中种植甘蔗11436亩，产量2.2万吨，产值386.73万元；芒果1450亩，产量55吨，产值5.5万元①，各异地安置开发区农民基本实现了当年进点、当年开发、当年解决温饱、当年住进新房"四个当年"目标。对异地安置开发实行总体规划，农民住房、水、电、路、村部办公用房、学校、卫生室等基础设施建设的布局、主导产业、组织管理都作出科学规划和合理安排。异地安置开发区的建立，不但改善了

---

① 百色"农民下山进城入谷"调研组：《田东创新机制组织山区农民"下山进城入谷"加快脱贫致富步伐的调研报告》，第44页，《广西右江民族师专学报》2003（4）。

农民的生活，还提高了农民素质，促进了民族团结和社会稳定，异地安置的农民与当地村屯的农民在互相往来和共同生活中增进了民族感情，促进了民族团结。

在移民搬迁工作中，存在的一个共性问题是需要搬迁的农户绝大部分搬迁后仍从事农业生产。但是50年的土地承包合同已经签订，移民耕地如何解决，这是一个涉及面很大的政策性问题。需要指出的是，许多迁入地土地、水资源缺乏，农田水利配套建设和人畜饮水工程投资少，建设周期长，难以有效解决搬迁贫困农户的生产生活用水，一定程度上影响了移民搬迁工作的成效。由于受地理条件和环境的制约，在本乡或本县内适合安置移民的地域有限，需跨县或跨地区移民，土地问题更加难以协调。同时，由于迁入地生产要素有限，当地群众一般不愿意接收，对外来户不欢迎；部分移民搬迁来的贫困农户的生产生活目前还存在困难，经常发生返迁事件。

（三）基础建设扶贫开发

这是针对贫困地区基础设施条件落后和贫困人口生活生产条件恶劣的状况，重点建设贫困地区道路交通、水利灌溉、人畜饮水、电力等方面基础实施，以此推动贫困地区和贫困人口发展经济、摆脱贫困的扶贫模式。

田东县在1996年以后连续开展了人畜饮水、村级公路、茅草房改造、改善办学条件、改善医疗卫生条件、沼气池、通电、通广播电视、通屯级公路（简称为"三通"）等。结合"温饱工程"、"人畜饮水大会战"的实施，在作登瑶族乡修建人畜饮水工程88处，家庭水柜501座。随着水源得到解决，该乡的养殖业也得到了发展。2005年，作登瑶族乡养牛7500头，养羊3万余只，仅此一项，全乡人均增加收入32元。① 该乡还利用扶贫资金修建小型水利、砌墙保土、坡改梯田、改造中低产田等，使低劣的生产条件得到了一定程度的改善。如陇那村利用以工代赈资金进行砌墙保土，扩大耕地面积162公顷，粮食平均每公顷产量从1985年的1500多公斤增加到2005年的6935公斤。

问题是基础设施建设模式所需投入较大，而与现实能够提供的投入矛盾突出。从实践的情况看，由于投入不足使基础设施建设标准偏低，在一定程度上并没有发挥应有的作用。

---

① 调研收集材料《从二十九万到二万七——田东县二十年扶贫开发工作纪实》，第7页。

（四）对口扶贫及社会帮扶

这是动员和利用社会力量，采取定点帮扶、对口支援、东西合作等方式的扶贫模式。主要形式有，党政机关、企事业单位定点帮扶贫困县，党政机关工作人员与贫困人口结对帮扶，社会组织、民间组织和民主党派到贫困地区进行产业投资、合作和智力帮扶、东西合作和省区市间的对口帮扶等。

田东县和国家发改委及广东省广州市是响应国家对口帮扶政策建立的帮扶关系。多年来，对口扶贫不仅在一定程度上缓解了当地的贫困状况，而且把先进的理念带给了当地群众。广州军区政治部捐资 93 万元创建作登大板希望小学，修建教学楼、教师宿舍楼、学生宿舍楼各 1 幢；广州市经协办捐资 8 万元援建作登平略巴皓小学教学楼 1 幢；广州市总工会捐资 50 万元援建作登陇穷小学教学楼、教师宿舍楼各 1 幢；广州市政府捐资 32 万元援建作登陇接、梅林、巴立小学教学楼 3 幢；广州市民政局捐资 20 万元援建作登初中学生宿舍楼、教学楼各 1 幢。① 需要注意的是，内因是事物变化的依据，外因通过内因起作用。外力的帮扶，必须对接实施好，才能使外力转化为自己的生产力。在对接实施过程中，要坚持做到：一是加强领导，周密部署，为定点帮扶工作提供组织保证，这是实施定点扶贫工作的首要前提；二是精心筹划，严密实施，使定点帮扶工作干一件成一件，这是实施好定点帮扶工作的重要因素；三是狠抓管理，强化服务，使帮扶项目如期发挥效益，这是实施好定点帮扶工作的关键环节；四是加强沟通，搞好协调，与帮扶单位保持信息畅通，这是实施好定点帮扶工作的必要条件；五是自力更生，艰苦奋斗，把定点帮扶作为自身不断前进的动力，这是实施好定点帮扶工作的根本保证。

（五）整村推进扶贫——参与式扶贫的"体"

2001 年 5 月召开的中央扶贫开发工作会议，颁布了《中国农村扶贫开发纲要（2001－2010）》（以下简称《纲要》）。《纲要》指出：新阶段扶贫开发工作的重点是：以实施村级扶贫规划为切入点实现整村推进，改善贫困地区的生产条件和贫困农户的生活条件；以劳动力转移培训为切入点，提高贫困农民的综合素质和获得非农产业的能力；以发展龙头企业为切入点，促

① 调研收集材料田东县教育局：《广东对口帮扶田东教育工作情况汇报》第 3－5 页。

进贫困地区提升产业结构，增加贫困农户的经济收入。①

整村推进可以集中有效地使用资源，从而避免因过去的资源分散而不能起到明显效果的问题。在田东县第一批 40 个贫困村的"整村推进"中，作登瑶族乡积极参与配合，对贫困村进行整体改造，综合地解决其贫困问题，改善村庄的生活和生产基础设施，包括小型农田水利设施、村庄道路、基本农田建设、旧房改造、安全饮水、卫生厕所、修建学校和卫生室、村委会建设等，有效地提高村民的生产能力，增加贫困人口的收入，改善贫困村庄的生活条件。

作为参与式扶贫的"体"，能够覆盖到那些没有从大规模扶贫中受益的群体，但在操作中存在着瞄准贫困村和贫困户的偏差，绝对贫困人口在整村推进项目的实施中受益不多。很多贫困人口因为没有能力提供超过总成本一半的配套资金而排斥在项目之外，根本谈不上什么受益。而公共设施项目，如道路和学校，又因为绝对贫困人口有限的经济活动和付不起服务费用而被排除在收益之外。

通过不同政策项目的比较分析，可以看到，各类扶贫开发措施在作登瑶族乡的脱贫进程中取得了不小的成效，但还存在这样那样的问题。仔细分析有些政策之所以执行效果比较好，是因为整个实施过程中有一个较为科学的项目管理和监督机制，政策的漏洞较少，有外部的审计监督的介入，政策目标的设定也比较合理。②

四、新农村建设中少数民族农村突破"孤岛现象"的发展思考

国家制定的《中国农村扶贫开发纲要》提出，2001—2010 年我国扶贫开发的总目标是："尽快解决极少数贫困人口温饱问题，进一步改善贫困地区的基本生产生活条件，巩固温饱成果，提高贫困人口的生活质量和综合素质，加强贫困乡村的基础设施建设，为达到小康水平创造条件。"③

（一）反贫困在建设社会主义新农村和构建和谐社会中的意义

要构建和谐社会，就要让贫困群体分享社会进步和改革开放的成果。党

① 李周主编：《中国反贫困与可持续发展》，第 121 页，科学出版社，2007。

② 李琨：《消灭赤贫—新农村建设的紧迫任务》，第 7 页，人民出版社，2006。

③ 赵显人主编：《西部大开发与民族地区经济社会发展研究》，第 147 页，民族出版社，2001。

的十六大报告指出：继续大力推进扶贫开发，巩固扶贫成果，尽快使尚未脱贫的农村人口解决温饱问题，并逐步过上小康生活。中国政府在2004年召开的全球扶贫大会上庄严承诺，到2010年基本解决我国现有贫困人口的温饱问题。国务院总理温家宝在十届全国人大三次会议上作政府工作报告时强调，增加扶贫投入，积极帮助贫困地区群众脱贫致富，表明了中国政府进一步加大扶贫开发力度的决心和信心。在全面建设小康社会尤其是构建社会主义和谐社会的宏观背景下，如何解决中国剩存的贫困问题，是一个值得研究的重大课题。

1. 解决中国目前剩存的贫困问题，是贯彻"三个代表"重要思想和科学发展观的根本要求

只有积极解决中国目前的剩存贫困问题，才能充分体现党是全国广大人民根本利益的忠实代表。因为党所代表的人民利益不是抽象的而是具体的人们利益。正如江泽民曾说过的："各级领导机关和领导干部，要特别关心那些工作和生活上暂时遇到困难的群众，把他们的事情摆上重要议事日程，重点考虑，重点解决，切实安排好他们的就业和生活。只有把关心群众、服务群众的工作切实做好了，我们才能始终保持与人民群众的血肉联系，才能无往而不胜。"①

2. 解决中国目前剩存的贫困问题，是最终实现共同富裕奋斗目标的核心内容

中国剩存的贫困问题的存在与"共同富裕"的目标相违背。贫困问题的存在，首先会破坏社会结构的整合，导致日趋严重的社会分化；社会结构整合的破坏又势必影响到社会文化的整合，其结果将使社会矛盾增多，民族凝聚力降低，社会冲突加剧，从而从根本上破坏经济可持续发展的基础。同时，贫困还不利于社会人力资源的合理利用，并将迫使政府和社会长期扩大公共支出，造成经济与社会资源的浪费。

3. 解决中国目前剩存的贫困问题，是中国社会主义制度优越性的集中体现

中国剩存贫困问题的存在，既有悖于社会主义的本质要求，也不符合社会主义公平、公正的价值观。经典作家早在一百多年前，就提出了未来社会的价值追求，"我们的目的是要建立社会主义制度，这种制度将给所有的人

---

① 江泽民：《论"三个代表"》，第162—163页，中央文献出版社，2001。

提供健康而有益的工作，给所有人提供充裕的物质生活和闲暇时间，给所有的人提供真实的充分的自由。"① 邓小平坚持了马克思主义的价值追求，把社会主义本质言简意赅地概括为："解放生产力，发展生产力，消灭剥削，消除两极分化，最终达到共同富裕。"

4. 解决中国剩存的贫困问题，是保证中国经济持续、稳定、协调发展的必要条件

近年来，我国的消费率不断降低，目前大量剩存贫困人口的存在，由于其消费数量和消费质量都很低，从而在客观上影响和制约了中国政府采取的扩大内需拉动经济增长的方针政策的实施效果。解决好这个问题，则是保持经济持续发展、挖掘经济潜力、增强经济发展后劲的必要条件，是全面建设小康社会尤其是构建社会主义和谐社会的重要举措。

5. 解决中国目前剩存的贫困问题，是建设社会主义新农村的题中应有之义

扎实推进社会主义新农村建设，是党的十六届五中全会提出的重大历史任务，事关全面建设小康社会和和谐社会构建的全局。而建设社会主义新农村的题中应有之义或前提条件则是解决农村剩存贫困人口的温饱问题。只有全体农民的共同富裕，才会为生产发展、生活富裕、乡风文明、村容整洁、管理民主的新农村奠定坚实的经济基础。

（二）在理论和政策上重视对贫困问题的研究和指导

进入新世纪以来，农村贫困问题的现状特征、形成机理、运行机制等都发生了许多新的变化，这就要求我们在理论上重视对社会主义市场经济条件下中国农村剩存问题的研究，形成系统的、完整的、有中国特色的贫困理论，作为中国农村贫困治理的理论指导。

国家统计部门应重视对目前剩存农村贫困的统计工作，完善农村贫困监测制度，建立贫困人口动态监测网络，客观、公正地确定贫困地区和贫困人口。为此，要做好两件工作：其一是尽快建立农村贫困监测机构，这个机构必须独立于地方政府之外，以保证贫困检测统计信息的客观性和公正性；其二是构建贫困监测指标体系，指标体系的构建最好能反映全国的统一性、地方差异性和物质指数的变化，以科学、规范、权威性的统计数据，有的放矢

---

① 高哲：《马克思恩格斯要论精选》，第33页，中央编译出版社，2000。

地指导农村剩存贫困的治理。

（三） 积极开发贫困者的主体意识和参与意识

扶贫是扶助者和被扶者双向行为的事，不仅要有政府的扶助和官员认真负责的公仆意识，而且要有扶助对象积极参与的主体意识。开发主体意识是为了提高贫困者的参与性，而"有众多利益相关者主动地参与反贫困行动而带来的治理效益将是事半功倍的"[①]。因此，我们应当从以下几个方面开发主体意识。首先，扶贫始于扶志。先从理论启迪贫困者的主体意识，从思想动员入手，才有反贫困的广泛参与性。要注意挖掘和发挥人的潜能，并使它转化为效能。其次，扶贫贵在扶心。消极是无为的，马克思说："纯粹消极的东西什么也不能创造。"[②] 脱贫致富要开发主体意识是指开发作为主体的人所具有的巨大潜能，人本身的体能和智能；开发人主体意识的积极的主动的方面，激发贫困人口积极向上、锐意进取的情感思想、意志指导自己的实践去改变贫困的面貌，使自身尽快脱贫致富。扶贫的最终目的在于，通过援助唤起或增强贫困者脱贫的意识，并使得他们具有恢复获得收入机会的能力。[③]

（四） 实施政府救济型扶贫、市场开发型扶贫及异地搬迁型扶贫并举之路

1. 政府救济型扶贫

所谓政府救济型扶贫，是指国家对因自然、社会、经济、生理和心理等方面的原因造成收入减少或中断，难以维持基本生活的个人和家庭按一定的标准给予经济或实物方面的救济，使其能够维持基本生活的贫困救济制度，主要针对开发式扶贫难以解决其温饱问题的人群。

社会保障具有防止非贫困的社会成员沦为贫困阶层及帮助贫困的社会成员摆脱生活困境的双重功能，建立和完善农村最低生活保障制度势在必行，主要原因在于农村剩存贫困人口自己没有能力脱贫。当开发式扶贫对赤贫人群基本失效时，应及时转变扶贫方式，变"造血"为"输血"，实现中国扶贫方式的再次转变。著名学者蔡昉的调查表明，现存的 2800 多万赤贫人口

---

① 国务院扶贫办：《经济开发论坛》，1998（2）。

② 《马克思恩格斯全集》第 46 卷（上），第 113 页，人民出版社，1979。

③ 吴碧英：《消除贫困要注重"人的发展"》，《经济纵横》，2000（8）。

中，五保户占 1/5，残疾人占 1/3 强，生活在不宜生存的环境中者为 1/4，另有一些常年被疾病困扰的、没有劳动能力的、受教育水平极低的……他们中的很多人集老、弱、病、残于一身，对于这个边界内的贫困人口，只能通过常年救济的办法，使他们享有一种起码的、有尊严的生活水平，特别是使他们的子女能接受正常的教育。

在具体操作中需要注意以下几个问题：首先应正确界定保障对象。应做好有关调查、统计工作，并对有劳动能力的低保对象逐村逐户排查核实。农村最低生活保障对象一般包括因缺少劳动力、低收入造成生活困难的家庭；因灾病及残疾致贫的家庭；无劳动能力、无生活来源、无法定抚养人的老年人、未成年人、残疾人等。必须确认这部分人的数量及分布情况，从而将需要救济的贫困者从扶贫开发的目标或对象中分离、独立出来，由政府统筹，实行政府救济性扶贫。此外，还要建立最低生活保障对象的档案，实行动态管理，以便及时掌握保障对象家庭经济状况的变化，一年调整一次。其次，应科学地确定保障线标准。贫困救济线的着眼点应放在保障无收入者或低收入者的基本生活上。确定农村最低生活保障线标准的基本要求是：既要能保障农村贫困人口的最低生活，又要防止保障对象过高而形成养懒汉的倾向。为此，除国家制定的大的原则外，各地应根据当地农村贫困人口的特征差异及需要与可能、公平与效率相统一的原则，科学地规定不同等级、不同等次、不同类型的救济标准。再次，应积极筹措救济资金。可由中央、省、市、县、乡各级财政和村集体合理分担，社会捐赠和互助再补充。至于各级和村集体的分担比例根据各地实际确定。最后，正确选择资金管理与保障方式。

2. 市场开发型扶贫

所谓市场开发型扶贫，是指对中国目前剩存的农村绝对贫困人口中具有劳动能力和劳动愿望的个人和家庭实施以政策、市场为导向的经济开发，旨在帮助贫困人口形成自我发展的条件和能力，并以此为贫困人口脱贫致富奠定基础，从而最终实现贫困地区社会、自然、生态、经济之间的良性循环。

开发式扶贫是中国最具实效的主要扶贫方式，它立足长远，是对传统的分散救济式扶贫方式的改革与调整，是中国农村扶贫政策的核心和基础。

基于中国现存农村贫困的现状特征，在实施市场开发型扶贫中，应注意以下几个方面：

（1）科学决策扶贫项目，完善项目管理制度应注意：项目的瞄准无偏差，即扶贫项目受益者应该是农村贫困人口或受益者主体应是农村贫困人口；项目的实施必须有利于区域可持续发展；扶贫项目应该增强贫困地区和贫困人口的"造血"功能。加强项目实施前的论证和实施过程中的督察以及项目完成后的效果监测分析工作。

（2）加大农村人才开发力度

要努力做到：健全"两个机制"，即农业和农村人才的开发培养机制和选拔使用机制，进一步探索培养人才和利用人才的有效途径。规范和完善现有的各级农业教育和各类培训"工程"、"证书"制度，促使农业和农村人才的培养由增加数量向提高素质转变，由知识传播向能力建设转变，由学制教育向终身教育转变。对农村管理干部队伍和农民技术员队伍，主要是加强培训，通过建立健全各类证书制度，逐步把技能培训和专门就业结合起来，使培训走向正规化、经常化和制度化。对农业科技创新人才队伍和农业技术推广人才队伍，主要是加强选拔，通过建立健全各类人才数据库和成绩考核制度，增强科技人员的创新意识和动力，形成良性竞争环境，全面提高专业技术队伍的创新能力。强化"三个体系"，即农业科研体系、农业教育体系和农民专业培训体系。农业科研体系要在提高创新能力上加强建设，农业教育体系要在成果转化上加大力度，农民专业培训体系要加强技能培训，使高、中、初级人才的培养各有其主渠道。要积极探索产学研、农科教有机结合的各种方式，使得三个体系在人才培养上有所分工，能够发挥合力，为农业增长方式的转变提供有效服务；培养"四类人才"，即农业科技创新人才队伍、农业技术推广人才队伍、农业管理人才队伍和农民技术员队伍，满足农业和农村经济发展多样化、多层次的需要。农业科技创新人才的职能是尖端技术研究和开发，重在成果的发明，创新队伍要始终能够把握和跟踪世界农业科技发展方向，确保科技进步在农业发展中发挥日益重要的作用；农业技术推广人才的职能是实用技术的传播，重在成果的转化，推广队伍要能够根据市场导向，使实用先进技术的推广有效地为农业结构调整服务；农民技术员的职能是实用技术的有效使用和示范，重在成果的普及，要充分发挥中介和示范作用，带动当地经济发展；农村管理人才尤其是乡村基层干部的培训是农业和农村人才培养的弱项，需要进一步加强，要努力培养造就一支懂技术、懂法规、懂市场、懂管理的高素质农村基层干部队伍，能够围绕农民增收这一新阶段农业和农村工作的中心任务，不断提高管理水平和服务质量。

3. 异地移民型或异地搬迁型扶贫

所谓异地移民型或异地搬迁型扶贫，是指为解决那些地理条件极差地区或自然环境恶劣、人口超载等生存空间恶化地区的贫困人口而采取的一种行之有效的反贫困战略对策。

要在搞好试点的基础上，制定具体规划，有计划、有组织、分阶段进行，坚持自愿原则，充分尊重农民意愿，因地制宜，量力而行，注重实效，细致地做好搬迁后的各项工作，确保搬得出来、稳得下来、富得起来。经济发达的省、直辖市要从全局出发，适当增加吸纳和安置来自贫困地区的迁移人口，并作为对口帮扶的一项重要措施来抓。地方各级政府要制定鼓励移民搬迁的优惠政策，处理好迁入人口和本地人口的关系，尽快提高迁入人口的收入水平和生活质量。

（五）设立《贫困地区促进法》，尽快使扶贫开发走上法制化轨道

在新的历史时期，政府需要制定综合性的扶贫开发政策体系，并且要注意把经过实践检验的政策、措施和成功经验适时地提升为法规，使扶贫开发工作由过去主要依靠政策逐步地转向依靠法律法规，确保在 21 世纪初进行的扶贫开发具有政策的稳定性、持续性和法律的保障性，真正实现"依法治农依法兴农、依法保护农民的合法权益"。[①]

当前，扶贫开发中的主要问题是：开发行为没有法律约束，带有较大的随意性；政策措施缺乏力度，稳定性不强，一些促进措施形不成制度，执行效果较差；需要采取的一些特殊措施没有法律依据，难以实施；扶贫开发缺少科学的监督制度，监督检查不力等等，这些问题亟待采取措施加以解决，而建立健全法律制度是其中的一个重要手段。

我们认为，《贫困地区促进法》应包括组织实施、资金支持、人才保障、法律责任等内容。具体而言，一是建立长期、稳定的贫困地区开发专项资金渠道。中央预算要设立贫困地区开发科目，安排西部贫困地区开发专项资金，专项资金年度增长幅度不低于中央财政收入的增长幅度；二是实施多渠道筹集社会资金。国家应鼓励和支持采用产业基金、风险基金、发行企业

---

① 黄颂文、宋才发：《西部民族地区扶贫开发及其法律保障研究》，第 266 页，中央民族大学出版社，2006。

债券、彩票和特许等融资方式吸纳社会资金，通过法律手段规法地方政府发债行为，建立合理的发行、流通、监督体制；三是贫困地区资源开发利益合理分配。国家应适当提高民族地区开发矿产资源补偿费费率，所征收的资源补偿费全额留给原产地地方财政，同时考虑将开采石油、天然气等矿产资源初级产品的一定比例，留给原产地发展资源深加工项目；① 四是加强对贫困地区的对口支援。将对口支援在该法中予以规范，国务院确定的承担对口支援任务的基金相对发达地区省级人民政府应当设立专项资金和专门机构，制定援助计划；五是设立贫困地区人才开发基金。中央财政没有专门的西部地区人才开发预算，有关部门和地方政府专项用于贫困地区的人才开发经费非常有限，需要从多渠道筹集人才开发资金。国家应通过税收政策，鼓励对贫困地区人才开发基金的捐赠。

（六）重视农村扶贫资金的筹措制度和管理制度的创新

1. 建立、完善于社会市场经济相适应的农村扶贫资金筹措制度

改变过去那种过分依赖中央和地方政府的资金筹措方式，大力动员社会资金、自愿加入新阶段农村扶贫事业之中。为此，应进一步增大扶贫投入，鼓励更多的金融组织在贫困地区开展信贷服务，逐步建立以财政为主导，国内外组织机构耦合个人广泛参与的新的资金筹集机制。首先，国家应继续增加扶贫资金的投入。其次，各级地方政府也相应增加反贫困资金的投入力度。最后，对贫困地区的小额贷款要积极引导、规范运作。

2. 建立、完善于社会主义市场经济体制相适应的农村扶贫资金管理制度

通过各种合法金融手段，使扶贫资金实现保值增值。交通部利用社会捐赠设立教育扶贫资金专门用于两个扶贫点的希望工程，就是一个例子。他们的具体做法是：通过层层动员，募集到总额为1000多万元的扶贫教育基金，通过基金的有效运作，每年拿出100多万元利息来资助洛阳、怒江两个地区的失学、辍学学生。②

3. 政府要重视第三次分配和防止两种倾向

政府除了要做好第二次分配，通过公共财政转移支付的适当倾斜，有效

---

① 黄颂文、宋才发：《西部民族地区扶贫开发及其法律保障研究》，第275－276页，北京，中央民族大学出版社，2006.

② 李周主编：《中国反贫困与可持续发展》，第353页，科学出版社，2007。

地促进代内公平，还应通过制度安排，引导社会力量参与扶贫，充分发挥第三次分配在促进代内公平方面的作用，并通过社会参与培育公民互助的精神。放松行政管制，为旨在改进第三次分配的非政府组织的发育提供更为宽松的环境，是政府更为重要的职责。同时，政府要防止两种倾向：（1）利用行政手段干预第一次分配的政策倾向，第一次分配是市场机制发挥作用的范围，以行政手段干预第一次分配，即人为地扭曲生产要素和产品的市场价格，会影响整个社会的积极性；（2）防止少数政府官员把个人政绩作为扶贫首要目标的倾向。

（七） 重视各类扶贫措施的配套工作

造成某地贫困的原因是复杂的，因而很难单纯地使用一种扶贫政策就实现脱贫致富，这就需要打"组合拳"，需要各级、各部门通力合作，密切配合，而不是相互扯皮，推脱责任。

第四部分

伊敏煤电公司循环经济调研报告

2003 级经济学本科生　卜婧怡

　　2006 年 8 月，我参加了中央民族大学"985"暑期社会调研活动，本次调研的主要内容是民族地区经济发展情况，调研地点是我国辽阔的草原地带内蒙古呼伦贝尔市。其间，我所在的调研组先后抵达海拉尔、满洲里、扎兰屯、阿荣旗和莫力达瓦达斡尔族自治旗等五个旗市，走访各级乡镇政府十余处，农户近三百户，并参观华能伊敏煤电有限责任公司的厂矿所在地。伊敏煤电公司倡导"煤电联营"、"一体化设计、一体化开发"的经营理念，这种典型的循环经济模式，为实现生态经济和地区的可持续发展提供了良好的范例。

　　华能伊敏煤电有限责任公司地处内蒙古自治区呼伦贝尔市鄂温克族自治旗境内，是国家批准的全国首家煤电联营的大型能源企业。该公司的前身是伊敏河矿区建设指挥部和伊敏煤电公司。前者于 1976 年 7 月 10 日组建；后者于 1991 年 1 月 22 日成立。1995 年 8 月 16 日经公司化改造成立伊敏华能东电煤电有限责任公司，中国华能集团公司、原东北电力集团公司分别拥有 51% 和 49% 的股份。1999 年 4 月国家电力体制改革，公司股权发生变化，原东北电力集团公司 49% 的股权分解给了辽宁、吉林、黑龙江三省电力有限责任公司。2002 年末国家电力体制改革，伊敏华能东电煤电有限责任公司全资划归中国华能集团公司管理。2004年改名为华能伊敏煤电有限责任公司。

据伊敏煤电公司总经理戴为介绍，1989年，国务院批准在伊敏实行煤电联营试点，同时确定首次采用"立一个项目、建一个企业、最终产品是电"的建设、生产与经营模式。一期工程于1999年9月建成投产，建设年产500万吨的露天煤矿，同时建设由两台50万千瓦的燃煤机组组成的发电厂。露天煤矿不仅负责给电厂供煤，为了满足电厂的需水，煤矿还负责将开采中的疏干水输到电厂作为循环补给水。这些水在处理达标后再排放还能起到灌溉草原的作用；电厂用煤则通过3.7公里的皮带走廊直接从露天矿送到电厂锅炉，省掉了铁路运输和其他运输环节的运费；燃煤发电后产生的灰渣，一部分作建材出售，其余均通过皮带返排回露天矿坑，并在这些灰渣上覆盖腐殖土恢复植被，这样既消除了灰渣对环境的污染，又增加了收入，造了地。边采煤、边绿化，实现了经济效益与环境效益的最佳结合。

伊敏煤电公司这种煤、水、灰科学循环利用的方式，完全符合国家可持续发展的要求。生产上的"一体化"让伊敏煤电形成自身的循环模式，不仅可以从投资和土地上节省建设铁路、煤场、水源地、灰渣场的消耗，而且节省了上述配套设施在投产后形成的运行费用，更可以实现煤矿与电厂在水、煤、灰等资源配置上的互补与综合利用。因此，伊敏模式的"循环"对于节约资源、保护环境和实现国家经济的可持续发展有着重大的意义。

"循环经济"一词是美国经济学家波尔丁在20世纪60年代提出生态经济时谈到的。波尔丁受当时发射的宇宙飞船的启发来分析地球经济的发展，他认为飞船是一个孤立无援、与世隔绝的独立系统，靠不断消耗自身资源存在，最终它将因资源耗尽而毁灭。唯一使之延长寿命的方法就是实现飞船内的资源循环，尽可能少地排出废物。同理，地球经济系统如同一艘宇宙飞船。尽管地球资源系统大得多，地球寿命也长得多，但是也只有实现对资源循环利用的循环经济，地球才能得以长存。循环经济思想萌芽可以追溯到环境保护思潮兴起的时代。在20世纪70年代，该思想只是一种理念，人们关心的主要是对污染物的无害化处理。20世纪80年代，人们才逐渐认识到资源化处理废弃物。20世纪90年代，可持续发展战略成为当今世界经济和社会发展的总目标和趋势，环境保护、清洁生产、绿色消费和废弃物的再生利用等才整合为一套系统的以资源循环利用、避免废物产生为特征的循环经济战略。

"循环经济"是对物质闭环流动型经济的简称，它指的是一种把物质和能量进行梯次和闭路循环使用，在环境方面表现为低污染排放、甚至零污染排放的一种经济运行模式。其特征是低开采、高利用、低排放。作为一种新的经济发展模式，循环经济在可持续发展的思想指导下，把清洁生产、资源综合利用、生态设计和可持续消费等融为一体，把经济活动组成一个"资源——产品——再生资源"的反馈式流程，实现了经济活动的生态化转向，本质上是一种生态经济，它要求运用生态学规律来指导人类社会的经济活动。

党的十六届五中全会提出要大力发展循环经济，建设节约型社会。这是新一届中央领导集体对于突破资源、环境瓶颈，实现可持续发展而提出的一个新要求，具有很强的现实针对性、紧迫性、指导性和重大的战略意义。

资源短缺、生态环境恶化的现状和国情要求发展循环经济。我国资源禀赋较差，虽然总量较大，但人均占有量少。国内资源供给不足，重要资源对外依存度不断上升。一些主要矿产资源的开采难度越来越大，开采成本增加，供给形势相当严峻。面对这样的国情，传统的高投入、高消耗、高污染、低效益的发展模式显然无法满足我国经济发展的根本需要。在经济高速增长的同时，资源和能源的短缺、生态环境恶化等问题越发突出，寻求一条发展和环境保护以及资源的永续利用相结合的道路，逐渐成为解决我国现阶段资源短缺、生态环境恶化问题的有力途径。因此，大力发展循环经济势在必行。

应对经济全球化、国际贸易保护主义要求我国发展循环经济。在经济全球化的发展过程中，各国间贸易活动日趋频繁，区域性的经济一体化组织日益增多，各国在对外贸易中所制定的关税壁垒作用在日趋减弱，而包括"绿色壁垒"在内的非关税壁垒在国际贸易活动中所发挥的作用则在日益凸显。2004年2月，欧盟颁布的《废弃电子电器设备指令》和《电子电器设备中限制使用某些有害物质指令》中规定：从2005年8月13日起，生产者负责回收处理废旧电子电器设备；2006年7月1日开始，在欧盟销售的十大类100多种电子电器设备中，限制使用铅、汞、镉等六种有害物质。世贸组织同样也有规定市场准入的相关环保法令，这些都将直接影响各国的产品进出口额。随着欧盟的《指令》和世贸组织有关规定的实施，以我国电子产品现行的生产状况和环保状况，进入国外市场的门槛将会增高，而国外产品却可以轻而易举地进入门槛相对很低的中国。面对这样的国际环境，我们更应该借助经济全球化的机遇，大力发展清洁型循环经济，与国际的有关标准接轨，以适应全球范围内经济发展的要求。

贯彻科学发展观的本质要求我国发展循环经济。胡锦涛同志在 2003 年 9 月党的十六届三中全会上明确提出了科学发展观，坚持以人为本，实现经济社会的全面、协调、可持续发展，促进经济社会和人的全面发展。科学发展观的本质和核心是以人为本；科学发展观基本内容是按照统筹城乡发展、统筹区域发展、统筹经济社会发展、统筹人与自然和谐发展、统筹国内发展和对外开放的要求，推进改革和发展，即"五个统筹"；科学发展观的实质和基本要义是发展，发展才是硬道理，这是中国社会经济的进步必须遵循的战略思想。按照科学发展观的要求，必须正确处理经济发展和生态环境保护之间的协调关系。循环经济的发展模式既符合发展的基本要义，又符合生态环境保护这一客观要求，因此，大力发展循环经济是国家政策的基本导向，也是全面贯彻科学发展观的本质要求。

伊敏煤电一体化工程实现了水、煤、灰之间的科学循环利用，具有非常突出的环保效益，体现出了循环经济的优势所在。多年来伊敏煤电公司始终按照中国华能集团的要求，注重在改革中求得生存和发展，一手抓改革，一手抓生产，在发展循环经济的过程中作了多方面的探索。

改革构建合适循环经济发展的管理机制和经营体系。伊敏煤电公司于 1976 年自主开发建立，当时除煤矿外，还同步建设了各项社会服务体系，导致机构庞大，企业负担加剧。几年来，伊敏煤电公司一直致力于通过改革来构建适合发展的煤电一体化的管理机制和经营体系。通过逐步推行和不断完善，改革收到了三个明显的成效：一是缩短了管理链条。改变以往的各单位分散管理、自主经营为人、财、物和计划的集中管理，统一经营核算的扁平化管理模式，撤销了 12 个二级单位的独立核算职能，大大提高了管理效率和效益。二是通过划转减轻企业负担。划转了东海拉尔电厂、东海拉尔水泥厂、供电局三个综合产业单位和公安局一个企业办社会单位，大大减轻了企业的负担。三是理顺了主副业的产业关系。调整了电力、煤炭主业和物业管理与多种经营的管理范围，产业结构更加明晰，管理关系更加明确，主副业蓬勃发展。

确保安全体系，为循环经济发展提供可靠保障。伊敏煤电公司有煤矿、电厂、铁运处、机修处等四个生产单位，还有一个后勤服务部门，再加上基本建设，安全管理点多面广，难度非常大。多年来，公司一直坚持安全管理严管严罚的原则，保证了安全管理的高压态势，严格落实各级安全生产责任追究制度。以做好人身、设备、交通和防火安全为重点，努力实现"职工无差错、班组无异常、车间无障碍、企业无事故"。同时重视做好机组的运行、检修和维护工作，保证设备的健康水平，不断提高电力、煤炭生产运行的安全性。煤矿自1984年投产以来，到2006年上半年已经累计生产煤炭6000万吨，从来没有发生过人身伤亡事故。发电厂到目前也已经连续实现13个百日安全无事故。

依靠科技提高循环经济的生产效益。伊敏煤电公司始终坚持科学技术是第一生产力的原则，不断加大生产的科技投入，提高煤电生产效率和经济效益。煤矿在生产调度指挥方面采用了集群通讯系统和国内率先应用GPS卫星定位技术的露天矿管理卡车调度系统，进一步压缩了非生产作业时间，使生产效率提高了6—8%。同时伊敏煤电公司正在开发建设全国首家以矿山抵制模型、采矿模型、测量验收系统为主体的数字化矿山系统，由于地质构造好，开采工艺科学合理等多种优势，煤炭回采率达到98.2%的水平，超过设计指标2%以上。由于精简了矿各级管理层次及人员，使全矿由年产300万吨/年时的1320人减少到760万吨/年的579人，生产效率、经济效益得到了极大的提高，原煤工效从1999年的30吨/工提高到2005年的53.14吨/工，煤矿连续5年被国家评为"行业特技高产高效露天矿"。发电厂完成了两台俄罗斯机组的DSC改造工作，使机组的控制水平达到了国内的领先标准。在DSC改造的基础上，发电厂全面开展数字化建设，这是国家"十五"科技攻关带头项目，目前数字化电厂已经开始投入试运行，待正式通过国家验收后，伊敏发电厂将成为国内第一家数字化电厂。

由于煤电一体化在经济和技术上的合理安排，加之伊敏煤电公司多年来一直注重科技投入，不断提高煤电生产管理的科技含量和效益水平，使生产成本越来越低，效益创造能力越来越强。2005年一期两台机组单位燃料成本仅为39.85元/千千瓦时，比全国平均水平低100元/千千瓦时左右，而燃料成本又占发电厂总成本的60%左右，这使得伊敏煤电公司非常具有竞争力。

以环境保护推动循环经济。环境保护是循环经济的重要特征。伊敏煤电公司是典型的环境友好企业，这是由煤电一体化的自身特点决定的，也是资源开发和环境保护并重的结果。伊敏煤电一体化采用了典型的节水工艺：露天矿疏干水供发电厂做循环补给水，有效地重复利用了水资源，疏干水用水量基本可以满足一期和二期发电用水需要（年节约回收综合利用疏干水月1300万吨，因气温低、无冲灰水、无渗漏等原因，伊敏一期两台机组单位耗水量仅为2.56千克/千瓦时，比国家标准低30%，每年还可节约用水742万吨）。发电产生的灰渣经分级综合利用后返排回填露天矿坑，覆盖上腐殖土并种草、种树，恢复生态；由于不建灰场，消除了灰场和冲灰水对环境的污染；煤场安装了高十二米的蜂窝挡风墙，减小了煤粉吹扬；采场及时洒水，减小了汽车扬尘，将采场的粉尘浓度控制在国家范围以内。生产、生活污水设有专门的处理厂，全部可以达标排放；由于煤炭含硫量低，并且电厂一期工程采用了六电场静电处理器，除尘效率达99.6%以上时的一期烟气的平均含硫量仅为300毫克/标准立方米（国家标准为不超过2100毫克/标准立方米），烟尘含量23毫克/标准立方米（国家标准为不超过600毫克/标准立方米），氮氧化合物含量260毫克/标准立方米（国家标准为不超过1100毫克/标准立方米），都远远低于国家规定的排放标准。

目前，我国对于循环经济的实践尚不完善，处于试验阶段。"伊敏模式"实施煤电一体化发展的成功经验为我国发展循环经济提供了典范。发展循环经济必须全面贯彻科学发展观的总要求，采取切实可行的措施，从观念、法制、技术、管理等层面上进行创新，寻求突破。在这方面，"伊敏模式"的启示是多方面的。

树立新观念，发展循环经济。树立科学发展观，合理开发利用与保护资源，保护生产力、发展生产力，实现全面、协调、可持续发展，深入全面地开展意识教育，使全民认识到"人口多，底子薄，生产力不发达"这一基本国情。同时也要加强领导阶层对于国情的认识，从而制定出符合这一基本国情的政策实践。要增强资源忧患意识和全面可持续发展的观念，引导适度消费，提倡绿色消费。既要满足人们日益增长的物质消费需求，也要满足人们精神文化层面的发展和自身身心健康的需求。绿色消费导致消费结构发生重大改变，随之而来的产业结构、技术结构和产品结构的调整和升级，必将形成消费需求与经济增长之间的良性循环，从而推动循环经济的发展。

促进体制改革，发展循环经济。加大国家政策的倾斜力度，发挥国家的鼓励、扶持、引导作用，对于能够减少资源消耗、污染物排放和生态环境破坏的产品和产业给予优惠，对于资源消耗较大，对环境的污染较严重的产品和产业加以限制，强化政策导向，形成良性的激励机制。进一步制定和完善财政、税收、金融、投资、技术等促进循环经济发展的经济技术政策，形成有利于低投入、高产出、少排污、可循环的政策环境和发展机制。

推广新技术，发展循环经济。加强对循环经济的技术支持，开发建立包含环境工程技术、生物工程技术、资源化技术和清洁生产技术在内的绿色技术体系，制定重点的示范项目，加大循环经济相关先进性项目的推广。大力开发具有自主知识产权的生产链接技术，把循环经济各个方面的研究纳入国家中长期科技发展规划。

创新管理机制，发展循环经济。完善与循环经济发展相适应的宏观管理体系，创造政府与市场相结合的新的循环经济发展机制。政府要通过政策的导向和全民意识的深化和普及使社会各界都参与到循环经济发展当中。我们应组建专门回收处理包装废弃物的非赢利性的社会中介组织，发挥其在循环经济中的特有作用。同时，通过舆论、宣传教育等大量信息让公众了解循环经济的理念，提高公众参与循环的意识，实现公众监督和倡导下的生态可持续发展。

参考文献

[1] 本书编写组成员：《党的十六届五中全会建议学习辅导百问》，党建读物出版社、学习出版社，2005 年 10 月出版。

[2] 《华能伊敏煤电有限责任公司汇报材料》，2006 年 8 月 9 日出版。

[3] 徐云主编：《循环经济国际趋势与中国实践》，人民出版社，2005 年 7 月出版。

[4] 冯之浚主编：《循环经济导论》，人民出版社，2004 年 11 月出版。

[5] 《地理港湾网——循环经济的由来》，2006 年 5 月 6 日。

[6] 《内蒙古政务商务网——华能伊敏煤电有限责任公司简介》，2006 年 6 月 15 日。

[7] 《中国网——科学发展观内涵》，2006 年 7 月 11 日。

第五部分

口岸经济与边境贸易

发展口岸经济，推动额尔古纳发展

2005 级区域经济研究生 邓 莎

2006 年 7 月，中央民族大学"985 工程"发展战略调研组在老师的带领下赴内蒙古呼伦贝尔开展调研。7 月 23 日，我们一行到达美丽的边城额尔古纳市。刚一踏上这片土地，我们就立刻被这个神奇而美丽的地方吸引了。接下来的几天里，在与当地政府有关部门的座谈以及实地考察中，我们对额尔古纳的口岸发展状况和存在的问题有了一定的了解。在此基础上，我想谈谈自己对于利用口岸优势发展额尔古纳经济的一点看法。

一、额尔古纳发展对外经贸的条件

1. 地理位置

额尔古纳市位于内蒙古自治区大兴安岭西北麓，呼伦贝尔草原北端，额尔古纳河右岸。位于北纬 50°01′—53 °26′，东经 119°07′—121°49′，是内蒙古自治区纬度最高的市，西北与俄罗斯隔额尔古纳河相望，边境线长 667 公里，约占内蒙古自治区中俄边境线的 70%，拥有黑山头、室韦两个国家一类口岸，使额尔古纳市与满洲里、海拉尔共同构成了呼伦贝尔对外开放的"金三角"。

2. 农牧业发展水平

额尔古纳耕地资源富足，人均耕地资源远高于全区和全国水平。这里的水热条件和自然条件相对于俄罗斯西伯利亚都要好一些，有利于农作物的生长。

市域草场资源丰富，天然草场是著名的呼伦贝尔草原的一部分，草原总面积占全市总面积的 22%，其中可利用草原面积占草地总面积的 85.9%。农牧产品较发达，出口到农牧业发展相对落后的俄罗斯市场会有广阔的前景。

3. 人口与劳动力

人是社会在生产过程中的生产者和消费者。中国有丰富的劳动力资源，而俄罗斯地广人稀，劳动力满足不了当地生产的需求。中俄在开展承包工程、劳务合作上前景广阔。尤其是在森林采伐、种植业、轻工业、建筑业等行业上，具有相对优势。

4. 口岸基础设施条件

口岸的基础设施是口岸贸易发展的物质基础，影响着口岸贸易发展的水平。在国家和当地政府的共同努力下，2001 年—2005 年，口岸基础设施建设资金累计投入 4292.7 万元，口岸基础设施得到根本改变。主要项目有：室韦—奥洛契口岸大桥竣工，成为中俄界河上第一座永久性大桥，以及室韦口岸联检大厅、边检监护中队营房等相关配套设施的建设，还有黑山头口岸码头、黑山头—旧粗鲁海图口岸界河大桥及相关设施的建设，都极大地改善了中俄的边贸环境。

5. 宏观环境

从国际环境看，随着中俄战略协作伙伴关系的全面建立，对俄经贸合作领域在进一步拓宽、加深，中俄两国高层达成两国贸易在现有基础上每年以 25% 的速度递增，按此换算，到 2010 年两国贸易额要达 600 亿——800 亿美元，额尔古纳口岸经济发展的前景大好；从国内环境看，西部大开发深入实施、振兴东北开局良好、国家更加重视加快少数民族地区特别是人口较少少数民族发展，给予了额尔古纳发展很好的政策和资金支持。

二、口岸贸易在额尔古纳地方经济发展中的作用

可以说，额尔古纳在发展口岸贸易中具有得天独厚的条件，在额尔古纳

经济和社会发展中起到了积极的促进作用。

1. 增加政府财政收入，提高了人民的生活水平

口岸是开展边境贸易的桥梁，通过边境贸易，大大增加了地方的财政收入，减轻了国家的财政负担。边境贸易还繁荣了边境地区的市场，刺激了该地区加工工业、交通运输业以及第三产业的发展，增加了老百姓的就业机会和收入来源，提高了人民的收入水平，维护了社会稳定。

2. 边境贸易的互补性有利于边境地区贸易结构和产业结构的调整

边境贸易的主要作用在于发展双方经济的互补性，因为相互交易的都是双方市场供应不足或具有优势的商品。在对俄罗斯地区的口岸贸易中，额尔古纳的消费品和加工工业相对发达，向俄罗斯出口的主要是一些轻纺消费品、农副产品，进口的则是俄罗斯的木材和矿产资源。这种进出口产品结构有利于取得商品交换的比较利益和带来有效需求的增加，有利于改善和调整产业结构的合理性，形成经济的良好运转。同时，进口的资源弥补了国内市场原材料的不足，满足了国内生产的需求。

3. 有利于提高城市影响力，扩大招商引资

口岸亦是一个城市对外开放的窗口。口岸的窗口作用将额尔古纳的发展优势和潜力充分向外界展示，能够扩大其在国际国内的影响力。而这种影响力和优越的地理优势，又给额尔古纳带来了商机。例如雀巢公司2004年进驻额尔古纳建厂是其引进利用外资工作取得的重大突破。越来越多外来资金的进入必然给额尔古纳的经济发展提供物资支持。

4. 带动了旅游业的发展

口岸地区旅游资源丰富，口岸贸易的日益发展将会带来国内外众多的游客。随着口岸贸易的发展，旅游业定能出现一个崭新的局面，给地方政府和老百姓带来收入，而旅游业的发展又必将带动口岸贸易的进一步繁荣，形成贸易和旅游业发展的有机结合。

5. 成为满洲里口岸的有利分流处

满洲里口岸是我国最大的陆路口岸，在对俄贸易交往中发挥着举足轻重的作用。1999年以来，满洲里口岸过货量每年以超过20％的幅度增长，日益增长的过货量已经给满洲里运输能力带来了沉重的压力，黑山口和室韦口岸利用它们良好的地缘优势，其发展将大大缓解满洲里口岸的过货运输压力，成为对俄贸易的有利分流处。

三、口岸的历史和发展

1989 年经国务院批准设立了黑山头和室韦两个国家一类口岸。近年来，随着自治区经济的快速发展，对外经济贸易领域的拓宽，额尔古纳市口岸经济发展步伐也不断加快。对促进对外经济贸易发展，推动地方经济增长起到了重要的作用。

1．黑山头口岸

黑山头口岸是 1989 年经国务院批准设立的国家一类口岸。位于额尔古纳市西 62 公里处，东距黑山头镇 12 公里，西隔额尔古纳河与俄罗斯赤塔洲旧粗鲁海图口岸相望，两口岸垂直距离 1.5 公里。该口岸与对应的俄罗斯普区 22 公里，该区有铁路与赤塔州相连，交通便利，木材、铁矿等自然资源十分丰富。

随着俄罗斯对外贸政策的调整及国内供需关系的影响，该口岸的过货量大起大落，1991 年仅为 609 吨，1993 年则猛升到 55021 吨，1996 年又滑落到 4668.4 吨。近几年，额尔古纳市党委、政府把发展外贸作为强市富民的支柱产业之一，强力推进，外经贸开始复苏并迅猛发展，2003 年黑山头口岸进出口货物 4139.08 吨，出入境旅客 7658 人次，出入境车辆 2390 辆次；2004 年黑山头口岸进出口货物 18498.19 吨，出入境旅客 13340 人次，出入境车辆 4463 辆次；2005 年黑山头口岸进出口货物 37034 吨，出入境旅客 28275 人次，出入境车辆 9439 辆次，口岸通过量呈现快速增长的态势。

在额尔古纳市对外开放中，黑山头口岸所在辖区额尔古纳市在全市占有重要地位，是呼伦贝尔市对外开放"金三角"战略格局中的一级。而黑山头口岸又是当地经济体制改革的前沿阵地，从其地理位置看是参与东北亚经济圈的理想通道，不仅是绿色产业、产品对外出口的重要窗口，同时又是满洲里口岸货物分流的理想通道。

2．室韦口岸

1988 年内蒙古自治区批准室韦为临时过货点；1989 年 4 月国务院批准室韦为国家一类口岸；1989 年开始建设，1991 年 2 月 1 日正式对外开放。口岸开放初期因条件环境所限，当时困难多，通关管理经验不足，知名度不高，客货运量低。随着口岸的建设和发展及中俄合作领域的拓宽，贸易发展迅猛，客货运量大幅度增长。

与室韦口岸相对应的奥洛契口岸，辐射赤塔州东北部九个区市。俄罗斯由于发展经济的需要，急切开发东北部资源，特别是随着我国"天然林保护"工程的实施，室韦口岸过货量大幅度提高。2005年随着国内原木市场需求量不断增加，室韦—奥洛契口岸日渐成为主要的木材进口口岸。2005年室韦口岸进口木材约1.8万立方米，占两口岸过货总量的48%，比2004年增长24%。

四、口岸经济发展中存在的问题

口岸经济的发展有效地带来了额尔古纳的经济繁荣和社会稳定，但目前，额尔古纳的口岸经济尚未成为真正意义上的支柱产业，发展过程中尚存在以下问题：

1. 资金匮乏，口岸基础设施建设落后

一是口岸基础设施薄弱，不能满足日益增长的过货量的需要。自黑山头、室韦口岸设立以来，虽口岸建设累计投入已达五千余万元，但由于口岸设立初期，地方经济发展相对缓慢，口岸建设本着能用即可的原则，对未来的口岸发展空间估计不足。并且随着两口岸过货量的逐年上升，陈旧的基础设施成为制约口岸经济发展的瓶颈，必要的基础设施亟待完善解决。

而现实是建设资金匮乏，主要原因是口岸建设没有国家固定的投资渠道。口岸管理费原是自治区财政预算内资金，是全区口岸建设的重要资金来源。国家在第二批清理行政事业性收费项目中，对地方批准收取的口岸管理费予以取消。自治区计划和财政对口岸基础设施建设没有专项资金，取消口岸管理费，口岸建设失去了重要的资金渠道，另外国家没有口岸建设专项资金，原对自治区口岸的专项补贴也在几年前取消。再加上黑山头口岸和室韦口岸地处偏僻，经济落后，地方政府财力有限，使得口岸建设速度相对于口岸经济发展较为滞后，口岸只能在低水平的条件下运营。因此口岸建设迫切需要国家资金的支持和扩大融资的渠道。

2. 低层次贸易形式阻碍口岸贸易快速发展

和内蒙古绝大多数口岸一样，额尔古纳口岸经济的发展还尚未走出以中介性贸易为主的低层次贸易形式，至今在担当"二传手"的角色，还尚未完全建立起属于额尔古纳自己的坚实的进出口商品加工基地。木材废钢等原料就地加工生产企业基本为零。口岸虽然每年进口的木材等资源数量很大，

但都是运向了市外，和满洲里依托口岸大力发展木材加工业的做法差距很大。如果要进一步增强口岸工业发展基础，使口岸经济结构进一步优化，必须通过招商、出台优惠政策等办法鼓励相关人员进行投资和开发，使木材深加工尽快成为口岸工业发展中的支柱产业。

3．过货品种单一

2005 年的过货量中，木材和废钢占绝大部分（约 90% 以上），出口货物仅占进口货物的 1.8%。这种不正常的现象也反映出过货品种单一，没有形成百花齐放的局面。另一方面，也表明口岸的贸易形式和贸易量还有极大的提升空间。

4．口岸的"窗口"作用较单一

目前，内蒙古的口岸中，只有二连浩特、满洲里两个口岸依据自己的特点，建立了"边境经济合作区"和"互市贸易区"，相对于它们，额尔古纳的两个口岸几乎一片空白，这种情况不利于大力发展多种形式的进出口贸易。

5．中俄双方协调力度不够

表现在：（1）室韦—奥洛契口岸实现客货全面开通对等开关问题。目前，室韦—奥洛契口岸只能货物通行，旅游、商贸人员不允许通行，严重制约了中俄双边贸易合作、科技文化交流与睦邻友好往来。特别是中俄室韦—奥洛契口岸永久性大桥经过双方共同努力，已于 2002 年 7 月 8 日实现长年开关。因此，开通旅游、商贸人员通行迫在眉睫。中方有关协商俄方奥洛契口岸由货运口岸扩大为客货均可通行口岸已由内蒙古自治区人民政府以内政（2001）137 号文件《内蒙古自治区人民政府关于协商俄方奥洛契口岸常年对等开关的请示》上报国务院并抄送外交部。现急需协商俄方解决室韦—奥洛契口岸客货全面开通问题，力争中俄两国政府早日批复开通。

（2）黑山头—旧粗鲁海图、室韦—奥洛契口岸通关环境（俄方）需进一步简便宽松问题。俄方在肉类、蔬菜、水果等出口政策上管理过严，影响我方扩大出口量。办理货物出入境手续上单证过多、手续繁杂，严重制约口岸通关速度。对中方旅游人员携带旅游物品查验"过严"，造成大批物品无法携带出境而退回，这是俄方政策因素所致，应协商俄方在旅游查验方面与中方对等并放宽携带数量，共同支持中俄双边旅游业的大发展。

五、解决措施

1. 提高对发展口岸经济重要性和紧迫性的认识

口岸经济应与工业化、农牧业产业化一并成为额尔古纳市经济发展的重要支柱。应从保证国家经济安全出发重视口岸经济发展工作，加速经济融入世界经济发展进程，同时要立足口岸发展口岸经济，树立大口岸、大通道、服务全国吸引全国人民来建设口岸的意识，改变口岸"先使用，后建设"的旧观念。

2. 争取建设资金，完善口岸基础设施

明确口岸定位，高起点、高标准搞好口岸发展战略规划；加紧口岸地区基础设施建设，为口岸经济发展提供载体。但现实情况是：口岸建设资金匮乏已经严重制约了口岸经济的发展，因此必须扩大口岸建设的资金来源渠道。一方面建议将口岸建设列入国家基本建设计划之中，或作为西部开发建设的组成部分进行切块投入，争取国家的资金和政策支持，作为口岸建设资金的固定渠道。另一方面，必须摆脱长期以来形成的主要依靠政府投入的落后思想。应加大国内外招商引资的力度，创造多元化口岸建设资金的融资渠道，降低门槛，鼓励吸引投资者参与口岸基础设施建设，让投资者在发展口岸经济中抢得先机，从中受益，得到实惠。至于招商的领域，可以围绕口岸基础设施建设、城市化建设、加工场地等大项目，弥补口岸建设资金的不足。建立稳定、多元的口岸建设投入新机制。

在"十一五"期间要争取室韦口岸—莫尔道嘎和黑山头—海拉尔口岸铁路项目得到国家批准立项和开工建设。

（1）建设黑山头——海拉尔两条跨境铁路项目

黑山头—海拉尔跨境铁路在中国境内约150公里，俄方境内约24公里。建成这条铁路可缓解满洲里口岸的运输压力，为我国企业开采开发赤塔州矿产资源、森林资源、能源资源、化工产品提供交通运输便利，促进口岸和两地区经济的快速发展。铁路建成后可年运输煤炭约1400万吨、木材120万立方米、重化工产品50万吨、其他货物200万吨。

（2）建设室韦—莫尔道嘎跨境铁路

室韦—莫尔道嘎跨境铁路在中国境内约90公里，俄罗斯境内约17公里。内蒙古鲁能集团竞标成功的别列佐夫铁矿探明储量4.4亿吨，开采年限

25 年，年均运量达 1700 万吨。室韦口岸对面是赤塔州森林富集区，俄联邦政府已批准开发，木材积蓄量达 4.5 亿立方米，俄地方政府正在积极寻求中方森工企业进行合资采伐。这条铁路建成后，将为鲁能集团从俄别列佐夫铁矿运回铁矿石和采伐木材提供可靠的运输保障。

3. 建立进出口加工区，改变低层次贸易形式

针对额尔古纳还未完全建立起自己的出口加工区，为了改变在进出口贸易中获利微薄的状况，在"十一五"期间力争完成以下项目：

（1）境外森林采伐及境内进口木材加工基地建设项目。充分利用国家的"走出去"政策，继续大力推进赴俄森林采伐项目，解决室韦口岸货物通关不畅的瓶颈制约，促进室韦口岸木材加工区形成规模。进一步培育集木材采伐、进口和加工为一体的外经贸龙头企业。规划"十一五"期末进口木材 3.25 亿美元。

（2）建设对俄商品批发市场及轻工产品出口加工项目。俄罗斯经济近年持续恢复、发展较快，对于我国生产的服装等轻工产品的需求量越来越大，要利用口岸优势发展纺织服装等轻工产品加工生产后对俄出口及建设专营对俄商品综合批发市场，这就需要引进建设轻工服装加工厂，以形成出口加工基地。拟在"十一五"期间在黑山头口岸新区内建设服装加工厂、鞋帽加工厂、日用轻工品加工厂、小型机电产品加工厂等出口加工企业，并在"十一五"期间做好专营对俄商品综合批发市场的培育工作。规划在"十一五"期末出口服装等轻工产品 1 亿美元。

（3）搞好出口蔬菜种植基地建设，开通蔬菜水果出口绿色通道。在上个五年计划中，蔬菜出口种植基地建设已经起步。蔬菜水果出口增长强劲，2004 年出口 50 万美元，2005 年出口 812 万美元。大棚和温室种植技术在额尔古纳市的普及，为大面积种植出口蔬菜提供了可能，有利于出口蔬菜种植基地建设。随着俄罗斯经济的日渐恢复，对中方的蔬菜水果需求日益增加，搞好出口蔬菜种植基地建设市场前景广阔。在"十一五"期间，计划建设黑山头、拉布大林两处"出口蔬菜种植基地"，总种植面积 8000 亩。出口蔬菜 40000 吨，出口创汇 2500 万美元。加大与口岸、海关、国检部门的协调力度，建设齐备的蔬菜水果冷藏仓储设施，积极开通蔬菜水果出口绿色通道，"十一五"期间组织水果出口 7500 万美元。

4. 开通中俄黑山头跨境自由贸易区项目

明确开通口岸桥头自由贸易区的优越条件和开通自由贸易区对拉动经济

快速发展的重大意义，借鉴外地对俄口岸建设自由贸易区的做法，尽快请示上级政府和有关主管部门批准开通中俄黑山头跨境自由贸易区。规划"十一五"期间开通中俄黑山头跨境自由贸易区，该项目在"十一五"期末实现进出口1亿美元。

5．进一步优化口岸对外开放环境

要认真贯彻国家扶持口岸经济发展的各项优惠政策，结合实际制定有关政策措施。各级口岸管理的职能部门应进一步转变行政职能，强化服务意识，提高服务质量和水平，以适应发展口岸经济的需要。借鉴国内外的先进管理经验，加快口岸与国际接轨的步伐。有关部门应牵头与俄罗斯有关地方政府建立相应的多层次的定期现场办公式的解决问题小组，建立地方政府以及联检部门会晤机制，以保障中俄经济上交流合作的畅通。建立信用担保体系，解决企业资金问题；建立多元化开拓国际市场的激励机制。优化口岸征税、收费环境，大力推进口岸管理网络化进程。培养一批高素质的口岸管理人才。提高口岸通关效率，降低出入境费用，提高联检执法部门服务意识等。

6．发挥自身特色，加强与俄投资合作

黑山头与室韦口岸虽然目前尚无法与满洲里、绥芬河等大口岸相提并论，但是额尔古纳的两个口岸在与俄罗斯共同进行资源开发上具有极大的地缘优势。黑山头、室韦两个口岸处于俄罗斯阿穆尔州和赤塔州结合部，是俄罗斯矿产、森林资源聚集的区域。室韦口岸对应的赤塔州东北部九个区市，木材蓄积量达到4.5亿立方米，黄金、铅、铁、铜等矿产资源贮量丰富；黑山头口岸所对应的俄旧粗鲁图口岸距火车站仅22公里，交通便利。因此必须充分利用这一优势，大力发展以资源合作为主体的对外开放，促进口岸经济的发展，"十一五"期间，额尔古纳市将从以下几个方面促进口岸发展：

（1）室韦口岸铁矿石进口。鲁能公司竞买俄罗斯别列佐夫铁矿成功、室韦口岸跨额尔古纳河永久性大桥建成通车为大批量进口铁矿石提供了前提条件。在"十一五"前期1—2年，通过铁矿初期建设及做好完善口岸功能、扩大货物通关能力等工作，室韦口岸进口铁矿石及产品的能力将得到逐步加强，在"十一五"期间年进口铁矿石将达500万吨，进口额度将达4.3亿美元。

（2）与俄方合作开发重化工。2005年6月17日，呼伦贝尔市政府与俄罗斯鄂木斯克州行政当局在哈尔滨市签署了《在内蒙古自治区和鄂木斯克州合作生产石油化工产品的会议纪要》，同意在内蒙古自治区建设年产20万吨聚丙烯工厂和年产2.5万—5万吨酚醛树脂工厂。规划"十一五"期间在额尔古纳和俄鄂木斯克州各建设一个年产10—20万吨聚丙烯的工厂，以达到充分利用俄罗斯资源来快速发展经济的目的。

（3）大批量进口俄方煤炭。中国北方联合电力公司与俄罗斯西伯利煤炭公司赤塔分公司煤炭购销项目，年供煤1000万吨，供货期50年；中国北方联合电力公司与赤塔州"科瓦尔茨"矿业公司库吉煤矿煤炭购销项目，年供煤不少于400万吨，供货期不少于50年。这样在"十一五"期末，通过黑山头口岸年进口煤炭达到1400万吨，将促成中国北方联合电力公司利用俄罗斯的煤炭资源在额尔古纳市建设2×60万千瓦机组的发电厂。

7. 培养优势企业主体，加快向北开放步伐

要充分利用国内国外两种资源和两个市场，鼓励企业走出去到俄投资办厂，促进对俄经贸关系向高层次、多渠道、宽领域发展，大力发展境外加工贸易，鼓励大企业走出去，带动设备、技术、原料出口，加强扩大对外承包业务合作领域等。

参考文献

［1］张长虹：《内蒙古口岸建设和存在问题分析》，《前言》2005年第5期

［2］张长虹：《内蒙古口岸经济发展回顾及展望》，《北方经济》2005年第3期

［3］李云平：《内蒙古口岸四大问题待解》，2005年6月3日。

［4］高培英：《边境贸易和口岸持续发展战略研究——以呼伦贝尔盟为例》，《北京师范大学学报》1996年9月。

［5］徐克勤：《变口岸优势为经济优势》，《中国经济导报》2006年1月3日。

［6］李启华：《口岸经济打造内蒙古新亮点》，《经济日报》2005年2月16日。

［7］高其勋：《试论发展口岸经济》，《河北建筑科技学院学报》2003年3月。

［8］《额尔古纳抢抓机遇开通途》，《黑龙江日报》，2005年9月11日。

［9］何品荣：《现代边境贸易的形式和作用》，《广西经济管理学报》1996年第1期。

中国北部边陲满洲里市口岸经济调研报告

2003 级国际经济与贸易本科生　琭　婧

一、满洲里经济发展概况

满洲里因 1902 年东清铁路建成通车而得名，历史上就是亚欧交往的重要商埠，享有"东亚之窗"的盛誉，是一座拥有百年历史的口岸城市。满洲里市位于呼伦贝尔大草原的腹地，东依兴安之脉，南毗呼伦之水，西邻蒙古国，北接俄罗斯，是中国最大的沿边陆路口岸。

图1　1995—2005 年满洲里市生产总值示意图

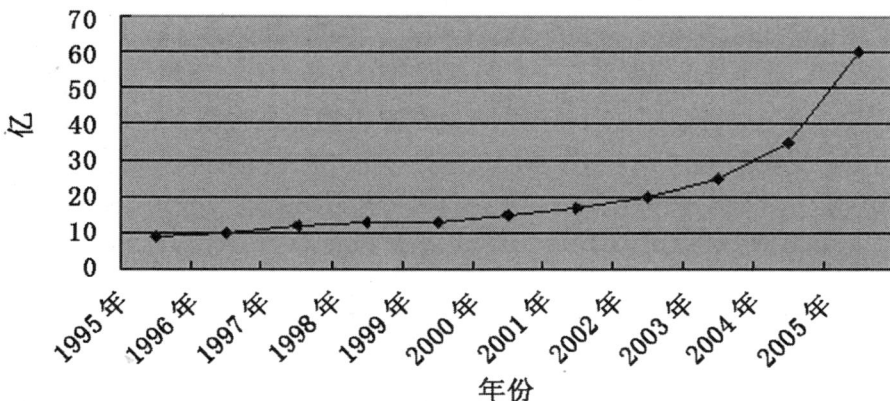

二、满洲里口岸经济发展优势

1. 区位优势。满洲里对内背靠中国东北三省，经济腹地辽阔；对外西接俄罗斯西伯利亚大铁路，所经沿线是俄罗斯人口多、资源富集的地区，发展外经贸的地缘优势得天独厚；东连海参崴、纳霍德卡等天然良港，与东北亚各国相望，具有延伸和辐射范围广的特点。由于满洲里口岸在参与和推动东北亚区域经济合作中具有其他几个亚欧陆桥通道和口岸无法比拟的、独特的优越条件，因此，满洲里既是内蒙古乃至国家向北开放的前沿阵地，又是日本沿海以及亚太地区国家进击亚欧大陆桥的理想门户。

2. 疏运优势。首先，满洲里口岸通过能力大。目前满洲里口岸宽、准轨站存能力分别为2020辆和1712辆，综合换装能力可达1800万吨，居全国沿边口岸之首，预计到2008年综合换装能力将达到3000万吨，口岸进出口货运量达2500万吨。其次，满洲里口岸功能齐全。满洲里口岸是沿边口岸通过功能最全的口岸，同时也是国家制定的六个汽车整车及其零配件进口口岸之一。铁路运输有全国一流的油脂换装场，并在大件换装方面在众多沿边口岸中占垄断地位。三是满洲里西郊机场正式通航，并已被国家批准为临时国际航空口岸，目前满洲里市正在积极争取辟建国际航空口岸。满洲里口岸已初步形成了公路铁路并列、陆空齐备的国际口岸大通道格局。

3. 资源优势。满洲里地区资源富集，有面积近2400平方公里的北方第一大湖——呼伦湖；有蕴藏100亿吨优质褐煤的扎赉诺尔煤田；有诸如珍珠岩、膨润土、硅石等众多矿产资源；有神奇广袤的呼伦贝尔大草原。满洲里毗邻的俄西伯利亚和远东地区自然资源极为丰富，被誉为"21世纪的人类资源宝库"，那里的煤炭储量占世界总储量的1/2左右，天然气占世界1/3以上，石油占世界1/5，与我国资源和产业结构具有天然的互补性和亲和力。毗邻的蒙古国东方省有丰富的草场、皮革、矿产等资源，具有良好的开发潜力。上述资源禀赋，为满洲里市发展能源综合利用与转换、矿石冶炼、水产养殖、畜牧和特色旅游等产业提供了有利条件。

三、满洲里对俄罗斯贸易存在的问题及建议

（一）满洲里对俄贸易几个特点

满洲里市的对俄贸易是随着沿边开放的逐步兴起而发展起来的。特别是跨入新世纪，外经贸工作得到持续快速发展，投资环境得到进一步改善，对外贸易已经成为满洲里的立市产业，对外经贸在刺激内需、拉动经济增长方面的作用日益突出，并逐步发展成为全市经济的重要组成部分。

1. 边境贸易保持主导地位，居于全国前列。2005年满洲里市外贸进出口总额实现20亿美元，同比增长52%。其中海关统计项下进出口14亿美元，旅游贸易业务统计6亿美元。满洲里市对外贸易占内蒙古自治区对外贸易的40.8%。尤其是2005年满洲里市进口原油16万吨，原油进口实现了零

的突破。截至 2005 年底，全市外贸企业达到 407 家，进口超千万美元的企业达到 34 家。总之，外贸已经成为满洲里市的支柱产业，2005 年满洲里市财政收入 10.2 亿元，仅外贸企业缴纳进口增值税一项就达到 5.4 亿元，直接拉动了口岸经济的迅速发展。

2. 对外劳务合作水平显著提高。2005 年满洲里市共签订对外劳务合作项目 42 项，实际派出劳务人数 2560 人，同比增长 10%。对外劳务合作项目的实施地区主要集中在俄罗斯赤塔、伊尔库茨克、乌兰乌德和蒙古国，最远的合作项目达到了俄罗斯秋明市。

3. 利用外资创历史新高，投资多元化格局已经形成。2005 年全市审批成立 14 家外商投资企业，累计已达 29 家，实际利用外资 869 万美元，同比增长 141.4%，创历史新高。其中外商投资涉及的行业包括房地产开发和酒店服务业、加工业，外商主要来自美国、俄罗斯、加拿大、日本以及中国香港、澳门和台湾地区。

（二）存在的问题

中俄战略协作伙伴关系是两国的共同选择。随着中俄经贸关系的发展，中俄两国都越来越意识到，双方在石油、天然气、电力、重型机械制造、军工、通讯、电子、服装、苹果、家电建材、汽车等诸多领域存在很强的互补性。但是，满洲里市对俄贸易中还存在着一些问题。主要有：

1. "双倍抵扣"政策取消对满洲里市外贸发展产生较大影响。随着"双倍抵扣"政策的取消，满洲里市外贸企业增值税税负大幅增加，经营压力较大。2005 年从事进口贸易企业增值税平均税负 7.65%，比 2004 年同期增加了 6.75%。其中满洲里市木材出口增值税采取的是定额征收方式，因此对木材企业影响不大。但是，对于以进口化工等高附加值商品为主的企业，由于外资企业负税增大，导致成本增加，企业面临风险提高。一些规模较大企业逐步调整了经营方式，如万国化工公司为了降低成本，已经是一部分货物通过海运进口；华强实业公司则采取了"待价而沽"方式，以减少经营风险。而规模较小的企业由于资金有限，抗风险能力较弱，有的专为进口木材等附加值较低的商品，有的甚至业务已经停止。绥芬河在"双倍抵扣"政策取消后先后出台了一系列优惠政策，满洲里市很多外资企业都在绥芬河注册了公司，使满洲里市外贸发展承受外来压力增大。但其进口大户队伍较为稳定，因为绥芬河铁路目前尚不具备化工危险品换装和运输的资质。

2. 关税无留成对满洲里市关税征收积极性产生较大影响。满洲里市为我国关税收入做出了巨大贡献。如图2所示，从1995年至今，尤其是进入新世纪之后出现了稳步增长。仅2005年一年为国家征收关税达到42亿人民币。但国家在征收关税过程中缺乏激励机制，所征收关税全部上缴国家，这样就挫伤了满洲里市对关税征管方面的积极性。

图2 1995—2005年满洲里市海关关税及代征税示意图

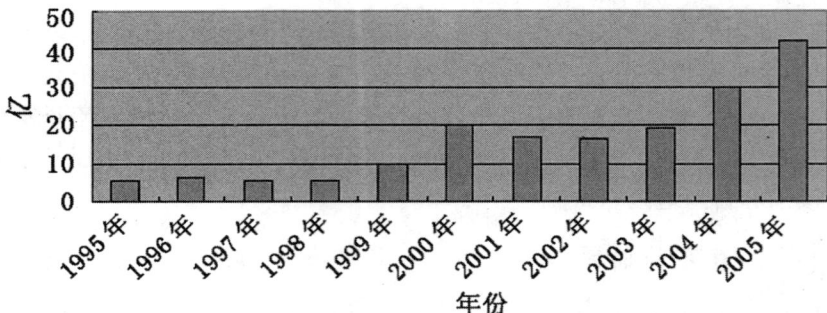

3. 进出口商品结构单一。满洲里市外贸企业进口的商品主要是以木材、化工原料为主的自然资源和原材料，首先保证国家战略物资进口。出口产品主要以山东、河北、辽宁、新疆的水果为主。这些商品品种单一，附加值不高，缺少科技含量。

4. 缺乏有力的贸易服务协调机制。外贸企业在开展进出口业务过程中，难免会遇到各种问题，尤其涉及商检、税务、外汇、货物通关及贸易相关问题，需要中俄双方口岸相对应部门建立协调服务机制。

（三）对策与建议

1. 积极争取国家尽快制定新的边境贸易优惠政策。"入世"议定书中承诺了"入世"后保持国家贸易政策的统一性，但WTO规则允许边境贸易存在。满洲里应利用这种例外条款的决定，积极向上争取国家制定新的边贸优惠政策，以支持对俄边境贸易的发展。国家应适当考虑对于国家税收做出巨大贡献的地方政府给予一定的税收留成，以保证地方政府的征税积极性。

2. 改善贸易商品结构，实现贸易商品多元化。进出口商品结构单一问题一直是双边贸易的主要问题之一。近年来，俄罗斯政府不断加强经济结构调整，努力改变以出口原材料为主的局面，如对原木出口已实行配额管理，对国内纺织品开业采取各种措施予以保护等。从我国国内看，由于部分边贸措施政策的取消以及采取相关进口贸易救济措施，自俄进口的钢铁、化工产品也受到不同程度的影响。因此，靠传统贸易商品难以适应双边贸易发展的大趋势。当前，双边应在石油、天然气、电力、通讯、机电产品贸易方面力求突破，并积极采取措施予以促进。

3. 建立和完善外经贸发展促进服务体系。俄罗斯市场巨大的商机与满洲里市企业缺乏开拓俄罗斯市场能力之间的矛盾是制约和影响其对俄贸易发展的主要问题。不能被动适应市场供求变化来发展对外贸易，而是有必要通过政策和市场引导，从资金、信息、人才入手，建立符合满洲里市的外经贸发展促进服务体系，扶持企业做大做强，扩大经营规模，增强企业抵抗市场风险的能力。

参考文献

[1] 呼伦贝尔市统计局、呼伦贝尔统计学会：《呼伦贝尔统计——满洲里专刊》，2006 年总第 51 期。

[2] 满洲里市商务局包玉柱：《满洲里市对俄贸易发展现状、存在问题及对策建议》，2005 年 4 月 26 日中国呼伦贝尔市与俄罗斯赤塔市边境地区投资活动问题与前景国际研讨会会议材料。

[3] 满洲里市商务局：《"双倍抵扣"政策取消对我市外贸发展的影响分析报告》，2005 年 11 月 27 日。

[4] 满洲里市商务局李玉飞：《关于满洲里市外经贸战略升级工作情况的报告》，2006 年 6 月 28 日在市第十二届人大常委会第十六次会议上。

重振西部旱码头雄风，促进临夏经济快速发展

2005 级区域经济研究生　王维杰

"青藏的毛皮云南的茶，茶叶啦换了个骏马，河州的商人走天下，大市场开出了鲜花。西部的旱码头名声大，工艺毯销到了欧亚，黄河上长大的河州娃，尕生意做了个潇洒"① ——这首流传在河州的"花儿"，形象地反映了河州作为"西部旱码头"商贾活动的盛况。

一、临夏回族自治州概况

临夏回族自治州，古称河州，位于黄河上游，甘肃省中部西南面，东邻洮河与定西地区相望，西倚巍峨雄壮的积石山与青海省毗邻，南靠奇峻翠秀的太子山与甘南藏族自治州搭界，北濒湟水与省城兰州接壤，介于东经 102°41—103°40，北纬 34°57— 36°12 之间，东西长 136 公里，南北长 183.6 公里，总面积 8169 平方公里。

临夏回族自治州地势西南高，东北低，由西南向东北递降，呈倾斜盆地状态，属高原浅山丘陵区，平均海拔 2000 米。其基本特征是：河谷川塬地区、黄土干旱山区、高寒阴湿地区三分境域。川塬山阴地区降水多，雨热同季，利于农作物、牧草和林木生长；干旱地区光照丰富，雨量稀少。全州有耕地 215.3 万亩，荒地 285 万亩，林地 252.8 万亩，水面 108.6 万亩。粮食作物主要有小麦、玉米、洋芋、蚕豆、青稞五大类，经济作物主要有大麻、甜菜、瓜果、花椒、药材类。蚕豆是临夏的传统优势作物，粒大味美，营养丰富，是外贸出口的主要粮食品种之一；临夏大麻色白质柔，为陇上名产；唐汪大接杏、大瓜子久负盛名，远销香港等地。

临夏拥有丰富的水利资源。全州境内河流纵横，有黄河、洮河、湟水及其支流大夏河、牛津河、广通河、三岔河、冶木河等 30 多条。黄河自西入境横贯北部，流长 102 公里，平均最大流量 1027 立方米/秒；洮河流经州界东部边沿 92 公里，平均最大流量 162 立方米/秒；大夏河自西南流经临夏盆

---

① 马志勇：《临夏回族自治州史话》，甘肃文化出版社 2004 年版，第 80 页。

地58公里，平均最大流量34.3立方米/秒，还有其他河流和季节性山溪，年过境径流量332.5亿立方米。全州水利理论蕴藏量为32.81万千瓦，现有28.81万千瓦的水利资源尚待开发利用。

临夏回族自治州是全国两个回族自治州之一。共辖七县一市，即临夏市、临夏县、永靖县、康乐县、和政县、广河县、东乡族自治县、积石山保安族东乡族撒拉族自治县，共131个乡（镇、街道办事处）。自治州首府设在临夏市。是个多民族、多宗教共息共存的地方，境内有22个民族共195.09万人口，其中汉族人口84.22万，回族人口62.67万，东乡族人口44.61万，保安族1.51万，撒拉族0.98万，其他民族0.98万。东乡族、撒拉族是临夏州独有的两个民族。临夏为回族的发祥地之一，是伊斯兰教在中国影响最大的地区之一。

自从1956年自治州成立以来，临夏经济发展迅速。从1956年至2005年的统计数据来看，农业总产值年平均增长速度为7.7%，工业总产值年平均增长速度为13.51%，全社会固定资产投资总额年均增长速度为13.59%，社会消费品零售总额年均增长12.78%，城乡居民存款余额年均增长18.85%。特别是刚过去的"十五"期间，临夏的发展速度更是迅猛，国内生产总值年均增长10.93%，全社会固定资产投资总额年均增长速度为26.56%，社会消费品零售总额年均增长12.78%。

2005年，全州实现国内生产总值56.23亿元，增长10.5%；全社会固定资产投资21.39亿元，增长17%；社会消费品零售总额16.08亿元，增长11.12%；财政收入4.12亿元，增长27.67%；城镇居民可支配收入4937元，增长9.4%；农民人均纯收入1380元，增长7.5%，整体基本解决温饱。

走进临夏，感悟临夏悠久的历史，领略临夏灿烂的文化，体验临夏独特的风情，饱览临夏秀美的风光，你会发现：这是一个迷人而又充满生气的地方！

——这里是"古生物的伊甸园"。临夏是远古时期古生物繁衍栖息的乐园，境内自然遗存十分丰富。出土于黄河之滨太极湖畔，形成于一亿七千万年前永靖恐龙足印化石群，蜚声中外，其规模之大、种类之多、遗存之完整、清晰度之高，均属世界之最；在巍巍太子山下发现的和政晚新生代哺乳动物化石群，雄踞欧亚，世界罕见，有极高的科研、珍藏、展览价值，现藏于和政古生物化石博物馆各类化石有6000多件。

——这里是"中国的彩陶之乡"。临夏是古黄河文化发祥和远古人类生息繁衍地之一，这块沃土蕴藏着极为丰富的古文化遗存。以"马家窑"文化为代表的各类文化遗址星罗棋布，"半山文化"、"齐家文化"因最早在这里发现而命名。这里是中国新石器文化遗存最集中、考古发掘最多的地区之一。出土于临夏，现珍藏于中国历史博物馆的国宝"彩陶王"闻名遐迩。

——这里是"西北花儿的故乡"。临夏是河湟"花儿"的发祥地，"花儿"文化经久不衰。"花儿"是流行于甘肃、青海、宁夏、新疆等广大地区的一种民歌，是当地各民族中广为流行的口头文学形式。在临夏，你可以听到最地道的"花儿"。无论是田间地头，还是山间小道，处处飘荡着"花儿"美妙的旋律。每年一度的松鸣岩"花儿会"、莲花山"花儿会"，歌手云集，人潮涌动，一片"花儿"的海洋。

——这里是"民族建筑艺术的博览园"。临夏是东西文化交融的代表地之一，建筑艺术特色鲜明。走进临夏，首先映入你眼帘的是鳞次栉比、风格迥异的民族建筑。绿色茵茵的清真寺，直耸云霄的唤醒阁，独特的阿拉伯建筑风格，使你恍然如走进"天方夜谭"中的神话世界；红园、东公馆、蝴蝶楼等集中国传统建筑艺术于一身，独具江南水乡风格。回族砖雕、汉族木刻、藏族彩绘艺术的完美结合，阿拉伯建筑艺术与中国古典建筑艺术的巧妙运用，使临夏成为领略民族建筑艺术、了解中国伊斯兰文化的胜地。

——这里是"塞上的小江南"。临夏雄踞"黄河三峡"，是西北著名的水上娱乐基地和休闲度假胜地，境内风光秀美、景色宜人。刘家峡、盐锅峡、八盘峡似三颗明珠镶嵌在黄河之上，巍峨峻奇的炳灵石林，山水相依的江南风光，碧波荡漾的湖光山色，五彩缤纷的民俗风情，精美绝伦的庭院建筑，构成一幅胜似江南的秀美画卷。

——这里是"中国西部的旱码头"。临夏自古以来是沟通中原与西域经济的纽带。善于经商的临夏人激活了繁荣的市场。丝绸之路、唐蕃古道、甘川古道、茶马互市在这里交汇纵横、互补有无，素有"河湟雄镇"之称。多年来，这里商贾云集，南来北往，东出西进。著名社会学家费孝通先生在三次考察临夏后由衷地赞叹："东有温州，西有河州。"

二、临夏发展商贸经济的优势

1. 临夏地处黄土高原与青藏高原、中原农区与高原牧区的交汇地带，中温带气候向寒带气候的过渡地带，是连接中原腹地与西北少数民族地区的商业枢纽，区位优势明显，历来是沟通川、藏、青、新、甘、宁、陕的通道和重要商埠之一，有"陇上旱码头"之称。

2. 区位优势只是促成临夏成为黄河上游重要商埠的外在条件，而临夏千百年来商贸流通持续繁荣的根本更在于其独特的人文环境。临夏是一个多民族聚居的地区，境内有汉、回、东乡、保安、撒拉等民族，以少数民族为主体。少数民族中回族又占大部分，其他少数民族绝大多数也是与回族有着深厚历史渊源的穆斯林。元明时期，伊斯兰教传到了中国。同时传播过来的还有阿拉伯商业思想和文化，对穆斯林聚居的河州产生了重大的影响。这种崇尚商业、倡导贸易的思想观念，对虔诚信奉伊斯兰教的回、东乡等民族影响深远。他们秉承伊斯兰文化及经商的思想观念和经商方式，并与本民族传统相濡以沫，与其生活环境融为一体，逐步形成了以回藏贸易为主、以阿拉伯式长途贩运为特点的区域性商业文化。

3. 临夏作为西北商埠重地，其商贸流通活动历史源远流长。从汉代开始，河州就是丝绸之路南路的重镇，到了唐代更是唐蕃古道的必经之路。在唐政权改善与西部少数民族关系的政策下，唐蕃关系亲密，内陆与西部边陲的商路车水马龙一片繁荣景象，使当时的河州成为"天下称富庶者无如陇右"的上等州。也是从隋唐时期，开始出现了中原地区与西北民族地区进行茶马互易的现象。及至明代，更是设立了茶马司以促进规范茶马贸易，并在河州设立了中心茶马司为统领，河州成为茶马互市的中心。虽然清朝采取了闭关锁国的政策并对回族实施残酷的民族压迫和剥削，但临夏的商贸一直默默地发展和延续着，使当时的临夏成为全国回族聚集地区中最大也是最富足的聚集区。河州成了中原与西北少数民族地区商贸的中心。河州作为"西部旱码头"的形象也早已深入人心。

三、20世纪50年代以来临夏商贸发展历程

新中国成立后，随着政治形势的变化和经济体制的转变，临夏的商贸活动几上几下，但无论何时都体现着临夏商贸的历史继承和临夏人民艰苦创业的精神。尤其是改革开放以来，当西北各省区仍然大念"计划经"的时候，临夏率先摆脱计划经济的束缚，较早地推行了家庭联产承包责任制，释放出大量的剩余劳动力。在人多地少并且行政区划内大部分地区自然条件恶劣的

临夏走出一条适合本地区发展的道路至关重要。考虑到发展商贸的传统优势并结合当时的短缺经济形势，临夏坚定地选择走擅长的老路。1983年，临夏政府出台了放开搞活商贸流通的政策，提出了"六个支持、八个允许"。次年，临夏政府又出台鼓励支持民营经济发展的"二十八条"，提出除了"黑（枪弹）、白（毒品）、黄（金）"等国家明令禁止的商品不能经营外，其他均可在市场上买卖，所有商品"进来的不堵，出去的不挡"，并提出"东进西出，南来北往"全方位开放的方针。以市场化为取向的经济政策使临夏的商贸进入快速发展的阶段。农商兼营是当时大部分家庭的生产经营方式。这些人员进入流通领域，成为专职的商业人员。从上世纪70年代开始的人担、车推、设摊叫卖，发展到开铺面、办商场；从贩卖农副产品到工业品、民族用品，应有尽有；从少量的零售到大量批发；从州内经营到进入国内大市场，乃至进入国际市场。临夏商贸活动的繁荣为西北地区林畜产品和东南地区工业品的交换起到了中介作用。连接内外、沟通城乡的商贸流通网络逐步建立起来。在商贸业迅速起飞的那段时间，民营经济随之如火如荼地发展起来，从事商贸业的人口比例之高，城镇居民自主就业率之高，成为当时国内罕见的经济现象。

在临夏人的不断开拓下，临夏的市场地位凸显，影响日益扩大，昔日"西部旱码头"雄风再现。到目前为止，临夏州初步形成了城乡衔接、批零配套、集散输转、专业与综合相结合的市场网络。截至2005年，全州已有135个市场，14208个商业网点，共有代理制企业22家，具有一定规模的连锁店11家，便民超市7家，社会消费品零售总额完成16亿元。[①] 临夏商贸流通已辐射近30个省市自治区，在北京、深圳、西藏、南京、上海等地设立了十余处常驻办事机构或经贸公司。对外贸易迅猛发展，全州拥有进出口经营权的企业达到18家，2005年完成出口创汇额675万美元，出口商品达30余种。

四、当前临夏商贸发展过程中存在的问题和面临的挑战

1. 市场性质发生转变，临夏原有的商贸模式不能适应新形势的要求。在上世纪80年代与温州模式齐名的河州模式是在计划经济向市场经济刚刚

中国民族地区经济社会发展与公共管理调查报告

---

① 《临夏回族自治州辉煌五十年》，2006年，第51页。

转型时期的短缺经济形势下扬名的。在市场实体缺乏、市场途径短缺的完全卖方市场情况下，吃苦耐劳并有开拓奋斗精神的临夏人依靠千百年传下来的经商传统，扮演了黏合东西部市场"断裂带"的角色，充当商品流通的"二传手"，将西部的农牧产品和东部的生产生活用品传递于其间，形成了与工业化初期相适应的"轻、小"型的经济结构，具有显著的古典式市场经济特征（主要表现在企业数量众多但规模普遍较小、企业内部没有形成与大生产相适应的科层组织、市场竞争较为充分、经济自由度较高等的制度结构）。[①] 在当时，临夏模式获得了极大的成功。

但随着 20 世纪 90 年代以来经济发展和市场环境的变化，卖方市场已完全变成买方市场。在市场体系不断健全和完善，市场主体和机制不断成熟，现代物流飞速发展的背景下，商业结构单一、专业化水平低下的临夏模式面临着巨大的挑战。为适应形势的发展，临夏已经开始从传统方式经营的商贸业向现代化、正规化、规模化经营方式转变，但距离目标还有相当大的差距。

2. 随着交通的发达和现代物流的发展，临夏的区位优势日趋不明显。人类整个经济发展的历史告诉我们，在经济发展的最初阶段自然禀赋是经济发展中最重要的基础，也是制约经济发展的关键要素之一。但随着经济的向前发展，科技飞速进步，制度产生体制循序渐进的完善，生产力不断提高和突破，自然禀赋特别是地理位置对经济的影响越来越弱。临夏商贸的发达与其所处的地理位置是分不开的。但随着我国经济重心的东移，现代物流的发展，西部交通的便利，特别是通过兰州的青藏铁路的开通，临夏区位优势不再明显。交通不是很发达的临夏，其传统的市场地位受到兰州极大的挑战。

据悉兰州市建设兰州商贸中心长远规划已初步确定。青藏铁路的通车给兰州市带来了极大的交通便利优势。兰州市拟构建惠及兰州、西宁、拉萨三城市，辐射甘、青、藏三省区和西北、西南地区，走向全国和南亚各国的"商贸经济长廊"。据介绍，兰州市主要通过加快兰州区域性生产资料流转基地、生活资料集散基地建设，深度开拓拉萨及周边市场、西宁以南市场，积极组织供应上述地区所需的生活日用品和生产资料，并带动兰州本地产品开拓市场。兰州市设想通过其强大的吸纳辐射功能，把兰州建成青、藏两省区民族特色产品走向全国的中转基地。

---

① 引自赵燕的硕士学位论文：《温州模式与临夏模式比较研究》，2003．6。

3. 市场建设特点不突出，结构不够合理。临夏的集贸市场具备较强的集散能力，拥有活畜、皮革、羊毛、药材、茶叶、粮油、木材、家具、服装、家电等专业市场，同时进行日杂、百货、清真食品等商品的东进西出，具有一定的民族特色。但由于市场建设特点不突出，缺乏强劲的竞争力。例如，临夏最早发展并壮大起来的羊毛市场由于种种原因，已转移到了张家川等周边地区。另外，临夏的市场体系多年来侧重培育和发展消费品市场，然而临夏州全境七县一市中七个县全是国扶贫困县，经济基础薄弱，消费力不足，市场结构明显不合理。而且，临夏工业加工体系不发达（如表 1 所示），其工业产值从 2000 年至 2005 年总体趋势不是升高而是降低，与节节上升的第三产业产值形成强烈反差。临夏境内工业加工体系不发达使得当地消费产品商品化率过低，对消费品市场支持不利。

表 1　临夏州生产总值三次产业构成（%）

年份	生产总值	第一产业	第二产业	#工业	第三产业
2000	100	28.60	32.70	28.06	38.70
2001	100	30.08	28.65	23.02	41.27
2002	100	28.52	28.65	22.37	42.83
2003	100	27.26	27.23	20.37	45.51
2004	100	28.84	27.82	20.58	43.34
2005	100	27.30	29.09	21.34	43.61

资料来源：《临夏回族自治州辉煌五十年》，2006 年 8 月。

4. 市场体系发育水平低，行业组织缺乏。虽然临夏市场体系庞大，但初级市场多，高级市场少；小型市场多，大型规模市场少；综合市场多，专业市场少；市场基础设施建设简单，经营条件简陋；市场管理、服务质量差，缺乏信息平台和信誉、品牌建设。行业组织缺乏，行业内部普遍存在恶性竞争、各自为阵的情况，这既破坏了整体竞争实力又造成了大量的经济资源浪费。在形成一定规模商品市场的同时，要素市场发展滞后，尤其是资本市场发展缓慢，企业融资渠道少，缺乏有力的金融支持。

五、重振临夏商贸业，促进区域经济发展的对策

临夏商贸从内容上可分为两部分。一部分是两头在外的过境贸易，做市场的"二传手"，这是临夏商贸的特色之处。临夏利用地处东部农区与西部

青藏高原牧区结合点这一地缘优势，一方面从东部省区购进日用消费品、工业品、粮食、蔬菜等，将临夏的重点集市作为中转站和集散地，批发销售给周边各县及甘南、青海、西藏等地的经销商。另一方面从西部购进牛羊、畜产品经临夏集散，销往东部各省区。据统计，临夏州全年市场成交额中的30%为两头在外的过境贸易，每年的交易额在4亿元左右。另一部分是连接州境内外生产生活资料供求平衡的商贸活动，服务本区域人民的生活，支持本区域经济建设。

如果将区域看作是一个中观概念，区域经济的良好运行就必须解决好区域与外部之间关系问题，以及区域内部各经济单元的协调融合问题。只有形成良好的区域间分工合作、优势互补，区域内部各经济构成、层次、产业间有机的紧密联系，充分发挥整体优势，才能保证区域经济健康快速的发展。这是系统论在区域经济学中的运用，也是区域经济学最基本的理论之一。针对临夏商贸活动的两部分内容，笔者主张以商贸为着力点结合点实施对内对外一体化整合战略，将临夏的区域优势转换成经济发展的胜势。

为了保持传统的市场地位应对兰州市的挑战，临夏应积极发扬原有的市场特色，集中力量巩固发展活畜、皮革、羊毛、茶叶、粮油、木材、民族用品等强势市场，放弃无优势的市场，合理分工，扬长避短，与兰州优势互补，与其形成市场、产业上的联合。融入兰州商业枢纽的构想中，并尽量扮演更为重要的角色，成为该体系中的重要组成部分，充分利用兰州的交通资源，更好地服务于本区域的市场发展。

继续建设和发展与地方特色经济相配套的现代大型专业批发市场，提升市场品质，扩充市场交易量额度。提高餐饮、旅游、休闲娱乐等相关辅助行业的档次，发展适应社会多层次多方面需要的服务体系。着力构建电子信息平台，形成有效的信息传递机制。同时加强市场软环境建设，加大整顿和规范市场秩序的力度，努力营造良好的信用环境。规范市场主体的经济行为，建设公平有序的市场环境，增强市场的竞争力、吸引力。

临夏商贸活动虽然繁荣，但对区域内的经济带动作用却十分有限。究其原因在于区域内各经济活动关联度低，经济资源没有有机地整合在一起。这也是临夏与温州在20世纪80年代因商贸齐名后发展至今经济状况截然不同的主要原因。

20世纪80年代温州号称"百工之乡"，在发展商贸的同时大力发展加工制造工业，形成了"以商促工，以工支商"相辅相成的局面。例如，有某种商品在温州生产，就会有人从事该商品相关原材料的经营活动和该商品的批发零售买卖，并有销售人员穿梭于全国各地。

而临夏的商贸多以贩卖为主，向来忽视产品的深加工，到手的商品几乎都是保持原样地进行交易。这是为什么临夏以活畜、毛皮、木材等市场闻名的原因。虽然临夏有极富地方特色和民族特色的农副产品，但市场化率低，商贸对农业和加工工业起到的带动发展作用甚小，农业产业基础也没有对商贸起到良好的支撑作用。虽然临夏近年来加强建设了蚕豆洋芋生产基地、畜禽水产养殖基地等一批农副产品生产基地，开拓了清真牛羊肉畜禽系列、绿色豆制品系列、乳品系列等具有民族特色产品的市场开发，但程度还远远不够，大多基于本区域市场，产品的市场半径小。

加大商贸与工业、农业间的整合配套力度，充分发挥产业间的关联效益是临夏商贸业可持续发展的关键。以"以商促工，以工富农"为战略，通过商贸的带动促成临夏主导产业的升级，拉长特色经济开发的产业链条，重点促进加工制造工业的快速发展，通过产品的深加工，增加商品的附加值，提升商品的市场竞争力，增加收益的本地留存。同时，在商贸内容上做文章，充分发挥商贸对本区域经济发展的服务职能，从而达到富民强州的目的。这也应该是临夏经济发展的方向。

加快商贸流通从传统经营方式向现代化、正规化、规模化经营方式的转变。采用先进的市场营销方式和管理模式，发展连锁经营、代理制等新型业态，积极发展现代物流业。培育行业组织，提升行业整体竞争力。在各行业内部鼓励以民主自愿的方式产生行业组织，形成行业内部的利益协调机制和行为联动机制，培养大市场的联合意识，聚合力量增强行业整体的市场竞争实力，提高应对市场风险的能力。努力拓宽市场，打出民族品牌，使所有行业成员都成为集合效应的受益者。

在明确发展战略的同时，临夏还应加快市场体系建设，发展要素市场，尤其要加快金融市场的发展。一个地区要素市场的发育程度，是其市场经济是否成熟、市场体系是否健全的重要标志。

六、结语

商贸对临夏而言，具有统领全局举足轻重的意义。微观上讲，商贸是解决临夏人地矛盾、就业压力，带领人民群众过上富裕生活的重要途径。从

1950年到2000年，临夏州人均占有耕地面积从3.49亩锐减到1.24亩，截至2005年底，人均耕地面积更是减少到1.1亩，人地矛盾日益尖锐；加之州内工业体系不发达吸纳农村剩余劳动力能力低，造成巨大的就业压力。因此发展商贸业是解决矛盾的一条有效途径。宏观上讲，商贸对临夏经济健康快速发展有着无可比拟的整合、带动作用。如果说临夏经济是部运转的机器，那么商贸就是这部机器的联动装置。

商贸是配置资源、连接供求的经济活动，一方面购进经济建设所需的原料、产品，引进先进的技术、经验、机制，另一方面提高本地产品的商品化率，将民族地区特色产品转化成市场价值，促进区域经济发展。更重要的是，商贸能够将农业、工业、服务业有机地结合在一起，发挥整合后的整体优势，提升临夏州的经济实力。

商贸活动是沟通临夏与外界的主要经济活动。商贸活动涉及众多领域，与外界频繁的接触和信息交流，能开阔人们的视野，更新人们的观念，带动临夏发展步入快车道。

对姐告边境贸易区的调查与思考

2006 级区域经济研究生　李小利

　　2007 年 8 月，中央民族大学区域经济学边境贸易课题组一行 5 人赴云南省德宏傣族景颇族自治州瑞丽市考察，考察了姐告边境贸易区及缅甸的木姐，听取了瑞丽市、姐告边境贸易区管委会情况的介绍，与外经贸、商务厅等部门进行了座谈，了解了一些实质性问题。目前姐告面临的是如何解决金融风险大、加工基础薄弱、进出口严重不平衡、竞争激烈等迫切问题，如何有针对性、前瞻性地解决这些问题关系到姐告的发展和德宏的开放。

　　姐告边境贸易区位于云南省德宏傣族景颇族自治州瑞丽市东南方向 4 公里，总面积 2.4 平方公里，可用面积 1.92 平方公里，西邻瑞丽江，东南北三面与缅甸北部的经济特区木姐市相连，处于瑞丽市与木姐市两个国家级开放城市的结合部，以中缅友谊街为轴线，与木姐形成了"一城两国"的国际商城，成为中缅贸易中转站、物资集散地。

　　姐告是我国大西南地区通向东南亚、南亚的理想窗口和门户，具有重要的经济和战略地位。调研出发前通过资料了解到，从 2000 年 8 月 1 日起，姐告开始实行"境内关外"自由贸易区，集贸易、加工、仓储、旅游四大功能为一体的特殊监管模式。所谓"境内关外"，就是把海关监管线后撤，把姐告这块中国领土置于海关监管以外，从缅甸方向进入姐告的货物，海关不实行监管；从中国方向运出的物资，过了西侧的海关以后，即视为出境。国内进出口企业可以通过开展过境贸易和转口贸易将姐告视为"第三国"目的港，从别国进口商品后再转口到其他国家。姐告边境贸易区同时实行一系列涉及出入境管理、投资贸易、税收、工商管理、金融等 16 个方面的优惠政策，其中包括从境外进入姐告的第三国外国人实行 72 小时免签证；外商投资企业在这里可以用人民币投资；经商办工厂不征税、无收费等等。

　　在姐告调研过程中，可以看到中缅两国除界碑以外没有明显的国界。边民、车辆及贸易往来很自由：在口岸边民只需做一下简单登记，凭边民证就可以自由出入，中方入境不收费，缅方对入境人员和车辆分别收取 2 元和 4 元人民币或相当的缅币。海关关口在国境线的 81 号附 1 号界碑处，挂黑底白字（缅文）或红字（中文）牌照的汽车从缅方排队驶入中国。一问才得知，黑底白字牌照的汽车是缅甸牌照，可在中国境内短期使用；黑底红字牌照的汽车也是缅甸商人的，可在"外五县"行驶，以方便他们在中国开展商贸活动，但不得进入内地。笔者注意到进关手续极简单，可能是这些商人常来常往，海关检查人员也较了解他们的情况。在姐告这边做生意的缅甸人的手机屏幕上大多显示着"中国移动"，人民币更是这里的"硬通货"，可以随时随地使用。

一、姐告边贸区取得的成绩

在调研座谈过程中我们了解到，在姐告实施了境内关外的特殊监管模式后，在出口方面，中方的出口商品可以随时报关入区享受退税政策，降低了贸易成本；入区商品可等到缅甸边贸政策、管制措施和缅币兑换比值对我方出口商品有利时才出境，这样极大地降低了贸易风险；中方大宗出口商品，可以化整为零地销往缅甸市场及其相邻的印度和孟加拉国等国家的市场；第三国商品可以转关入区销售，在区内开展过境贸易业务，从而丰富了中缅贸易的内涵，促进了中缅贸易的发展；在进口方面，由于有了"境内关外"政策，缅甸出口货物可以随时进入姐告仓储、加工、销售，促进了缅甸对华出口。

直到今天，姐告边贸区经过 7 年多的实践，"境内关外"政策已显示出强大的政策效应，姐告口岸已经成为云南省软硬条件最好、最开放、贸易额最高、货物吞吐量最大、管理进出境人员最多的边境口岸，取得了显著的经济效益和社会效益。调查资料显示，截止到 2006 年底，姐告边贸区进口贸易和出口贸易再创新高，分别保持年均 23.3% 和 29.6% 的高增长率，边贸区管委会成功引进 93 个开发建设项目，区内各类注册企业和个体工商户共有 1453 户，外贸企业 20 多家，规模较大的加工装配企业 12 家，各类仓库 3 万多平方米，进出口贸易额 32.4 亿元，经姐告出入境的人员 524 万人次。瑞丽市对外经贸办公室的杨局长高兴地告诉我们，姐告已经从过去的物资"中转站"，向面向东南亚、南亚的物流中心转变；由边境贸易区，向完全的自由贸易区、外向型经济区方向转变；从过去简单的易货贸易方式，向开展以一般贸易方式为主多种贸易方式并举转变。实施"境内关外"政策以来，姐告正在成为中国面向东南亚、南亚国际大通道上一个战略地位重要、经济高速发展、辐射拉动能力较强的边境贸易区。具体来说：

1. 姐告边贸区有力地拉动了地方经济快速发展

杨局长还告诉我们，姐告经济区成立前，姐告曾是瑞丽市最贫困的傣族村寨之一。受边境贸易和项目投资迅速回升的积极影响，2000 年瑞丽市国内生产总值达 80136 万元，人均国内生产总值达 7285 元，旅游社会总收入达 2.4 亿元，占全市国内生产总值 31.8 %，对外贸易进出口总值 17.5 亿元，占全省边贸总额的一半以上；2005 年瑞丽市实现对外贸易 34.7 亿元人民币，占全国对缅贸易的 25.8%，占云南省对缅贸易的 64.2%，占德宏傣族景颇族自治州对缅贸易的 82.4%。地方税收 1100 万元，全市生产总值 7.84 亿元，城乡居民收入稳定增长，生活消费水平明显改善，全州城镇居民人均可支配收入 8395 元，比上年增长 3.8%；农村居民人均纯收入 1504 元，比上年增长 7.9%。投资规模不断壮大，重点建设成绩显著，全州加大以电力、水利、建材为主的项目开发，完成全社会固定资产投资额达 34.13 亿元，比上年增长 81.8%。姐告作为云南实施国际大通道战略桥头堡的功能不断提升。

2. 拓宽了招商引资渠道

实行"境内关外"管理以来，项目投资、招商引资开始活跃。据招商引资局邓局长介绍，2006 年，姐告共接待日本、韩国、新加坡、泰国、中国香港、澳门、台湾地区以及内地党政、企业考察团 200 余个，行业涉及商品批发市场、旅游开发、农用车、玉石房地产和商贸仓储等，各种咨询、接洽络绎不绝。昆钢首先操作了一万吨钢材出口到这里，再往缅甸市场辐射；攀钢集团等 16 家企业正在筹划启动新的投资项目；南方石油集团每年都有 3 万吨石油先出关再选择有利时机入缅；山东济南市政府已经着手在姐告设立一个正处级办事处，还有轻骑集团、银信集团，都在利用这个政策开发；部分原在姐告投资的企业也开始准备启动新一轮投资。

3. 姐告的全面开放和高速发展，对缅甸产生了巨大的示范效应

姐告实施"境内关外"模式后，缅甸政府已将与姐告接壤的木姐市辟为缅甸经济特区，将海关后撤 15 公里至 105 码外，并在与姐告相邻的木姐一侧实施了类似"境内关外"的监管政策——把木姐周围 300 平方公里的区域划为自由贸易区。目前缅已在 105 码处划出 500 英亩土地，按进出口贸易区、查验区、办公区等三个规划区域进行建设，整个工程建设投入资金 40 亿缅元。这一举措使木姐从一个普通的村庄，变成了缅甸边境经济社会发展最快的城市，木姐口岸迅速成为缅甸 13 个口岸中最大的边贸口岸。缅

甸木姐边境经济特区已与姐告经济区连为一体，"一城两国"的国际口岸新城已见雏形，这对于周边的泰国、印度、孟加拉国等将会产生巨大的吸引力和辐射力，促进新的国际区域经济区在南亚的形成。

4. 发展了边境贸易旅游

实行"境内关外"管理以来，姐告口岸边贸旅游迅速回升。进入姐告，在著名的中缅友谊街，一幢幢傣式、缅式、中式、西式建筑异彩纷呈，街的南侧是中国，铺面具有傣、景颇等民族的建筑特色，来自全国各地的上百家公司、商号和个体户在此设立窗口，中国生产的针纺百货、五金交电、化工建材、汽车农机、土特产品及日常生活用品，应有尽有。一排排崭新的民族商店和货棚，摆满了琳琅满目的日用百货及民族工艺品，使人看得眼花缭乱，给人有万商云集之感。街的北侧是几排典型的缅甸式建筑铺面，砖木结构，框架全部是珍贵的柚木，来自缅甸各地的上百家商人在这里经营，摆满了来自东南亚各国的珠宝玉石、金银首饰、手工艺品、土特产品。中缅双方游客均可自由往来于中缅两侧街市，直接用人民币、缅币或美元购货。除此之外，游客还可在中缅街办理简易登记手续到缅甸木姐市领略异国风情。

二. 姐告边贸区具有的优势

1. 地理优势。姐告边境贸易区是中国西南连接东南亚、南亚国际大通道的西线通道，即中缅水陆联运大通道。公路以昆瑞高速公路经姐告过缅甸木姐达八莫，利用伊洛瓦底江从仰光港进入印度洋。物资从昆明经广州运到仰光与货物从昆明经姐告运到仰光相比，缩短运距约5000公里，途中相对节约占用时间约1个半月，每吨物资少付55元左右，省时、省运费又可加速资金周转，四川、贵州乃至西部一些省区的出口南亚、中东、欧洲等地的物资，可以用火车运至大理，再利用大理至瑞丽的高速公路经姐告出口至八莫、仰光出海，实行铁路、公路、水路、海运联运。不仅如此，姐告还正处在中国瑞丽市和缅甸木姐市这两个国家级开放城市的衔接部位，是中缅两国、中国至东南亚、南亚经济贸易的"中转站"和"集散地"，是发展边境贸易和国际仓储业以及进出口加工业的宝地。

2. 软硬件设施良好。首先是区内规划建设的、可支撑实现多年可持续发展的八项重大基础设施已经全面建成，这八大基础设施是：瑞丽口岸联检中心现代化的联检大楼；联检中心大楼至姐告边境贸易区—姐告大桥的道路改造及配套工程；区内四通八达，集绿化、美化、灯光夜景于一体，能连接20多个各类大的专业市场的城区道路；口岸学校；姐告医院；姐告变电站；瑞丽江复线大桥；口岸中心查验货场等。笔者在调研过程中了解到，姐告投资1700万元的海关联检大楼实现了联合办公、一条龙服务。过去要跑好几个地方办一件事，现在进一家门就能办多件事，大大节约了时间，提高了效率。其次是区内已具备配套的城市交通、电信传输、输变电和供排水网络系统，基础设施能够满足进一步发展的需要。姐告大桥建成于1992年，桥长456米，宽11米，载重量为15吨，是瑞丽市通往姐告经济开发区和缅甸国家一级口岸木姐地区的重要陆路桥梁。随着姐告实行"境内关外"管理模式以及对外贸易的进一步扩大，原有姐告大桥已不适应经济发展需要。2004年，瑞丽市委、市政府引资2500万元修建姐告大桥新桥。据介绍，新桥是座跨江桥，全长600米，距离老桥2.2米，日通车量大致为1.2万辆。新桥、老桥组合为四车道城市桥梁。新大桥的建成不仅大大缓解了旧桥车辆拥挤、有安全隐患的矛盾，还加大了边民互市。更重要的是，两座桥相互辉映，已经成为名副其实的国际桥、商贸桥、友谊桥、便民桥和形象桥。

3. 政策优惠。作为中国面向东南亚、南亚开放的示范区和试验区，姐告是全国唯一的实施境内关外政策的边境贸易特区，区内实行了一整套涉及出入境管理、投资贸易、税收、工商管理、金融等方面的优惠政策，其中包括国家特许、省和州政府赋予、自身结合实际制定的政策体系。这些政策的宽松、优惠度高于国内其他边境贸易区政策。如在区内兴办企业，自投产之日起企业所得税免征3年，减半征收2年；2003年12月31日前免征房产税和土地使用税；工商行政事业收费全免；允许外商直接用人民币投资；以边民互市方式进入贸易区的商品和物资，享受边民互市的优惠政策；旅游观光的游客可采购合理数量外国商品带出区外等等。

4. 文化优势。自2001年起，云南省和缅甸贸易部签订协议，每年轮流在中国姐告和缅甸木姐举办中缅边贸交易会。有了这个良好的平台，中缅贸易已经连续5年以两位数增长。2006年的边交会更是突破了中缅两国的交流局限，泰国、柬埔寨、印度、孟加拉国和巴基斯坦加入进来，发展成为中国与6个国家的贸易盛会。

三、调研过程中发现的几个问题

1. 传统对缅贸易的观念错误。一直以来，我们认为缅甸是欠发达国家，他们的消费档次较低，所以我们与之交易的商品也多是低档次的，甚至会将一些国内的滞销品、劣质品、残次品倾销出去。殊不知缅甸国家虽然落后，但消费层次却仍是多元的，照样有高档的需求，何况缅甸通过与其他贸易伙伴及其商品的比较，自然要择优而贸。

2. 外贸加工基础薄弱。姐告边境贸易区是经国务院批准设立的全国唯一由海关特殊监管的集贸易、加工、仓储、旅游为一体的边境贸易区。作为贸易区四大功能中的贸易、仓储、旅游这三项已初具规模，而在加工这一项上却不尽如人意。姐告本地的大多数边贸企业长期着眼于吃简单边贸饭，即仅仅满足于单纯的转手买卖，许多边贸企业花费了大量的人力、物力和财力挤进边贸市场却只能靠转手获取微薄的利润，交易过程中往往被远方的厂家控制，自己却处于被动地位。其实，借助有利的区位优势形成较好的加工基地，对进口产品进行深加工或半成品再加工，形成难以替代的产业优势，既可大量增值，又可更多地吸收当地劳力，同时带动地方经济的发展，极好的机会却被安于现状的惰性失去了。

3. 缅方可供出口商品少，进口需求大，我方过高的贸易顺差已经引起缅方不满，导致缅方贸易政策日趋紧缩。据介绍，经姐告出口的大宗产品主要是化工产品、机电产品、家用电器、建筑材料、医疗器械、日用消费品等国内工业剩余产品，进口大宗产品主要是海产品、矿产品、中药材、农产品和热带水果等低价值初级性产品，虽然双方商品的互补性很强，但价值差异也很大。因此，姐告口岸贸易一直呈现较大顺差。调查资料显示，仅仅2005 年贸易顺差就高达 12.7 亿元人民币。为此，缅方采取的管制措施越来越严格，2005 年 7 月以来，缅方在木姐 105 码极力推行一般贸易，强行将大宗进出口商品纳入一般贸易管理后，随即采取指定银行、限制货币结算、限制货款来源、大幅度调整计税价格等严格管理措施；2006 年 4 月，正式启动木姐 105 码贸易区后，规定未取得批文的货物不得入境；2006 年 6 月30 日起，又对我方企业在缅甸已付款购买的冰冻鱼、鳝鱼途经 105 码时进行新的管理。种种管理导致我方出口货物严重受阻，边贸资金占用增大，进出口种类减少，极大挫伤了双方企业经营的积极性。

4. 竞争的态势已经形成。东盟各国因金融危机影响，货币大幅贬值，出口商品价格跌落较大，纷纷抢占缅甸市场。加之新加坡、马来西亚等国在缅甸投资办厂，开发我国出口缅甸的传统商品，中国产品垄断缅甸市场的时代已经一去不复返。近年来，我国出口缅甸份额逐年下降。过去我国是缅甸的第一贸易伙伴，现在已经降到了第四，排在新加坡、韩国和马来西亚之后。

5. 金融方面的问题也严重影响了中缅贸易的发展。一是由于缅甸长期政局动荡，贸易壁垒严重，其国内仅有的三家国有银行均远在内陆地区，与我国相邻的边境的银行均是非国有银行，其信誉度低，目前境外木姐尚存的私人银行为佑玛银行和甘宝萨银行，亚洲经济银行和五月花银行均已关闭。此外，由于美国对缅甸的经济制裁，缅甸美元匮乏和美元贬值等因素，缅方已经关闭了缅甸外贸银行在中国银行总行开立的美元外汇账户，缅方银行以欧元解付美元信用证，造成中缅银行结算速度慢，企业承担汇率风险加大，企业资金周转困难。二是缅方货币币值稳定性低，经营风险高，缅币汇率波动大，甚至有时汇率波动一日达三次以上，加之中方银行在缅无常驻金融机构，无及时准确的汇率信息来源，银行缺乏防范汇率风险的有效金融工具，影响合作基础。三是进出口不平衡，出口长期高于进口，形成人民币对缅币不停升值的压力，制约着整个贸易的稳定增长。四是境外非法金融活动难以遏制，频繁活跃的外汇民间交易活动形成外汇"黑市场"，再加上木姐的"地摊银行"由来已久，其结算自成体系，方式灵活，速度快捷，左右着缅币市场汇率，造成外汇黑市场和私人交易风险性大、安全性低，目前要将其边贸结算纳入正常的银行结算渠道还不具备条件。

四、推进姐告边贸区持续发展的建议

1. 积极应对缅方的管理，掌握贸易主动权。针对中缅贸易复杂多变的贸易形式，努力拓展涉外商贸信息渠道，采取官方和民间相互交叉的互动形式。建议中缅双方官员形成定期会晤的机制，即每隔一定时间，双方官员轮流举行会谈，既能互通信息，又能增进友谊，及时解决双边存在的问题。除官方交往外，商会之间应经常组织企业进行座谈，共同探讨如何扩大中缅双边贸易，交流在贸易发展中的经验，增进双方基层商务的交流与合作，及时掌握缅方贸易情况。总之，要通过各种形式，巩固中缅双边和平友好、共同发展的现状，促进边境口岸经济、贸易更快更好的发展。

2. 在国内，以姐告口岸为龙头，与滇缅边境的其他口岸，如盈江口岸、畹町口岸形成联盟共同享受优惠边贸政策和先进的口岸设施以及便利的通关条件，统一管理，一致对外，形成规模优势；在缅甸市场，以木姐口岸牵线搭桥，借助其他口岸的销售网络和人际关系，进入其他的边境市场，进而以泰缅、孟缅、印缅边贸企业和缅甸边贸总局为中介，进一步占领周边国边贸市场，从外围进一步拓展边贸市场。从长远看来，以中国陆路边境现有的边境贸易区为起点，逐渐发展构建"陆路边境贸易区"，实行规模经营，获得规模效益，一方面扩大缅甸产品在中国边境和西部地区的市场占有率，促进缅甸对中国出口；另一方面，方便中国边境地区和西部地区的产品借道缅甸远销南亚和东南亚市场。这样边贸区内人流、物流、信息流、资金流等流量和流速必然上升到一个新台阶，同时带动相关服务业的发展。

3. 鼓励我国边贸企业到缅甸大力发展面向中国市场的"出口导向型"加工工业，帮助缅甸扩大对中国出口商品品种和数量。中国是生产大国，也是消费大国，尤其是西部地区消费品主要依靠东部地区供应。由于运程短，风险大，陆路运费上扬，运输成本增加，导致产品价格上涨，从而增加西部消费者负担。同时，由于我国西部大开发实施退耕还林还草，改善生态环境的政策，使国内对木材、矿业和农业等资源的需求客观上受到了制约。在这样一种情况下，笔者认为，抓住机遇鼓励我国边贸企业到缅甸发展面向中国的加工工业显得尤其重要。举例来说，缅甸的森林覆盖面积是全国土地面积的57%，森林覆盖率为48%，森林资源十分丰富，到缅甸寻找林木加工产品的合作，既可为改善恢复我国生态环境做出贡献，又能缓解国内木材供给的不足。

4. "优势互补"是中缅贸易的基石，现阶段及今后一个相当长的时期内，这种互补性结构关系将依然存在。要继续扩大中缅之间的商品贸易，增加工业品、轻工产品和日用消费品的出口量，同时有针对性地进口国内所需的原材料，激发国内外两个市场活力；要保持适度贸易顺差，维持进出口贸易平衡，以适应缅甸经济发展的客观实际。要积极发展中缅之间的经济技术合作，充分利用中缅，特别是木姐和缅北地区在地缘、资源、科技、生产技术、综合服务以及资金、劳务方面的优势，开展各种不同方式、不同类型的民间性、地方性经济技术合作。引导企业以多种方式发展与毗邻国家的贸易。鼓励企业大胆"走出去"，以扩大承包国外建设工程项目、加强劳务合作等多种方式深化双边贸易，带动我国机器、设备、物资出口，稳定边境地区经济环境，帮助毗邻国家发展经济，促进双边贸易共同发展。立足中缅及东南亚"两种资源、两大市场"的互补优势，调整出口产业结构，壮大产业组织，提高出口企业的市场竞争力。

5. 扩大双边金融对外开放，全方位为边贸企业提供多功能的金融服务。一是加快双边银行结算合作进度，如尽快就缅甸银行到中方银行总行开立外汇账户的问题、缅甸银行在中方银行开立人民币结算账户后人民币现钞超限额出入境问题、信用证等结算业务的问题等进行切磋，达成合作协议。二是扩大合作领域。积极就中缅沿边的主要口岸互设金融机构或建立代理行关系，或设立代办处等方面进行可行性研究和探讨，以促进双方银行间的业务往来，使边境贸易中结算、汇兑、出口信贷服务通过双方银行来进行。同时大力推行银行卡的使用，运用互设的金融机构或代办处、代理行，积极吸收人民币存款，减少人民币投放压力。

参考文献

[1] 黑河市委、市政府考察团：《赴云南姐告边境贸易区考察报告》，《黑河学刊》2001 年第 5 期。

[2] 邵源春、于敏：《云南省边境贸易转型期的困境与对策》，《东南亚纵横》，2004 年 7 月。

[3] 柳五三：《关于瑞丽—木姐边境经济合作区有关问题的思考》，德宏傣族景颇族自治州人民政府研究室：《综合调研》第 23 期。

[4] 李海珍：《对姐告边境贸易的实证分析》，德宏傣族景颇族自治州人民政府研究室：《综合调研》第 19 期。

[5] 孔雀之乡网 http：//www. yndehong. cn/。

对云南边境贸易区的调查研究

2005 级区域经济研究生　张斌　崔桢佑

一、云南边境贸易区的发展现状

姐告边境贸易区总面积 1.92 平方公里。东、南、北三面和缅甸的木姐镇相连。距木姐镇中心仅 500 米，国境线长约 4 公里，是我国开展对缅贸易，通向东南亚、南亚的重要口岸之一，具有重要的经济和战略地位。

20 年来，姐告依托优越的区位优势、口岸优势和国家赋予的优惠政策，大力发展对缅贸易。边贸经济、基础设施建设及由此拉动的旅游、服务等第三产业曾出现过一度时期的"火暴"发展，促进了德宏及缅北地区的经济繁荣。但 1995 年后，受亚洲金融风暴等诸多因素的影响，一直快速增长的边贸经济形势，却呈现出逐渐走弱的势头。2000 年 6 月，国务院授权国家计委批准设立了姐告边境贸易区，按照"境内边外"的特殊模式实行管理。就是进口物资"入境不入关"，出口物资"出关不出境"。姐告成为进出口货物的"缓冲区"和"保税区"，成了中缅两国的物流中心和信息中心。"境内关外"政策实施六年来已取得了显著的经济效益和社会效益。2000—2004 年，姐告的进出口贸易额分别为 15.2 亿元、16.9 亿元、19.3 亿元、28.5 亿元、32.6 亿元，同比分别增长 38%，11.2%，26.8%，47.8%，14%。

为把姐告边境贸易区的做法推广到对越南、老挝的经贸合作中，云南省决定继续设立河口和磨憨边境贸易区；2001 年，云南省政府相继批准河口和磨憨边境贸易区试运行方案。

河口口岸位于云南省红河哈尼族彝族自治州东南部河口县，南与越南老街省的老街市、猛康县、巴沙县接壤，边境线长 193 公里。该口岸历史悠久，1890 年以后，清政府在河口设海关，将其开辟为商埠。河口口岸于 20 世纪 50 年代曾是中越边境贸易的重要口岸，1958 年 8 月关闭。中越边境贸易 1989 年开始恢复。河口口岸是云南省边境口岸距省会昆明市最近的口岸，铁路距昆明 465 公里，公路 490 公里。该口岸与越南老街省省会老街隔河相望。滇越铁路使河口口岸成为云南对外交往的主要通道。河口县确立了

"以边境贸易为龙头，以改革促开放，以开放促发展的方针。"通过实施优惠政策，加强口岸设施建设，健全口岸机制，不断改善交通邮电通讯条件，使边境贸易迅速发展起来。

磨憨口岸位于西双版纳州东部勐腊县境内，地处云南省最南端，西部与缅甸隔江相望，东南、西南与老挝毗邻。边境线长 740.8 公里，其中中缅段长 63 公里，中老段长 677.8 公里。西双版纳有五条公路通往磨憨口岸，勐腊到老挝南塔市 120 公里。磨憨口岸是云南中路勐腊口岸的重要组成部分，也是中老边境贸易的主要通道。磨憨边境贸易区的建立，使磨憨口岸的边境贸易又有新的发展。

二、云南边境贸易区面临的困难

姐告边境贸易区是由云南省多次向国家申报争取后于 2000 年 4 月由国家计委 287 号文批复同意设立的，文中对该区的管理办法规定为：按照境内关外的方式设立姐告边境贸易区。按照规划设置的功能主要有贸易、加工、仓储、旅游四项。其设立后，对当地的口岸经济起到了一定的推动作用，但其发展效果相对于设立时预期的目标，却还是有一定的距离的，贸易、加工、旅游、仓储的功能也没有得到应有的发挥。而其后批准运行的河口、磨憨边境贸易区也采用了与姐告边贸区基本相似的政策优惠和管理模式，由于缺乏模式上的创新和突破，这两个边贸区也未取得预期的效果。

曾经社会各界寄予厚望的边境贸易区，在国家优惠政策和地方政府的大力推动下，其当时设定的四个功能却未取得预期的效果，造成这一状况的原因有：

1. 贸易形态单一，商品贸易居于主导地位，技术和服务贸易偏少，并且出口贸易量大，进口贸易量小。云南边境贸易区的主要交易对象为缅甸、越南、老挝等国家，这些国家经济普遍落后，为了保护其本国产品不受到中国产品的冲击和竞争，常常会采取一些保护性措施，来抑制中国对其商品的出口，这使得针对贸易方面的优惠措施无法发挥作用。

2. 外贸加工业基础薄弱，近 20 年来，随着姐告贸易的不断增长，发展了一批以"来料加工"为主的外贸企业，但基础设施的落后，市场信息传递的不畅通，以及人才、资金的缺乏，使得当地的外贸企业普遍生产规模小，技术水平低，无法形成规模聚集效应，生产成本居高不下，并且由于技术落后，往往只能选择初级产品的生产加工，当面临市场萎靡时，无法进行生产转型，企业的破产风险较大。

3. 在中国——东盟自由贸易区和大湄公河次区域经济合作发展迅速，且云南省处于中国面向东盟的窗口的大背景下，边境贸易区的转口贸易有着巨大的发展潜力。但在实际发展中，由于边境的地理环境复杂，交通设施落后，使得良好的设想难以落实。

三、云南边境贸易区发展所面临的机遇和挑战

云南姐告、河口、磨憨三个边境贸易区设立的初衷就是以这三个贸易区作为云南同缅甸、越南、老挝开放和合作的窗口及舞台，深化国际间经济贸易及合作。尽管有中央政府的政策支持和地方政府的努力工作，但是预期的目标依旧没有实现，这一预期和实际相背离的原因值得我们研究和探讨。

上述边境贸易区所面临的问题其实由来已久，但至今仍然未能解决，究其原因，有现实条件的限制，也有解决思路上的定势误区。为了继续实现边境贸易区的发展，我们应当解放思想，在新的环境背景下不断改变与之相适应的发展思维，这样才能实事求是地分析和探讨边境贸易区的前景和发展方向。需要改变的第一个误区是对边境贸易区附加过高的期望值，而这种期望值与边境贸易区实际条件相距甚远，使得边境贸易区难以承担起贸易、加工、仓储、旅游的重任。第二个误区是脱离对象贸易国的实际情况，单方面期望通过加大引资力度和基础设施的建设，短时间内实现招商引资和双边贸易的迅速增长。第三个误区是把边境贸易区的可持续发展建立在国家投资和贸易优惠政策上。只有改变思路，打破以上三种认识上的误区，才能打开边境贸易区发展的新局面，才能有利于我们结合新形势思考和选择边境贸易区发展的新方向。对于云南省边境贸易区的未来发展方向，需要结合以下情况进行考虑：

1. 中国—东盟自由贸易区的建设，对于云南姐告、河口、磨憨三个边境贸易区的发展既是机遇，又是挑战

云南省处于中国与东盟接壤的中间地带，历史上与周边国家进行的经济、文化、政治交流使位于中心地带的三个边境贸易区具有先天的发展优势。但同时，中国—东盟自由贸易区所签署的互惠互利条款不仅适用于云南地区，也同样适用于中国内陆的其他省市。在许多经济竞争力方面，云南边

境沿线的竞争力远远落后于内陆其他省份，在同样的优惠政策下，就会形成周边东盟国家的市场更多地被其他省市所占领，以至于其他省份会开辟更多的通过云南之外的通道与东盟国家开展经贸合作。因此，在中国—东盟自由贸易区开展合作的大背景下，云南省以及沿边的边境贸易区均具有巨大的地缘经济优势，但不应当盲目乐观，否则就有被内陆经济发达省份赶超的可能。

2. 中国与周边国家政治关系的稳定是边境贸易区发展的基本保障

中国与周边国家越南、缅甸、老挝等国家是传统意义上的战略伙伴关系，随着中国—东盟自由贸易区的建立和完善，中国与周边国家的关系在不断升温。笔者在姐告调研过程中发现，当地政府也把与缅甸政府的交流合作作为推动边境贸易区发展的主要任务之一。中缅关系的稳定发展可以追溯到1960年10月，两国政府签订中缅边界条约，圆满解决了历史遗留下来的边界问题，自此之后，双方政治关系不断升温，在政治、经济、文化、军事等领域的交流与合作也不断扩大。2005年7月，中国与包括缅甸在内的东盟六个国家实施《中国—东盟自由贸易区货物贸易协定》，中国先后单方面给予220种缅甸商品特惠关税待遇。2006年2月梭温总理访华，先后与胡锦涛主席、温家宝总理会晤，两国签订了经济技术合作、航空合作、禁毒合作及铁路、公路、通讯、化肥厂、电站等八个协议。2006年10月31日，两国总理再次会晤，双方表示：始终坚持在和平共处五项原则的基础上发展双边友好合作关系，经贸合作是两国关系的重要组成部分，本着互利双赢的原则，加强两国在基础设施等领域的合作，规范和促进边境地区经济交往，维护边贸有序地进行。除缅甸之外，与越南、老挝的政治关系也在不断升温，边境贸易区应当抓住双边国家合作的大机遇，利用一切政策优势来推动边贸区的经济发展。

3. 姐告、河口、磨憨三个边境贸易区的功能发展应当与周边国家经济与贸易状况联系起来，而不能孤立地根据边境贸易区的自身情况来判断其应具备的功能

边境贸易区的发展潜力很大，但很难在短时期内取得突飞猛进的发展。其潜力之所以很大是因为边境贸易区背靠云南省及中国广大内陆省份，商品、技术、资金、人才均有强大的后盾，并且与贸易对象国在经济发展程度上有梯度差异，在所提供的商品结构上有互补性，在地理位置上也同处于中国—东盟陆上相结合的部分，双方经济早已有了千丝万缕的联系。但这些因素尚不够促成边境贸易区的高速发展，云南与周边国家虽然具有经济结构差异，但尚未形成相互大量投资；双方的商品需求虽然可以形成互补，但因为市场容量以及市场信息的不完善，短时间内由小额贸易为主发展到大宗商品贸易为主也非易事。所以，边境贸易区的发展及其功能服务方向需要以双边经济的共同发展为前提，并受制于双边经济的互动发展状况。

四、云南边境贸易区发展的思路

边境贸易区是云南对外开放的一个组成部分，它的发展应与云南对外开放的整体进程联系起来分析，其发展思路的提出和对策的选择都应建立在这个基础之上。

1. **继续实施稳定的边贸优惠政策，确保边境贸易不被削弱**

在"境内关外"政策优势的框架内，努力挖掘其内涵和潜力，最大限度地用好用足现有政策，尤其是保持税收优惠政策不变。积极发挥边境贸易区对东南亚的窗口作用，加强其对内对外服务功能。积极开展招商引资工作，推动内外资源的优化重组，加快边境贸易区的建设和发展。

2. **从云南和周边国家经贸合作现实出发，实事求是地看待边境贸易区的功能作用，不要让边境贸易区负担过多的包袱和压力**

云南的三个边境贸易区都建在分别面对周边三国的重要口岸通道上，这个区域位置决定了边贸区的特殊性，而不是边贸区决定了边境三个国家一类口岸的特殊性。也就是说，姐告、河口、磨憨不设边贸区，云南省的边境对外贸易依旧要发展，边境贸易区只是承担了一定的载体作用。因此，去除人们对边境贸易区的殷切希望，站在现实的角度来看边贸区，会发现边贸区已经不能承担外界附加给它的功能。加工功能目前没有特殊的区别于区外的优惠政策，在区内加工和在区外加工一个样；从进出口物流现状看，仓储功能必要性的环境条件还不完善；旅游功能因没有必要的依托景点和购物优势而难以发挥作用；有的边境贸易区提出娱乐功能，在现行的管理法规下恐难以实行。这样最后剩下的是贸易功能，但是否设边境贸易区对这个功能的发挥没有直接的影响。

其实，边境贸易区的功能作用主要是为本地区的经济发展做服务。这个"服务"的范围很广，不需要进行明确的规定。其目的就是在口岸附近创造良好的贸易投资环境，为客商的经济活动提供便利的软硬件条件。围绕这一服务宗旨，边境贸易区应在本地经济发展的现实基础上，大力发展有利于客商便利的服务功能，而不应当主观地给边境贸易区强加一些本不需要或现阶段无法实现的功能。这样做，使得边境贸易区的发展是以客商的实际需要为出发点，而不是以决策者预期希望的边贸区为出发点，这样更能实现边贸区发展的目标。

3. 边境贸易的发展不是单方面的，而要依托于双方国家经济的互动发展

贸易是贸易双方经济共同活动的结果，边境贸易的发展不单单是自己国家的问题，其发展也同时依赖于贸易对象国的边境贸易发展，依赖于对方政府的政策支持，并且双方的合作应当相互配合，相互呼应。与河口口岸相对应的越南老街口岸，在越南中央政府税收、财政等方面的大力支持下，老街已经发生了巨大的变化。而现在为了进一步促进双边边境贸易的发展，应当加强与越方的交流与沟通，在双方互惠互利的基础上，使得河口边境贸易区发挥更大的作用。而在磨憨口岸方向，老挝于2002年10月8日由本扬总理签署162号令发布《关于南塔磨丁边境贸易区的政令》，正式设立了与磨憨边境贸易区相对应的边境贸易区。在姐告边境贸易区对面的缅甸木姐口岸与中方加强合作的愿望也大致相同。

由此可见，要推动边境贸易区的发展，着眼点应在相邻国家对应地区的经济协调互动上，立足点应在双边经济贸易的共同繁荣发展上。

4. 在国际贸易合作的大背景下，推动建立跨国经济自由贸易区

中国加入WTO和与东盟共建自由贸易区，为云南省边境贸易区的发展提供了更广阔的舞台。降低关税和减少关税壁垒等措施，也为发展边境贸易区提供了更优越的条件。跨国经济自由贸易区是边贸发展到一定阶段的必然产物，是世界经济特区发展中被广泛采用且发展数量最多的一种特区建设形式。笔者在云南姐告边境贸易区调研时，当地政府官员一致认为，为加强和缅甸及东南亚的经贸合作，在姐告边贸区现行的"境内关外"模式的基础上，应当进一步提升层次，扩大范围，建成跨国经济自由贸易区，将德宏边境贸易区范围扩大到怒江西岸。其实，在云南三个边境贸易区中，鉴于中缅长期的经贸关系以及姐告、木姐已有相当的经济基础，并且在建立"姐告—木姐边境经济自由贸易区"的问题上，双方无论是在政策、地域、区位还是经济、资源、民族文化等各方面的条件都已基本成熟，姐告应是最有条件发挥自由贸易试验示范区的边贸区。现在瑞丽当地政府已开始会同有关专

家、学者对此进行可行性研究分析，并争取该示范区的建立。

5. 加大招商引资和对外投资的力度

要提高对招商引资和对外投资工作的认识，进一步解放思想，更新观念，简化手续，加强服务，着力改革和完善投资的软件和硬件环境，充分挖掘自身的优势和潜力，利用好国家赋予的优惠政策，吸收更多的资金、技术、设备和人才参与到边境贸易和经济技术合作中来。一方面，要积极有效地引进和利用外资；另一方面，要组织和引导国内企业和其他经济组织有计划地到缅甸、越南等东南亚、南亚市场投资。

参考文献

[1] 张丽君：《地缘经济时代》，中央民族大学出版社 2006 年。

[2] 杨德颖：《中国边境贸易概论》，中国商业出版社 1994 年。

[3] 江泽民：《全面建设小康社会，开创中国特色社会主义事业新局面———在中国共产党第十六次全国代表大会上的报告》，人民出版社 2002 年。

[4] 汝信：《中国社会形势分析与预测》，社会科学文献出版社 2005 年。

[5] 那日：《中国周边市场》，中央民族大学出版社 2000 年。

[6] 谭文成：《云南省河口边贸考察》，《宏观经济管理》2003 年第 4 期。

[7] 钱桂蓉：《新时期边境贸易区发展的新思路》，《云南民族学院学报》2002 年第 4 期。

德宏傣族景颇族自治州中缅边贸问题分析

2006 级区域经济研究生　李可　崔祯佑

2007 年 7 月，我们一行 5 人赴云南省德宏傣族景颇族自治州考察。先后考察了畹町、姐告、章凤三个口岸，与云南省社科院、德宏傣族景颇族自治州商务局、瑞丽市工业局等单位的有关同志进行了座谈，考察、探讨和研究了边境贸易区建设、毒品替代种植、民族地方武装等问题。

缅甸是最早承认新中国的非社会主义国家之一，中缅之间没有历史遗留问题。新中国成立后，云南省的边境贸易由于种种原因，经历了曲折的发展过程，改革开放以来获得迅速发展。到 20 世纪 90 年代中期，边境贸易已成为云南外经贸的重要组成部分。边贸对促进云南经济社会的发展和对外开放、增进云南与东南亚邻国的睦邻友好关系起到了积极作用。云南是中国的边境地区，而云南的边疆少数民族地区又是中国最前沿的边境线。边境贸易历来对云南和云南边疆民族地区生存与发展有至关重要的影响。

一、德宏傣族景颇族自治州边贸现状

德宏傣族景颇族自治州与缅甸接壤的国境线长 503.8 公里，占云南省中缅边境线的 1/4，边境无天然屏障，双方边民互市、通婚，友好往来源远流长，有瑞丽、畹町两个国家级一类口岸和盈江、章凤两个国家二类口岸及 14 个地方性口岸，主要出入境通道 64 条、渡口 28 个；24 个乡镇与缅甸的 7 个城镇、29 个集镇相通，其中 9 条公路直接通往缅甸北部的勐古、九谷、木姐、南坎、腊戌、雷基、拉咱、八莫、密支那等边境重要城镇，出入境十分便利，德宏口岸是中国西南通往东南亚、南亚和西亚国家的捷径。

表 1　中缅口岸情况对比[①]

中国口岸		缅甸口岸		
名称	行政归属	名称	行政归属	备注
瑞丽	德宏	木姐	掸邦	中央
畹町		九谷	掸邦	政府
章凤		雷基	克钦邦	管辖
孟定	临沧（普洱）	清水河	掸邦第一特区	地方
南伞		果敢		政府
沧源		-	掸邦第二特区	管辖
猴桥	保山	甘拜地	克钦邦第二特区	
打洛	西双版纳	小勐腊	掸邦东部第四特区	

　　1985 年云南省将怒江西岸（德宏傣族景颇族自治州和腾冲、龙陵两县）作为边境贸易区对缅开放，1988 年缅甸也实施边境开放政策，两国贸易交往迅速发展，边民往来频繁，德宏边境出入境客流量在 2005 年达到了 600 多万人次，出入境车流量在 50 多万辆次，德宏傣族景颇族自治州姐告边境贸易区实施"境内关外"政策后，已发展成为中缅两国边境地区的物流中心和全省、全国对缅贸易的最大陆路口岸。1986 年至 1995 年瑞丽口岸进出口额年均增长 35%，1995 年进出口总额 15.6 亿元，边贸相关收入占地方财政总收入 70%。

　　1996 年以来，受国家调整边贸优惠政策和因东南亚金融危机缅甸调整中缅两国贸易政策影响，德宏外经贸发展原有的条件和优势被弱化。1996—1998 年，边贸连续三年大幅度下滑，外贸对地方经济发展的拉动作用疲弱，对地方财政的贡献也越来越小。德宏经济发展对外经贸依赖较大，受此影响，边贸企业纷纷倒闭和撤离，口岸萧条；一些随外经贸发展拉动建立的项目搁置，损失巨大；经济发展速度明显放慢，财政收支矛盾加剧，对外开放受到巨大影响。特别是畹町、瑞丽两个国家级口岸受到的冲击最大，经济下滑，与昔日生机勃勃的繁荣形成了鲜明的对比。

　　1999 年以来，地方政府调整政策及市场回暖，边贸又重新恢复了上升势头，2005 年，德宏傣族景颇族自治州口岸进出口比例占全省对缅贸易总额 60% 以上。

　　边贸发展带动了交通、通讯、能源、旅游和相关加工业发展，对促进边

519

---

　　①　资料来源：《滇缅和谐发展德宏论坛文集》，第 78 页，德宏民族出版社 2007 年。

疆少数民族地区的繁荣稳定做出了巨大的贡献。随着中国"南向国际大通道"战略的推进及滇缅公路、泛亚铁路、中缅输油管道等重点项目的相继实施，德宏傣族景颇族自治州对外开放的重要地位将得到进一步提升，中缅两国的关系也将更加密切，相互影响加深。

二、民族地方武装制约边贸发展因素分析

（一）政出多门，经贸合作难以深入

中缅边境贸易以小额贸易和边民互市为主，规模化进程滞后，经济技术合作开展困难重重。1990年前后，缅甸民族地方武装与中央政府达成停战协定后，中缅边境政局趋于稳定，但政府和地方特区间的矛盾还比较大，民族地方武装拥有自己的地盘、武装和财政系统，为了维持和扩大财政收入，民族地方武装有扩大和中国经贸往来的意愿，而这些地区可以贸易为数不多的货物如林矿产品都受到中央政府的严格管制。为控制外国商人因滥采滥伐造成的资源浪费和生态破坏和出于限制民族地方武装的财政实力考虑，缅甸中央政府对此严格管制。对出口的限制势必减少外汇收入，进一步削弱了国际支付能力，从而影响我国对缅出口。

表2　德宏傣族景颇族自治州对缅贸易主要商品①

我国出口商品	比例（%）	我国进口商品	比例（%）
机电产品	32	海产品	35
针纺织品	14	农副产品	25
化工建材产品	13	矿产品	15
家用电器及日用品	13	林产品	10
副食品	12	畜产品	8
医药产品	8	药材	7

边贸发展要求进行深度的经济合作，而在缅甸中央地方各自为政，加大了经济活动的系统风险。政府对地方政府采取挤压限制措施，投资者去克钦特区地方政府签订的协议，中央政府不予承认，中央政府的政策，民族地方武装也是有选择地执行。经贸合作受此掣肘，不能大规模连片建设，开发成

① 资料来源：《滇缅和谐发展德宏论坛文集》第82页，德宏民族出版社，2007年。

本高企不下。受此影响，双方经贸活动无法或不能广泛开展，损害了双边商业利益。

（二）恶化边境投资环境，难以应对未来贸易竞争

东盟自由贸易区建设将给中缅边贸带来巨大的挑战和机遇。一方面，作为东盟正式成员国，缅甸—东盟经贸关系影响越来越大。东盟成员国对缅甸投资和相互贸易从总体上看远远大于我国。缅甸市场上，中国商品也面临着越来越激烈的竞争。特别是东盟共同有效优惠关税计划的实施，东盟自由贸易区的最终形成，将会严重冲击中缅贸易，进而动摇到两国业已具有的牢固政治关系。随着东盟一体化进程速度加快，泰国等国家依靠区位优势迅速占领缅甸国内市场，相对削弱了中缅经贸关系的重要性，长远来看，不利于中国国家安全。另外，印度目前也试图对缅甸施加更大的影响。另一方面，缅甸对外经贸关系加强，强大的来自贸易伙伴的压力将促使缅甸越来越开放，和国际规则接轨，降低外国投资者风险，同时贸易繁荣带来的经济发展也会提高其购买力，从而给中国对缅出口带来长期好处。短期来看，挑战大于机遇。

一般贸易发展挤压边贸空间。随着中国按 WTO 开放时间表逐步降低关税和"中国—东盟自由贸易区"合作加深，关税壁垒拆除，边贸相对于一般贸易的税收优势将不复存在，原来依靠边贸发展地区从事对外贸易的优势被削弱，而云南外贸产品多产自省外，口岸经济还处在通道式发展阶段，除地缘优势外缺少其他核心竞争力。陆路运输运力有限和海运巨大的成本优势，将使大宗、开发潜力大的商品如木材、农产品、矿石的进出口转而选择海运作一般贸易出口，而不是通过陆路口岸以边贸方式出口。自由贸易区带来的发展机遇将被东部沿海地区获得，西南发展边缘化使得西南陆路通道很可能退化为补充和辅助通道。

贸易收支不平衡影响中缅边贸长期健康发展。缅甸外贸连年逆差，逆差额接近外贸总额的 1/3，国际支付能力脆弱。保持贸易收支平衡是双边贸易可持续发展的重要条件之一。但由于经济发展水平差异、对外开放度及贸易结构等方面的原因，我国与缅甸之间长期存在较大贸易顺差。缅方存在的较大的贸易逆差反过来影响了缅方的对外开放度和对外开放政策。开发缅甸资源，提高缅甸商品出口创汇能力对中缅经贸关系的长远发展意义重大。

构筑通向印度洋西南战略通道，缅甸中央政府的理解和合作。中国

80%的石油进口和60%的货物进出口要经过马六甲海峡运输，和平时期马六甲海峡海盗问题突出，国际局势一旦有变，国际强权封锁马六甲海峡，控制我国进口石油命脉将易如反掌。为破解马六甲困局，保障国家战略安全，有三条不经马六甲海峡的替代运输方案：在泰南半岛克拉克地峡修建运河；经新疆红旗拉甫口岸修建陆路通道通向巴基斯坦瓜达尔港；经德宏口岸修建陆路通道通向曼德勒仰光。现实国际形势下，后两种方案的经济性和可行性较好。而中缅线也因缅甸自身丰富的油气资源更具优势。建设南向战略通道提高了国家战略安全保障，为西南地区兴建石化基地带动下游产业发展带来巨大机遇，同时相关的铁路、公路等沿线经济发展，也必将极大地促进云南对外贸易和经济发展。伊洛瓦底江水陆联运、泛亚铁路、泛亚公路的兴建，打通中缅印孟通道都有赖于中缅边境尤其是缅方一侧的和谐稳定，有赖于缅甸中央政府的理解和合作。实现国家统一是缅政府的一贯主张，支持缅甸中央政府尊重主权也是我国既定方针。从大局和长远考虑，发挥云南区位优势，构建和谐边境环境，促进边贸深入快速发展和深化能源领域深入合作，建立直通印度洋战略通道，要求从全局上把握民族地方武装问题，为中缅战略经贸关系打好基础。

（三）非传统安全威胁上升，影响资金劳动等要素集聚

复杂的中缅边境造成严重的毒品问题。据资料显示，缅北地区种植的罂粟大约130万亩，民族地方武装控制区和游击区约占95%，其中仅缅甸佤邦联合军辖区就有110万亩。可以说，民族地方武装组织是毒品长期存在和不断扩展的主要根源之一。从近年来德宏傣族景颇族自治州打击毒品犯罪的情况来看，每年缴获毒品海洛因都在3吨多，占全省缴获量的1/3，占全国的1/5，在查破毒品案件数、缴获毒品数、抓获毒品犯罪嫌疑人数、缴获易制毒化学品数等主要禁毒指标均居全省第一。

境外毒品的大量渗透，带来了一系列的社会危害，毒品严重阻碍边疆经济发展甚至危及民族存亡。德宏傣族景颇族自治州18至60岁吸毒人员占全部吸毒人员的91%（基本或完全丧失了劳动能力），全部吸毒人员中，少数民族占了70.5%，个别少数民族村寨出现了人口负增长；吸毒导致刑事治安案件频发、艾滋病蔓延。近年德宏傣族景颇族自治州发生的刑事、治安案件中吸毒人员作案的，分别占33%和85%；据卫生部门监测，德宏因吸毒和其他原因累计报告艾滋病感染者和病人已高达8124例，目前处于高度流

行期，对未来德宏经济社会发展影响十分严重。

　　毒品和随之而来的艾滋病在摧残个人、危害社会的同时，也蚕食了地区经济发展的积累资金，2006年，德宏全州吸毒人员2.5万人，强行收戒人员近2万人，按每人每月最低生活费128元计算，全年共需3072万元，按戒毒人员5%比例增加干警编制，年需3000万元，仅此两项全州投入强制戒毒资金就超过6000万元，相当于2006年德宏州财政增长。此外，戒毒场所改建扩建投资1亿元，艾滋病监控、试验、治疗设备投入5000万元，"禁毒防艾"工作队年运行经费1000万元，以上合计和禁毒工作相关支出达2亿元。而德宏傣族景颇族自治州2005年财政收入不过4.08亿元。这对于边境民族地区是一个难以承受的数字。禁毒防艾消耗了本可用于建设的宝贵资金，摧毁了大量人力资源。

　　境外赌场滋生蔓延，危害边境安全。自1993年12月缅甸木姐开设第一家名为"港澳俱乐部"的赌场以来，缅甸地方民族武装组织先后在瑞丽市、陇川县、潞西市、盈江县境外边境一侧兴建了众多的"开发区"，开设"博彩业"，至今已先后开设了14家赌场37个赌厅，目前仍有5家20多个赌厅，形成了"以赌养军，以军护赌"的格局。多年来，德宏傣族景颇族自治州公安机关虽然在不断强化边境管理和加大打击整治力度，但由于赌场在境外、赌源在内地，整治工作难于从根本上彻底解决，境外赌场屡禁不止、死灰复燃，在一定程度上危害了中缅双方的国家利益和边境国家安全。

　　境外赌场的存在诱发境内大量的治安问题和刑事犯罪问题，非法限制他人人身自由等刑事犯罪时有发生，并引发人民币大量外流。据初步估计，日常流动在境外赌场的人民币在数千万元之多，每年有2—3亿人民币流到境外赌场，货币走私现象严重。赌场出入人员形形色色，甚至包括一些受中国通缉的毒贩、负案在逃人员和恐怖分子。

　　潜在武装冲突造成边境安全局面动荡。境外缅方各民族地方武装势力长期处于战乱动荡状态，对我边境带来一系列的管理问题和安全隐患。德宏境外缅北地区有克钦、掸族、果敢、佤族、崩龙等大大小小十余股拥兵割据的民族地方武装组织，有的与缅政府和谈达成同盟或停战协议，有的仍与缅政府武装对抗。缅政府与"民族地方武装"组织之间武装冲突不断，民族地方武装内讧也时有发生。2004年底以来，缅政府借禁毒之名调动重兵对缅北民族地方武装组织进行重点军事打击，民族矛盾逐步升级，带来边境动荡，枪支弹药和难民时有流入我境，对我边境安全带来危害。

三、结语

　　一个和平、稳定、各民族团结发展的缅甸符合中国国家利益，一个统一、民主、追求经济发展的缅甸政府的存在符合中国国家利益，构筑稳定和谐发展的中缅边境有利于国家安全、有利于云南经济发展、有利于边境民族地区的富裕稳定。在和平共处五项原则基础上支持缅甸中央政府与民族地方武装合作，支持缅甸民主化和民族和解进程，改善边境地区政出多门、武装林立局面，为边贸发展和南向战略实施铺平道路，包括中国在内的国际社会应当鼓励缅甸政府向民主化、稳定化、经济优先方向转变，并在此基础上建立稳固、面向未来的中缅战略经贸关系，为构建中缅边境和谐社会及民族地区经济社会发展奠定战略基础。

　　民族地方武装问题归根结底是缅甸内政，依靠缅甸人民的智慧和勇气，在国际社会的帮助下，和谐的中缅边境必将很快实现。

第六部分

金融与房地产

西部少数民族贫困地区农村信用社改革方向探究

——以广西河池、百色为例

2004 级经济学本科生　沙　曼

　　2003 年 6 月 27 日国务院下发了《深化农村信用社改革试点方案》，针对不同地区的具体情况，提出了不同方向的改革措施，具体如下：第一，经济发达城乡一体化程度较高，农村信用社资产规模较大且商业化经营的少数地区，可以组建股份制银行结构；第二，人口相对密集或粮棉商品基地县（区），可以以县为单位将农村信用社和县联社各为法人改为统一法人；第三，其他地区可以在完善合作制的基础上，继续实行乡镇农村信用社、县（市）联社各为法人的体制。这次改革明确规定由地方政府负责对农信社的管理（包括农信社的贷款投向和人事管理等），由国家监管机构依法实行监管，但在微观经营决策上由农村信用社自行约束、自担风险。

　　这次改革的最大特点是权力下放，即将农信社的微观管理权下放给地方政府，由地方政府根据各地区的不同情况针对性地进行改革。从全国范围来看，在短期内实现了农信社九年以来全行业第一次扭亏为盈。截至 2003 年底，8 个试点省市不约而同地选择了省联社模式作为第一选择。然而一项体制不可能在这么短的时间内立竿见影，同时农信社的扭亏为盈并不代表它的"非农化"倾向有所改变，所以这种农信社全系统的扭亏为盈属于短期的政策性刺激效应。实际上，这种政策上的刺激更加重了农信社"非农化"倾向，偏离了其支持"三农"主要目标。

笔者于 2006 年 7 月 23 日至 8 月 7 日，随中央民族大学"985 项目"创新组，在经济学院谢丽霜教授、中国科学院地理科学与资源研究所鲁奇研究员带领下赴广西河池、百色地区进行实地考察，与地方政府有关领导、银监局、农信社有关人员进行座谈，并随队下乡入户调查，对当地的农信社基本情况、与农民的关系有了真切的了解。按照中央的改革方案，地处西部偏远少数民族地区的河池和百色两市的农信社是不具备发展成为商业银行的经济实力的，当地农信社应该在完善合作制的基础上，继续把支农作为首要目标，并享受国家多项政策支持。通过实地调查我们了解到当地官员普遍认为农信社的改革方向是商业化，并把盈利放在第一位作为农信社发展的主要目标，在农信社治理结构改革的路径选择方面，地方有关领导和金融机构的有关领导多数认为，农信社应发展成为商业银行性质的金融组织。从当地的农信社业务发展上，也可以清楚地看出，商业化的痕迹已经渗透到农信社的基本业务上，这与中央的改革初衷已是大相径庭。本文将从实地考察结果中寻求西部少数民族地区农信社改革方向的定位，提出自己的观点和意见。

一、河池、百色地区农信社改革现状

河池市深化农村信用社改革试点工作启动以来，全市增资扩股工作取得实质性进展，促使农村信用社改革稳步推进。截至 2006 年 6 月上旬，全市农信社增资扩股 1.3035 亿元，完成增资扩股计划的 98%。目前，南丹、环江、河池、罗城、宜州、东兰等 6 个县（市）联社已全面完成增资扩股工作。据悉，完成增资扩股后，河池市农信社改革重点将转向清收不良贷款，2006 年下半年将全面铺开组建县（市）联社统一法人工作，最后为完善提高阶段，2007 年 6 月将全面完成农信社改革。

百色市政府在 2006 年上半年完成对农信社清产核资、增资扩股等改革阶段性任务后，及时把农信社改革工作重点转移到清收不良贷款上。政府大力宣传改革政策之后，该区某机关一干部主动一次性还清借款本息 3 万多元。隆林县到 2006 年 9 月 10 止，已有 30 多户机关干部职工主动归还欠款本息 20 多万元。由于该市各级政府措施得力，全辖区 12 个联社不良贷款余额在 2006 年 8 月份有 10 个联社实现下降。8 月底全辖区农信社不良贷款余额比年初下降 1794 万元，占比下降 6.99 个百分点。

1. 经营方向的非农化

从结构性质上来说，广西河池、百色地区的农信社还是名义上的合作性质金融组织，没有建立股份制银行或农村商业银行，该地区农信社改革初步建立了县级统一法人制度，法人机制最低设到信用分社。在实际经营中，农信社的商业化、盈利化非常明显，已经偏离了合作制经营的方向，农信社"非农化"倾向加重。

通过调查，可以看到由于商业化改革的导向作用，农信社的经营也更加强调贷款质量和回报，其经营的导向越来越明显。广西河池市农信社的"支农"贷款约有 70% 左右，其中多数用在地方政府支持的矿业开采和冶炼等重工业上，百色地区农信社的支农贷款也在 70%，但真正用在农业方面、农村经济活动方面的贷款量很少。

笔者认为，造成这种偏离的主要原因在于两个方面：一是农业本身的脆弱，农业活动的比较收益受到人为的压低，农信社实际上也没有足够的激励机制向农村生产生活等经济活动提供贷款；二是商业化的导向，使得农信社一味追随商业银行的经营理念，过分追求利润和高收益率，对于收益相对很低的农业活动当然不会积极地支持；三是政府的干预，使得农信社的经营方向转向政府支持的重点产业，如河池地区的水电业、有色金属开采业、化工业等，百色地区的有色金属开采等县级企业。

2. 机构撤并的逐利化

1996 年开始，广西河池、百色地区四大国有商业银行分支机构纷纷撤出县域，农村信用社几乎成为县一级的唯一金融机构（县级还有少数农业银行），农信社业务量增长速度很快，在农村金融市场上处于垄断地位。农信社在这段时间内进行了机构改革，成立了县级法人机构，统一在省联社的管理之下。在这次改革中，由于经营考虑，农信社也撤出了一些乡镇，造成这些地区没有金融机构的现象。

通过我们的调查，广西河池、百色地区农信社吸收农民的存款，约占农村各类存款的 60% 以上，基本垄断了整个农村金融市场，河池市共有 11 个县市，农信社共有 138 个，有个别乡没有网点；百色市共有 12 个县区，农信社 151 个，网点 210 个，其中我们调查的田阳县共有 14 个乡镇其中有 2 个乡没有农信社网点，该两个地区都地处经济落后的石山区。

百色市银监会的有关人员告诉我们，网点撤并的原因有三：一是业务量没有达到规定的盈亏底线（按行政区划分），二是乡镇行政区域撤并，信用社也随之变化；三是从网点安全的角度，偏远地区考虑到钱款流通安全。自2000年以来，百色市共撤并了15—20家网点，全部是业务量不够、盈利问题造成的撤并，且每次撤并都经过当地政府的同意。对于没有农信社网点的乡镇农民融资问题，有关人员给我们的解释是：他们可以到相邻地区的网点办理。

笔者认为，这一解释并不能说明，该地区农信社撤销网点这一举动是正确的。在一些偏远的山区或农村，农村信用社往往是延伸至此的唯一金融机构，是居民手头闲钱的唯一的存放地，也是可以贷到钱的唯一机构，对当地农民扩大再生产、摆脱贫困有重要意义。但是从商业的角度来说，一个网点的存在，就要涉及到建设费、管理费、人员的工资、维持一个机构运转的费用。而这些网点平时接触的只是金额很小的存贷款，利润很薄，大部分情况下是亏损经营。在没有国家补贴的情况下商业银行只能选择退出此网点。当地经济失去金融的支撑，只能靠上级财政的救济勉强存在。农业银行在农村的网点已经开始大规模收缩，如果农村信用社再不承担起这个责任，农民的生产生活将不可避免地陷入困境。

3. 资金流向的商业化

（1）自身逐利的资金投放

河池、百色地区农信社的资金投放，贷款发放主要集中在城镇的中小型企业，涉及的行业多为水电行业、冶炼业、开采业、化工业等，这些企业的收益普遍比较稳定。真正对于农业的贷款，约占总贷款的30%，主要集中在经济作物种植业和养殖业，河池地区主要集中在种桑养蚕、甘蔗种植等产业，百色地区主要集中在特色蔬果等产业。以小额信贷为例，农信社在贷款投向上比较单一，主要集中在种植业和养殖业；贷款客户群体选择上出现"扶富不扶贫"和贷款集中于大户现象，收益性高的经济农业比较容易取得贷款，如甘蔗产业；没有建立一种农村信用社向农户提供中长期贷款的机制，贷款普遍较短，95%以上的贷款期限为1年，超过1年的较少。

当地农信社的贷款发放原则主要是收益最大化，利润导向非常明显。其中有位银行系统的工作人员直接告诉我们，发放贷款就是为了追求利润最大化，"三农"也要支持，但收益是第一位的。可见，地方农信社在处理支持"三农"和自身盈利上，没有去寻找最佳切合点，而只是强调了自身的收益，这一经营原则与商业银行没有任何区别。

（2）政府干预资金的投放

河池、百色地区农信社的官办性质依然存在，政府的行政干预非常普遍，政府在农信社改革中已不仅仅是管理者，甚至是经营者，可以说是"集运动员和裁判员于一体"，这体现在三个方面：（1）社员没有退社自由；（2）信用社管理人员基本都是上级地方政府任命的；（3）农信社的组成基本上也是行政命令强制形成的。政府的很多机关和工作人员是信用社贷款的主要客户，信用社资金的投放很多时候受控于政府支持的方向，政府重点扶持的企业、行业很容易取得贷款，而真正需要贷款的农民却并不容易取得贷款支持。从而很难履行农信社为农业农民服务的宗旨，使大量本应投向"三农"的资金，流向了其他领域，而且行政干预下的贷款往往成为呆账、坏账，大大恶化了农信社的资产质量。

管理权下放是这次农信社改革方案最大的特点，政府成为了这次农信社改革的主角，但管理权不等于经营权，更不等于横加干涉。

二、河池、百色地区农信社改革方向

针对河池、百色地区属于少数民族贫困地区，经济比较落后，金融体系很不完善，县级以下基本只有农信社一家金融机构，农民融资渠道单一，农民资金需求量比较固定，资金用途比较单一等具体情况。笔者认为，该地区农信社改革的方向不应该一味强调商业化，更不应该走商业化银行的道路，这是由河池、百色地区的经济情况决定的，原因如下：

1. **河池、百色地区的农信社规模较小不适合转变为商业银行**

国家 2003 年对于农信社的改革方案指出，"经济发达城乡一体化程度较高，农村信用社资产规模较大且商业化经营的少数地区，可以组建股份制银行结构"，显然河池和百色地区的县级农信社不具备这样的实力，从存贷款额度上我们可以看出，该地区农信社规模很小，没有必要成立新的商业银行，也没有这个实力和其他四大国有商业银行竞争；农信社的市场在农村，农信社"非农化"只能是走进死胡同，没有发展前景；农信社资产质量问题很严重，不良资产率很高，平均超过全国平均水平。

对于农信社这样的合作经济组织必须充分利用其自身的机制来控制规模，一旦规模过大交易成本必然大幅上升，而对于规模较小的农信社，如果强行走商业化的道路，必然导致交易成本大幅上升，结果改变了原来的成本收益比，得不偿失。

2. 河池、百色地区农信社现有体制不适合走商业化的道路

河池、百色地区的农信社还只有基层体系，按地域划分网点，没有多层次机构体系。各个社各自为政，相互间信息沟通和往来很少。由于现实是地方政府对地方经济包括金融体系干预很强，所以形成一个跨地区的三级体系很困难。

这里需要特别说明的是，有些学者主张建立全国联网的农村合作社体系，认为信用社不发展全国性网络，在同业竞争中会处于劣势，不能不断发展壮大。我不赞成这个观点。农村信用社改革必须立足区域差异，才可能找到正确的发展方向。中国金融改革，尤其农村金融改革，目前急需的不是大型全国性的商业银行，而是真正立足区域优势，真正面对农村需要的区域性金融组织。大型商业银行和立足区域特点的区域性金融组织是并生互补的。实践早已证明，立足区域特点，制定差异性发展规划，非常符合农村金融的实际要求。背离这个方向，求大求全，贪功冒进，只能使信用社丧失特色，重蹈农行的覆辙。

3. 支持"三农"的基本定位决定了不能走商业化的道路

农信社立足点应该是支持"三农"，农村市场才是农信社的基本定位，而河池、百色地区的农信社普遍出现了"非农化"的倾向，农信社从经营方向、资金投向到机构撤并都显现了其脱离农村脱离农业的转变。这一现象不是个案，许多针对农信社的案例研究也表明，无论经济发达地区和高度城市化地区，还是在广大中西部以及部分东部农业大省，农信社都表现出"非农化"甚至是"城市化"的特征。

笔者认为河池、百色地区农信社的这种转变，并不适合其本地的具体情况，原因如下：①河池、百色地区多数以农业为主，农民的基本生计来源于农业，农信社作为县级以下的垄断金融机构，脱离农村和农民的经济活动无疑就失去了主要市场；②河池、百色地区经济落后，国家级贫困县的比例很高，农信社的商业化非农化，无疑使得这些地区的农民更难贷款，加重了农民本身的筹资压力，不利于该地区经济的发展；③农信社因其支持"三农"的特殊政策而获得国家诸多政策和再贷款上的优惠，如果农信社脱离支持"三农"的定位，那么这些优惠将不复存在，农信社在市场上与四大国有商业银行竞争将没有任何优势。

三、关于西部少数民族地区农信社改革的建议

面临这种现实困境,河池、百色地区农村信用社未来的制度选择有四个:一是继续维持现状,即名义上为合作制金融,实际上是不正规的类似商业银行的运作;二是按照合作制对其进行规范,使之成为真正的合作金融机构;三是像很多人主张的那样放弃合作制,逐渐改革为商业银行,走商业化运营的模式;四是建立其他的制度。显然,第一项选择过于消极,它只能使农村信用社的经营状况进一步恶化,最终危及农村经济的发展。那么,在第二项和第三项选择中,究竟是选择前者(合作制),还是选择后者(新的制度安排),新的制度安排又是什么?我认为,这就要取决于各农村信用社所处的经济、金融环境,取决于其自身现行经营管理状况和制度结构。

通过在广西的调研,我感到我们的担心并不是杞人忧天。在广西调研时与当地农村信用社的领导交流,我们感到他们对自己的定位并不明确。很多当地的金融业人员认为,农信社的改革方向就应该向商业银行看齐,以盈利为首要目的,完全商业化,农信社在一些贷款很少的村镇撤销网点,是非常合理的。对此我们深感忧虑。

笔者认为,将农村信用社全部转变为完全的商业银行有欠妥当。当然各地可以根据自己的实际情况灵活处理,在农村金融比较发达的江苏、浙江等地区,可以考虑把农村信用社划入城市商业银行的体系,成为城市商业银行在农村的分支。但我认为对于中国广大的不发达的农村地区,尤其是西部地区和民族地区,信用社转变为商业银行后会大大削弱支农的作用,这是很不符合我国现实的。

那么农村信用社应该何去何从呢?笔者在这里提出一条建议:改革农信社治理结构,建立一整套科学合理的运营管理制度,同时采取政策性存贷款,最大限度地支持农村建设。也就是说,在管理上类似商业银行,在资金投放上类似政策性银行,是一个比较类似政策性银行的金融机构。

1. 采取措施,完善结构

深化完善农村信用社法人治理体制改革。建立县一级法人管理体制,有利于减少管理层次和内耗、降低成本;也可以鼓励信用社联合、兼并、调整、重组,在平等、自愿的基础上,成立集团化的联合金融组织,优势互补。

强化约束机制。加强自律经营，强化内部规章制度和工作规范。全面推行理事长、主任、监事长"三长"分设制。在条件成熟的信用社可以考虑采取股份制等多种形式。

2. 关于改革后农村信用社和农业发展银行的关系

如果采取这样的改革，是否会与农业发展银行的职能、作用、覆盖面积等有重复的地方呢？笔者认为它们之间还是有一些不同的。主要有以下几个方面的不同：

投资规模不同。农业发展银行的贷款业务金额一般比较大，它主要涉及粮棉等收购资金的融资，大规模农业基础设施建设，农业基本水利建设，大中型农村企业的融资以及扶贫、环境保护等，在农村属于"大手笔"的项目，对于个人和小组织的贷款基本不涉及。而农村信用社主要从事的是资金较小的存贷款业务，农户贷款占农村信用社贷款总额的70%左右，其余的主要是中小型企业的贷款。因此双方互为补充，在服务对象上没有相冲突的地方。

业务种类不同。农业发展银行目前业务还比较单一，如上文所提到的，主要是提供政策性短期融资。农村信用社的业务由于贴近农民的生活，所以比较容易满足农民不同的需求。有针对农民扩大再生产的贷款、消费贷款、中小企业贷款等。从业务角度来说两者没有重复的地方。

机构建设程度不同。农业发展银行由于负担的是一个地区比较大的农业支持项目，相对来说数量比较少，与普通群众的生活离得比较远，因此机构设立比较简捷，一般基层机构最多设立到县一级。而农村信用社分支详细，延伸到农村的最基层，与群众生活联系非常紧密，网点建设相对齐全。如果将农村信用社改造为具有政策性性质的金融机构，将可以在政策性银行无力顾及的基层大有作为，在零散需求和小额贷款等方面更加凸现优势，是对政策性银行的有力补充。

3. 农村信用社体制改革必须解决好几个问题

沉重的历史包袱是农村信用社体制改革难以逾越的障碍。无论是办成真正的合作银行，还是组建农村商业银行，还是转变为政策性银行，最大问题就是沉重的历史包袱。以洛阳辖区农村信用社资产负债合并报表为例，到2001年底，全辖区金融资产总额789522万元，负债总额819233万元，所有者权益 -29712万元。如果严格按照金融资产的风险权重核算净资产，全辖区农村信用社的净资产大约是 -310000万元，面对如此状况，如果不对农村信用社卸包袱，任何改革都将成为一纸空谈。我们认为，对农村信用社的沉重包袱，可参照国家对国有商业银行剥离不良资产的方法，由人民银行出资，地方政府举债入股农村信用社，同时成立农村信用社不良资产管理机构，专门清收农村信用社不良资产，或由中央财政和地方财政按比例一次性给予补偿，使农村信用社轻装上阵进行改革。

低素质且又有大量的冗员，是农村信用社改革道路上的又一障碍。尽管农村信用社已有着和共和国近乎同龄的漫长岁月，但农村信用社人员的整体素质并没有随着时间的推移而日渐提高。这种起点的落伍性导致农村信用社人员素质从根本上不能和其他金融机构站在同一起跑线上。同样道理，无论农村信用社向哪条改革道路上前进，解决低素质及冗员问题是刻不容缓的。

此外，还要有相应的政策配合。首先，要运用政策及经济手段，对农村信用社实行包括减免贷款税赋、提高转存款利率、减免结算手续费等一系列优惠政策；其次，要加快解决农村信用社系统资金结算渠道问题。

关于呼伦贝尔市牧区金融服务的调查与思考

2005 级区域经济研究生　高松梅　金丹

呼伦贝尔市位于内蒙古自治区东北部，地处高寒地区，东部以嫩江为界，与黑龙江省为邻，南部与兴安盟接壤；西部、西南部与蒙古国交界；北部、西北部以额尔古纳河为界与俄罗斯相望，辖内自然灾害频繁，生态环境脆弱。2005 年底，呼伦贝尔市总人口 270.2 万，其中农牧人口 93.16 万，城镇化率达到 65.52%。呼伦贝尔市辖 1 个市辖区、4 个旗、3 个自治旗，代管 5 个县级市。畜牧业经济是呼伦贝尔市社会经济中的重要组成部分，有牧业四旗之称的分别是鄂温克族自治旗、新巴尔虎左旗、新巴尔虎右旗和陈巴尔虎旗。由于金融是经济的核心，牧区经济当然也少不了金融的支持，牧业经济少了资金的供给，"三牧问题"就无法得到有效的解决。为了能够全面地反映呼伦贝尔牧区金融的实际情况，笔者对其中的三个牧业旗进行了实地调研。通过对这三个牧业旗的金融情况的调查，以期反映出整个呼伦贝尔市牧区金融的基本情况。

一、呼伦贝尔市牧区金融基本情况

通过对三个旗的调查显示，由于各旗的情况不同，经济基础各异，其金融的发展情况也不尽相同。鄂温克族自治旗属于纯牧业旗县，土地总面积 2.96 万平方公里，现有商业银行 5 家（即建行 3 家、工行 1 家、农行 1 家）、政策性银行 1 家（农业发展银行），邮政储蓄 2 家，信用联社 1 家；新巴尔虎左旗是呼伦贝尔市所辖的一个边远纯牧业旗县，土地面积 2.2 万平方公里，分布着大小 8 个金融机构，即农业银行新左旗支行、1 家信用联社和 2 个基层信用社、2 个邮政储蓄、2 家保险公司。新巴尔虎右旗土地总面积 2.5194 万平方公里，现有农行 1 家，下属 1 家储蓄行、农村信用联社 1 家，信用社 2 家、邮政储蓄 1 家。可见，呼伦贝尔牧区属于典型的中介体主导的金融体系，牧区金融功能的发挥主要依靠银行以及信用合作机构。

2005 年末，呼伦贝尔金融机构的存款余额 853715 万元，比上年末增长 23.4%，各项贷款余额 359882 万元，比上年增长 15.4%。就牧业旗的情况来看，鄂温克族自治旗全年各项存款余额为 30929 万元，贷款余额为 27151 万元；新巴尔虎左旗各项存款余额为 14233 万元；贷款余额为 6312 万元；新巴尔虎右旗各项存款余额为 25876 万元；贷款余额为 6805 万元。可以看到，虽然三个牧业旗县的存贷款总额只占呼伦贝尔总额的很少一部分，但并不代表牧区没有对金融服务的要求，正是这样的边牧地区是极容易出现问题的地区，而这些地区的问题也往往是最容易被忽略的。

二、呼伦贝尔市牧区金融的供给情况

1. 正规金融支牧①与存在的问题

呼伦贝尔市牧区的正规金融供给者主要是农村信用社、中国农业银行、中国农业发展银行和邮政储蓄。中国农业银行是四大银行中分支机构数量最多的一个银行，1994 年农业发展银行建立之前，中国农业银行的业务兼具商业性和营利性，此后一部分政策性贷款业务例如主要农副产品收购贷款、扶贫贷款等政策性贷款被划转到中国农业发展银行。1997 年以来，农业银行进行商业化改革，市场定位和经营策略都发生了重大变化，企业化行为日益突出，而农业、畜牧业作为弱势产业是以盈利性为主要目标的商业银行不愿涉足的，目前中国农业银行也在大规模收缩经营网点，压缩基层经营机构。据统计，目前农业贷款仅占农业银行各项贷款余额的 10%。中国农业发展银行是 1994 年成立的一家政策性银行，是农村金融体制改革中为实现农村政策性金融与商业性金融相分离的重大措施。农发行的业务并不直接涉及农业农户，它的主要任务是承担国家规定的政策性金融业务并代理财政性支农资金的拨付，目前自身专营的农副产品收购资金贷款也呈萎缩趋势，业务空间日益狭小。邮政储蓄虽然为农牧户提供了储蓄以及相关服务，但是由于其"只存不贷"和"资金上存"的体制，对农村资金供给实际上是并没有正效应的。2005 年 9 月《国务院邮政改革方案》明确提出邮政储蓄的"一分开、二改革、四项措施"方案，在做了试点研究之后，邮政储蓄改革已经拉开序幕，但是其对于原有农村金融的格局影响由于时滞的存在还有待

---

① 关于正规金融与非正规金融的界定，沿用亚当斯和费奇特的界定方法，把受到中央货币当局或金融市场当局监管的那部分金融组织或活动称为正式金融组织或活动，除此之外的金融交易、贷款、存款等称为非正规金融组织或活动。

显现，在此我们姑且不论。农村信用社是正规金融机构中唯一一个与农业农户有直接业务往来的金融机构，市场竞争的结果一方面使农村信用社在农村金融市场上显得"形单影只"，另一方面也造就了其在农村金融服务中主力军的地位，是农村正规金融中向农村内核农业经济提供金融服务的核心力量。

呼伦贝尔牧区在金融发展的过程中出现的问题有些是与其他地区相似的，有些又是自己特有的，综合起来主要表现在以下几个方面：

（1）金融机构缺位，金融盲区凸显

据调查，目前呼伦贝尔市的鄂温克族自治旗、陈巴尔虎旗、新巴尔虎左旗和新巴尔虎右旗4个牧业旗金融机构的数量由1997年的108个减少到2005年末的52个，70%的苏木（乡镇）成为金融服务的空白区，74%的牧民得不到金融服务。阿日哈沙特口岸所在地新巴尔虎右旗只有一家办事处级农业银行分支机构，一家农村信用社和一家邮政储蓄，9个基层苏木全部成为金融服务空白区，企业贷款满足率不到5%①。鄂温克族自治旗共有7个乡镇级地区，自1998年农村信用社撤并之后，农业银行由于基层营业所亏损严重，也于2000年前后相继撤销，基层牧区大面积出现金融空白区。造成在自然灾害严重的年份和季节，牧民因无钱购买饲草料，牲畜大面积的死亡，牧区长期得不到资金投入，牧区牧民生产经营无法得到资金支持，一度使牧区经济陷入困境。金融机构撤并、服务面减少，这些地区的牧业生产、基础设施建设等重点问题得不到金融服务和及时支持，使得原本经济脆弱的基层牧区更是雪上加霜，尤其是红花尔基人口较多，工商业相对发达，如今形成金融空白区，对当地居民及经济的发展影响较大。新左旗所辖8个苏木镇，现存的8个金融机构分布在阿镇和嵯岗镇及苏木，全旗金融区仅占全旗总面积的16.7%，全旗4.2万人口中有近2.3万人得不到直接的金融服务。据测算，全旗金融机构平均业务覆盖范围近3000平方公里，金融机构人均服务人数5000人左右。

（2）信贷供需矛盾仍然存在，资金外流严重

现行高度集中的信贷管理模式不利于金融机构支持地方经济的发展。县域各金融机构一方面将撤并农村机构网点作为防范和化解风险的重要手段，

---

① 人民银行呼伦贝尔市中心支行课题组：《中蒙边境贸易发展中的金融服务问题及对策》，《中国金融》2006年第16期。

另一方面又大幅度上收信贷权限。目前国有商业银行普遍实行集权式的信贷管理模式，纷纷"收拢五指"，信贷决策权在省分行和地市行，县支行的信贷权基本被剥夺。由于基层银行只有申报推荐权，却要承受组织资金平衡、收贷收息的责任，在经济环境欠佳、信贷风险加剧的情况下，基层行无心扩大信贷投入，但为了完成上级行的存款任务，便通过各种途径，大量组织吸收当地的存款上存上级行，造成当地有限的资金被抽走。同时，国有商业银行把大中型企业以及大中型企业密布的大中城市作为主要支持对象，将下一级的资金层层向上集中，不断从基层支行抽取资金回灌大中城市，而大大忽略了县域和民族地区经济发展对信贷资金的需求，当地经济得不到有效支持，尤其是对一些能盘活的中小企业和民营企业，在增加新的贷款时，由于银行怕担风险，信贷资金也不敢大胆投入，使得中小企业得不到正常的发展。截止2006年6月末鄂温克族自治旗全旗16亿存款，地区只有4亿，其他的资金基本外流，尤其是邮政储蓄吸收的2.89亿储蓄存款全部上存，本来自治旗资金匮乏，有限的资金全部被移走，使地区经济得不到发展与支持，造成信贷供需不平衡。①

（3）农村信用社对于支农再贷款的使用"喜忧参半"

目前唯有农村信用社承担着促进牧区经济发展的历史重任，而农村信用社对农牧业的资金供给主要来自央行的支农再贷款，以农户联保贷款、农户小额信用贷款的形式发放。央行支农再贷款作为一种应时政策实施以来，对缓解农村资金供求矛盾确实发挥了积极的作用，有力支持了畜牧业产业结构的调整，促进了农业提质增效和农民增收，增强了农牧区抵御自然灾害的能力，为农牧业生产注入了生机与活力，也给农村信用社带来了较多的利差收入，在一定程度上改善了农信社的经营状况。新右旗人民银行自2000年以来，累计发放贷款6400万元，截止2006年2季度末累计发放农户贷款1660万元，共1002笔，支农再贷款投放主要以苏木为单位，嘎查领导负责本嘎查牧户，贷款发放遍布9个苏木，36个嘎查。新左旗信用联社2005年实现利润18万元，结束了以往亏损的历史，经营状况有了明显的改善。值得一提的是新左旗信用联社员工深入牧民家中办理和开展贷款业务，及时掌握牧民生产、生活状况，受到了牧民的欢迎。

但是也应该看到，央行的支农再贷款政策是一种带有专项性、为解决结

---

① 座谈会打印资料。

构性问题而实施的总量政策，在产生预期效应的同时也存在着诸多操作尴尬和缺陷，主要表现在：

①支农再贷款所规定的投向、用途偏窄，难以满足农牧业产业化的贷款需求

现行《支农再贷款管理办法》规定的投向是用于借款人发放农户贷款，贷款对象仅限于农牧民。但近年来，随着农村、牧区产业化、集约化进程的加快，单纯的种植业、养殖业农户减少，从事个体加工、运输的农牧户增多，呈现出自然人向法人转化的现象。同时在传统农牧业向产业化转变的过程中，农畜产品储运、加工必须依靠加工企业及中介组织完成，而加工企业和中介组织是以公司形式成立，如按现行《管理办法》中的规定，尽管投向用途符合规定，而按发放对象则不属于支农再贷款范围。这样支农再贷款只能停留在支持农牧民靠天养畜的简单再生产上，不利于支持整个产业化和集约化进程。此外，牧区扩大再生产所需基础设施贷款、购买基础牲畜贷款额度大、时间长，比如：购100头基础母羊，所需资金一般在3—4万元；购10头改良基础母牛，所需资金一般在8—10万元，而支农再贷款多以小额信用贷款和牧户联保贷款的形式发放，小额信用贷款最高额度一般控制在3000元以内，远远不能满足牧民的贷款使用需求。

②支农再贷款期限规定与牧业生产周期不协调

再贷款这一货币政策是在大农业的框架下制定实施的，因此，在牧业套用这一货币政策难免有其不适应性。农村信用社发放支农再贷款一般在1—3月份，期限一般不超越次年，多数定在当年的11月底和12月底收回，可是，牧区的情况不同于农区，牧区的贷款使用有随意性，一般是在第一季度接羔保育、第三季度打储草，同时对扩大再生产所需人工饲草种植、草场改良、棚圈建设、网围栏等基础设施贷款、购买基础牲畜等都是不确定的，因此，支农再贷款如果完全按照年初发放年尾收的规律实施，与牧区的生产规律脱节，这样就造成牧民当年购买的基础牲畜在未能产生效益的基础上就要归还贷款。而牧民为了能按期偿还贷款，维持其信誉，不得不出卖基础牲畜才能获得资金还贷，否则，牧民就要借高利贷还款，这种恶性循环会严重制约牧民基础产业的巩固。同时，由于支农再贷款到期收回的刚性，导致信用社只能用自有资金归还支农再贷款，给信用社信贷资金的周转使用带来了困难。

③农村信用社对支农再贷款的依赖性增强，低门槛易产生道德风险

央行给予农信社支农再贷款支持及一定的利差，初衷是缓解"三农"资金需求紧张的问题，同时也是对农信社长期履行政策性金融义务给予相应的政策补偿。但是这使一些基层社把支农再贷款作为资金来源的主要渠道，放松了存款组织的积极性，加上人民银行再贷款的政策倾斜，较为宽松的外部环境容易引发信用社的体制惰性，放松资金揽存和盘活不良贷款的积极性，增加了对人民银行资金的依赖程度。在调查中我们了解到一些基层信用社在申请再贷款时，对支农再贷款的认识有偏差，往往忽视其自身承受能力，随意增加贷款申请数额，盲目要求增加支农再贷款。一旦支农再贷款到期后，农村信用社头寸紧张解决不了兑付，就会对人民银行的资金投放形成"倒逼"。另外，由于农村信用社获取支农再贷款的门槛和条件相对较低，农信社可能将支农再贷款用于置换自有资金发放的农业贷款，把转换、置换出的资金用于非农行业。从监管的角度考虑，也往往存在着识别困难以及法律支持障碍等因素，从而导致支农再贷款的定向用途未能被有效监控，利用支农贷款套利和个人"寻租"的问题时有发生，出现了支农再贷款经常被挪用的情况，部分农村信用社将奶牛贷款没有直接发放到农牧民养殖户，而是贷给了政府有关部门，虽然投向合理，但贷款对象不对，操作不规范。这种情况无疑有悖于支农再贷款的政策初衷，为支农再贷款管理运用埋下了隐患，也使支农再贷款的偿还风险不断堆积。

2. 非正规金融活跃

由于正规金融支牧严重不足，民间融资已经成为呼伦贝尔农牧户获取资金来源的一个重要渠道。

（1）呼伦贝尔市民间融资的特点

与正规金融相比，呼伦贝尔的民间融资则有越演越烈的势头，就呼伦贝尔市整体的情况看，据测算，2004年呼伦贝尔市民间融资总规模约为19亿元左右，比2003年增加9亿元，增幅为90%，占全市贷款余额的11.02%。同时，民间融资的单笔交易金额也由几百元、几千元跃至几万元、几十万元，民间融资规模在快速地增长。而且，民间融资遍布城乡，辖内各旗市民间融资规模不一，已经覆盖了大多数的乡镇、苏木。据测算，旗市及以下农牧区民间融资规模占全市民间融资总量的73%。就我们调研的旗县的情况看，牧区以新巴尔虎左旗最为活跃。此外，融资资金的用途由偏重生活消费和临时性的资金急需转向生产、经营、投资为主，主要用于解决企业、个体工商户、农牧业户等生产经营资金不足。生产性融资占民间融资的比重较大，而用于生活消费的民间借贷已经很少。据调查，1年期内的短期融资占比59%，多数交易并不完全依照约定严格执行，借贷双方对融资期限通常以协商为主，借款方延长借款期限或提前偿还本息的情况时有发生。

呼伦贝尔民间融资利率主要以金融机构贷款利率，特别是农村信用社贷款利率为参照，依据借款人的实力、信用状况和借款期限长短以及与贷款人关系亲近程度而定。主要分为三类：一是互助性的无息或低息借款。这类借款主要在亲戚、朋友之间进行，多为临时性、小额度、救急型融资，此类融资约占民间融资的20%，融资金额一般较小，利率低于同档次银行贷款利率，有的甚至不收利息。二是高利贷。这是民间融资的基本形式，主要用于个体工商户、中小企业的生产周转资金需要，此类融资约占民间融资的60%，融资金额一般较大，利率高于同档次银行贷款利率，年利率一般在18%左右，最高可达60%。三是中小企业以集资等形式的民间融资。这些企业信用较高，多为向内部职工或关系人融资，年利率一般在10%左右，与同档次银行（农村信用社）贷款利率基本相当或略低，这类融资约占民间融资的20%。另外，受人民银行两次放宽农村信用社贷款利率浮动区间以及调高基准利率影响，民间融资利率水平有走高趋势，但升幅不大。

过去多数民间融资仅凭口头承诺、或经中间人、或纸条借据即可成交，如今民间融资不仅需要正式签约立据，将融资金额、期限、利率及违约责任等都作为合同内容详细标明，而且数额较大的融资还要以草原使用证、房产证、土地使用证等做抵押。

（2）民间融资形成原因

金融机构支持地方经济发展功能的弱化为民间融资提供了广阔的生存空间。近年来，受经营战略、信贷政策改变等诸多因素影响，呼伦贝尔市牧区正规金融机构支持地方经济发展功能逐步弱化，从前面分析可以看到，正规金融支农支牧弱化主要表现在：一是大规模辙并县及县以下机构，造成的金融空白区为民间融资提供了现实的空间。二是严格的信贷管理体制减弱了基层行信贷发放的积极性，为民间融资的扩张开辟了出路。三是严重的资金外流，而地方又资金紧缺则成为民间融资迅速发展的助推器。在目前国有商业银行信贷结构相对单一的情况下，为了获利，各国有商业银行又将吸纳的资金以资金上存、系统内上存等方式大量回流城市。另外，农村信用社受资金短缺的影响，目前仍以解决农牧民的小额资金需求为主，难以满足因地方经济发展而衍生的农牧业产业化生产、中小企业经营等资金需求。因此，巨大的资金需求转向民间融资市场。

民间闲置资金增多，投资渠道少，为民间融资提供了充足的资金来源。近年来，随着经济的迅猛发展，呼伦贝尔市城乡居民收入快速增长。2005年呼伦贝尔市城镇居民人均可支配收入为8228元、农牧民人均纯收入为3202元，分别比上年增长15.1%，19.4%，使得居民和农牧民手中闲置资金越来越多。而银行存款利率连续下调，加之开征20%利息所得税，又使得居民储蓄存款意愿下降，渴望把闲置的资金转向获利更高的投资项目。由于受国债、股票、基金等投资条件所限，部分居民便将获利较快且较丰厚、又能逃避工商税务等部门监督的民间融资作为投资首选，这就为民间融资提供了较为充足的资金来源。

民间融资所具有的手续简便、快捷、效率高的先天优势是民间融资形成的重要条件。民间融资一般发生在亲戚、朋友、熟人之间，对资金的用途、还款来源以及借款人的道德品行十分了解。因此，只要借款方提出要求，贷款方同意后，一般只需一两天，甚至当时就可以办妥所有手续，取得资金。而在金融机构办理一笔贷款，从提出贷款申请到考察、上报、批复，少则一两周，多则几个月，同时还需要借款方提供相关资料，办理抵押、评估、登记等手续。民间融资优势在于手续简便、效率高，符合中小企业、农牧户的用款特点。相比之下，民间融资是一种更为有效的融资方式，对融资双方都有较强的吸引力。据中国人民银行呼和浩特中心支行在固阳县等地的调查，自2004年初信用社贷款利率的浮动区间扩大以来，农民从信用社贷款的成本已逼近民间信贷利率。据调查，农村信用社为提高利润空间，利率上升幅度往往就高不就低，农村信用社目前普遍执行利率上浮50%至100%的政策。同时，信用社还普遍在贷款金额中扣取3%至10%的股金。如此一来，以贷款期10个月计算，月利率最高超过18‰，平均利率也在13‰左右，农户贷款成本大大提高。但与此同时，民间借贷的利率却有所下降，由往年的月利20‰至30‰下降到15‰至20‰，与从农村信用社的贷款成本基本持平，但手续却简单、快捷，供款也非常及时，为农牧民所接受。

（3）民间融资的利弊分析

民间融资在一定程度上优化了金融资源的配置，提高了资金的使用效率。民间融资具备的信息优势可以使贷款方在本村、本乡范围内深入地对投资项目的风险程度、未来发展前景和借款方的信用状况等进行综合分析，并在较短的时间内选择一个风险与收益相匹配的项目给予资金支持，这样就可以最大限度地提高资金的使用效益。在无法取得金融机构信贷支持或所需资金不能全部得到满足的情况下，一些有发展潜力和较好市场预期的中小企业，纷纷通过民间融资方式获取资金。同时，民间融资对满足农牧民生产生活资金需求、促进农牧区经济发展也起到了一定的积极作用。此外，民间融资利率因地而异、因人而异、随行就市。利率作为资金的使用价格，能够反映资金的机会成本和稀缺程度。而民间融资利率的特点恰恰体现了利率这一本质特征。其特点是：经济相对发达地区利率水平较低，欠发达地区利率水平相对较高；用于生产经管的利率水平较低，用于生活消费的利率水平较高；信用度较高的借款方利率水平较低，信用度较低的借款方利率水平较高；融资期限短的利率水平较高，融资期限长的利率水平较低。可以看出，民间融资利率能够比较真实地反映一定时间、空间范围内资金的成本和稀缺程度，能起到目前金融机构利率调节无法达到的效果。这对于深入推进利率市场化进程具有积极的参考作用。

与此同时，民间融资也带来了比较严重的负面影响。首先，容易引发道德风险和逆向选择。民间融资交易方式相对简单，融资行为法律约束力差，容易发生借贷风险，突出表现为：一是民间融资一般不需要抵押、保证，仅仅依靠借款人自身的信用。据调查，信用借款占民间融资的90%。但个人信用只是一个软约束指标，当借款方预计其违约收益远远高于其社会信用丧失的成本时，道德风险便会产生。二是民间融资利率过高，超出了企业或者农牧民的承受能力。据调查，民间融资最高利率已达到60%。过高的利率加重了借款方负担，容易导致借款方逆向选择，产生风险。其次，影响正常的金融秩序。民间融资缺乏国家宏观产业指导和严格的金融监管，如果无约束地扩张和盲目抬高利率，极易演变为乱集资，影响正常的金融秩序。同时，由于民间融资利率较高，在金融机构也有贷款的民间融资贷款户，当其有收入来源首先用于归还民间融资，而对金融机构贷款则采取能拖就拖、能欠就欠、能逃就逃，致使金融机构的不良贷款增加，资金沉淀，经营困难。最后，影响金融宏观调控。民间融资活动在高利率的吸引下，容易诱发大量资金以现金形式流出银行体系，加大现金"体外循环"，造成金融信号失真，干扰中央银行对社会信用总量的监测，影响其对宏观及区域经济金融运行状态的准确判断，造成决策的偏差。同时，由于民间融资投向具有一定的盲目性、趋利性，其资金流向与国家经济政策、产业政策不一定相符，致使一些国家宏观调控政策难以落实。

三、呼伦贝尔市牧民的资金需求特点

虽然呼伦贝尔市城镇化率较高，但是，牧民作为牧区经济发展的主体和经济行为的决策者，其对资金的需求反映了金融市场化取向的最根本要求，是牧区金融发展的源泉和动力，因此，对于牧户金融需求的考察就不容忽视。然而，农牧户金融需求无论在制度上还是在理论研究上都没有得到足够的重视。一方面，金融部门对于牧户的金融需求认识不足，缺乏有效地满足牧户金融需求的机制和动力；另一方面，牧民的影响力低，牧民的需求没有得到足够的重视。但是，要解决牧区的金融服务问题就必须对牧民的资金需求有清楚的认识，根据我们的调查了解，根据笔者走访的牧户情况看（由于呼伦贝尔市地广人稀，苏木、嘎查之间相距甚远，给调研带来了一定困难，由于选择的牧户均具有一定的代表性，在此只能根据调查的结果做大致的推断分析），牧区生产以及牧民的资金需求有其自身的特点和规律，概括起来有以下几个方面：

1. 畜牧业生产的周期规律

畜牧业生产的特点决定了其生产周期有其自身的规律，一般来说1、2、5、6、7、11、12月份为牧业生产的淡季，3、4、8、9、10月份为牧业生产的旺季。1、2月份为牧区冬休闲期，3、4月份为牧区给基础母畜增加给养及接羔保育期，5、6、7月份除正常放牧及部分牧民扩大基础设施建设外无大量生产经营活动，是牧区夏休闲期；8、9、10月是牧区最繁忙季节，此季节牧民要投入大量的人力物力打贮草，也是资金投入高峰期。11、12月是牲畜出栏期，也是资金回笼期。

2. 牧民的季节性资金需求规律

牧民一年支出较大的是购基础母畜、基础设施投入、子女上学、有病就医。牧区的资金季节需求旺季主要体现在1、2、3月（一季）和7、8、9月（二季）。因1、2月这个季节是春节消费高峰，3月是子女上学消费高峰，也是为基础畜补给营养的高峰，购草和饲料需投入一部分资金，有些饲料还要从外地购进，因此说，1、2、3月是牧区消费支出的高峰，也是资金短缺的季节。7、8、9月份是牧区打贮草旺季，7月为打贮草的准备阶段，也是牧区购打草设备、油料的需求季节。这个时期牧区资金需求量最大，8月打草9月贮草。这个时期是资金消耗旺季。因此说，7、8、9月是牧区贷

款需求集中期，属牧区共性规律。5、6月是牧区固定资产投资需求期，此季节，部分牧民要为建网围栏、建棚圈、草场改良及扩建住宅作准备，因此需筹备基础建设资金，但不具有普遍性。9、10、11、12月中只有9月份子女上学需上学消费外，9、10、11、12月是牧区大量牲畜出栏季节，也是资金回笼大而需求小的时期。

3. 牧民资金占用及期限规律

牧区1、2、3月份所需主要是消费贷款，7、8、9月份所需主要是打贮草生产费用贷款及草场改良（种人工草）贷款，而且涉及面大范围广，额度小，占用时间短。发放一年以内流动资金贷款即可解决。但如牧民需扩大再生产，购买基础母畜，搞基础设施建设，占用资金周期长、额度大。如：（1）购买基础羊占用资金周期一般在1.5—2年。因当年购基础母羊，次年4月接羔9月以后出栏，方可归还贷款；（2）购买基础母牛，占用资金周期一般在2.5—3年。因当年购买基础母牛，次年产犊，待该牛犊2岁以后出栏，方可归还贷款。（3）基础设施建设，周期一般最低也在二年以上，因棚圈建设、网围栏建设、购买打贮草设备、草场改良配套基础设施建设等投资，资金周转慢，占用时间长，而且牧区资金回报率低，偿债能力弱，所以牧区基础设施建设周期最低也在二年以上。

四、优化牧区金融供给的现实选择

1. 农村信用社以改革填补盲区，创新支牧方式

农村信用社作为农牧区主要的金融服务机构，对支农支牧具有不可推卸的责任，必须继续深化农村信用社改革，充分发挥农村信用社支持"三农""三牧"发展的主力军的作用，以改革为契机，切实转换经营机制，增强服务功能，继续努力扩大牧户小额信用贷款和牧户联保贷款，以弥补金融盲区的缺陷。同时，适应农牧业、农牧经济结构调整的要求和牧民的实际需求，不断创新支农支牧服务方式，如简化贷款手续、开办大户基地担保抵押贷款等，积极探索权利方式抵押，进一步拓宽抵押担保方式等。

2. 增强支农再贷款的使用弹性，以适应牧民的资金需求

根据支农再贷款使用中存在的诸多问题，应该对央行支农再贷款政策进行相应的调整。首先，支农再贷款使用范围应适当放宽扩大。凡是贷款用到"三农""三牧"，满足农牧民的生产和生活需求的，允许信用社使用支农再

贷款，把目前仅为农牧户贷款延伸到与农牧业相关联的加工企业、中介组织、基础建设上。其次，根据畜牧业生产和牧民的资金需求灵活地发放贷款。1、2、3月是牧区消费支出的高峰，也是资金短缺的季节，在这时期应投放一定数量短期消费小额贷款。7、8、9月是牧区贷款需求集中期，属牧区共性规律。在此期间可以发放一些短期流动资金贷款，支持牧区生产经营活动。9、10、11、12月是牧区大量牲畜出栏季节，因资金回笼大需求小，此季节是牧区收贷最佳时期。再次，增强支农再贷款期限规定的灵活性，适当延长支农再贷款期限应根据牧业生产周期客观需要和农牧民的实际归还能力，针对不同的资金需求，制定相应的支农再贷款期限档次，或由目前最长1年期相应增加2年期档次，累计展期不超过四年。最后，信用社应进一步明确在使用再贷款上是自主经营、自担风险、自负盈亏、自我约束，对每个农牧户贷与不贷、贷多贷少、贷给谁、期限长短、在政策范围内的利率高低，完全是由信用社自主决定的。因此，信用社要把支农再贷款作为其支持农牧户贷款资金来源之一加以应用和管理，而不是经常性地调研统计用支农再贷款发放贷款造成了多少"风险"和"损失"，期待着国家或人民银行为这种"风险"和"损失"来买单。各级农村信用社、各有关部门应当清醒地认识到，支持"三农"是农村信用社的天职，坚决消除一些错误的认识，加强经营管理，防止各种道德风险的产生。

3. 建立牧区资金回流机制，壮大金融支牧实力

针对邮政储蓄"抽水"的情况，可以考虑建立邮政储蓄存款返还机制，反哺农牧区金融。可以探索邮政储蓄存款的回流渠道和回流方式，比如邮政储蓄存款全额存入中央银行，央行以支农再贷款的方式借给农村金融机构，然后邮政储蓄存款转存到农村信用社，农村信用社按一定的利差补贴给邮政部门，以弥补农村信用社资金不足。从法律上明确规定设在县域的金融机构要按其吸收存款的一定比例履行支农服务的职能。

（1）拓展农业发展银行的业务范围，强化其政策性金融的服务职能。农业、畜牧业作为弱势产业已经不再是商业银行眷顾的地域，因而更需要政策性金融的投入与支持。必须由政府采取有关政策来支持、引导和推动，适时发挥政策性金融的财政补偿机制，通过补偿性财政支出，引导社会资金流向农牧区。随着粮棉流通体制市场化改革的不断深化，目前农业发展银行的职能调整的条件已经成熟，农业发展银行作为我国唯一的一个政策性金融机构，可以考虑扩大农业发展银行的业务范围，在中央和地方财政给予一定风

险补偿的情况下，允许其开办农村综合开发和扶贫贷款等业务，进一步发挥政策性金融的作用，以后可将目前分散于各家金融机构的所有农业政策金融业务集于一身，真正承担起支农支牧的责任。

（2）积极引导民间融资，并纳入法制轨道进行规范

农牧区正规金融组织由于受到体制以及经营方面的种种限制，无论在资金供给还是在服务方式上，都无法满足农牧民生活中对资金多样化的需求，而多样化的资金需求需要建立一种复杂的多层次金融体系，而不是单一的正规金融的垄断供给。但是一种新的多层次的农村金融体系始终没有产生，而民间融资活动与正规金融机构之间一直存在着紧张的关系，两者似乎是难以兼容的。但是，应该认识到，农村金融服务的最终目的是满足农牧民对于资金的需求，如果有一种在一定程度上可能更有效率的满足方式，那么放弃岂不可惜？因此，政府部门对待经济发展中的民间融资要改变放任自流的做法，解除对于民间融资的歧视和压抑，做到正确引导，堵疏结合，使非正规金融与正规金融能在平等和公开的基础上形成有序竞争，只有这样才能有效扩大金融服务，满足农牧区多样化的融资需求。要大力搞好宣传工作，让群众了解民间融资活动必须严格遵守国家法律和行政法规的有关规定，遵循自愿互助、诚实信用的原则。对于互助性质的民间融资，应承认其在经济体系中的合理性，确立其合法地位。尽快研究出台《民间融资法》，将民间融资纳入法制化轨道，纳入金融监管范围，为规范民间融资构筑一个合法的活动平台。可在民间融资活跃地区设立相应管理机构或咨询机构，为借贷双方提供诸如《合同法》、《最高人民法院对民间借贷的司法解释》等法律服务和指导，减少因法律盲区而引发的融资纠纷。

参考文献

［1］中国人民银行：《金融发展与稳定》，中国金融出版社，2005 年。

［2］郭田勇、郭修瑞编：《开放经济下中国农村金融市场博弈研究》，经济科学出版社，2006 年。

［3］罗剑朝等编：《中国农地金融制度》，中国农业出版社，2005 年。

［4］陈苏鸣等：《农村金融抑制的消除与农村金融制度的重塑》，《中国金融》2005 年第 11 期。

［5］哈斯等：《民间融资对农牧区经济金融的影响》，《华北金融》2006 年第 1 期。

第七部分

旅游业发展

西南民族地区旅游发展比较研究

——川滇泸沽湖地区旅游发展差距及其对策[①]

西南民族大学经济学院　刘晓鹰　王亚清

作为川、滇的著名风景旅游区——泸沽湖旅游景区拥有高品位的自然旅游资源和人文旅游资源，具有极好的开发前景。同样的资源，在川、滇境内形成了两种不同风格的旅游产品。云南泸沽湖繁华喧嚣，商业气息重，这与摩梭人纯真、古朴的民风不相符合。而四川泸沽湖，其整个旅游地都保持着摩梭人的本色，原汁原味。这是四川泸沽湖的一大优势所在。

四川省泸沽湖旅游景区的发展受到各级政府、各界人士的关注。在进行开发建设中，泸沽湖旅游景区暴露出一些问题。而云南省方面，由于其合理的开发，对于泸沽湖景区，川滇两省的旅游开发与发展存在较大差异。

一、川滇地区泸沽湖旅游资源开发现状

四川省省级风景名胜区泸沽湖，位于川滇交界处的四川省盐源县泸沽湖镇，距西昌市 258 公里。泸沽湖，当地人称"谢纳咪"，意为大海、母湖，

---

①　本文为中央民族大学"985 工程"建设项目研究成果之一，项目编号：985 - 2 - 103。

是四川的第一大天然淡水湖，湖水面积 50.8 平方公里，另有万亩草海。水面海拔 268 米，被誉为"高原明珠"。这里还保留着母系社会走婚的习俗。泸沽湖得到了云南有关部门的重视，旅游开发迅速展开，很快泸沽湖便成为云南旅游的重要景区。泸沽湖的旅游开发不但给云南带来声誉，而且给祖祖辈辈生活在那里的摩梭人带来了现代文明和财富。但是，四川省由于其对泸沽湖景区的旅游开发缺乏足够的重视，使得景区建设起步较晚。

然而，四川泸沽湖更具魅力。因为这泓迷人的湖水有 2/3 在四川，环湖 18 个摩梭村寨有 17 个都在四川泸沽湖这边，并且还有云南泸沽湖境内没有的一万亩草海等丰富的旅游资源。

四川省内的旅游资源相当丰富，有九寨沟、黄龙、乐山大佛、峨眉山和卧龙 4 处被联合国教科文组织纳入《世界自然文化遗产名录》和"人与生物圈"保护网络，有都江堰——青城山、剑门蜀道、贡嘎山、蜀南竹海、四姑娘山等 9 处国家重点风景名胜区，是我国拥有世界自然文化遗产和国家重点风景名胜区最多的省区。还有国家森林公园 11 处、自然保护区 40 处、省级风景名胜区 44 处，吸引了无数中外游客，而多数游客游览主要集中于以下风景旅游区（见表1）：

表1　四川省部分旅游景点 2005 年游客月平均数量统计表

景点名称	九寨沟	峨眉山	四姑娘山	黄龙	乐山大佛	青城山	都江堰	西岭雪山	泸沽湖
浏览数（人）	153668	59734	57864	55750	47530	47392	44843	39277	37868

资料来源：http://www.sichuan-trip.com/zonghexinxi/cxcankao/

表1 充分反映了四川省内泸沽湖旅游资源边际利用效率不高的现象。在对泸沽湖川滇地区差异的调查中笔者发现：这种情况在一定程度上是由于政府对于泸沽湖地区的旅游资源开发重视程度较低，大量资金投放到九寨沟、黄龙、峨嵋、乐山等地。泸沽湖在四川地区的旅游发展的政策相对于云南来说实施得较晚，而且并不适合该地区旅游资源的开发。而云南省对于泸沽湖在省内部分的开发利用就较为合理和重视。

二、川滇地区泸沽湖旅游资源及其客源对比分析

1. 川滇地区泸沽湖面积对比

川滇地区各占泸沽湖总面积的 2/3 和 1/3。可见，泸沽湖的大部分地区

均在四川省内。

2. 川滇地区泸沽湖交通对比

从云南有一个方向可以进入（丽江地区），从四川也只有一个方向可以进入（西昌）。

从丽江到泸沽湖有 220 公里左右（以前有 300 公里，从永胜县进入，现走新路从丽江直接可到宁蒗），需时约 7 小时，路况良好（从宁蒗—泸沽湖要翻越三座大山，以最后一座最为艰险，特别是冬天，路面结冰，很难行驶）。

从西昌到泸沽湖全程约 270 公里，需时约 7 小时，但雨季就很难说了。路况很差，还常常塌方或滑坡，这种差距源于地方政府未及时发现泸沽湖地区的经济价值，基础设施未提前跟进。但四川这边的公路冬季不会结冰，这是一个最大的优势。

3. 川滇地区泸沽湖风景对比

从外观看，四川这边的湖岸线比云南的湖岸线要长得多，旅游的开发前景也应该较好。而且四川段湖边的村庄覆盖面也要比云南段大。同时，四川这边还有丰富的草海资源。

4. 川滇地区泸沽湖区位对比

离乡镇最近的在泸沽湖的四川段，距乡镇仅 5 公里，该镇名叫泸沽湖镇（原名左所镇），可以提供较好的后勤保障。同时四川段的湖外围有足够的平地，完全可以修建小型飞机场，但目前无人投资，而云南方面已经在开始修建直升机机场了。

5. 川滇地区泸沽湖民俗风情对比

两边差不多，但四川这边有一个最大的优势，那就是摩梭族的末代王妃现在住在四川省这边。

6. 川滇地区泸沽湖旅游现状对比

可以用西边日出东边雨来形容。云南方面旅游红红火火，四川方面冷冷清清。虽然目前四川省这边对于泸沽湖旅游资源的开发有了一定重视，但由于起步较晚，旅游资源分布较广的现实情况，使得川滇地区在开发泸沽湖旅游经济方面的差距有越拉越大的趋势。

7. 川滇地区泸沽湖地区资源差异及游客量对比分析

笔者在川滇交界的民族文化风景旅游区泸沽湖得到的消息：泸沽湖云南方每天游客达 1000 人次以上，而泸沽湖四川方面仅接待三批 10 人以上的旅游团及一些零星散客。整个 2 月份的游客人数不及云南方每天游客数的一半。由母系氏族家庭和走婚制形成摩梭人原始婚姻家庭的奇妙景观，令泸沽湖地区成为"母系氏族的活化石"而名扬天下。而在风光瑰丽的泸沽湖畔，四川方得天独厚的旅游资源远胜于云南方：阡陌纵横的走婚小道和一座座古老原始的母系氏族村落，众多别具风格的摩梭庭院，素有"高原野生动植物宝库"之称的万亩草海以及全国最长的草海木桥，还有被人誉为"东方夏威夷"的泸沽湖鸟觉湾以及末代"王妃"肖婆婆的传奇故事……究竟是什么原因使泸沽湖两岸形成了一方车水马龙，一方门可罗雀的局面呢？为了使读者了解川滇两省在泸沽湖旅游方面的差距，通过盐源县旅游局精心设计的一张表格来表示，两省差别从中一目了然！

表 2　泸沽湖川滇地区差异

项目	四川方	云南方
湖面面积	33 平方公里	26 平方公里
行政区及人口	8 个行政村、25 个自然村、共 12000 多人	1 个行政村、1 个自然村、共 2000 多人
1999 年旅游总人数	1 万人次	20 万人次
1999 年旅游收入	无统计数据	5000 万元以上
交通状况	西昌至盐源 150 公里，盐源至泸沽湖 120 公里均为低级别公路，路况差。	丽江至宁蒗 158 公里，宁蒗至落水 75 公里均为高等级柏油路。
通讯状况	摇把式电话，已中断。	程控电话、无线寻呼、移动通讯、IC 卡电话已全面开通。
电力状况	一座 200 千瓦装机容量的电站	20 多年电力史，已完成 35 千伏电力设施扩建
2000 年春节期间游客数	三批 10 人以上旅游团及一些散客；游客数不及 500 人。	每天平均达 1000 人，二月份游客已达 3 万人次。
1997 年至 1999 年人均旅游收入	16 家旅游专业户每年人均 600 元。	旅游纯收入每年全村人均达 6000 元以上。
对比 2000 年开发项目	没有	一座三星级宾馆，泸沽湖飞机场，通向女神山的高空索道。

　　泸沽湖"一湖两岸两重天"的现象绝非偶然。据调查，四川不仅在开

中国民族地区经济社会发展与公共管理调查报告

发时间上大大滞后，旅游投入方面也短缺。

表3　泸沽湖在川滇地区的游客量差异

年份	泸沽湖（云南省）		泸沽湖（四川省）	
	总游客量/万人次	其中：国际游客/万人次	总游客量/万人次	其中：国际游客/万人次
1995	15.53	3.00	1.07	——
1996	15.30	3.80	0.88	——
1997	16.60	4.60	0.90	——
1998	18.67	3.69	1.40	——
1999	20.82	3.82	1.10	——
2000	40.24	5.41	不详	——
2001	47.98	7.48	1.20	——
2002	43.82	8.32	1.00	——

资料来源：http://www.Chinayearbook.com/s_query.asp。

我们可以从两地的对比差距中得到这样的结论：川内泸沽湖地区的旅游发展潜力令人羡慕。

无论从整体规模或中心密集区规模，泸沽湖在两个省境内旅游资源差异，四川优于云南；从可进入性看，四川稍差；从景观价值来看，四川地区还略胜一筹。

川滇泸沽湖开发"一湖两岸两重天"的现象，暴露了四川在旅游开发方面落后于云南的事实。

三、川滇泸沽湖旅游开发差距的原因分析

以上比较，我们不难发现：四川与云南在泸沽湖的旅游资源开发与利用方面存在着较大的差距。原因如下：

1. 从四川进入泸沽湖的交通不太方便。从西昌到盐源以及从盐源到四川泸沽湖的这段公路，由于常年砍伐森林的原因，大多山体很难保持水土，所以一到雨季，就容易产生塌方或滑坡甚至泥石流，将原先较好的公路破坏，无法维持一条畅通的公路。

2. 四川泸沽湖的偏远山区地理位置，长期极差的交通条件，使现代文明和商品经济迟迟难以进入这片神秘的土地。客观上虽然保留了一片珍贵的原生态环境和一大批原汁原味的多民族文化遗产，但经济发展的相对滞后，

也在这块风景地上形成贫困人口数量多、比重高、贫困程度深的地区现状。

3．很明显，这种差距是由于双方的重视程度不同导致的。上至省政府、地方政府，下至州旅游局、各级旅游企业等等，在观念上、行动上，都无法与云南省的政府行为及政策相比。以至于四川省泸沽湖地区的某些地方政府是抱着金饭碗讨饭吃。

四、四川泸沽湖旅游资源开发的对策建议

1．立足当地旅游基础，实施科学的开发模式

四川省内泸沽湖地区的落后导致该地区尚未形成活跃的旅游市场，这种原始状态的进一步开发十分重要。建议遵从以下开发模式：

图1　川内泸沽湖旅游经济开发模式图

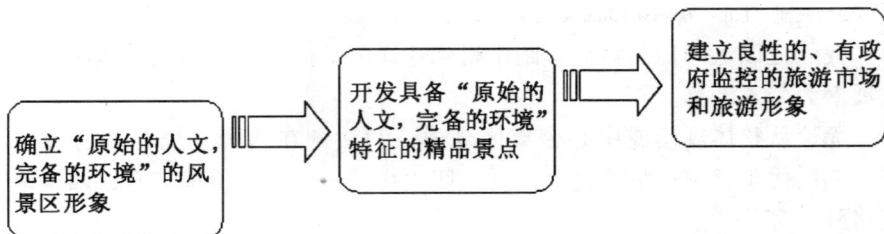

政府在其中的主要职能是监控商家的开发行为是否违背"绿色开发模式"。

2．保护自然环境，建立"绿色开发方式"

所谓"绿色开发方式"就是开发资源，增加地方财政收入，而与此同时兼顾地区文化的独特性和原始性、环境的完备性和低污染性。在泸沽湖这样一个尚未形成经济市场的地区，当地政府在当地经济发展的决策和实施过程中要占据主导地位，因此在泸沽湖风景区的形象定位上，泸沽湖地区政府应该积极应对，既要考虑到泸沽湖风景区的旅游资源开发，又要兼顾泸沽湖地区的文化保护和环境保护。基于以上几个方面，要走出一条可持续发展的道路，笔者建议采用"绿色开发方式"。

3．改善交通现状，构建交通网平台

游客居住地——旅游目的地——空间上的变化，是实现旅行和游客在旅游地逗留的最重要条件之一。交通业作为一个经济行业——在它的范围内的客运——是把游客从他们的定居地送到旅游地点并送回，完成与旅游有关的

其他地点空间上的变动。政府和商家应该重视旅游业中交通所起的作用。交通在旅游地区的兴盛发展，不但可以树立当地旅游形象，而且最主要的是可以为旅游地带来更多的游客资源。四川省内泸沽湖地区良好的交通基础设施和交通运输工具的构建对泸沽湖地区的开发起着十分重要的作用。应该翻修从西昌到盐源以及从盐源到四川泸沽湖的这段公路，以便加强泸沽湖在川内地区与外界的经济交流与合作，让外界有与之进行商业接触的平台。

4．兴建旅游业其他基础设施，改善旅游休闲环境

旅游地的其他基础设施包括餐饮、起居房、休闲娱乐场所、通信网络等等。这部分的开发尤其要注重环境保护，不可违背"绿色开发"的前提。当地政府可以参考云南省内泸沽湖地区的开发过程。

5．引进先进技术人才，开发旅游软环境

以开发泸沽湖为目的，引进相关人才，搞好软环境的开发，创造良好的旅游资源投资、开发环境。利用科学的开发方法和先进的开发技术，做到有计划、有目的，避开盲目的以资源耗费为代价的开发模式。根据泸沽湖旅游人才的现状，要以自己的旅游人才带活本地旅游业，把纯情的摩梭姑娘、率直的摩梭小伙与高校毕业的专业人才有机融合，发挥出"本土化、专业化"的优势。要逐步建立和完善终身进修制度，每年对相关从业人员进行定期或不定期的岗上培训或集中轮训。

6．借用四川"大旅游宣传"，塑造泸沽湖旅游形象

四川泸沽湖在经营方针上，塑造泸沽湖旅游形象非常重要，宣传是重要工具。在宣传基础上，联合当地其他投资商进一步共同开发泸沽湖。把加强泸沽湖的旅游宣传与扩大对外开放相结合，拓展海外旅游市场，增加入境旅游份额，树立对外开放良好形象。

7．注重川滇合作，谋求和谐发展

避开狭隘的区域理念，寻求两地合作，以两地共同发展为目的，做到优势互补，经验共享。加大两地联系，促进双方协调发展，共同开发泸沽湖这一个大湖，"云南泸沽湖"和"四川泸沽湖"的观念应该彻底清除。在开发中双方如果不加强协调，只以地方利益为最终目的，受到损伤的将会是整个泸沽湖地区，将会是泸沽湖沿岸的各民族和各民族的文化遗产保护和自然环境保护，所以两地应牢固树立泸沽湖一盘棋的观念。

参考文献

[1] 邹统钎:《旅游开发与规划》,广东人民出版社1999年。

[2] 张广瑞:《生态旅游:理论辨析与案例研究》,社会科学文献出版社2004年。

[3] Ceballos L. H:"The Future of Ecotourism". Mexico Journal,1987.

[4] John Laird. Laos Pins:"Tourism Hopes on Unspoiled Nature and Culture". WORLD ENVIRONMENT,1996 (4).

[5] 王衍用:《区域旅游开发战略研究的理论与实践》,《经济地理》1998年。

[6] 田军、庞云平:《泸沽湖生态旅游建设研究》,《云南环境科学》2001年6月。

[7] 王向东、孟悦:《四川泸沽湖旅游开发分析及思考》,《西昌学院学报》(人文社会科学版)2005年第3期。

[8] 黄兴美:《四川、云南两省旅游现状比较及其发展对策》,《成都理工大学学报》(社会科学版)2003年第4期。

呼伦贝尔市旅游业发展新思路

2005 级民族经济学研究生　覃朝晖

一、呼伦贝尔市旅游业发展的背景

世界旅游理事会公布的资料显示，旅游部门每增收 1 元，相关行业就有 4.3 元的增收，可见旅游业在拉动国民经济增长上起着重要作用。当代旅游业已发展成为世界上产业规模很大和发展势头最强劲的产业，旅游业发展之快，产业带动力之强，使许多国家和地区都把旅游业作为经济发展的重点产业和先导产业。随着全球经济的不断发展，人们收入和闲暇时间的增多，交通和通讯的不断发展进步，以及冷战后政治障碍的减弱等因素，全球旅游产业的规模正加速扩大，参加旅游的人数将继续增加。据世界旅游组织预测："到 2010 年，全球旅游者将达到 100 亿人次，其中国际旅游者将达到 10 亿人次；到 2020 年，全球旅游者将达到 160 亿人次，其中国际旅游者将达到 16 亿人次。"[①]

中国旅游业在近二十年的发展历程中，取得了令人瞩目的成就，由传统的接待事业转变为国民经济新的增长点，并由过去单一的观光型旅游发展为集观光、度假、商务、会展、研修等多功能为一体的复合型旅游。"中国旅游业的综合实力已被列为世界第五。世界旅游组织预测：到 2020 年，中国将成为世界第一大旅游接待国和第四大旅游出境国。21 世纪，中国将成为世界主要的旅游中心。"[②]

中国少数民族聚居区集中在西部和边疆地区，拥有独特的自然和人文景观。其旅游资源具有以下特点：一是多样性。我国民族地区纵跨多个纬度带，各类地形兼备，自然景观雄奇壮丽；数量众多的少数民族，拥有古朴浓郁的民俗风情，积淀深厚的文化底蕴，异彩纷呈。二是不可替代性。如被誉为"童话世界"的九寨沟、"人间瑶池"的黄龙、"世界屋脊"的青藏高原、"壁画长廊"的敦煌莫高窟等，都是中华民族独有的世界级的精、绝品资源。三是原始神秘性。由于受人为破坏较少，目前这些资源大都保留了未

---

①②　田里：《旅游经济学》，高等教育出版社，2002 年 8 月，第 1 页。

经人工雕饰的原始风貌，给人以强烈的新奇感。四是互补性。迥然不同的文化氛围和自然景观，与汉族地区的旅游资源形成了互补。

呼伦贝尔旅游业的发展有以上共同的特点，有多样的自然景观、民族风情，有不可替代的草原资源，有未经人工修饰的草场风貌，有与汉族旅游资源不同的人文氛围。旅游业作为呼伦贝尔市将来发展的重要产业，有其不可估量的发展潜力，在当今市场经济发展的洪流中，如何让民族现代化和传统文化协调发展，民俗旅游、生态博物馆旅游等为两者的协调发展找到了一条新的出路。当然，民族现代化与传统文化的发展是对立统一的，民族现代化是传统文化发展的基础，传统文化是民族现代化发展的资源，特别是作为文化产业中的旅游业发展的资源。同时，伴随着民族现代化的发展，民族传统文化在逐步消失，如何既能促进民族现代化发展，又能促进传统文化的保存与创新，是我们研究呼伦贝尔市经济社会发展的重大课题。在这之中，呼伦贝尔旅游业具有不可替代的作用。

二、呼伦贝尔市旅游业发展现状

呼伦贝尔市是内蒙古自治区所属 12 个盟市之一，得名于境内的呼伦湖和贝尔湖。南部与内蒙古兴安盟相连，东部以嫩江为界与黑龙江省为邻，北和西北部以额尔古纳河为界与俄罗斯接壤，西和西南部与蒙古国交界。边境线总长 1723.82 公里，其中中俄边界 1048 公里（不含未定界部分），中蒙边界 675.82 公里。2005 年，全市共接待入境旅游者 48.95 万人次，同比增长 35.1%。入境旅游创汇 1.98 亿美元，同比增长 33.7%。接待国内旅游者 312.6 万人次，同比增长 27.5%。国内旅游收入 30.61 亿元人民币，同比增长 30.4%，旅游总收入 46.09 亿元，增长 29.1%。[①] 可见，呼伦贝尔旅游业发展很快。总体来看，目前呼伦贝尔旅游业发展现状如下：

1. **呼伦贝尔市有丰富的自然、人文旅游资源，旅游业的发展方兴未艾**

呼伦贝尔大草原、大森林、大水域、大冰雪、大口岸、大民俗共同构成呼伦贝尔大旅游。呼伦贝尔大草原是目前世界上保存最好的天然草原，面积达到 1.25 亿亩，有世界第三大草原之称；呼伦贝尔大森林，即大兴安岭原

---

① 呼伦贝尔旅游局：《中国·内蒙古·呼伦贝尔市旅游产业发展情况介绍材料》，2006 年 5 月。

始森林是中国最大的亚寒带原始森林，有天然林地 2.03 亿亩，人均占有量居全国之首。生活在草原、森林中的野生动物有 400 余种，野生植物有 1000 多种，被称作"北国野生动植物的天然王国"。呼伦贝尔大水域是以大兴安岭为分水岭，形成额尔古纳河和嫩江两大水系，有 3000 多条河流，500 多个湖泊，特别是中国第五大湖——呼伦湖组成的水域，水资源总量达到 286.6 亿立方米，占内蒙古自治区的 56.3%，人均占有量是全国的 3.9 倍。呼伦贝尔大冰雪体现为长达 7 个月的冰雪期，满山遍野的冰雪自然景观和北方少数民族独创的冰雪文化。呼伦贝尔大口岸体现为长达 1723 公里的中蒙俄三国边境线，极具文化内涵的额尔古纳界河，8 个国家一、二类口岸，特别是中国最大的陆路口岸满洲里，年过货量已经超过 1400 万吨，并已成为享誉国内外的中国优秀旅游城市。[①] 呼伦贝尔大民俗是以民族文化为核心的民族历史渊源文化和民俗风情文化，目前，呼伦贝尔大地上聚居着 32 个少数民族，特别是达斡尔、鄂温克、鄂伦春三个"三少"民族和俄罗斯族，民族文化独具魅力，呼伦贝尔大民俗是呼伦贝尔旅游资源的灵魂。

2. 旅游线路

呼伦贝尔——满洲里——阿尔山草原森林、火山温泉、民族风情游是内蒙古自治区四条精品旅游线路之一。所涵盖的区域包括呼伦贝尔市、满洲里、兴安盟的部分地域。

在呼伦贝尔市呼伦贝尔——满洲里——阿尔山这条线路中包含三条相对较好的旅游线路。第一条线路是：从海拉尔区（西山国家森林公园、侵华日军海拉尔要塞遗址）到陈巴尔虎旗（呼和诺尔草原、白彦哈达草原、金帐汗草原），然后到满洲里市（国门、中俄互市贸易区、红色秘密交通线、呼伦湖小河口），到新巴尔虎右旗（成吉思汗拴马桩、贝尔湖、宝格达乌拉山、金海岸），经新巴尔虎左旗（甘珠尔庙、诺门罕、道乐都）到阿尔山市，从柴河风景区到扎兰屯市，然后到齐齐哈尔。也可以从阿尔山直接到乌兰浩特市，经过百城，到达长春市。[②] 这条线路以草原、森林、冰雪观光旅游、民族风情体验和温泉疗养度假旅游为主，兼有边境口岸异国风情旅游专线。本线路可延伸至吉林省长春市和黑龙江省齐齐哈尔市。

---

① 呼伦贝尔旅游局：《中国·内蒙古·呼伦贝尔市旅游产业发展情况介绍材料》，2006 年 5 月。

② 赵广华：《内蒙古精品旅游线路》，远方出版社，2005 年 5 月。

第二条线路是，从室韦俄罗斯民俗旅游村出发到莫尔道嘎森林公园旅游区，再到根河市，也可以从敖鲁古雅鄂温克民俗旅游区到奥克里堆山冰雪旅游区，到根河市。从根河市可以到额尔古纳市，再到海拉尔区。也可以从根河市经鄂伦春自治旗到莫力达瓦达斡尔族自治旗，然后到阿荣旗，经过扎兰屯市、克石市、海拉尔区，到达鄂温克族自治旗。① 这条线路是以森林、冰雪观光旅游和鄂伦春、达斡尔、鄂温克、朝鲜、俄罗斯等多个少数民族民俗风情旅游为主，兼有草原观光旅游，是一条一年四季各有特色的自然观光和民族风情体验旅游线路，以海拉尔为中心形成大环线，是黑龙江旅游市场对呼伦贝尔的辐射和延伸，适合开展自驾车旅游。

第三条线路是，从中国额尔古纳市出发到达中国黑山头口岸，经过俄罗斯普里阿尔贡斯克、俄罗斯红石市、俄罗斯赤塔市、俄罗斯博尔贾市、蒙古国乔巴山市、中国阿日哈沙特口岸、中国新巴尔虎右旗，到达中国满洲里市；从俄罗斯赤塔市还可到俄罗斯乌兰乌德市、俄罗斯伊尔库茨克市；从俄罗斯博尔贾市到达俄罗斯后贝加尔斯克，然后到达中国满洲里市。② 本条线路是一条具有中、俄、蒙三国风情的旅游环线，旅客既可饱览呼伦贝尔大草原，又可体验俄罗斯和蒙古国的民俗风情，还可经过俄罗斯布里亚特共和国首都乌兰乌德市和远东最大的城市伊尔库茨克市，延伸至莫斯科市及欧洲地区。

3. 旅游基础设施建设

目前呼伦贝尔市有旅游星级饭店 35 家，其中三星级 10 家，客房总数达到 2600 间，床位 5000 张。全市有国际、国内旅行社 56 家。具备一定接待规模的旅游景区景点 50 余个，其中 A 级旅游景区 19 个。全市旅游直接从业人员达 6000 人，间接从业人员达 3 万人。③

2005 年，与北京好运通国际运输服务有限公司合作开通了广州至海拉尔、满洲里旅游包机。同时，海拉尔——俄罗斯赤塔国际航线正式恢复通航。随着满洲里西郊机场的通航，陆续开通了满洲里至海口、三亚的旅游线路和满洲里至广州、秦皇岛、哈尔滨的航线。在铁路方面，开通了满洲里至俄罗斯赤塔国际旅客列车，在旅游旺季开通了哈尔滨——海拉尔的大型旅游

---

①② 赵广华：《内蒙古精品旅游线路》，远方出版社，2005 年 5 月。

③ 呼伦贝尔旅游局：《中国·内蒙古·呼伦贝尔市旅游产业发展情况介绍材料》，2006 年 5 月。

专列。并且，作为旅游热点项目的自驾车旅游在呼伦贝尔兴起，为公路旅游增添了新的亮点。呼伦贝尔正在形成航空、铁路和公路三位一体的综合旅游运输网，有力地推动其旅游业的发展。

4. 旅游景点建设

目前，重点开发了以草原、森林、冰雪、河湖、口岸、历史文化、少数民族风情、异域风情为主的一批旅游景区景点。有展示草原民俗的呼和诺尔旅游景区、巴彦呼硕旅游景区、金帐汗旅游景区；展示森林风光的西山国家森林公园、红花尔基国家森林公园、莫尔道嘎国家森林公园；展示历史遗迹的嘎仙洞历史遗址、诺门罕战争遗址、海拉尔北山侵华日军要塞遗址以及"三少"民族博物馆；展示河湖风光的莫日格勒河、呼伦湖旅游景区；展示口岸边境风光的满洲里国门、中俄互市贸易区、额尔古纳界河；展示冰雪风光的牙克石市凤凰山旅游景区、鄂温克旗冬季那达慕、海拉尔、满洲里冰雪民俗风情园等。①

5. 呼伦贝尔旅游节庆活动

呼伦贝尔打造若干旅游节庆品牌，启动呼伦贝尔四季旅游、原生态旅游等。在春季推出"红色呼伦贝尔·杜鹃节"，每年5月中旬从扎兰屯市开幕，举行北国之春系列节庆活动。在夏季推出"绿色呼伦贝尔·成吉思汗草原文化节"，每年6月中下旬从海拉尔开幕。包括成吉思汗论坛、敖包相会情歌节、国际草原那达慕大会、海拉尔啤酒节、瑟宾节、篝火节、额尔古纳夏季全生态旅游节、驯鹿文化节、漂流节、钓鱼节、甘珠尔庙会、绿色呼伦贝尔旅游文化商品交易会。在秋季推出"金色呼伦贝尔·大兴安岭森林文化节"。每年9月下旬在鄂伦春旗举行庆典仪式。包括森林文化博物展、凤凰山金秋赛马节、呼伦贝尔影节、森工文化展、摄影节等。在冬季推出"银色呼伦贝尔·北方少数民族冰雪风情游"，每年12月从牙克石市凤凰山开幕。包括中国开雪节、大兴安岭冰雪文化节、俄罗斯族圣诞节、内蒙古冬季那达慕大会暨鄂温克家庭那达慕、少数民族冬季服饰、草原冰雪牧户游等。②

---

① ② 呼伦贝尔旅游局：《中国·内蒙古·呼伦贝尔市旅游产业发展情况介绍材料》，2006年5月。

三、对呼伦贝尔市旅游业的评价

1. 呼伦贝尔产业结构关系及旅游业的地位

一直以来，我们基本都是以三大产业的发展来统计经济发展状况，特别是三大产业之间的比例关系，反映了一个地区经济发展的层次，发展到发达阶段，第三产业的比重比较高，比如现在的发达国家美国、日本等。通过在呼伦贝尔市的调查，到底三大产业之间是怎样的比例才是最标准的，最合适的？这就提出了一个新课题，调整呼伦贝尔市产业结构关系，使呼伦贝尔市政治、经济、文化等协调发展。

呼伦贝尔市当前的发展阶段，是经济发展的起步阶段，基础设施、金融体系、科技教育各方面还不够完善，不可能直接跳跃到第三产业发达的阶段，而需要各个方面协调发展，逐步实现产业结构的升级，这是一个漫长的、系统的工程。在经济发展过程中，旅游业的发展是经济发展中的一个平衡点，既可利用旅游业的发展发展第三产业，也可利用旅游业的发展传承文化，还可利用旅游业的收入，回馈自然，保护生态环境。但如果发展不当，也可能给呼伦贝尔大草原造成不可弥补的损失。例如，旅游业发展的外部不经济效应，破坏了生态环境，污染了大草原，影响了呼伦贝尔的可持续发展等。

表1　三大产业发展经济指标（亿元）

		中国	内蒙古	呼伦贝尔市	鄂温克旗	新巴尔虎左旗	新巴尔虎右旗	满洲里市
	第一产业	20744	506.07	71.79	3.58	3.21	2.77	1.27
2004 年	第二产业	72387	1332.47	73.03	13.58	2.29	4.94	11.61
	第三产业	43384	873.53	116.97	5.97	1.96	1.24	22.20
	第一产业	22718	600.09	89.38	4.08	3.67	2.26	1.27
2005 年	第二产业	83208	1685.13	91.43	15.91	3.07	7.27	3.01
	第三产业	73397	1537.55	138.39	7.43	2.13	1.98	28.7

資料来源：《统计资料手册2004年》，鄂温克族自治旗统计局，2005年4月。《统计资料手册2005年》，鄂温克族自治旗统计局，2006年4月。

由上表可以看出，全国目前还处在工业发展阶段，工业产值比重较大，第三产业的发展非常迅速，2005年产值比2004年增长69%。呼伦贝尔市第三产业的比重高，发展也比较迅速，2005年占总产值的43%，虽然比重高，但是由于呼伦贝尔的特殊性，并不能反映其产业结构的优化，相反，反映了其他产业的发展还不完善。旅游业在第三产业的发展中扮演着重要的角色，旅游业的发展，促进了当地交通、餐饮、住宿等各方面的发展。表中显示，中国在重视旅游业的发展，并逐步从旅游大国向旅游强国转变，在这个发展过程中，民族地区的旅游业发展尤为活跃，也逐步引起国家和世界的关注，民族文化旅游、民俗旅游等掀起了国内外旅游的新高潮，同时也推动了民族手工业的发展和民族文化的传播。呼伦贝尔丰富的自然人文资源，给呼伦贝尔特色旅游业的发展提供的条件。

2. 呼伦贝尔旅游业发展情况综合评价

根据呼伦贝尔旅游业发展，建立一个评价其旅游业发展的指标体系，包括：旅行社总数、国际旅行社数、国内旅行社数、星级宾馆数、景区数、入境旅游人数、国内居民出境居民人数、国内旅游者人数、旅游总收入、国际旅游外汇收入、国内旅游收入。①

表2　呼伦贝尔旅游业发展情况

指标	呼伦贝尔市			全国民族地区
	2001 年	2002 年	2003 年	2003 年
旅行社总数	19	20	27	1298
国际旅行社	10	11	11	186
国内旅行社	9	9	16	1112
星级宾馆个数	19	24	30	

---

① 入境国际旅游者人数：指来中国参观、访问、旅行、探亲、访友、休养、考察、参加会议和从事经济、科学、文化、教育、宗教等活动的外国人、华侨、港澳同胞和台湾同胞的人数。不包括外国在我国的常驻机构，如使领馆、通讯社、企业办事处的工作人员；来我国常住的外国专家、留学生以及在岸逗留不过夜人员。出境居民人数：指大陆居民因公务活动或私人事务短期出境的人数。公务活动出境居民人数不包括在国际交通工具上的中国服务员工，因私出境居民人数不包括在国际交通工具上的中国服务员工。国内旅游者人数：指我国大陆居民和在我国常住1年以上的外国人、华侨、港澳台同胞离开常住地在境内其他地方的旅游设施内至少停留一夜，最长不超过6个月的人数。国际旅游（外汇）收入：指入境旅游的外国人、华侨、港澳同胞和台湾同胞在中国内地旅游过程中发生的一切旅游支出，对于国家来说就是国际旅游（外汇）收入。国际旅行社：指经营对外招徕并接待外国人、华侨、港澳同胞和台湾同胞来中国、归国或回内地旅游业务的旅行社。国内旅行社：指负责经营招徕、组团、接待国内旅客的旅游业务，以及不对外招徕，负责经营接待国际旅行社或其他涉外部门组织的外国人、华侨、港澳同胞和台湾同胞来中国、归国或回内地的旅游业务的旅行社。

三星级宾馆	4	4	5	
二星级宾馆	12	15	19	
一星级宾馆	3	5	6	
A 级景区	9	12	14	
AA 级景区	8	11	13	96
AAAA 级景区	1	1	1	48
入境旅游人数（万人）	11．91	13.76	15.5	215
国内居民出境总人数（万人）	3.25	3.24	3.7	
国内旅游人数（万人）	136.4	157.0	185.8	12333
旅游总收入（亿元）	10.68	16.34	16.8	
国际旅游外汇收入（万美元）	4803	4907	5500	59929
国内旅游收入（亿元）	6.71	12.28	12.3	563

资料来源：《呼伦贝尔市统计年鉴 2001 年》，呼伦贝尔市统计局，2002 年 7 月。《呼伦贝尔市统计年鉴 2002 年》，呼伦贝尔市统计局，2003 年 7 月。《呼伦贝尔市统计年鉴 2003 年》，呼伦贝尔市统计局，2004 年 7 月。《中国民族统计年鉴 2003 年版》。

由上表可以看出，呼伦贝尔的旅游业发展已经具备了一定的基础，旅行社的数量在不断的增长，特别是国内旅行社增长得比较多，目前，全市有国际、国内旅行社 56 家，比 2003 年翻一番还多。国际旅行社也在呼伦贝尔发展更广阔的市场，特别是满洲里的边境城市旅游、呼伦贝尔草原民俗旅游具有很强的吸引力。星级宾馆的增长反映了一个地区接待能力的提高，目前呼伦贝尔市有旅游星级饭店 35 家，其中三星级 10 家，客房总数达到 2600 间，床位 5000 张，呼伦贝尔接待能力随着旅游市场需求的增长，还会不断地增加，就当前的接待能力和交通能力，都还不能满足游客的需求，需要进一步完善。具备一定接待规模的旅游景区景点 50 余个，其中 A 级旅游景区 19 个，景点虽多，但良莠不齐，缺乏标准化管理，问题层出不穷。全市旅游直接从业人员达 6000 人，间接从业人员 3 万人，是解决就业的好途径，但在一牧户家庭旅游景点调查表明，由于不会汉语而放弃发展旅游的牧户大有人在，因此，提高当地人的汉语水平和教育水平也是发展旅游业的重要条件之一。在旅游人数和旅游收入方面，旅游人数和旅游收入是呈正比的，要提高旅游收入，关键是要吸引更多的游客，这需要完善各方面条件，加大宣传，培育特色优势资源。

3．呼伦贝尔旅游业消费情况评价

呼伦贝尔旅游业在其发展过程中，也是由传统的接待事业转变为当地经济新的增长点，并由过去单一的观光型旅游发展为集观光、度假、休养、民俗、考察等多功能为一体的复合型旅游。形成吃、住、行、游、购、娱等一体化服务体系，并且在不断地完善之中。

表3 旅游消费者旅游消费的主要目的

	观光	度假	会展	探险	考古	休养	考察	宗教	民俗	访友	其他
内蒙古	√	√					√	√		√	
云南	√	√	√				√			√	
广西	√									√	
西藏	√	√	√	√	√				√	√	
新疆	√			√				√			
贵州	√	√					√				
陕西		√			√		√				

图1 旅游消费目的分析

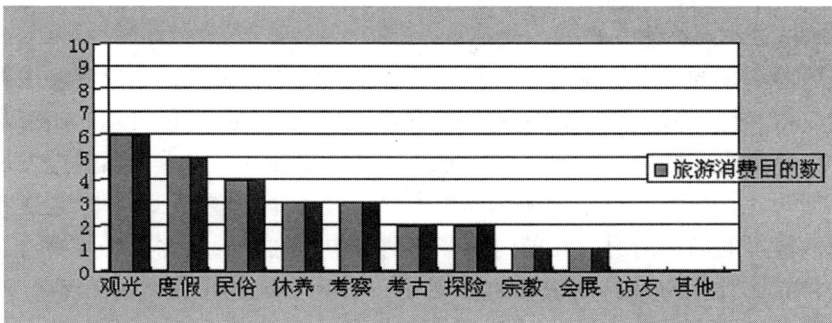

从整体上看，呼伦贝尔旅游业正在从单一的观光旅游发展为集观光、度假、商务、会展、研修等多功能为一体的复合型旅游。但是从旅游消费方式和旅游消费结构来看，绝大部分属于观光旅游，文化型、享受型极少。即走马观花式的参观型旅游活动多，而考古、考察、探奇、宗教、会展等专项特点旅游较少。到内蒙古旅游的大部分旅客主要目的集中在观光、度假等方面，到呼伦贝尔的旅游者也都集中在这几个方面，这也就给呼伦贝尔旅游业的发展提供了更高的要求，特别是民俗、修养、考察方面具有很大潜力。如在民俗方面，蒙古族、鄂温克族、鄂伦春族等各具特色；在考古方面，寻找成吉思汗墓，神秘的草原石人，最早的敖包等；在宗教方面，甘珠尔庙是呼伦贝尔草原最大的藏传佛教寺庙。

表 4　内蒙古入境旅游外汇收入及消费情况

指标	内蒙古	
	2003 年	2004 年
旅游收入总额（万美元）	13836	25313
长途交通费	3249	5946
飞机	2209	4042
火车	442	1189
汽车	598	715
住宿	814	1490
餐饮	649	1187
景区游览	303	554
娱乐	704	1288
购物	6486	11862
市内交通	180	329
邮电通讯	580	1063
其他	871	1594

资料来源：《内蒙古统计年鉴》（2005）。

旅游活动的组织安排是影响旅游经济效益的重要因素，旅游活动主要包括食、行、住、游、购、娱等一系列活动。到内蒙古及呼伦贝尔的旅游消费者，主要集中在购物、交通、住宿方面，可以在餐饮、娱乐方面重点发展一下。据统计，在呼伦贝尔旅游消费结构中，吃住行比重近 60%，这主要是外国入境者的消费情况，在国内游客的消费中，吃住行的比重还要高，而游览购物的比重相对低。由表 4 可以看出，游客在购物上的比重很高，2004年占整个旅游收入的 46%，这说明在旅游纪念品市场方面有很大潜力，特别是在满洲里，具有俄罗斯特色的产品买得很不错。旅游景区游览的收入较低，需要完善景区建设，适当提高旅游景区门票。飞机占旅游交通费的大部分，应该完善公路、铁路建设，满足不同层次旅客的需求。

4. 呼伦贝尔旅游特色优势评价

表 5　呼伦贝尔旅游特色优势与劣势评价

项目	旅游产品资源特色	旅游交通条件	旅游价格每人每天	旅游服务质量	旅游区基础设施建设	旅游收入	旅游接待人数

呼伦贝尔	草原观光，草原民俗风情	机场铁路：海拉尔，满洲里	满足不同层次的消费	服务不完善，有待改进	基础设施建设中，需要进一步发展	2005年46.09亿人民币①	361.55万人次
云南	自然风景，西南民俗	机场：昆明 铁路：玉溪、大理	满足不同层次的消费	服务相对完善	基础设施完善中，相对较好	2005年430.1亿元②	7011万人次
西藏	高原观光，宗教民俗	机场铁路：拉萨线路较少	满足不同层次的消费，价格高	服务不完善，有待改进	基础设施建设中，相对薄弱	2005年19.3亿元	180万人次
广西	山水观光，南方民俗	机场铁路：桂林、柳州	满足不同层次的消费	服务相对完善	基础设施完善中，相对较好	2005年360亿元	6150万人次

由表5可以看出，呼伦贝尔旅游产品资源的特色突出了草原观光、草原民俗风情的特色，是其他地区不可比拟的；交通方面不是呼伦贝尔的旅游特色，反而是个瓶颈，需要今后重点发展；在旅游价格方面，可以满足不同层次的消费，但是，高层次的消费相对欠缺，有很大的挖掘潜力；在旅游服务质量方面，服务体系有待完善，与旅游发达地区有很大差距，服务质量不高，投诉体系也不完善，如果要使其旅游业向更高层次发展，必须提高服务质量，建立合理的服务体系。在旅游基础设施建设方面，基础设施不完善，正在改善之中，这也不是呼伦贝尔旅游发展的特色优势。综合上述分析，呼伦贝尔旅游2005年总收入为46.09亿人民币，接待国内外游客361.55万人次，而云南2005年旅游总收入430.1亿元，接待国内外游客7011万人次。差距较大，接待能力也有限，不过有很大的发展潜力。在自然资源方面，有美丽的草原风光、森林风光、冰雪风光等。在人文资源方面，这里有被列为

---

① 《呼伦贝尔统计资料手册2005》。
② 《云南统计年鉴2005年》。

世界文化遗产的马头琴、蒙古长调，有热情的少数民族人民，有浓香的马奶酒，有鲜嫩的手把肉，让游客流连忘返。通过分析，可以看出呼伦贝尔的优势体现在其旅游产品资源特色方面，其相对优势在于价格适中可以满足不同层次游客的需求；而其劣势主要表现在基础设施建设不完善，服务不完善等方面。

5. 呼伦贝尔市旅游业发展分析

鄂温克族自治旗"十五"期间，共接待旅游者 63.2 万人次，年递增 24.2%；实现旅游收入 25826.5 万元，年递增 164.5%。2005 年，共接待旅游者 18 万人次，旅游收入 9601.8 万元。与 2000 年相比，接待人数增长 2.9 倍，旅游收入增长 19 倍。[①] 新巴尔虎左旗"十五"期间，全旗共接待海外旅游者 5106 人次，创汇 98 万美元，接待国内旅游者 46.5 万人次，国内旅游收入 11800 万元人民币，旅游总收入 12603.6 万元人民币。2000 年全旗接待游客 12981 人次，旅游收入 103.8 万元，2005 年全旗接待游客 21 万人次，旅游收入 7560 万元。接待游客增长 15 倍，旅游收入增长 72 倍。[②] 新巴尔虎右旗"十五"期间，全旗接待国际游客 5.69 万人次，创汇 776 万美元；接待国内游客 51.86 万人次，国内旅游收入达到 2.02 亿元。[③] 2004 年，满洲里旅游总人数达 187 万人次，旅游收入 11 亿元。[④]

表6　新巴尔虎右旗旅游收入及接待情况表

年份	2002	2003	2004	2005
接待总人数（万人次）	11	4.95	17.2	24.4
国内接待（万人次）	9.57	3.99	15.6	22.7
海外游客（万人次）	1.43	0.96	1.6	1.7
旅游总收入（万人次）	1100	406.2	6700	12000
国内旅游收入（万元）	867.6	248.5	4150	8634
外汇收入（万美元）	28	19	319	410

资料来源：《新右旗旅游业发展概况》，新巴尔虎右旗旅游局，2005 年 12 月。

上面一些数字反映了一个共同的特点，呼伦贝尔各个地区旅游业发展很快，并且各个地区有其独特的资源，尤其是满洲里，以其边境城市地理优势

① 那木拉：《立足优势，强化管理，促进全旗旅游业新发展》——在鄂温克族自治旗旅游工作会议上的报告，2006 年 4 月 7 日。

② 《新左旗旅游局"十五"工作总结及"十一五"规划》，新巴尔虎左旗旅游局，2005 年。

③ 《新右旗旅游业发展概况》，新巴尔虎右旗旅游局，2005 年 12 月。

④ 《满洲里市国民经济和社会发展第十一个五年规划纲要》，满洲里市政府，2006 年 2 月。

中国民族地区经济社会发展与公共管理调查报告

和边贸交往的优势，旅游业发展比较充分。另外，我们也可以看出一个问题，就是各个地区旅游业发展不平衡，旅游资源没有合理整合，没有一个既统筹全局，又照顾各旗旅游业发展的合理的规划，这是今后工作应该着重解决的。

四、呼伦贝尔市旅游业发展存在的主要问题

"十五"期间，呼伦贝尔旅游业发展很快，为今后旅游业的发展再上一个新台阶奠定了良好的基础，对呼伦贝尔市经济社会发展发挥了重要的作用。但是，尽管呼伦贝尔市旅游业的发展规模和速度比较快，但旅游业的整体发展水平还是落后的，处于低水平开发阶段，旅游产业的效益没有充分体现出来，还存在很多困难和问题，① 主要表现在以下几个方面：

1. 旅游业基础设施建设不完善。交通条件、住宿条件及旅游景点建设不能满足游客的要求，这成为旅游业发展的瓶颈。①在交通方面，夏季是呼伦贝尔的旅游旺季，无论是飞机还是火车，常常出现一票难求的现象，直接影响游客人数增加。旅游景区与交通干线间的连接道路较差，给游客带来很多不便。②在住宿方面，没有实行标准化管理，不够人性化，不能满足游客的多元化需求。例如，在调查期间，海拉尔的标准房间，价格 150 元一间，服务条件一般，房间小，没有晾衣柜。在新巴尔虎左旗，标准间价格 280 元，相对较贵。在新巴尔虎右旗，标准间 120 元一间，价格相对较低，服务态度也不错，但经常出现停水现象，也没有晾衣的地方。满洲里的标准间相对紧张，要提前预订，180 元一间。③在旅游景点建设方面，建设不完善，景点内交通落后，旅游区内的通行道、供水、供电、垃圾污水处理等基础设施都没有很好地解决，直接影响了旅游区的接待能力和服务质量，造成了旅游经济效益低下和招商引资困难。

2. 旅游业服务需要进一步规范。随着旅游项目开发的不断推进，目前，旅游软件服务跟不上旅游硬件建设步伐。呼伦贝尔旅游业从业人员文化水平低、素质低，特别是景区接待点，旅游管理人员少，旅游专才更少，旅游服务意识不强，服务素质不高，与游客之间的矛盾时有发生，旅游环境脏、乱、差现象也存在，在一定程度上破坏了呼伦贝尔旅游对外的形象，制约了

---

① 资料来源：座谈会打印资料。

旅游业的进一步发展。

3. 旅游业产业化程度低，没有形成产业集群效应。呼伦贝尔旅游目前尚处于发展的初级阶段，旅游企业规模小、经营单一、服务功能不全，旅游线路不完善，"吃、住、行、游、购、娱"各要素发展不协调，尤其是旅游住宿条件一直难以突破。旅游组织化程度低，没有形成规模效益，对相关产业的关联带动功能尚未真正发挥出来，提供就业的机会也十分有限，配套完善的旅游产业体系尚待形成。从旅游收益看，还没有达到产业化的要求，旅游产值绝对数还很低。旅游覆盖面和直接受益人口等方面与产业化的标准还有很大差距。这主要是旅游资源综合开发不够，旅游产品单一，未能发挥旅游经济的规模效益。

4. 宣传力度不够，没有形成系统的宣传模式。一个地区旅游业的发展，宣传的作用非常重要，特别是对特色优势资源有效的宣传，吸引游客的效果很明显。现在呼伦贝尔旅游业宣传投入相对较少，主要集中在以活动宣传为主，没有固定化、规范化、立体化。另外，各旗的宣传工作还没有跳出呼伦贝尔这个圈子，更不用说走向国际。呼伦贝尔的草原的宣传片非常有感染力，但是就是各大媒体的曝光度不高，在这方面的工作，是将来的重点。

5. 没有多渠道地招商引资，吸引社会资金和外商投资的力度不够。政府虽然对旅游业的重视程度有很大的提高，出台了一系列加快旅游业发展的措施和优惠政策，但在投资上，政府的引导性投入和先期投入还不足，吸引社会资金和外商投资力度不大，由于投资有限，致使很有潜力的旅游资源得不到很好的开发利用，限制了呼伦贝尔旅游业的发展。

6. 没有进行深入的调查分析，旅游业的发展没有一个系统性长期型合理的规划。呼伦贝尔旅游资源丰富，有特色，但尚未成立专门的研究组织进行实地深入的调查分析，没有制定出具体的切实可行的发展规划，制约了呼伦贝尔旅游业的有序发展。

7. 受季节气候影响，旅游的周期不长。由于呼伦贝尔有长达7个月左右的冰雪期，气温相对较低，游客也较少，5月到9月呼伦贝尔气温适宜，是旅游的黄金期，但10月过后天气就开始冷下来，并且冰雪覆盖整个大地，无法进行室外活动，室内活动设施又不完善，以冰雪冰雕为主题的旅游项目相对东北地区落后。

8. 多数旅游景点旅游形式单一，无法满足游客多元化需求。多数旅游点以吃和观光为主，娱乐性项目较少，如，鄂温克巴彦呼硕旅游区，娱乐项目少、赛马、骑马、射箭、摔跤等活动也不是随时可以参加，时间比较短，不能满足游客的需求。在金海岸旅游区，形式更为单一，没有完善的基础设施，也没有娱乐项目，完全是自己观光，看贝尔湖的景色，而贝尔湖水退化也比较厉害。在诺门罕战争遗址旅游区，只是一个陈列馆，简单地陈设了诺门罕战争的遗留物，没有其他的项目。

9. 服务人员整体素质不高，缺乏专业人才，服务管理体制不完善。由于当地主体民族是蒙古族，很多人只会蒙古语，不会汉语，这就需要专业的翻译人才，另外，外国游客到此，就需要既懂蒙古语，又懂汉语，还懂第三国语言的翻译人才，这方面的人才缺乏。在服务管理上，缺乏专业的管理人才。在管理机制上，很多宾馆的管理方式落后，不够人性化，过于死板。

10. 旅行社不规范营业。旅行社向旅游者提供的旅游服务信息不真实、不可靠。目前，有的旅行社虚假宣传，旅游途中不按标准收费，导游漫天要价。大的国际性的旅行社相对较为规范，但有的导游素质低，也时常出现损害游客利益的现象。因此，应及时整顿规范旅行社的工作，维护游客的利益，树立呼伦贝尔的旅游形象。

五、呼伦贝尔市旅游业发展的新思路

实现呼伦贝尔旅游业发展的关键举措在于进行旅游行业管理体制创新和企业制度创新，以及开展将特色旅游作为目标模式的产品创新。呼伦贝尔旅游业一方面要借鉴外部的经验教训，另一方面要根据本地区的具体条件闯出一条独特的发展道路来。呼伦贝尔旅游业要创建新的体制观、新的旅游发展观、新的旅游资源观、新的目标市场观和新的旅游产品观。观念创新是制度创新的基础，而思想解放和对旅游业的重视又是观念创新的前提。下面是关于呼伦贝尔市旅游业发展的几点新思路。①

1. 加强基础设施建设。针对旅游旺季一票难求、交通相对落后的问题，加强公路建设。现在正在建设的两伊公路、海拉尔至满洲里的公路 2006 年底可以通车，在铁路方面，现在列车的速度比较慢，可以提速，缩短交通时间，在旅游高峰期，也可以增加车次，缓解交通压力。开辟新航线，2006年 7 月份，刚刚开通了海拉尔至深圳的航线，还可以开拓更多的国际航线，

---

① 资料来源：座谈会打印资料。

如俄罗斯、欧洲等航线。住宿方面，实行标准化管理，注重人性化和舒适化，如，实行热水的全天供应。景点建设方面，加强景点内部建设，完善服务功能，增加娱乐性项目，如骑马、摔跤、家庭牧户游等。总之，在基础设施建设及其他建设方面，进一步统筹阿尔山市及俄罗斯、蒙古国资源，使呼伦贝尔市草原、河流、湿地、口岸、民俗风情旅游线路更加完善。

2．进一步完善服务体系。完善吃、住、行、游、购、娱等一体化服务体系，满足游客不同层次的需求。不仅有特色的草原饮食文化，也有南北各大菜系的饮食，还有西餐饮食等。鼓励当地酒店申请星级宾馆饭店，提高服务质量和服务水平，更好地满足国内外游客的需求。在家庭牧户旅游区，打造一批有条件的牧户为游客提供民居住宿服务。在行方面，提供家庭包车服务、旅游专线服务等。在游方面，充分体现草原风情和民族风情，让游客流连忘返。在购方面，以游客自愿消费为原则，不影响游客其他活动为前提，推销有民族特色的、有纪念意义的纪念品为主。在娱方面，娱乐系列化，白天观光、骑马、摔跤、观看赛马等，晚上篝火、舞会、歌会等。

3．加强旅游区域合作，整合旅游产业发展，促进产业集群的形成。与满洲里、兴安盟阿尔山、东北哈尔滨以及蒙古、俄罗斯等进行旅游合作，把草原、湖泊、森林、湿地、温泉、口岸等旅游产品做成完善的旅游产品，联合打造无障碍旅游区；带领旅行社分赴客源市场，与各地旅行社签订互助团队协议。政府也可以加强与邻近区域的协商，整合区域资源，可以通过满洲里冬季旅游的发达带动呼伦贝尔的旅游发展，打造有特色的草原冬季旅游。在合作过程中，努力开发新巴尔虎左旗、新巴尔虎右旗、满洲里的环湖游，鄂温克族自治旗、新巴尔虎左旗、新巴尔虎右旗、陈巴尔虎旗的草原游，鄂温克族自治旗、新巴尔虎左旗、阿尔山、红花尔基、海拉尔的草原森林游，这几条路线构成满洲里至阿尔山这条精品旅游线路上的亮点。

4．加大宣传力度，有计划、有系统地宣传旅游资源。在深度和广度上拓展呼伦贝尔的旅游宣传，突出其特色和整体性。

5．加大招商引资力度，提供适当的优惠政策。制定支持发展旅游业的优惠政策，按照市场经济规律，加大招商引资力度，坚持谁投资谁受益原则，充分利用社会力量，推进旅游产品开发和综合配套建设。以政府为引导，首先建立旅游发展基金，按照《内蒙古自治区旅游管理条例》的要求，地方财政为旅游业发展安排占地方财政年收入千分之一至三的切块资金，用于引导重点旅游项目的建设；其次，要积极争取国家旅游建设资金和各级旅游发展基金；三是要建立旅游项目库，在土地利用、税费减免等方面制定优惠政策，鼓励国内外客商投资发展旅游业；四是与银行信用部门协调，设立旅游专项贷款；五是为了化解旅游投资和安全事故风险，协调保险部门开设游客安全和景点设施保险险种。

6. 进行深入的调查，制定全局发展规划。必须对呼伦贝尔旅游产业进行深入的调查，对旅游市场、资源、功能区定位、发展战略等进行科学的分析，完善各景区旅游发展规划并具体指导景区的建设工作。要注意把旅游产业发展与生态建设结合起来，加大生态建设力度，实施植树造林，实现人与自然的和谐发展，让资源得以永续利用。要把文化和旅游结合起来，以旅游为载体建设文化，通过文化策划，挖掘文化内涵、提升文化品位，推进旅游事业的发展。

7. 拉长旅游周期，发展秋季旅游、冬季旅游和春季旅游，加快淡季旅游产品开发。

8. 发展边境旅游，通过边境旅游向呼伦贝尔内地辐射。呼伦贝尔与俄罗斯、蒙古国边境长 1700 多公里，国家批准的口岸有 7 个，具有丰富的自然资源和文化资源，发展边境旅游很有潜力。当前，满洲里的边境旅游发展相对成熟，国门旅游火暴，旺季每天旅游者超过万人，可以不断地更新旅游形式，开发更多的旅游项目，通过边境旅游业的发展，带动贸易的进一步发展，发展国际旅游贸易。呼伦贝尔正在培养的口岸还有阿日哈沙特、室韦、黑山头等，口岸经济的发展，为旅游业的发展提供基础，旅游业的发展也为口岸的进一步发展提供动力。并且通过口岸旅游业的发展，逐步向海拉尔、红花尔基等地辐射，双向互动。如果政府出台更优惠的出入境政策，这样更能促进边境旅游的纵深发展。

9. 发展家庭牧户游，让游客充分体验牧民生活。2006 年，国家旅游局将全国旅游宣传主题定为"2006 中国乡村游"，提出了"新农村、新旅游、新体验、新风尚"的宣传口号。呼伦贝尔的家庭牧户游独具特色，而家庭牧户游是开展乡村旅游最直接、最有效的形式，这就为呼伦贝尔提供了广阔的发展空间。呼伦贝尔民族众多，民俗文化厚重，民族特色鲜明，保存完好，具有开展乡村游、家庭牧户游的良好条件。2005 年是鄂温克族自治旗牧民家庭旅游基本成型的一年，20 多户旅游示范户共接待游客 10000 人次，旅游收入达40万元①。使游客与牧民近距离接触，参与牧民的日常生活，亲身感受、体验牧民的生活、风俗、服饰、饮食和生产方式等，从而推动家庭牧户游朝规范化、规模化方向发展。

10. 自驾旅游是一块不可忽视的市场，随着私家车的增加和租车的方便，自驾旅游将会是内蒙古一个新的增长点。交通的进一步发展和人们的闲暇时间的增多，人们的眼光逐步投向外面的世界。南方人想领略一下冰城风光，北方人向往亚热带气氛，内陆人憧憬大海和草原的辽阔，沿海人想探寻森林奇峰异谷的神秘。呼伦贝尔自驾旅游有很多优势，如广阔的草原为自驾提供了广阔的空间，并且可自带帐篷随时随地驻扎，道路弯道险道少，相对安全，道路收费少，停车方便，减少了自驾成本等。要让自驾旅游健康发展，需要进一步加强基础设施建设，加强安全救援组织，严禁自驾车游客遇到半路被劫、露营被盗被伤等现象的发生，提供准确及时的导游图、公路图信息，完善预定系统，完善加油、饮食的网点建设，严禁交警任意处罚、乱收费等。

11. 旅游业和牧业相结合，发展生态旅游。呼伦贝尔生态旅游是以牧业为依托，使牧业与自然、人文景观以及现代旅游业相结合的一种高效产业，具有很大的发展潜力。发展有呼伦贝尔特色的农牧业观光，以展示种植业的栽培技术或园艺、农牧产品及其生产过程为主。或开放成熟的果园、菜园、花园、茶园等，利用参观、品尝、采摘、购买等一系列活动满足旅游者的多种需求。如新巴尔虎右旗农业基地就可以开发为农业生产和休闲旅游高度结合经营的观光农业园。通过旅游与牧业的结合发展民俗旅游，利用牧区特有的民俗文化作为牧业观光休闲活动的内容。如民俗文物馆、乡土文化活动、民俗古迹、地方人文历史、乡村博物馆、民族生态博物馆等。民族生态博物馆更广泛地说是新世纪旅游业的发展方向，它不仅向旅游者展示当地民俗文化，使旅游者从异域文化的独特性中得到精神的愉悦与互补，而且既保持了生态文化的可持续性，也使当地牧民增加了收益。现在，呼伦贝尔已经形成了民俗博物馆系列，如鄂温克民俗博物馆、达斡尔民族博物馆、鄂伦春博物馆等，可以进一步发展一个民族生态博物馆，既能促进民族文化的保护，又能促进旅游业的进一步发展。

12. 重视引进和培养专业人才，提高服务质量。旅游业的发展，人才是

① 鄂温克族自治旗旅游局：《鄂温克旗乡村旅游汇报材料》，2006年7月。

关键。重视培养和引进专业人才，要倡导尊重人才、尊重知识、尊重创造的理念，建立人才经济利益和社会价值双重激励机制，大胆引进专业人才，特别是管理人才，是旅游业发展的关键。同时，要加强旅游从业人员的培训教育工作，优化队伍，倡导文明，优质服务，树立良好的旅游行业形象。

参考文献

［1］田里：《旅游经济学》，高等教育出版社，2002 年 8 月。

［2］赵广华：《内蒙古精品旅游线路》，远方出版社，2005 年 5 月。

［3］呼伦贝尔旅游局：《中国·内蒙古·呼伦贝尔市旅游产业发展情况介绍材料》2006 年 5 月。

［4］《统计资料手册2004 年》，鄂温克族自治旗统计局，2005 年 4 月。

［5］《统计资料手册2005 年》，鄂温克族自治旗统计局，2006 年 4 月。

［6］《呼伦贝尔市统计年鉴2001 年》，呼伦贝尔市统计局，2002 年 7 月。

［7］《呼伦贝尔市统计年鉴2002 年》，呼伦贝尔市统计局，2003 年 7 月。

［8］《呼伦贝尔市统计年鉴2003 年》，呼伦贝尔市统计局，2004 年 7 月。

［9］《中国民族统计年鉴2003 年版》。

［10］《呼伦贝尔统计资料手册》（2005）。

［11］《云南统计年鉴2005 年》。

［12］那木拉：《立足优势，强化管理，促进全旗旅游业新发展》——在鄂温克旗旅游工作会议上的报告，2006 年 4 月 7 日。

［13］《新左旗旅游局"十五"工作总结及"十一五"规划》，新巴尔虎左旗旅游局，2005 年。

［14］《新右旗旅游业发展概况》，新巴尔虎右旗旅游局，2005 年 12 月。

［15］《满洲里市国民经济和社会发展第十一个五年规划纲要》，满洲里市政府，2006 年 2 月。

［16］《新右旗旅游业发展概况》，新巴尔虎右旗旅游局，2005 年 12 月。

［17］鄂温克旅游局：《鄂温克族自治旗旅游条例》，2006 年 4 月 1 日内蒙古自治区第十届人民代表大会常务委员会批准。

［18］吕振田：《新左旗旅游产业跨越式发展的思考》，2006 年 7 月。

关于元阳县旅游资源开发的调研报告

2005 级区域经济研究生　赵利军

2006 年 7 月下旬，中央民族大学 "985 工程" 发展战略调研组师生一行四人赴云南省红河哈尼族彝族自治州就该地区的经济社会发展战略进行了为期 20 天的调研。我作为其中的一员，全程参加了整个调研活动。期间，我们于 7 月 28 日至 29 日在元阳县参观考察了哈尼梯田、猛弄哈尼司署、箐口哈尼村等景区并对该县的旅游资源开发进行了调研。在元阳的调研过程中，我们采取了个别访谈、与有关部门座谈、入户问卷、统计资料搜集等多种方式，在充分掌握资料的基础上深入分析了元阳旅游开发的现状、面临的主要问题及开发的机遇条件，并提出了符合当地实际和旅游业发展趋势的建议对策，以期为元阳旅游资源开发提供参考。

一、元阳县旅游资源开发现状

元阳县地处滇南哀牢山区，红河南岸，东接金平，南连绿春，北与建水、蒙自、个旧隔红河相望。元阳境内无一平川且无边境线，是百分之百的山区和边疆县。由于地理区位偏远，交通落后，资源短缺，元阳的经济一直较为落后。据元阳县统计局提供的资料：元阳全县现设 2 镇 13 乡，132 个村委会，970 个自然村，总人口 37.15 万人。元阳世居哈尼、彝、傣、苗、瑶、壮、汉七种民族，少数民族人口占全县总人口的 88%，其中哈尼族人口占总人口的 55%。2005 年全县人均 GDP 2418 元，农民人均纯收入 892 元，人均财政收入 75 元，人均财政支出 674 元，是一个集少、边、山、穷等特点的国家级特困县。

通过与有关部门的座谈，我们了解到，元阳虽然经济较为落后，但是却拥有极为丰富的旅游资源，是一个自然景观和民族文化资源都极具潜力和开发价值的边疆县。其中，元阳境内的 20 万亩哈尼梯田景观壮丽，素有 "元阳梯田甲天下" 之美称，是最具特色和大有开发潜力的旅游资源。除哈尼梯田外，元阳还拥有元阳云海、猛弄哈尼司署以及哈尼旅游村寨等一些奇特的自然景观和极具民族浓郁风情的人文旅游资源。

20 世纪 90 年代初元阳县敞开对外开放大门，自此以哈尼梯田为代表的元阳旅游资源吸引了众多的中外游客前往观光旅游，迅速成为拉动当地经济增长的重要组成部分，推动了整个元阳经济的快速发展。元阳县旅游局为我们提供近几年旅游统计资料如下：1997 年，元阳接待游客不足 1 万人，收入不足百万，而"十五"期间，到元阳旅游的游客，平均每年以 30% 以上的速度递增，由 2000 年的 7 万余人次上升到了 2005 年的 25.35 万人次；2000 年旅游收入还不足 1000 万元，到 2005 年则达 13321.5 万元。2001 年元阳全县共接待国内外游客达 83956 人次，其中，国外游客 2000 多人次，旅游综合收入 1300 万元；2003 年，全县共接待国内外游客 10.8 万人次，同比增长 12%，全县旅游总收入 4736.86 万元，同比增长 9%；2005 年，全县共接待国内外游客 25.35 万人次，完成旅游收入 13321.5 万元，占到全县GDP 的 10% 左右，同比分别增长了 36% 和 50%。

　　从以上数据可以看出，随着旅游资源开发价值的日益凸现，元阳的旅游业在近几年获得了较快的发展，一个本来冷清的边疆小县变成了一个"火热"的旅游区，这对于一个山区贫困县而言，已是不小的收获。但是在其发展势头强劲的同时，我们在调研过程中也发现元阳的旅游业存在着一些不容忽视的问题和不足，概括起来就是：元阳有美景，无旅游产品，旅游业还没有形成良性循环的商业模式，还不能足够地带动当地经济发展，世界级梯田文化品牌还没有发挥其应有的经济社会效益。这主要表现在以下几个方面：

1. 旅游人数相对较少

　　首先，与云南省其他较大的旅游景区相比，到元阳旅游的人数还相对较少。据调查，2005 年，石林县景区旅游人数突破了 200 万人次，而在 2005 年元阳接待游客 25.35 万人次，仅为石林的 12.5% 左右；其次，从游客的身份看，到元阳旅游的游客多为摄影爱好者和研究民族文化的学者，而且重游率较高，以观光游玩为目的的游客较少；再次，从时间上看，游客大都集中于春节黄金周等一些热点旅游季节，而平时游客较少。2005 年元阳县接待国内外游客 25.35 万人，旅游总收入 13321.5 万元，而春节黄金周短短几天，该县就接待游客 2 万人次，旅游总收入 1020 万元，接待人数和收入都占到了全年的 1/10 左右；最后，从游客游玩的项目看，参观游览的过客较多，一般都只是看看拍几张照片就走，而消费餐饮、住宿的游客较少。

2. 接待能力差，人员素质低

据元阳县副县长李力介绍，元阳 2004 年共有旅游接待宾馆、酒店 22 家，其中二星级 2 家，一星级 1 家，在建三星级 1 家，有床位 1805 张、服务人员 153 人。到 2005 年，虽然宾馆数量上升至 25 家，包括试营业三星级酒店一家，二星级 4 家，一星级 3 家，日接待力逾 2000 人，但从总体上来看，元阳的宾馆、酒店还是偏少，且旅游旺季往往出现超载状况，而平时又达不到饱和。另外元阳大多数宾馆在硬件设施上也相对较差。我们所住的元阳宾馆是一家二星级宾馆，但内部的设施却极为陈旧、老化，从硬件上并没有达到星级宾馆的标准。与此同时元阳的旅游人才相对匮乏，专业导游数量较少，在业旅游服务人员缺乏专业知识，整体素质普遍偏低，这既影响接待质量，又影响旅游地的形象塑造。

3. 基础设施差，交通瓶颈依然存在

到 2004 年，元阳与中心城市联系的公路只有两条：一是元阳——个旧——昆明，需行驶 6 小时；二是元阳——建水——昆明，需行驶 7 小时。由于这些交通路线正在改善当中，加上目前红河哈尼族彝族自治州还没有民用机场，而客源又大都在昆明或以外，因此极大地限制了游客的可进入性。[①]另外元阳县内的交通也很落后，除南北贯通的一条三级路面外，其余均为等外级土路。据县上的同志说，在元阳县，从山底到山顶，人们的生活状况是由富到穷，在山底新城的人们生活水平要明显高于山上少数民族村寨的村民，这主要是山上的道路设施相对较差的缘故。对于元阳旅游而言，由于哈尼梯田地处偏远，且均位于山区，而元阳交通又落后，到达梯田景区的公路通达度和路面等级不够，例如从攀枝花老虎嘴哈尼梯田到猛弄哈尼司署大部分路段为山路和土路，且路面宽度不够，行车较为困难，再加上其他如通讯、保险、医疗等基础设施服务也不健全，因此无法满足旅游资源开发的需求，严重制约了旅游资源优势的发挥。

4. 经济社会效益较差

作为具有雄厚旅游资源的一个县，元阳旅游资源的社会效益较低，带给老百姓的实惠较少，还没有起到带动当地少数民族群众脱贫致富的作用。我们在攀枝花乡调研时发现，攀枝花虽拥有老虎嘴哈尼梯田及猛弄哈尼司署等

---

① 黄绍文：《试论元阳县梯田文化生态旅游资源类型与开发对策》，《红河学院学报》，2004 年第 2 卷第 1 期。

一些独具特色的旅游资源，但当地群众的生活水平却没有因此而得到改善。据该乡乡长向我们介绍，攀枝花乡辖 6 个村委会，现有人口 17147 人，其中农业人口占到了 98.3%，农业与第三产业的比例大约是 10:1；2005 年，攀枝花乡 GDP 总量 3438 万元，人均 2000 元，地方财政收入 19.4 万元，人均不到 12 元。在调研途中，我们所去的农民家中大部分是狭窄破落的房子，家里没有电话，没有电视，唯一的电器是仅有的一盏电灯，生火吃饭时没有灶和天然气，用木材烧火煮饭。从攀枝花乡的农业人口比重、产业结构、收入情况以及当地群众的生活状况我们可以看出，攀枝花乡的旅游业还没有起到带动当地经济发展和群众致富的作用，经济社会效益较差。

另据我们在箐口村的入户问卷调查：箐口村村民大都从事的是打扫卫生、管理家禽等活动，而直接从事旅游商品生意、歌舞表演和餐饮的人较少，旅游收入仅来源于门票、出租房屋所得；村民认为通过旅游业增加自己收入的不到三成，大部分村民认为旅游业并没有使自己的生活得到改变。由此可见元阳旅游的经济社会效益相对较差，给老百姓带来的实惠较少。

5. 旅游景点分散，产品单一

在过去几年里，哈尼梯田并没有形成像丽江或是大理那样事实上的旅游热区，还停留在一种自发性阶段上。这主要表现在旅游景点太分散，景点间没有紧密的联系。如我们去的攀枝花乡与箐口民俗文化村之间就隔着很长一段路，但中途却没有见到任何民俗店或是哈尼族风情的民俗农家乐，并不像丽江或是大理那样旅游景点呈现带状分布，紧凑性较好。另外，元阳各景区大都尚处于原始自然状态，景点开发缺乏新意，产品单一老化，对游客的吸引力不强。游客除在公路沿途观赏梯田自然风光外，相应的民族文化旅游节日、歌舞、商品、饮食等开发程度较低，还没有形成"吃、住、行、游、购、娱"一体化的旅游消费市场。在梯田景区调研时，我们见到最多的就是银饰品、佛珠等一些大众化的旅游商品，并没有看到太多具有哈尼本族特色的产品。另外在箐口村我们发现，目前箐口全村仅有哈尼服饰专营店和手工艺品经营店 10 余家，"农家乐"和蘑菇房旅馆 20 余家，旅游消费市场开拓相对不足。

就上述存在的问题，分析其原因大致有以下三点：

1. 认识不足，行业管理差

20 世纪末元阳才开始关注旅游资源的开发，把旅游业的发展提上议事日程。由于元阳县旅游起步较晚，导致思想观念较为陈旧，社会各界支持发展旅游业的氛围还没有形成。这主要表现在缺乏培育先导产业的认识，尚未真正了解元阳旅游业的重要意义，没有将元阳旅游业发展作为贯穿各行业工作的主要任务来开展；人们的思想认识不一致，在具体工作中各自为政，各行其是，缺乏统一规划和管理，景区的专门管理机构成立较晚或没有成立，盲目开发的现象时有发生；部分地方还因行业管理不当，造成了景区管理混乱，大大损害了元阳旅游地的形象。

2. 对外宣传力度不够

和云南其他较为出名的旅游景点相比，元阳的哈尼梯田民族文化世界遗产对外宣传较少，市场开拓不足，还没有形成稳定的客源市场。由于宣传力度不够，多年来外界人士几乎不知道有哈尼族这个民族，更何况是元阳的哈尼梯田。除了对民族文化喜好的个人或是专门研究这方面的人士以外，很少有人会注意这个恍若仙境的地方，从而造成了旅游资源的极大浪费，以致元阳旅游业整整比其他旅游发达地区晚发展十几年，甚至几十年。

3. 资金匮乏，旅游融资难度大

旅游资源的开发建设本身就具有建设周期长、资金消耗大的特点。目前元阳县旅游开发的资金基本上由政府划拨。尽管政府也建立了发展旅游业的基金，分年度划拨，但由于元阳县域经济发展水平低下，地方财力主要靠国家财政补贴，因此投入到旅游开发的资金只能是杯水车薪，有些好的旅游项目也因资金问题而搁浅，其开发速度远不能与迅速增长的游客需求相适应，极大地影响了旅游资源的开发利用。另外受地域、自然条件、思想观念等因素的影响，元阳县对外开放程度较低，没有吸引外资投入的环境，利用外资少也导致了景区建设和其他相配套的交通、能源等自身基础设施建设滞后，严重制约着元阳旅游业的发展。

二、元阳县旅游资源开发的机遇条件

1. 申报《世界遗产名录》带来的机遇

"红河哈尼梯田风景区"的《世界遗产名录》申报得到了各级党政领导的高度重视和积极支持。1999 年 10 月，红河哈尼族彝族自治州政府召开常务会议，成立了以州长白成亮为组长的红河哈尼族梯田申报世界遗产工作领导小组及办公室，全面展开了哈尼梯田文化的申报准备工作；2001 年 10 月，红河哈尼族彝族自治州政府常务会议通过了《红河哈尼族彝族自治州红河哈尼梯田管理暂行办法》并正式颁布实施；2001年12月，国务院将"红河哈尼梯田风景区"列入了中国申报世界遗产预备清单，并将申报文本提交给了联合国教科文组织；2002年2月，作为指导遗产保护、管理的纲领性文件，《红河哈尼梯田保护与发展规划》组织编制完成，并由红河哈尼族彝族自治州人民政府批准实施；为了确保成功，在申报期间云南省政府和红河州政府先后投入上千万元资金用于哈尼梯田区域的水土保持和环境整治工作，与此同时元阳县也认真开展了大量的保护和规划工作，颁布了《元阳红河哈尼梯田保护管理实施细则》，并成立了保护管理机构，通过各种措施，促进保护区内的生态环境逐年改善。

鲜为人知的平遥、丽江等古镇在20世纪90年代因被列入世界遗产名录而身价陡增，变成新兴的旅游目的地，也为当地的财政带来了巨额收入。以元阳梯田为核心区的"红河哈尼梯田风景区"进行《世界遗产名录》申报，必将提升元阳旅游的知名度，引起社会各界的广泛关注和各级政府的大力支持，这是元阳旅游资源开发千载难逢的机遇。

2. 云南省建设民族文化大省和旅游大省带来的机遇

"十一五"期间，针对国内外旅游发展的新变化和云南省旅游发展的实际，云南省委、省政府做出了全面建设旅游经济强省的战略部署，启动了云南旅游的"二次创业"，计划通过五年的建设与发展，初步把云南建设成为民族文化大省和旅游大省，实现从旅游资源大省向旅游经济强省的转变。为此云南省采取了各种措施加快旅游业的发展，具体包括将用于扶持旅游发展的资金由原来的2000万元增加至5000万元，重点用于支持旅游规划、旅游开发建设项目前期工作、宣传促销和人才培训；每年注入5亿元政府信贷资金，"十一五"期间共注入30亿元资本金，构建投融资平台，力争在"十一五"期间拉动和吸引旅游产业开发建设资金500亿元；抓紧建设一批影响力大、市场广阔、带动性强的重大旅游项目，预计今后几年，全省开发建设的旅游项目将达300多个；集中力量提升云南旅游的通达条件，加快昆明国际机场、文山、红河、腾冲等新机场的建设，开工建设大理到丽江旅游铁路和泛亚铁路云南段；实施《云南省旅游行业宣传促销管理暂行办法》和《云南省海外旅游促销奖励试行办法》，安排专门经费，对云南省内积极开拓海外旅游市场和积极组织海外游客到云南旅游的旅行社给予奖励；[1] 着力

---

[1] 云南电视网：《罗明义谈"十一五"期间云南旅游投资蓝图》，2005-12-19。

抓好精品开发，加快省内旅游区建设，其中计划将红河、文山两州及昆明、曲靖两市的部分邻近地区，依托罗平、元阳梯田、彩色沙林等旅游品牌，建设成为面向越南和连接广西、贵州的滇东南"喀斯特山水文化旅游区"等。

3. 当地政府对旅游业发展的高度重视

"十五"期间，红河哈尼族彝族自治州州委州政府高度重视旅游业的发展，大力实施旅游带动战略，提出了建设旅游经济强州的发展目标，全州上下形成了发展大旅游、培育新支柱的良好氛围，红河的旅游业呈现出全面发展的良好态势。[①] 在"十一五"期间，红河哈尼族彝族自治州围绕《红河州国民经济和社会发展第十一个五年规划纲要》提出的"到2010年，把红河哈尼族彝族自治州建成云南旅游新的热点地区，实现旅游资源大州向旅游经济强州的新跨越"发展目标，抓住云南省旅游"二次创业"发展的机遇，认真组织实施《红河州"十一五"旅游发展规划》，计划投资10亿元用于旅游建设，以项目建设为重点，集中力量，高起点、高标准、高水平地实施大项目推动大开发促进大发展的战略，全面加强旅游基础设施建设，高度重视精品旅游线路的打造，不断优化旅游产品结构，增强红河旅游的整体吸引力和综合竞争力，培育旅游产业成为红河哈尼族彝族自治州国民经济的重要产业。

按照省委、省政府建设旅游大省和红河哈尼族彝族自治州"十一五"旅游发展规划的总体要求，根据元阳资源的实际状况，元阳县委、县政府以及县旅游主管部门认真研究，因势利导，提出了逐步把文化产业中的旅游业培植为首要支柱产业，基本实现建设旅游强县和哈尼文化特色县的"十一五"文化产业发展目标和以资源为依托，以市场为导向，充分挖掘潜力，突出哈尼梯田文化特点，建立哈尼梯田文化旅游特色县的指导思想。另外为了推出哈尼梯田旅游品牌，元阳县委、县政府从做好规划入手，提高认识，加强领导，把旅游产业的发展列入党委、政府的重要议事日程，认真研究，精心部署，加大旅游规划的编制和实施力度，制定了《红河哈尼梯田元阳核心区旅游发展规划》、《元阳县哈尼民俗文化旅游村详细总体规划》等规划文本，这都为开发元阳梯田文化旅游，做大做强旅游业，不断推进元阳县域经济的跨越式发展，奠定了良好的基础。

① 红河哈尼族彝族自治州旅游局：《红河州旅游业发展情况》，2006。

三、关于元阳县旅游资源开发的几点建议

根据本次调研所掌握的资料，针对元阳旅游业中存在的问题及其所面临的良好机遇，我们认为元阳的旅游资源开发总体上应当立足于哈尼梯田资源优势，树立品牌意识，高品位地做好哈尼梯田旅游的策划和规划，在把哈尼梯田打造成知名旅游品牌的基础上整合资源优势，全方位开发元阳的旅游资源。具体来讲，主要包括以下几点建议：

1. 明确目标，强化管理

元阳县旅游资源开发要以云南省和红河哈尼族彝族自治州的旅游发展总体规划为指导，理清思路，统一认识，明确目标，树立全局观念，增强团结协作的意识，制定和完善旅游资源开发的相关政策法规，认真落实旅游业发展的各项政策规定，使元阳旅游资源开发工作有法可依，有法必依，进一步强化行业管理，加大监管力度，逐步完善旅游经营管理体制和服务功能，保证资源开发工作的顺利进行，认真把元阳旅游这篇文章做好做强，把旅游业培育成为元阳县经济发展的先导产业，突破多年来经济发展的困境，以此带动全县人民脱贫奔小康。

2. 加大宣传力度，打造旅游品牌

旅游产品是特殊的商品，不可能像其他商品那样在市场上直接展示，必须依靠宣传促销吸引潜在的旅游者。世界知名的旅游目的地，都是靠千方百计加强宣传促销，来不断增强对游客的吸引力的。[1] 为此元阳要进一步加强旅游宣传促销，搞好整体旅游形象的设计、包装和宣传，创新宣传推广手段，拓宽宣传促销载体，通过拍摄电影、电视专题片、开展梯田风光摄影大赛，积极邀请中外媒体记者采取采访报道、形象代言、形象标语及宣传文章、手册等多种渠道和方式，把元阳哈尼梯田风光搬上电影电视、搬上画册书籍、搬进报纸杂志，多层面、广角度、全方位向外推介元阳旅游，大力提升哈尼梯田的知名度，不断扩大元阳在国内外的知名度和影响力，将元阳旅游推向全国、推向世界。

3. 内引外联，拓宽融资渠道

元阳旅游资源的开发和建设，必须坚持利用内资与引进外资相结合，完

---

① 红河哈尼族彝族自治州旅游局：《红河州旅游业发展情况》，2006 年。

善旅游投融资体制，拓宽投融资渠道，广辟财源，多方集资，实现资本与资源的最佳结合，推动旅游资源优势向经济优势的转变。

其一，在做好规划、科研和环境评估的基础上，要积极向国家争取各种专项建设资金支持，建立旅游发展基金，加大对旅游景区建设的投资力度。

其二，要鼓励当地个体、私营等非公有制经济参与旅游产业建设，引入市场机制，通过经营权的出让、转让、参股和控股等多种方式，让资源与市场有效对接，实行商业化运作，从而动员社会各方面力量，大力引入社会资金加快旅游建设。

其三，要树立"外商发财，元阳发展"的观念，以招商引资为重点，全面落实招商引资优惠政策，加强投资软硬件环境建设，切实为外商创造优良的投资环境，吸引县外资本投资元阳县旅游资源产业建设项目，以项目带动旅游业的发展，推动元阳旅游产业快速发展。

其四，要积极争取国际上自然与人文资源保护基金的支持，在保护旅游资源的同时利用国际资金加大基础设施建设力度，改善旅游环境，开发旅游资源。例如，元阳可以同世界自然保护基金会、亚洲开发银行、全球生态恢复与发展基金会、全球环境基金会等盈利或非盈利组织加强联系，引入资金，共同保护和开发以哈尼梯田为核心的元阳生态旅游资源。

4. 增加旅游宾馆建设的投入，提高旅游服务水平

加大旅游宾馆建设的投入，不仅要大力改善现有的宾馆、饭店硬件设施，全面提升元阳旅游的接待能力，而且还要新建一批高档星级宾馆以增强接待豪华旅游团队和承办高规格会议的能力，提高元阳旅游的档次，缓解旅游高峰期宾馆酒店的接待压力。另外还要切实采取多种形式，大力引进旅游管理人才，开展现有旅游服务人员的培训，提高其素质及服务水平，培养一支既能适应现代旅游发展的需要，又通晓元阳梯田文化知识的高素质旅游管理和服务队伍，以此提高元阳旅游的整体服务水平。

5. 加强基础设施建设，改善交通通达条件

元阳目前旅游条件相对较差，加之元阳本身的通达性能很低，使得元阳的旅游客观上尚未具备近期接待大量游客的条件。因此，在旅游资源开发中改善基础设施条件是元阳旅游开发的重点所在。改善基础设施条件，首要的是要改善交通条件，积极推进公路建设，提高公路通达度和路面等级，改善县域内通达性能，缓解交通压力，逐步消除交通对旅游业发展的"瓶颈"制约。例如要加强元建二级公路、元绿二级公路及大鱼塘联络线的建设，实现元阳境内无高等级公路"零"的突破，建设四通八达，干支相连，以高等级公路和干线公路为主骨架，承东启西，联南贯北，通达周边县（市）的公路网络以及加快县乡公路建设，全面提升路网等级，以此为外地游客进入元阳以及在元阳旅游提供便利的交通条件。[①]另外还要积极加强旅游信息化、游客服务中心建设，促进旅游购物、住宿、娱乐、餐饮、医疗、保险等社会配套设施的建设，进一步增强元阳旅游的可进入性。

6. 提高经济社会效益，带动当地群众脱贫致富

当地政府不仅要帮助群众树立现代商品经济意识和市场意识，让群众参与利益分配，而且还要通过政策引导、技术支持、贷款扶持等措施，上下联动，引导和鼓励当地群众从事旅游管理、歌舞表演、餐饮住宿、加工民族旅游商品等旅游业服务活动，调动其参与发展旅游产业的积极性，通过哈尼特色旅游服务，使旅游产业成为梯田核心区内各族群众脱贫致富的主导产业，促进各族群众增收致富。只有把发展旅游产业与加快各族群众脱贫致富结合起来，群众更进一步地参与到旅游活动中，才能真正实现"旅游扶贫"，才能让元阳的老百姓真正从旅游业中获得实惠，也才能真正实现世界级梯田文化品牌的社会经济效益。

7. 以哈尼梯田为背景，打造全方位的旅游开发格局

哈尼梯田自然景观是元阳发展旅游业的前提条件，也是资源特色优势所在。但是元阳的旅游资源不能是单单开发梯田自然景观，而应当是哈尼梯田文化的全方位开发。因此在资金能够支持的情况下，要围绕梯田文化，大力开发蘑菇房旅馆、哈尼农家乐、文化旅游等项目，景点间要多些比较有特色的民俗店或农家乐以丰富旅游活动的内容，吸引游客，从而把元阳打造成为集观光旅游、休闲娱乐度假为一体的综合旅游热区。另外元阳境内可供开发的旅游产品资源也十分丰富：水碾、水磨、蘑菇房等群众生产生活用品工艺的雕刻，云雾茶、哈尼豆豉、小黄牛干巴等特色食品，还有哈尼、彝族服饰（头饰）刺绣等都具有广阔的市场前景和开发价值。因此要通过扶持一批旅游商品经营专业户，培育一批哈尼特色旅游小商品生产专业村，形成独具元阳特色的旅游小商品加工产业，逐步把元阳建成哈尼特色小商品的生产集散

---

① 罗辉：《向现代化公路交通网络迈进——元阳"十五"期间公路建设回眸》，《红河日报》，2006.2.20。

基地。①

8. 以哈尼梯田为龙头，精心打造云南省红河精品旅游线路

红河哈尼族彝族自治州旅游资源十分丰富，但点多面广，零星分散，参差不齐。为把州内众多分散的景点有机地串联起来，使之形成整体效益，就要依据"加大开发力度，建树旅游精品，把旅游业建成红河哈尼族彝族自治州国民经济的新兴支柱产业"的战略思想实行品牌战略。红河哈尼族彝族自治州旅游当前的品牌概念就是一个，即"红河哈尼梯田"。为此要充分利用哈尼梯田的知名品牌，通过打造以昆明为始终包括昆明、建水、个旧、元阳、河口、蒙自、弥勒的合围式旅游线路和以昆明为起点包括昆明、建水、石屏、红河、元阳、绿春、思茅、景洪的滇东南旅游线路，把红河哈尼梯田打造成中国知名并有国际影响力的旅游品牌，使得红河当地许多产品，如红河烟、三七、天麻、建水古城、燕子洞等原本散乱的资源都被"红河哈尼梯田"这一概念统一串联起来，实现旅游资源大州向旅游经济强州的新跨越。

实施品牌战略，倾力打造红河哈尼梯田品牌，就必须凸现元阳在红河旅游当中的龙头作用，重点开发建设元阳梯田核心区，进而辐射红河、绿春、金平，形成以哈尼梯田风光和文化为主要特色，融民族风情、山寨风光、高山云海为一体的哈尼梯田文化旅游区。其他县市的景区，如建水历史文化名城、河口跨国旅游、泸西阿庐古洞、个旧的锡文化、蒙自的万亩石榴园等都应在这一前提之下作为品牌的支撑进行建设布局。而元阳的旅游亮点又要放在箐口民俗村、坝达、老虎嘴、多依树等梯田景区，其他旅游资源的开发都要围绕以上的景区展开。

参考文献

[1] 杨振之：《旅游资源开发》，四川人民出版社，1996 年。

[2] 黄绍文：《试论元阳县梯田文化生态旅游资源类型与开发对策》，《红河学院学报》，2004 年，第 2 卷第 1 期。

[3] 罗继霖：《浅谈元阳哈尼梯田的旅游前景与开发保护》，《蒙自师范高等专科学校学报》，2003 年，第 4 卷第 1 期。

[4] 唐雪琼、车震宇：《哈尼村寨旅游开发的社会文化影响的初步研究——

---

① 李明刚：《浅谈元阳县文化产业发展的思路》。

以元阳县箐口村为例》,《红河学院学报》,2004 年第 2 卷第 3 期。

[5] 李明刚:《浅谈元阳县文化产业发展的思路》,作者单位:元阳县委宣传部。

[6] 欧广辉:《元阳的旅游资源与开发问题》,《创造》,2003 年第 3 期。

[7] 红河哈尼族彝族自治州旅游局:《红河州旅游业发展情况》,2006 年。

[8] 云南省人民政府:《云南省国民经济和社会发展第十一个五年规划纲要》,2006 年。

[9] 孔莲芝:《构筑元阳旅游产业支柱》,《民族时报》,2004 年 6 月,第 C03 版。

[10] 李光林:《加快元阳县域经济发展的理性思考》,作者单位:元阳县委办公室。

[11] 云南电视网:《罗明义谈"十一五"期间云南旅游投资蓝图》,2005. 12. 19。

[12] 罗辉:《向现代化公路交通网络迈进——元阳"十五"期间公路建设回眸》,《红河日报》,2006. 2. 20。

第七部分 旅游业发展

585

巴马旅游业的"三位一体"现代化发展

2004 级经济学院本科生　任　婧

一、巴马旅游业发展现状

位于广西西北部的巴马瑶族自治县，1991 年 11 月 1 日，在日本东京召开的国家自然医学会第 13 次会议上，国际自然医学会会长、世界著名长寿专家森下敬一向全世界宣布：中国广西巴马瑶族自治县将正式确认为世界第五个长寿之乡。

有着"世界长寿之乡"的美称，巴马县对其旅游产业的发展给予了高度重视。

"十五"时期巴马县基础设施固定资产投资总额达 18.54 亿元，年增长 26.41%。投资总额 24459.91 万元的大会战项目全部竣工投入使用，彻底改变了巴马县教育、计划生育、卫生、文化、广播电视、水电、民政、政法、电信、乡镇农贸市场等基础设施落后的面貌。就交通来说，巴马到离它最近的田阳机场只有 70 公里的距离；国道 323 线（国家二级公路）穿城而过。历经两年多的巴马县基础设施建设大会战胜利告捷，实现了乡乡通油路、村村通四级砂路的目标。基础设施的大力建设为旅游业的发展奠定了基础。

巴马县主要的景点，有洞内游程长达 10 多公里、号称"天下第一洞"的百魔洞，有"水上宫殿"之称的百鸟岩，有"小桂林"之称的盘阳河风光，有"百岛长湖"之称的赐福湖，有龙洪田园风光、弄友原始森林、好友天坑群落、龙田石林等自然景观，供长寿奥秘探索者观赏、研究。巴马的明代土司军事营盘遗址、红七军二十一师师部旧址、农民运动领袖韦拔群牺牲地——香刷洞等历史名胜，以及瑶寨木楼、民俗风情等人文旅游资源，也可供旅游爱好者参观。巴马县还建设了长寿度假村，为游客提供真实的"长寿之旅"。巴马已初步对甲篆乡巴盘长寿屯农家旅馆进行包装，可以同时接待 20 人/天的小团体来疗养。坡月街上已有三家具备接待条件，可同时住进 60 位老人疗养。现长住巴马的外地老人在 40—60 人以上。

旅游业的发展为巴马带来了经济收益。2005 年全年巴马县接待游客 113951 人次，首次突破 10 万人大关，旅游社会总收入 1200 万元，首次突破 1000 万元大关。2006 年上半年，巴马县完成接待游客量为 76190 人次，其中国内游客 75760 人次，国外游客 430 人次，实现旅游社会收入 920 万元。

二、巴马旅游业深度开发的资源条件及未来发展需求

1. 资源条件

（1）民族长寿资源。中国广西巴马瑶族自治县是世界第五个长寿之乡。百岁长寿率为 34.9/10 万，是世界第五长寿乡长寿率最高的核心地带；在长寿之乡的巴马，其地理、气候条件下生长的动植物，也多为长寿食物和食品。盘阳河流域生长的玉米、蔬菜、水果，特别是野菜、野果，其所含的人体需要的各种维生素、氨基酸和植物纤维都高于其他地区。主要长寿食物资源系列产品有数百种。

尊老敬老、有益于老年人身心健康的社会风尚，奇特的恋爱、婚姻和家庭生活方式，在心理上和生理上营造了一个适宜长寿的生命环境。据世界卫生组织马斯瓦格纳博士研究，爱情和婚姻美满是长寿的一个重要因素，他指出：爱情能提高人体免疫能力，爱情幸福可促使人体分泌出长寿的代谢物质和激素、酶、乙酰胆碱等。巴马的牛筋椅、添寿补粮习俗和祝寿民俗文化，以及当地村民善于寻找生活乐趣的优良生活习俗、有利于健康长寿的生活方式，都保留着浓厚古朴、多彩多姿的民族风情。

（2）原生态环境

巴马县位于广西西北部，气候冬暖夏凉，年平均气温 20.4℃，属于亚热带气候。自西向东贯穿县境的盘阳河是巴马的母亲河，多年以来，该流域的"长寿现象"备受世人关注，据联合国自然医学会专家考证，长寿现象得益于岩溶地貌地下河的水源及沿河的空气质量，空气中负氧离子的含量最高达每立方米 10000 个，无污染的地下河水及山泉水富含多种微量元素，长期饮用对人体大有裨益。

（3）旅游地交通、资源聚集度、游客容量及旅游节律性

巴马地处河池市、百色市的交界处，是凤山、东兰等县出海的重要过境通道，在 2003 年开始的东巴凤基础设施建设大会战中，巴马——东兰、巴马——凤山、巴马——田阳（百色）三条二级公路相继动工，2005 年全面竣工。全县 12 个乡镇乡乡通油路，80% 以上的行政村通四级砂路，巴马对

外联系和中心集散的区位优势日趋明显，为旅游业的发展提供了便利、快捷的交通基础。

巴马的旅游资源和长寿屯多分布在盘阳河两岸，比较集中。2005 年全年接待游客 113951 人次，首次突破 10 万人大关。2006 年上半年，巴马县完成接待游客量为 76190 人次，其中国内游客 75760 人次，国外游客 430 人次。预计到 2007 年，旅游开发总投入要达到 8000 万元以上，实现接待游客 16 万人次。

巴马县四季常青，雨热同季，冬暖夏凉，日照年平均 1531 小时，年降雨量 1578 毫米，平均相对湿度 79%，年平均气温为 20°C 左右，湿度气温调节合理，使得旅游周期长。

2. 巴马旅游业未来发展需求

巴马地区旅游发展的未来需求是：发挥长寿特色，走生态路，重点开拓三大市场，着力开发三大奇观，结合桂西扶贫攻坚战，把巴凤盘阳河流域建成广西壮族自治区乃至全国第一个以长寿旅游为特色的旅游观光度假区。

发挥长寿特色，是巴马旅游区第一个发展需求。巴马拥有世界级的长寿旅游资源，包括长寿寿星资源系列、长寿风景资源系列、长寿食品资源系列、长寿社会文化系列，是区别于全国其他任何旅游区的一项特种资源、精品资源，因此抓住"长寿旅游"这一主题，打长寿牌，做长寿文章，构架长寿旅游系列产品，形成我国旅游产业领域的"独花开放"局面，以带动巴马县的经济发展。

走生态路指巴马长寿旅游区必须坚持生态学原则，强化长寿资源和环境的保护力度，把巴马地区建成具有完整的亚热带生态系统的长寿生态区域。

所谓三个市场是指国内外老人市场、国内外科研市场、国内外长寿食品市场。

着力开发三大奇观：从资源角度来看，巴凤长寿地带有三大自然奇观，一是百岁老人数量和占人口比率奇观，二是长寿风景奇观，三是民族文化奇观。

与巴凤扶贫战略相结合：巴巴、凤山二县是我国特困县中扶贫事业的攻坚地区，这里有丰富的世界第一流的长寿风景资源，通过开发旅游业，可以使相当数量人口脱贫致富。旅游业对巴马、凤山有四个扶贫功能：（1）它能发挥长寿老人资源、自然景观和民族风情的优势，把资源价值转化为经济价值；（2）它能为各民族提供广泛的就业机会，安排社会闲散人员；（3）

它能为各民族传统的手工艺品、食品和农副土特产品开拓广阔的销路；（4）它是一种见效快、永久性的扶贫开发项目和产业。基于这些特性，巴凤地区旅游业必将成为与脱贫事业结合的最好产业。巴凤旅游开发，必须扣紧扶贫宗旨，以充分发挥旅游业在扶贫攻坚事业中的支柱作用。

三、基于巴马旅游业未来发展需求的分析及战略选择

在巴马开发旅游业，有其积极的意义。发展旅游业可以充分发挥巴马县自然人文资源优势，扬长避短，发展县域经济。巴马县人均耕地仅 0.6 亩，自然条件恶劣，抗灾能力差，产量低，农民收入少，而且工农业资源相对匮乏，但作为世界级的长寿之乡，巴马县蕴藏着世界一流的旅游资源；发展旅游业可以让当地人民意识到现有自然、人文资源的价值，从而对其进行更好的保护；发展旅游业，能带动当地经济的发展：（1）大力发展旅游业可以调整和提升巴马县产业结构；（2）发展旅游业是实现财富转移、减轻国家负担、共建和谐社会的重要途径；（3）发展旅游业是解决农村剩余劳动力的重要途径。

但是，巴马旅游业也面临着一些发展瓶颈。（1）旅游经济结构有待完善。从需求结构来看，巴马旅游主要以老年人为主，这对巴马来说既是旅游发展的优势，但同时也形成了局限。巴马在发展长寿度假体验的同时，也应积极拓展其他康体娱乐活动，吸引更多的中青年游客，促使旅游需求的多元化；就旅游产品消费结构而言，巴马提供的长寿度假体验还处在中低档次。因此在开展旅游度假的过程中，应照顾到不同层次的消费层次及水平，提供高档、中档、低档或舒适型、经济型消费方式。（2）工业带来的环境污染以及对资源保护的力度不足。巴马在发展工业的过程中，一些产品对环境造成了污染，巴马县虽已于 2004 年 3 月中旬向社会公布了《巴马瑶族自治县旅游资源保护通告》，但效果不佳。（3）旅游专业人才缺乏。旅游资源开发需要做大量的基础工作，如编制旅游资源的开发规划、旅游资源开发的策划和旅游资源、旅游产品的促销宣传、旅游从业人员培训等。而巴马县旅游局人员只能完成部分工作，部分专业性较强的工作得委托外单位有相关专业知识的人来完成。

针对巴马旅游业发展的现状及其未来发展需求，笔者认为巴马旅游业的发展战略是："三位一体"，三轮驱动。巴马旅游业的现代化发展，其中

"长寿体验"是发展的核心。所谓"三位一体",指民族长寿文化、原生态及先进管理。民族长寿文化是巴马旅游的独特性。对于一个旅游点而言,具有鲜明的个性,是其生命线所在。巴马作为世界五大长寿乡中长寿率最高的核心地带,一定要突出其"最",对旅游资源进行有长寿特色地开发。巴马的原生态环境是旅游业发展的重要基础,要加强环境保护,控制工业污染。巴马旅游业发展的重要原则是面向市场,因此要采用先进的管理方式,为游客提供舒适的服务。同时,采用现代化的融资手段和营销方式,为巴马旅游业的发展提供便利条件。

四、巴马旅游业发展的政策提示——培育增长极旅游企业

为了促进巴马旅游业的开发并带动巴马经济的发展,巴马应该培育核心旅游企业,作为巴马经济的增长极。

由于巴马在发展农业和传统工业方面都不具有优势,巴马经济的发展主要依靠条件较好的少数产业带动,应把少数区位条件好的地区和少数条件好的产业培育成经济增长极。旅游业作为巴马发展现状及前景都很好的产业,应该充分发挥其极化和扩散效应(增长极的极化效应主要表现为资金、技术、人才等生产要素向极点聚集;扩散效应主要表现为生产要素向外围转移),影响和带动周边地区和其他产业发展。

因此,巴马应积极培植增长极旅游企业,发挥长寿文化资源优势、走原生态路、进行先进的旅游管理。通过核心增长极旅游企业的发展,辐射巴马旅游产业及其他关联产业,有效地带动巴马的经济增长。

参考文献

[1] 苏勤:《旅游学概论》,高等教育出版社,2004。

[2] 韦友爱:《发展长寿旅游业,加快巴马脱贫进程》,《广西党史》,1998。

[3] 毛兴俊:《发展巴马经济,提高农民收入》,《桂海论丛》,2004。

[4] 江日清:《试论巴马长寿文化生态旅游》,《河池学院学报》,2004。

西部地区民族文化旅游开发与民族文化保护刍议

——以广西河池市南丹县白裤瑶为例

2005 级民族经济学研究生　高珊珊

一、白裤瑶的民族文化优势

白裤瑶是瑶族中民族特色保留较为完整的支系之一，自称"努格劳"或"吉努"、"朵努"，人口目前有 3 万多，主要分布于广西壮族自治区河池市南丹县里湖、八圩两个瑶族乡，部分散居于与之毗邻的河池市金城江区拔贡乡及贵州省荔波县瑶山乡。以男子不分老幼，一年四季都穿着长仅掩膝，用白色土布制成的紧膝五指裤，包白头巾、白绑带而得名。

白裤瑶早在宋前，就从湖南迁到广西南丹，由于这一带土地贫瘠，水源奇缺，交通不便，白裤瑶长期过着原始部落生活，也因此完整地保留了许多祖先的遗风遗俗，被联合国科教文卫组织认定为民族文化保留得最完整的一个民族，被外界称为"人类文明的活化石"。白裤瑶族没有本民族文字，但有自己的语言，语言属汉藏语系苗瑶语族瑶语支。

白裤瑶族的民俗古朴自然，情趣盎然，其婚俗、服饰、发型、葬礼、祭祀、娱乐等至今保持原俗。他们勤劳勇敢、坦荡朴实，追求自由浪漫的爱情，遗留着母系社会向父系社会过渡阶段的社会文化；他们固守一方，自给自足，是一个由原始社会生活形态直接跨入现代社会生活形态的民族。站在发展民族文化旅游的角度，重新审视白裤瑶的文化，可以概括为这样几个特征：

1. 建筑文化

白裤瑶人喜欢集体居住在高山顶或山腰上，小寨十多家，大寨上百户，以窄小的茅屋居多，人畜分居。新中国成立前绝大多数家庭不设床，晚上围着火炕就地而眠，新中国成立后有了改善。白裤瑶的粮仓很有特点，分为旧式和新式两种[①]：旧式粮仓上部为圆柱体锥顶，用茅草覆盖顶部，仓身四周

---

① 吴晟志：《论白裤瑶社会文化的发展与继承》，《广西民族学院学报》（自然科学版），2003 年 12 月。

用竹篱围住，直径约 2 米，高约 2.5 米，形如囤箩；新式的粮仓上部呈长方体，顶部呈人字形，四面倒水，有盖瓦，四周用木板围住。与旧式相比，新式粮仓都有门，仓底用四根木柱架起，柱与柱之间距离约 2 米，高约 2 米，仓底用木板铺平，在粮仓底部木板与木柱接合的部位，各用四个外表十分光滑的陶罐或铁锅倒套在四根木柱的顶部，以防老鼠爬上去。粮仓下部空旷通风，可使仓内贮藏的粮食不易受潮。

2. 服饰文化

白裤瑶的服饰装束奇特而典雅，分为普通装和豪华装。男子的普通装为平领黑布，对襟无纽扣，分单层、双层、绣花、锁边衣 4 种，黑腰带；裤子由自制的白色土布制成，裤长及膝，裤脚用黑布包边红线绣花点缀。膝盖处绣着五根直的红线条中间三根长，两边两根短，形状似手印，据说这是为纪念一位英勇善战的瑶王而做的。豪华装也叫"朝 K"，样子特别新颖和美丽，衣服全黑色，胸襟用两寸多宽的蓝布镶边，衣脚上绣着浅色的花纹。

白裤瑶女子的上衣分冬装和夏装。冬装式样与男子的外衣差不多，夏装却很原始奇特，称作"挂衣"。挂衣没有衣袖，前胸后背各一块方布，两边肩上各用 10 厘米宽的黑布连着，腋下没有扣子，全部敞开，不穿内衣。挂衣底色为黑色，背面用彩色丝线绣成各种图案，图案因宗族而异，但多为正方形图案，形如印章，据说是为了让族人谨记曾拥有的瑶王大印，铭记瑶王女儿背叛的教训所绣。下装全是褶裙，长至膝盖，用丝线绣上层层花边。白裤瑶没有自己的文字，几千年的变迁游离只能通过绣制图案，配上口头相传的故事将历史保存下来。

3. 铜鼓文化

铜鼓是白裤瑶虔诚礼拜的神器，是图腾崇拜和艺术的精华，也是瑶山的精灵和民族精神的寄托。据统计，白裤瑶人目前收藏的铜鼓共有 311 面（其中里湖 229 面，八圩 80 面，小场 2 面），最早的铸于宋朝，多数为明清时期铸造，一般已相传五代以上。铜鼓鼓体的形态、鼓面的纹饰十分别致、精美。白裤瑶人的寿宴节庆、婚丧嫁娶等仪式上都要敲打铜鼓，跳铜鼓舞。

白裤瑶打鼓的程序十分讲究，且花式变化多端，铜鼓阵气势宏大。表演铜鼓舞的一般是男性，白裤瑶人将铜鼓吊在搭起的横梁上，围成一个弧形，中间放一面一米多高的牛皮大鼓。打铜鼓一般由两人合作进行，铜鼓与风桶和鸣，声音浑厚洪亮，动人心魄。中间的牛皮鼓是总指挥，由两名鼓手敲打，鼓手模仿猴子的姿势，因而也叫"打老猴舞"。南丹里湖瑶族乡现已被授予"广西民间铜鼓舞之乡"的称号。

4. 婚俗文化

南丹白裤瑶是一个由原始社会直接跨入现代社会的民族,至今仍遗留着母系氏族向父系氏族过渡阶段的社会文化特点。在婚前的两性交往上,母系社会文化遗存最为突出。恋爱中,女子往往占据着主导地位,主动选择,大胆追求,女子挑选男子,支配男子,男子处于从属地位。结婚之后,女子从夫居住,绝对服从男子的领导。

每逢节日或圩日,就是白裤瑶青年男女公开追求异性的大好时机。女青年打扮得漂漂亮亮前来物色配偶,看上了就勇敢地过去捉住对方的手不放,然后动手抢男青年随身带的东西(首饰或腰带),男青年要是中意的话,就去追,如果不中意,女方会婉转地把所抢的东西送还。白裤瑶以前一般不和外族通婚,恋爱的男女由父母及舅母看双方的八字是否相合,只要八字相合则父母基本没有意见。①

白裤瑶族一般都早婚,17 到 20 岁是最佳结婚年龄,过了 20 就算老青年了。白裤瑶男人的心胸,豁达得令人难以置信,结婚当天,还允许新娘去会以前的情人。据说,白裤瑶族的男人,如果不能忍受新娘在婚前有情人的事实,就会受到人们的指责,人们会认为这个男人心胸不豁达。白裤瑶新娘结婚的当天,从早上 8 点钟到下午 4 点钟这 8 个小时的时间里,可以去和以前的情人做最后的告别,告别仪式是完全公开的,新娘家还要备好 20 斤糯米饭,给新娘用做送给情人的最后礼物。

5. 丧葬文化

白裤瑶的葬俗原始、神秘、隆重而充满悲情,是白裤瑶文化中最奇特、最具代表性的一个,是其宗教文化、歌谣文化、铜鼓文化、婚恋文化及饮食文化的集中展示。白裤瑶的葬礼一般在秋冬举行,届时亲朋好友皆着盛装从四面八方赶来悼念。白裤瑶葬礼主要由"打铜鼓"、"开牛"、"长席宴"三部分组成②。

铜鼓是白裤瑶权力的象征,过去在对敌作战时用以发号施令,现在凡丧葬婚嫁或娱乐场合都要打铜鼓。金秋时节白裤瑶村寨举行隆重的丧葬祭祀仪式,几十面铜鼓排列在一起进行敲击,声音铿锵洪亮,场面十分壮观。铜鼓

---

① 李运鸿:《白裤瑶族婚俗》,《中国文化报》,2000 年 11 月 16 日第 6 版。

② 旅人:《白裤瑶——人类文明的活化石》,《广西日报》,2005 年 4 月 2 日第 4 版。

在"开牛"前打一遍，葬礼当晚打24遍，出殡前再打一遍。这是因为"瑶不离鼓"，老人去世后不能把铜鼓带去，为了表示对老人的尊敬，在他的葬礼上要打上一两天的铜鼓，好让他到天堂后能够安息。

"开牛送葬"是白裤瑶最重要的丧葬祭祀仪式，牛是白裤瑶的图腾，"开牛"也就是砍牛。人们把牛拴在木桩上，用一把一米多长的大砍刀把牛头砍下来，然后放在墓前的木桩上来祭祀死去的亲人。所砍牛的数量，根据各自的家庭条件来决定，一般的人家砍一头牛，富裕人家要砍两至三头牛。

"长席宴"是出殡回来后的宴席，来送葬的人围坐在一张几十米长的条桌前，参加长席宴的人越多，表示老人生前越受人尊敬。开宴时先是妇女吃，接着是孩子，最后是男子。长席宴本是白裤瑶葬礼中的习俗，现在已演变为欢迎贵宾和庆贺丰收过节的特殊仪式。出殡后，葬礼还不算结束，下葬时在墓碑前挂有酒水，如果三天后酒水少了，还要做一回补水仪式，此后葬礼才算完成。

二、白裤瑶的民族文化旅游开发模式

1．"民族文化旅游"概念的界定

国外学者都是针对被观光对象的文化特征、独特性来给民族文化旅游下定义的，有的将民族旅游和文化旅游分开来谈，如美国旅游人类学家史密斯（Valene Smith）把旅游方式划分为民族旅游、文化旅游、历史旅游、生态旅游和娱乐旅游五大类，其中民族旅游主要是以地方"奇异"的和常是异域的民族风俗习惯为特色来招徕游客；而文化旅游则是以参观和感受地方文化为主的旅游[①]。国际著名旅游人类学家科恩在《东南亚的民族旅游》一书中，将"民族旅游"定义为：针对在政治上、社会上不完全属于该国主体民族的人群，由于他们的生态环境或文化特征或独特性的旅游价值，而进行的一系列观光旅游[②]。根据科恩的理论，"民族旅游"是介于"自然旅游"和"文化旅游"之间的一种观光旅游的变体；有的则将民族文化旅游突出为"民族旅游"，如布鲁纳（Bruner）认为民族旅游是国外或国内的旅游者

① 瓦伦·L·史密斯主编（张晓萍、何昌邑等译）：《东道主与游客—旅游人类学研究》，云南大学出版社，2002。

② 张晓萍等主编：《民族旅游的人类学透视—中西旅游人类学研究论丛》，云南大学出版社，2004。

中国民族地区经济社会发展与公共管理调查报告

594

以被认为有明显的自我认同、文化和生活方式，被贴上诸如种族、国家、少数民族、原始、部落、民俗或农民等标签的群体为对象进行的观光旅游。①

在国内，学者们对民族文化旅游（民俗旅游）的一些基本概念还未达成一致，更未形成系统的概念体系，对民族文化旅游特征的概括，看法也不一致。早期的学者，比如西敬亭等把民俗旅游定义为是以民俗事象为主体内容的旅游活动②；李慕寒则把民俗旅游理解为以一国或一个地区的民俗事象和民俗活动为旅游资源，为满足旅游者开阔知识视野，促进人类互相了解的一种社会经济现象③；陶思炎认为民俗旅游是以特定地域或特定民族的传统风俗为资源而加以保护和开发的旅游产品④。而近期杨惠等认为民族旅游是指旅游者在各具自然生态特色和文化特征的少数民族地区所进行的各类观光旅游。

笔者则认为：不管是民族旅游、文化旅游还是民俗旅游，都可统一为民族文化旅游来谈，因为民族文化旅游的实质就是以民族特色为主的文化旅游，是以少数民族独特的自然生态和奇异的民族文化为吸引物的观光旅游。

2. 民族文化旅游开发的几种模式

随着人们对民族文化旅游概念探究的深入，民族文化旅游开发的基本模式也经历了一个不断探索的过程，国内外民族文化旅游的开发，不外乎有三种模式：一是直接利用型（原生态类）。这是民族文化旅游资源开发最早的形式，即利用原生态的民族文化旅游资源，除了增添必要的旅游设施、设备外，对原有的资源几乎不再进行加工改造。如民族文化村（寨）和民族传统节日等形式；二是整合提升利用型。这类开发模式是整理提炼民族文化中有旅游吸引力，便于加工浓缩的因素、事象，集中表现。或借民族传统节庆活动的"形式"将散布于一定地域范围内的典型民俗事象集中表现于一个主题公园，或通过信息搜集、整理、再现已不复存在的民俗文化，或将众多个民族文化的典型代表事象集中展示在远离民族文化发祥地之外；三是历史复原型。根据历史文献记载或者口头传说的凭据，在当地进行复原建设，即我们常讲的修旧如旧。

目前针对国内外民族文化旅游开发的实践，特别是我国作为一个少数民

———————————

① 杨惠、陈志明、张展鸿主编：《旅游、人类学与中国社会》，云南大学出版社，2001。
② 西敬亭、叶涛：《民俗旅游：一个尚待开拓的领域》，《民间文艺季刊》，1990年第3期。
③ 李慕寒：《试论民俗旅游的类型及区域特征》，《民俗研究》，1991年第2期。
④ 陶思炎：《略论民俗旅游》，《旅游学刊》，1997年第2期。

族众多、民族文化丰富的国家，主要概括为这样几种模式：

（1）民族博物馆

民族博物馆主要是以静态收藏的形式保护、收藏民族文物，并为参观者了解民族文化内涵而建立的博物馆，这些博物馆在对民族文物保护、传播民族文化、满足旅游者体验民族文化等方面起到了一定作用。目前我国的民族博物馆已经产生并成型，在全国形成了多层次、多类型的网络。按行政区属划分为中央级馆、省区级馆、州地级馆、旗县级馆、乡级文化站、民族院校的民族博物馆和民族学博物馆。比如在广西壮族自治区就有三江侗族博物馆、金秀瑶族博物馆、南宁广西民族博物馆等。但静态的民族博物馆在满足旅游者的参与体验方面存在着不足，而且因其是一种静态的开发和保护，既是宫殿又是坟墓，把经典供奉起来同时也埋葬下去，相对于其他方式，对民族文化的保护力度不够。

（2）民族文化村①

由于静态的民族博物馆在满足旅游者的参与体验和对民族文化的保护方面存在不足，人们对其加以积极改进，其中一种曾经风行一时的旅游产品形式就是民族（民俗）文化村。

现有的民族文化村有两种形式：一种是民族聚集地的"就地展示型"民族文化村寨，这种模式直接利用民族村落，有村民的介入，最大限度地保留了当地民俗文化的真实性，是一座活生生的民俗露天博物馆。其特点是保留了原来的自然风貌、民居、饮食、节庆和其他民俗事物，具有自然朴实的特色，能较好地满足旅游者欣赏和体验民族文化的需要。如贵州的郎德苗寨。但是，民族文化村寨以相对孤立的单个民族村落为开发保护对象，无法对整个民族的文化生态环境产生积极影响，当整个民族的文化发生退化时，单个民族文化村寨文化的退化、消亡也就在所难免。因此，民族文化村寨对民族文化的保护作用也是有限的。

另一种是旅游目的地的"异地模拟型"民族文化村。这种模式运用人工方式在大城市周边或靠近旅游景点的地方建园，荟萃各民族的民俗风情于一体，多角度反映各民族文化的大型主题公园，如深圳的中国民俗文化村、北京的中华民族园、云南的民族村、上海的中华民族园、深圳的民俗文化村、广西民族文化苑、海南通什的中华民族园以及台湾省的九族文化村等都

---

① 吴必虎、余　青：《中国民族文化旅游开发研究综述》，《民族研究》，2000年第4期。

属于这类。它虽然克服了"就地展示型"民族文化村寨的节令性强、民俗活动分散、文化多样性等缺陷，但模拟型民族文化村完全是为迎合旅游目的而专门虚构和模拟的幻象，是"体验经济"与"虚拟经济"原则的派生物，许多来自民族地区的民族风情表演者仅把在文化村为游客进行的表演当作一种纯粹谋生的手段，针对这一特点，他们还被一些学者称为"旅游民族"。况且，民族文化根生于民族地区，她的保护与发展也要依托于当地才会有真正的生命力，离开了她生长的家园，民族文化的继承与发展不可能深入进行下去。[①]

（3）生态博物馆

生态博物馆最早产生于法国，全世界目前已有300多座生态博物馆。生态博物馆是对传统博物馆形态的发展，是现代生态意识和现代环境意识与传统博物馆运作理念相结合的产物。生态博物馆是将整个村寨作为博物馆空间，对村寨内的自然和文化遗产进行整体保护，以各种方式保存和传播民族文化精华并推动整个村寨向前发展。生态博物馆作为一种发展模式，在社区文化遗产和文化价值方面，将增强人们的文化特性意识，使某些具有重大价值的文化得到抢救，所以，生态博物馆明显地具有某种社会功能，是联系过去、现在和未来的一条纽带。如贵州的梭戛、堂安、隆里、镇山生态博物馆群，开创了中国运用生态博物馆形式对民族文化和自然环境进行全方位保护的先河，对于处在多数或主流文化包围之中的少数民族及其文化精华的保护和延续具有重要意义。生态博物馆对于自然生态和人文生态的整体保护，是一种特别有效的博物馆形式，不但有利于科研价值和旅游价值的开发，也为民族文化旅游开发与保护提供了一个符合可持续发展原则的模式。

（4）原生态演出

近年来出现的原生态演出是民族文化旅游开发的新思路，在把民族文化推向市场的道路上作出了十分有益的探索。如大型原生态歌舞集《云南映象》对云南原始乡村歌舞的精髓和民族舞蹈进行了全新编排，肢体语言中糅合了彝、苗、藏、傣、白、哈尼等民族舞蹈。该剧将原创的乡土经典与新创的舞蹈艺术经典进行了整合重构，展现了云南少数民族对自然的崇拜、对生命的热爱。桂林大型山水实景演出《印象·刘三姐》极富创意地将刘三

---

① 余　青、吴必虎：《生态博物馆：一种民族文化持续旅游发展模式》，《人文地理》，2001 第6期。

姐的经典山歌、广西少数民族风情、漓江渔火融为一体，成功地诠释了人与自然的和谐关系，创造出天人合一的神奇境界①。因此，作为民族文化旅游开发模式的一种尝试，原生态演出的成功也许正代表了未来民族文化旅游开发的趋势。

3. 白裤瑶现有民族文化旅游开发模式

（1）南丹甘河白裤瑶民风情示范区

甘河白裤瑶新村旅游开发项目，是由广西社会科学院负责策划、南丹县旅游局具体实施的一个具有现实意义和理论研究价值的少数民族乡村旅游开发项目。南丹甘河白裤瑶新村建在南丹县城与里湖瑶族乡之间，距县城17公里，紧临南丹—里湖公路旁，处于山体与河流之间的平坝地段，四周山体环绕，景色秀丽。该项目首期投入150万元，经过4年的建造，于2002年10月竣工，共建成特色民居21栋，粮仓16个及其配套设施②。新村的规划建设以原始村落为中心，尽可能保持原始状态，以展示村落居民日常生活为主，如白裤瑶女子刺绣、纺纱、织布，打陀螺、斗鸟、吹牛角、打铜鼓等，以一些有规模的日常表演为辅。在这里，游客可以体验到白裤瑶的生活习俗，观赏到白裤瑶的民间舞蹈，欣赏到心灵手巧的白裤瑶妇女制作精美服饰的全过程。据统计，2000年约有60批外地考察团近5000人到里湖参观考察白裤瑶风情区③，旅游收入的增加缓解了南丹白裤瑶人民的贫困。

然而，这里的日常表演仅仅是商品文化的展示方式，即通过瑶民的表演让旅游者在任何时间都能看到只有在特定时间里才能看到的风俗，这种展示方式虽然可以在一定程度上弥补由于季节、时间上反差（也称"时令文化"），分流部分游客，减轻原住瑶寨的压力，但这种出于旅游和经济利益考虑把民俗活动与特定时间和特定地点脱离开来的方式有很多不足：在没有任何背景的情况下，纯粹以舞台表演的方式集中展示给旅游者，一年一度的民俗活动变成一天数场以迎合旅游者追求新奇、热闹、好玩的心理，民俗文化或被浓缩或被改编，移花接木、鱼目混珠的现象时有发生，这种篡改传统和习俗来满足游客体验异族风情需求的"文化上的冒充"，常常展示的只是

---

① 黄爱莲：《民俗风情旅游与民族民间文化的自我拯救》，《广西社会科学》，2005年第5期。

② 过竹、邵志忠：《旅游开发与乡村社会发展—南丹甘河白裤瑶新村旅游开发启示录》，《广西民族研究》，2003年第1期。

③ 衣玮、蒋招凤：《在保护中开发广西南丹县白裤瑶风情旅游》，《广西师范学院学报》（自然科学版），2004年9月。

当地文化的小部分且是表面的内容，不可能是原汁原味的；同时也容易造成表演者对自身民族文化的漠化和厌恶，不利于整体民族文化的保护。所以，如果在远离白裤瑶瑶民聚集地的地方发展，可能效果会更好。

（2）南丹白裤瑶生态博物馆

南丹白裤瑶生态博物馆是广西首座生态博物馆，由展示中心和怀里村的蛮降、化图、化桥三个自然屯的原状保护区两部分组成，总建筑面积 850 ㎡，投资 180 万元，是一座集白裤瑶文化展览、办公、公寓、餐饮、商务为一体的综合性建筑，该博物馆于 2003 年 12 月 3 日举行了奠基仪式，在 2004 年 11 月 26 日正式对外开放。生态博物馆以白裤瑶的繁衍生存、融合发展、文明史程等为主要征集、收藏内容，对白裤瑶的民族文化起到很好的保护作用。南丹县将借助于生态博物馆把白裤瑶向社会推出，并顺势发展旅游业。

但是从我国第一个民族生态博物馆，于 1998 年在贵州省六枝建设的梭戛长角苗族生态博物馆的运作来看，生态博物馆对民族文化的保护极为有限，因为要把这种原生态的民族文化原封不动地保护下来，就要求原住居民不求发展地作为文化的载体存在下去，这显然是不现实和不公平的。因此，这种保护会仅仅局限于政府部门和社会有识之士，而得不到该文化原生土壤上的文化载体的支持，结果容易导致其抽象的存留于历史典籍中，而成为与现实生活无涉的死文化。大量事实证明，只有在民族文化旅游的开发过程中，让民族传统文化的创造者和所有者都得到直接的（而非间接的）经济利益，才能增强民众对自己民族文化的自信心，从而提高自我传承、自我保护和发展民族文化的能力，使民族文化旅游走上可持续发展的道路。

4. 白裤瑶可以继续开发的民族文化旅游模式

南丹白裤瑶现有的两种民族文化旅游开发模式由于自身的局限性，已不能满足白裤瑶日益增加的旅游需求，因此开发新的旅游模式，增加文化旅游产品的供给，成为白裤瑶民族文化旅游亟待解决的问题。

（1）集市旅游

集市是少数民族地区广泛存在、按一定周期聚集形成的市场，开发集市旅游具有保持民俗的原生态、便于产品化、传统和现代兼容等优势，是一种有前途的民族文化旅游新形式。集市作为在商品经济不发达的时代和地区存在的一种商品交易活动形式，目前在全国不少经济欠发达地区特别是民族地区仍广泛存在，但各地使用的名称不一，如北方一般称为"集"，南方称为"墟（圩）"，西南地区则称为"场"、"街"等。它们每隔一定日期（如逢

五、逢十或三日、七日一次），在固定地点举行①。

集市对于旅游业的意义在于，它是"经济搭台、文化唱戏"的经济文化盛会。在一些相对落后、偏僻、居住分散的少数民族地区，集市是生活中周期性出现的大事，就像小节日一样，不仅是做买卖的日子，而且是全面、系统、集中的民俗展示的日子。集市上不仅有特产、农村用品、菜秧树苗、仔猪鸡雏、草药野果等各种商品，还有说唱、乐舞、曲艺、杂耍、斗鸡赛雀、跑马走狗、小孩的游戏、大人的竞技、各种民间游艺表演以及各种饮食、地方风味食物，甚至还有裁缝、剃头、看病卖野药、拔牙掏耳朵、磨刀、配钥匙、雕章、卜卦算命等。集市本身，已成为一个活的旅游吸引物。

南丹白裤瑶正可以利用白裤瑶喜好"赶圩"的习俗，首先通过集市所在的乡政府、村委会保证集市的正常运行和本身功能的发挥；其次，安排好作为旅游目的地的集市的空间和时间结构，妥善处理各个集市的竞争和互补关系，由于白裤瑶的交通不便与外界交流较少，应通过媒体、旅行社等形式实时向外界通报"赶圩"的时间和地点、交通线路等，避免游客的盲目性；再次由于集市旅游属于文化体验性旅游，游客注重对乡村、异地域文化的感受和获得知识，因此要强化集市旅游的解说系统，比如印制宣传品和陈列展览，在集市中心设立展览室，摆放宣传品和陈列图片、实物，介绍该集市的特色商品和习俗。

（2）购物旅游

目前，南丹白裤瑶的旅游开发既有静态开发：怀里乡生态博物馆的白裤瑶文化展览，可以使游客大开眼界，增长知识，有效地保护传统民俗文化；也有动态开发：甘河白裤瑶民风情示范区，游客可以从中亲身感受白裤瑶的民族风情，在别开生面的活动中自然地极尽游兴。但遗憾的是，第三种开发模式：购物旅游（旅游商品开发）却没有真正起步。

购物旅游或者说旅游商品开发，即以民俗物品的购买为主，包括器具、衣饰、民间食品、民间工艺品等均可作为商品开发。旅游购物是旅游消费中最富有弹性的因素，丰富多彩的民俗商品，具有浓郁的民族色彩和乡土气息，为广大游客尤其是外国客人所"喜闻乐购"。它既是民族文化旅游的主要对象之一，更是购物旅游的主要内容，在丰富旅游项目，延长游客停留时间，增加白裤瑶人民旅游收入，甚至改善当地的产业结构等方面发挥着举足

① 金颖若：《集市旅游—民族文化旅游开发的新形式》，《贵州民族研究》，2003 年第 3 期。

轻重的作用。

然而据笔者对南丹白裤瑶进行调研后发现，目前来白裤瑶旅游的游客常常有"大饱眼福却两手空空"的感觉，这主要是因为白裤瑶基本上没有多元化的民族文化旅游纪念品。比如白裤瑶最具特色的、具有商品开发潜力的服饰，并没有被商品化。笔者本想购买一套白裤瑶女子的百褶裙，连赶了三次"圩"却没有发现一丝白裤瑶民族服饰的影子，最后虽然在白裤瑶生态博物馆里发现了一套，却是经过改良了的，价格也是贵得惊人。可见，白裤瑶人民的商品观念还有待提高，民族文化旅游项目和旅游商品市场还有待丰富，这显然需要当地政府的引导。同时民族文化商品开发要坚持特色原则、有文化内涵原则、便于携带及档次兼顾的原则，切忌雷同化和低品位、低质量的开发。

三、在白裤瑶民族文化旅游的开发中保护民族文化

南丹是白裤瑶的聚居地区，而文化则是白裤瑶的名片，文化之于白裤瑶，就如同草原之于蒙古族，歌唱之于壮族一样重要。对于民族文化优势明显但经济文化相对落后的白裤瑶而言，民族文化旅游或许是他们脱贫致富的唯一出路。因为保护其传统文化而阻挠白裤瑶旅游资源的开发、利用，让白裤瑶人民永远保持原有的传统和生活方式，对白裤瑶的人民并不公平；当然，我们也不能为了开发白裤瑶民族旅游资源而破坏该地区的生态环境、人文环境和民族文化，使民族地区的旅游资源丧失殆尽，成为千古罪人。所以科学、合理地开发白裤瑶的旅游资源，走可持续开发的道路就显得尤为重要。

1. 白裤瑶民族文化旅游的介入给白裤瑶文化带来的冲击

在民族文化的保护与传承上，旅游业就像一把双刃剑，它既会给被开发的民族带来文化的复兴、族群的认同，也会给这个民族带来文化传承的困惑。合理、科学的旅游开发能促使优秀的传统文化得到发掘、保护，民族文化的精华得到提炼、弘扬和发展。但不合理的旅游开发会给旅游地的民族文化带来许多消极影响和负效应，如民族文化的同化、庸俗化等。

民族文化旅游的开发使白裤瑶文化资源的经济价值得以实现，促进了白裤瑶地区经济的发展。比如给白裤瑶提供了更多的就业机会，增加了当地居民的经济收入，旅游收益使部分白裤瑶居民实现了脱贫致富。同时，这种民

族文化经济价值的实现在一定程度上也增强了人们对本民族文化的认同感，提高了白裤瑶居民对传统文化的保护意识，使他们重视当地传统习俗和社会活动的文化价值，从价值观到外化的行为规范上以遵循本民族传统为荣，促进了白裤瑶文化的传承。

民族文化旅游在给白裤瑶地区带来经济发展的同时，也给当地以宗教、哲学、道德、民族心理、传统习俗等为基本要素的文化环境和自然环境带来了一系列的负面影响。特别是旅游者带来的外来文化，加速了民族文化的变异，这主要表现在以下几个方面：

（1）白裤瑶民族文化被外来文化同化

白裤瑶的地理环境有着相当强的封闭性，也正是这种封闭性造就了该地区民族文化的独特性。而民族文化旅游的开发恰恰是以破坏这种封闭性为前提的，并且前来观光的游客大多来自经济相对发达的地区，它们代表着一种强势文化，而白裤瑶经济相当落后，代表着一种弱势文化，强势文化在与弱势文化相互接触并发生碰撞的过程中，强势文化最终往往将弱势文化同化。因此随着白裤瑶民族文化旅游的开发，该地的民族文化便不可避免地受到外来文化的侵扰，从而打乱了民族文化的正常发展变化，使之发生快速的变异，给当地民族文化带来不可估量的损失。

比如随着外地游客的日渐增多，外来文化对白裤瑶的影响在日渐加深，使长期生活在传统文化中的白裤瑶人民，在一些日常生活习惯上发生了相当大的变化，最明显的就是白裤瑶妇女（特别是上过学的新一代女性）传统的审美观念的变化。她们的服饰已经在悄悄地变化着，不再穿着前胸后背仅一块方布的"挂衣"，也摒弃了不穿内衣的习惯，往往是里层穿的是汉服，外层穿的是瑶服。在她们身上，体现出的不仅仅是汉族服饰与白裤瑶服饰的"有机融合"，而是千百年来一直穿在白裤瑶女性身上的服饰在短短的几年中就改变了原生状态。

（2）白裤瑶民族文化的和谐性被破坏

民族地区的民族文化是当地居民在千百年的日常生活中不断积聚沉淀下来的，因此无论大到华屋广厦还是小到一砖一瓦，无论是盛大的婚丧礼仪还是简单的举手投足，无一不体现着当地的民风民俗，而且经过长期的融合发展之后，这些大大小小的民俗之间无形中早已产生了千丝万缕的联系，它们相互间的制约与配合构成了当地浑然天成般的和谐的民俗图景，因此不加考虑地对民俗文化进行随意更改，都会对该地的民族文化产生消极的影响①。比如在白裤瑶，不管是南丹甘河白裤瑶民风情示范区工程建成的那21栋特色民居还是世界银行在当地建起的援助性质的高级厕所，都或多或少地破坏了当地建筑文化的整体性与和谐性。

（3）白裤瑶民族文化价值观的退化与遗失

在大多数中国人眼中，少数民族同胞被赋予"热情、好客、朴实、忠诚、讲义气、轻钱财"等价值观的特点。白裤瑶居民向来以民风淳朴著称，有着"路不拾遗、夜不闭户"的传统美德。但是，旅游业的发展使这种美好的田园神话也许会很快消逝。民族文化旅游给他们带来了商品意识，也使有些人产生了对金钱的盲目崇拜，以前不计经济利益的亲朋邻里关系已被利益关系所取代，民族文化的精神内核逐渐丧失。

2. 在保护中开发白裤瑶的民族文化旅游

在处理民族文化旅游资源的开发与保护的关系问题上，我们要明确保护是第一位的，保护民族文化旅游资源，绝不是为了保护而保护，而是为了现在和将来而尊重过去，帮助人们欣赏、体验民族文化的财富，从中受到启迪，最大限度地提供机会来提高人类的潜力，改善人类的生存状态。在保护的基础上进行开发，经过开发使民族旅游资源得到更好的保护。

（1）完善民族文化保护的相关性政策、法规体系

国家关于民族文化资源保护的法律法规中，只对民族语言文字、部分民族文物等少部分民族文化资源有相应的保护法规，大部分民族文化资源还没有相应的保护法规，如饮食用具、古老的生产方式和工具、手工制作品、民族器乐、独具特色的民族建筑、民族文化节日等，因此完善这方面的法律法规、政策刻不容缓。而一旦有了这方面的法律保障，相关人员在对白裤瑶的旅游开发中将采取科学的、合理的保护措施，减少盲目的、粗暴的开发方式，旅游经营者也会慑于法律的威力，不得不采取谨慎的态度和方法来对待民族传统文化，从而减少民族传统文化在旅游开发中所受到的损害。

（2）增强民族文化价值的宣传，保护民族特质文化

向白裤瑶人民宣传一种健康、向上、美好的旅游形象，使当地群众意识到自己民族的文化是本民族生存和发展的根本，是维系其民族存在的最重要

---

① 闫喜琴：《论民俗旅游对旅游地民俗文化的"污染"与防治》，《贵州民族研究》，2006年第1期。

的纽带。旅游业发展起来后，通过游客对当地文化的参观、参与，更加会增强民族自信心和自豪感，增强民族认同的价值。民族文化开发过程中增强民族价值的认同，是传统文化自我传承的一种内部动力和能量增长模式。唯有如此，才能保护白裤瑶的民族文化尽可能减少受到旅游者带来的外来文化的冲击。同时加强对自身文化的承传，防止编造和拼凑"伪民俗"以及低格调的庸俗民俗，保护民族文化的原汁原味。

（3）正确引导游客的行为，增强其对民族文化的保护意识

舆论导向不是单方面的，政府在宣传白裤瑶及其文化旅游产品的时候，要正确引导游客的旅游态度，使游客在欣赏美丽而神秘的白裤瑶民族文化的同时，尊重其文化、风俗习惯，采取文化相对主义的态度来对待当地民族文化。这就要求游客秉承费孝通先生的对待"他者"文化"美人之美，美美与共"的文化观，学会站在文化主位的角度，接受文化多元一体的人类社会现实。同时在旅游者进入景区之前，政府应通过各种方式对白裤瑶的禁忌等加以说明，并加入详细文字来介绍白裤瑶风情。旅游者只有在旅游之前充分了解白裤瑶的风俗、服饰、饮食、生活习惯等，才有可能在有限的旅游时间内，通过点滴的接触和观看，最大限度地感受白裤瑶的风情，感受其原始、古朴、神秘的特色，也才有可能保持其正确的旅游态度。

（4）实现民族文化旅游多元主体的效益共享

民族文化旅游屡屡受争议的原因之一在于外在的旅游者和开发者希望保持其原始风貌，而当地民众却因其生存要求和外界影响，渐渐地要求向外界文明靠拢，终究被汉化，而失去了本身的民族特色。要避免这种状况的发生，最重要的就是明确民族文化旅游的利益主体应该是多元的，政府、开发者和文化载体共享经济、社会和环境效益。在南丹的旅游开发中，不能把白裤瑶居民排斥在利益主体之外，在他们承担旅游开发所带来的负面影响的同时，给他们获得利益分享的机会。通过给予白裤瑶居民以实质性的、直接的经济利益，使他们从民族文化旅游中获得认同感，从而自发地保护和传承本民族的文化，也可以为南丹的旅游发展延续生命力，并使得旅游扶贫的作用得以实现。

后 记

　　社会调查之于社会科学研究的意义毋庸多言，然而一种华而不实的肤浅调查之风却不能不言。有所作为者，虚心学习群众实践经验；官僚主义者，逼迫群众学习讲话精神。后者也兴调查之风，但他们的调查不过是一种作秀。

　　经济学说史上有一位名叫纳骚·西尼耳的。1836 年的一个早晨，他从牛津前往曼彻斯特的一家工厂搞调查，了解工厂主对 1833 年新颁布的工厂法的怨言，回来后发表了一本《关于工厂法对棉纺织业的影响的书信》的小册子。认为"工厂的全部纯利润是由最后一小时提供的……劳动时间每天缩短 1 小时，纯利润就会消失，缩短 1.5 小时，总利润也会消失。"反对缩短工时是工厂主的利益所在，但要戴上这是通过社会调查得出的结论这顶帽子，就把社会调查的好名声给玷污了。

　　凡是好东西都有自己的冒牌货。《红楼》之后有《续梦》，茅台后面有"又一台"。近来马克思主义后面冒出了许多"续马"和"又一马"，据说都是在最新实践基础上产生的。可是"新实践"经验是如何获致的呢？脱离直接劳动靠剩余劳动生活的劳心者们偶尔也看中调查一途。他们很少愿意跋山涉水去到穷乡僻壤了解民情，即便前呼后拥地去了，也是发一通即使不去也能发出来的议论。拔一株作物在手，将无珠之目凑近机器，镜头一闪，所发议论于是乎就穿上"社会调查"的新衣，实践经验于是乎就得到高度总结！

　　一位先生到安徽凤阳小岗村调研家庭承包是否值得坚持，分明搞了 20 多年的小农经济早已陷农民于贫困，被迫外出打工的现象随处可见，可他还是在调查后得出结论：家庭承包能调动积极性，50 年不动摇。这种将已有结论强奸现实的作秀调查，令人作呕。近来《南风窗》报道小岗村那几户农民又开始搞起合作经济，不知得此讯息，该君作何感想。

　　不为工人为厂主，不为农民为官家，这样的社会调查只能是胡说。为什么呢？因为马克思主义经济学的科学性从来是与党性相一致的。科学发展观认为，没有以人为本的党性，就没有发展的科学性。要利用社会调查求得真知，确立起劳动者的主体性是首要原则。

2006 和 2007 年暑期，中央民族大学"985 工程"建设民族地区经济社会发展与公共管理哲学社会科学创新基地经济社会发展研究中心组织广大师生，对民族地区经济社会发展开展了大规模的社会调查。参加这次调查的人员包括中心研究人员、博士生、硕士生和高年级本科生，"985 工程"建设基地、中心、各创新团队的学术带头人、学术骨干以及外聘的专家学者。一年多来，在南起云南、广西，西至新疆、甘肃、宁夏，北至内蒙古呼伦贝尔的广大西部少数民族地区进行了大范围、多主题、多形式的社会调查，获得了一大批珍贵的第一手资料，为中央民族大学"985 工程"建设取得原创性科研成果奠定了坚实基础。尽管这些调查在材料占有、主题提炼、文字表述等方面仍存在许多不足，但是参加调查的师生立足各民族劳动者发展的立场却是可贵的。

　　本卷辑录的成果，包括内蒙古东乌珠穆沁旗草场整合与云南丽江新农村建设规划两个"985 工程"项目社会主义新农村建设试验基地的专题调查研究，以及外聘专家及高年级本科生和研究生撰写的调查报告。按照主题的不同分为新农村建设基地专题调查研究、经济发展战略、农牧民与农牧业、工矿业、口岸经济、金融与房地产、旅游业发展七个部分。

編　者
2007 年 11 月 9 日